Jürgen Hoffmann

Risikomanagement für mittelständische Unternehmen

Risikopotenziale erkennen und erfolgreich bewältigen
– mit zahlreichen Praxissituationen

D1728174

Jürgen Hoffmann

Risikomanagement für mittelständische Unternehmen

Risikopotenziale erkennen und erfolgreich
bewältigen – mit zahlreichen Praxissituationen

Bibliografische Information der Deutschen Nationalbibliothek
Die Deutsche Nationalbibliothek verzeichnet diese Publikation in der Deutschen Nationalbiblio-
grafie; detaillierte bibliografische Daten sind im
Internet über http://dnb.d-nb.de abrufbar

Herstellung und Verlag: Books on Demand GmbH, Norderstedt
ISBN 978-3-8448-11520

Vorwort

Die Bedeutung des Risikomanagements ist für die Unternehmenspraxis in den letzten zehn Jahren stetig gewachsen. Dabei hat sich die Wertigkeit der einzelnen Risikobereiche untereinander partiell gewandelt. So werden viele Risikofaktoren inzwischen besser und effektiver beherrscht, zum Beispiel Risiken im Bereich der materiellen Produktionsprozesse oder Risiken im internen Dokumentenmanagement. Allerdings sind viele neue Risikofaktoren hinzugekommen, wie zum Beispiel die Cyberkriminalität, oder haben latente Risikofaktoren an Relevanz und Wirkung zugenommen, wie zum Beispiel Risiken aus der Rohstoffpreisentwicklung oder Versorgungsengpässen bei kritischen Rohstoffen. Zudem hat die letzte Wirtschafts- und Finanzkrise die Angreifbarkeit und Verwundbarkeit der Unternehmen auf eine Probe gestellt.

Mit der Zunahme der Bedeutung des Risikomanagements ist zugleich eine Tendenz spürbar, Aufgaben des Risikomanagements in den Unternehmen nicht mehr allein einer Organisationseinheit „Risikomanagement" institutionell zuzuordnen, sondern Risikomanagement als ein im Rahmen der gesamten Unternehmensstruktur hierarchisch organisiertes System zu begreifen und zu implementieren. Große und mittelgroße Unternehmen verfügen bereits über ein mehr oder weniger gut ausgebautes und funktionierendes System des Risikomanagements. Kleine und mittlere Unternehmen weisen dazu jedoch enorme Defizite auf. Es ist daher von besonderer Tragweite, insbesondere „Nicht-Risikomanager" einerseits mit einem qualifizierten Basiswissen zum Risikomanagement auszustatten und andererseits auf allen Führungsebenen und in allen Fachbereichen eine höhere Sensibilisierung für potenzielle und aktuelle Unternehmensrisiken zu erreichen.

Das Werk beabsichtigt nicht, einen umfassenden Beitrag zur wissenschaftlichen Forschung auf dem Gebiet des Risikomanagements zu leisten. Die wissenschaftliche Literatur liefert bereits fundierte Grundlagen. Vielmehr wird das Ziel verfolgt, auf der Basis der bekannten Grundlagen des Risikomanagements gesamtunternehmensbezogene und bereichsbezogene praxisrelevante Fragestellungen unterstützt durch zahlreiche Fallbeispiele und Praxissituationen aufzuzeigen und die Komplexität der Risikopotenziale und ihrer Bewältigung sichtbar zu machen. Von besonderer Relevanz ist für die praktische Führungstätigkeit die „Psychologie" des Risikomanagement. Die Sensibilisierung der Führungskräfte und Mitarbeiter für unternehmerische Risiken wird als eine wesentliche Säule einer erfolgreichen „Absicherung" des Unternehmens verstanden.

Das Buch beginnt im Teil I mit den für das Verständnis der Thematik notwendigen Grundlagen, einer Übersicht und Beschreibung praxisrelevanter Methoden und Instrumente sowie der Organisation des Risikomanagements. Im Teil II werden systematisch unternehmensexterne und unternehmensinterne Risikobereiche betrachtet und mit Fallbeispielen unterlegt. Die in „Praxissituationen" beschriebenen Fallbeispiele sind Wiedergaben veröffentlichter Berichterstattungen, für deren Richtigkeit keine Haftung durch den Autor des Buches übernommen wird.

Das Buch richtet sich an Unternehmer, Führungskräfte und Mitarbeiter sowie Berater. Es unterstützt Studierende mit primär wirtschafts- und sozialwissenschaftlichen sowie ingenieurwissenschaftlichen Studiengängen bei der Einarbeitung in das Thema. Es wurde daher auf umfassende mathematisch-statistische Begründungen, Modelle und Vorgehensweisen verzichtet und hier auf die zahlreich erschienene Literatur verwiesen.

Für Anregungen oder Kritik zu diesem Buch oder weitergehende Informationen können Sie mich – gern auch per e-mail unter hoffmann@ba-eisenach.de kontaktieren.

Eisenach, Januar 2012

Prof. Dr. Jürgen Hoffmann
Berufsakademie Eisenach

Inhaltsverzeichnis

I. Risiko und Risikomanagement in Unternehmen

1. Einführung: Praktische Unternehmenssituationen und Risiko

Die Bedeutung der Risiken, eines risikobewussten Handelns und eines systematischen Risikomanagements hat in der Unternehmenspraxis weiter zugenommen. Während in großen Unternehmen, insbesondere in der Finanz- und Versicherungsbranche sowie in der Rohstoff-, Energie- und Stoffwirtschaft, Risikomanagement bereits seit langem institutionalisiert ist, wird dies in kleinen und mittleren Unternehmen noch nicht in ausreichendem Umfang deutlich. Das Fehlen eines Risikomanagements kann zwischenzeitlich nicht nur vielfältige rechtliche Folgen nach sich ziehen, sondern auch deutlicher als in den früheren Jahren zur Existenzgefährdung oder zum Verlust der Wachstumspotenziale führen. Wirtschaftlich rationales Handeln ist immer mit Gefahren verbunden. Der Unternehmenserfolg ist sehr wesentlich davon abhängig, wie die sich in wirtschaftlichen Prozessen ergebenden Chancen (positive Abweichungen) und Risiken (negative Abweichungen) gegeneinander abgewogen werden.

Eine wesentliche Eigenschaft des Unternehmers ist neben der Gewinnerzielung seine Risikobereitschaft. Risiken betreffen dabei einerseits das investierte Kapital und andererseits den Unternehmer selbst. Für Unternehmer sind nicht nur Risiken entscheidend, die den Erfolg oder Misserfolg am Markt bestimmen, sondern in zunehmendem Maße Gefahren, die auch erfolgreich wirtschaftende Unternehmen mit guten Geschäftsideen und exzellenten Produkten oder Dienstleistungen treffen können, wie etwa Umwelt- und Abgabenlasten, behördliche Auflagen, Arbeitsschutzmaßnahmen sowie Fehler der eigenen Mitarbeiter.[1] Der Unternehmer muss alles tun, um nicht nur den Eintritt solcher Risiken zu verhindern, sondern vor allem auch sich und seine Familie vor den nachteiligen Folgen solcher Risiken zu schützen.

> **Praxissituation 1: Manager vor den Kadi**
> Deutsche Manager könnten künftig häufiger wegen Betriebsunfällen vor dem Kadi landen. Mit der neuen Betriebssicherheitsverordnung für den Betrieb technischer Anlagen werden neue Anlagen an technische Sicherheit, Umweltschutz und Arbeitssicherheit gestellt. Die Beweislast wird auf die Unternehmen beziehungsweise deren Führungskräfte abgewälzt. Anstatt wie bisher weitgehend auf den TÜV als Kontrollinstanz verweisen zu können, müssen sich die Manager dann selbst um Dokumentation und reibungslosen Betrieb technischer Anlagen kümmern. Wer dieser Verpflichtung nicht nachkommt, kann - etwa im Falle eines Unfalls – verklagt werden. „Darauf ist kaum ein Unternehmen vorbereitet", sagt Jürgen Althoff, Professor für Sicherheitswissenschaften an der Universität des Saarlandes.
> (Quelle: Wirtschaftswoche Nr. 26 vom 20. Juni 2002, S. 94)

Wie die Finanz- und Wirtschaftskrise 2008/2009 zeigte, kann eine zufällige oder nicht-zufällige Kombination des Eintretens mehrerer Risiken sehr schnell eine Situation entstehen lassen, in der die Finanzierung eines Unternehmens infolge eines unbefriedigenden Ratings oder auch trotz eines guten Ratings auf Grund externer Faktoren nicht mehr sichergestellt ist[2], obwohl das Unternehmen an sich eine gute langfristige Perspektive hat.

Risikomanagement wurde in der Vergangenheit in starkem Maße als reaktives Instrument des Managements gesehen. Negative Zielabweichungen wurden nach Eintritt identifiziert, analysiert und korrigiert, d.h. es wurden Maßnahmen eingeleitet, die sich auf in der Vergangenheit ereigneten Risikofällen bezogen. Vielfach beschränkte sich dies dann auf die mit zukünftiger Wirkung angestrebte Optimierung des Versicherungsschutzes, die Erfüllung von Gesetzen und Vorschriften oder den Brand- und Unternehmensschutz.[3]

---

[1] Redaktion Risknet: Mittelständler unterschätzen unternehmerische Risiken, in: www.risknet.de/index/21.04.2006
[2] Vgl. u.a. Gleißner, W.: Grundlagen des Risikomanagements, München 2008, S. 1
[3] Romeike, F.: Gesetzliche Grundlagen, Einordnung und Trends, in: Romeike, F./Finke, B.(Hrsg.): Erfolgsfaktor Risiko-Management, Wiesbaden 2004, S. 65

Die Renditeerwartungen und die Wachstums- und Sicherheitsbedürfnisse von Kapitalgebern führten in den Unternehmen zu einer verstärkten Konzentration auf wertorientiertes Management, das ein risikobewusstes Denken konsequent aus der Sicht der Renditeverluste erzwingt. Generell wird für unternehmerische Entscheidungen ein Kalkül bedeutender, mit dem das Rendite-Risiko-Profil aus komplexer Sicht bewertet wird. (Abb. 1)

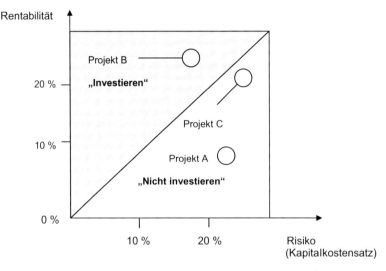

Abb. 1 Rendite-Risiko-Profil für ein Entscheidungsproblem[4]

Unternehmen erkennen zwar die strategische Bedeutung des Risikomanagements, zögern jedoch oftmals in der Umsetzung. Für 22 Prozent der Unternehmen stellt dabei nach einer Studie der Economic Intelligence Unit in Kooperation mit dem globalen Wirtschaftsprüfungs- und Beratungsunternehmen KPMG das mangelnde Risikobewusstsein das größte Hindernis auf dem Weg zu einem wirkungsvollen Risikomanagement dar. Sie erkennen nicht ausreichend die Wirkungen des Risikomanagements hinsichtlich der Kosteneinsparungspotenziale sowie der äußeren Marktwahrnehmung und des Imagewertes des Unternehmens.[5] Risikomanagement rückt dennoch schrittweise stärker in den Fokus der Unternehmen, weil schon die Transparenz der Risikosituationen, Frühaufklärung und Krisenpräventionen wesentliche Hilfestellung für das Management sein können. Ein wesentlicher Vorteil zeichnet sich in der Praxis in der möglichen Reduzierung der Kosten für die Risikobewältigung selbst, zum Beispiel durch kostenoptimierten Versicherungsschutz, ab.[6]

Praxissituation 2: Höherer Schaden
Seit August ermittelt die Frankfurter Staatsanwaltschaft gegen Mitarbeiter von Ikea und mehrere Bauunternehmen. Die Bauleute, so der Verdacht, sollen Ikea-Manager bestochen und dafür Aufträge erhalten haben...Jetzt weitet die Staatsanwaltschaft die Ermittlungen aus. Die Zahl der Verdächtigen steigt von 15 bis 20 auf 47. Auch der Schaden ist deutlich größer als zunächst angenommen. Im Spätsommer hatte ihn die Staatsanwaltschaft noch mit rund 660.000 Euro veranschlagt. Inzwischen geht sie davon aus, dass rund 1,6 Millionen Euro allein an Bestechungsgeld geflossen sind. „Die Schadenssumme kann noch höher liegen", sagt eine Sprecherin der Staatsanwaltschaft.
(Quelle: WirtschaftsWoche vom 13.03.2006, S. 16)

---

[4] Gleißner, W.: Grundlagen des Risikomanagements, München 2008, S. 3
[5] RiskNET, Mangelndes Risikobewusstsein in den Unternehmen als größtes Hindernis, in: www.risknet.de vom 23.11.2007, S. 1
[6] Gleißner, W.: Grundlagen des Risikomanagements, München 2008, S. 2

Praxissituation 3: Manager leben gefährlich...

Der Bundesgerichtshof verwies ein Urteil aus dem Jahre 1993 gegen zwei Manager eines Düsseldorfer Holzschutzmittelproduzenten wegen fahrlässiger Körperverletzung und Freisetzens von Giften zur erneuten Verhandlung zurück. Nach Auffassung der Richter konnte wegen eines unzuverlässigen Gutachtens nicht bewiesen werden, ob die Firma die Produktion ihres Holzschutzmittels rechtzeitig genug eingestellt hatte oder nicht. Diese Entscheidung ist aber entgegen verbreiteter Auffassung kein Anlass anzunehmen, die Richter hätten die Anforderungen an die Produktsicherheit herabgesetzt. Vielmehr ist seit Geltung des Umwelthaftungsgesetzes aus dem Jahre 1991 die Haftung von Führungskräften systematisch verschärft worden.

Verstärkt werden Geschäftsführer, Vorstände und Aufsichtsräte von Geschädigten und Staatsanwälten in Anspruch genommen. Wenn man bedenkt, dass das Umwelthaftungsgesetz 98 Anlagentypen umfasst, bei deren Betrieb Schadensfälle unmittelbar zur Haftung führen, der begreift auch, dass sich die Ermittlungsverfahren in den letzten 10 Jahren verdreifacht haben. (…) Bekanntlich leben Deponiebetreiber und Entsorger aus der Natur ihres Geschäfts heraus gefährlich. Aber auch wer kontaminierte Böden oder Abfälle durch andere entsorgen lassen will, kommt schnell mit dem Gesetz in Konflikt, wenn er nicht nach den streng vorgeschriebenen Regularien des Abfallgesetzes verfährt. ..

Der Unternehmer muss heute jederzeit dokumentieren können, dass der Vorwurf sachwidrigen Handelns unbegründet ist. Er muss durch Betriebsordnungen, Anweisungen und Schulungen dafür Sorge tragen, dass in seinem Betrieb keine Umwelt- und Produkthaftungslücken bestehen. Zwar sind wir noch nicht so weit wie in den USA, wo ein Mikrowellenherdfabrikant verurteilt wurde, weil er in der Gebrauchsanleitung seines Gerätes nicht darauf hingewiesen hatte, dass man darin keine Katze trocknen könne. Aber auch der deutsche Gesetzgeber steckt die Grenzen immer enger und die Unternehmer und Führungskräfte sind gut beraten, jeden Schritt sorgfältig zu überlegen. (Quelle: Wirtschaft & Markt 09/1995, S. 52)

Viele Unternehmen sind sich der Komplexität der Gefahren – zum Beispiel im Unternehmensbereich IT durch ständig neue Varianten von Viren und Würmern - nicht ausreichend bewusst. Es ist allerdings eine zunehmende Sensibilisierung der Verantwortlichen für das Thema IT-Sicherheit erkennbar. Den Administratoren in mittelständischen Unternehmen fehlt dazu jedoch die Zeit. Dennoch müssen alle mittelständischen Unternehmer ihre geschäftskritischen Ressourcen ebenso absichern wie Großunternehmen, jedoch mit minimalem Personalaufwand. Geschäftsführern kleinerer und mittlerer Unternehmen ist deshalb dringend zu empfehlen, dieses Thema aus haftungsrechtlichen Gründen zum Chefthema zu machen.

Praxissituation 4: Der Alptraum jedes IT-Verantwortlichen

Gerhard Büchner musste den klassischen Albtraum eines IT-Verantwortlichen durchstehen. Kaum hatte er vor zwei Jahren seinen Posten bei der Dis AG in H. angetreten, da fiel der für die Sicherheit verantwortliche Dienstleister aus. Er wurde von einem Wettbewerber übernommen. Mit fatalen Folgen: An mündlich vereinbarte Verpflichtungen, wie beispielsweise die Durchführung von Updates in den Virenschutzprogrammen, fühlte sich der neue IT-Partner plötzlich nicht mehr gebunden. Das Unternehmen bekam drei Wochen jeden Virus ab und obendrein meldete auch noch der Internetcarrier Insolvenz an. Den wirtschaftlichen Schaden für das Unternehmen mit 180 Niederlassungen und 82 Standorten in Deutschland konnte niemand beziffern.

Das Thema Sicherheit stand dann ganz oben auf der Prioritätenliste. Die Hard- und Software aller Standorte wurde standardisiert. Die Anbindung der Niederlassungen erfolgt über ein VPN (Virtual Private Network), das höchste Sicherheit für die Standorte ermöglichte. Für die Wartung der Server und den reibungslosen Ablauf der Systeme sorgt ein Dienstleister. Von einem Drittanbieter lässt das Unternehmen zwei Mal jährlich einen Sicherheitscheck im Netzwerk durchführen. Resultat: Das Netzwerk wurde sicher. Das dreistufige Abwehrkonzept schütze vor Viren-Attacken oder Würmern. Diese Viren- und Wurmattacken infizierten z.B. im August 2003 weltweit einige hunderttausend Rechner, die an das Internet angeschlossen sind. So kämpften selbst die IT-Verantwortlichen der Münchner BMW-Zentrale mit dem Wurm. (Quelle: Markt & Mittelstand 2/2004, S. 66)

Praxissituation 5: Chefs von Firmen leben mit Haftungsrisiko
Mit zwei Urteilen hat der Bundesgerichtshof im Jahre 2003 ihr Haftungsrisiko deutlich erhöht: Der Geschäftsführer eines Bauunternehmens, einer GmbH, hatte im Zuge der Insolvenz Steuerschulden mit Geldern beglichen, die einer der Eigentümer des Unternehmens eigens zu diesem Zweck nachgeschossen hatte. Ein Gläubiger bekam Wind von dem Transfer und erhob Anspruch auf das Geld. Der BGH gab ihm Recht, der Bau-Geschäftsführer musste die Rechnung des Gläubigers aus eigener Tasche begleichen. Von der Haftung ausgeschlossen ist der Geschäftsführer selbst dann nicht – das stellte auch das zweite Urteil klar – wenn die Gesellschafter des Unternehmens selbst bestimmen, wozu das Geld verwendet wird – etwa zur Besicherung eines Kredits an eine Schwestergesellschaft. Geht die Firma wegen solch einer Verpflichtung Pleite und stellt das Gericht einen „existenzvernichtenden Eingriff" fest, haftet der Chef persönlich. „Viele Geschäftsführer", sagt Markus Strelow, Partner der Anwaltskanzlei Ashurst Morris Crisp, „entsprechen den Wünschen der Gesellschafter und sind sich dieser Gefahr nicht bewusst."
(Quelle: Wirtschaftswoche vom 02.08.2003, S. 65)

Freier Handel und freie Märkte werden zunehmend Zielscheibe von Kriminellen und Terroristen. Mit der Einführung sogenannter intelligenter Container werden die Standardketten der Logistik elektronisch überwacht, so dass jeder unberechtigte Zugriff sofort auffällt.

Die organisierte Kriminalität, u.a. durch Rauschgift- Zigaretten- und Alkoholschmuggel sowie Diebstahl und Verschiebung von Kraftfahrzeugen und Baumaschinen umfasst inzwischen eine umfassende Täterzahl aus vielen europäischen Ländern. Mit der Geldwäsche entstehen Gefahren, die den legalen Wirtschaftskreislauf und den Wettbewerb beeinflussen und somit redliche Unternehmen aus dem Markt drängen können. In diesem Sinne werden Sicherheits- und Ordnungspartnerschaften zwischen Wirtschaft und Sicherheitsorganen als wichtig erachtet.

Die Aufmerksamkeit ist in der Zukunft auf eine Reihe konkreter Sicherheitsprobleme zu lenken: das Abgreifen von Know how durch ausländische Joint Venture-Partner, Subventionsbetrug, Sozialabgabenhinterziehung, Schutzgelderpressung und plumpe Werksspionage.

In den letzten Jahren haben viele Unternehmen detaillierte Szenarien entwickelt, um die Dynamik und die Folgen von Risiken großer Tragweite wie Terroranschlägen, dem Ausbruch einer Maul- und Klauenseuche, von SARS in China im Jahre 2003 oder der Vogelgrippe zu simulieren. Solche Szenarien können die direkten Effekte der Störungen, aber auch Nebenwirkungen wie Ängste in der Bevölkerung und Hamsterkäufe deutlich machen. So kann z.B. beim Versuch, das Vertrauen der Öffentlichkeit wieder herzustellen, eine Regierung überreagieren und durch die Verhängung von Maßnahmen die Krise noch verstärken.[7]

Die Entwicklung der letzten Jahre hat gezeigt, dass die Bedeutung und die betriebswirtschaftliche Wirkung eines betrieblichen Risikomanagements erkannt und vielfach bereits genutzt wird. In großen Unternehmen wird dieser Prozess bereits stark institutionalisiert, organisiert und instrumentalisiert. In kleinen und mittleren Unternehmen weist dieser Prozess jedoch oftmals Defizite auf Grund der spezifischen Struktur und Organisation des Managements auf. Risikomanagement wird sich – wenn es erfolgreich sein soll, an den spezifischen Bedürfnissen und Konstitutionen der unterschiedlichen Unternehmensgröße und Unternehmensstrukturen anpassen müssen.

---

[7] Sheffi, Y./Rice, J.R.: Sensible Kontrolle, Wirtschaftswoche Nr. 12/2006 vom 20.03.2006, S. 124

2. Risikodefinition – Risikoentstehung - Risikodimensionen

2.1 Zusammenhänge zwischen allgemeinen Risikokategorien

2.1.1 Allgemeine Risikodefinition

Risiken können als künftige Entwicklungen und Ereignisse verstanden werden, die aufgrund unvollkommener Informationen die Nicht-Erreichung der Ziele auf Unternehmensebene bewirken können.[8] Risiko stellt somit die Möglichkeit dar, durch externe und interne Faktoren und Prozesse negative, unerwünschte, ungeplante Abweichungen von Systemzielen zu erhalten.

Unter **Risiko** kann auch die aus der Unbestimmtheit erwachsende Möglichkeit verstanden werden, dass die Verwirklichung einer ausgewählten Handlungsalternative nicht zur Erreichung des gestellten Zieles führt, das Ziel nur mit höherem Aufwand, mit Verlust oder mit Zeitverzug realisierbar ist. Unternehmensrisiken entstehen, wenn die Auswirkungen von Umweltentwicklungen oder unternehmerischen Entscheidungen nach Art, Ort, Höhe oder Häufigkeit nicht mit Sicherheit vorhergesagt werden können.[9] Risiko ist also die Gefahr, einen Schaden oder Verlust zu erleiden. Risiken sind Ereignisse, die den Erfolg eines Unternehmens bedrohen. Nicht jegliches Risiko ist vermeidbar, selbst wenn alle Risiken bekannt sind. Risiko-Management ist somit eine bedeutende Aufgabe zur operativen und strategischen Erfolgs- und Überlebenssicherung von Unternehmen.[10]

Risiko kann auch als die Gefahr von Fehlern, des Misslingens einer Leistung bzw. der Verfehlung geplanter Ziele bezeichnet werden. Die Gesamtheit aller Unternehmensrisiken bildet das Bedrohungspotenzial, das u.a. aus den drei folgenden Bestandteilen entsteht:[11]

➢ **Marktrisiko** als Abhängigkeit des Umsatzes von den Nachfrageschwankungen
➢ **Leistungswirtschaftliches Risiko** als Gefahr, dass der mit dem Einsatz von Produktionsfaktoren verbundene Werteverzehr nicht wieder über den Umsatz in das Unternehmen zurückfließt.
➢ **Finanzwirtschaftliches Risiko** als Gefahr, dass der mit der Aufnahme von Fremdkapital erforderliche Kapitaldienst pro Periode nicht vollständig oder nicht rechtzeitig erfolgen kann.

Risiko kann auch als „das individuelle ‚In-Kauf-Nehmen' begleitender Gefahren im Rahmen eines jeglichen unternehmerischen Handelns und Entscheidens und als eine zu kalkulierende Größe eines möglichen, aber nicht gewünschten Ereignisses auf dem Weg der Zielerreichung" verstanden werden.[12]

Neben der allgemeinen Definition von Risiko wird häufig auch eine Unterteilung in ‚**reines Risiko**" und „**spekulatives Risiko**" sinnvoll. Das reine Risiko beinhaltet nur die Möglichkeit eines Vermögensverlustes ohne Berücksichtigung der Chancen. Das Unternehmen wird nur von seltenen, unregelmäßigen Gefahren bedroht. Im Gegensatz dazu erfasst das spekulative Risiko diejenigen unsicheren Ereignisse, die sich durch das unternehmerische Handeln Vermögen mindernd oder Vermögen mehrend auswirken. Daraus folgt eine erweiterte Risiko-Definition: „*Risiko ist die aus der Unvorhersehbarkeit der Zukunft resultierende, durch ‚zufällige' Störungen verursachte Möglichkeit, geplante Ziele zu verfehlen.*"[13]

Ein Risiko kann als *objektiv* oder *subjektiv* betrachtet werden. Objektive Risiken entstehen als Ungewissheit im Sinne messbarer, kalkulierbarer Wahrscheinlichkeit, z.B. im Bereich der techni-

---

[8] Kajüter, P.: Risikomanagement in der Supply Chain: Ökonomische, regulatorische und konzeptionelle Grundlagen, in: Vahrenkamp, R./Siepermann, C.(Hrsg.): Risikomanagement in Supply Chains, Berlin 2007, S. 14
[9] Rosenkranz, F./Missler-Behr, M.: Unternehmensrisiken erkennen und managen, Berlin – Heidelberg 2005, S. 20
[10] Holzbaur, U.D.: Management, Ludwigshafen, 2001, S. 189
[11] Rosenkranz, F./Missler-Behr, M.: Unternehmensrisiken erkennen und managen, Berlin – Heidelberg 2005, S. 20
[12] Keitsch, D.: Risikomanagement, Stuttgart 2007, S. 5
[13] Gleißner, W./Wolfrum, M.: Risiko: Grundlagen aus Statistik, Entscheidungs- und Kapitalmarkttheorie, in: Gleißner, W./Meier, G.(Hrsg.): Wertorientiertes Risiko-Management für Industrie und Handel, Wiesbaden, 1. Auflage 2001, S. 141

schen Qualitätssicherung, oder als subjektive Wahrnehmung ungewisser Situationen, Ereignisse oder Ergebnisse. Die subjektiven Einschätzungen sind von fulminanter Bedeutung für die Risikoanalyse, da sie auf persönlichen Einschätzungen von Menschen beruhen. Für die Ermittlung von Risiken als „Abweichungen" sind objektive Zielgrößen im Sinne von Erwartungswerten von Zielvariablen zu definieren und präzise zu bestimmen. Dabei können im Allgemeinen drei Arten von Erwartungswerten unterschieden werden:[14]

➢ Exogene Erwartungen
   Dies sind autonome, zeitlich invariante (oder nur stochastischen Schwankungen unterliegende) Erwartungen, die nicht systematisch veränderbar sind.

➢ Adaptive und autoregressive Erwartungen
   Wirtschaftssubjekte lernen aus Fehlern der Vergangenheit und passen ihr Verhalten an die vergangenen Werte einer Zeitreihe an. Man spricht hier von einer schwach rationalen Erwartungsbildung.

➢ (Streng) rationale Erwartungen
   Eine rationale Erwartungsbildung unterstellt die Nutzung sämtlicher zum Prognosezeitpunkt verfügbaren Informationen über die Struktur und den Zustand des Wirtschaftssystems, also nicht nur die Vergangenheitswerte. Die auf rationalen Erwartungen basierenden Prognosen sind die bestmöglichen Erwartungen mit einem bei umfassenden und korrekt vorliegenden Informationen Minimum an Erwartungsfehlern.

Jedes Risiko kann mit zwei Dimensionen beschrieben werden:

(1) dem meist im Geldausdruck bewerteten Umfang des möglichen Schadens und
(2) der Wahrscheinlichkeit des Schadenseintritts.

Unternehmen brauchen für ein systematisches Risikomanagement eine klare Abgrenzung von Risikokategorien. Dies dient vor allem auch für die betriebliche Kommunikation. Dazu müssen zunächst die Zusammenhänge zwischen den folgenden Risikokategorien betrachtet werden:[15]

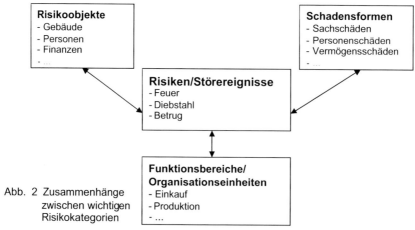

Abb. 2 Zusammenhänge zwischen wichtigen Risikokategorien

---

[14] Gleißner, W.: Identifikation, Messung und Aggregation von Risiken, in: Gleißner, W./Meier, G.(Hrsg.): Wertorientiertes Risiko-Management für Industrie und Handel, Wiesbaden, 1. Auflage 2001, S. 122
[15] Romeike, F.: Risikoidentifikation und Risikokategorien, in: Romeike, F./Finke, R.B. (Hrsg.): Erfolgsfaktor Risiko-Management, Wiesbaden 2003, S. 167

2.1.2 Beziehungen zwischen Risiken

Unternehmen betrachten im Rahmen eines Risikomanagements zunächst eine Vielzahl von Einzelrisiken und stellen diese zu einem Risikoportfolio zusammen. Dabei kann es sich um ein einzelnes betriebliches Projekt, einen abgegrenzten Markt, ein Produkt, einen Kunden etc. handeln. Einzelrisiken sind in der Praxis jedoch häufig gekoppelt oder korreliert. Für die Risikoanalyse können sich Korrelationen ergeben, hinter denen sich qualitativ und quantitativ sehr unterschiedliche kausale Wirkungen verbergen.[16] Dabei kann ein bestimmtes Einzelrisiko durch eine Gruppe von Einzelfaktoren oder Gruppenrisiken determiniert sein. So können für die nachlassende Konjunktur mehrere volkswirtschaftliche Bedingungen gleichzeitig verantwortlich sein. Die Zusammenhänge zwischen den einzelnen Risiken lassen sich durch zwei Beziehungsstrukturen abbilden:

➢ die vertikalen Risikostrukturen, die in Form von Zielhierarchien und Kausalstrukturen Abhängigkeitsrelationen im Sinne von Über- oder Unterordnungen beschreiben und
➢ die horizontalen Risikostrukturen, die wechselseitige Beziehungen zwischen Risiken auf der gleichen Ebene beschreiben.

Die wechselseitige Beeinflussung von Risiken lässt sich durch verschiedene horizontale Risikobeziehungen beschreiben:[17]

➢ **Risikoantinomie** (Risikounvereinbarkeit): Risiko A und Risiko B schließen sich gegenseitig aus.
➢ **Risikokonkurrenz:** Risiko A und Risiko B stehen im Widerspruch zueinander.
➢ **Risikokomplementarität:** Risiko A und Risiko B ergänzen sich . Bei Eintritt von Risiko A bzw. Veränderung seiner EW steigt die EW von Risiko B.
➢ **Risikoindifferenz:** Risiko A und Risiko B beeinflussen sich nicht.
➢ **Risikoidentität**: Risiko B tritt immer genau dann ein, wenn Risiko A eintritt (Risikoteilereignis) oder Risiko B tritt immer dann ein, wenn Risiko A realisiert wird und umgekehrt (Risikoäquivalenz).

Das Ausmaß eines Risikos A kann in unterschiedlicher Weise von der Art und dem Umfang der Maßnahmen der Risikobewältigung eines Risikos B oder sogar mehrerer Risiken B, C,...abhängen.

Wie die bei der Deutschen Telekom AG und der Deutschen Bahn AG in den Jahren 2008/2009 an die Öffentlichkeit gelangten Überwachungs- und Spionageskandale[18] zur Gewinnung von Informationen über Führungskräfte und Mitarbeiter des Konzerns sowie zu externen Personen zeigen, besteht ein Konflikt stets zwischen mehreren Risiken. Einerseits muss eine bestimmte Führungsebene zur Bewältigung von Risiken aus dem Fehlverhalten von Führungskräften und Mitarbeitern präventive Strategien zur Risikovermeidung einsetzen, andererseits dürfen diese Maßnahmen nur in den strengen Grenzen der gesetzlichen Regelungen stattfinden. Höhere Sicherheit in der Risikoprävention kann hier – wie in vielen anderen praktischen Fällen - mit einem Risiko aus der Überschreitung der gesetzlichen Grenzen einhergehen.

Von besonderer Bedeutung sind die Wechselwirkungen zwischen den hinsichtlich ihrer Quellen differenzierten externen und internen Risiken. Risiken aus der politisch-ökonomischen Umwelt (externe Risiken) können in Wechselwirkung mit Betriebsrisiken (interne Risiken) stehen. So bestehen etwa Wechselwirkungen zwischen der politisch-ökonomischen Umwelt (volkswirtschaftliche Daten) und dem betrieblichen Finanzbereich.[19] Risiken aus der Finanzmarktentwicklung können direkte Auswirkungen auf das finanzielle Gleichgewicht des Unternehmens haben.

---

[16] Rosenkranz, F./Missler-Behr, M.: a.a.O., S. 155ff.
[17] Esswein, W./ Enz, R.: Risikomanagement bei ERP-Projekten, in: WISU 1/2007, S. 99;
Lingnau, V./Jonen, A.: Kognitionsorientiertes Risikocontrolling in der Supply Chain: Balanced Supply Chain Risk Map, in: Vahrenkamp, R./Siepermann, C.(Hrsg.): Risikomanagement in Supply Chains, Berlin 2007, S. 346f.
[18] Berke, J.: Langes Nachbeben, WirtschaftsWoche 09.06.2008, S. 63
[19] Keitsch, D.: Risikomanagement, Stuttgart 2007, S. 8

2.2 Risikoentstehung

2.2.1 Komplexität als Ursache steigender Risiken in Unternehmen

Das Fahrwasser für Unternehmen wird zunehmend unruhiger und unberechenbarer. Einerseits nehmen die Komplexität der Prozesse und deren Zwang zu ihrer effizienten Beherrschung zu, andererseits erschwert die zunehmende Dynamik die „Durchführung von Entscheidungsprozessen, da der infolge der gestiegenen Komplexität der Entscheidungssituation durch Gesamtbetrachtung der Wertschöpfungskette benötigte Zeitaufwand gegenläufig zu der zur Verfügung stehenden Reaktionszeit ist, um am Markt wettbewerbsfähig zu sein."[20]

Komplexen Systemen sind bestimmte Eigenschaften gemein. Ein geringer Input kann gewaltige, oft unvorhergesehene Veränderungen bewirken. Das Ausmaß dieser Einflüsse – oftmals als Störungen auftretend – ist häufig unmöglich einzuschätzen. Solche Systeme neigen zur Tendenz, ziemlich plötzlich von der Stabilität zur Instabilität zu wechseln. Diese Gesetzmäßigkeit ist zum Beispiel bei der Einschätzung makroökonomischer Risiken sowie weltwirtschaftlicher Risiken von großer Bedeutung.

Risiken ergeben sich u.a. dann, wenn der Entscheidende die komplexen Wirkungszusammenhänge zwischen seinen Entscheidungen und der Entwicklung der Umweltvariablen nicht gut genug versteht, die Informationen über diese Wirkungszusammenhänge fehlen oder der Entscheidende durch zu viele, zuweilen widersprüchliche oder unscharfe Informationen an adäquatem Handeln gehindert wird.[21] Die Veränderung der Risikosituation von Industrie-, Handels- und Logistikunternehmen beruht nicht auf einer einzigen Ursache, sondern ist das Ergebnis eines komplexen Zusammenwirkens mehrerer oder vieler sich teilweise verstärkender Einflussfaktoren. Diese neue Qualität der Risikobetrachtung erfordert ein Konzept des Systemdenkens zur Risikoanalyse und – bewältigung.

Mit Hilfe der Systemtheorie lässt sich die steigende innere und äußere Komplexität des Unternehmens zielgerichteter analysieren.[22] Beispielsweise folgt aus der zunehmenden Individualisierung der Produkte, dass Unternehmen in wesentlich größerem Umfang Interaktionen mit Geschäftspartnern auf der Beschaffungs-, der Absatz- und der Dienstleistungsseite eröffnen.

Die Veränderungen im Unternehmensumfeld und in den Unternehmensstrukturen führen direkt oder indirekt zur Zunahme der Anzahl, Varietät und Veränderungsgeschwindigkeit der Elemente und Beziehungen des sozioökonomischen Systems „Unternehmen".[23] Die Notwendigkeit der Berücksichtigung von immer mehr Einflussfaktoren bei Problemlösungen sowie die hohe Veränderungsgeschwindigkeit dieser Faktoren erschweren zunehmend eine genaue Prognose dieser Veränderungen sowie deren Auswirkungen auf das Unternehmen.[24]

Sozioökonomische Systeme weisen einen hohen Anteil interdependenter und nichtlinearer Beziehungen auf. Dabei reichen einige wenige dieser Verknüpfungen aus, um ein unregelmäßiges Systemverhalten zu generieren, das oftmals sprunghafte Änderungen aufweist, sich im Zeitablauf nicht wiederholt und häufig keinem stabilen Gleichgewicht zustrebt.[25] Bereits marginale Modifikationen von Ausgangsbedingungen können enorme Veränderungen der Folgezustände verursachen. Damit treten immer wieder Situationen auf, deren Zustandekommen Zufällen unterliegt und diese folglich nicht mit letzter Genauigkeit nachvollziehbar ist. So nimmt die technische und wirtschaftli-

---

[20] Pfohl, H.-C.: Risiken und Chancen: Strategische Analyse in der Supply Chain, in: Pfohl, H.-C.(Hrsg.): Risiko- und Chancenmanagement in der Supply Chain, Berlin 2002, S. 4

[21] Rosenkranz, F./Missler-Behr, M.: Unternehmensrisiken erkennen und managen, Berlin – Heidelberg 2005, S. 20

[22] Vgl. auch Meyer, C.M.: Integration des Komplexitätsmanagements in den strategischen Führungsprozess der Logistik, Bern(CH) 2007.

[23] Erben, R.F./Romeike, F.: Komplexität als Ursache steigender Risiken in Industrie und Handel. In: Romeike, F./Finke, R.B. (Hrsg.): Erfolgsfaktor Risiko-Management, Wiesbaden 2003, S. 47

[24] Ebenda, S. 47f.

[25] Ebenda, S. 48

che Abhängigkeit der Kernprozesse in der Wertschöpfungskette des Unternehmens von der IT stark zu. Gerade die - aus zunehmenden Interaktionen zwischen den Kernprozessen und den Unterstützungsprozessen in Wertschöpfungsketten erwachsenden - Risiken zwingen zu einem ganzheitlich ausgerichteten Risikomanagement.

Steigendes Risiko in der Unternehmenspraxis resultiert also somit bereits aus der steigenden Komplexität und der sich daraus unmittelbar ergebenden höheren Anzahl potenzieller Zustände. Unternehmen versuchen, dieser steigenden Komplexität mit geeigneten Strategien, Organisationsveränderungen und neuen operativen Konzepten zu begegnen, z.B. durch neue dezentrale Unternehmensstrukturen und gehen damit selbst wieder neue Risiken ein.

ROMEIKE gibt einen generellen Überblick über die wesentlichen Auswirkungen wichtiger Trends und Einzeleffekte. (Tab.1)[26]

Globalisierung und verschärfter Wettbewerb	➢ Länderrisiken aus grenzüberschreitenden Aktivitäten ➢ Weltweite Kettenreaktionen infolge enger internationaler Vernetzung aus ökonomischen Schocks ➢ Zunahme der Wettbewerbsintensität durch Diversifikations- und Marktabdeckungsstrategien von Unternehmen ➢ Hohe potenzielle Schadenssummen bei hohen Investitionen zur Erreichung einer weltweiten Marktpräsenz ➢ Verkürzung der Produktlebenszyklen und Individualisierung der Nachfrage und damit verbundene steigende Investitionen in F & E ➢ Zunahme der Größe und Marktmacht von Wettbewerbern, Kunden und Lieferanten durch Übernahmen und Fusionen ➢ Erleichterung des Markteintritts von Unternehmen durch zunehmende Deregulierung und Liberalisierung ➢ Zwang zur Annahme von Aufträgen mit ungünstiger Risikostruktur durch den verschärften Wettbewerb
Moderne Produktions- und Warenwirtschaftstechniken	➢ Höheres Schadensmaß bei Schäden an teuren Anlagen/Einrichtungen ➢ Verringerung der Anpassungsfähigkeit und –geschwindigkeit an veränderte Umweltbedingungen durch hohe Fixkostenanteile ➢ Hohe Stillstands- und Leerkosten bei verketteten Produktions- und Warenwirtschaftssystemen ➢ Tendenzielle Steigerung der Störanfälligkeit der Produktions- und Warenwirtschaftssysteme bei zunehmender Komplexität ➢ Gefahr von Imageschäden bei negativen Auswirkungen von Produktion und Handel auf Mensch und Umwelt
Interorganisationale Kooperation	➢ Hohes Maß an gegenseitiger Abhängigkeit zwischen den Kooperationspartnern bzw. Abnehmern und Zulieferern oder Herstellern und Kunden ➢ Kaum mögliche gerechte Aufteilung von Risiken zwischen den einzelnen Partnern ➢ Notwendigkeit, unfreiwillig Risiken mitzutragen, die von anderen Personen/Institutionen eingegangen werden ➢ Gefahr des opportunistischen Verhaltens der Partner
Angebot von Systemlösungen	➢ Angebot von Leistungen durch Unternehmen, die nicht zu deren Kernkompetenzen gehören, aber die Komplexität und damit das Risiko erhöhen ➢ Konzentration immer höheren Auftragswert auf eine immer geringere Zahl von Aufträgen in Verbindung mit dem Angebot umfangreicherer Systemlösungen und dem Trend zum Single Sourcing

Tab. 1   Wesentliche Auswirkungen und Trends auf Risiken von Unternehmen

Eine aktuelle Studie der Unternehmensberatung Bain & Company zeigt, dass Unternehmen mit geringer Komplexität offensichtlich generell schneller wachsen und profitabler sind. Der Vertrieb

---

[26] Mit Abwandlungen nach ebenda, S. 44

solcher Hersteller arbeitet effektiver, weil eine überschaubare Produktpalette einfacher zu vermarkten ist und die Kosten für Vertriebsschulungen und Marketing geringer sind.[27] Viele Industrieunternehmen haben eine Strategie der kundenindividualisierten Massenfertigung als strategische Antwort auf die internationale Konkurrenz verfolgt. Einige mussten später feststellen, dass der Markt diese Strategie nicht durch eine ausreichende Profitabilität honorierte.

Der Erfolg der Discounter im Lebensmittelhandel beruht nicht zuletzt auf darauf, dass Kunden bei einem Produkt durchschnittlich zwischen maximal zwei Varianten auswählen können und dabei das Gefühl haben, dass das Handelsunternehmen zuvor für seine Kunden schon eine Qualitätsauswahl getroffen hat. Komplexität als Kostentreiber ist in den Unternehmen generell bekannt. Toyota hat sich in seiner Produkt- und Modellpolitik schon seit Jahren diesem Thema verschrieben, indem es nicht wie seine Konkurrenten Millionen von Varianten eines Modells, sondern wie beim Corolla nur 600 verschiedene Varianten anbietet. Das Unternehmen sieht darin ein Erfolgsprinzip. „Wir produzieren eine überschaubare Zahl vorkonfigurierter Modell- und Ausstattungsvarianten, die den breiten Geschmack treffen und die die Kunden gut erfassen können. Dafür nehmen wir in Kauf, dass wir die individuellen Wünsche einzelner Kunden nicht immer erfüllen können."(Aussage des Marketingmanagers bei Toyota in Köln)[28]

Eine bemerkenswerte Erfahrung wird auch vom Versicherungsunternehmen Allianz berichtet: „Statt wie bisher Hunderte unterschiedlicher Tarife anzubieten, definierte die Allianz deshalb vor gut einem Jahr drei Kundengruppen für die Vollversicherung. Seiher gibt es den Optimalschutz für Versicherte, für die der Preis weniger eine Rolle spielt – Hauptsache, der Versicherungsschutz ist erstklassig und greift in allen Fällen. Daneben rangiert der Komfortschutz für Kunden, dei preiswerter, aber gut abgesichert sein wollen. Schließlich gibt es noch einen Basistarif, den meist Selbständige abschließen, die möglichst wenig Prämie zahlen wollen."[29]

2.2.2 Unternehmerische Führungskompetenz als Risikofaktor

Risiken können die Ursachen von Krisen sein, die sich schlagartig oder allmählich und strukturell entwickeln. Die Führungskompetenz der Unternehmer, Manager und Führungskräfte setzt oftmals selbst – eigenständig oder im Verbund mit anderen Ursachen – eine Ursache für das Entstehen von Risiken:

➢ Unzureichende berufliche, fachliche und persönliche Qualifikation
➢ Ungenügendes Wissen und ungenügende Führungskenntnisse
➢ Unzureichende Organisation (Kompetenz und Verantwortung, Kontrolle und Vertrauen)
➢ Unzureichende Praxiserfahrungen und fehlende Marktkenntnisse
➢ Fehlende Informationen über das Umfeld
➢ Mangelnde Planung mit unzureichendem Realitätsbezug und Unterschätzung der Risiken.[30]

Eine wesentliche Ursache für Risiken aus der unternehmerischen Führung sind die Vielzahl von „Unterlassungen" im Führungsprozess, so u.a.:[31]

➢ Es wird zu wenig logisch-analytisch und ganzheitlich gedacht.
➢ Neuerungen werden nicht erkannt, neue und konventionelle Lösungen nicht ins Auge gefasst.
➢ Probleme werden nur aus einer Sicht beurteilt.
➢ Anregungen und Vorschläge werden nicht eingeholt bzw. nicht akzeptiert.
➢ Koordinierungshandlungen werden nicht rechtzeitig vorgenommen.
➢ Die Fähigkeit zur Kommunikation fehlt.
➢ Aufgaben und Verantwortung werden nicht ausreichend delegiert.

---

[27] Leendertse, J.: Schallgrenze erreicht, in: WirtschaftsWoche 01.10.2007, S. 106
[28] Ebenda, S. 110
[29] Ebenda, S. 111
[30] Holzbaur, U.D.: Management, Ludwigshafen, 2001, S. 198
[31] Ehrmann, H.: Risikomanagement. Rating - Basel II, Kompakt-Training, Ludwigshafen(Rhein) 2005, S. 18

Praxissituation 6: Praxisfall Dämmstoff-Fabrikant Uwe Welteke-Fabricius
Mit einem in den Vereinigten Staaten entwickelten und von ihm perfektionierten Dämm-Material aus Zeitungspapier betrat der Jungunternehmer Uwe Welteke-Fabricius aus Hessisch Lichtenau 1983 den noch jungen Öko-Baustoffmarkt. Doch je größer seine Firma, die Isofloc Ökologische Bautechnik GmbH, wurde, desto mehr hatte er mit ebenso typischen wie existenzbedrohenden Wachstumsproblemen zu kämpfen.

Trotz finanzieller Startschwierigkeiten hatte die Isofloc GmbH Anfang 1984 bereits 15 Mitarbeiter. In den folgenden Jahren wuchs das Geschäft dann mit rasanter Geschwindigkeit. Der Jahresumsatz erhöhte sich im Zeitraum zwischen 1988 und 1993 von zwei auf 20 Millionen Mark....Die Verzehnfachung des Umsatzes hat das Unternehmen organisatorisch und finanziell sehr stark beansprucht.

Zur Abdeckung der Nachfrage baute der Unternehmer 1992 eine moderne Produktionsanlage, und dies noch im eigenen Engineering von der Planung bis zur Montage. Diese Investition verschlang nicht wie geplant 2,5 Millionen Mark, sondern 4 Millionen Mark. Grundlage der Finanzierung durch die Bank waren jedoch 2,5 Millionen Mark. Die Finanzdecke wurde zu kurz, der Liquiditätsengpass wurde immer drückender.

Auch in der Firmenorganisation gab es Schwachstellen. An der Schwelle vom Kleinunternehmen zum mittelständischen Unternehmen mit verteilter Verantwortung, definiertem Organigramm und der Notwendigkeit der Schriftlichkeit in allen Bereichen hatten wir lange Zeit Probleme. Schwachstellen in der kaufmännischen Organisation sowie in der EDV-Organisation wurden zu spät erkannt. So wurde jahrelang an einer hauseigenen Softwarelösung mit deutlich überhöhten Kosten herumgebastelt....
(Quelle: Markt und Mittelstand 7/1996, S. 100)

Für die Entstehung und Erklärung von Risiken muss der Unternehmer oder sonstige Entscheider in seinem Verhalten in komplexen Entscheidungssituationen erklärt werden. Komplexe Situationen lassen sich durch folgende typische Merkmale charakterisieren: Komplexität und Vernetztheit der relevanten Variablen, Intransparenz bezüglich der (stochastischen) Wirkungszusammenhänge sowie Eigendynamik der Umwelt und Irreversibilität (Pfadabhängigkeit) der Handlungen, Auftreten häufig unüberschaubarer Fern- und Nebenwirkungen getroffener Entscheidungen.[32]

Eine Vielzahl von Entscheidungssituationen zwingt den Entscheidungsträger zum kritischen und logischen Durchdenken der wirklichen Kausalbeziehungen. Derartige Kausalbeziehungen müssen zum Beispiel zwischen dem Grad des Unternehmenserfolgs in der Vergangenheit und den real zugrunde liegenden ursächlichen Faktoren analysiert werden. Dabei entwickeln viele Unternehmen eine Tendenz zur fatalen Angewohnheit, sich vom Erfolg des Unternehmens blenden zu lassen und daraus spezifische Managementregeln abzuleiten. Das Risiko besteht nun darin, den Erfolg auf falschen oder nicht erkannten Kausalbeziehungen zu begründen. Zur Vermeidung derartiger strategischer „Irrtümer" sollten einige Erkenntnisse der Managementlehre beachtet werden:[33]

➢ **Erfolg ist relativ, nicht absolut!** Geschäftlicher Erfolg ist nicht naturwissenschaftlich planbar. In der Geschäftswelt stehen Unternehmen miteinander im Wettbewerb und ihre Leistung wird von der Leistung anderer Firmen beeinflusst. Es entsteht oft eine paradoxe Situation: Ein Unternehmen kann sich verbessern und gleichzeitig hinter seine Mitbewerber zurückfallen. In einer wettbewerbsorientierten Wirtschaft ist Unternehmenserfolg grundsätzlich relativ, aber nicht zwingend ein Nullsummenspiel.

➢ **Unternehmen stehen in einem komplexen und unvorhersehbaren Wettbewerbsumfeld.** Unternehmensleistung hängt nicht nur von internen Faktoren ab. Strategische Entscheidungen

---

[32] Gleißner, W.: Die Psychologie unternehmerischer Entscheidungen, in: www.krisennavigator.de vom 07.12.2005, S. 1
[33] Rosenzweig, P.: Manager lassen sich über das Geheimnis des Erfolgs systematisch täuschen, GDI Impuls 2/2008, S. 58ff.

beruhen immer auf der Beurteilung der eigenen Fähigkeiten und Ressourcen und der aktuellen und potenziellen Mitbewerber.

➢ **Auch gute Entscheidungen können zu schlechten Resultaten führen.** Entscheidungen unter Unsicherheit können zu Misserfolg führen, obwohl diese Entscheidungen nicht falsch waren. Aus einem positiven Ergebnis im Nachhinein eine positive Bewertung der Entscheidung und daraus eine gewisse Erfolgsformel und eine Hochleistungsgarantie abzuleiten, kann riskant und sogar gefährlich werden. Positive Resultate sind umgekehrt nicht zwangsläufig immer die Folge guter Entscheidungen. In der Geschäftswelt herrschen keine eindeutigen kausalen Beziehungen, wo bestimmte Maßnahmen zu bestimmten Ergebnissen führen. Herausragender Erfolg über eine gewisse Zeit stimuliert die Konkurrenz, die sich die Latte höher legt und es dem Vorbild schwer macht, seinen Erfolg zu halten.

Beim Umgang mit komplexen Entscheidungsproblemen erzwingt die Langsamkeit des Denkens Vereinfachungen, um in vertretbarer Zeit überhaupt zu einer Entscheidung zu kommen. Eine der Vereinfachungen ist die Anwendung bestimmter fester („heuristischer") Handlungsweisen, die in der Vergangenheit erfolgreich waren.[34] Damit wird jedoch das Risiko eingegangen, die neue, spezifische Situation, unter der die Entscheidung zu treffen ist, zu ignorieren und durch diese „vergangenheitsbezogene" Geschäftslogik direkt Misserfolge zu verursachen.

Führungskompetenz hat eine Vielzahl von Determinanten. Manche Führungskräfte können häufig auf Grund ihrer Erfahrungen im Umgang mit komplexen Entscheidungsproblemen erfolgreicher vorgehen als andere. Der Erfolg von Unternehmen hängt also sehr wesentlich von den individuellen Charakteristika der die Strategie beeinflussenden Führungspersonen ab, speziell hier von deren Fähigkeiten, typische „Denkfallen" zu erkennen und die eigenen Verhaltensweisen kritisch zu hinterfragen.[35]

GLEIßNER leitet aus praktischen Unternehmensbeispielen u.a. eine Reihe typischer Managementfehler bei komplexen Entscheidungen ab:[36]

➢ Warum wurden die offensichtlich schon seit Jahren bestehenden Kosteneinsparungspotenziale nicht viel früher genutzt und somit das Unternehmen einem Verlustrisiko ausgesetzt? Die Geschäftsführung zeigte hier offensichtlich ein typisches „Satisfying Behavior": Solange die Ertragskraft als befriedigend angesehen wird, werden bestehende Optimierungspotenziale nicht ausgeschöpft. Erst bei Überschreitung „schmerzlicher" individueller Toleranzgrenzen der Geschäftsführung wird über mögliche neue Maßnahmen zur Verbesserung der Ertragssituation nachgedacht.

➢ Warum wird ein inzwischen kaum mehr aussichtsreiches Investitionsprojekt nicht abgebrochen oder zumindest stark modifiziert? Eine unveränderte Fortsetzung der Investitionsmaßnahme trotz sich verschlechterter Umfeldbedingungen ist die Folge des Sunk-Cost-Effektes, in Verbindung mit einer zweifelhaften Hoffnung auf eine Verbesserung der Situation und damit des Versuches der Rettung des „sinkenden Schiffes". Die „Anomalie" des „Sunk-Cost-Effekt" besteht in der Neigung von Menschen, an einer Handlungsalternative eher festzuhalten, je mehr Geld, Zeit oder Arbeit in der Vergangenheit für diese bereits eingesetzt wurden. Dieser Sunk-Cost-Effekt wird umso größer sein,

- je höher der Anteil der Sunk-Costs an den Gesamtkosten ist;
- je weiter eine Investition/Handlung schon fortgeschritten ist;
- je seltener Entscheider eine solche Situation kennen gelernt haben;
- je unklarer die Entscheidungssituation und die Handlungsalternativen sind.

---

[34] Gleißner, W.. Die Psychologie unternehmerischer Entscheidungen, in: www.krisennavigator.de vom 07.12.2005, S. 1
[35] Ebenda, S. 3f.
[36] Ebenda.

➢ Sinkende Erfolgsquoten eines Anlagenbauers bei Ausschreibungen wurden als rein konjunkturelles Problem betrachtet. Einer Verlustsituation folgte eine Vielzahl von Ad-hoc-Maßnahmen mit zweifelhaftem Erfolg. Die Kalkulationsabteilung musste dann an 50 Prozent mehr Ausschreibungen teilnehme, um den Umsatz zu steigern. Das Ergebnis waren u.a. zwei Projekte mit einem jeweiligen Kostendeckungsgrad von etwas mehr als 50 Prozent. Dies wurde von der Geschäftsführung als noch akzeptabel betrachtet. Das Ignorieren negativer Entwicklungsprobleme dient hier vor allem dem erhalt des positiven Selbstbildes.

➢ Die Vergabe eines Darlehens an einen Unternehmer wurde von einem Bankmitarbeiter als Routinefall betrachtet und entsprechend der „Standardheuristik" bearbeitet. In solchen Fällen ist folgendes Phänomen zu beobachten: Gerade umfangreiche Erfahrungen der Entscheider sowie deren Selbstsicherheit aufgrund früher getroffener Entscheidungen führen zu einem vereinfachten Verfahren. Manche relevanten Einflussfaktoren auf die Entscheidung werden vernachlässigt. Erfahrung und Selbstsicherheit sind nicht immer entscheidend.

➢ Ein Bauunternehmen, das während einer Boom-Phase bei einem Umsatz von 15 Millionen Euro knapp zwei Millionen Euro Vorsteuergewinn erwirtschaftete, investierte in den Ausbau des Bauhofes, die Anschaffung neuer Maschinen sowie die Renovierung des Verwaltungsgebäudes – mit dem Ziel „Steuern zu sparen". Vier Jahre später - während der Baukrise – gerät das Unternehmen in eine dramatische Liquiditätskrise und ist am Rande der Zahlungsunfähigkeit. In dieser Situation lassen sich keine Käufer für die gekauften Maschinen finden. Warum wurden die langfristigen Konsequenzen der Investition, insbesondere der Liquiditätswirkung bei der Entscheidung zu wenig beachtet? Mit dem Ziel „Steuern sparen" wurde das Entscheidungsproblem unangemessen vereinfacht, die neben- und langfristigen Folgewirkungen der Investitionsentscheidung ebenso wie die Risiken ignoriert.

2.2.3 Informationsstand und Informationsverhalten der Entscheider

Risiken stehen fast immer im Zusammenhang mit unvollständiger und unvollkommener Information über die Wirkungszusammenhänge der Realität und den daraus folgenden Ziel- und Planabweichungen, die zu Schäden oder Verlusten führen können.[37] Unvollständige, unvollkommene und somit unsichere Informationen beruhen auf zwei grundlegenden Erklärungen:

➢ Erklärung 1: Informationen enthalten **objektive** Unvollständigkeit, Unvollkommenheit oder Unsicherheit, d.h. man kennt nicht alle Einflüsse auf einen externen oder internen Entwicklungsparameter. Diese Situation kann man „Nicht-Wissen" nennen.
➢ Erklärung 2: Informationen enthalten **subjektive** Unvollständigkeit, Unvollkommenheit oder Unsicherheit, d.h. man eliminiert, ignoriert oder manipuliert Informationen oder – mit anderen Worten gesagt – man blendet Informationen aus. Diese Situation könnte man als „Nicht-Wissen-Wollen" bezeichnen.

In der Unternehmenspraxis sind beide Erklärungen von nahezu gleicher Relevanz. Bei der Analyse der „objektiven" Informationsdefizite über die Auswirkungen unternehmerischer Entscheidungen i.S. der Erklärung 1 sind verschiedene Sachverhalte zu betrachten:[38]

➢ Das **System** von Entscheidung bzw. Ursache und von Auswirkung bzw. Konsequenz ist an sich statistisch oder unscharf. Die daraus folgende Unsicherheit oder Unbestimmtheit besteht selbst dann, wenn alle denkbaren Informationen verfügbar wären. Diese „Unschärfe des Risikos" bedeutet, dass selbst bei gut bekannter Verteilungsfunktion eines Risikos einzelfallbezogene, nicht erklärbare und nicht vorhersehbare zufällige Restrisiken.

---

[37] Helten, E.: Die Erfassung und Messung des Risikos, Reihe Versicherungsbetriebslehre Bd. 11, Wiesbaden 1994, S. 2
[38] Rosenkranz, F./Missler-Behr, M.: Unternehmensrisiken erkennen und managen, Berlin – Heidelberg 2005, S. 24f.

➢ Die Wirkungen unternehmerischer Entscheidungen sind auch bei deterministischen Ursache-Wirkungsbeziehungen nicht genau vorhersagbar, wenn es sich um ein **chaotisches** System handelt.

➢ Unternehmensrisiken entstehen in sehr komplexen vernetzten sozioökonomischen Systemen, deren Ursache-Wirkungszusammenhänge durch eine qualitative und quantitative Analyse nicht ausreichend beschrieben oder prognostiziert werden können. Dies trifft zum Beispiel für die Entwicklungsprognose makroökonomischer Variablen zu.

➢ Informationsdefizite resultieren oftmals auch daraus, dass Ursache-Wirkungsbeziehungen nicht inspizierbar oder messbar sind. So muss aus rechtlichen, ethischen oder kostenseitigen Gründen auf die ausreichende Informationsbeschaffung bei Auswahl und Einstellung neuer Mitarbeiter über deren Gesundheitszustand oder bei wettbewerbsstrategischen Entscheidungen über Konkurrenten verzichtet werden.

Entscheidungsträger benötigen für die Bearbeitung einer Problemstellung oder für die Entscheidungsfindung Informationen in einer bestimmten Qualität und Quantität. Der *objektive Informationsbedarf* für ein Entscheidungsproblem ist häufig nicht gleich dem *subjektiven Informationsbedarf* des Entscheiders. Die Diskrepanz zwischen diesen beiden ergibt sich vor allem daraus, dass der subjektive Informationsbedarf eines bestimmten Entscheiders aus Informationen besteht, die aus seiner spezifischen Sicht als relevant für die vorliegende Problemstellung erachtet werden.[39] Von diesem subjektiven Informationsbedarf wird wiederum aus Kosten-, Kapazitäts- oder Zeitgründen nur ein kleiner Teil als tatsächliche Informationsnachfrage wirksam, die dann auch meist nicht vollständig durch das Informationsangebot gedeckt wird.

Zunehmende Komplexität der Systeme und gleichzeitig sinkende Prognostizierbarkeit ihres Verhaltens lassen einerseits den Informationsbedarf des Entscheiders ansteigen und andererseits den Zwang entstehen, mit einer steigenden Aufnahme- und Verarbeitungskapazität und –fähigkeit des Entscheiders für das vorhandene Informationsangebot zu reagieren. Der letztgenannte Zusammenhang führt zu einer größeren Diskrepanz zwischen dem objektiv erforderlichen Informationsbedarf und dem tatsächlich bei den Entscheidern vorhandenen Informationsbedarf. Das System und seine potenziellen Entwicklungen werden zu einem immer geringeren Teil erfasst, womit unerwartete Systemzustände folglich häufiger auftreten – das Risiko steigt.[40]

Mit der Suche, Entscheidung und Implementierung von Strategien im Unternehmen werden unternehmerische Grundsatzentscheidungen getroffen, die eine mehr oder weniger starke Risikokomponente beinhalten. Die enge Wechselbeziehung zwischen Strategien und Risiken besteht einerseits in der notwendigen Risikobereitschaft zum Umgang mit Chancen und Risiken, andererseits jedoch in der Möglichkeit, durch die Strategienfindung Risiken im Zusammenhang mit einer gründlichen Analyse der gegenwärtigen Situation und der zukünftig möglichen und prognostizierbaren Entwicklung aufzuspüren.[41]

Strategische Führung hat die ganzheitliche Aufgabe, die strategischen Erfolgsfaktoren so zu mobilisieren, dass sich daraus langfristige Erfolgspotenziale für die Unternehmen entwickeln. Die aus externen und internen Quellen entspringenden Erfolgsfaktoren wie auch die zu entwickelnden strategischen Erfolgspotenziale tragen in hohem Maße Risikopotenziale in sich, die aufgrund des fehlenden oder unzureichenden Informationsstandes im Zeitpunkt der Entscheidung über Strategien nicht in vollem Maße bekannt sein müssen. Bei der Entscheidung zwischen verschiedenen Strategieoptionen sind neben einer Zulässigkeitsprüfung, einer Nutzwert- und Wirtschaftlichkeitsanalyse und einer umfassenden Effizienzbetrachtung auch die Risikopräferenzen zu berücksichtigen, um eine optimale Strategie auszuwählen.[42]

---

[39] Erben, R.F./Romeike, F.: Komplexität als Ursache steigender Risiken in Industrie und Handel. In: Romeike, F. / Finke, R.B. (Hrsg.): Erfolgsfaktor Risiko-Management, Wiesbaden 2003, S. 48
[40] Ebenda, S. 50
[41] Ehrmann, H.: Risikomanagement. Rating - Basel II, Kompakt-Training, Ludwigshafen(Rhein) 2005, S. 24
[42] Ebenda, S. 27

Das Informationsdilemma führt zu den Erwartungen der Führung. Erwartungen sind Vorhersagen, die halbautomatisch gemacht werden. Sie sind somit Teil unseres Wahrnehmungs- und Deutungssystems geworden, das wir alle verwenden, um uns in der Welt zurechtzufinden. Unser Leben ist voll von halbautomatischen, unterhalb der Bewusstseinsebene ablaufenden Prognosen.[43]

Dabei besteht eine ungeheure Macht der Erwartungen: eine Art „geistige Effizienz", die uns hilft, unseren Weg in einer komplexen Welt in annehmbarem Tempo zu finden. Ohne diese Erwartungen würden wir von der täglichen Informationsfülle, die wir unmöglich verarbeiten könnten, erdrückt werden. Allerdings haben verinnerlichte Erwartungen auch einen Nachteil: Wir laufen Gefahr, jene Hinweise zu übersehen, die eine maßgebliche Rolle für wirksames Verhalten spielen...Diese Gefahr ist unter anderem darauf zurückzuführen, dass wir das sehen, was wir erwarten, und andere Eindrücke nicht wahrnehmen. Eine zweite Variante besteht darin, nicht zu unserer Meinung passende Daten – Bilder oder Zahlen – zu sehen, sie aber dann so hinzubiegen, dass sie dem gewünschten Bild entsprechen. Drittens blenden wir bisweilen auch alle Informationsquellen aus, die unsere Erwartungen widerlegen könnten.[44]

Das Herausfiltern von Daten, die unseren Erwartungen widersprechen, ist eine Möglichkeit, die Effizienz des geistigen „Betriebssystems" zu gewährleisten. Bisweilen können wir aber unsere Augen nicht vor den Daten verschließen; sie springen uns förmlich ins Gesicht, oder ein lästiger Outsider beharrt darauf, dass hinter der Geschichte mehr steckt, als wir wahrhaben wollen. In solchen Fällen kommt der zweite Mechanismus der Tatsachenverschleierung ins Spiel: die „Datenmassage". Bei dieser Spielart werden die unbequemen Daten so lange neu geordnet, bis sie den bestehenden Bezugsrahmen nicht mehr gefährden und daher keine großen Folgen für anstehende Entscheidungen mehr haben können.[45]

Eine Möglichkeit besteht darin, die Daten schlicht in das Land „Für-uns-nicht-relevant" zu verbannen. Diesen Weg wählte beispielsweise die amerikanische Automobilindustrie. 1979 entfiel in den USA auf Importautos ein Marktanteil von ungefähr 20 Prozent. Bis weit in die Achtziger Jahre hinein berechneten die US-Fahrzeugbauer dennoch ihre prozentualen Marktanteile nur am Gesamtumsatz aller amerikanischen Hersteller. Das lag nicht etwa daran, dass sich die Führungskräfte der zunehmenden Importe nicht bewusst waren. Allem Anschein nach sahen sie diese Entwicklung sehr wohl. Aber es wurde argumentiert, dass es sich bei diesen Einfuhren um Anomalien handle und die meisten Kunden den amerikanischen Anbietern treu bleiben würden.[46]

Eine weitere Möglichkeit, sich unangenehmer Daten zu entledigen, besteht darin, ihre Herkunft in Zweifel zu ziehen, indem man behauptet, die zu ihrer Erhebung und/oder Analyse verwendete Methodik sei fehlerhaft. Dann kann man getrost die unerwünschten Daten beiseite legen, während eine hitzige Debatte über ihre Gültigkeit geführt wird oder neue Daten gesammelt werden. In einem Unternehmen wurde die gleiche Untersuchung im Laufe von zehn Jahren sechs Mal wiederholt. Immer wieder führte sie zu den gleichen beunruhigenden Ergebnissen, und jedes Mal wurden diese als Folgen einer schlechten Konzeption der Umfrage abgetan.

Auf der Basis bestehender Vermutungen erfolgt eine selektive Informationsaufnahme und -interpretation. In der Praxis wird eine bestimmte Meinung über Wirkungszusammenhänge nur langsam revidiert bzw. angepasst.[47] Unternehmer können und wollen sich häufig nicht vorstellen, dass technologische Sprünge, soziologische Veränderungen und neue Wettbewerber aus einem Erfolgsmodell ein Auslaufmodell machen können.

---

[43] Shapiro, E.C.: Die Strategiefalle. Wege aus dem Teufelskreis der Management-Fehlentscheidungen, Frankfurt/New York 1999, S. 209f.

[44] Ebenda, S. 210

[45] Ebenda, S. 212

[46] Ebenda

[47] Gleißner, W.: Die Psychologie unternehmerischer Entscheidungen, in: www.krisennavigator.de vom 07.12.2005, S. 3

Praxissituation 7: Wie fühlt man sich, wenn man nur das sieht, was man sehen will?
Ein Beraterteam sollte die Preispolitik eines Unternehmens unter die Lupe nehmen. Bei dem Kunden handelte es sich um einen kleinen, mit Risikokapital finanzierten Dienstleister im Bereich der Hochtechnologie, die „Firma David". David hatte seine Preise an den Rahmen angepasst, den ein führender Wettbewerber vorgab, der hier natürlich „Goliath AG" heißen soll. Das kleinere Unternehmen wollte von seinen Investoren eine weitere Finanzspritze erhalten und legte all seinen Finanzprognosen die Annahme zugrunde, dass die Goliath AG im nächsten Jahr ihre Preise um fünf Prozent über der Inflationsrate festlegen und sie in den Folgejahren jeweils an die Inflation anpassen würde. Bei genauer Betrachtung der Marktlage musste man jedoch zu der Überzeugung kommen, dass die wahrscheinlichste Maßnahme der Goliath AG eine Preissenkung von real mindestens fünf Prozent sei, gefolgt von weiteren, wenn auch weniger drastischen Reduzierungen in den nächsten fünf Jahren – mit dem Ziel, ihre Marktposition zu erhalten.
Eine solche Preissenkung hätte ungeheure Auswirkungen für die Firma David gehabt, die dann ebenfalls ihre Preise hätte senken müssen. Dies wiederum hätte Kosteneinsparungen erforderlich gemacht und dazu wären einerseits Umstrukturierungsmaßnahmen im großen Stil erforderlich gewesen, andererseits hätte ein Erklärungsbedarf gegenüber den Geldgebern bestanden – zwei höchst unangenehme Aufgaben. Der Bereichsleiter des kleineren Unternehmens reagierte auf die vom Beraterteam vorgeschlagene Prognose mit Entrüstung und erklärte, dass diese Sache damit erledigt sei. Dann passierte folgendes: Die Goliath AG senkte ihre Preise nicht um fünf, sondern um zehn Prozent. Weitere Reduzierungen folgten in den nächsten Jahren mit schöner Regelmäßigkeit. Wie man sich denken kann, hat die Firma David den Kampf gegen den Titanen nicht überlebt.
Es gibt einen guten Grund dafür, weshalb wir alle so viel Energie in den Schutz unserer Ideen und Vorlieben stecken. Mit unseren Präferenzen versuchen wir nämlich, unsere Interessen zu wahren. Geld ist eine davon. Zwei andere sind noch im wirtschaftlichen Umfeld häufiger anzutreffen: Bequemlichkeit und Stolz.
„Je angenehmer der Status quo für Sie ist, desto mehr müssen Sie darauf achten, dass diese Bequemlichkeit nicht Ihre Fähigkeit beeinträchtigt, die um Sie herum stattfindenden Ereignisse wahrzunehmen. Und je öfter Sie Menschen anschreien und beschimpfen, die Ihnen Informationen bringen, welche Sie für irrelevant und unangenehm halten, desto mehr müssen Sie darüber nachdenken, wie Ihre eigenen Vorlieben Ihre Wahrnehmung und Ihr Verhalten beeinflussen."
(Quelle: Shapiro, E.C.: Die Strategiefalle. Wege aus dem Teufelskreis der Management-
Fehlentscheidungen, Frankfurt/New York 1999, S. 216ff.)

2.2.4 Dynamik und Stochastik externer und interner Faktoren

Risikoursachen können in zwei Klassen eingeteilt werden:[48]

➢ Quantitativ-kontinuierliche Risiken, die sich durch die Änderung einer Variablen im Laufe der Zeit ergeben, z.B. Währungsrisiko
   Eine solche kontinuierlich beschreibbare Variable kann sich aufgrund eines analytisch beschreibbaren Gesetzes ändern und dadurch zum Schadensfall werden. Ein solches Risiko kann hinsichtlich Art, Umfang und Termin langfristig prognostiziert werden.
➢ Qualitativ-diskrete Risiken, die durch ein plötzliches, zufällig eintretendes Ereignis entstehen, z.B. Erdbebenkatastrophen.
   Stochastisch diskrete Variable ändern sich mit einer gegebenen Wahrscheinlichkeit. Aufgrund der schlagartigen Änderung des Zustandes des Systems lassen sich Zeitpunkt des Eintreffens und der neue Zustand nicht vorhersagen.

---

[48] Holzbaur, U.D.: Management, Ludwigshafen 2001, S. 196

Aufgrund der Wechselwirkungen zwischen verschiedenen zeitlichen und räumlichen Größen können auch Kombinationen entstehen. So kann sich eine kontinuierlich beschriebene Variable, die in ein System mit vielen anderen Variablen eingebunden ist, in einer chaotischen Form ändern und somit ihre Zukunftprognose über einen längeren Zeitraum erschweren.[49] Eine plötzliche Änderung kann fast schlagartig in einem sich lange Zeit stabil und prognostizierbar ändernden System erfolgen.

Wesentliche Einflussfaktoren einer signifikanten Verschärfung der Risikosituation sind u.a. die zunehmende Deregulierung der Märkte, der verstärkte Einsatz moderner Informations- und Kommunikationstechnologien, der Wandel von Verkäufer- zu Käufermärkten,

Ein zunehmend globaler Wettbewerb, die rasante Entwicklung im Bereich der Informationstechnologie (IT) sowie das schnelle Tempo der technischen und technologischen Veränderungen zwingen Unternehmen, mit erhöhtem Tempo Entscheidungen in einem ungewissen Umfeld zu treffen, mit denen noch keinerlei Risikoabschätzungen vorgenommen werden können, aber mit hoher Wahrscheinlichkeit neuartige und in ihrer Wirkung deutlich höher kumulierte Risiken zu erwarten sind. Unternehmensführung muss sich von der Illusion der Stabilität lösen. Auf Märkten passiert ein Suchprozess, der durch Ungleichgewichte geprägt ist, nicht durch Gleichgewichte. Führungskräfte werden damit zunehmend zu *Unsicherheitsagenten.*[50]

„Unsere Umwelt ist zunehmend geprägt durch Ereignisse, die eine geringe Wahrscheinlichkeit aufweisen, aber extreme Auswirkungen haben – wir nennen sie ‚Schwarze Schwäne'... Das Internet und die Globalisierung haben die Welt in ein komplexes System verwandelt, ein verworrenes Geflecht aus Beziehungen und anderen voneinander abhängigen Variablen. Komplexität erhöht nicht nur die Häufigkeit ‚Schwarzer Schwäne', sondern macht es auch unmöglich, selbst ganz normale Ereignisse vorherzusagen..."[51] „Statt Ereignisse von geringer Wahrscheinlichkeit, aber mit extremen Auswirkungen voraussehen zu wollen, sollten wir lieber unsere Anfälligkeit für solche Ereignisse senken. Risikomanagement darf nicht bedeuten, dass wir vergeblich versuchen, hoch komplizierte Methoden zu entwickeln, und weiterhin glauben, wir könnten unser wirtschaftliches Umfeld verstehen und voraussagen."[52]

Entscheidungsträger haben regelmäßig Schwierigkeiten bei der richtigen Einschätzung von Wahrscheinlichkeiten des Eintretens bestimmter Ereignisse: bestimmte Wahrscheinlichkeiten werden dramatisch überschätzt, andere wiederum unterschätzt.[53] Bei strategischen Entscheidungen ist insbesondere allgemein bekannt, dass sich die möglichen Abweichungen und Unsicherheiten der Zukunft mit zunehmendem Planungshorizont erhöhen. Die Verbesserung der Planungssicherheit ergibt sich über die Errechnung bzw. Schätzung einer „durchschnittlich zu erwartenden" Planungsgröße hinaus durch die Bereitstellung der Schwankungsbreite (Bandbreite) einzelner Planungsgrößen und deren Einbeziehung in das System der Unternehmensplanung.[54]

Der erfolgreiche Umgang des Managements mit Dynamik und Stochastik verlangt, einige gravierende Fehler zu vermeiden:[55]

Fehler 1 – Unwahrscheinliche Ereignisse vorhersagen wollen

Das Hauptaugenmerk ist auf die Folgen extremer Ereignisse zu richten. Im Privatleben versuchen wir bisweilen, die Auswirkungen extremer Ereignisse abzufedern. Wir berechnen nicht, wie wahr-

---

[49] Ebenda.

[50] Sprenger, R.K.: Führung in der Krise, managermagazin 7/2010, S.69

[51] Taleb, N.N./Goldstein, D.G./Spitznagel, M.W.: Warum wir Gefahren falsch einschätzen, Harvard Business Manager, 02/2010, S. 105

[52] Ebenda, S. 105

[53] Gleißner, W.: Die Psychologie unternehmerischer Entscheidungen, in: www.krisennavigator.de vom 07.12.2005, S. 2

[54] Gleißner, W.: Grundlagen des Risikomanagements in Unternehmen, München 2008, S. 15

[55] Taleb, N.N./Goldstein, D.G./Spitznagel, M.W.: Warum wir Gefahren falsch einschätzen, Harvard Business Manager, 02/2010, S. 106-108

scheinlich es ist, dass bestimmte Ereignisse eintreten. Wir machen uns nur Gedanken darum, ob wir im Fall des Falles die Folgen bewältigen können. Dazu schließen wir bereitwillig Versicherungen für Gesundheit, Autos, Häuser…ab. Das Unternehmen sollte messen, inwiefern es – verglichen mit der Konkurrenz – von dramatischen Veränderungen des wirtschaftlichen Umfelds betroffen sein könnte.

Fehler 2 – aus der Vergangenheit auf die Zukunft schließen

Risikomanager glauben irrtümlich, sie könnten aus den Ereignissen der Vergangenheit auf die Zukunft schließen. Doch leider zeigen viele Beispiele, dass zwischen früheren Ereignissen und zukünftigen Erschütterungen keinerlei Zusammenhänge bestehen. Sie glauben, Präzedenzfälle für alles zu finden und alles vorhersagen zu können. Für „Schwarze Schwäne" gibt es keine Präzedenzfälle. Die heutige Welt ist anders als in der Vergangenheit; Ereignisse beeinflussen sich stärker und mit überproportionalen Auswirkungen. Schätzungsweise werden weniger als 0,1 Prozent der risikobehafteten Ereignisse mindestens die Hälfte der Verluste auslösen.

Fehler 3 – Warnungen ignorieren

Psychologen unterscheiden zwischen Handlungs- und Unterlassungsfehlern. Die Folgen beider können in der Praxis gleich sein. Dennoch gehen Risikomanager unterschiedlich mit ihnen um. Es kommt eher darauf an, Gewinne zu machen als Verluste zu vermeiden.

Fehler 4 – Risiken über die Standardabweichung messen

Die Standardabweichung bedeutet im Grunde, dass in einer Welt des gebändigten Zufalls etwa zwei Drittel aller Streuungen innerhalb bestimmter Grenzen bleiben und dass Streuungen von mehr als sieben Standardabweichungen praktisch unmöglich sind. Die Standardabweichung wird oft falsch verstanden.

Fehler 5 – Zu viel auf Mathematik, zu wenig auf Psychologie geben

Forschungen zeigen, dass Menschen ein Risiko unterschiedlich stark empfinden, je nachdem mit welchen Worten es ihnen präsentiert wird. In der Wahrnehmung besteht ein Unterschied zwischen den beiden Formulierungen: „Sie verlieren Ihr Geld im Durchschnitt alle 30 Jahre" oder „Sie verlieren pro Jahr eine bestimmte Summe mit einer 3,3-prozentigen Wahrscheinlichkeit".

Fehler 6 – Glauben, dass Überfluss den Gewinn schmälert

„Den meisten Führungskräften ist nicht klar, dass sie ihr Unternehmen anfällig für Veränderungen des Marktumfeldes machen, wenn sie es zu optimieren versuchen. Biologische Systeme sind darauf ausgerichtet, mit Veränderungen fertig zu werden; Mutter Natur ist die beste Risikomanagerin überhaupt. Das hat auch damit zu tun, dass Überfluss in der Natur etwas absolut Positives ist. Die Evolution hat unseren Körper mit zahlreichen Ersatzteilen ausgestattet – so haben wir beispielsweise zwei Lungen und zwei Nieren -, die uns zu überleben helfen."

In Unternehmen steht jedoch Redundanz für mangelnde Effizienz, z.B. ungenutzte Kapazitäten, Reserven an Material und Finanzmitteln. Ist der Leverage-Effekt in der Finanzierung – Steigerung der Eigenkapitalrendite bei steigendem Verschuldungsgrad – wirklich immer vorteilhaft? Ebenso wird in der Theorie eine strategische Spezialisierung als vorteilhaft angesehen. Doch diese Strategie der Spezialisierung ist anfällig für unerwartete Veränderungen.

Wir müssen uns immer bewusst sein, dass das größte Risiko in uns selbst liegt: Wir überschätzen unsere Fähigkeiten und unterschätzen, was alles schief gehen kann.

2.2.5 Risikobewusstsein des Managements

Entscheidungen in der Unternehmenspraxis werden oftmals mit einem bestimmten Maß an Intuition getroffen. Dabei werden sehr oft wichtige Entscheidungsparameter vernachlässigt. Die im Rahmen von Entscheidungsprozessen feststellbare Risikowahrnehmung ist in hohem Maße subjektiv, wird stark vom Wissen, den Erfahrungen, Meinungen, Moden und eigenen Moralvorstellungen der Beteiligten ab.[56]

Viele Unternehmer steuern ihr Unternehmen so, als würden sie ihr Auto mit dem Rückspiegel fahren. Diese vergangenheitsbezogene Sicht hat für das Risikomanagement oft fatale Folgen, reaktives Risikomanagement wird schnell zum Krisenmanagement. Effektiver wäre ein vorausschauender Blick im Rahmen eines zukunftorientierten Risikomanagements. ROMEIKE vergleicht die Funktionsweise eines wirkungsvollen Risikomanagements mit dem menschlichen Organismus:[57]

„In unserem Körper sind zahlreiche verschiedene innere Organe durch ein weit verzweigtes und dichtes System von Nerven und Blutbahnen miteinander verbunden. Sie arbeiten perfekt und reibungslos zusammen und unter einer übergeordneten Kontrollinstanz – dem Gehirn. Wie Mutter Natur eindrucksvoll beweist, sind derartige Netzwerkstrukturen äußerst anpassungsfähig und extrem flexibel, hervorragend skalierbar und dadurch außerordentlich überlebensfähig. Tagtäglich werden riesige Mengen an Informationen mit Hilfe von verschiedenen Sensoren, den Sinnesorganen, wahrgenommen und über Nervenbahnen an zentrale Stellen – wie Gehirn und vegetatives Nervensystem – weitergeleitet....Diese interpretieren ankommende Informationen und bewerten sie. Falls Störungen innerhalb des Systems auftreten, leitet die übergeordnete Kontrollinstanz entsprechende Reaktionen ein, um die Störung zu beseitigen und das System Körper wieder zu stabilisieren.“

Die Zeiten sind vorbei, in denen Entscheidungsträger alles richtig machen können, indem sie ein Produkt entwickeln und dieses Produkt richtig „einschlägt". Sie müssen außergewöhnliche Ideen anpacken und umsetzen – in der Hoffnung, dass eine unter vielen irgendwann richtig gut ist. Wer nicht bereit ist, Fehler zu begehen, wird auch keine überragenden Ergebnisse erzielen. Entscheider können nicht immer alles absichern, unter Kontrolle haben, immer und überall den „totalen Durchblick" haben.

„Das Scheitern ist genauso wichtig wie der Erfolg. Es ist immer auch ein Lernprozess damit verbunden, der größer ist, als wenn alles glatt läuft und hundertprozentig funktioniert. Für den Unternehmer ist es jedoch schwieriger als für mich. Er muss Arbeitsplätze erhalten und Gewinne machen. Aber trotzdem sollte er bereit sein zu scheitern, denn nur Versuch und Irrtum schaffen Erfahrung. Wenn ein Firmenchef jegliche Risiken vermeidet, bringt er sein Unternehmen nicht weiter." (Reinhold Messner)

Oftmals entscheiden sie sich aus Angst nicht **für**, sondern **gegen** eine Chance. Das größte Risiko besteht darin, nichts zu riskieren. Entscheider haben bei Kenntnis der Wettbewerbsbedingungen keine andere Wahl, als immer wieder neue Risiken einzugehen. Unternehmensfortschritt setzt eine lernfähige Organisation voraus, die wiederum eine moderne Innovationskultur einschließt – mit einem Klima der kontinuierlichen Förderung der Kreativität der Mitarbeiter und einer bewusst zugelassenen Fehlerkultur.[58] Daraus ergibt sich hinsichtlich des Risikobewusstseins eine schwierige Gratwanderung:

„Wer eine Idee hat, muss sie äußern dürfen und damit das Risiko eingehen können, sich notfalls auch lächerlich zu machen. Wer eine Idee verfolgen will, geht damit das Risiko ein, seine und die Arbeitszeit von anderen über Monate hinweg für ein Projekt einzusetzen, das sich vielleicht am Ende als Fehlschlag erweist. Der Manager, der ein solches Projekt unterstützt, nimmt das Risiko in

---

[56] Romeike, F.: Frühwarnsystem schützt vor Schiffbruch, in: Markt & Mittelstand 10/2005, S. 40
[57] Ebenda.
[58] Claassen, U.: Lasst Fehler zu, in: Markt & Mittelstand, 7/2007, S.90

Kauf, dass ihm Inhaber, Investoren und Anleger genau diese Unterstützung später vorwerfen. Dass trotzdem manchmal eine Innovation geboren wird, ist vor allem denjenigen zu verdanken, die vor Fehlern keine Angst haben. Ohne Fehler kein Fortschritt, ohne Risiko kein Gewinn![59]

Eine internationale Studie der Unternehmensberatung Towers Perrin mit der Economist Intelligence Unit mit 1400 befragten CEOs ergab zum Beispiel, dass 64 Prozent der befragten Manager den „Mitarbeiter" als das größte Risikopotenzial insbesondere hinsichtlich unzureichenden Engagements und defizitärer Qualifikation der Mitarbeiter sowie der Gewinnung und Bindung von Leistungsträgern ansehen, aber zugleich 78 Prozent diesen Faktor „Mitarbeiter" auch als die größte Chance zur Erreichung der Unternehmensziele bewerten.[60]

Zur unternehmerischen Tätigkeit gehört, Risiken effizient zu steuern und zu kontrollieren sowie Chancen zu erkennen und zu nutzen. Die Bereitschaft der Unternehmen, Risiken einzugehen, ist sehr unterschiedlich ausgeprägt und insbesondere von der Branchenzugehörigkeit, der finanziellen Situation, den Eigentumsverhältnissen sowie von der persönlichen Risikoneigung der Eigentümer und der Unternehmensleitung abhängig. Risikopräferenzen werden lang- und kurzfristig wiederum von den Nutzenpräferenzen der Entscheidungsträger bestimmt. Hohe Risikobereitschaft kann insbesondere dann auftreten, wenn gleichzeitig ein hohes Chancenpotenzial auf Gewinn (positive Zielabweichung) und somit auf Hohe Gratifikationen oder Bonuszahlungen besteht. Eine weitere Problematik des Risikobewusstseins sind die Skaleneffekte des Risikos. Ein Risiko hat bei einem Schadenseintritt von 10^{-2} eine andere Bedeutung als bei einem Schadenseintritt von 10^{-3}. Für die Risikopräferenzen der Entscheider ist nicht immer der Fakt entscheidend, dass ein Risiko eintreten kann, sondern welche relativen Wirkungen das Risikoentfaltet.

Es lassen sich risikofreudige Unternehmen und risikoneutrale und risikoaverse Unternehmen unterscheiden. Risikofreudige Unternehmen streben z.B. eine kurzfristige Gewinnmaximierung an oder verfügen über eine gute Kapitalausstattung, während sich andere Unternehmen stärker risikoavers verhalten, weil z.B. die Liquiditätslage oder die Kostensituation dies erfordern.

Eine Studie des Bonner Instituts zur Zukunft der Arbeit (IZA) hat anhand von 7.000 Einzeldaten über das Verhalten und den Erfolg von Selbständigen aus sozioökonomischen Panels der Jahre 2000 bis 2005 herausgefunden, dass eine mittlere Risikobereitschaft für Selbständige ideal ist, die beste Strategie für langfristigen Erfolg also die Kombination riskanter und sicherer Projekte ist.[61]

Leben ist Risiko.
Was wir tun, ist riskant.
Was wir nicht tun, ist es auch.

©Frank Romeike 2002

Abb. 3 Leben ist Risiko[62]

[59] Ebenda.
[60] o.V.: Risikomanagement ist gefragt, in: Lebensmittelzeitung vom 20. Juni 2008, S. 40
[61] o.V.: Mittlere Risikobereitschaft ist optimal, in: managerSeminare September 2008, S. 6
[62] Romeike, F./Finke, R.B. (Hrsg.): Erfolgsfaktor Risiko-Management, Wiesbaden 2003, S. 11

2.2.6 Risiken aus den Zielen und Zielkonflikten des Unternehmens

Die Erreichung anspruchsvoller Ziele setzt das bewusste Eingehen von Risiken voraus. Der Vorstand eines Unternehmens entscheidet nicht im luftleeren Raum, sondern auf der Basis von Renditezielvorgaben des Aufsichtsrates. Eine entscheidende Ursache für die Bankenkrise 2008/2009 ist eine Verletzung des Grundprinzips einer wertorientierten Unternehmensführung durch die Vorgabe von Renditezielen (z.B. 25 Prozent) ohne Risikoadjustierung, was zur Auswahl riskanter Geschäfte und einem Bestreben geführt hat, deren Rendite durch den Einsatz von Fremdkapital immer mehr zu hebeln.[63] Ein einfacher Blick in die reale Welt der US-Immobilienmärkte hätte auch dem Nicht-Experten relativ schnell verdeutlicht, dass alle Marktteilnehmer auf einem Pulverfass saßen und die einzige Unbekannte im Spiel der Zeitpunkt der Explosion war.[64]

Risiken werden in der unternehmerischen Zielbildung umfassend berücksichtigt und sollen in diesem Zusammenhang auch das Risikobewusstsein der Mitarbeiter wecken und steuern. Mit den Zielen muss den Mitarbeitern klar sein, dass es keine absolute Sicherheit, sondern allenfalls eine relative (optimale) Sicherheit geben kann. Zielbildung in Unternehmen führt zu umfassenden Zielhierarchien und Zielsystemen mit den typischen Ziel-Mittel-Relationen. In Zielhierarchien sind für alle Einzelziele der spezifische Risikograd und für die Ziel-Mittel-Relationen die spezifischen vertikalen Auswirkungen von eintretenden Risiken zu identifizieren und sichtbar zu machen. Darüber hinaus können spezifische Risikoziele zur Risikoabsicherung eines Ziels innerhalb der Zielhierarchie definiert werden. Innerhalb eines Hauptprozesses oder zwischen Hauptprozessen treten in Unternehmen zahlreiche Zielkonflikte auf. Diese können sowohl auf der Unternehmensebene als auch auf hierarchisch nachgeordneten Ebenen entstehen und sind entweder objektiv bedingt durch die „Natur" der Zielbeziehungen oder subjektiv bedingt durch nicht abgestimmte Entscheidungen.

Beispiel 1
In der Unternehmensrechnung ist bekannt, dass sich die Ziele "Liquidität" und „Rentabilität" konfliktär verhalten können. Bei einer Zieloptimierung in Richtung Rentabilität geht man das Risiko einer kurzfristigen Unterliquidität ein, während eine Zieloptimierung in Richtung Liquidität die Zielerreichung der Kapitalrendite oftmals in Frage stellen kann.

Beispiel 2
Mit Zielkonflikten stark konfrontiert ist der Logistikprozess eines Unternehmens.[65] Das Ziel des Vertriebsprozesses besteht in einer Forderung eines hohen Lieferservicegrades i.S. einer kurzfristigen Auslieferung von Lagerartikeln oder i.S. eines kurzfristigen Liefertermins unter Berücksichtigung der Fertigungsdurchlaufzeiten. Für Enderzeugnisse, die erst gefertigt werden müssen, sind dafür entsprechende Bestände sowohl im Wareneingangslager als auch u.U. in den frühen Fertigungsprozessen notwendig. Diese wiederum führen zu Liquiditäts- und Kostenrisiken durch nicht beherrschte Bestände. Im Beschaffungsprozess wird ein hoher Bereitstellgrad bei niedrigen Beständen gefordert. Gleichzeitig sollen möglichst niedrige Einkaufspreise und Bestellkosten bei kleinen Bestellmengen möglich sein. Im Produktionsprozess steht der Forderung nach kurzen Durchlaufzeiten die Forderung nach einer hohen Maschinenauslastung gegenüber. Termintreue und Flexibilität werden durch weitere Betriebsmittelangebote abgesichert. Im Vertriebsprozess soll eine schnelle Komplettbelieferung des Kunden bei kleinem Versandlager möglich sein. Der Fertigwarenlagerbestand muss ebenso niedrig gehalten werden. Die Folge ist, dass einzelne Artikel nicht auf Lager liegen, sondern für den Kunden extra gefertigt werden müssen.

Risikominimierung wird unter diesen zielkonfliktären Bedingungen meist unter dem Aspekt bestimmter Zielpräferenzen betrieben. So werden häufig zu hohe Sicherheitsbestände gehalten oder wesentlich zu früh disponiert, um das Risiko von Maschinenstillständen zu vermeiden.

---

[63] Romeike, F.: Selbstüberschätzung, Missmanagement und grenzenloser Risikoappetit, in: www.risknet.de 08.01.2009, S. 2
[64] Ebenda.
[65] Die im Beispiel dargestellten Zielkonflikte sind entnommen aus: Binner, H.F.: Unternehmensübergreifendes Logistikmanagement, München / Wien 2002, S. 54 ff.

2.2.7 Risikoinhärenz von Entscheidungsprozessen

Die Risikoinhärenz von Entscheidungsprozessen erklärt den Umstand, dass manche Eigenschaften notwendig zu bestimmten Entscheidungsprozessen gehören. Es besteht ein inniger Zusammenhang (Inhärenz) zwischen der Risikoeigenschaft und dem Träger der anhaftenden oder innewohnenden Eigenschaft. Die Inhärenz unterstreicht also Zusammenhänge und Abhängigkeiten. In Theorie und Praxis wird Risikomanagement oftmals sehr einseitig im Sinne von Risikoerkennung nach Risikoursachen und Risikoabsicherung verstanden. Demgegenüber wird verkannt, dass eine Vielzahl von Entscheidungssituationen selbst unter dem Risikoaspekt gesehen werden müssen. Direkt nach einem Störfall stehen Entscheidungsträger vor der Frage, welche Kunden sie zuerst bedienen sollen, z.B. auf der Basis von Entscheidungskriterien wie Kundengefährdung, unternehmensinterne Kriterien, wie z.B. Gewinnpotenzial des Kunden, Kosten einer Belieferung, langfristige Kundenbedeutung. Was ein Unternehmen an der Schnittstelle zum Kunden tut, bestimmt seine Fähigkeit, auf Ereignisse elastisch zu reagieren.

Praxissituation 8: Dell kann Ausfall von Zulieferungen abfangen...

Nachdem am 21.September 1999 ein Erdbeben Taiwan erschüttert hatte, war die Produktion von Halbleitern für mehrere Wochen unterbrochen. Zwei führende Computerhersteller – Apple und Dell – waren von dem Ereignis gleich betroffen, reagierten aber unterschiedlich.

Bei Apple wurden die für den Bau des iBook-Laptops und der G4-Desktop-Modelle benötigten Halbleiter und weitere wesentliche Bauteile sofort knapp. Das Unternehmen hatte den Start seiner neuen Modelle bereits angekündigt und Tausende Aufträge angenommen. Als Apple versuchte, eine langsamere Version des G4 auszuliefern, löste das eine Beschwerdelawine aus. Das Unternehmen musste nachgeben und den Kunden die Rückerstattung des bereits bezahlten Betrages anbieten.

Dell konnte den Sturm abwehren. Dells berühmte Strategie, jedes Gerät genau nach Kundenwunsch zusammenzustellen, bedeutete, dass die Firma zwar nur Bauteile für fünf Tage auf Lager hatte, dafür aber auch keinen Auftragsbestand für konkrete Geräte besaß. Dells Strategie lautete schließlich: „Verkauf das, was da ist!". Mittels attraktiver Preise und Beratung durch Servicevertreter konnte Dell den Kunden jene Produkte schmackhaft machen, die mit den verfügbaren Bauteilen hergestellt werden konnten. Statt Umsätze einzubüßen und Kunden zu enttäuschen, erlebte Dell einen Boom und konnte den Umsatz deutlich steigern.

(Sheffi. Y./Rice. J.R.: Sensible Kontrolle. Wirtschaftswoche vom 20.März 2006. S. 124)

Einer der wichtigsten Grundsätze der elastischen Reaktionsfähigkeit ist es, den Mitarbeitern an der vordersten Front zu gestatten, je nach Situation die Initiative zu übernehmen und schnell zu entscheiden bzw. zu handeln. Risiken entstehen insbesondere auch dann, wenn es gilt in schwierigen Situationen richtige Entscheidungen zu treffen.

Praxissituation 9: Brand in einem Chip-Werk unterbricht Lieferkette...

Im März 2000 unterbrach ein Brand in einem Werk von Philips in Albuquerque, New Mexico, den Ausstoß von Chips, die für die Mobiltelefonhersteller Nokia und Ericsson bestimmt waren. Die beiden miteinander konkurrierenden Unternehmen waren durch den Brand gleich betroffen, ihre Reaktionen waren jedoch unterschiedlich.

Nokia startete sofort einen für derartige Fälle speziell konzipierten Plan. Die Techniker von Nokia erkundigten sich täglich über den Stand der Dinge. Als sie erfuhren, dass das Werk Monate außer Betrieb sein würde, wurde Nokia umgehend aktiv und entsandte 30 Mitarbeiter, die zur Wiederherstellung der Lieferfähigkeit mit Philips und anderen Lieferanten zusammenarbeiten sollten. Wo möglich, wurden die Geräte für andere Speicherchips angepasst, und man sicherte sich Philips' gesamte weltweit verfügbare Produktionskapazität für die benötigten Chips. Der Chef von Nokia setzte sich mit dem Philips-Chef regelmäßig zur Besprechung des Problems in Verbindung.

Ericsson engagierte sich hingegen nicht so aktiv und erkannte den Ernst der Lage deutlich später. Als dann endlich ein Rettungsversuch anlief, war das weltweit verfügbare Angebot an den fraglichen Chips bereits an Nokia vergeben. Nokia konnte sein Umsatzziel erreichen. Ericsson hingegen gelang es nicht, ein wichtiges neues Produkt rechtzeitig auf den Markt zu bringen, was einen geschätzten Umsatzverlust von 400 Millionen Dollar zur Folge hatte.

(Sheffi, Y./Rice, J.R.: Sensible Kontrolle, Wirtschaftswoche vom 20.März 2006, S. 124)

2.3.1 Wirkungsdefekt

Ursache-Wirkungs-Beziehungen innerhalb des Systems sowie zwischen dem System und seiner Umwelt sind nicht genau bekannt. Bei technisch bedingten Schäden oder beim Eintritt von Elementarrisiken sind die direkten Risikoauslöser, die unmittelbare Wirkung und der dabei zugrundeliegende Wirkungsmechanismus relativ einfach erkennbar, beschreibbar und prognostizierbar.[66]

Innerhalb eines offenen dynamischen Systems verändern sich Elemente, Beziehungen und Prozesse ständig, womit eine bestimmte Ursache oftmals nicht die exakt gleichen Wirkungen erzielen wird. Die Kausalzusammenhänge zwischen Risikoursache und Risikowirkung sind derart vernetzt, dass einerseits ein einzelner Einflussfaktor mehrere unter-schiedliche Wirkungen[67] an meist verschiedenen „Stellen" im Unternehmen zur Folge haben kann und andererseits wiederum eine Wirkung von mehreren verschiedenen Ursachen bedingt sein kann, die sich zudem noch gegenseitig überlagern oder verstärken.

Beispiel: Ein Lieferverzug innerhalb der Supply Chain kann Kostenerhöhungen und Imageverluste gleichzeitig bewirken.

Ein bestimmtes Risiko wird sich bei komplexen Systemen oftmals als Ergebnis des simultanen Zusammenwirkens mehrerer unterschiedlicher Einflussfaktoren innerhalb eines komplexen Kausalnetzes darstellen lassen.[68] (Abb. 4)

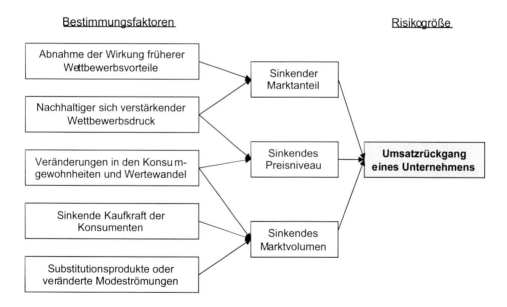

Abb. 4 Beispiel einer Kausalkette zur Analyse der Risikofaktoren

Für die Analyse von Risikofaktoren sind auch die rekursiven Beziehungen zu analysieren, die sich in Form von Rückkopplungen zwischen Ursache und Wirkung ergeben können.[69] Für die Unter-

---

[66] Erben, R.F./Romeike, F.: Komplexität als Ursache steigender Risiken in Industrie und Handel. In: Romeike, F./Finke, R.B. (Hrsg.): Erfolgsfaktor Risiko-Management, Wiesbaden 2003, S.50 ff.
[67] Ebenda, S. 51
[68] Ebenda, S. 51

nehmenspraxis bedeutsam sind auch zeitliche Verzögerungen zwischen Ursachen und den sich daraus ergebenden Wirkungen, beispielsweise zwischen Marketinginstrumenten und der Veränderung des Käuferverhaltens.[70]

Betriebsstörungen entstehen meist nicht durch eine einzige Ursache, sondern ergeben sich in der Regel aus dem Zusammenspiel mehrerer Faktoren. Meist gibt es bereits viele Anzeichen, die sie ankündigen. Derartige Vorreiter von nahenden Katastrophen werden jedoch oft von Führungskräften übersehen, unterschätzt oder ignoriert. Viele Beispiele zeigen, dass das Versäumnis, die Vorreiterdaten zur Identifizierung und Behebung von Systemmängeln zu nutzen, zu einer Katastrophe führen. Selbst dem Terroranschlag vom 11. September 2001 gingen mehrere andere Anschläge in den USA voraus. Dazu kam noch eine Kriegserklärung von Osama Bin Laden – aber keinem dieser Anzeichen wurde entsprechende Bedeutung beigemessen. Typischerweise bedeutet das mehrfache Auftreten von Störungen und Fehlern eine Eskalation, die schließlich zu einer Katastrophe führen kann. In vielen Branchen wurde ein „Managementberichts- und Analysesystem" entwickelt, das nach dem Prinzip der „Beinahe-Fehler-Analyse" funktioniert.[71]

Nach dem Prinzip der Beinahe-Fehler-Analyse erfolgt die Registrierung und Analyse von Fehlern, auch wenn diese nicht zu einem Schaden geführt haben. (Abb. 5) Das Konzept geht davon aus, dass zahlreiche Bedingungen, welche die Anforderungen der Safety, beziehungsweise Prozesse, welche die Anforderungen der Security nicht erfüllen, zu Hunderten von kleineren Störfällen oder Werkschließungen führen können. Die Wahrscheinlichkeit erhöht sich, dass es im Verlaufe der Zeit irgendwann zu einem großen Störereignis mit schweren Schäden, z.B. Todesfällen von Menschen kommt.[72]

Abb. 5   Die Beinahe-Fehler-Pyramide[73]

Hohe Anforderungen werden auch an die Analyse externer Risiken gestellt, die sich durch einen noch wesentlich geringeren Informationsstand der Entscheider zu Zeitpunkt, Gefährdungspotenzial und Ausmaß darstellen.

---

[69] Ebenda, S. 52
[70] Ebenda, S. 52
[71] Sheffi, Y. : Worst-Case-Szenario, Wie Sie Ihr Unternehmen auf Krisen vorbereiten und Ausfallrisiken minimieren, Landsberg/Lech 2005, S. 48ff.
[72] Ebenda
[73] Sheffi, Y. : Worst-Case-Szenario, Wie Sie Ihr Unternehmen auf Krisen vorbereiten und Ausfallrisiken minimieren, Landsberg/Lech 2005, S. 55

Steigende Veränderungsgeschwindigkeit erfordert die Einstellung auf neue Situationen in immer kürzeren Zyklen und somit eine deutliche Beschleunigung der „Lernprozesse" zu den Kausalzusammenhängen der Risikowirkungsprozesse.[74]

2.3.2 Bewertungsdefekt

Die Bewertung der identifizierten Risiken gestaltet sich auf Grund der hohen Komplexität ähnlich schwierig. Den Unternehmen steht ein breites Spektrum an Handlungsmöglichkeiten zur Risikobewältigung zur Verfügung, woraus im Ergebnis unterschiedliche Abstufungen der Bewertung der „Restrisiken" entstehen.

Bei der Analyse und Bewertung der Risiken entsteht sowohl bei den Risikoursachen als auch den Risikofaktoren und ihren Wirkungen eine hohe Anzahl von Alternativen. Eine praktische Bewältigung dieser kombinatorischen Aufgabe erfordert aus Effizienzgründen ein spezielles Vorgehen, zumal die zu untersuchenden Variablen außerdem eine bestimmte Dynamik enthalten.

In der Praxis der Risikobewältigung müssen Maßnahmen zu einem frühen Zeitpunkt getroffen werden, um die erforderliche Reaktionszeit nicht zu stark herabzusetzen. Dies bedingt jedoch eine Bewertung zu einem Zeitpunkt, zu dem die konkreten Ausprägungen der relevanten Einflussfaktoren noch nicht ausreichend prognostizierbar sind.[75] Dabei besteht die Gefahr, zu hohen Aufwand für die Risikobewältigung für einen als zu unbedeutend eingeschätzten Risikofaktor einzusetzen und umgekehrt.

Die Bewertung der Risiken setzt eine Quantifizierbarkeit voraus. Aus den beschriebenen Wirkungsdefekten ergibt sich jedoch, dass der exakte Wirkungsbeitrag eines Einflussfaktors zur Entstehung des Risikos kaum isolierbar und somit auch nicht immer hinreichend quantifizierbar ist.

Praxissituation 10: Beispiel der Wirkungen sinkender Devisenkurse von Währungen
Sinkende Devisenkurse anderer Währungen gegenüber dem Euro schlagen sich nach der Konvertierung der Währung unmittelbar in einer Erlösschmälerung bei den getätigten Exportgeschäften nieder. Die Auswirkungen dieses direkten Effekts können quantifiziert werden. Die sich mittel- und langfristig ergebenden indirekten Konsequenzen ergeben sich jedoch in einer Verschlechterung der relativen Wettbewerbsposition infolge der währungsbedingten Preisänderungen. Der Effekt eines möglichen Rückganges der Auftragseingänge und Umsätze des eigenen Unternehmens auf dem betreffenden Absatzmarkt ist jedoch vom Zusammenwirken einer ganzen Reihe von Faktoren abhängig. Insoweit ist der exakte Beitrag des Faktors Devisenkursänderung zur Gesamtwirkung Umsatzrückgang nicht isoliert zu quantifizieren, wobei zusätzlich noch entsprechende Time lags innerhalb der Wirkungskette entstehen.
(Quelle: Erben, R.F./Romeike, F.: Komplexität als Ursache steigender Risiken in Industrie und Handel, in: Romeike, F./Finke, R.B. (Hrsg.): Erfolgsfaktor Risiko-Management, Wiesbaden 2003, S.54f.)

Bewertungen von Risiken lassen sich unter bestimmten Voraussetzungen mit Hilfe analytisch-theoretischer Methoden oder empirisch-statistischer Methoden ermitteln.[76] Dabei treten jedoch zwei Probleme auf:[77]

> ➢ Die sich aus der Vergangenheit ermittelnden Wirkungszusammenhänge und Verhaltensmuster lassen sich nicht ohne weiteres in die Zukunft übertragen.
> ➢ Die Voraussetzung einer Wiederholbarkeit von Prozessen ist wegen ihrer hohen Dynamik nur in abgegrenzten Teilbereichen gegeben. (Beispiele: Maschinenstörungen, Qualitäts-

---

[74] Erben/Romeike, S. 53
[75] Ebenda, S. 54
[76] Ebenda, S. 55
[77] Ebenda.

mängel an bezogenen Teilen) In diesen Bereichen ist mit statistischen Methoden aus der vorhandenen Datenbasis eine hinreichend genaue Risikoprognose möglich.

Die hohe Ungewissheit bei vielen Risikofaktoren lässt sich im Wesentlichen nicht durch empirische Datenanalysen bewältigen. Gerade aber bei solchen Entscheidungssituationen mit strategischem Charakter und hoher Ungewissheit können einzelne Risikofaktoren und insbesondere einzelne Fehleinschätzungen zu relativ hohen Schäden führen.

Die Lehren der letzten Finanz- und Wirtschaftskrise haben in diesem Zusammenhang einige Schwächen des Risikomanagements gezeigt:[78]

➢ „Blindes Vertrauen in mathematische Modelle bedeutet den Nebel der Vergangenheit in die Zukunft fortzuschreiben. In einer Welt der Strukturbrüche sind Zeitstabilitätshypothesen zu verwerfen. Experten müssen mit ihrem berechtigten ‚Bauchgefühl' Strukturbrüche und Schockszenarien prognostizieren, irrationales und psychologisch motiviertes Verhalten (etwa Herdentriebe) muss in Zukunftsszenarien berücksichtigt werden.
➢ Das Vertrauen auf das ausgleichende Element der Diversifikation (…) bedeutet eine künstliche Verdünnung des Zukunftsnebels. Die Unterstellung stochastisch unabhängiger Ereignisse ist in einer vernetzten Welt nicht mehr haltbar.
➢ Die Idee des rein analytisch agierenden ‚homo oeconomicus' ist zwar betriebswirtschaftlich wünschenswert, in realiter nicht umsetzbar. Verhaltenswissenschaftliche Aspekte (Wahrnehmungs-, Einstellungs- und Kommunikationsparameter) müssen in unternehmerischen Entscheidungen Berücksichtigung finden."
➢ Mathematische Modelle müssen mit Expertenskepsis und Erfahrungswerten angereichert werden. Strukturbrüche müssen über Szenarioanalysen angedacht werden, branchenfremde, externe Meinungen in die Zukunftsprognosen einfließen. Verhaltenswissenschaftliche Erkenntnisse müssen in Entscheidungsprozesse und somit in Risikoprognosen integriert werden.

2.3.3 Zielsetzungsdefekt, Risikowahrnehmung und Lösungsdefekt

Die persönliche Einstellung und Risikobereitschaft der einzelnen Entscheider haben eine wesentliche Bedeutung bei der Wahrnehmung und Einschätzung bestehender Risiken und der sich daraus ergebenden Formulierung von Sicherheitszielen, die wiederum die Basis für ein optimales Risiko- und Sicherheitsniveau sind.[79] Die Risikowahrnehmung ist insgesamt ein durch subjektive Bewertungen und vielfältige nichtrationale Urteile geprägtes Konstrukt. Für jeden Entscheider besteht daher das empfundene Risiko auf einem jeweils unterschiedlichen Niveau. Die Risikobeurteilung wird von Menschen durch eine sehr differenzierte, aber insgesamt steigende Wahrnehmungsverzerrung begleitet.

Risikowahrnehmung beruht ferner auf Hypothesen, wodurch häufig für gleiche Risiken unterschiedliche Vermutungen und Theorien aufgestellt werden. Die Beurteilung der Möglichkeit einer negativen Zielabweichung setzt die inhaltliche Definition eines operationalisierten und möglichst objektivierten Sicherheitsziels voraus. Dies ist allerdings auf Grund zahlreicher besprochener Wirkungs- und Bewertungsdefekte kaum möglich.[80]

---

[78] Müller-Reichart, M.. Die Kunst des Risikomanagements, Risk Management Network Newsletter November 2009, www.rsiknet.de, S. 2
[79] Erben/Romeike, S. 56
[80] Ebenda.

> **Praxissituation 11: Menschen können mit Risiken schlecht umgehen. Oft treibt uns eine unbegründete Angst**
>
> „...grundlegende Veränderungen in der Medienlandschaft: eine enorme Ausweitung des Fernsehangebots einerseits und eine Verschiebung des Selbstverständnis der Journalisten andererseits. Die Medien wandelten sich von wohlwollenden Begleitern zu misstrauischen Widersachern. Galt das Credo, der Journalist habe kritisch gegenüber seiner Quelle zu sein, so nahm er jetzt häufiger selbst die Rolle des Kritikers ein. Die Berichterstattung gegenüber Großtechnik, Industrie und Politik wurde messbar distanzierter.
>
> Die verzerrte Wahrnehmung in den Medien verstärkt eine von Angst getragene Risikointerpretation in der Bevölkerung. Laien gehen gefühlsbetont mit Risiken um, anders als Experten aus dem Fach. Der Durchschnittsbürger akzeptiert Risiken, die aus der eigenen Lebensführung resultieren, nicht aber vermutete Umweltgefahren, die ihm von außen aufgezwungen werden....
>
> Die meisten Menschen orientieren sich bei der Risikobewertung an Gefühlen und ihrer Privatlogik, nicht an Statistik und Wahrscheinlichkeit. Scheint es so, als ob eine mögliche Gesundheitsgefahr zeitlich und räumlich weit entfernt ist (...), so wird die persönliche Bedrohung als eher gering eingeschätzt. Umgekehrt wird eine unfreiwillige Konfrontation mit einer vermeintlichen oder realen Bedrohung, gegen die man wenig oder nichts machen kann, als sehr stark erlebt. Viele Menschen reagieren dann sehr ängstlich oder sogar panisch.
>
> Zur Irrationalität der Risikoeinschätzung gehört es, sich von wenigen, aber beeindruckenden Einzelfällen leiten zu lassen. Die Entdeckung von Spuren eines Hormons in Futtergetreide diskreditierte die gesamte ökologische Landwirtschaft; Ereignisse in Krümmel und Brunsbüttel, die nichts miteinander zu tun haben, bestätigen Vorurteile und Misstrauen. Analogieschlüsse und Generalisierungen ordnen mental unsere Vorstellungen von den Mitmenschen und der Umwelt und sie strukturieren unsere Erwartungen.(...) Unbekanntes wird häufiger in die Kategorie ‚beunruhigend' und ‚gefährlich' eingeordnet. Das passiert innerhalb von Millisekunden – schließlich müssen wir ständig einschätzen, ob Gefahr droht oder nicht...
> (Quelle: Mackenthun, G.: Wir ANGST-Hasen, Die Welt 08. März 2008, S. W1

Eine Schwierigkeit besteht ferner in der Bewertung des Nutzwertes einer Risikobewältigungsmaßnahme. Wenn auch die Kosten einer solchen Maßnahme in vielen Fällen ermittelbar sind, „ist der Nutzenbeitrag eines zusätzlichen Quantums an Sicherheit nicht objektiv ermittelbar".[81] Dies lässt oft die Frage offen, wie der Zielkonflikt zwischen dem Ziel der Sicherheit und der Wirtschaftlichkeit in eine eindeutige Zielfunktion transformierbar wird.

Im Rahmen des Risikomanagements existieren viele Problemstellungen, die nicht in mathematisch-exakten Modellen abgebildet, sondern nur in qualitativen Modellen beschrieben werden können. Diese Modelle enthalten zwangsläufig viele Ungenauigkeiten und Unschärfen. Die Problemlösungsmethodik gestaltet sich entsprechend schwieriger.

2.4 Der Kontext des Risikos im betriebswirtschaftlichen Kategoriensystem

2.4.1 Risiko und Rentabilität

Das Leitbild der wertorientierten Unternehmensführung lässt sich am Ziel jedes Unternehmens verdeutlichen, das Vermögen der Anteilseigner nachhaltig zu erhöhen. Alle unternehmerischen Aktivitäten müssen sich folglich an der Steigerung des Unternehmenswertes als Maßgröße orientieren. Dieses Erfordernis ergibt sich nicht zuletzt daraus, dass Unternehmen um die knappe Ressource Kapital konkurrieren und der Unternehmenswert zunehmend zur Orientierungsgröße sowohl für Eigenkapitalgeber in der Bewertung der Renditeattraktivität als auch für finanzierende Banken in der Bewertung der Kreditwürdigkeit geworden ist.[82]

---

[81] Ebenda, S. 57

[82] Gleißner, W./Weissman, A.: Das Paradigma der Wertorientierung, in: Gleißner, W./Meier, G.(Hrsg.): Wertorientiertes Risiko-Management für Industrie und Handel, Wiesbaden, 1. Auflage 2001, S. 45.

Der Unternehmenswert und die daraus folgende nachhaltige wertorientierte Unternehmensführung beinhalten einen Erfolgsmaßstab, der einerseits erwartete Zahlungen bzw. Erträge (Chancen) und andererseits die mit ihnen verbundenen Risiken in einer Kenngröße integriert. Dieses in der Praxis oftmals übliche Entscheidungskriterium lässt prinzipiell Risiken in beliebiger Höhe zu, sofern diesen entsprechend hohe Erträge (Chancen) entgegenstehen.[83] Diese „Nivellierung" der Chancen und Risiken auf ein saldiertes Risikomaß birgt die Gefahr, dass ein vom Unternehmen nicht verursachter Verlust im Grenzfall trotz einer rechnerischen Saldierung von Chancen und Risiken zur Existenzgefährdung des Unternehmens führen kann. In mittelständischen Unternehmen dominiert vielmehr das Ziel der Sicherung des Unternehmens durch die Beschränkung der Ausfallwahrscheinlichkeit oder eines anderen Risikomaßes auf ein vorgegebenes Maximalniveau.[84]

Praxissituation 12: Vom Wagemut zum Glücksrittertum...
„Warum haben intelligente Menschen von Landesbanken und Privatbanken in verbriefte US-Hypothekenrisiken investiert? Waren einige europäische Marktteilnehmer zu dumm, um die wahren Risiken zu erkennen? Der frühere Chefökonom der Weltbank, Joseph Stiglitz, glaubt die Antwort zu wissen. ‚Die Amerikaner können froh sein, dass die Europäer dumm genug waren, die faulen Hypothekenkredite aufzukaufen...Das Finanzsystem und die Banken haben mit ihren sogenannten Innovationen die Risiken nicht gemanagt und begrenzt, sondern neue Risiken geschaffen – die Banken haben total versagt...'

Tatsache ist, dass die Methoden und Anreizsysteme einen zu sorglosen Umgang mit Risiken tendenziell gefördert haben. In vielen Häusern waren die Instrumente und Werkzeuge zur Bewertung und Steuerung von Risiken vorhanden – allerdings wurden die Informationen in der strategischen Unternehmenssteuerung nicht verwendet, oder die Limitsysteme wurden so justiert, dass die rote Ampel wieder grün war. Eine ganz wesentliche Ursache für die aktuelle Krise liegt darin, dass das Grundprinzip einer wertorientierten Unternehmensführung verletzt wurde, nämlich das Abwägen des erwarteten Rendite und der Risiken. Ob 25 Prozent prognostizierte Rendite gut oder schlecht sind, kann man nicht beurteilen, wenn keine quantitativen Informationen über den Risikoumfang zum Vergleich verfügbar sind. Die Vorgabe eines Renditeziels ohne Risikoadjustierung...führt zur gezielten Auswahl riskanter Geschäfte und dem Bestreben, deren Rendite durch den Einsatz von Fremdkapital immer mehr zu hebeln."
(Quelle: Romeike, F., 2009: Das Jahr des Risikomanagements, in: www.risknet.de, S. 3)

Wertorientierte Unternehmensführung beruht auf der Kenntnis der Zusammenhänge und der Ursache-Wirkungs-Beziehungen zwischen der Wertsteigerung und den diese verursachenden Faktoren, wie zum Beispiel Kernkompetenzen, Wettbewerbsvorteile.[85]

Praxissituation 13: Der Kern der Krisenursache nach Hans-Werner Sinn vom ifo-Institut
„Der Kern der Krisenursache liegt nach H.W. Sinn vom ifo-Institut beim Rechtsinstitut der Haftungsbeschränkung, also dem Umstand, dass Gläubiger von Kapitalgesellschaften nicht auf das persönliche Vermögen der Inhaber dieser Gesellschaften zurückgreifen können. „Die Haftungsbeschränkung führt zu einer systematischen Vernachlässigung von Katastrophenrisiken, also Ereignissen, die zwar zunächst nur mit kleiner Wahrscheinlichkeit auftreten, dafür aber riesige Verluste bringen. Investoren, die statt sicherer Projekte mit mäßigem Gewinn unsichere Projekte mit hohen Gewinn- und Verlustmöglichkeiten wählen, profitieren – weil sie einen Teil der möglichen Verluste gar nicht tragen müssen. Wenn die Dinge gut laufen, erzielt man den vollen Gewinn. Wenn die Dinge schlecht laufen, verliert man schlimmstenfalls das eingesetzte Eigenkapital, aber nicht mehr, weil ein Durchgriff auf das Privatvermögen ausgeschlossen ist..."
(Quelle: Romeike. F.. 2009: Das Jahr des Risikomanagements. in: www.risknet.de. S. 3)

---

[83] Gleißner, W.: Grundlagen des Risikomanagements in Unternehmen, München 2008, S. 24
[84] Ebenda.
[85] Gleißner, W./Weissman, A.: a.a.O., S. 51

Voraussetzung für die Wertsteigerung eines Unternehmens ist die erzielte Rendite. Der „Wert" des Unternehmens wird dann zur primären Zielgröße der Unternehmensführung. Er lässt sich als die Summe seiner mit den erwarteten, risikoabhängigen Kapitalkosten diskontierten, zukünftigen freien Cash-Flows abzüglich des Fremdkapitals („Discounted-Cash-Flow-Methode"). Risiken zeigen sich dann in entsprechenden Schwankungsbreiten des zukünftigen Cash-Flows. Der Wert eines Unternehmens ist daher abhängig vom erwarteten Ertrag (Free-Cash-Flow) und dem Risiko. Je höher das Risiko, desto größer muss die erwartete Kapitalrendite sein.[86]

Zwischen Rentabilität und Risiko können jedoch unterschiedliche Wechselwirkungen bestehen:

➤ **Risiko und Rentabilität stehen im Konflikt zueinander.**
Ein hoher Sicherheitsgrad im Unternehmen schränkt das Gesamtrisiko oder wesentliche Teilrisiken ein, führt allerdings bei hohen „Sicherheitskosten" zur Verminderung der Rentabilität. So kann die Anlage „flüssiger Mittel" als Liquiditätsreserve das Risiko vermindern, aber gleichzeitig auch die Rentabilität durch diese quasi zinslose Geldanlage beeinträchtigen.

➤ **Risiko ist eine Grundlage für hohe Rentabilität.**
Diese Aussage ist vor allem für die Entwicklung und Bearbeitung neuer Geschäftsfelder und Geschäftsmodelle von Bedeutung. Investitionen in neue Geschäftsfelder tragen immer höheres Risiko in sich. Erst neue Geschäftsfelder führen Unternehmen mit bisher weitgehenden Aktivitäten auf gesättigten und stagnierenden Märkten zu höherer Rentabilität.

➤ **Risiko ist eine Determinante von Kapitalkosten und Unternehmenswert.**
Kapitalkosten auf Fremdkapital verteuern sich mit zunehmender Risikoeinschätzung der Kapitalgeber. Eigenkapitalkosten mindern im Sinne einer Risikoprämie die Netto-Rendite. Je höher also das Risiko, desto höher sind die Kapitalkosten anzusetzen.

2.4.2 Risiko und Flexibilität

Flexibilität wird häufig im Zusammenhang mit einer Verringerung des Risikos betrachtet. Strategische Flexibilität kann als die Fähigkeit einer Organisation betrachtet werden, rechtzeitig und angemessen auf Veränderungen der Umwelt bezüglich der Wettbewerbsposition zu reagieren. Robuste Unternehmen könnten passive Risikodeckungspotenziale durch das Vorhalten einer größeren Alternativenmenge aufbauen und strategische Positionierungen einnehmen, die in „möglichst vielen" Umweltzuständen „befriedigende" Ergebnisse liefern.[87] Unternehmen könnten umweltinduzierten Veränderungen (Flexibilitätsbedarf) ausreichende Verhaltensalternativen (Flexibilitätsangebot) entgegenstellen.[88] Kann dieser unterstellte Zusammenhang zwischen Flexibilität und Risiko theoretisch und praktisch untermauert werden?

Flexibilität kann als eine Eigenschaft der Ausgangsposition definiert werden und sich auf deren Kosten oder Möglichkeiten beziehen, zu verschiedenen Positionen in der zweiten Periode zu gelangen.[89] Flexibilität unterstellt damit eine gewisse Revidierbarkeit bzw. Teilbarkeit von Entscheidungen in Abhängigkeit der Informationssicherheit. Mit zunehmender Unsicherheit des Wissens eines Entscheidungsträgers sollte die Flexibilität der von ihm gewählten Position zunehmen.[90] Investitionen in Flexibilität können zum Beispiel im Produkt- und Produktionsbereich beim Produkt-

---

[86] Gleißner, W./Weissmann, A.: a.a.O., S. 46f.
[87] Gleißner, W.: Faustregeln für Unternehmer, Wiesbaden 2000, S. 64ff.
[88] Hopfmann, L.: Flexibilität im Produktionsbereich – ein dynamisches Modell zur Analyse und Bewertung von Flexibilitätspotenzialen, Frankfurt am Main u.a., 1989, S. 33
[89] Jones, R./Ostroy, J.: Flexibility and Uncertainty, in: Review of Economic Studies, 1984, S. 16
[90] Leibbrand, F.: Flexibilitätskalkül zwischen rationaler Informationsverarbeitung und heuristischer Annäherung, in: Gleißner, W./Meier, G.(Hrsg.): Wertorientiertes Risiko-Management für Industrie und Handel, Wiesbaden, 1. Auflage 2001, S. 360.

design in Form der Standardisierung und Modularisierung und in der Produktion in Form flexibler Produktionskapazitäten, Vorhalten von Überkapazitäten und späte Variantenbildung sein.[91]

Die Möglichkeiten und Grenzen einer erhöhten Flexibilität als Unternehmenskonzept und als eigenständiger strategischer Erfolgsfaktor wurden in der Literatur frühzeitig diskutiert.[92] Nach MEFFERT lag die zentrale Zielsetzung der Flexibilitätssteigerung in der Sicherung des Unternehmens durch die gezielte Risikovorsorge in Form von Built-in-Flexibilitäten und wurde systematisch durch die Berücksichtigung entgangener Chancen durch fehlende Flexibilität in Form von Opportunitätskosten ergänzt. „Die Chancen können durch die Handlungsflexibilität erhöht werden, die wiederum in die Aktionsflexibilität als die Menge der Handlungsspielräume, die Prozessflexibilität als die Handlungsschnelligkeit und die Strukturflexibilität als die Handlungsbereitschaft der Organisation unterteilt wird."[93] SCHNEEWEISS beschreibt die Flexibilität als Fähigkeit, auf Veränderungen zu reagieren bzw. eine als Disparität bezeichnete Soll-Ist-Abweichung bestmöglich zu verringern.[94]

In welchem Zusammenhang lassen sich Flexibilität und Risiko theoretisch und praktisch betrachten?

Das Flexibilitätskalkül zielt auf eine Steigerung des Erwartungsnutzens und damit auf eine gemeinsame Bewertung von Erträgen und Ertragsschwankungen. Flexibilität stellt eine Investitionsentscheidung dar, die die beiden Parameter des Unternehmenswertes, Ertrag und Risiko, beeinflusst. Schon deshalb besteht kein systematischer Kausalzusammenhang zwischen Flexibilität und nur einer Größe des Unternehmenswertes, dem Risiko.[95]

Das Ziel der Strategienentwicklung kann nicht sein, eine vollständige Determiniertheit oder Vorhersehbarkeit der Zukunft zu erreichen und den unvermeidlichen Unsicherheiten durch eine gezielte Risikoanalyse zu begegnen. Ziel muss vielmehr ein „robustes Unternehmen" mit der Flexibilität sein, sich auch an unvorhergesehene Entwicklungen anpassen zu können. „In Anbetracht derartiger Unwägbarkeiten ist neben einer quantitativen Einschätzung des Risikoumfangs und einer adäquaten Ausgestaltung der Risikotragfähigkeit und der Flexibilität des Unternehmens ...zu beachten: Durch eine breite Diversifikation und eine Verlust- bzw. Haftungsbeschränkung bezüglich der einzelnen Aktivitäten im Rahmen eines diversifizierten Portfolios sollte sichergestellt werden, dass auch durch unerwartete negative Extremereignisse, die ein spezifisches Engagement (ein Geschäftsfeld oder ein Unternehmen) komplett eliminieren, nicht der Gesamtwohlstand der Eigentümer gefährdet ist."[96]

Ein „robustes Unternehmen" kann durch sein Risikodeckungspotenzial Unsicherheiten selbst tragen. Es konzentriert sich auf Kernkompetenzen, die langfristig – und bei möglichst vielen denkbaren Zukunftsszenarien – erfolgreich sind. Mit diesen Kernkompetenzen baut es Wettbewerbsvorteile auf, die zu einer Differenzierung von Wettbewerbern und zur risikomindernden langfristigen Kundenbindung beitragen. Durch Optimierung der gesamten Wertschöpfungskette werden tendenziell eine flexible Kostenstruktur erreicht und somit die Wirkungen von Marktrisiken reduziert.[97]

Strategische Flexibilität passt nicht zu einem bürokratischen Führungssystem oder zu einem Kostenführer, jedoch gut zur Differenzierungsstrategie. In einem Umfeld mit hohen Änderungsraten in Relation zu den Anpassungsgeschwindigkeiten führt Flexibilität in der Regel zu größerem Erfolg.

---

[91] Wagner, S.M./Bode,C.: Empirische Untersuchung von SC-Risiken und SC-Risikomanagement in Deutschland, in: Vahrenkamp, R./Siepermann, C.(Hrsg.): Risikomanagement in Supply Chains, Berlin 2007, S. 70

[92] Vgl. u.a. Meffert, H.: Größere Flexibilität als Unternehmenskonzept, in: Zeitschrift für betriebswirtschaftliche Forschung, Vol. 37, S. 121-137; Schneeweiss, Ch.: Planung 2: Konzepte der Prozess- und Modellgestaltung, Berlin 1992

[93] Leibbrand, F.: a.a.O.,S. 360

[94] Schneeweiss, Ch.: a.a.O.,S. 143

[95] Leibbrand, F.: Flexibilitätskalkül zwischen rationaler Informationsverarbeitung und heuristischer Annäherung, in: Gleißner, W./Meier, G.(Hrsg.): Wertorientiertes Risiko-Management für Industrie und Handel, Wiesbaden, 1. Auflage 2001, S. 381

[96] Gleißner, W.: Grundlagen des Risikomanagements, München 2008, S. 42

[97] Ebenda, S. 172

Die Nachteile einer höheren Flexibilität liegen in ihren erhöhten Kosten, dem erhöhten Zeitdruck bei allen Entscheidungen und dem Verlust der Fokussierung und damit einhergehender Spezialisierungsvorteilen.[98] Insbesondere bei hohen Innovationsraten, starkem Verdrängungswettbewerb in stagnierenden Märkten, stark differenzierten Gütern und kundenbezogenen Dienstleistungen sowie hohen Umsatz- und Faktorpreisvolatilitäten lohnen sich Investitionen in Flexibilität.[99]

Ein enger Zusammenhang besteht zwischen der strategischen Flexibilität und den strategischen Risiken zur Erhöhung der Krisenresistenz des Unternehmens. „Jahrelang ging man davon aus, dass Unternehmen und Volkswirtschaften für externe Schocks weniger anfällig geworden sind...Regionale Diversifizierung und besseres Risikomanagement haben die Krisenresistenz erhöht und die wirtschaftliche Entwicklung stabilisiert....Das Gegenteil ist offensichtlich der Fall. Die enge globale Verflechtung hat zu einem Gleichlauf der Konjunkturen geführt, der eine Risikostreuung nach Regionen fast unmöglich macht. Die Varianz der weltweiten Wachstumsraten des BIP pro Kopf hat sich im laufenden Jahrzehnt gegenüber den 90er Jahren halbiert. Weltwirtschaft und viele Unternehmen fuhren buchstäblich am Limit mit Vollgas in den flachen Teil einer Sättigungskurve. Weil es darum ging, auch das letzte Zehntel Prozent Rendite aus einer Investition herauszuholen, wurde jeder Sicherheitspuffer aufgezehrt."[100]

Die meisten Unternehmen setzen zu stark auf kurzfristige Erfolge und vernachlässigen dabei oft, die Pipeline für den Erfolg von morgen zu füllen. Zwei Aspekte sind in der jüngeren Vergangenheit zu sehr in den Hintergrund getreten: Widerstandsfähigkeit und Flexibilität sowie stetige Erneuerung und Innovation. „Widerstandsfähig und flexibel zu sein bedeutet das systematische Erfassen aller möglichen - auch unwahrscheinlichen – Risiken."

Das im Rahmen des Supply Chain Management realisierte Just-in-Time-Konzept sieht zum Beispiel keinerlei Reserven in Lagerbeständen zur Überbrückung bei Lieferproblemen bestehen. Langfristige Beziehungen schränken in solchen Konzepten das Flexibilitätspotenzial erheblich ein und führen in unvorhergesehenen Situationen mit schnellem Reaktionsbedarf zu einem erheblichen Risikopotenzial. Resultierende Wettbewerbsvorteile werden mit einem höheren Risiko in der Supply Chain erkauft.[101] Operative Flexibilität kann die Resilienz des Unternehmens erhöhen und es befähigen, schnell auf Betriebsstörungen zu reagieren.

2.4.3 Risiko und Risikotragfähigkeit

Die Kenntnis der Risikotragfähigkeit ist die Voraussetzung für eine ausreichende Vorsorge. Oftmals sind es die zufälligen extern induzierten Ereignisse bzw. Einflüsse, die vom betroffenen Unternehmen nicht zu verantworten und häufig auch nicht zu beeinflussen sind, aber welche die Liquiditätsreserve und das Eigenkapital eines an sich erfolgreichen Unternehmens empfindlich treffen oder vernichten können.[102]

---

[98] Leibbrand, F.: Flexibilitätskalkül zwischen rationaler Informationsverarbeitung und heuristischer Annäherung, in: Gleißner, W./Meier, G.(Hrsg.): Wertorientiertes Risiko-Management für Industrie und Handel, Wiesbaden, 1. Auflage 2001, S. 381
[99] Ebenda.
[100] Kluge, J.: Unser Leben mit weniger Rendite, manager magazin 5/2009, S. 75
[101] Jüttner, U.: Risiko- und Krisenmanagement in Supply Chains, in: Boutellier, R./Wagner, S./Wehrli, H.P.: Handbuch Beschaffung. Strategien – Methoden – Umsetzung, München 2003, S. 778
[102] Romeike, F./Löffler, H.F.: Risiken schultern, in: FINANCE 11/2007, S. 30

3. Risikomanagement zur Krisenfrüherkennung und Krisenbewältigung

3.1 Grundsätze und Erfahrungen der Krisenfrüherkennung

Eine möglichst frühzeitige Krisenerkennung und konsequente Krisenbewältigung senken das allgemeine Unternehmensrisiko für die Zukunft. Neben exogenen, kaum beeinflussbaren Risikofaktoren existieren weitere, durchaus beeinflussbare Faktoren, die einerseits die Eskalation einer Krise beschleunigen, andererseits aber eine rasche Krisenbewältigung erleichtern können.[103] Beispiele aus der Unternehmenspraxis, wie etwa die Philipp Holzmann AG, Flowtex, die Kirch-Gruppe oder die Berliner Bankgesellschaft, zeigen eindringlich die Auswirkungen, wenn Risiken nicht rechtzeitig erkannt bzw. mehr oder weniger verantwortungslos in Kauf genommen werden oder die Frühwarnindikatoren ignoriert werden.

Abgesehen von einigen spektakulären Beispielen, wie das Übersehen der Frühwarnindikatoren bei der Entwicklung des cholesterinsenkenden Präparates Lipobay von Bayer, die Entwicklungen in der Struktur des Karstadt-Konzerns, die von der Deutschen Bank viel zu spät wahrgenommenen Krisensymptomen im Zusammenhang mit dem Baulöwen Schneider in den 90er Jahren oder die Situation der ehemaligen Metallgesellschaft AG Anfang der 90er Jahre, zeigen sich enorme Defizite im Risiko-Management-Bewusstsein von Unternehmen.

Voraussetzung für eine erfolgreiche Krisenbewältigung sind maßgeblich eine frühzeitige Wahrnehmung schwacher Signale und eine kontinuierliche Überwachung der Risikofelder durch systematisches Risikocontrolling. Die Insolvenzforschung hat die Erkenntnis gewonnen, dass viele Insolvenzen zu vermeiden sind, wenn die Gefährdung des Unternehmens rechtzeitig erkannt und eine geeignete aktive Krisenvorsorge vorgenommen wird. Der Zusammenbruch eines Unternehmens vollzieht sich nicht unvermittelt, sondern als Endergebnis einer vielschichtigen, meist längerfristigen Entwicklung. Dieser Prozess kann von einzelnen Mängeln und Schwachstellen ausgehen, die sich oft verstärken und über die Verminderung der finanziellen Reserven zur Zahlungsunfähigkeit und Überschuldung führen.

Grundbestandteil der Insolvenzvorsorge sind die frühzeitige Erkennung von Krisensignalen, die Analyse deren Ursachen sowie die Ergreifung erforderlicher Maßnahmen der Krisenabwehr. Studien zu Insolvenzfällen zeigen, dass bei ca. 80% der betroffenen Unternehmen Krisen-ursachen im Finanzierungsbereich und bei ca. 75 % der Unternehmen im Bereich der Betriebsführung liegen. Im Bereich der Betriebsführung erfolgt eine Krisenvorsorge allerdings nur in ca. 37 % der betroffenen Unternehmen. Nach einer Studie der Münchner Unternehmensberatung Marsh ist jeder dritte Firmenchef ohne jede Risikostrategie.[104]

Betriebsspezifische Insolvenzursachen können gerade bei jungen Unternehmen, insbesondere nach der Gründung, auftreten:[105]

> ➢ Fehleinschätzung der Standortqualität und deren Verschlechterung nach der Gründung
> ➢ Zu hohe Fixkostenbelastung
> ➢ Zu hoher Übernahmepreis
> ➢ Zu hohe Personalkosten und –nebenkosten
> ➢ Unterschätzung des Betriebsmittelbedarfs
> ➢ Überschreitung des Finanzbudgets
> ➢ Überschätzung der Nachfrage und der möglichen Umsätze
> ➢ Wettbewerbsbedingte Verkäufe unter bestimmten Kostengrenzen
> ➢ Diskrepanzen zwischen Umsatzrückgang und Personalkostensteigerungen
> ➢ Zu hohe Abhängigkeit von Kunden und Auftraggebern
> ➢ Unterschätzung der Konkurrenzverhältnisse

---

[103] Emmerich, V.: Risikomanagement zwischen Früherkennung und Unternehmensrating, in: www.krisennavigator.de/akfo91-d.htm, S. 1

[104] Selbach, D.: Alles unter Kontrolle, impulse 06/2004, S. 48

[105] Arnold, J.: Existenzgründung, Würzburg 1996, S. 38ff.

> ➤ Vernachlässigung des Rechnungswesens
> ➤ Zu schmale Eigenkapitalbasis
> ➤ Chronische Mittelknappheit, die zu ständigen Kreditüberziehungen führt
> ➤ Herausgabe letzter Kreditsicherheiten, die dann zur Finanzierung des Umsatzwachstums fehlen
> ➤ Verweigerung von Anschlussfinanzierungen durch die Hausbank
> ➤ Überschätzung des Zahlungsverhaltens von Kunden mit der Folge ungeplanter Außenstände
> ➤ Hoher Zeitdruck in Verbindung mit Schwachstellen im Zeitmanagement.

Risikomanagement erfordert jedoch ein Frühwarnsystem, das deutlich über finanzwirtschaftliche Kriterien hinausgeht.

Praxissituation 14: Viele Krisen sind hausgemacht

Vor einem Jahr platzte für die Mitarbeiter der Auto Becker GmbH & Co. KG in Düsseldorf der Traum vom faszinierendsten Autohaus der Welt. Zehn Jahre nachdem Helmut Becker die Firma übernommen hatte, meldete er Insolvenz an. Der Handel mit Luxuskarossen ...lief nicht mehr. Doch statt den Betrieb neu auszurichten, hielt Becker am veralteten Geschäftsmodell fest und veranstaltete bis zuletzt Ferrari-Corsos auf Sylt. Dies ist einer von 700 Fällen, die das Kieler Institut für Krisenforschung analysierte. Die Befunde geben tiefe Einblicke ins Innenleben Not leidender Betriebe.

Fast immer waren die Führungskräfte an der Pleite mit schuld. In knapp zwei Drittel der Fälle führten mangelnde Managementqualifikationen zum Aus. Mal war der Geschäftsführer so verliebt in die technische Verfeinerung seiner Produkte, dass eine gute Idee nie Umsätze generierte und die Bank den Geldhahn zudrehte. Oder der Chef konnte sein exzessives Privatleben nur mit üppigen Entnahmen finanzieren, so dass er kurzer Hand Erlöse erfand.

Jeder zweite Mittelständler bekam zudem die Liquiditäts- und Produktionsplanung nicht in den Griff. So nahmen in Bauunternehmen Geschäftsführer vorschnell neue Aufträge an und verzögerten dadurch die Übergabe fast fertiger Gebäude oder Anlagen, machten Konventionalstrafen die Pleite häufig unvermeidbar.

Im strategischen Bereich ignorierten die Unternehmer Veränderungen des Marktes. So hielt der Hamburger Elektrohändler Brinkmann auch dann noch an exklusiven Filialen in der Innenstadt fest, als Media-Markt längst in die Vorstädte gezogen war und mit Niedrigpreisen und Parkplätzen Kunden anlockte. Administrative, finanzielle und kommunikative Mängel verschärften die Defekte meist noch. In jeder vierten Firma fehlte jegliches System zur Kontrolle betrieblicher Entscheidungen.

(Quelle: Roselieb. F.: Viele Krisen sind hausgemacht. in: Markt & Mittelstand 10/2003. S. 12)

Unternehmensrisiken beschreiben die Gefahr, Ziele zu verfehlen und im Ernstfall Verluste zu realisieren. Das Ausmaß des unternehmerischen Risikos wird einerseits durch das Wettbewerbsumfeld und die Mechanik des Marktes und andererseits durch interne Faktoren, insbesondere das Geschäftsmodell bestimmt.[106] Unternehmen müssen die Marktmechanik aktiv beeinflussen, um das Unternehmensrisiko zu verringern. Dazu gehören beispielsweise das Setzen von Standards im Markt, die gleichzeitige Standardisierung und Flexibilisierung, das gezielte Besetzen wichtiger Wertschöpfungsstufen oder eine ausreichende Volumenflexibilität in Märkten mit Schweinezyklen.[107] Krisensymptome zeigen sich oft im Umgang des Managements mit Zielverfehlungen und Planabweichungen, in der Verdrängung des notwendigen Anpassungsbedarfs im Unternehmen und den damit verschenkten Möglichkeiten zur Senkung des Risikopotenzials.[108]

---

[106] Emmerich, V.: Risikomanagement zwischen Früherkennung und Unternehmensrating, in: www.krisennavigator.de/akfo91-d.htm, S. 4

[107] Ebenda, S. 4

[108] Ebenda.

Praxissituation 15: Die Bank verwettet

Als die Verwaltungsratsmitglieder der staatlichen Förderbank KfW Sonntag kurz vor Mitternacht die Telefonhörer zur Seite legten, war eine heikle Mission für diesen Tag beendet. Es ging um die Rettung der Düsseldorfer Mittelstandsbank IKB, die völlig überraschend zu kollabieren drohte....

Die Zahlen sprechen für sich. Eine Kreditlinie von 8,1 Mrd. Euro muss die KfW nun garantieren, damit die IKB nicht in die Bredouille gerät. Hinzu kommt ein Hilfspaket in Höhe von 3,5 Mrd. Euro, dass die KfW zusammen mit privaten Banken, Genossen und wahrscheinlich den Sparkassen zur Verfügung stellt.

Die Risikomanager des Düsseldorfer Mittelstandsfinanziers waren in eine der größten Fallen des Bankengeschäfts geraten. Die Bank hatte dem Fonds „Rhineland Funding" eine Kreditlinie zugesichert, die dieser nun zu nutzen drohte, weil die Gesellschaft selbst ins Straucheln geraten war. Diesem langfristigen Kredit der IKB stand keine entsprechend langfristige Refinanzierung gegenüber. Stattdessen hätte sich die Bank die Milliarden im Fall der Fälle kurzfristig leihen müssen. Dazu waren aber andere Banken nicht bereit. Das Malheur ahnend, zogen Häuser wie die Deutsche Bank ihre Kreditlinien an die IKB Ende vergangener Woche zurück. Der Kollaps drohte.

Die Investments des Fonds in den amerikanischen Immobilienkreditmarkt sind nicht mehr das wert, was sie mal waren. Bis zu 3,5 Mrd. Euro sind die Verluste nach Schätzungen für die IKB....Das Kernkapital der IKB-Aktionäre beläuft sich gerade mal auf 1,4 Mrd. Euro....Der Kurs der Aktie fiel um 40 Prozent.

Ein Kollaps der IKB hätte weit über den Finanzplatz Düsseldorf hinausgewirkt. Denn gerade das nachrangige Kapital ...würde unbedingt weiter bedient werden müssen: Wenn eine Bank von der Bonität der IKB zusammenbreche, so BaFin-Präsident Sanio, dann hätte das eine „unerwünschte psychologische Verunsicherung" ausgelöst. „Dadurch wäre die deutsche Kreditwirtschaft unter Druck geraten –ohne dass es dafür einen sachlichen Grund gegeben hätte"

Die Rating-Agentur Fitch bewertete die Kreditwürdigkeit der IKB bis zuletzt mit A+, das ist nur eine Stufe schlechter als die Note der Deutschen Bank, die AA- hat. Wenn also ein so solides Haus plötzlich umfallen kann, was ist dann mit den anderen Banken?... Wie schon bei den jüngsten Fehlspekulationen der WestLB zeige sich, dass Banken offenbar immer wieder bereit seien, zu hohe Klumpenrisiken einzugehen. Gefährlich kann es für relativ kleinere Banken werden, wenn ihnen ein vernünftiges Geschäftsmodell fehlt, aber der Gewinndruck groß ist. So sind die WestLB wie auch die IKB vor allem vom Kreditgeschäft abhängig, das in den letzten Jahren unter erheblichem Margendruck geraten ist. Aus diesem Grund investierten solche Banken in höherverzinsliche Wertpapiere, bei denen die Bonität ebenfalls gut erscheint, so zum Beispiel in den amerikanischen Immobilienmarkt. Dabei sind Banken wiederum sehr von den Risikobewertungen der Rating-Agenturen abhängig, die sich in den vergangenen Jahren mit ihren Langfristeinschätzungen immer wieder getäuscht haben.

Noch Mitte Juli hatte der Vorstandsvorsitzende der IKB das ganze Ausmaß der Krisensituation des amerikanischen Immobilienmarktes in ihren Auswirkungen auf die IKB unterschätzt. Er hat folglich viel zu spät reagiert.

Was heißt es nun für die Kontrolle von Kreditinstituten, wenn offenbar weder die Aufsichtsbehörden, noch die Aufsichtsräte und oft nicht einmal die Vorstände verstehen, in was da investiert wird? Wie lässt sich das in Zukunft verhindern?

(Quelle: Jost, S./ Seibel, K.: Die Bank verwettet, Die Welt 03. 08. 2007, S. 14)

Krisen eines Unternehmens werden meist durch das Zusammentreffen externer und interner Risikoparameter ausgelöst. Bei bestehendem internem Risikofaktor reicht oft ein externer Auslöser, um die Krise zu entfalten. In der Praxis lassen sich vier Krisenarten allgemein unterscheiden:[109]

---

[109] Ebenda, S. 5

> **Absatz- und Umsatzkrise**
> Sie deutet auf nachlassende Markteffektivität des Geschäftsmodells, leistungswirtschaftliche Wettbewerbsnachteile und abnehmende Alleinstellungsmerkmale hin. Erste Anzeichen dafür können sinkende Stückerlöse, rückläufige Deckungsbeiträge und ein zu geringer Anteil neuer marktattraktiver Produkte.

> **Kostenkrise**
> Dabei ist der Ressourceneinsatz zu hoch, unabhängig davon, ob der Markt die Unternehmensleistung honoriert. Erste Anzeichen sind zunehmende Fixkosten, geringe Prozesseffizienz und hoher Personalbestand bei geringem Pro-Kopf-Umsatz. Dieser Krisentyp lässt sich in aller Regel kurzfristig über jene Kostenarten gut bewältigen, die kurzfristig veränderbar sind. Bei den nur mittel- und langfristig veränderbaren Kosten ist die fundamentale Restrukturierung der Geschäfte und Prozesse erforderlich.

> **Finanz- und Liquiditätskrise**
> Sie wird meist durch fortschreitende Linienüberschreitungen, eine steigende Kapitalintensität des Geschäftes, rückläufige Abschreibungen und steigende Vorratsvermögensbestände angezeigt. Auch bei positiver Ergebnislage kann sie auftreten, wenn die Budgets nicht mittelfristig finanziell gedeckt sind. Die Bewältigung der Finanz- und Liquiditätskrise ist nur von den beiden Faktoren „Ausmaß" und „Geschwindigkeit" der Liquiditätsgenerierung abhängig und steht in engem Verhältnis zur Homogenität der Interessenlagen bzw. der Going Concern-Fähigkeit der betroffenen Stakeholder – wie Banken, Leasingunternehmen, Lieferanten, Kunden und Belegschaft.

> **Managementkrise**
> Ursache von Managementkrisen sind meist Managementdefizite. Mangelnde Krisenerfahrung und Krisenkompetenz spiegeln sich nicht selten in einer völlig unzureichenden Erkenntnisfähigkeit bezüglich des eigenen Bedrohungsgrades wider. Zu späte Wahrnehmung der Krisenbedrohung reduziert oder verhindert die Restrukturierung und somit die Chancen einer Krisenbewältigung.

Der Aufbau und der Betrieb eines funktionierenden Krisenmanagementsystems ist mit erheblichem Aufwand verbunden und wird in vielen Unternehmen hinsichtlich des tatsächlichen Nutzens aus ökonomischer Sicht in Frage gestellt. Doch wenn Unternehmen – trotz aller betriebswirtschaftlichen Zweifel – Krisenmanagementsysteme installieren, machen sie zumeist zwei Fehler. Einerseits beschränken sie sich nur auf das eigene Haus und vernachlässigen die vor- und nachgelagerten Bereiche. Andererseits denken Unternehmen nur an das Kerngeschäft und berücksichtigen unzureichend die Randbereiche.[110]

Viele Unternehmen reagieren deutlich zu spät – erst, wenn die Kreditlinien ausgeschöpft sind und die Zahlungsunfähigkeit droht. Vielerorts fehlen Frühwarnsysteme oder agieren Schönwettermanager. Firmen müssen dann erst bis an den Rand des Abgrunds driften, bevor die grundlegende Restrukturierung durch Sanierungsprofis neue Zukunftschancen eröffnet.

Unternehmer schätzen den Zustand ihrer Firma oft bis zum letzten Moment völlig falsch ein. So sollten die Alarmlampen leuchten, wenn der Umsatz mehrere Jahre hintereinander sinkt und absehbar wird, wann das Unternehmen rote Zahlen schreiben wird. Ebenso besteht ein großes Risiko durch die vielerorts drohende Todesspirale der Kostenignoranz. Nicht selten kommt es vor, dass eine Umsatzsteigerung einer erfolgreich am Markt agierenden Produktsparte den Verlust des Unternehmens nicht reduziert, sondern von beispielsweise 1,5 Millionen Euro auf 2,5 Millionen Euro vergrößert. Die wesentlichsten Ursachen von Schwierigkeiten in Unternehmen liegen in Managementfehlern. So wurde die Entwicklung neuer Produkte nicht schnell genug vorangetrieben, das Vordringen der ausländischen Konkurrenz ignoriert, die Kosten aus dem Ruder laufen lassen oder aus falsch verstandenem Verantwortungsbewusstsein dringend nötige Personalmaßnahmen zu lange hinausgeschoben.

---

[110] Roselieb, F.: Heros-Pleite: Einige Frühwarnsysteme haben versagt, in: WIK. Zeitschrift für die Sicherheit der Wirtschaft 2/2006, S. 12

3.2 Frühwarnsystem zur Wahrnehmung schwacher Signale

Das Konzept der „Schwachen Signale" von ANSOFF bildet die Grundlage für die Entwicklung praktischer Frühwarnsysteme zur Erkennung und Auswertung von schlecht bzw. unstrukturierten Informationen aus dem Unternehmen wie auch aus seinem Umfeld. Die Grundsätze dieses Konzepts liefern für das Risikomanagement viele wertvolle Elemente:[111]

➢ Ansoff ging davon aus, dass unerwartete exogene Störereignisse nicht vollständig unvorhersehbar eintreten, sondern ihnen sogenannte Frühindikatoren einer möglichen Veränderung vorausgehen. Strukturbrüche und Krisen lassen sich daher frühzeitig vor ihrem eigentlichen Auftreten wahrnehmen.

➢ Wenn schwache Signale eine bestimmte Wirkungsschwelle überschreiten, lösen sie im Rahmen des Risikomanagement bestimmte Aktivitäten aus. Frühwarnsysteme müssen solche Signale nicht nur auf ihre unternehmensbezogene Relevanz prüfen, sondern kontinuierlich neue externe und interne risikorelevante Signale erfassen.

➢ Schwache Signale zeigen in Form unscharfer bzw. schlecht strukturierter Informationen auf Strukturbrüche, Diskontinuitäten oder Trendänderungen hin.
(Beispiel. Technologischer Wandel)

➢ Für das Finden schwacher Signale erfolgt zunächst ein *„Scanning"* der entsprechenden Umwelt- und Unternehmensbereiche i.S. einer „ungerichteten" Beobachtung, anschließend eine vertiefende Beobachtung des schwachen Signals im relevanten Problemfeld (*„Monitoring"*) und darauf aufbauend eine Ursache-Wirkungs-Analyse mit den Methoden der Szenariotechnik.

➢ Eine große Gefahr besteht in Phasen lang anhaltender Konjunkturzyklen oder der Sättigung von Märkten. Hier bestehen mit hoher Wahrscheinlichkeit schwache Signale kommender Strukturbrüche, die aber durch das aktuelle Management oft nicht ernst genommen werden.

Die Erkennung und Analyse von Chancen und Risiken aus den Veränderungen der Unternehmensumwelt erfolgt nicht selten zu spät. Reaktionszeiten auf wahrgenommene und als relevant betrachtete Sachverhalte sind in vielen Fällen zu lang. Die frühzeitige Erkennung von sich ankündigenden Signalen hatte zunächst das Ziel, potenzielle Krisensituationen rechtzeitig zu erkennen und geeignete Maßnahmen zur Vermeidung einzuleiten.[112] Unter Krisen wurden Situationen verstanden, die „eine unmittelbare oder mittelbare Gefahr für das Überleben der Unternehmung bzw. eines Unternehmungsbereiches" bedeuten.[113]

Die Auswertung *schwacher Signale* ist die Basis für ein Frühwarnsystem mit folgenden Schritten:[114]

1. Auswertung von Hinweisen/Signalen aus dem internen und externen Unternehmensumfeld
2. Auswertung von Hinweisen/Signalen aus dem ökonomischen, sozialen und politischen Umfeld
3. Analyse auf die Erscheinungsform des Hinweises
   - Parameteränderung (Sprung)
   - Systematische Parameteränderung (Trend)
   - Trendänderung / Trendumkehr
   - Strukturänderung/Strukturbruch.
4. Analyse der Ursachen für die Änderungen
5. Analyse der Auswirkungen der Änderungen auf das eigene Unternehmen
6. Klassifizierung der Auswirkungen in operative und strategische Konsequenzen.

Eine Auswertung kann mit folgenden Schritten fundiert werden:

---

[111] Emmerich, V.: Risikomanagement zwischen Früherkennung und Unternehmensrating, in: www.krisennavigator.de/akfo91-d.htm, S. 1
[112] Horvath, P.: Controlling, 9. Auflage, München 2003, S. 398
[113] Ebenda.
[114] Holzbaur, U.D.: Management, Ludwigshafen 2001, S. 210.

➢ **Identifikation** von Veränderungen durch Beschaffung von Informationen und Verdichtung
➢ **Beschreibung** der zu erwartenden Folgen in symptomatischer, nicht kausaler Form
➢ **Analyse** der beobachteten Signale, Überprüfung der Daten und Informationen sowie Suche nach kausalen Zusammenhängen und Modellen
➢ **Evaluierung der Auswirkungen** hinsichtlich der Relevanz (qualitative Bewertung), des Ausmaßes (quantitative Bewertung) und der Dringlichkeit (zeitlicher Verlauf) des Problems.[115]

Die sich so entwickelnden Frühwarnsysteme hatten eine relativ einseitige Ausrichtung auf die Risiken des Geschäfts. Zunehmend wurden diese Systeme zu Früherkennungssystemen mit einer gleichberechtigten Chancenerkennung entwickelt. „Früherkennungssysteme sind spezifische Informationsversorgungssysteme mit der Aufgabe, latente Chancen und Risiken durch Früherkennungsinformationen zu signalisieren. Dies sind Informationen über noch nicht allgemein wahrnehmbare Sachverhalte, deren Eintritt im Falle des Nichtreagierens eine Gefährdung der Unternehmung bzw. die Versäumung von Chancen bedeuten würde."[116]

Früherkennungssysteme lassen sich allgemein in drei Generationen beschreiben:[117]

1. Generation – Kennzahlen- und hochrechnungsorientierte Früherkennungssysteme

FES orientieren sich an den Kennzahlen und Kennzahlensystemen des traditionellen Rechnungswesens. Sie genügen strategischen Anforderungen meist nicht, da sie zu stark auf Symptome und Vergangenheitsbetrachtung ausgelegt sind.

2. Generation – Indikatororientierte Früherkennungssysteme

Das Ziel dieser Art von FES war der Einsatz sogenannter Frühwarnindikatoren, die frühzeitig Umwelt- und Unternehmensveränderungen signalisieren sollten. Eine Schwäche dieser Systeme war in der „Gerichtetheit" zu sehen, d.h. in der Ausrichtung auf bestimmte definierte Beobachtungsbereiche zu sehen. Die Gefahr besteht dann darin, bestimmte Chancen und Risiken zu übersehen und mögliche Diskontinuitäten nicht zu erkennen.

3. Generation – Strategische Früherkennungssysteme

Das Grundkonzept dieser Systeme liegt in einem „strategischen Radar", das ungerichtet Anzeichen von Veränderungen erfasst (Konzept der schwachen Signale). Für das Controlling ergibt sich dabei die Aufgabe einer Abschätzung der Ergebniswirksamkeit solcher „schwachen" Signale. Dabei wird insbesondere Wert auch auf das „Einfangen" qualitativer schwacher Signale gelegt.

Basisinformationen für Frühwarn- oder Früherkennungssysteme sind die sogenannten Frühindikatoren. Sie lassen sich in der Praxis unterteilen in:

➢ **Interne** Indikatoren, die sich auf das Gesamtunternehmen (z.B. Führungskultur, Führungsstile) oder auf die jeweiligen Unternehmensbereiche beziehen und **externe** Indikatoren, die sich auf Ereignisse und Entwicklungen in der Unternehmensumwelt erstrecken
➢ **Globalindikatoren** (gesamtunternehmensbezogen) und **Einzelindikatoren** (bereichsbezogen).

Für die Erfassung sollte ein Scanning-Formular verwendet werden. (Abb. 6)

---

[115] Ebenda, S. 211
[116] Horvath, P., a.a.O., S. 398
[117] Ebenda, S. 399f.

Scanning-Report	
Beobachtete Umweltbereiche:	Betroffene Unternehmensbereiche:
Thema:	
Quelle:	
Autor/Ansprechpartner:	
Zeit:	
Beobachteter Sachverhalt:	
Beurteilung des Sachverhaltes:	
Einfluss auf das Unternehmen: ➢ Gering ➢ Mittel ➢ stark	Eintrittswahrscheinlichkeit (0.....100%)
Name/Bereich des Beobachters:	Datum:

Abb. 6   Beispiel eines Scanning -Formulars[118]

Die ausschließliche – und in der Praxis oft vorherrschende – Verwendung von Globalindikatoren reicht nicht aus, um die Risikopotenziale wirksam identifizieren. Sie müssen durch differenzierte Zielindikatoren (auf Teilzielebene) zur Verhinderung von informationsverzerrenden Kompensationen verschiedener gegenläufiger positiver und negativer Faktoren sowie durch Ursachenindikatoren im Sinne potenzieller Problemursachen , wie z.B. Konjunkturkennzahlen, ergänzt werden.[119] Mit globalen Zielindikatoren werden meist erst zu spät entstehende Risiken identifiziert (Spätindikatoren), während mit differenzierten Zielindikatoren Risiken sehr viel früher signalisiert werden.

Frühwarnsysteme müssen sich in die konkreten Führungssysteme einordnen und können nicht als isolierte Subsysteme im Unternehmen „installiert" werden. Empfangene Signale und Informationen sind in konkrete Handlungsanweisungen umzusetzen. Dieses umfasst einerseits die Überprüfung vorhandener Ziele und andererseits die Anpassung der Strategien zur Zielerreichung. Mit integrierten Planungs- und Kontrollsystemen sind Wirkungszusammenhänge abzuleiten, mit denen das Management entsprechende Entscheidungen fundieren kann.

Die Beobachtung einzelner Kennzahlen reicht im Rahmen von Frühwarnsystemen nicht aus. Es sind vielmehr mehrdimensionale Zusammenhänge zu erfassen und mehrere kritische Wirkungsbereiche, wie zum Beispiel Markt, Kunden, Organisation zu integrieren.[120] Die Qualität eines Frühwarn- und Führungssystems hängt entscheidend davon ab, wie nicht allein quantitative, sondern auch qualitative Faktoren für Entscheidungsprozesse herangezogen werden.

Wahrnehmung und Interpretation schwacher Signale sind erste Managementaufgabe für alle Führungskräfte; strategische Früherkennung kann folglich nicht als funktionelle Aufgabe einfach auf einen Risikomanager delegiert werden.[121]

---

[118] In Anlehnung an Ehrmann, H.: Risikomanagement, Ludwigshafen 2005, S. 75
[119] Ebenda, S. 170
[120] Emmerich, V.: Risikomanagement zwischen Früherkennung und Unternehmensrating, in: www.krisennavigator.de/akfo91-d.htm, S. 2
[121] Ebenda, S. 3

Ein entscheidender Aspekt der ökonomischen Wirksamkeit von Frühwarnsystemen liegt nicht allein in der Rechtzeitigkeit der Erfassung von Frühwarninformationen, sondern in der Rechtzeitigkeit der Verdichtung, Aufbereitung, Interpretation und Umsetzung dieser Informationen mit dem Ziel einer hohen Reaktionsfähigkeit und somit Manövrierfähigkeit der Unternehmung. Diese Zusammenhänge lassen sich graduell abstufen. (Abb. 7)

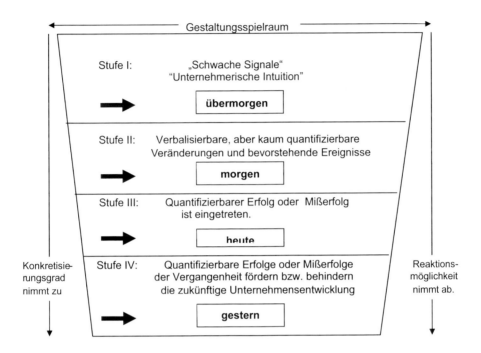

Abb. 7   Zusammenhang zwischen Entwicklungsstadium der Bedrohung und Manövrierfähigkeit der Unternehmung[122]

Die Entwicklung und Nutzung von Frühwarnsystemen kann in fünf Schritten implementiert werden:[123]

Schritt 1 – Ermittlung der Beobachtungsbereiche

Dabei werden die unternehmensexternen und –internen Sachbereiche, Themen und Bezugspunkte des Frühwarnsystems zur Erkennung von Chancen und Gefahren festgelegt, die einen Einfluss auf die Unternehmensziele haben können.

Schritt 2 – Bestimmung der Frühwarnindikatoren

In diesem Schritt werden für jeden Beobachtungsbereich wichtige und aussagefähige Kenngrößen und Parameter identifiziert, die Quellen von schwachen Signalen sein können.

Schritt 3 – Festlegung von Sollwerten und Toleranzen je Kenngröße

---

[122] Ebenda.
[123] Rosenkranz, F./Missler-Behr, M.: Unternehmensrisiken erkennen und managen, Berlin Heidelberg 2005, S. 168ff.

Dabei sind kritische Bereiche bzw. Warnbereiche zu definieren, um nicht jede kleine Änderung der Kenngrößen bereits zu Reaktionen oder Gegenmaßnahmen führen zu lassen.

Schritt 4 – Aufarbeiten von Frühwarninformationen

Im Rahmen von Frühwarnsystemen als Teil des Planungs-, Kontroll- und Berichtssystems sind die personellen Verantwortlichkeiten für die Aufbereitung von Frühwarninformationen festzulegen.

Schritt 5 – Ausgestaltung der Informationskanäle

Es ist zu entscheiden, wie die gewünschten Frühwarninformationen gewonnen werden sollen. Dabei sind sowohl standardisierte Kanäle (z.B. interne Berichtssysteme, Rechnungswesen etc.) als auch nicht standardisierte Kanäle (z.B. Tagungsteilnahme der Mitarbeiter, sporadische Informationsaufnahmen) zu berücksichtigen.

3.3 Praxisbeispiele: Frühwarnindikatoren als informationelle Basis des Frühwarnsystems

Beispiel 1: Umweltentwicklungen, die schwache Signale generieren können[124]

> ➢ Trends im Welthandel (Protektionismus, Freihandel)
> ➢ Entwicklung von gemeinsamen Märkten
> ➢ Entwicklungstrends in den Entwicklungsländern
> ➢ Wachstumssättigung
> ➢ Entwicklung der Währungsparitäten
> ➢ Ausprägungen der Wohlstandsgesellschaft
> ➢ Veränderung in der Altersstruktur der Kunden
> ➢ Konsumentenbewegungen
> ➢ Schrumpfende Produkt-Lebenszyklen
> ➢ Technologische Durchbrüche
> ➢ Strategische Überraschungen
> ➢ Verknappung von wichtigen Ressourcen
> ➢ Veränderte Machtverteilung im Unternehmen
> ➢ Veränderte Arbeitseinstellung

Abb. 8 Frühwarnindikatoren aus der Umweltentwicklung

Beispiel 2: Frühwarnindikatoren für produkt- und produktionsinduzierte Kostenkrisen

Wesentliche Risiken für die Einhaltung der Kostenziele oder für die Kostendeckung entstammen den Produkt- und Produktionskonzepten. Dazu lassen sich drei Risikofaktoren beschreiben.[125]

---

[124] Ebenda, S. 170

[125] Faulhaber, P./Landwehr, N.: Turnaround Management in der Praxis, Frankfurt/Main o.V., Alarmstufe Rot, Z. Markt und Mittelstand 2/97, S. 41

Frühwarnindikatoren für Kostenkrisen		
Variantenvielfalt	**Produktgruppenkonzept**	**Produktionsorganisation**
➢ Die Variantenvielfalt hat sich in den vergangenen Jahren erhöht. ➢ Alle speziellen Kundenwünsche werden erfüllt. ➢ Alte Modelle bleiben trotz Einführung neuer Produkte weiter im Angebot. ➢ Es existiert für jeden Kunden Sonderzubehör. ➢ Die Losgrößen in der Fertigung werden kleiner. ➢ Der Kunde zahlt für Sonderwünsche nicht mehr als für Standardprodukte. ➢ Die Komplexitätskosten pro Variante sind mehr oder weniger unbekannt.	➢ Das Produkt ist in sich nicht modular aufgebaut. ➢ Bei Sonderwünschen wird jede einzelne Variante völlig neu konstruiert. ➢ Die Teilevielfalt ist sehr stark angestiegen. ➢ Die Zahl der Überstunden in der Konstruktion nimmt permanent zu. ➢ Mit der ersten Bearbeitungsstufe in der Fertigung wird bereits die Variante festgelegt.	➢ Die Produktion wird unstrukturiert ausgeweitet. ➢ Der Produktionsaufbau ist zunehmend planlos. ➢ Die Produktionsabläufe sind extrem kompliziert. ➢ Der Steuerungsaufwand in der Fertigung ist hoch. ➢ Die Produktionsstruktur orientiert sich an räumlichen Gegebenheiten statt am Fertigungsfluss. ➢ Es gibt viele Transporte und Zwischenlagerungen. ➢ Lager- und Logistikkosten schießen in die Höhe. ➢ Planung und Koordination werden zu aufwendig.

Tab. 2 Frühwarnindikatoren für Kostenkrisen

3.4 Strategische Früherkennungssysteme und dynamisches Risikomanagement

Mit strategischen Früherkennungssystemen - oft auch als „strategisches Radar" bezeichnet - wird das Ziel verfolgt, latente Chancen und Risiken bereits in einem sehr frühen Stadium zu identifizieren.[126] Die dazu entwickelten Ansätze gehen von den Kerngedanken des Ansoff'schen Konzepts der „schwachen Signale" aus und beruhen auf dem Grundsatz, dass sich Diskontinuitäten sowohl im technologischen wie auch im ökonomischen, sozialen und politischen Bereich nicht plötzlich und zufällig ereignen, sondern durch schwache Signale frühzeitig angekündigt werden. Diskontinuitäten stellen sich als schlecht definierte und unscharf strukturierte Informationen dar, die auf eventuell strategierelevante Diskontinuitäten – wie Trendbrüche – hinweisen.[127] Diskontinuitäten zeichnen sich ferner durch unterschiedliche Abstufungen von Informationsgehalt und Ungewissheitsgrad aus. (Tab. 3) Die grundsätzliche Vorgehensweise der strategischen Früherkennung kann nach KRYSTEK[128] mit den folgenden fünf Phasen implementiert werden:

Phase 1 – **Scanning:**
  Ungerichtetes Rastern des Umfeldes von Unternehmen nach „schwachen Signalen"
Phase 2 – **Bildung von Trendlandschaften:**
  Analyse erfasster Signale
Phase 3 – **Beurteilung der Relevanz analysierter Signale:**
  Relevanz – Rangordnung – Diffusion - Dringlichkeit
Phase 4 – **Formalisierung von Reaktionsstrategien**

Phase 5 – **Implementierung und Kontrolle**

---

[126] Krystek, U./Müller-Stewens, G.: Strategische Frühaufklärung, in: Hahn, D./Taylor, B.(Hrsg.): Strategische Unternehmensplanung – Strategische Unternehmensführung. Stand und Entwicklungstendenzen, 9. Auflage, Heidelberg 2006, S. 176

[127] Krystek, U.: Frühaufklärung im Rahmen des Risikomanagements von Supply Chains, in: Vahrenkamp, R./ Siepermann, C.(Hrsg.): Risikomanagement in Supply Chains, Berlin 2007, S. 358

[128] Vgl. Krystek, U./Müller-Stewens, G.: Grundzüge einer strategischen Frühaufklärung, in: Hahn, D./ Taylor, B. (Hrsg.): Strategische Unternehmensplanung – Strategische Unternehmensführung, 8. Auflage Heidelberg 1999, S. 337-364

Informationsgehalt \ Ungewißheitsgrade	(1) Anzeichen der Bedrohung oder Chance	(2) Ursache der Bedrohung oder Chance	(3) Konkrete Bedrohung oder Chance	(4) Konkrete Reaktion	(5) Konkretes Ergebnis
Überzeugung, dass Diskontinuitäten bevorstehen	Ja	Ja	Ja	Ja	Ja
Bereich oder Organisation als Ursache der Diskontinuität ist bekannt	Nein	Ja	Ja	Ja	Ja
Merkmale der Bedrohung, Art der Wirkung, allgemeiner Wirkungs-grad, Zeitpunkt der Wirkung	Nein	Nein	Ja	Ja	Ja
Reaktion festgelegt: Zeitpunkt, Handlung, Programme, Budgets	Nein	Nein	Nein	Ja	Ja
Wirkung auf den Gewinn und Folgen der Reaktionen sind errechenbar	Nein	Nein	Nein	Nein	Ja

Tab. 3   Ungewissheitsgrade bei Diskontinuität[129]

In den letzten Jahren mussten einige Unternehmen immer wieder mehr oder minder „überraschend" Probleme und Krisen lösen. Nicht selten wurde in solchen Fällen seitens des Managements argumentiert, dass genau dieses Problem nicht vorhersehbar gewesen sei. Verschiedene Studien haben jedoch gezeigt, dass für die meisten derartigen Probleme/ Krisen Warnhinweise vorher existierten, die entweder vorher nicht wahrgenommen wurden, nicht korrekt interpretiert wurden oder aber nicht reagiert wurde. Einer der Gründe dafür liegt darin, dass Risiken häufig komplexe Konstrukte der Wahrnehmung sind und durch viele sich rasch verändernde Faktoren und Details beeinflusst werden. Damit entstehen oftmals ein Mangel an Informationen oder sogenannte Informations-Asymmetrien.

Für die Bewältigung dieser Problematik wurde ein neues Modell von SITT entwickelt: Dynamisches Risiko Management (DRM).[130] Mit diesem Modell werden vor allem die Kräfte und Beeinflussungen betrachtet, die mit einer bestimmten Wirkung auf die bestehenden Risiken einwirken und Risikosituationen verändern. Damit gehen einige Veränderungen im Rahmen des Risiko-Managements einher, die das Risiko-Management zu einem dynamischen Führungsinstrument machen:[131]

➤ **Risiko-Modellierung von Schwarz/Weiß zu Farbe**
Risiken sind in ihrer Vielfalt von Ursachen, Auslösern und Beschleunigern zu betrachten.

➤ **Beobachtungsfeld erweitern – von schmal zu breit**
Überraschungen geschehen im Unternehmer-Alltag viel häufiger als erwartet. Fast alle größeren Konkurse und Unternehmenskrisen der letzten Jahre stammten nicht aus typischen Marktrisiken, sondern stammten fast ausschließlich aus „Spezial"-Situationen, wie beispielsweise Betrug, Unfälle, Terror etc. Solche „Nicht-Markt"-Risiken zeigen eine massive Wirkung, die eher dort eintritt, wo sie am wenigstens erwartet wird. Deshalb dürfen selbst hochgradig unwahrscheinliche Risiken nicht länger ignoriert oder vernachlässigt werden. Diese haben in aller Regel ihre Vorboten und Warnhinweise.

➤ **Information als Schlüssel – von statisch zu dynamisch**

---

[129] Ansoff, I.H. : Die Bewältigung von Überraschungen und Diskontinuitäten durch die Unternehmensführung – die Reaktion auf schwache Signale – in: Steinmann, H.(Hrsg.): Planung und Kontrolle. Probleme der strategischen Unternehmensführung, München 1981, S. 241

[130] Sitt, A.: Dynamisches Risiko-Management. Zum unternehmerischen Umgang mit Risiken, Wiesbaden 2003, S. 12ff.

[131] Ebenda.

„Obwohl Märkte sich verändern, Konsumentenverhalten mutiert, Produktionspläne angepasst und Lieferketten re-arrangiert werden, werden Risiken dennoch häufig immer noch als statische Werte betrachtet, die weder eine enge Überwachung, noch eine Aktualisierung bedürfen. Risiko-Portfolios, die nur aus Dokumentationsgründen und nur einmal im Jahr angeschaut werden, sind unbrauchbar. Es braucht Systeme, Strukturen und Instrumente, um Risiken zu überwachen, Veränderungen zu melden und Korrektur-Maßnahmen einzuleiten.

➤ **Neuer Umgang mit überraschenden Ereignissen** Der Wettbewerb erlaubt heute vielen Unternehmen nicht mehr, komfortable Puffer in ihrer Organisation oder in ihren Prozessen zu haben, mit denen Fehler und unvorhergesehene Ereignisse einfach absorbiert werden könnten. In der Kombination mit unzureichenden Strukturen und Instrumenten kann das brenzlig werden. Denn als Folge können „überraschende" Ereignisse eben nicht abgefedert werden und führen früher oder später zu kritischen Situationen. Eine Möglichkeit, solche kritischen Situationen schon im Vorfeld zu vermeiden, liegt in der gedanklichen Vorbereitung auch unwahrscheinlicher Situationen und der permanenten Überwachung der Risikosituation mit geeigneten Instrumenten.

3.5 Risikoerkennung und Krisenkommunikation im Unternehmen

Die Erkennung von Risiken dient der präventiven Bewältigung von Unternehmenskrisen. Einige Krisensituationen ziehen schnell vorüber, andere wiederum gefährden plötzlich und unerwartet die Existenz des Unternehmens. Krisen wirken sich sofort, vielfach aber mit lang- und mittelfristigen Folgen auf den Geschäftsverlauf aus.

„Ist das eingetretene Risiko im Rahmen eines bestehenden innerbetrieblichen BCM nicht mehr in einer überschaubaren Zeitspanne zu bewältigen oder wird durch den Risikoeintritt eine bestimmte geld-adäquate Größe (,Verlust-Grenzwert') überschritten oder besteht die Gefahr, dass das öffentliche Interesse tangiert wird, so sollte neben der eigentlichen Schadenbegrenzung gleichzeitig durch eine gezielte Kommunikation versucht werden, das Vertrauen der Kunden, Mitarbeiter und auch das der Shareholder zu erhalten bzw. zurück zu gewinnen."[132]

Entscheidend für den Verlauf der Krisenfolgen ist also eine effektive Krisenkommunikation. Doch ist das Unternehmen ausreichend auf solche Krisensituationen vorbereitet? Ungesteuerte Krisen nehmen oftmals einen unvorhersehbaren und sehr dynamischen Verlauf.

„Unvorbereitet auf die Reaktionen der Öffentlichkeit gehen Unternehmen in die Abwehrhaltung. Sie leugnen den Vorfall, streiten Handlungen ab, deuten das Ergebnis um oder weisen die Schuld Dritten zu. Die Öffentlichkeit reagiert missbilligend, großer Druck lastet auf dem Unternehmen und es zieht sich zurück in die Defensive bis es mit dem Rücken zur Wand steht.
Aus dieser Position ergreifen Entscheidungsträger oft eine nahe liegende Gelegenheit, die zwar sofortige Erleichterung verschafft, aber oft langfristige Lösungen blockiert. Nachdem Schock und Druck nachgelassen haben, gibt das Unternehmen Fehler zu und entschuldigt sich öffentlich. Dies ermöglicht die Diskussion und nach vorne gerichtete Informationsarbeit. Zu spät! Der Schaden am Image ist bereits entstanden.(...) Eine sorgfältige Prävention vermeidet Krisen und bietet die Grundlage für effektive Krisenkommunikation."[133]

Entscheidend für eine effektive Krisenbewältigung auf der Basis präventiver Krisencharakteristika ist die Krisenvorbereitung. Dazu sind u.a. folgende Fragen zu beantworten:[134]

1. Wen rufen Sie an? Gibt es einen Krisenstab und wie lange braucht dieser, um handlungsfähig zu kommunizieren?

---

[132] Keitsch, D.: Risikomanagement, Stuttgart 2007, S. 166
[133] Vgl. u.a. Blaas, G./Pschera, A.: Krisenmanagement im Unternehmen, in: Hector, B.(Hrsg.): Riskmanagement in der Logistik, Hamburg 2006, S. 118
[134] Ebenda.

2. Wer spricht? Ist ein Krisensprecher bestimmt und gibt es einen Vertreter dazu? Ist dieser fachlich und persönlich für diese Rolle geeignet und trainiert im Umgang mit Medien?
3. Was ist zu tun? Gibt es einen Plan, der erforderliche Maßnahmen genau auflistet? Wenn ja, wann wurde dieser zuletzt aktualisiert? Wie oft wurde der Krisenfall geübt?
4. Was wird gesagt? Wie viel und welche Informationen geben Sie im Falle der Krise? Wer entscheidet, was gesagt wird? Wer gibt die Informationen frei?
5. Was wird nicht gesagt? Welche verdeckten Probleme gibt es im Unternehmen, die nicht an die Öffentlichkeit gelangen sollen?
6. Wie lange dauert der Prozess? Wie können Management und Mitarbeiter sowie gegebenenfalls Kunden und Partner von dem Vorfall informiert werden, bevor er in den Medien erscheint?

Zur effektiven Krisenbewältigung gehört ein Krisenkonzept. Dies setzt jedoch wiederum eine Identifizierung der Krisensituationen präventiv voraus. In diesem Sinne argumentiert auch ROSE-LIEB:[135]

„Während früher Brände in Schlachthöfen, schwere Arbeitsunfälle und großflächige Warensperrungen für Negativschlagzeilen sorgten, halten heute schon bloße Gerüchte über die angeblich illegale Beschäftigung von ‚Billiglöhnern' aus Osteuropa, vermeintlich tierquälende Schlachtmethoden oder vorgeblich ‚genverseuchte' Wurstwaren die Unternehmen in Atem. Hinzu kommt, dass im Zeitalter des Internets Krisenkommunikation stets Kommunikation in Echtzeit ist...
In der Vor-Krisen-Phase beobachten wir regelmäßig zwei Typen von Krisenmanagern unter den Geschäftsführern und Qualitätsbeauftragten. Der ‚Lassez-faire'-Typ ignoriert das Thema ‚Krise' komplett. Kommt er aus der Lebensmittelindustrie, so verweist er wahlweise auf die knappen finanziellen Mittel durch den hohen Margendruck des Handels oder argumentiert mit der Vielzahl bereits existenter Regelungen zu IFS und HACCP. Demgegenüber installiert der ‚Bürokrat' – als zweiter Typ – überall im Betrieb Frühwarnsensoren und schafft ein umfangreiches Meldesystem.
Im akuten Krisenfall versagen beide. Während der Ignorant viel zu lange benötigt, um eine Ad-hoc-Infrastruktur zur Krisenbewältigung aus dem Boden zu stampfen und die nötigen Daten zu recherchieren, ertrinkt der Bürokrat in Informationen und verheddert sich in viel zu langatmigen Entscheidungswegen. Richtig handelt demgegenüber der ‚krisenbewusste' Manager-Typ. Er schafft in ‚Friedenszeiten' eine Basisinfrastruktur für das operative und kommunikative Krisenmanagement, hält diese aber offen für notwendige Anpassungen und Ergänzungen im Zeitablauf."

3.6 Das Konzept des Business Continuity Managements (BCM)

Die voranschreitende Technisierung, die zunehmende globale Vernetzung der Unternehmen und das damit verbundene globale Zusammenwachsen von Wirtschaft und Gesellschaft lassen vielfach die sich daraus ergebenden Abhängigkeiten untereinander unterschätzen. Kritische Infrastrukturen wie Informations- und Telekommunikationsnetzwerke sowie Transportwege sind komplexe, voneinander abhängige Systeme, in denen relativ kleine Zwischenfälle Kettenreaktionen auslösen können, die schwer abschätzbar und vorhersehbar sind. Dabei können sich aus unvorhersehbaren Risikoereignissen nachhaltige Ausfälle und Störungen dieser kritischen Infrastrukturen ergeben, wie z.B. der Ausfall der Telekommunikation und der IT, Stromausfälle, Naturkatastrophen und Epidemien.[136]

Die Angreifbarkeit der IT-Systeme durch eine hohe „Infektionsgeschwindigkeit" neuer Software und der im Internet möglichen Störungen hat gezeigt, dass die Zahl der betroffenen Systeme steigt und schnell Tausende von Rechnern betroffen sein können. Organisationsentscheidungen wie das Outsourcing oder eine Standortkonzentration wichtiger Infrastrukturkomponenten sowie die standortübergreifende Vernetzung von Rechnerkapazitäten geben Anlass zu mehr Beschäftigung mit den damit verbundenen Risiken.

---

[135] Roselieb, F.: Die Kaiserdisziplin des Managements – Krisenmanagement in der Lebensmittelwirtschaft, Interview mit der Zeitschrift „Fleischwirtschaft", in: www.krisennavigator.de, 07.12. 2005, S. 2
[136] Keitsch, D.: Risikomanagement, Stuttgart 2007, S. 157

Die Flutkatastrophe 2002 an Elbe, Donau und deren Nebenflüssen, die Hitzewelle im Sommer 2003 mit den verheerenden Bränden, der Virus SARS und der Terrorangriff am 11. September 2001 haben gezeigt, dass die Geschwindigkeit und die Kraft des „Angriffs" von Katastrophen auf Unternehmensressourcen und –prozesse existenzbedrohend oder existenzvernichtend sein kann.

Kritische Infrastrukturen außerhalb des Unternehmens stehen in enger Wechselbeziehung zu kritischen Prozessen im Unternehmen. Betriebswirtschaftliche und technische Abhängigkeiten nehmen zu, wie dies die Abhängigkeit eines Unternehmens von der Transportinfrastruktur bei Verringerung der Fertigungstiefe zeigt. Abhängigkeiten des Unternehmens zum IT- und TK-Sektor entstehen durch die wachsende Intensität der internetbasierten sowie rechner- und netzwerkbasierten Steuerung und Kontrolle von Unternehmensprozessen. Die Weiterentwicklung und Einführung neuer Techniken verändert stets die Kritikalität dieser Strukturen und führt u.U. zu neuen Gefährdungspotenzialen.[137]

Beispiel:
Ein Brand in einer Scheune in der Nachbarschaft des Platinenherstellers Schneider Tech (geänd. Name), in der PVC-Folien, Altreifen, Düngemittel und Chemikalien lagerten, bildete ätzende und korrosive Gase, die durch die Klimaanlage in die Produktions- und Laborräume von Schneider Tech gelangten. Dieser beschädigte Werkzeuge im Wert von mehreren Hunderttausend Euro. Nach längerem Betriebsstillstand kündigte die Bank die Kredite, das Unternehmen musste Insolvenz anmelden. Im mittelfränkischen Baiersdorf setzte ein schweres Sommergewitter einen Gewerbehof der Elektronikvertrieb Bodos AG binnen 20 Minuten unter Wasser. 15.000 Handys im Wert von rund vier Millionen Euro waren vernichtet.

Ressourcen für kritische Prozesse im Unternehmen müssen auch in Katastrophenfällen zur Verfügung stehen. Zu einer zielgerichteten präventiven Abwendung von Schäden aus der zeitweiligen Unterbrechung der Verfügbarkeit solcher Ressourcen ist mit einem Konzept eines funktionierenden Business Continuity Management (BCM) Vorsorge zu leisten. Im Krisen- und Katastrophenfall ist schnelles Handeln des Managements notwendig. Vorsorge gegen derartige Schadensereignisse allein über eine Kombination von präventiven Schutzmaßnahmen und Abschluss von Versicherungen ist jedoch nicht ausreichend. Die sich im Katastrophenfall ergebenden Primärschäden, wie z.B. Unterbrechung von Ablaufprozessen, Ausfall des EDV-Netzwerkes, Lieferunterbrechung, Stillstand von Lagerbediensystemen etc., ziehen in vielen Fällen Sekundär- und Tertiärschäden nach sich. Mögliche Sekundärschäden könnten Umsatzeinbußen, der Verlust von Marktanteilen, Imageschäden, Gewinneinbruch oder sogar die Existenzgefährdung sein.[138]

Viele Unternehmer glauben, mit der klassischen Elementarschaden-Versicherung alle Risiken abgedeckt zu haben. Doch wie sichern sie die Betriebsunterbrechung – oder besser die „Betriebsfortführung" – ab? Zum einen ist das Schadenpotenzial bei Betriebs- und Produktionsausfall zu beachten, andererseits ist der Zeitfaktor vom Eintritt des Schadenszustandes bis zur Regulierung durch den Versicherer zu berücksichtigen. Für verlorene Marktanteile oder Kunden gibt es keine Versicherungspolicen. Nur zehn Prozent der deutschen Unternehmen sind auf derartige Notfälle vorbereitet, schätzt Matthias Rosenberg, Geschäftsführer des Business Continuity Institute (BCI) in Hamburg. Es fehlen meist Konzepte sowie konkrete Handlungsanweisungen an die Mitarbeiter. Integrierter Bestandteil eines Risikomanagements muss folglich eine **Notfall- oder Wiederanlaufplanung als „Geschäftsaufrechterhaltungs- und fortsetzungsplanung"** sein. Das Konzept des BCM muss als kontinuierlicher Prozess organisiert werden, „um

> ➢ kritische Geschäftsfunktionen, Geschäftsabläufe/-prozesse und –systeme zu identifizieren;
> ➢ die Wiederaufnahme (Disaster-Recovery-)Fähigkeit der Funktionen, Abläufe und Systeme aufrechtzuerhalten bzw. zu sichern,
> ➢ Notfallprozeduren zu entwickeln, zu testen und an die ständigen Veränderungen anzupassen;

mit dem Ziel,

---

[137] Ebenda, S. 158
[138] Ebenda, S. 159

➢ die schnelle Wiederaufnahme des Geschäftsbetriebes bei einer eingetretenen Störung/Unterbrechung sicherzustellen, mindestens jedoch die unverzichtbaren Geschäftsprozesse und zentralen Funktionen innerhalb einer festzulegenden Zeit wieder aufnehmen zu können, so dass ein ‚Überleben' des Unternehmens ermöglicht wird (z.B. Sicherung der Zahlungsfähigkeit),

➢ den etwaigen Verlust an Image und Marktpräsenz zu minimieren,

➢ die finanziellen Verluste auf ein Minimum zu reduzieren."[139]

Die Aufgabe eines Business-Continuity-Planes (BC-Planes) ist es somit, die individuellen, unternehmenstypischen Gefahrenpotenziale zu identifizieren, zu bewerten und eine geeignete Risikosteuerung zu entwickeln sowie die notwendigen organisatorischen Strukturen zu entwickeln, mit denen im Notfall reagiert werden kann. Für ein solches BCM –Konzept sind folgende Schritte erforderlich:[140] (Abb. 9)

1. Analyse der Risiken
2. Bewertung des Ausfallrisikos i.S. der erforderlichen Wiederherstellungskosten sowie des Aufwandes für die Wiederaufnahme des Geschäftsbetriebes
3. Schaffung einer Übersicht, welche Systeme und Daten nach dem Sicherheitsvorfall sofort verfügbar sein müssen
4. Ermittlung kritischer Prozesse, die besonders hohen wirtschaftlichen Schaden anrichten können
5. Erstellung eines Business Continuity Planes für den Ernstfall
6. Einbeziehung externer Partner
7. Aufbau von Organisationsstrukturen für die Umsetzung des BC-Planes
8. Ständige Überprüfung und Optimierung des Planes.

Planung →	Analyse der Auswirkung →	Recovery Strategie →	Dokumentation Einführung →	Test →	Regelmäßige Anpassung
Systeme Geschäftsaktivitäten identifizieren	Kritische Geschäftsabläufe verifizieren	Strategien für Geschäftsbereiche definieren	Erstellung von Notfallrichtlinien Testplänen Checklisten	Durchführung Dokumentation Report	Aktualisierung Anpassung Verbesserung
BCP-Verantwortliche festlegen	Ausfallrisiken quantifizieren	Krisenmanagement benennen			
	Recovery-Anforderungen festlegen				

Abb. 9 Einzelschritte bei der Implementierung der Notfallplanung (BCM)

Basierend auf den Analysen der betrieblichen Ablaufprozesse sind die kritischen Prozesspunkte zu ermitteln und in einem Notfallhandbuch als Bestandteil eines Risiko-Handbuches zu dokumentieren. „Grundlage zur Entwicklung von Notfallplänen zur Aufrechterhaltung des Geschäftsbetriebes sind zu definierende ‚Risikoszenarien' aus Sicht der einzelnen Unternehmensbereiche sowie aus der unternehmerischen Gesamtsicht:"[141]

➢ Geschäftsprozesse
  - Beschreibung und Erfassung unternehmenskritischer Prozesse,

---

[139] Ebenda, S. 160f.

[140] Godek, M.: Rüsten für den Ernstfall, in: Markt & Mittelstand 5/2008, S. 84ff.

[141] Keitsch, D. : a.a.O., S. 163

- Ermittlung kritischer Prozesspunkte (unter Annahme verschiedener Szenarien)
- Gegenseitige Abhängigkeiten der Prozesse (Prozessverknüpfungen)
- Ort der Geschäftsprozesse (Geschäftsbereiche)
- Anzahl der beteiligten Mitarbeiter

➢ Ermittlung der Auswirkungen (Business Impact Analysis) auf
  - betroffene Systeme, Geschäftsprozesse und deren Subprozesse,
  - betroffene Abteilungen,
  - Wirkungen nach innen und außen,
  - Kunden/Lieferanten/Banken (Zahlungsverpflichtungen).

➢ Ermittlung der „kritischen Ausfallzeit" von Prozessen und Systemen
  - Verlustquantifizierung
  - Immaterielle Verluste
  - Finanzielle Verluste.
➢ Ermittlung und Festlegung eines „Verlust-Grenzwertes".

Für die Erstellung eines Notfallplanes sollten berücksichtigt werden:

➢ Benötigte Ersatzarbeitsplätze
➢ Benötigte Ersatzsysteme und –anwendungen
➢ Benötigte spezielle Ausstattungen
➢ Benötigte Ersatzlieferanten
➢ Benötigte Geschäftsaufzeichnungen
➢ Wichtigste Kunden-, Lieferanten- und Bankverbindungen
➢ Benennung eines Notfall-(BCM-)Teams.

Es ist zu unterscheiden zwischen einer „Störung im Geschäftsbetrieb", die relativ schnell und meist in den Geschäftseinheiten behoben werden kann und kaum unternehmensbereichsübergreifende Auswirkungen hat, und einer das Unternehmen betreffenden „Krise". Letztere macht es erforderlich, spezielle Maßnahmen zu ergreifen.

4. Notwendigkeit des betrieblichen Risikomanagements

4.1 Rechtsgrundlagen des Risikomanagements

4.1.1 Das Gesetz zur Kontrolle und Transparenz im Unternehmensbereich (KonTraG)

In der Wirtschaftspraxis besteht ein Risiko-Management in sehr unterschiedlichem Reife- und Ausprägungsgrad, in vielen Unternehmen in starkem Maße als ein eher reaktiver Prozess.[142] Ein Reagieren auf Zielabweichungen sowie deren Identifizierung, Analyse und Korrektur erfolgten erst im Nachhinein. Risiko-Management funktioniert jedoch vor allem proaktiv, d.h. *prospektiv.* Auf der Grundlage der Erfahrungen mit Unternehmenskrisen ist der sorgfältige Umgang mit Risiken auf der Führungsebene zunehmend erörtert worden. Besondere rechtliche Konsequenzen wurden durch die Regelung der Risikoverantwortung der Unternehmensleitung im KonTraG ausgelöst.

Mit den gesetzlichen Rahmenbedingungen wurde die Bedeutung eines Risikomanagements gestärkt. Das im Jahre 1998 verabschiedete *Gesetz zur Kontrolle und Transparenz im Unternehmensbereich (KonTraG)* führte zu diesbezüglichen Änderungen des Aktiengesetzes, des Handelsgesetzbuches und weiterer Wirtschaftsgesetze. Für Aktiengesellschaften gilt nach § 91 Abs. 2 AktG:

„Der Vorstand hat geeignete Maßnahmen zu treffen und insbesondere ein Überwachungssystem einzurichten, damit den Fortbestand der Gesellschaft gefährdende Entwicklungen frühzeitig erkannt werden."

Für eine GmbH ist diese Regelung analog anzuwenden, wie in § 289 Abs. 1 HGB geregelt ist:

„Im Lagebericht sind zumindest der Geschäftsverlauf und die Lage der Kapitalgesellschaft so darzustellen, dass ein den tatsächlichen Verhältnissen entsprechendes Bild vermittelt wird; dabei ist auch auf die Risiken der künftigen Entwicklung einzugehen."

Auch von den gesetzlichen Vertretern der GmbH & Co. ist analog wie für Kapitalgesellschaften ein Lagebericht ab einer bestimmten Unternehmensgröße zu erstellen. Die Rechtsgrundlage dafür ist das Kapitalgesellschaften- und Co.-Richtlinie-Gesetz (KapCoRiLiG).

Leitlinie des KonTraG ist u.a. die „Erhöhung der Transparenz" und die „stärkere Ausrichtung an den Interessen von Gesellschaftern, Anteilseignern und Gläubigern" durch die verbindliche Einführung eines Risikofrüherkennungs- und –überwachungssystems zur Sicherung von Erfolg und Fortbestand des Unternehmens. Dieses Gesetz richtet sich auch an die Erweiterung der Aktivitäten der Abschlussprüfer, die insbesondere problemorientierter und stärker prospektiv ausgerichtet werden sollen, um Risiken der künftigen Entwicklung eines Unternehmens sichtbar zu machen.

Von wesentlicher Bedeutung sind vor dem gesetzlichen Hintergrund drei Aufgaben zu nennen:[143]

1. Schaffung eines internen Risikofrüherkennungs- und –überwachungssystems durch die Unternehmensleitung (§ 81 Abs. 2 AktG)
2. Risikoorientierte Lageberichterstattung im Rahmen der Jahresabschlüsse (§§ 289 Abs. 1 und 315 Abs. 1 HGB) und
3. Prüfung und Überwachung von Risikofrüherkennungssystem und Risikobericht durch den Aufsichtsrat und den Abschlussprüfer (§§ 317, 321 HGB; 111 Abs. 1 AktG).

Die Rechtsänderungen nach dem KonTraG sind umfassend in der Literatur beschrieben und sollen hier nur kurz zusammengefasst werden.[144]

---

[142] Romeike, F.: Gesetzliche Grundlagen, Einordnung und Trends, in:. Romeike, F./Finke, B.(Hrsg.): Erfolgsfaktor Risiko-Management, Wiesbaden 2004, S. 65

[143] Ebenda, S. 69

Im Sinne des Gesetzes ist einerseits die möglichst frühzeitige Erkennung von bestandsgefährden-den Entwicklungen zu gewährleisten. Andererseits sind geeignete Maßnahmen in der Weise zu finden und einzuleiten, die zu einem richtigen Zeitpunkt noch zur Steuerung und Bewältigung der Risikosituationen ergriffen werden können.[145]

Die sich aus dem Gesetz ergebenden Forderungen nach einem Risikofrüherkennungs- und –über-wachungssystem lassen sich in drei Schwerpunkten darstellen:[146]

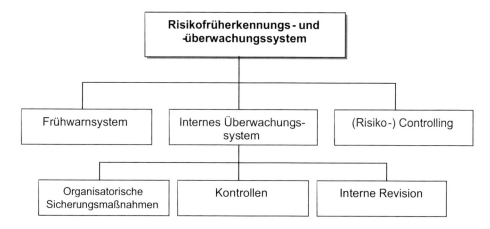

Abb. 10 Bestandteile eines Risikofrüherkennungs- und –überwachungssystems nach KonTraG

Die Details der Ausgestaltung sind im Gesetz nicht geregelt. Vielmehr ist die konkrete Umsetzung dieser Organisationspflicht rechtsformunabhängig und unter Beachtung betriebswirtschaftlicher und unternehmensindividueller Erfordernisse sowie abhängig von den spezifischen Kriterien wie Größe, Branche, Struktur und den Kapitalmarktzugang des jeweiligen Unternehmens.

Von Relevanz für die Notwendigkeit eines betrieblichen Risikomanagements sind ferner die fol-genden, mit dem KonTraG sehr verbundenen Gesetze:

➢ das Bilanzkontrollgesetz (BilKoG)
➢ das Gesetz zur Unternehmensintegrität und Modernisierung des Anfechtungsrechts (UMAG)
➢ das Gesetz zur Einführung von Kapitalanleger-Musterverfahren (KapMuG).[147]

Wenn gleich auch nicht im Rang eines Gesetzes, funktioniert der Prüfungsstandard 340 des Insti-tutes der Wirtschaftsprüfer (IDW) auf der Grundlage des KonTraG und definiert den Prüfungsum-fang bezüglich eines Risikomanagementsystems.

4.1.2 Bilanzrechtsreformgesetz, Deutscher Rechnungslegungs-Standard und IFRS

Mit dem Bilanzrechtsreformgesetz wurden wesentliche Rahmenbedingungen insbesondere hin-sichtlich der Prognoseberichterstattungspflicht geregelt. Kapitalgesellschaften sind verpflichtet, die

---

[144] Ebenda, S. 70ff.
[145] Diederichs, M.: Risikomanagement und Risikocontrolling. Risikocontrolling – ein integrierter Bestandteil einer modernen Risikomanagement-Konzeption, München 2004, S. 31
[146] Ebenda, S. 32
[147] Keitsch, D.: Risikomanagement, Stuttgart 2007, S. 22

voraussichtliche Entwicklung des Unternehmens mit ihren wesentlichen Chancen und Risiken zu beurteilen und zu erläutern (§ 289 Abs. 1, Satz 4 HGB).[148] In derartigen zukunftsbezogenen Berichterstattungen sind die zu Grunde liegenden Annahmen der Planung zu erläutern, nunmehr auch Informationen über Risiken und Chancen gleichermaßen darzustellen.

Mit den Deutschen Rechnungslegungs-Standards Nr. 5 (DRS 5) und Nr. 15 (DRS 15) werden Grundsätze für die Aufstellung einer Risikoberichterstattung und des Lageberichts festgelegt. Ein derartiger Risikobericht wird von Konzernen gesetzlich gefordert und kleinen Unternehmen empfohlen. Mit dem DRS 15 wird ein Prognosebericht verlangt, der die Darstellung der Chancen und Risiken gleichzeitig verlangt.

Die nach den Regeln des internationalen Rechnungslegungsstandard IFRS festgelegten Anhangangaben enthalten punktuelle Risikoberichtsinhalte. Insbesondere verlangen die IAS 32 und IFRS 7 Angaben zum Betrag, zur zeitlichen Struktur und zur Wahrscheinlichkeit der sich aus den Finanzinstrumenten ergebenden künftigen Cashflows. Die in diesem Zusammenhang zu betrachtenden Risiken – insbesondere Zinsänderungsrisiken, Ausfallrisiken, Zeitwertrisiken – sind aufzuzeigen.

4.1.3 Der Kodex einer Corporate Governance

Eine Corporate Governance bestimmt alle Regeln, die zwischen den Eigentümern eines Unternehmens und den beauftragten Vorständen und Geschäftsführungen bestehen und das Ziel einer „guten, verantwortungsvollen und auf langfristige Wertschöpfung ausgerichtete Unternehmensführung und Kontrolle" verfolgen.[149] Sie dienen dem Schutz der Interessen der Anteilseigner, indem Mechanismen zur Regelung von Kompetenzen, Schaffung von Anreizen, Installierung von Überwachungsprozessen und Koordination von Außenbeziehungen des Unternehmens definiert werden. Die Corporate Governance ist eine Bündelung von Prinzipien und Standards, denen sich die deutschen Unternehmen freiwillig unterwerfen. Die grundlegenden Prinzipien, die von einer von der Bundesregierung eingesetzten Kommission 2001 in einem Kodex vorgelegt wurden beinhalten im wesentlichen auch zahlreiche Bezugpunkte zu einer stärkeren Verantwortung im Umgang mit unternehmerischen Risiken.

Der Deutsche Corporate Governance Kodex legt in Ziffer 4.1.4. fest, dass der Vorstand eines Unternehmens für ein angemessenes Risikomanagement und Risikocontrolling zu sorgen hat. Erst bei Einführung eines funktionierenden Risikomanagementsystems kann von einer die Haftung ausschließenden, pflichtgemäßen Geschäftsführung ausgegangen werden.[150] Die praktische Umsetzungspflicht dieser Regeln fand entsprechend internationaler Erfahrungen Einklang in das „Transparenz- und Publizitätsgesetz" (TransPuG).

Im Zuge der wertorientierten Unternehmensführung wird sich das Verständnis der Beziehungen von Rentabilität und Risiko neu ordnen müssen: Risiko und Rentabilität dürfen aus wertorientierter Sicht nicht losgelöst voneinander, sondern als integriertes Ganzes im Rahmen der wertorientierten Unternehmensführung zu betrachten.[151]

4.1.4 Risikomanagement-Normen

Risikomanagementnormen bieten für die praktische Gestaltung von Risikomanagementsystemen wertvolle Unterstützung. Die aus Österreich stammende Normenreihe ONR 49000ff. kann ein geeigneter Standard für den Aufbau formalisierter RMS sein. Im Jahre 2009 wurde die ISO 31000 –

---

[148] Gleißner, W.: Grundlagen des Risikomanagements, München 2008, S. 27

[149] Romeike, F.: Gesetzliche Grundlagen, Einordnung und Trends, in: Romeike, F./Finke, B.(Hrsg.): Erfolgsfaktor Risiko-Management, Wiesbaden 2004, S. 72

[150] Ehlers, H.: Neue Risikofelder der Managerhaftung, in: Zeitschrift für Corporate Govemance, 1/2007, S. 20

[151] Romeike, F.: a.a. O., S. 74

Norm verabschiedet und bietet ein international anerkanntes System.[152] Diese Normenreihen können zur Zertifizierung geführt werden und mit weiteren formalisierten Managementsystemen, wie
insbesondere des Qualitätsmanagements, des Umweltmanagements und des Arbeitssicherheits-
management zu einem integrierten Managementsystem vereinigt werden. Der entscheidende Vorteil einer derartigen Normenreihe liegt im Zwang zur Dokumentation aller wesentlichen Prozesse
und der Prozessergebnisse im Risikomanagement sowie einer unabhängigen Systemüberwa-
chung im Sinne eines (internen) Audits.[153]

4.2   Risikomanagement - Beitrag zur wertorientierten Unternehmensführung

Ein systematisches Risikomanagement stellt einen wesentlichen Beitrag zur wertorientierten Unternehmenssteuerung dar. Im Konzept der wertorientierten Unternehmensführung steht ein gleich-
zeitiges Management von Chancen und Risiken im Fokus der Führungsebenen – Risikomanagement somit als integraler Bestandteil ganzheitlicher strategischer und operativer Führung.

Der Wert eines Unternehmens als eine der primären strategischen Zielgrößen der Unternehmensführung kann als die Summe seiner mit der erwarteten, risikoabhängigen Kapitalkosten diskontierten zukünftigen freien Cash Flow abzüglich des Werts des Fremdkapitals („Discounted-Cash-
Flow-Methode") beschrieben werden. Risiken ergeben sich dann in erheblichen Schwankungsbreiten des zukünftigen Cash-Flows. Der Wert eines Unternehmens ist dabei von zwei unternehmensspezifischen Faktoren abhängig: vom erwarteten Ertrag (Free Cash Flow) und dem Risiko. Höheres Risiko muss „bezahlt" werden: Je höher das Risiko ist, desto größer muss auch die erwartete
Kapitalrendite sein. Ein positiver Beitrag zum Unternehmenswert setzt voraus, dass die Kapitalrendite höher als der risikoabhängige Kapitalkostensatz ist. Risiko-Management steht somit in
zentraler Beziehung zur wertorientierten Unternehmensführung.[154] Der Ansatz des Risiko-
Managements bei den unterschiedlichen Werttreibern sichert dazu eine Basis, strategische Risiken
zu identifizieren, zu quantifizieren und hinsichtlich ihrer Auswirkungen für den Unternehmenswert
zu bewerten.

Bereits die Transparenz über den Gesamtrisikoumfang des Unternehmens sowie die wesentlichen
Einzelrisiken und die Einführung eines betrieblichen Risikomanagementsystems mit der unternehmensweiten Festlegung von Verantwortlichkeiten für die einzelnen Risikobereiche waren wesentliche Schritte als Beitrag zur Verbesserung des Unternehmenswertes. Ein weiterer – in vielen Unternehmen nur ansatzweise realisierter – Schritt muss die gezielte Verbesserung der Risikoposition durch Optimierung der Risikobewältigung auf der Grundlage der vorliegenden Daten über die
Risikosituation sein.[155] Eine besondere Bedeutung zur Erreichung dieses Ziels erlangt eine ganzheitliche, unternehmensweite Optimierung der Risikotransferprozesse.[156]

Bedeutung und Beitrag des Risikomanagements zum Unternehmenserfolg werden sich aus objektiver Sicht zukünftig erhöhen:[157]

➢ Transparenz und Reduzierung der Schwankungen erhöhen die Planbarkeit und Steuerbarkeit
   eines Unternehmen
➢ Prognostizierbarkeit und stabile Entwicklung von Zahlungsströmen und Reduzierung der
   Wahrscheinlichkeit zur unerwarteten, situationsbezogenen Nutzung teurer externer Finanzie-
   rungsquellen
➢ Erhöhung der Wahrscheinlichkeit einer stabilen Unternehmensentwicklung, insbesondere einer
   Gewinnentwicklung und einer hohen Sicherheit der Kapitaldienstfähigkeit, zur Erreichung eines

[152] Weis, U.: Risikomanagement nach ISO 31000, Kissing 2009
[153] Gleißner, W.: Grundlagen des Risikomanagements, München 2008, S. 31f.
[154] Gleißner, W./Weissman, A.: Das Paradigma der Wertorientierung, a.a.O., S. 47f.
[155] Gleißner, W.: Mehr Wert durch optimierte Risikobewältigung, in: Gleißner, W./Meier, G.(Hrsg.): Wertorientiertes
     Risiko-Management für Industrie und Handel, Wiesbaden, 1. Auflage 2001, S. 101
[156] Ebenda, S. 102ff.
[157] Romeike, F./ Hager, P.: Erfolgsfaktor Risiko-Management 2.0, 2. Auflage, Wiesbaden 2009, S. 108

guten Ratings, eines vergleichsweise hohen Finanzierungsrahmens und günstiger Kreditkonditionen

➤ Verminderung der risikobedingten Schwankungsbreite der zukünftigen Zahlungsströme zur Senkung der Kapitalkosten und zur Steigerung des Unternehmenswertes

➤ Reduzierung der Insolvenzwahrscheinlichkeit, was auch im Interesse einer hohen Attraktivität für Arbeitnehmer, Kunden und Lieferanten ist

➤ Erhöhung der Planungssicherheit und nachhaltige Steigerung des Unternehmenswertes.

Der wirtschaftliche Nutzen eines betrieblichen Risikomanagements darf jedoch nicht über die bestehenden Hemmnisse für die betriebliche Implementierung hinwegtäuschen:[158]

➤ **Kenntnisdefizite**
Die anzuwendenden Methoden, Verfahren, Systeme und Instrumente sind nicht hinreichend bekannt. Die Bedeutung von Risikoinformationen für die Unternehmenssteuerung wird unterschätzt.

➤ **Psychologische Aspekte**
Vorhandene Risiken werden bewusst oder unbewusst ignoriert, sinnvolle Risikobewältigungsverfahren nicht genutzt und eintretende Planabweichungen nicht ausreichend analysiert. Risikowahrnehmung und Risikobereitschaft unterliegen im Management stark den Einflüssen der persönlichen Charakteristika und der Situation. Die Einschätzung von Risiken wird dabei sehr viel stärker vom potenziellen Schadensausmaß als von der Eintrittswahrscheinlichkeit geprägt.

➤ **Persönliche Interessen**
Transparenz über die Risikosituation schafft Nachvollziehbarkeit und führt zur Verbesserung unternehmerischer Entscheidungen unter Unsicherheit. Es muss dies allerdings nicht im Einklang mit den persönlichen Interessen des Managements stehen.

4.3 Haftung der Unternehmensvertreter für Unternehmensrisiken

Unternehmer und gesetzliche Vertreter von Unternehmen sind nicht allein durch besondere Gesetze, sondern unabhängig von Unternehmensgröße und Rechtsform gehalten, Transparenz über die bestehenden Risiken zu schaffen und zu dokumentieren. Dies ergibt sich gerade aus den persönlichen Haftungsverhältnissen der Unternehmer und der gesetzlichen Vertreter der Unternehmen. Diese können sich insbesondere in Form verschiedener Risiken zeigen:

➤ Strafrechtliche Haftung, z.B. Freiheits- oder Geldstrafen, Gewinnabschöpfung

➤ Ordnungsrechtliche Haftung, z.B. Bußgeldzahlungen oder andere öffentliche Anordnungen,

➤ Zivilrechtliche Haftung, z.B. Schadenersatzzahlungen

➤ Verwaltungsrechtliche Haftung, z.B. Betriebsuntersagung, Betriebsstilllegung, Widerruf von Genehmigungen, ordnungsbehördliche Heranziehung.

Geschäftsführer, Vorstände und Aufsichtsräte sehen sich inzwischen häufig mit Vorwürfen konfrontiert, sie seien ihren Geschäften nicht sorgfältig nachgegangen. Dann müssen sie dokumentieren, dass sie ihre Pflichten nicht verletzt, unvernünftige Risiken gemieden und ihr Unternehmen ausreichend kontrolliert haben. Gelingt dies nicht, drohen Gerichtsverfahren und Schadensersatzzahlungen, die sie im schlimmsten Fall aus ihrem Privatvermögen leisten müssen.

Ständig neue Risikofelder in der Managerhaftung entstehen durch neue Gesetze, Tendenzen der Rechtsprechung, Veränderungen im Zusammenhang mit der Beweislastumkehr sowie eine sich steigernde Professionalität der Kläger. Von erheblicher Bedeutung für die Führung des Entlastungsbeweises hinsichtlich einer Inanspruchnahme für unternehmerisches Fehlverhalten wird die Dokumentation der Risikoabwägung und der Entscheidungsprozesse sein.[159] Gerade Mittelständler können nur schaudernd erahnen, wofür sie alles in Haftung genommen wer-den. Managerhaftung ist kein Modethema, sondern kalte Wirklichkeit. KRIEGER und SCHNEIDER haben ein juristi-

---

[158] Gleißner, W.: Grundlagen des Risikomanagements, München 2008, S. 4f.

[159] Ehlers, H.: Neue Risikofelder der Managerhaftung, in: Zeitschrift für Corporate Govemance, 1/2007, S. 19

sches Standardwerk zur Managerhaftung verfasst, dass als Nachschlagewerk viel-fältige Situationen beschreibt.[160]

Praxissituation 16: Im Fadenkreuz

Die Staatsanwaltschaft Bochum warf den Managern des New-Economy-Unternehmens Phenomedia AG Luftbuchungen und Bilanzfälschung vor....Das Verfahren gegen den ehemaligen Finanzvorstand Achim Illner wurde eingestellt – gegen eine Zahlung von 500.000 Euro. Weitere 300.000 Euro musste Illner an seine Verteidiger überweisen. Im anschließenden zivilrechtlichen Verfahren forderte der Insolvenzverwalter der Phenomedia 2,5 Millionen Euro Schadenersatz von Illner. Das hätte den Ex-Vorstand in den Ruin getrieben. Illner stand kurz vor der Privatinsolvenz, als er sich hilfesuchend an den Düsseldorfer Versicherungsmakler Michael Hendricks wandte. Warum die Managerhaftpflichtversicherung, die die Phenomedia für ihn abgeschlossen hatte, nun nicht greife, wollte Illner von dem Makler wissen.

Noch vor wenigen Jahren gab es die Policen fast ausschließlich in Konzernen, inzwischen gewinnen diese im Mittelstand ebenso an Bedeutung.

„Es war eine paradoxe Situation bei Phenomedia", erzählt Versicherungsmakler Hendricks. „Es gab eine Police der amerikanischen Versicherung Chubb und eine von gerling. Chubb wollte nicht zahlen, weil es die anschließende Police bei Gerling gab. In diesem Fall durften laut Vertrag keine Schäden nachträglich gemeldet werden. Und Gerling weigerte sich zu zahlen, weil das Fehlverhalten von Herrn Illner vor Vertragsbeginn stattgefunden hatte."

Bei den Versicherern war also nichts zu holen. Weil der Insolvenzverwalter bei einer Privatinsolvenz von Illner möglicherweise leer ausgegangen wäre, gab er sich mit einem Schadenersatz von 100.000 Euro statt der zunächst verlangten 2,5 Millionen Euro zufrieden.

(Quelle: Seiwert, M.: Im Fadenkreuz, in: WirtschaftsWoche vom 13.08.2007, S. 82)

Praxissituation 17: Haftungsfalle

Noch vor wenigen Jahren führte Wolfgang Krebs die Geschäfte einer florierenden Firma, der Krebs & Sohn Christbaumschmuck GmbH im bayerischen Rosenheim. Sie zählte zu den führenden ihrer Branche, beschäftigte 200 Mitarbeiter und erwirtschaftete einen Jahresumsatz von rund 15 Millionen Euro. Heute gibt es das Unternehmen nicht mehr. Der Firmenchef hat sein privates Vermögen verloren und kämpft derzeit darum, wenigstens seine Altersversorgung zu retten.

Es begann schleichend, kaum merklich: ein kostspieliges Engagement in Ostdeutschland, hohe Kredite für den Neubau einer Fabrikhalle, Anlaufprobleme mit einer neuen Maschine. Zudem war das Geschäft extrem saisonabhängig, was zu hohen Lagerbeständen und somit Vorfinanzierungskrediten führte...

Die Banken reagierten prompt. Sie kürzten die Kreditlinien der Firma und drohten damit, sich ganz aus dem Unternehmen zurückzuziehen. Um handlungsfähig zu bleiben, stellte Krebs zusätzliche persönliche Sicherheiten und brachte weiteres privates Vermögen in das Unternehmen ein. Wenige Monate später verschärfte sich die Lage erneut...musste Krebs sich verpflichten, sein persönliches Kapital, das er der Firma in großem Umfang zur Verfügung gestellt hatte, samt anfallender Zinsen im Unternehmen zu lassen. Damit war sein privates Vermögen schlagartig weg...2002 meldete das Unternehmen dann die Insolvenz an. Die Pleite riss auch den Firmenchef in den finanziellen Ruin. Zu allem Überfluss versuchte der Insolvenzverwalter noch, ihn wegen Insolvenzverschleppung zu belangen....

Vielen Firmenlenkern ist nicht klar, wie schnell ihr persönliches Vermögen auf dem Spiel steht. Ein Geschäftsführer haftet schon, wenn er fahrlässig gegen eine Haftungsnorm verstößt. ...So können die Gesellschafter den Geschäftsführer einer GmbH belangen, wenn das Unternehmen eine berechtigte Forderung verjähren lässt oder für Zahlungsausfälle eines Kunden, dessen Bonität er nicht sorgfältig geprüft hat. Ebenso haftet er auch bei Missachtung einer simplen Vorschrift bei der Auftragsvergabe.

(Quelle: Markt & Mittelstand 8/2005, S. 43)

---

[160] Krieger, G./Schneider, U.H.: (Hrsg.): Handbuch Managerhaftung. Risikobereiche und Haftungsfolgen für Vorstand, Geschäftsführer, Aufsichtsrat. Köln 2007

Führungskräfte tragen nicht nur die Verantwortung für ihre Firma, sondern auch das Risiko, indem sie für die eigenen Fehler wie auch für die ihrer Mitarbeiter einstehen müssen. Fehler können im Tagesgeschäft leicht geschehen, wenn z.B. Aufsichtsräte zu üppige Gehälter oder zu hohe Abfindungen genehmigen. Topmanager sind nicht nur für ihr Verhalten verantwortlich, sondern auch für das Verhalten ihrer Untergebenen. Sie müssen ihre Organisation so gestalten, dass Risiken minimiert sind – von der IT-Sicherheit bis zur Korruptionsvermeidung.

Praxissituation 18: Härtere Gesetze, aggressivere Aktionäre und ambitionierte Staatsanwälte...

„Die Karriere von Reinhard Mertz(Anm.: Name geändert) zeichnete sich viele Jahre lang vor allem durch zwei Dinge aus: Ruhe und Sicherheit. Sein Job als Leiter des Rechnungswesens einer großen Hotelkette war alles andere als turbulent, das Gehalt fiel mit rund 6.000 Euro im Monat ganz ordentlich aus. Die Ruhe verabschiedete sich aus Mertz' Alltag, als die Hotelkette beschloss, eine Reihe von Restaurants In Flughäfen und Bahnhöfen aufzubauen. Der Buchhalter mutierte zum Geschäftsführer der Gastrotochter. Er mietete Räume, suchte Mitarbeiter – alles zusätzlich zu seinem Hauptjob und ohne einen Cent mehr Gehalt. Als die Restaurants rote Zahlen schrieben und die Kette dichtgemacht werden musste, war es im Leben des Reinhard Mertz auch mit der Sicherheit vorbei. Sein Arbeitgeber will sich das verlorene Geld von seinem Ex-Geschäftsführer zurückholen und verklagte Mertz auf Schadensersatz. Der lapidare Vorwurf: Der Mann habe zu große Räume angemietet. Es geht um sieben Millionen Euro, mehr als das Tausendfache seines Bruttomonatsgehalts. Nun verhandelt das Frankfurter Landgericht über die finanzielle Existenz des einstigen Buchhalters."
(Quelle: Buchhorn, E./Werle, K.: Auf eigene Gefahr, in: managermagazin 7/2006, S. 125)

Haftungstatbestände ergeben sich nicht nur aus fehlerhaftem Handeln, sondern auch aus „fehlerhaftem Unterlassen". Haftungssituationen können sich zum Beispiel aus unterlassenen Umstrukturierungsmaßnahmen, insbesondere zur Haftungsbeschränkung bei stetig wachsenden Haftungsrisiken, zu einer optimierten Haftungsbegrenzung durch Betriebsaufspaltung oder zur notwendigen steuerminimierenden Strukturänderung erwachsen.[161] Unterlassene Restrukturierungsmaßnahmen, wie Personalanpassungen, unterlassene Maßnahmen bei Unterbeschäftigung wegen konjunkturellen und saisonalen Nachfragerückgangs können in diesem Sinne ernsthafte Haftungstatbestände werden.

Zunehmend haften Unternehmer und Manager auch für unterlassene Optionen nach dem Insolvenzrecht. Mit einer Stilllegung oder Liquidation sind die größten Risiken für die Existenzsicherung des Unternehmens verbunden. Ein bewusster, frühzeitiger Einstieg in eine Sanierung mit Hilfe der Insolvenzordnung wegen des Insolvenzgrundes der drohenden Zahlungsunfähigkeit kann zu einer Minderung oder Vermeidung dieses Existenzsicherungsrisikos führen oder beitragen. Erhöhte Risiken entstehen gegebenenfalls auch aus einer angestrebten „außergerichtlichen Sanierung". Unternehmer und Manager müssen folglich auf das Instrument der Sanierung im Rahmen eines Insolvenzplanverfahrens setzen. Die Reorganisation der Drogeriekette „Ihr Platz" hat die Erfolgschancen bei frühzeitiger Insolvenzantragstellung bewiesen.[162]

Zur Wahrnehmung ihrer Verantwortung für das Unternehmensergebnis werden von der Geschäftsführung permanent Entscheidungen zwischen dynamischem Risiko und statischer Sicherheit abgefordert. Ein GmbH-Geschäftsführer ist nach § 43 Absatz 1 des GmbH-Gesetzes verpflichtet, in der Führung der Gesellschaft die „Sorgfalt eines ordentlichen Geschäftsmanns" anzuwenden. Geschäftsführer, die diese Pflichten verletzen, haften der Gesellschaft für den entstandenen Schaden solidarisch.

Die Gesellschaft mit beschränkter Haftung bietet den meist geschäftsführenden Gesellschaftern bei einer Insolvenz nur vermeintlichen Schutz. Zwar haftet grundsätzlich die GmbH und nicht deren

---

[161] Ehlers, H.: Neue Risikofelder der Managerhaftung, in: Zeitschrift für Corporate Governance, 1/2007, S. 21
[162] Ebenda, S. 23f.

Gesellschafter für ihre Verbindlichkeiten. Doch wiegen sich Firmenchefs oft in allzu großer Sicherheit und tätigen im Namen der Firma riskante Geschäfte. In den meisten Fällen ist die Haftung dann nicht beschränkt, und die Gläubiger machen ihre Ansprüche beim Unternehmer geltend. Häufig fehlt den Unternehmern das „Unrechtsbewusstsein". Ein mittelständischer Unternehmer hat sich zum Beispiel einen Kreditrahmen über seine Lieferanten beschafft und damit seine Bankdarlehen abgelöst. Dadurch kam er aus der privaten Haftung heraus. Doch wer Waren bestellt, von denen er weiß, dass er sie nicht bezahlen kann, begeht Betrug.

Viele Unternehmer straucheln auch, weil sie für die Schulden ihrer Gesellschaft gerade stehen müssen. Sie unterschätzen die Folgen von Bürgschaften und begeben sich damit freiwillig in die Schusslinie der Gläubiger. Bürgen geschäftsführende Gesellschafter für Ihre Firma, heben sie selbst die Haftungsbeschränkung – in Höhe des Stammkapitals plus des erwirtschafteten Vermögens bei Insolvenz – auf. Unternehmer müssen – um Kredite zu erhalten – Bürgschaften unterschreiben. Grundsätzlich ist es aber ratsam, den Ehepartner aus dem Unternehmen rauszuhalten und privates und betriebliches Vermögen strikt zu trennen. Das kann auch dazu führen, die privaten Konten nicht bei der Haus- und Gläubigerbank des Unternehmens zu halten. Damit kann die Gläubigerbank zunächst nicht auf die privaten Konten direkt zugreifen und diese womöglich sofort einfrieren. Die Bank könnte dann auch nicht mit den privaten Bankguthaben zunächst ihre Kreditforderungen ausgleichen.

Die Haftung eines Geschäftsführers kann auch dann einsetzen, wenn ein Überziehungskredit der GmbH nicht voll ausgeschöpft wird und gleichzeitig fällige Sozialversicherungsbeiträge nicht an die Sozialversicherungsträger abgeführt wurden. In solchen Fällen besteht die Möglichkeit einer Durchgriffshaftung auf das Privatvermögen des Geschäftsführers in Höhe der gewährten Sicherheit für den nicht ausgeschöpften Umfang der Kreditlinie.

Unternehmer haften auch privat für die ihnen zugesagten Pensionszusagen, solange Gegenansprüche des Insolvenzverwalters bestehen.

Praxissituation 19: „Einem GmbH-Geschäftsführer drohen neben Prestigeverlust...
auch ernsthafte Einbußen in Euro und Cent. Das OLG Oldenburg hat vor einiger Zeit eine richtungweisende Entscheidung zur Haftung von GmbH-Geschäftsführern gefällt. Es hat dabei zwei Bereiche deutlich voneinander getrennt: Personelle Maßnahmen und Investitionsentscheidungen. Im ersten Komplex ging es darum, dass ein GmbH-Geschäftsführer einer Führungskraft einen ‚Bleibebonus' von gut 70.000 Euro gezahlt hatte. Der zweite Komplex betraf den ungeprüften Zukauf eines Unternehmens, bei dem die Gesellschaft gleich mehrere Millionen Euro in den Sand gesetzt hatte.
   Die Zusage des Bleibebonus ließ das Gericht trotz seiner beachtlichen Höhe unbeanstandet. Eine Geschäftsführerbefugnis umfasse auch Personalangelegenheiten und gewähre auf diesem Gebiet ein weites Handlungsermessen. Da sei es durchaus in Ordnung, eine bewährte und qualifizierte Führungskraft mit Abwanderungsgedanken durch eine großzügige Sonderzuwendung weiter ans Unternehmen zu binden. Zumal die Zahlung im Unternehmensinteresse erfolgte und nicht auf sachfremden, eigennützigen Erwägungen beruhte.
   Anders...beim Zukauf des Unternehmens: Hier hatte sich der Geschäftsführer leichtfertig auf eine Fehlinvestition eingelassen. Die Grundlagen, Chancen und Risiken der Investitionsentscheidung waren nicht ausreichend aufgeklärt. Der Geschäftsführer hatte pflichtwidrig nicht einmal eine so genannte ‚Due-Dilligence'-Prüfung vorgenommen und der Erwerb des neuen Unternehmens entpuppte sich wegen seiner nachhaltigen Verlustlage als millionenschwerer Flop. Was der Geschäftsführer im Fall des OLG Oldenburg vernachlässigt hatte: Die umfassende Information seines Aufsichtsrates. Der konnte nach einer falschen und lückenhaften Berichterstattung nur eine ebenso falsche, teure und folgenreiche Entscheidung treffen. Für den nachlässigen Geschäftsführer bedeutete das unter anderem eine Schadenersatzforderung von 2.890.652 Euro nebst Zinsen in Höhe von fünf Prozentpunkten über dem Basiszinssatz."
(Quelle: Meyerhoff, H.J.: Achtung, Regressfalle!, in: handelsjournal 12/2007, S. 36)

Zahlreiche Haftungsrisiken ergeben sich aus der direkten Verantwortung der Unternehmensvertreter zum sorgsamen Umgang mit Unternehmensvermögen, zum Beispiel:[163]

➤ für Untreuedelikte nachgeordneter Führungskräfte- insbesondere von Prokuristen -,
➤ für unrechtmäßige Gewinnabführungen während einer bevorstehenden Pleite des Mutterkonzerns,
➤ für Klagen von Kapitalanlegern bei Nachweis einer Pflichtverletzung im Zusammenhang mit Transaktionen,
➤ bei Begleichung von Rechnungen, obwohl das Unternehmen bereits insolvenzreif war.

Manager müssen belegen, dass sie sich korrekt verhalten und gewissenhaft ihre Aufgaben erfüllt haben. Anderenfalls leitet sich die Haftung aus der Organisationsverantwortung – sogenanntem Organisationsverschulden – ab. Ein Geschäftsführer versäumt es, sein Angebot mit dem neuesten Gutachten zu verifizieren und setzt dadurch einen zu geringen Preis an. In solchen Fällen können Führungskräfte persönlich mit ihrem Privatvermögen für Fehler aus ihrer beruflichen Tätigkeit haften.

„Wenn Sie – als Top-Manager – nur eine dieser Fragen mit ‚Nein' beantworten müssen,
...haben Sie eine offene Flanke. Dann nämlich versagt Ihr Compliance-System, das eigentlich Ihr Frühwarnsystem gegen Rechtsverstöße im Unternehmen sein soll." Eine Auswahl zeigt dies:

➤ *Ahnungslose Entscheider:* Können die Top-Manager bei einem Schaden aus Managementfehlern nachweisen, dass sie sich alle verfügbaren und notwendigen Informationen über Risiken für das Unternehmen – wie etwa vor einer Produktentwicklung oder der Expansion ins Ausland – besorgt haben?
➤ *Haftpflichtversicherung für Manager*: Wissen Sie, wogegen Sie die Versicherung schützt, in welcher Höhe – und wogegen nicht? Und sind alle aktuellen Haftungsrisiken auch abgedeckt und nicht nur die von vor einem Jahr?
➤ *Produktsicherheit:* Landet jede Beschwerde über die Sicherheit Ihrer Produkte auf dem Tisch des zuständigen Mitarbeiters? Und werden sowohl der Eingang als auch interne Konsequenzen dokumentiert?
➤ *IT-Sicherheit:* Sie erlauben kein privates Nutzen von E-Mail und Internet und dulden dies auch nicht? Sie haben sichergestellt, dass Mitarbeiter im Firmen-Netz nichts Kriminelles (wie z.B. Kinderpornografie) anstellen können?
➤ *Wettbewerb:* Haben Sie jeden Vertriebsmitarbeiter aufgeklärt, dass eine lockere Absprache über Vertriebsgebiete oder Preise mit Wettbewerbern...als Kartell gilt und verboten ist? Ist diese Aufklärung auch dokumentiert und sind Sanktionen bei Verstößen gegen dieses Verbot angedroht?
➤ *Embargo-Listen:* Ihr außenwirtschaftsrechtliches Kontrollsystem für waren- und Zahlungsverkehr stoppt eine Lieferung in das Embargoland...? Und hat auch die – mit Vorkasse angebotene – Bestellung Ihres neuen Geschäftspartners...von den ...gestoppt, der auf der europäischen Verbotsliste zur Terrorismusbekämpfung steht?
➤ *Patente/Marken:* Sie lassen in allen relevanten Märkten Verletzungen Ihrer Patente, Marken und Geschmacksmuster von eigenen Leuten, spezialisierten Dienstleistern, Anwälten oder per Such-Software beobachten und wehren sich sofort?
➤ *Whistle-Blowing-Hotline:* Ihr Unternehmen hat eine – interne oder externe – Vertrauensperson, an die sich Mitarbeiter immer, auch anonym, wenden können, wenn sie Gesetzesverstöße von Kollegen sehen? Sie haben ein System, das alle Mitarbeiter kennen, um Verhalten im Sinne der Unternehmens-Compliance zu loben – oder Fehlverhalten zu sanktionieren?
(Quelle: Tödtmann, C./Kanzlei Nörr-Stiefenhofer-Lutz: Checkliste: Die zehn häufigsten Haftungsfallen für Top-Manager, in: Handelsblatt 09.02.2008. S. 6)

---

[163] Buchhorn, E./Werle, K.: Auf eigene Gefahr, in: managermagazin 7/2006, S. 125

Umfassende Haftungstatbestände können unterlassene Schlussfolgerungen aus der Zunahme der externen und internen Wirtschaftskriminalität werden. Nach einer Studie der Wirtschaftsprüfungs- und Unternehmensberatungsgesellschaft KPMG aus 1999, 2003/2004 und 2006 sind in den vergangenen Jahren fast zwei Drittel der Unternehmen Opfer von Wirtschaftskriminalität geworden.[164] Nach der Studie Wirtschaftskriminalität 2000 von Ernst & Young fürchten 80 Prozent der befragten deutschen Unternehmen, dass sie Opfer einer wirtschaftskriminellen Tat werden könnten. Schwerpunkte sind dabei Korruption, Untreue, Betrug einschließlich Spesen- und Abrechnungsbetrug, Cybercrime einschließlich Datendiebstahl, Zeitdiebstahl für Nutzung der Software für private Zwecke und Softwaremanipulationen, Falschbilanzierung und Industriespionage.[165]

„Auffällig ist, dass es sich hauptsächlich um interne Täter handelt, nach der Studie von Ernst & Young 54 % und zusätzlich 12 % in Form der Kollusion interner mit externen Tätern, nach der Studie von KPMG sogar 84 %, davon 7 % aus dem Topmanagement bzw. der Geschäftsleitung.... Bedeutsam für die Managerhaftung ist, dass nach der KPMG-Studie 60 % aller Delikte durch Zufall und nicht durch die Revision oder vergleichbare Kontrollen aufgedeckt werden. Noch vor drei Jahren gaben nur 44 % (vor sieben Jahren sogar nur 16 %) der Befragten an, zufällig auf wirtschaftskriminelle Sachverhalte zu stoßen – eine haftungsbedrohende Tendenz. Denn über ein Notfallmanagement verfügen nur die Hälfte der großen und nur ein Drittel der kleinen und mittleren Unternehmen. Und nur 18 % der Befragten stufen ihre Kenntnisse in Sachen Wirtschaftskriminalität als gut ein."[166] Für die Erkennung der wichtigsten Haftungsfallen für Manager wurden zahlreiche Checklisten erarbeitet, welche die Notwendigkeit eines Risikomanagementsystems unterstreichen.

Nach dem im Jahre 2007 in Kraft getretenen Gesetz über die Vermeidung und Sanierung von Umweltschäden – Umweltschadensgesetz (USchadG) müssen Unternehmer eine weitgehende und zum großen Teil verschuldensunabhängige Haftung für Schäden an der Umwelt übernehmen – für eine Reihe kleiner und mittlerer Unternehmen oft schwer kalkulierbare Risiken. Der Grundsatz des neuen EU-Haftungsrechts ist das Verursacherprinzip. Wer in bestimmten Bereichen tätig ist, von denen grundsätzlich eine Umweltbedrohung ausgeht, soll die Sanierungskosten für Schäden tragen – auch wenn er alle Vorschriften beachtet hat. Hier gilt die Gefährdungshaftung. Unternehmer, die nicht in umweltriskanten Bereichen arbeiten, sollen nur bei schuldhaftem Handeln haften. Dann greift das Prinzip der Verschuldenshaftung.[167]

4.4   Unternehmensrating nach den Regeln der Basel II-Vereinbarung

Die neuen Regeln der Eigenkapitalvereinbarung für Banken nach Basel II haben weitreichende Konsequenzen für das Risikomanagement der Banken einerseits und für das Risikomanagement der Unternehmen, deren Risikobewertung eine wesentliche Grundlage für eine Kreditwürdigkeitsbeurteilung durch die Banken wird. Banken mit niedrigeren Risiken in der Kreditvergabe und im operationellen Geschäft werden künftig auch niedrigere Eigenkapital-Unterlegung vorhalten müssen und umgekehrt.

Im Rahmen eines Ratings nach den Regeln des Basel II spielen die Existenz eines Risikomanagementsystems als Bestandteil eines unternehmensweiten Controllingsystems und die unternehmensspezifisch bestehenden Risikopotenziale eine bedeutende Rolle. Dies wird bereits in der aktuellen Debatte um die neue Vereinbarung sichtbar, da sich die Fremdkapitalfinanzierung der Unternehmen mit sehr gutem bis gutem Rating verbilligen wird und umgekehrt. Banken werden nicht nur die Frage nach der Existenz und der Bewertung bestehender Risiken im Rahmen des Rating stellen, sondern auch die Frage nach dem Vorhandensein, der Organisation und der Qualität eines bestehenden Risikomanagementsystems. Banken erstellen von ihren kreditnehmenden Unternehmen Ratings, die die Risiken (erwartete Ausfallwahrscheinlichkeit) beschreiben. Der Risikoumfang ist tatsächlich – neben Ertragskraft und Risikotragfähigkeit – zentrale Determinante der Aus-

---

[164] www.kpmg.de/library/pdf/060626_Studie_2006_Wirtschaftskriminalität
[165] Ehlers, H.: Neue Risikofelder der Managerhaftung, in: Zeitschrift für Corporate Governance, 1/2007, S. 25
[166] Ebenda.
[167] Fritsche, J./Hofmann, M.: Brüsseler Giftspritzen: in: Markt & Mittelstand 08/2005, S. 16ff.

fallwahrscheinlichkeit von Unternehmen. Unternehmen brauchen eine Ratingstrategie, die auf systematischen Ratingprognosen beruht. Dies erfordert nicht nur die gegenwärtige Bewertung des Ratings, sondern auch eine Prognose der zukünftigen Entwicklung des Ratings unter verschiedenen Annahmen.[168]

Der Nutzen eines Risikomanagements ergibt sich hier durch die Möglichkeit, den Kreditgebern die Risikosituation plausibel darlegen zu können. Es macht damit deutlich, dass es sich intensiv mit seinen Risiken auseinandersetzt und damit die Gefahr zukünftiger Misserfolge reduziert.[169] Ferner stehen Unternehmen, die bereits einige Zeit erfolgreich Risikomanagement praktiziert haben, in den finanziellen Kennzahlen meist besser da. Im Zusammenhang mit einem Rating stellt sich häufig die Frage nach dem angemessenen oder notwendigen Bedarf an Eigenkapital und der sich daraus ergebenden Eigenkapitalquote. Mit dem Eigenkapital wird die Risikotragfähigkeit des Unternehmens bewertet, d.h. die Höhe der Risiken und der Umfang möglicher Verluste, welche durch den Eigenkapitalbedarf abzudecken sind.[170]

Rating basiert auf einer nach verschiedenen Einzelkriterien strukturierten multidimensionalen Risikobewertung eines Unternehmens durch ein Punktsystem. Dabei können die relativen Gewichtungen dieser Einzelkriterien für das Gesamtrating des Unternehmens nicht nur differieren, sondern auch zwischen den Banken und Ratingagenturen unterschiedlich definiert werden. Rating nach den Anforderungen des Basel II bezieht sich auf die folgenden Kriteriengruppen:

➢ Qualität des Managements
➢ Organisation und Struktur des Unternehmens
➢ Schritte im Risikomanagement
➢ Wirtschaft, Märkte, Konkurrenz
➢ Wirtschaftliche Verhältnisse des Unternehmens
➢ Unternehmensentwicklung
➢ Zukunftsaussichten.

Mittelständische Unternehmen handhaben das Risikomanagement dennoch unterschiedlich. So veröffentlicht das Technologieunternehmen Zeppelin GmbH bereits regelmäßig einen Risikobericht als Ergänzung zum controllingorientierten Berichtswesen und lässt das Risikomanagement von externen Wirtschaftsprüfern analysieren.[171] Dies zahlt sich für das Unternehmen positiv im Kreditrating aus. Insgesamt spielt ein betriebliches Risikomanagement aus der Sicht der Kreditgeber wie auch der Rating-Agenturen eine zunehmende Rolle.[172]

---

[168] Gleißner, W.: Grundlagen des Risikomanagements im Unternehmen, München 2008, S. 259ff.
[169] Ebenda, S. 17
[170] Ebenda, S. 18
[171] Brillen, A.: Vorsicht zahlt sich aus, Handelsblatt 14. Juni 2006, S. 28
[172] Reichling, P./Bietke, D./Henne, A.: Praxishandbuch Risikomanagement und Rating. Grundlagen, Konzepte, Fallstudien, 2. Auflage, Wiesbaden 2007.

5. Risikomanagement im Unternehmen

5.1 Aufgaben und Ziele des Risikomanagements

Ziel des Risikomanagement kann es nicht sein, sämtliche Risiken auszuschalten oder zu eliminieren, weil damit mögliche Chancenpotenziale ungenutzt bleiben könnten. Zielsetzung wird viel mehr die Erreichung und Sicherung einer risikooptimalen Unternehmensposition sein. Das im Rahmen dieses Verständnisses eines Risikomanagements anzustrebende optimale Verhältnis von Chancen und Risiken wird primär von den Risikopräferenzen der Entscheidungsträger abhängen.[173] (Abb. 11)

Risikomanagement darf nicht auf die Einhaltung der gesetzlichen Vorschriften in der Form einer „Risikobuchhaltung" beschränkt werden.[174] Effiziente Risikomanagementsysteme erhöhen die Wettbewerbsvorteile der Unternehmen und führen auf der Basis einer verantwortungsvollen, auf langfristige Wertschöpfung ausgerichteten Leitung und Kontrolle zu einer echten Wertsteigerung des Unternehmens – auch im Interesse der Kapitalgeber. Ziel muss dabei ein integriertes und proaktives Risikomanagement sein, das sich aus den drei Subsystemen Früherkennungssystem, Controllingsystem und internes Überwachungssystem ergibt.[175] Die Erhöhung der Planungssicherheit als Nutzenkomponente eines Risikomanagements bietet verschiedene Vorteile für das Unternehmen, wie zum Beispiel:[176]

➢ Erhöhung der Planbarkeit und Steuerbarkeit des Unternehmens
➢ Prognose der Entwicklung der Zahlungsströme bei Reduzierung der Wahrscheinlichkeit, unerwartet auf teure externe Finanzierungsquellen zurückgreifen zu müssen
➢ Senkung der Kapitalkosten durch Verminderung der risikobedingten Schwankungsbreite der zukünftigen Zahlungsströme
➢ Stabile Gewinnentwicklung mit einer hohen Wahrscheinlichkeit für eine ausreichende Kapitaldienstfähigkeit und einer reduzierten Wahrscheinlichkeit einer Insolvenz oder hoher kalkulatorischer Eigenkapitalkosten.

Wie so oft im Leben, gilt auch im Risikomanagement:
Die gesunde Balance muss her.

Abb. 11 Balance zwischen Risiko und Chance[177]

[173] Burger, A./Buchhart, A.: Risiko-Controlling, München-Wien 2002, S. 10
[174] Romeike, F.: Gesetzliche Grundlagen, Einordnung und Trends, in: Romeike, F./Finke, R.B. (Hrsg.): Erfolgsfaktor Risiko-Management, Wiesbaden 2003, S. 78
[175] Ebenda, S. 79
[176] Gleißner, W.: Grundlagen des Risikomanagements in Unternehmen, München 2008, S. 12
[177] Romeike, F./Finke, B.(Hrsg.): Erfolgsfaktor Risiko-Management, Wiesbaden 2004, S.245

Die Zielsetzung des Risikomanagements als Instrument zur Führungsunterstützung besteht darin, zukünftige risikobehaftete Entwicklungen frühestmöglich zu identifizieren, zu beurteilen, zu steuern und fortlaufend zu überwachen, um die kontinuierliche Anpassung des Unternehmens an sich stetig verändernde Umfeldbedingungen sowie die Sicherung der unternehmerischen Existenz zu gewährleisten.[178]

Zunehmend wird in der Unternehmenspraxis sichtbar, dass sich Risikomanagement von der Erfüllung bestimmter Basisanforderungen zur Schadensverhütung sowie der Umsetzung gesetzlicher Pflichten und Anforderungen, z.B. durch das KonTraG, hin zu einem integrierten Risikomanagementsystem entwickelt, das seinen potenziellen Nutzen über die traditionelle „Unternehmenssicherung" hinaus zu einem Beitrag zur wertorientierten Unternehmenssteuerung leistet, indem es den vernachlässigten Werttreiber Risiko stärker in den Fokus des Managements rückt.[179]

Risikomanagement bedeutet nicht die Beschränkung auf spezielle, meist bekannte Risikogruppen, sondern ein proaktives, ganzheitlich ausgerichtetes Konzept mit antizipativem Charakter, das alle Prozesse und Risiken eines Unternehmens erfasst und einem dauerhaften Prozess einer frühzeitigen, systematischen Identifikation und Bewertung sowie Steuerung und Kontrolle der risikobehafteten Prozesse unterzieht.[180]

Risikomanagement bedeutet also in der Konsequenz eine risikoorientierte Unternehmensführung als ganzheitlicher Ansatz, der alle Funktionen, Prozesse und Bereiche eines Unternehmens umfasst. Im Gegensatz zu einer primär kapitalmarktorientierten Betrachtung eines risiko- und wertorientierten Managements wird dieser ganzheitliche Ansatz vor allem auf die Nutzung der unternehmensintern verfügbaren Informationen für eine optimale Entscheidungsfindung unter dem Ziel der Steigerung des Unternehmenswertes unter den Bedingungen der zu erwartenden Veränderungen zu sehen sein.

Die primären Ziele lassen sich wie folgt zusammenfassen:

- ➢ Nachhaltige Erhöhung des Unternehmenswertes
- ➢ Sicherung der Unternehmensziele
- ➢ Sicherung des künftigen Unternehmenserfolgs
- ➢ Optimierung der Risikokosten
- ➢ Sicherung sozialer Ziele aus der gesellschaftlichen Verantwortung des Unternehmens.[181]

Das Unternehmen muss im Rahmen seiner Risikopolitik ein ausgewogenes Verhältnis zwischen Ertrag (Chance) und Verlustgefahr (Risiko) erreichen, d.h. eine Optimierung des Risiko-Chance-Kalküls anstreben und insoweit Risikomanagement als Stellschraube und zentralen Baustein einer wertorientierten Unternehmenssteuerung betrachten.[182] Der Wert eines Unternehmens ist unter drei Parametern zu sehen, die untereinander in Abhängigkeit stehen: *Rentabilität, Wachstum und Risiko.* Steigt ein bestimmtes Risiko bei gleichbleibender Rentabilität, so sinkt der Unternehmenswert.[183] Wird eine höhere Rentabilität über das Eingehen eines sehr hohen Risikos angestrebt, so besteht die Gefahr, dass der Unternehmenswert mittel- und langfristig sinkt. Wird Wachstum um jeden Preis gewollt und bleiben dabei Risiko und Rentabilität unberücksichtigt, führt

---

[178] Diederichs, M.: Risikomanagement und Risikocontrolling. Risikocontrolling – ein integrierter Bestandteil einer modernen Risikomanagement-Konzeption, München 2004, S. 12
[179] Romeike, F.: Gesetzliche Grundlagen, Einordnung und Trends, in: Romeike, F./Finke, R.B. (Hrsg.): Erfolgsfaktor Risiko-Management, Wiesbaden 2004, S. 67
[180] Romeike, F.: Der Prozess des strategischen und operativen Risikomanagements, in: Romeike, F./Finke, R.B. (Hrsg.): Erfolgsfaktor Risiko-Management, Wiesbaden 2004, S. 147
[181] Ebenda, S. 150
[182] Romeike, F.: Traditionelle und alternative Wege der Risikosteuerung und des Risikotransfers, in: Romeike, F./Finke, B.(Hrsg.): Erfolgsfaktor Risiko-Management, Wiesbaden 2004, S. 253
[183] Ebenda.

dies unmittelbar zur Existenzbedrohung des Unternehmens, wie die „kurzen Leben" vieler Unternehmen in der „New Economy" gezeigt haben.[184]

Der Ansatz der wertorientierten Unternehmensführung ist in der Lage, die den Kapitalwert beeinflussenden Faktoren in Form der direkten und indirekten Werttreiber zu analysieren. Direkte Werttreiber sind zum Beispiel Umsatzwachstum, Kostensenkung. Indirekte Werttreiber sind alle quantitativen und qualitativen Größen, welche die Werttreiber erster Ordnung beeinflussen. Mit einem in dieser Weise konstruierten Wertsteigerungsnetzwerk erfolgt eine Verbindung der Risikoanalyse und –bewertung mit der Wettbewerbsstrategie und dem Unternehmenswert.[185] Risiken der Geschäftstätigkeit beziehen sich somit auf die Veränderung bzw. Entwicklung der Werttreiber.

Für ein Unternehmen kann es ebenso keine totale Sicherheit geben, sondern es muss ein optimales Kosten-/Nutzen-Verhältnis erreicht werden.[186]

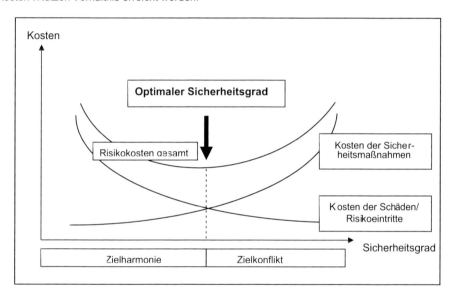

Abb. 12   Optimierung der Risikokosten

Abb. 12 zeigt einen mit zunehmendem Sicherheitsgrad abnehmenden Grenznutzen der risikopolitischen Maßnahmen. Eine über den Punkt des optimalen Sicherheitsgrades hinausgehende Erweiterung der Sicherheitsmaßnahmen verteuert das System. Das kostenoptimale Sicherheitsniveau liegt im Minimum der Kurve der Gesamtrisikokosten.[187]

Die potenziellen Verluste in Form von Risikokosten bzw. die möglichen Ertragspotenziale müssen die Implementierungskosten und laufenden Kosten des Risikomanagements und des Risikocontrolling einschließlich der einzuleitenden Gegenmaßnahmen übersteigen. Das Effizienzkriterium wird erfüllt, wenn dadurch ein positiver Beitrag zum Unternehmensergebnis geleistet wird.[188]

---

[184] Ebenda.
[185] Ebenda.
[186] Romeike, F.: Traditionelle und alternative Wege der Risikosteuerung und des Risikotransfers, in: Romeike, F./Finke, B.(Hrsg.): Erfolgsfaktor Risiko-Management, Wiesbaden 2004, S. 254
[187] Ebenda.
[188] Burger, A./Buchhart, A.: Risiko -Controlling, München-Wien 2002, S. 20

Die Aufgaben eines betrieblichen Risikomanagementsystems lassen sich wie folgt zusammenfassen:[189]

> Schaffung einer unternehmensweiten Risikomanagement-Kultur
> Integration risikopolitischer Grundsätze
> Systematischer und kontinuierlicher Umgang mit den unternehmerischen Risiken (Risikomanagement-Prozess)
> Aufbau und Integration einer Risikomanagement-Organisation
> Risikosteuerung und –bewältigung.

„Das Risikomanagement als immanenter Bestandteil der Unternehmensführung stellt die Integration organisatorischer Maßnahmen, risikopolitischer Grundsätze sowie die Gesamtheit aller führungsunterstützenden Planungs-, Koordinations-, Informations- und Kontrollprozesse dar, die auf eine systematische und kontinuierliche Identifikation, Beurteilung, Steuerung und Überwachung unternehmerischer Risikopotenziale abzielen und eine Gestaltung der Risikolage des Unternehmens mit dem Ziel der Existenzsicherung ermöglichen.“[190]

Das Gesamtsystem des Risikomanagements muss in seinen institutionellen, instrumentellen und prozessualen Komponenten in ein strategisches Rahmenkonzept des Unternehmens - der Risikopolitik - eingebettet werden, die Risikostrategie somit als Teil der Unternehmensstrategie mit einer entsprechenden Kompatibilität zur strategischen Entwicklung des Unternehmens betrachtet werden.[191] Die Strategien des Unternehmens beinhalten entsprechende Risikopräferenzen der Unternehmensleitung und bestimmen damit die Richtlinien zum Umgang mit Risiken. Ein Beispiel zu risikopolitischen Grundsätzen zeigt die umfassende Tragweite der Risikopolitik innerhalb des Unternehmens. (Abb. 13)

> Integration des Risikomanagement in den Geschäftsalltag
> Das Management der Risiken erfolgt in erster Linie durch die Organisationseinheiten, die vor Ort Geschäfte tätigen.
> Klare Zuweisung von Aufgabenfeldern und Verantwortlichkeiten für das Risikomanagement in der bestehenden Organisationsstruktur
> Eindeutige Festlegung und Kommunikation von Grundsätzen und Richtlinien für jeden Risikobereich
> Sicherstellung, dass im Rahmen des Risikomanagementprozesses wesentliche Risiken identifiziert, kontinuierlich überwacht und auf ein akzeptables Maß reduziert werden
> Informationen zu den wesentlichen Risiken stehen zur Unterstützung der Entscheidungsträger auf allen Ebenen rechtzeitig, zutreffend und vollständig zur Verfügung
> Unterstützung, Verbreitung und Beteiligung seitens des Managements sind für den Erfolg unseres Risikomanagementsystems von zentraler Bedeutung.
> Alle Mitarbeiter der JENOPTIK sind aufgefordert, sich in ihrem Verantwortungsbereich aktiv am Risikomanagement zu beteiligen.
> Überwachung des Risikomanagementsystems hinsichtlich seiner Zuverlässigkeit sowie der Einhaltung der Regeln
> Erfüllung der Verpflichtungen aus dem KonTraG

Abb. 13 Praxisbeispiel: Risikopolitik der JENOPTIK AG[192]

---

[189] Diederichs, a.a.O., S. 14
[190] Ebenda, S. 15
[191] Burger, A./Buchhart, A.: Risiko-Controlling, München-Wien 2002, S. 27
[192] Einhellinger, G.: Das Risikomanagement in einem diversifizierten Konzern, am Beispiel der JENOPTIK-Gruppe, in: Horvath, P.: Strategische Steuerung, Stuttgart 2000, zitiert in: Burger, A./Buchhart, A.: Risiko-Controlling, München-Wien 2002, S. 28

Die Risikopolitik beinhaltet zwei grundlegende Elemente:[193]

➢ die Schaffung einer Risiko- und Risikomanagementkultur als Rahmenbedingung und Ausdruck eines dem Risiko angemessenen Verhaltens (Motivationsaspekt) und
➢ die Implementierung formaler organisatorischer Strukturen und Prozesse zur Umsetzung des Risikomanagementsystems (Organisationsaspekt).

In Unternehmen besteht eine zunehmende Notwendigkeit zur Schaffung einer offenen Risikokultur, die die Bereitschaft zur Wahrnehmung und Quantifizierung von Risiken entwickelt. Risikowahrnehmung muss aus dem Blickwinkel von Verzerrungen heraustreten. Es ist ebenso wenig die Vorstellung hilfreich, Risiken seien „beherrschbar", wie die Grundidee, nach der sich Risiken mit den zukünftig möglichen unvorhersehbaren Veränderungen und Planabweichungen beschäftigen.[194] Beide Denkweisen führen zur verzerrten Wahrnehmung und in vielen Fällen zu falschen Entscheidungen unter Unsicherheiten.

Risikopolitische Grundsätze müssen in Einklang mit den Zielen der Unternehmenseigner stehen, im Unternehmen zu einem einheitlichen Umgang mit Risiken anleiten und zu einem nachhaltigen Prozess zur Etablierung eines Risikobewusstseins und einer Risikokultur führen.[195] Risikopolitik als Bestandteil der Unternehmensstrategie muss Aussagen über folgende Sachverhalte treffen:[196]

➢ Entscheidungskriterien, die ein Abwägen von erwarteter Rendite und Risiko erlauben,
➢ Obergrenze über den Gesamtumfang der Risiken bzw. die Fixierung des angestrebten Ratings,
➢ Die Aufteilung der Risiken in Kern- und Randrisiken,
➢ Die Limite für einzelne Risiken und
➢ Die Vorgehensweise für die Bewertung von Risiken und die Priorisierung von Maßnahmen bei der Risikobewältigung.

So könnten zum Beispiel Risikolimite für den maximalen Gesamtumsatz mit einem einzelnen Kunden, den maximalen Anteil eines Lieferanten am Gesamtliefervolumen oder die anzustrebende Mindest-Eigenkapitalquote entwickelt werden.

Die Schaffung einer umfassenden Risiko- und Kontrollkultur als gemeinsames, grundlegendes Normen- und Wertegerüst[197] ist die grundlegende Voraussetzung für eine Akzeptanz des Risikomanagements und Risikocontrolling auf der strategischen Führungs-ebene sowie auf der operativen Ebene. Effektivität und Effizienz bei der Umsetzung der Systeme und der Anwendung der Instrumente erfordert diese Akzeptanz durch alle betreffenden Stellen des Unternehmens. Eine so verstandene Risiko- und Kontrollkultur trägt zu einem einheitlichen Risikoverständnis, einem durchgehenden einheitlichen Umgang mit Risiken und somit zum Bewusstsein bei, dass den Aufgaben des Risikomanagements zugrundeliegende Controllingsysteme nicht als „Mehrbelastung", sondern als Optimierungschance bei der Leistungserstellung und –verwertung verstanden werden.[198]

Für die komplexe Umsetzung eines Risikomanagements können vier verschiedene Risikomanagement-Stile identifiziert werden:[199]

---

[193] Gleißner, W.: Grundlagen des Risikomanagements, München 2008, S. 35
[194] Ebenda, S. 36
[195] Ebenda.
[196] Ebenda, S. 37
[197] Burger, A./Buchhart, A.: Risiko-Controlling, München-Wien 2002, S. 21
[198] Ebenda.
[199] Diederichs, a.a.O., S. 16

Abb. 14 Risikomanagement-Stile

Die Gestaltung von Risikomanagementsystemen weist in der Praxis einerseits große Differenziertheit in den bestehenden Systemen und andererseits wesentliche Defizite im erreichten Stand etablierter Systeme grundsätzlich auf. Eine Analyse von LÜCK[200] von über 100 der größten und bedeutenden Unternehmen zeigt Defizite in der externen Risikoberichterstattung in formeller und materieller Hinsicht, in der Umsetzung einer Risikokultur und in der qualitativen und quantitativen Risikoberichterstattung. Defizite in der Gestaltung von Risikomanagementsystemen ergeben sich laut einer empirischen Studie von DIEDERICHS[201] in folgenden Bereichen:

➢ Flexibilität: Mangelhafte Anpassung an sich verändernde Umweltbedingungen – gerade in einem Zeitalter der permanenten Veränderung
➢ Systematik: Unzureichende Systematik und ungenügende hierarchieübergreifende, aufbau- und ablauforganisatorische Integration,
➢ Unternehmenskultur: vernachlässigte Risikokultur und mangelhaftes Risikobewusstsein, meist hervorgerufen durch eine ungenügende Beteiligung aller Mitarbeiter und Beschränkung auf einzelne Unternehmensbereiche,
➢ Instrumentarium: Mangelhafter bzw. wenig effizienter Werkzeugkasten für Risikoidentifikation, -beurteilung, -steuerung sowie –überwachung,
➢ Dokumentation: Kommunikation und Berichterstattung: Fehlende bzw. lückenhafte Dokumentation und mangelhafte Risikoorientierung im Rahmen des unternehmens-internen Berichtswesens,
➢ IT-/DV-Unterstützung: unzureichende bzw. fehlende Unterstützung durch moderne DV- und Informationstechnologien.

Ein Großteil des technisch-organisatorischen und ein Teil des betriebswirtschaftlich-rechtlichen Bereiches wird üblicherweise und sinnvoller weise in den meisten Unternehmen bereits durch Spezialfunktionen abgedeckt, wie z.B.

- Sicherheit neuer Gebäude und Produktionsanlagen durch Ingenieurabteilungen und technische Überwachungsdienste
- Prüfung von Waren durch Einkauf, Labore etc.
- Kontrolle von Besuchern durch den Werkschutz
- selbständige Produktions- und Qualitätssicherung
- Überwachung von Unfallverhütungsvorschriften durch den Sicherheitsingenieur
- Deklarierung von Verpackungen und Transporten durch Gefahrgutbeauftragte.

---

[200] Lück, W.: Der Risikobericht deutscher Unternehmen, in: Frankfurter Allgemeine Zeitung, 01.03.2004, S. 20
[201] Diederichs, M.: Risikomanagement und Risikocontrolling, München 2004, S. 91

5.2 Strukturen, Funktionen und Prozesse betrieblicher Risikomanagementsysteme

5.2.1 Aufbau betrieblicher Risikomanagementsysteme

Die Gestaltung betrieblicher Risikomanagementsysteme leitet sich aus den wesentlichen Anforderungen an ein leistungsfähiges Risikomanagement ab:[202]

➢ Konformität mit dem KonTraG
➢ Funktionierendes Risikofrühwarnsystem
➢ Grundlage für das Rating
➢ Entscheidungsgrundlage für eine wertorientierte Unternehmenssteuerung und Beurteilung der Planungssicherheit
➢ Berechnung des Wertbeitrages von Risikotransferlösungen
➢ Berechnung von Eigenkapital und Eigenkapitalallokation.

In der Literatur und in der Praxis sind die Strukturen des Risikomanagementsystems nicht einheitlich definiert. Ein Risikomanagementsystem besteht grundsätzlich aus zwei Ebenen:

➢ Ebene 1: Phasenzyklus der Implementierung und Organisation eines
　　　　　　Risikomanagementsystems (**Organisationsebene**)
➢ Ebene 2: Phasenzyklus des Managements der Risiken in den
　　　　　　Risikobereichen (**Prozessebene).**

Abb. 15 Allgemeine Prozessphasen des Risikomanagements[203]

Beide Ebenen bedingen einander, haben jedoch inhaltlich verschiedene Kreisläufe. Die inneren Zusammenhänge zwischen den verschiedenen Ebenen des Risikomanagements werden in der Literatur unterschiedlich dargestellt.[204]

---

[202] Gleißner, W.: Balanced Scorecard und Risikomanagement als Bausteine eines integrierten Managementsystems, in: Romeike, F./Finke, B.(Hrsg.): Erfolgsfaktor Risiko-Management, Wiesbaden 2004, S. 306.

[203] Diederichs, M.: a.a.O., S.93

[204] Vgl. u.a. Diederichs, M., a.a.O., S. 93 f.;Wittmann, E.: Risikomanagement im internationalen Konzern, in: Dietrich,D./ Horvath, P./ Kagermann, H.(Hrsg.): Praxis des Risikomanagements. Grundlagen, Kategorien, branchenspezifische und strukturelle Aspekte, Stuttgart 2000, S. 794 f.;

5.2.2 Strategisches und operatives Risiko-Management

Ein betriebliches Risikomanagement hat zwei grundlegende Dimensionen zu erfüllen:

> ➤ die **strategische** Dimension und
> ➤ die **operative** Dimension.

Strategisches Risikomanagement beinhaltet primär die Formulierung von Risikomanagement-Zielen in Form einer „Risikopolitik", die Definition der Organisation des Risikomanagements, insbesondere der Funktionen, der Verantwortlichkeiten und des Informationsflusses sowie des Risikomanagement-Prozesses.[205] Die Effizienz eines unternehmensweiten Risikomanagements ist wesentlich von einer definierten Risiko-Strategie abhängig. Alle Maßnahmen der Risikosteuerung sind an dieser individuellen Strategie zu messen.

Im Rahmen des strategischen Risikomanagements sind auch grundsätzliche Entscheidungen durch die Unternehmensleitung oder den Aufsichtsrat zu treffen, die zentrale Erfolgsfaktoren des Risikomanagements berühren:[206]

> ➤ Berücksichtigung aller durch das Risikomanagement berührten Verantwortungsbereiche und Zuständigkeiten und der sich ergebenden Interessen- und Zielkonflikte
> ➤ Schaffung einer effizienten Kommunikations- und Informationskultur und –basis aller Personen und Funktionen
> ➤ Gewährleistung einer gelebten Risikomanagementkultur und einer effizienten Steuerung der Chancen und Risiken unter dem Aspekt einer wertorientierten Unternehmenssteuerung und eines optimalen Sicherheitsniveaus.

Mit dem strategischen Risikomanagement sind speziell die vier folgenden Fragen zu beantworten:[207]

> ➤ **Welche Faktoren bedrohen Erfolg und Erfolgspotenziale?**
> „Strategische Risiken sind all jene Risiken, die zu einer wesentlichen Beeinträchtigung der Erfolgspotenziale des Unternehmens führen können."

> ➤ **Welche Kernrisiken soll das Unternehmen selbst tragen?**
> Ein Unternehmen muss zum Beispiel Risiken bezüglich Forschungs- und Entwicklungsaufgaben eingehen, wenn dessen Kernkompetenzen aus bestimmten technologischen Fähigkeiten bestehen. Als „Kernrisiken" werden folglich Risiken angesehen, die in unmittelbarem Zusammenhang mit dem Aufbau und der Nutzung von Erfolgspotenzialen stehen und nicht auf andere übertragen werden können.

> ➤ **Welches Performancemaß ist Basis der Unternehmenssteuerung?**
> Ein positiver Beitrag zum Unternehmenswert erfordert, dass die erwartete Rendite einer Maßnahme oder Investition über dem risikoabhängigen Kapitalkostensatz liegt. Zu den Erfolgsgrößen der diesbezüglichen Unternehmenssteuerung gehören insbesondere der Unternehmenswert (Kapitalwert), der Wertbeitrag und RORAC oder das Sharpe-Ratio.

> ➤ **Welche Eigenkapitalausstattung ist als „Risikodeckungspotenzial" nötig?**
> Die Eigenkapitalausstattung ist im Zusammenhang mit dem Risikoumfang zu sehen. Wie hoch ist die Wahrscheinlichkeit von Überschuldung oder Illiquidität durch ein ungünstiges Verhältnis von aggregiertem Risikoumfang und Risikodeckungspotenzial?

---

[205] Romeike, F.: Der Prozess des strategischen und operativen Risikomanagments, in: Romeike, F./Finke, R.B. (Hrsg.): Erfolgsfaktor Risiko-Management, Wiesbaden 2003, S. 147f.

[206] Ebenda, S. 148

[207] Gleißner, W.: Strategisches Risiko -Management und Risikopolitik, in: Gleißner, W./Meier, G.(Hrsg.): Wertorientiertes Risiko-Management für Industrie und Handel, Wiesbaden, 1. Auflage 2001, S. 162ff.

Eine zentrale Problemstellung für das strategische Risikomanagement ist die Auswahl eines Performancemaßstabs für die Unternehmenssteuerung. Ein Maßstab kann der mit dem EVA (Economic Value Added) ausgedrückte Wertgewinn einer Unternehmensaktivität darstellen:

EVA = Kapitalbindung ·(Rendite – Kapitalkostensatz)

In Unternehmen mit mehreren, unterschiedlich riskanten Geschäftsfeldern kann man den Eigenkapitalbedarf (Risikodeckungspotenzial) jedes Geschäftsfeldes mit dem Risikoumfang (Value-at-Risk) ermitteln und die zugehörigen Kapitalkosten und den Wertbeitrag (EVA) ableiten. Diese können auch durch risikoadjustierte Rentabilitätsmaße ergänzt werden.[208]

Im Rahmen des strategischen Managements sind sowohl die Marktdeterminanten des Unternehmenserfolgs wie auch die Ressourcendeterminanten in Form von internen Kernkompetenzen hinsichtlich möglicher Risikopotenziale zu durchleuchten. Mit der strategischen Risikoanalyse ist dann zu beurteilen, ob und inwieweit die vorhandenen Kernkompetenzen zur langfristigen Erfolgssicherung ausreichen und welchen Bedrohungen diese Kernkompetenzen unterliegen können.[209]

Operatives Risikomanagement beinhaltet den Prozess der systematischen und laufenden Risikoanalyse, -steuerung und –kontrolle.

5.2.3   Prozesse in Risikomanagementsystemen

Zur Wahrnehmung der Funktionen durch das Interne Überwachungssystem oder das Controllingsystem ist ein systematischer Aufbau des Risikomanagementsystems zu entwickeln. Dabei können die folgenden Phasen in einem Regelkreis durchlaufen werden:

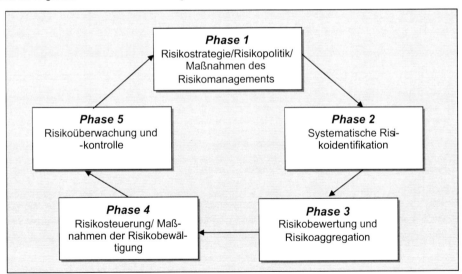

Abb. 16   Phasenmodell des Prozesses des Risikomanagements[210]

---

[208] Ebenda, S. 164
[209] Gleißner, W.: Grundlagen des Risikomanagements, München 2008, S. 38ff.
[210] Eigene Darstellung in Anlehnung an Romeike;F, a.a.O., S. 153

Risikomanagement darf kein einmaliger Prozess sein, sondern muss als ständiger Kreislauf begriffen und praktiziert werden.

Dem Risiko-Management ist ein Risiko-Controlling mit dem Ziel zuzuordnen, Informationen über den Ist-Zustand der Unternehmensrisiken zu liefern und die Unternehmensführung bei der Planung und Steuerung von Risiken und bei der Kontrolle der erreichten Risikoposition zu unterstützen. „Ziel ist es, die Unternehmensrisikoposition systematisch und regelmäßig zu erfassen und durch das frühzeitige Erkennen von Gefährdungspotenzialen ausreichend Handlungsspielräume zu schaffen, um das Erreichen der Unternehmensziele abzusichern."[211] Risiko-Controlling sichert damit den Kreislauf des klassischen Controllings in den Funktionen Planung, Kontrolle und Informationsversorgung zur Unterstützung des Risiko-Managements.[212]

Risikomanagementsysteme (RMS) können in drei Formen konfiguriert werden:

➢ als strukturorientierte RMS
➢ als funktionsorientierte RMS
➢ als prozessorientierte RMS.

5.3 Risikoidentifikation

5.3.1 Grundsätze und Aufgaben der Risikoidentifikation

Erfolgreiches Risikomanagement erfordert das Erkennen und Erfassen aller unternehmensrelevanten Risikopotenziale. Das Ziel der Risikoidentifikation besteht dabei in einer möglichst aktuellen, strukturierten, vollständigen, detaillierten und wirtschaftlichen Erfassung aller Risikopotenziale unternehmerischer Aktivitäten einschließlich ihrer Ursache-Wirkungs-Zusammenhänge (Risikointerdependenzen), welche die Strategien und Ziele, insbesondere den Fortbestand des Unternehmens gefährden.[213]

Die Identifikation von Risiken in vielen „Objekten" und „Situationen" verlangt die Auflösung der Objekt- und Situationskomplexität. Steigende Komplexität erschwert das Verständnis der Details als Basis der Erkennung von Risiken. „Wer durchsteigt schon das Kleingedruckte im Versicherungsvertrag? Wer weiß, ob die Handystrahlung schädlich ist oder nicht? Wer kann sicher vorhersagen, ob uns nun Inflation oder Deflation droht?"[214] Die Konsequenz ist dann das Vertrauen in Einschätzungen von Experten und Beratern oder ein so genanntes „Herdenverhalten": Risiken werden so eingeschätzt wie sie die Mehrheit beurteilt. Dies kann grundsätzlich falsch sein – wie die globale Finanz- und Wirtschaftskrise 2008/2009 gezeigt hat.

Bei der Wahrnehmung von Risiken als Basis der Risikoidentifikation spielen rationale und irrationale sowie emotionale Komponenten des Verhaltens zusammen. Die Wahrnehmung bestimmter phänomenaler Risiken – wie etwa Lebensmittelrisiken – werden vielfach durch die Art und Weise der Darstellung der Gefahrenpotenziale in der Öffentlichkeit geprägt. „Nanotechnik etwa ruft längst nicht denselben Sturm der Entrüstung hervor wie gentechnisch veränderte Lebensmittel. Dass die Milliardstelmeter kleinen Teilchen heute bereits in Zahnpasten oder Hautlotionen stecken und mitunter eine ähnliche Form wie Asbestfasern aufweisen, ist vielen schlichtweg unbekannt."[215] Die Schwierigkeit zur rationalen Bewertung des Risikos und dessen Wahrscheinlichkeit liegt insbeson-

[211] Wittmann, E.: Organisation des Risikomanagements im Siemens Konzern, in: Schierenbeck, H.: Risk Controlling in der Praxis, Stuttgart 2000, S. 470

[212] Burger, A./Buchhart, A.: Risiko-Controlling, München-Wien 2002, S. 13

[213] Diederichs. M., a.a.O., S. 94; Wolf, K.: Risikomanagement gemäß den Anforderungen des KonTraG bei DaimlerChrysler, in: Controlling 14(2004), S. 214

[214] Kutter, S.: Nur Mut, WirtschaftsWoche vom 06.07.2009, S. 64

[215] Ebenda. S.65

dere in der Emotionalität der Wahrnehmung und in der Einschätzung der Möglichkeit, dieses Risiko selbst zu steuern. Risiken, die jeder selbst in der Hand hat, werden massiv unterschätzt.[216]

Für die wirksame Risikoidentifikation müssen folgende methodische Grundsätze beachtet werden:

- ➢ Risikopotenziale dürfen nicht zu spät identifiziert werden, da ihnen anderenfalls nicht mehr rechtzeitig oder nur mit erheblichem Aufwand durch risikosteuernde Maßnahmen begegnet werden kann.
- ➢ Schwerpunkt müssen zunächst die wesentlichen Risiken sein. Jedoch müssen aus aktueller und zukünftiger Sicht auch unwesentliche Risiken einbezogen werden, die sich kumuliert oder in Wechselwirkung mit anderen Risiken bestandsgefährdend auswirken können oder sich im Laufe der Zeit zu bestandsgefährdenden Risiken entwickeln können.
- ➢ Es sind auch zukünftige, theoretisch denkbare Risiken in die Betrachtung einzubeziehen.
- ➢ Risikoidentifikation geht von einem integrativen Ansatz aus, der sowohl innerbetriebliche Strukturen und Prozesse wie auch externe Risikoeinflüsse erfasst.
- ➢ Risikoidentifikation besteht aus der Risikoquellenanalyse und der Erfassung risikoerzeugender Erscheinungen. Eine vollständige Erfassung der Risikoquellen bildet die Voraussetzung für die Identifikation risikoauslösender Veränderungen, also für die Beantwortung der Frage, ob und in welcher Weise ein risikobehafteter Bereich durch eine risikoerzeugende Erscheinung verändert wird.[217]

Die Risikoidentifikation sollte grundsätzlich ziel-, plan- und zukunftsbezogen erfolgen. Dabei kann zwischen einer erfahrungs- oder vergangenheitsbezogenen Risikoidentifikation und einer zukunftsbezogenen Risikoidentifikation differenziert werden. Von Interesse ist hierbei wiederum, inwiefern die aus den historischen Daten identifizierten Risikogesetzmäßigkeiten auch für die Zukunft gelten:[218]

➢ **Vergangenheitsbezogene Risikoidentifikation**
Für diese Aktivität werden externe und interne Statistiken u.ä. Unterlagen verwendet. Externe Informationen werden z.B. von Wirtschaftsauskunfteien oder Marktforschungsinstituten aufbereitet, interne Statistiken können z.B. Aufschluss auf die historisch erfolgten Wertberichtungen auf Forderungen als Prozentsatz vom Umsatz als Grundlage für die Planung zukünftiger Forderungsrisiken und somit sich ergebende Ausfallrisiken geben.

➢ **Zukunftsbezogene Risikoidentifikation**
In der Praxis können zahlreiche strukturell neue Risiken auftreten, die weder in vergangenheitsbezogenen Statistiken erfasst wurden noch überhaupt bekannt gewesen sind. Bei der Planung neuer Geschäftsfelder und Geschäftsprozesse sowie in der Forschung und Entwicklung wird dies regelmäßig der Fall sein.

Eine Risikosituation oder ein Risikoportfolio eines Unternehmens setzen sich aus Einzelrisiken und Gruppenrisiken zusammen. Einzelrisiken können isoliert auftreten, gekoppelt oder korreliert sein. Konkrete Einzelrisiken können wiederum durch Gruppenrisiken verursacht sein. So können z.B. die Konjunkturentwicklung und die technische Entwicklung in einer Branche gleichermaßen und gleichzeitig zu einem Branchen- oder Spartenrisiko werden.[219] Für die Risikoidentifikation lassen sich unterschiedliche Dimensionen definieren. (Abb. 17)

Die Risikoidentifikation kann ferner nach verschiedenen Perspektiven erfolgen: auf der Ebene der Risikoarten, der Ebene der Prozesse sowie der Ebene der Geschäftsfelder etc.

---

[216] Ebenda, S. 66
[217] Diederichs, M.: a.a.O., S. 96
[218] Rosenkranz, F./Missler-Behr, M.: Unternehmensrisiken erkennen und managen. Berlin u.a. 2005, S.146ff.
[219] Ebenda, S. 148

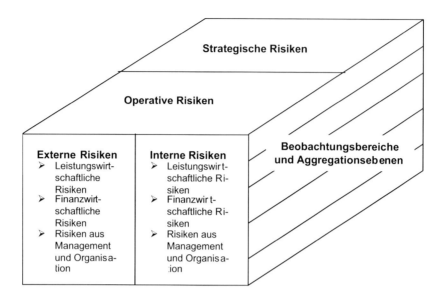

Abb. 17 Dimensionen der Risikoidentifikation

Im Rahmen der Risikoidentifikation sind einige methodische Grundprinzipien zu erfüllen. (Tab. 4)

Prinzip	Bearbeitungsgrundsätze
Vollständigkeit	➢ Lückenlose und detaillierte Aufdeckung bestehender und potenzieller Risiken ➢ Notwendigkeit der Genauigkeit und Zuverlässigkeit, d.h. Einbindung aller Funktionsbereiche und Geschäftsprozesse auf allen Hierarchieebenen eines Unternehmens sowie dessen Umfeld
Aktualität risikorelevanter Informationen	➢ Frühzeitige Risikoerkennung ➢ Anpassung der Risikoinformationen an die Dynamik der Veränderungen
Wesentlichkeit	➢ Vertiefende Berücksichtigung nur wesentlicher Risiken ➢ Erfassung und Beobachtung von Risiken, die zu bedeutsamen Gefährdungen führen können, in einem frühen Stadium
Systematik	➢ Identifikation risikorelevanter Sachverhalte als standardisierter, systematischer und kontinuierlicher Prozess zu etablieren
Flexibilität	➢ Turnusmäßige Anpassung der Erhebung risiko-relevanter Informationen an sich ändernde unter-nehmensindividuelle Rahmenbedingungen ➢ Gewährleistung der Erkennung und Berücksichtigung neu auftretender Risiken
Beeinflussbarkeit	➢ Aufnahme aller beeinflussbaren/kontrollierbaren sowie nicht beeinflussbaren/nichtkontrollierbaren Risikovariablen
Widerstand	➢ Berücksichtigung möglicher psychologisch, räumlich und organisatorisch bedingter Wider-stände gegen die Kommunikation von Risiken im Einklang mit subjektiven Erfahrungen und Motiven

Tab. 4 Grundprinzipien der Risikoidentifikation

Zwischen den erfassten unternehmensexternen und –internen Risiken können in größerem Umfang Abhängigkeiten bestehen:[220]

➢ Aktivitäten und Prozesse werden durch unterschiedliche Umweltentwicklungen und den sich daraus ergebenden Risiken direkt oder indirekt beeinflusst. So werden die Risiken der Forschungs- und Entwicklungstätigkeiten der Unternehmen auch von den sich aus veränderten rechtlichen Regelungen herleitenden Risiken bestimmt.

➢ Aktivitäten und Prozesse stehen in direktem Kontakt mit der unmittelbaren Umwelt des Unternehmens. Beschaffung und Eingangslogistik stehen in unmittelbarem Zusammenhang mit den Konditionen des Lieferanten und sind somit vom Unternehmen in gewissem Umfang beeinflussbar.

Die Beschreibung dieser Zusammenhänge könnte in Form von Risikomodulen erfolgen, die Einzelrisiken aus der Umweltanalyse mit Einzelrisiken aus internen Prozessen verbinden.[221] (Abb. 18)

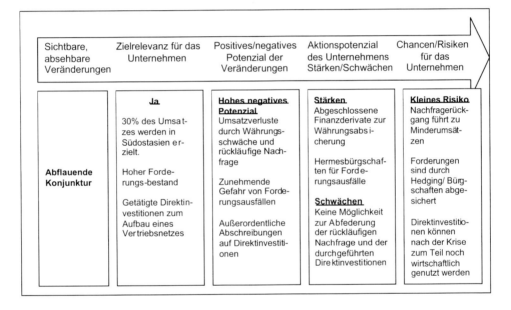

Abb. 18   Beispiel eines Prozesses zur modularen Risikobeschreibung[222]

In der Praxis der Risikoerfassung sind die Grundsätze der **Wesentlichkeit** und der **Vollständigkeit** gleichermaßen zu berücksichtigen. Einerseits zwingt die Effizienz des Risiko-Management-Prozesses nur diejenigen Risiken zu erheben, die für den Informationsbedarf des Entscheidungsträgers relevant sind, andererseits entsteht eine Gefahr, Risiken nicht zu erfassen, weil sie zum aktuellen Zeitpunkt nicht relevant sind, diese jedoch auf Grund der Risikodynamik ihre Bedeutung verändern können.[223] Die Funktionsfähigkeit des Risiko-Managements hängt insofern von einer permanenten Verarbeitung von Kontrollinformationen in der Erfassungsphase ab. Risikoidentifikation ist also regelmäßig kritisch zu durchlaufen und weiterzuentwickeln. Berichte und Berechnungen sind regelmäßig dem aktuellen Stand angemessen anzupassen. Dabei kann die Tiefe und

[220] Burger, A./Buchhart, A.: Risiko-Controlling, München-Wien 2002, S. 41
[221] Ebenda, S. 42
[222] Ebenda, S. 43
[223] Ebenda, S. 44

Häufigkeit der Berichte zwischen den Unternehmensbereichen bzw. Risikofeldern entsprechend variieren. Risikoidentifikation muss folglich zu einem „automatischen Prozess" mit klar definierten Zuständigkeiten und ohne Verzögerungen ablaufen, um gegen aktuell drohende Risiken gewappnet zu sein.[224]

Im Prozess der Risikoidentifikation stellen sich in der Unternehmenspraxis nach GLEIßNER einige grundlegende Fehler ein:[225]

> **Fehlen einer fokussierten, hierarchischen Systematik zur Risikoidentifikation**
> „In vielen Unternehmen werden nach einem ‚Jäger- und Sammler-Ansatz' möglichst alle Mitarbeiter schriftlich oder mündlich befragt, um die ihnen einfallenden Risiken zu erheben und zusammenzutragen. Diese Methodik ist äußerst arbeits- und zeitaufwendig und zudem nicht besonders leistungsfähig. Zum einen ist die Gefahr relativ groß, dass man von den Mitarbeitern diejenigen Informationen bekommt, die gerade besonders aktuell sind, nicht aber unbedingt diejenigen mit besonderer Bedeutung für das Unternehmen....Bei der Verdichtung der Vielzahl einzelner Informationen entstehen oft ‚Datenberge', die bei vielen Unternehmen schon zum Scheitern des gesamten Projektes führen...und eine große Menge an Arbeitszeit verbraucht wird. Zum anderen ist noch nicht einmal gewährleistet, dass man die tatsächlich maßgeblichen Risiken identifiziert hat, da eine entsprechende Systematik fehlt."

> **Fehlender Bezug zur Unternehmensstrategie und den Erfolgsfaktoren**
> Bestandsgefährdende Risiken ergeben sich häufig durch ein Scheitern der Unternehmensstrategie in wichtigen Punkten, zum Beispiel durch das nicht rechtzeitige Erkennen von Marktentwicklungen oder durch das Eingehen von Risiken in einem nicht durch das Eigenkapital gedeckten Umfang.

> **Fehlender Einsatz von Fachexperten bei der Risikoanalyse**
> Dies würde eine fundiertere und objektivere Risikoidentifikation erreichen.

Eine leistungsfähige Risikoidentifikation beginnt mit einer vorbereitenden Analyse und Identifikation derjenigen Risikofelder, bei denen die größten Risiken zu erwarten sind. Dabei kann ein zweistufiges Vorgehen hilfreich sein:[226]

> Schritt 1 – „grobe" Ersteinstufung des Risikos (Risikofeldes) auf einer Relevanzskala, z.B. durch die Werte „1" (unbedeutend) bis „5" (existenzgefährdend) und Nutzung dieser Relevanzbewertung als Abbruchkriterium für weitere Analysen
> Schritt 2 – Durchführung detaillierterer Analysen der im Schritt 1 als bedeutend erkannten Risiken (Risikofelder).

5.3.2   Methoden und Instrumente der Risikoidentifikation

5.3.2.1 Übersicht über praktische Methoden und Instrumente

In Theorie und Praxis wurde eine Vielzahl von Methoden und Instrumenten zur Unterstützung des Risikomanagements entwickelt.[227] Die Identifikation von Risiken muss einerseits Risiken erfassen, die in der Vergangenheit bereits auftraten und zu Schäden geführt haben (*indirekte, rückblickende*

---

[224] Merbecks, A./Stegemann, U./Frommeyer, J.: Intelligentes Risikomanagement. Das Unvorhersehbare meistern, Frankfurt/Main und Wien 2004, S. 241

[225] Gleißner, W.: Ratschläge für ein leistungsfähiges Risikomanagement, in: www.krisenkommunikation.de/akfo53-d.htm Einsicht am 07.12.2005, S. 1f.

[226] Gleißner, W.: Identifikation, Messung und Aggregation von Risiken, in: Gleißner, W./Meier, G.(Hrsg.): Wertorientiertes Risiko-Management für Industrie und Handel, Wiesbaden, 1. Auflage 2001, S. 114

[227] Burger, A./Buchhart, A.: Risiko-Controlling, München-Wien 2002, S. 67 ff.

Methode) und andererseits künftige Risikopotenziale aufzeigen (*direkte, präventive, analytische Methode).*[228]

Die Risikoidentifikation kann grundsätzlich nach zwei Verfahrensweisen durchgeführt werden:[229]

➢ nach der *„Progressiven Methode"*
Diese Methode geht von den nicht weiter zurück verfolgbaren und nicht weiter differenzierten Risikoursachen (Risikoquellen) als Ursprung des Risikowirkungsprozesses aus und verfolgt die Entwicklung der Wirkung bis hin zu den Strategien und Zielen.
Nachteilig bei der Anwendung dieser Methode kann sein, dass scheinbar unbedeutende Risiken übersehen werden und die Suche nach den Risikofaktoren nicht zielgerichtet erfolgt.

➢ nach der *„Retrograden Methode"*
Diese Methode identifiziert zunächst die Risiken, die direkt auf die Strategien und Ziele wirken. Dabei werden die risikosensitiven Unternehmensbereiche und –prozesse aufgedeckt und eine risikoorientierte Faktorenanalyse durchgeführt. Nach der Analyse zentraler Unternehmensfaktoren und –prozesse werden schrittweise risikogefährdete Einzelaktivitäten und Abläufe innerhalb der Kernprozesse bestimmt sowie kritische Aktivitäten und Abläufe nach internen und externen Risikoereignissen und deren Ursachen durchsucht .

In der Praxis können beide Vorgehensweisen ergänzend zur Anwendung kommen, in dem auf der Basis der retrograden Methode begonnen wird und die progressive Methode eine „Rückwärts"-Überprüfung der identifizierten Risikostrukturen ermöglicht.

Die Risikoidentifikation besteht zum einen in der Erfassung aller risikorelevanten Faktoren in einer notwendigen Detaillierungsstruktur. Zum Anderen müssen diese Faktoren in einem Interdependenzsystem als „Ursache-Wirkung-Schema" wie ein Kausalnetz beschrieben werden. Diese Interdependenzanalyse kann zu unterschiedlichen Erkenntnissen und Problemsichten führen:[230]

(1) Risiken wirken sich meist nicht auf einen begrenzten Bereich aus, sondern strahlen auf andere betriebliche Leistungsbereiche aus.
(2) Risiken lassen sich oft als mehrdimensionale Wirkungssysteme analysieren und entfalten ihre Wirkungen auch in diesen.
(3) Es kann zu Risikokumulationen und Risikoverkettungen in horizontaler und vertikaler Form kommen. Damit können sich relativ kleine, isoliert betrachtete Risiken mit möglicherweise geringer Wertintensität in solchen Risikoketten und –netzen zu entsprechend komplexen Risikosituationen und folglich gefährlichen Risikowirkungen führen.

Die Risikoidentifikation kann mit systematischen oder unsystematischen Methoden erfolgen. Die **unsystematische** Risikoidentifikation beruht auf Begehungen/Besichtigungen, der Methode des Brainstorming sowie der Erfassung zufällig und spontan erkannter Risiken.
Für die **systematische** Risikoidentifikation werden in der Literatur zahlreiche Methoden und Instrumentarien vorgeschlagen. (Vgl. u.a. Abb. 19)

Für die Praxis spielt für die Identifikation noch nicht bekannter zukünftiger Risiken Suchmethoden eine besondere Rolle. In den nachfolgenden Abschnitten werden ausgewählte Verfahren aus methodischer Sicht ausführlich beschrieben.

---

[228] Holzbaur, U.D.: Management, Ludwigshafen 2001, S. 208.
[229] Diederichs, M., a.a.O., S. 100
[230] Ebenda, S. 106

Kollektionsmethoden	Suchmethoden	
	Analytische Methoden	Kreativitätsmethoden
Checklisten	Fragenkatalog	Brainstorming
SWOT-Analyse / Self-Assessment	Morphologische Verfahren	Brainwriting
		Delphi-Methode
Risiko-Identifikationsmatrix	Fehlermöglichkeits - und Einflussanalyse (FMEA)	Synektik
Interview, Befragung (z.B. Mitarbeiter, Experten)	Fehlerbaumanalyse	Szenario-Technik
Besichtigungen/ Begehungen	Dokumentations- und Dokumentenanalysen	Gap-Analyse (Lückenanalyse)

Vorwiegend geeignet zur Identifikation bestehender und offensichtlicher Risiken

Vorwiegend geeignet zur Identifikation zukünftiger und bisher unbekannter Risiko-potenziale (proaktives Risikomanagement)

Abb. 19 Übersicht ausgewählter Methoden zur Risikoidentifikation[231]

Zur Informationsgewinnung im Rahmen der Risikoidentifikation sind entsprechende Erhebungsmethoden einzusetzen, insbesondere

➢ die Dokumentenanalyse (ex-post-Analysen)
➢ Risikochecklisten,
➢ die Besichtigung zur Erhebung innerbetrieblicher und technischer Risiken,
➢ die Organisationsanalyse zur Aufbau- und Ablauforganisation und
➢ die Mitarbeiter- bzw. Expertenbefragung,
➢ Prozessanalyse und Ausfalleffektanalysen,
➢ Frühwarnsysteme zur Erkennung latenter und bestandsgefährdender Risiken.[232]

Die Risikoidentifikation kann durch die zahlreichen Methoden der SWOT-Analyse, insbesondere die unter dem Begriff Potenzialanalysen bekannte Stärken-Schwächen-Analyse unterstützt werden. Des Weiteren liefern die verschiedenen Modelle der Portfolioanalyse im Rahmen des strategischen Managements wertvolle Ansätze für die Identifikation strategischer Risiken.

5.3.2.2 Risikoereignisketten

Die Identifikation von Risiken erfordert die Analyse der Zusammenhänge ihrer Entstehung. Risikoereignisse wirken sich oftmals auf andere Ereignisse aus und können mehrgliedrige Wirkungsketten bilden. Dabei lassen sich folgende Situationen unterscheiden:[233]

---

[231] Romeike, F.: Der Prozess des strategischen und operativen Risikomanagements, in: Romeike, F./Finke, R.B. (Hrsg.): Erfolgsfaktor Risiko-Management, Wiesbaden 2003, S. 157
[232] Vgl. u.a. Vanini, U.: Methoden der Risikoidentifikation, Z. WISU 8-9/2005, S. 1029 ff.
[233] Romeike, F.: Der Prozess des strategischen und operativen Risikomanagements, in: Romeike, F./Finke, R.B. (Hrsg.): Erfolgsfaktor Risiko-Management, Wiesbaden 2003, S. 156

➢ Ein bestimmtes Risiko tritt erst durch die Kombinationen mehrerer Ereignisse/Ursachen ein.

➢ Ein Ereignis kann auch mehrere unterschiedliche Folgeereignisse auslösen.

➢ Bestimmte Risikoereignisse treten verstärkt gemeinsam auf.

➢ Aus einzelnen Risikoereignissen treten Dominoeffekte auf, so dass einzelne, als un-wesentlich wahrgenommene, Risikoereignisse Ketten weiterer Risikoereignisse mit tief-greifenderen Auswirkungen auslösen.

Für die Identifikation und Bewertung der Risiken ist eine Darstellung in sogenannten **Risikoereigniskketten** sinnvoll.[234] (Abb. 20)

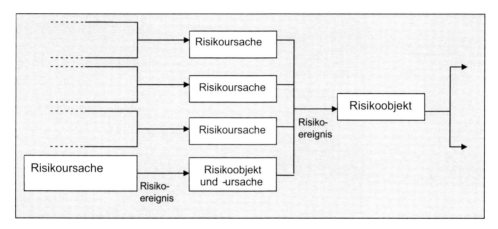

Abb. 20 Prinzip einer Risikoereigniskette

Diese Risikoereigniskette kann theoretisch-logisch abgeleitet werden oder unter Nutzung historischer Risikoereignisdokumentationen bestimmt werden. (Tab. 5) Mit Hilfe der vernetzten Systemanalyse kann eine eingehende Analyse der Risikonetzwerke erfolgen.

Periode	05/2004				
Tatsächlich eingetretene Schäden					
Unternehmens-bereich	**Risikoeintritt**	**Ursache**	**Schaden**	**Maßnahmen**	**Selbstgetragene Kosten**
Produktion	Produktionsstopp für 2 Tage	Fehlender Rohstoff R17	Mehrkosten durch...	Überprüfung der Beschaffungszeiträume	alle Kosten vom Unternehmen getragen
....					

Tab. 5 Risikoereignisdokumentation

Spezifische Anwendung findet die Methode der Risikoereigniskette in Kennzahlen- und Indikatorsystemen. Mit einer qualitativen Kausalanalyse werden beobachtete oder drohende Zielabweichungen auf ihre Ursachen zurückgeführt und erklärt. Zur Vorgehensweise werden die progressive und die retrograde Methode unterschieden:[235]

---

[234] Ebenda.

[235] Rosenkranz, F./Missler-Behr, M.: Unternehmensrisiken erkennen und managen, Berlin – Heidelberg 2005, S. 158f.

> Mit der **progressiven** Methode wird die Kausalkette von den Einzelursachen bis zu den Zielabweichungen stufenweise hergeleitet. (Abb. 21)
> Bei der **retrograden** Methode wird eine als Risiko erkannte Zielabweichung stufenweise rückwärts auf ihre Ursachen zurückgeführt.

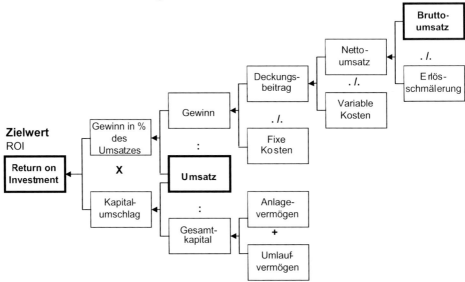

Abb. 21 Beispiel eines Kennzahlenbaums zur Kausalanalyse[236]

Mit dem Kausalbaum in Abb. 21 wird aufgezeigt, wie zum Beispiel Umsatzabweichungen auf die Umsatzrentabilität und den Kapitalumschlag und somit auf den ROI wirken. Mit diesem Modell lassen sich sowohl Leistungs- und Kostenstrukturrisiken als auch Finanzstrukturrisiken analysieren und sichtbar machen.

5.3.2.3 FMEA-Analyse und Fehlerbaumanalyse

Die **Fehlermöglichkeits- und Einflussanalyse bzw. Ausfalleffektanalyse (FMEA)** stammt aus dem Qualitätsmanagement und wurde ursprünglich für die Aufdeckung möglicher Schwachstellen in technischen und militärischen Systemen entwickelt. Das Grundprinzip der FMEA besteht im folgenden Ablauf:

1. Beschreibung und Abgrenzung des Systems und Zerlegung in unterschiedliche Funktionsbereiche, Komponenten etc.
2. Untersuchung potenzieller Störungszustände der einzelnen Komponenten
3. Analyse der Auswirkungen der Störungszustände auf das Gesamtsystem.

Die FMEA-Methode beruht auf einer klaren Formalisierung des Prozesses mit Arbeitsblättern, die neben der Funktion den Fehlermodus, die Fehlerursache, die Fehlerwirkung, die bedrohten Objekte sowie die Risikobewertung hinsichtlich Eintrittswahrscheinlichkeit und Schadensausmaß enthalten. Beim Einsatz der FMEA-Methode sind die Interdependenzen zwischen den Komponenten zu erfassen und mit der System-FMEA eine Verbindung der Produktrisiken und der Prozessrisiken herzustellen.[237]

---

[236] Mit kleineren Abänderungen siehe Rosenkranz, S. 159
[237] Romeike, F.: Der Prozess des strategischen und operativen Risikomanagements, in: Romeike, F./Finke, R.B.

Fehler-Möglichkeits- und Einfluss-Analyse □ System-FMEA Produkt □ System-FMEA Prozess									FMEA-Nr.:
Typ/Modell/Fertigung/Charge:				Sach-Nr.:		Verantw.		Abt.:	
				Änderungsstand:		Firma:		Datum:	
System-Nr./Systemelement:				Sach-Nr.:		Verantw.:		Abt.:	
Funktion/Aufgabe:				Änderungsstand:		Firma:		Datum:	
Mögliche Fehlerfolgen	B	Möglicher Fehler	Mögliche Fehlerursachen	Vermeidungs- maßnahmen	A	Entdeckungs- maßnahmen	E	RPZ	V/T

B: Bewertungszahl für die Bedeutung   A: Bewertungszhal für die Auftretenswahrscheinlichkeit   E: Bewertungszahl für die Entdeckungswahrscheinlichkeit
V: Verantwortlichkeit   T: Termin für die Erledigung   RPZ: Risikoprioritätszahl = B * A * E

Abb. 22   Musterformular einer FMEA-Analyse

Mit der **Fehlerbaumanalyse** wird ein Gesamtsystem detailliert und möglichst exakt beschrieben. Es erfolgt dann eine Analyse, welche primären Störungen zur Störung des Gesamtsystems beitragen. Der Fehlerbaum stellt eine logische Struktur aller Basisereignisse dar, die zu einem interessierenden Top-Ereignis führen.[238] Dieser Fehlerbaum kann auch mit Eintrittswahrscheinlichkeiten für die Ereignisse verbunden sein. In der Anwendung der Methode geht man von einem System aus, das nicht dem Soll-Zustand entspricht. Ausgehend von einem genau definierten **Funktionsdefekt** des Systems werden **sekundäre Störungsursachen** ermittelt, die unmittelbar mit dem Funktionsdefekt zusammenhängen, und diese wiederum hinsichtlich potenzieller **primärer Störungsursachen** untersucht.[239] Die Aufteilung von Systemstörungen führt zu einer Baumstruktur, mit der sich die Analyse hoch aggregierter Risiken hierarchisch und systematisch durchführen lässt und Interdependenzen zwischen den Einzelrisiken dargestellt werden können.[240]

Die Fehlerbaumanalyse lässt sich auch für Risikoanalysen in betriebswirtschaftlichen Kennzahlen- und Parameterstrukturen und –hierarchien nutzen. (Abb. 23) In einer Weiterentwicklung lassen sich Risikoanalysen auch in beliebigen hierarchischen Strukturen betriebswirtschaftlicher Parametermodelle durchführen.[241]

5.3.2.4 Risiko-Checklisten

Checklisten dienen der systematischen Überprüfung von Objekten, Bereichen und Aktivitäten hinsichtlich möglicher Risiken. Für eine rationelle Risikoanalyse lassen sich die Fragen der Checkliste auch mit skalierten Punktbewertungen verbinden. (Tab. 6)

(Hrsg.): Erfolgsfaktor Risiko-Management, Wiesbaden 2004, S. 156
[238] Romeike, F.: Risikoidentifikation und Risikokategorien, in: Romeike, F./Finke,
   R.B. (Hrsg.): Erfolgsfaktor Risiko-Management, Wiesbaden, S. 176
[239] Burger, A./Buchhart, A.: Risiko -Controlling, München-Wien 2002, S. 90
[240] Ebenda.
[241] Vgl. Ibers, T./Hey, A.: Risikomanagement, 1. Auflage, Rinteln 2005, S. 34ff.

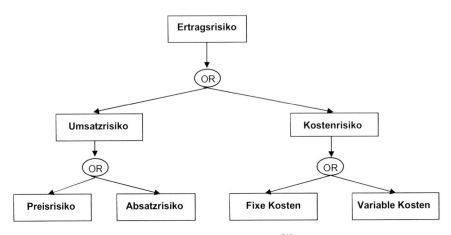

Abb. 23 Demonstrationsbeispiel zur Fehlerbaumanalyse[242]

Marketingbereich / Produktmarketing		
Frage	Bewertung	Chancen/Risiken
Wird Produktforschung betrieben?	➤ Ja, regelmäßig ➤ Ja, gelegentlich ➤ Nein	Mangelnde Produktvariation und Produktinnovation könnten zu Kundenverlusten führen.
Wird das Sortiment regelmäßig überprüft?	➤ Ja, regelmäßig ➤ Ja, gelegentlich ➤ Nein	Ein großes Sortiment kann zu einer kostenintensiven Lagerhaltung führen und kostenungünstige Kleinaufträge produzieren. Standardprodukte sind besser absetzbar als Spezialprodukte. Ein kleines Sortiment kann zu Kundenverlusten führen.
Wie ist die Produktqualität im Vergleich mit den wichtigsten Konkurrenten zu beurteilen?	➤ Wesentlich höher ➤ Etwas höher ➤ Gleich ➤ Wesentlich geringer ➤ Etwas geringer	Eine geringere Produktqualität kann zu Kundenverlusten führen und lässt sich ggf. durch niedrigere Preise und temporär durch erhöhten Werbeaufwand kompensieren.
Haben in den letzten Jahren Änderungen in der Produktgestaltung stattgefunden?	➤ Ja, regelmäßig ➤ Ja, gelegentlich ➤ Nein	Zu späte Anpassung an Kundenwünsche ist mit erhöhten Kosten verbunden.
Wie ist die Altersstruktur der Produkte zu beurteilen, in welcher Produktlebenszyklusphase befinden sich die Hauptprodukte?	➤ Einführungsphase ➤ Wachstumsphase ➤ Reifephase ➤ Sättigungsphase ➤ Rückgangphase	Auf ausgeglichenes Portfolio achten. Bei Überwiegen von Produkten in der Sättigungsphase drohen Ertragskrisen.
Wie sind die Preise im Vergleich mit den wichtigsten Konkurrenten zu beurteilen?	➤ Wesentlich höher ➤ Etwas höher ➤ Gleich ➤ Wesentlich niedriger ➤ Etwas niedriger	Bei höheren Preisen und Nachfragerückgang unbedingt Kostensenkungspotenziale ermitteln. Auf Korrelation der Preise mit der Qualität achten.

Tab. 6 Beispiel „Auszug aus einer Checkliste der Unternehmensanalyse" [243]

In Checklisten lassen sich sowohl vergangenheits- als auch zukunftsgerichtet risikobehaftete Bereiche und Prozesse identifizieren.[244] Eine besondere Form von Checklisten ist die Verbindung

---

[242] Vgl. Rosenkranz, F./Missler-Behr, M.: Unternehmensrisiken erkennen und managen, Berlin – Heidelberg 2005, S. 160f.

[243] Ehrmann, H.: Risikomanagement, Kompakt-Training, Ludwigshafen(Rhein), 2005, S. 64 f.

einer Liste von Risikotreibern mit einem aus der Marktforschung bekannten *semantischen Differential*, das für jeden Risikofaktor zwei gegensätzliche Attributive darstellen und beschreiben lässt.(Tab. 7)

	Risikofaktor	Geringes Risiko Beispiele	1	2	3	4	5	Hohes Risiko Beispiele
1	Bedrohung von Kernkompetenzen oder Wettbewerbsvorteilen/inneren Stärken	Stabile Märkte, geringe Innovationsrate						Sehr dynamische Märkte, großer Technologiedruck
2	Risiken aus der Unternehmensstrategie	Klare Strategie, Umsetzungserfahrung, gutes Produktportfolio						Strategiedefizit, neue unbekannte Wege, Portfolioungleichgewicht
3	Substitutionsgefahr durch neue Produkte und Technologien	Geringe Substitutionsgefahr						Große Substitutionsgefahr
4	Verhandlungsmacht/starke Abhängigkeiten von (wenigen) Kunden oder Lieferanten	Viele und gleichgewichtige Kunden und Lieferanten						Wenige Kunden und Lieferanten mit starkem Einfluss
5	Markteintritt neuer Wettbewerber, niedrige Markteintrittshemmnisse	Hoch, starke Marken, verteilte Märkte						Gering, schwache Marken, Wachstumsmarkt
	...							
	...							

Tab. 7   Beispiel „Auszug aus einer Risikoanalyse mit dem Semantischen Differential" [245]

Die Risikoanalyse kann auch mit einfachen Checklisten in Form Tabellensystemen unterstützt werden, die sowohl für eine Erstanalyse als auch für eine permanente Risikoüberwachung einsetzbar sein sollten. (Tab. 8)

Risikobereich			Forschung & Entwicklung /Innovationsmanagement	
Nr.	**Risikofeld**	**Risikofaktor**	**Risikoausprägungen**	**Risikowirkung**
	Innovationsprozess	Zielgruppen- und Problemrisiko	➢ Unkritische Übernahme von Zielgruppenargumenten ➢ Zu kurzsichtige Problembetrachtung ➢ Außerachtlassen neuer Verfahren, Technologien oder Werkstoffe ➢ Unvollständige Information über bereits bestehende Lösungen im Anbietermarkt	
		Unternehmungsrisiko	➢ Fehleinschätzungen des Potenzials der Unternehmerflexibilität, Finanz- und Sachmittel, Personalqualifikation ➢ Umsatzausfall bei Fehlentwicklung ➢ Fehlentwicklungen durch fehlende oder falsche, inkonsequente Strategie	
		Marktrisiko	➢ Falsche Einschätzungen zu Marktgrößen ➢ Wirtschaftskrisen und Kursschwankungen ➢ Einschränkende Gesetzgebung ➢ Absatzrestriktionen	
		Technologisches Risiko	➢ Neue Verfahren und Technologien ➢	

Tab. 8 Musterbeispiel einer Checkliste zur Risikoanalyse

---

[244] Vgl. u.a. Ossola-Haring, C.(Hrsg.): Die 499 besten Checklisten für ihr Unternehmen – Managementhilfen für alle Bereiche. Landsberg am Lech 1996
[245] In Anlehnung an Ehrmann, H.: Risikomanagement, Kompakt-Training, Ludwigshafen(Rhein), 2005, S. 76

5.3.2.5 Morphologische Methode

Morphologische Methoden zeigen bestimmte Ordnungen und Strukturen mit dem Ziel auf, ein Bezugssystem herzustellen. Dazu werden die wichtigsten Parameter eines Risikoobjektes (Produkt, Tätigkeit, Prozess, Gebäude etc. beschrieben und in einem Koordinatensystem angeordnet, um die Beziehungen der einzelnen Parameterausprägungen systematisch zu untersuchen.[246]

Risikoparameter	Ausprägungen der Risikoparameter				
Lieferanten-zuverlässigkeit	Mengen-zuverlässigkeit	Qualitäts-zuverlässigkeit		Termin-zuverlässigkeit	Geheimhaltungs-zuverlässigkeit
Lieferfähigkeit	Kapazitäten	Lieferwille	Liefer-verzögerung	Lieferanten-ausfall	Beschaffungs-zeiten
Lieferantenmacht	Lieferanten-bindung	Umstellungskosten bei Wechsel	Fehlen von Substitutionsmöglichkeit		Know how-Schutz
......	....				

Abb. 24   Beispielansatz einer Risikoidentifikation mit der morphologischen Methode

5.3.2.6 Delphi-Methode

Die Delphi-Methode entstammt der Verfahrensgruppe der Prognoseverfahren und verfolgt das Ziel, möglichst viele Expertenmeinungen zu erfragen und diese dann sinnvoll zu aggregieren. Mit Expertenwissen soll einerseits die Entscheidungssicherheit erhöht werden, andererseits die Basis für eine Risikobewertung der Entscheidung gelegt werden. Die Ergebnisse der Tabelle... geben ein Beispiel einer Expertenbefragung wider. Zu den beiden prognostizierten Zufallsgrößen lassen sich dann Verteilungsfunktionen für die einzelnen Experten entwickeln. (Tab. 9)

	Preisentwicklung					Absatzentwicklung				
bester	T_1	T_2	T_3	T_4	T_5	T_1	T_2	T_3	T_4	T_5
Experte 1	150	170	170	160	130	6.600	14.000	40.000	20.000	12.000
Experte 2	160	170	170	180	120	6.300	13.500	33.000	18.000	13.000
Experte 3	145	160	155	145	100	9.000	12.000	18.000	10.000	12.500
Durchschnitt	*151,67*	*166,67*	*165,00*	*161,67*	*116,67*	*7.300*	*13.167*	*30.333*	*16.000*	*12.500*
50/50										
Experte 1	140	140	140	130	120	6.300	12.500	35.000	18.000	5.500
Experte 2	150	155	155	165	110	4.500	10.000	19.500	13.500	6.500
Experte 3	140	150	145	120	90	6.500	6.500	13.000	9.000	6.000
Durchschnitt	*143,33*	*148,33*	*146,67*	*138,33*	*106,67*	*5.767*	*9.667*	*22.500*	*13.500*	*6.000*
Schlechtester										
Experte 1	130	130	120	120	90	6.000	11.500	30.000	12.000	4.500
Experte 2	130	120	120	100	80	4.000	9.000	17.500	12.500	5.000
Experte 3	120	100	90	90	80	6.300	6.400	12.000	8.000	4.000
Durchschnitt	*126,67*	*116,67*	*110,00*	*103,33*	*83,33*	*5.433*	*8.967*	*19.833*	*10.833*	*4.500*

Tab. 9   Beispiel: Expertenbefragung zur Preis- und Absatzentwicklung eines Produktes[247]

5.3.2.7. Szenarioanalyse

Rückwirkende Analysen und Auswertungen eingetretener Risiken zeigen, dass viele Risiken aus vorliegenden Vergangenheitsdaten und ihrer Extrapolation nicht identifizierbar und prognostizierbar waren. Die Strukturierung und Identifikation neuer Risiken muss über die Entwicklung von

---

[246] Romeike, F.: Risikoidentifikation und Risikokategorien, in: Romeike, F./Finke, R.B. (Hrsg.): Erfolgsfaktor Risiko-Management, Wiesbaden, S. 176 f.
[247] Sattler, R.R.: Unternehmerisch denken. Das Denken in Strategie, Liquidität, Erfolg und Risiko, 2. Auflage, München 2003, S. 123

Szenarien (*„das Undenkbare diszipliniert denken"*) und mit ergänzenden kreativen Techniken erfolgen.[248] Für die Durchführung von Szenario-Analysen hat sich eine praktisch bewährte Methodik im Rahmen des Managements durchgesetzt, die auch für die Zwecke der Risikoidentifikation nutzbar ist (Tab. 10).[249] Ausgangspunkt ist der Grundsatz der Mehrwertigkeit der Zukunft, die sich mit zunehmendem Prognosehorizont ausweitet und zu einer steigenden Unsicherheit führt. Die Szenarioanalyse beruht auf der Ermittlung von zwei Extremszenarien, dem **best case**, das frei von Störeinflüssen und Risiken eine positive Entwicklung von Unternehmen und Umwelt zeigt, und einem **worst case**, das starke Risiken, Strukturbrüche und Störereignisse zeigt. In Szenarien lassen sich sowohl Einzelrisiken integrieren als auch aggregierte Risikokategorien darstellen.

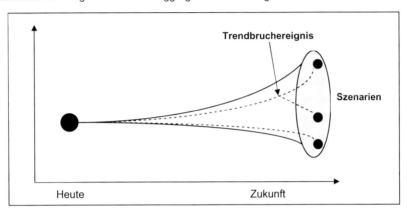

Abb. 25 Prinzip der Bildung von Szenarien

Nr.	Prozessschritt	Prozessinhalte
1	Problemanalyse	➢ Inhaltliche, zeitliche und räumliche Abgrenzung der Thematik ➢ Formulierung des relevanten Untersuchungsfeldes ➢ Sammlung und Analyse sämtlicher Basisinformationen
2	Umfeldanalyse	➢ Ermittlung der Einflussbereiche auf das Untersuchungsfeld ➢ Konkretisierung und Operationalisierung der Einflussfaktoren ➢ Analyse der Wirkungszusammenhänge zwischen den Einflussbereichen und dem Untersuchungsfeld; Entwicklung einer Vernetzungsstruktur mit Hilfe von Kausaldiagrammen
3	Projektionen	➢ Analyse des Istzustandes der Einflussfaktoren und Erarbeitung von Projektionen dieser Einflussfaktoren in die Zukunft anhand denkbarer und logisch begründbarer Entwicklungen ➢ Beschreibung der Entwicklung quantitativ oder qualitativ ➢ Ermittlung von Ausprägungen kritischer Einflussfaktoren (Deskriptoren) innerhalb möglicher Wertebereiche
4	Bildung von Szenarien	➢ Entwicklung hypothetisch möglicher Zukunftsbilder (Szenarienraum) ➢ Szenarien ergeben sich dann aus den Ausprägungskonstellationen bzw. den Projektionsbündeln. ➢ Auswahl weniger relevanter Projektionsbündel
5	Interpretation der Zukunftsbilder	➢ Interpretation der Deskriptoren als Gesamtheit ➢ Ausgestaltung der vernetzten Zukunftsbilder und Aufzeigen des zeitlichen Verlaufes möglicher Entwicklungen der Risiken und möglicher Wechselwirkungen der Einflussfaktoren
6	Auswirkungsanalyse	➢ Ermittlung des Chancen- und Gefahrenpotenzials der Zukunftsbilder ➢ Ansätze zu robusten Maßnahmen
7	Störereignisse	➢ Untersuchung der Auswirkungen möglicher Störereignisse auf die Szenarien

---

[248] Rosenkranz, F./Missler-Behr, M.: Unternehmensrisiken erkennen und managen, Berlin – Heidelberg 2005, S. 176

[249] Ebenda, S. 176ff.; von Reibnitz, U.: Szenarien – Optionen für die Zukunft, McGrawHill, Hamburg 1987, S. 65ff.

		➢ Erarbeitung möglicher Reaktionen und Präventivmaßnahmen für verschiedene Störereignisse und Vorbereitung auf Störfälle
8	Szenarientransfer	➢ Integration der Erkenntnisse in die strategische Planung ➢ Alternativstrategien für verschiedene Szenarien und Aufnahme kritischer Einflussfaktoren in das Frühwarnsystem

Tab. 10 Schrittfolge bei der Anwendung der Szenario-Methode

Schritt	Skizzierung
1. Problemanalyse	„Wie werden die Menschen in Deutschland im Jahr 2015 ihre disponible Freizeit außerhalb des privaten Wohnbereichs verbringen? Welche Auswirkungen hat dies auf das Unternehmen FitMax?
2. Umfeldanalyse	Fünf wichtige Umfelder werden extrahiert: - Arbeitswelt (A) - gesellschaftliche Wertvorstellungen (gW) - Infrastruktur (I) - Wirtschaft (W) sowie - Ökologie und Ressourcen (Ö). Die ersten drei Umfelder beeinflussen das Freizeitverhalten besonders stark, während die letzten beiden Umfelder weniger direkt auf das Freizeitverhalten wirken.
3. Projektionen	Es werden z.B. kritische Deskriptoren mit ihren Projektionen bestimmt: **Verkehr (V)** mit den beiden Entwicklungsalternativen: (V1): weiteres Ansteigen des Individualverkehrs bis zum Jahr 2015 (V2): Wachstum des öffentlichen Verkehrs und Stagnation des Individual verkehrs bis zum Jahr 2015 **Individuelle Reaktion auf den Druck von Gesellschaft und Arbeitswelt (IR)** mit den drei Entwicklungsalternativen (IR1): Frustration und Isolation des Einzelnen (IR2): Kompensation von psychologischem Stress durch Freizeit (IR3): Integration von privaten, sozialen und arbeitsbezogenen Zielen
4. Szenarien-bildung	Ein mögliches Zukunftsbild aus sechs kritischen Deskriptoren: - Bei der Angebotssituation von Freizeitdienstleistungen und –produkten kommt es zu einer starken Konzentration in der Freizeitindustrie durch Rationalisierung und Kostendruck. - Beim Verkehr zwischen Arbeits- und Freizeitbereich ist ein Ansteigen des Individualverkehrs zu beobachten. - Die Besiedlungsdichte ist gering; Menschen leben überwiegend in stadtnahen Regionen mit reichlichen Grünflächen. - Ökologie und der Zustand der Natur stabilisieren bzw. verbessern sich durch eine geringere Verschmutzung. - Die gesellschaftlichen Wertvorstellungen wandeln sich. (…)
5. Szenarien-interpretation	Das beschriebene Szenario wird um die unkritischen Deskriptoren ergänzt und verbal zu einem in sich stimmigen Bild ausformuliert.
6. Auswirkungs-analyse	Zur Ausformulierung der Szenarien für FitMax werden die Ergebnisse aus den Schritten 4 und 5 verwendet und Auswirkungen für das Unternehmen erarbeitet und diskutiert.
7. Störereignisse	Beispiele für mögliche Störereignisse sind: - Ökologische Katastrophen - Politischer Umbruch in bisher typischen Urlaubsländern - Öffnung aller Geschäfte an 7 Tagen der Woche mit 24 Stunden
8. Szenarien-transfer	„Freizeitgestaltung im Jahr 2015 in Deutschland" leitet FitMax beispielhaft folgende Vorschläge für eine Neupositionierung ab: - Anstelle vieler kleiner Studios wird sich FitMax auf stadtnahe Regionen bzw. Städte konzentrieren. - Alle Studios sollen sowohl mit dem Auto als auch mit öffentlichen Verkehrsmitteln gut erreichbar sein. - Das Leistungsangebot wird gezielt durch Outdoor-Kurse erweitert.

Tab. 11 Beispiel einer Szenario-Analyse des Fitness- und Wellnessunternehmens FitMax[250]

---

[250] Rosenkranz, F./Missler-Behr, M.: Unternehmensrisiken erkennen und managen, Berlin – Heidelberg 2005S. 179ff.

5.3.2.8 Risikoorientierte Balanced Scorecard

Die Balanced Scorecard ist ein Managementinstrument, mit dem verschiedenen Perspektiven (Sichtweisen) wichtige Erfolgsfaktoren im Zusammenhang mit der zugrundeliegenden Strategie und in einem inneren Ursache-Wirkungs-Zusammenhang (Ursache-Wirkung-Kette) beschrieben werden. Mit der Balanced Scorecard werden in der Praxis häufig Ziele, Strategien, Einflussfaktoren und Maßgrößen betrachtet, die für die strategische Führung und für das Risikomanagement im betreffenden Objektbereich des Unternehmens gleichermaßen bedeutend sind.

Kaplan und Norton entwickelten eine Standardversion einer Balanced Scorecard mit vier Perspektiven für den Unternehmenserfolg, die häufig auch „Sichtweisen" oder „Ebenen" genannt werden:

> Finanzielle Perspektive   (Wie sollen wir gegenüber Teilhabern auftreten, um finanziellen Erfolg zu haben?)

> Kundenperspektive   (Wie sollen wir gegenüber unseren Kunden auftreten, um unsere Vision zu verwirklichen?)

> Interne Prozessperspektive   (In welchen Geschäftsprozessen müssen wir die Besten sein, um unsere Teilhaber und Kunden zu befriedigen?)

> Lern- und Entwicklungsperspektive   (Wie können wir unsere Veränderungs- und Wachstumspotenziale fördern, um unsere Vision zu verwirklichen?)

Entsprechend ihrer spezifischen Anwendung lassen sich weitere sehr spezielle Perspektiven ergänzen. Die Balanced Scorecard unterstützt die Umsetzung von Strategien in Aktionen oder Handlungsprogramme. Die Balanced Scorecard kann als Instrument des Controlling und des Managements dazu beitragen, die Risikoidentifikation zu fundieren. Betrachtet man die Steigerung des Unternehmenswertes in der Höhe des Free-Cash-Flows, so könnte ein wesentliches Risiko in der hohen Streuung bzw. Schwankungsbreite dieses Cash Flow bestehen. Mit der Balanced Scorecard lassen sich einerseits die Wertbeiträge finanzieller Kennzahlen und ihrer Risiken im Rahmen der Finanzperspektive aufzeigen und andererseits die „Werttreiber" aus der „Marktperspektive"(Kundenperspektive) sowie der „Prozessperspektive" unter Risikoaspekten analysieren. GLEIßNER hat mit einem integrierten wertorientierten Steuerungssystem eine Verbindung von Risikoanalyse, Risikoaggregationsmodell und Balanced Scorecard geschaffen.[251]

Perspektiven	Ziele	Kennzahlen	Zielwerte
Finanzen	Rentabilität	ROI	18 %
	Umsatz	Umsatzzunahme	15 %
Kunden	Neukunden	Neukunden/alle Kunden	10 %
	Kundenzufriedenheit	Kundenzufriedenheitsindex	90 %
Prozesse	Termintreue	In Time-Aufträge / alle Aufträge	98 %
	Qualität	Aufträge ohne Reklamation/alle Aufträge	95 %
	Entwicklungszyklen	Anzahl Jahre für Neuentwicklungen	3
Mitarbeiter	MA-Zufriedenheit	Mitarbeiterzufriedenheitsindex	95 %
	Absentismus	Fehlzeiten/Sollarbeitszeit	5 %
	Fluktuation	Kündigungen/Anzahl der Mitarbeiter	5 %

Tab. 12   Beispiel der Grundstruktur einer Balanced Scorecard[252]

Von besonderer Bedeutung für die Risikoidentifikation ist die Analyse und Darstellung der zur Balanced Scorecard gehörenden Ursache-Wirkungs-Beziehungen.

---

[251] Gleißner, W.: Grundlagen des Risikomanagements in Unternehmen, München 2008, S. 289ff.
[252] Fiedler, W.: Controlling von Projekten, Wiesbaden 2003, S. 71

5.3.2.9 Prozesskettenanalyse

Die Identifikation der unternehmensindividuellen „Risikolandschaft" kann auch „prozessorientiert" auf der Basis von Wertketten, Prozessketten oder strategischen Wirkungsnetzen erfolgen:

➢ Der **Wertkettenansatz** gliedert die unternehmerischen Aktivitäten gemäß dem Wertkettenmodell von PORTER[253] entlang der betrieblichen Wertschöpfungsprozesse. Die primären Aktivitäten beziehen sich im Modell von Porter auf den direkten Beitrag zur Wertschöpfung. Sekundäre Aktivitäten beschreiben dagegen Unterstützungsfunktionen. Mit dieser Wertkettenanalyse werden die für die Leistungserstellung relevanten Wertaktivitäten sichtbar gemacht, die daran beteiligten Organisationseinheiten bestimmt und der zwischen diesen bestehenden Koordinationsbedarf erkannt. Auf diese Weise werden erste Erkenntnisse über die betrieblichen Risikopotenziale gewonnen.[254](Abb. 26)

Unternehmensinfrastruktur				
Personalwesen				
Technologieentwicklung				
Beschaffung				
Eingangs-logistik	Operations	Ausgangs-logistik	Marketing & Vertrieb	Kundendienst
- Material-transport - Lagerhaltung - Wareneingang - Administration	- Bearbeitung - Montage - Testen - Verpacken	- Material-transport - Lagerhaltung - Warenausgang - Administration	- Außendienst - Werbung - Verkaufsun-terstützung - Administration	Installation - Schulung - Wartung - Rücknahme

Abb. 26   Risikoidentifikation mit dem Wertkettenansatz

➢ Mit einem prozessorientierten Risikomodell-Ansatz kann ein beliebiger Prozess der Wertschöpfungskette in der folgenden Form beschrieben werden:

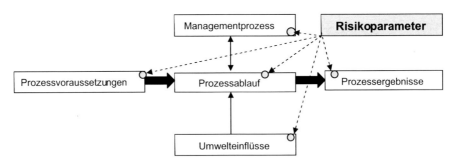

Abb. 27 Prozessmodell als Grundlage der Risikoanalyse

➢ Der prozesskettengestützte Ansatz der Unterstützung der Risikoidentifikation beruht auf den Methoden der Geschäftsprozessanalyse. Zur Analyse und Modellierung des Prozesses kann die **Ereignisgesteuerte Prozesskette(EPK)** verwendet werden. Die Methode der ereignisorientierten Prozesskette ist ein systematischer, Erfolg versprechender Weg zu einer prozessori-

---

[253] Porter, M.: Wettbewerbsvorteile. Spitzenleistungen erreichen und behaupten, 5. Auflage, Frankfurt/Main 1999, S. 127

[254] Diederichs, M.: a.a.O., S. 109

entierten Risikoanalyse und damit zu einem prozessorientierten Risiko-Managementsystem.[255] Diese Methode geht konform mit der prozessorientierten Gestaltung weiterer betrieblicher Managementsysteme – wie zum Beispiel Qualitätsmanagementsysteme oder Umweltmanagementsysteme.

Grundlage eines Geschäftsprozesses sind die zu einem Prozess gehörenden Funktionen, die in ihrem logischen und zeitlichen Ablauf durch dazwischen liegende Ereignisse gesteuert werden. Die Darstellung dieser Prozesskette kann die Organisationseinheiten, die für die Realisierung der einzelnen Prozessschritte verantwortlich sind, und die zugehörigen Informations- und Datenobjekte integrieren. In einer solchen EPK kann nun eine entsprechende Risikoanalyse hinsichtlich der Funktionen sowie der Informations- und Datenobjekte der einzelnen Prozessschritte erfolgen und dargestellt werden.

Für die Risikoanalyse und –dokumentation kann die für derartige Prozessketten erprobte Darstellung mit Prozessablaufdiagrammen (Abb. 28) in Kombination mit einer Risikotabelle (Tab. 13) zur Zusammenfassung aller identifizierten Risiken genutzt werden, die dann gleichzeitig eine Grundlage für den Risikobewertungsprozess bilden kann.

---

[255] Brabänder, E./Exeler, S./Ochs, H./Scholz, T.: Gestaltung prozessorientierter Risiko-Managementsysteme, in: Romeike, F./Finke, R.B. (Hrsg.): Erfolgsfaktor Risiko-Management, Wiesbaden 2004, S. 329-356

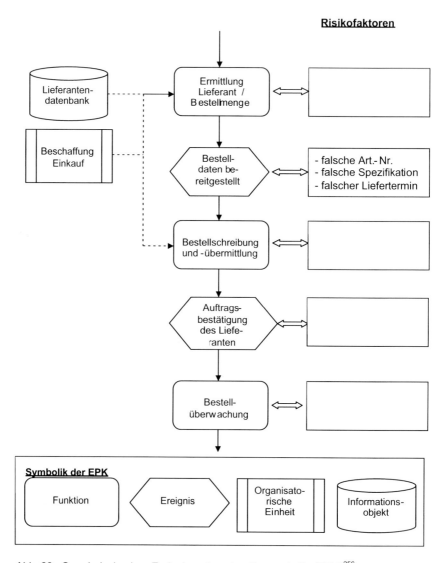

Abb. 28   Grundprinzip einer Ereignisgesteuerten Prozesskette (EPK)[256]

---

[256] Diederichs, M.: a.a.O., S. 115

Prozess	Beschaffung		

Prozess-schritt	Risiko	Risikobeschreibung	Risiko-interdependenzen
Bestellanforderung / Einleitung des Bestell-vorgangs	Bestellrisiko	Definierter Bedarf liegt nicht vor. Lagerbestände sind noch vorhanden.	Aufbau unnötiger Lagerkapazitäten und Entziehung von Lagermöglichkeiten für andere Güter
		Informationen zum benötigten Gurt falsch oder unvollständig angegeben	Produktionsverzögerungen durch Informationsdefizite zwischen Beschaffung und Produktion
		Anforderung erfolgt durch einen nicht berechtigten Mitarbeiter / Genehmigungsverfahren nicht eingehalten.	Vertrauensverlust beim Lieferanten, wenn aufgrund interner Defizite Auftragsstornierungen erfolgen
Lieferantenauswahl	Lieferantenausfall	Konkurs, Streik, Elementarschäden beim Lieferanten	Produktionsausfälle, da Güter nicht rechtzeitig beschafft werden können
	Lieferantenabhängigkeit	Abhängigkeit von Bedingungen des Lieferanten (Preisdiktat, Abnahmevereinbarungen etc.) / Inkaufnahme von Qualitäts- und Zuverlässigkeitsproblemen	Preisvorgaben des Lieferanten / Überteuert eingekaufte Güter können zu Kalkulationsproblemen führen.
	Organisationsrisiko	Keine strukturierte Lieferantendatei vorhanden	Preisvorgaben des Lieferanten / überteuert eingekaufte Güter können zu Kalkulationsproblemen führen.
Bestellung	Preisrisiko	Preissteigerungen auf den Beschaffungsmärkten	Liquiditätseinschränkungen
	Übermittlungsrisiko	Beim Auftragnehmer kommt kein /falscher Bestellauftrag an	Produktionsrisiken durch nicht rechtzeitig eintreffende Lieferungen
	Vertragsrisiko	Streit über die rechtliche Abwicklung des Einkaufs nach Vertragsabschluss	Produktionsrisiken durch nicht rechtzeitig eintreffende Lieferungen
Lagerhaltung	Lagerrisiko	Zu große / geringe / falsche Lagerhaltung; Störung bei der Versorgung der Produktionsstätten, unzureichende Bestandssicherung, zu hohe Lagerdauer	Erneute Beschaffung verzögert den Produktionsprozess und verursacht Kosten, die nicht in den Preiskalkulationen enthalten sind.

Tab. 13 Prozesstabelle zur Risikobeschreibung

➢ Ursache-Wirkungs-Netze (Vernetzter Ansatz)
Vernetzte Ansätze unterstützen eine ganzheitliche Betrachtung von Risikoanalysen durch multikausales Ursache-Wirkungs-Denken. Insbesondere Risikoquellen strategischer Entscheidungen können anhand von Wirkungsnetzwerken transparent gemacht werden. In einer strategischen Entscheidungssituation werden Vielfalt, Varietät und Vernetzung sowie dynamische Veränderungen untersucht. Dieser Komplexität wird der vernetzte Ansatz umfassend gerecht. (Abb. 29) In einem Netzwerk werden die Einflussfaktoren und Messfaktoren der Zielerreichung als vor- und nachgelagerte Wirkungsbeziehungen dokumentiert, zeitliche Wirkungsverzögerungen und Abhängigkeiten dargestellt sowie die Wirkungsrichtungen der Beziehungen durch positive (+) bzw. negative (-) Indikation an den Beziehungspfeilen verdeutlicht.[257]

Von praktischer Bedeutung ist die Analyse interdependenter Intensitäten, die Menge wechselseitiger Beziehungen. Die geschätzten oder errechneten Wirkungs- und Beziehungsintensitäten werden im Netzwerk quantitativ oder qualitativ dokumentiert.[258] Mit Hilfe von Simulationsmethoden lässt sich eine netzwerkgestützte Risikoverfolgung vornehmen.

---

[257] Diederichs, M., a.a.O.,S. 117ff.
[258] Ebenda, S. 121

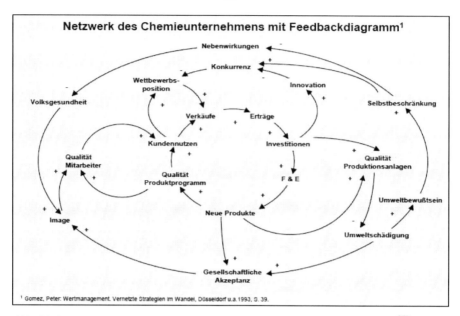

Abb. 29 Beispiel eines Modells vernetzter Erfolgsparameter eines Unternehmens[259]

5.3.2.10 Risikoinventar - Dokumentation der Risikoidentifikation

Das Risikoinventar stellt einen Risikokatalog dar, der alle Informationen aus der Risikoidentifikation in tabellarischer Form enthält.[260] Es ist die erste Grundlage für die Risikodokumentation und gleichzeitig die formale Grundlage für die Risikobewertung. Im Risikoinventar werden alle identifizierten Einzelrisiken in aggregierter Form einschließlich ihrer Interdependenzen zusammengefasst.[261]

Unternehmensbereich	Risiko	Ursache	Schadenerwartung	Eintrittswahrscheinlichkeit	Risikopolitische Maßnahmen	Schadenerwartung nach Maßnahme	Eintrittswahrscheinlichkeit nach Maßnahme	Verbesserung
Produktion	Produktionsstopp	Brand	Schwerwiegend	möglich	Feuerversicherung	gering	möglich	Nein

Tab. 14 Beispielschema eines Risikokataloges

---

[259] Pampel, J.R.: Instrumente des Controllings, Potsdam 2003, S. 57
[260] Romeike, F.: Risikoidentifikation und Risikokategorien, in: Romeike, F./Finke, R.B. (Hrsg.): Erfolgsfaktor Risiko-Management, Wiesbaden, S. 179
[261] Vanini, U.: Methoden der Risikoidentifikation, Z. WISU 8-9/2005, S. 1030

5.3.2.11 Identifikation und Beschreibung der Risikovernetzung

Eine Vielzahl von Risiken zeigt wechselseitige Vernetzungen und Einflüsse. Zur Identifikation und Beschreibung dieser Vernetzungen kann das House of Risks verwendet werden, das sich an das in der Praxis des Quality Function Deployment (QFD) bewährte House of Quality anlehnt.[262] (Abb.30)

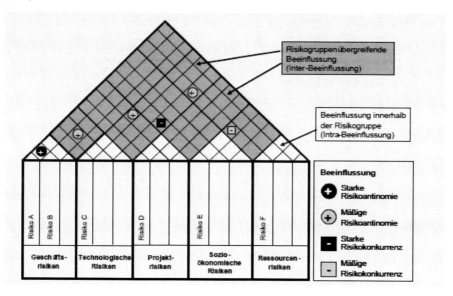

Abb. 30 House of Risks

5.3.3 Instrumentenintegration und unternehmensspezifisches Risikoprofil

Eine integrierte Anwendung verschiedener Instrumente der Risikoidentifikation ermöglicht eine weitestgehend vollständige Erfassung interner und externer Risiken:[263]

➢ Mit dem **Wertkettenmodell** werden die den Erfolg bestimmenden Wertaktivitäten und die diese beeinflussenden Risikobereiche identifiziert.
➢ Mit der **prozesskettengestützten Risikoidentifikation** werden Ursache-Wirkungs-Zusammenhänge zu Risiken in wiederkehrenden, operativen Tätigkeits- und Handlungsfolgen sichtbar gemacht. Mit Prozessbeschreibungen und Prozessvisualisierungen, zum Beispiel durch ereignisorientierte Prozessketten, werden ungenau definierte Risikobereiche konkretisierbar.
➢ Ursache-Wirkungs-Zusammenhänge zu strategischen Entscheidungen werden in ihrer Komplexität in **Netzwerken** analysiert und somit in ihren Risikointerdependenzen erkennbar.
➢ Externe Risikopotenziale, die sich zum Beispiel aus Struktur- und Trendbrüchen sowie Diskontinuitäten ergeben, werden mit Hilfe von **Frühaufklärungssystemen** ermittelt.

Die durch den integrierten Instrumenteneinsatz identifizierten Risiken sind den einzelnen Risikoarten zuzuordnen. Die validierten und auf Konsistenz und Plausibilität geprüften und bereinigten Daten sind dann in einem Risikoprofil zur Gesamtrisikosituation zu verdichten.

---

[262] Esswein, W./Enz, R.: Risikomanagement bei ERP-Projekten, in: WISU 1/2007, S. 103
[263] Diederichs, M.: a.a.O., S. 135ff.

5.4 Risikobewertung und -aggregation

5.4.1 Grundsätze und Aufgaben der Risikobewertung und –aggregation

Risikobewertung beinhaltet die zielgerichtete Analyse, Bewertung und Klassifizierung unternehmensinterner und –externer Risikopotenziale in ihren Auswirkungen auf die unternehmerischen Strategien und Ziele.[264] Diese Aufgabe ist als permanente „Institution" zu verstehen, um auch auf stets neue Risiken zu reagieren. Risikobewertung bildet somit die Grundlage für die optimale Risikosteuerung und –bewältigung. Es besteht die Gefahr von Fehlentscheidungen, wenn identifizierte Risiken nicht oder falsch gemessen und bewertet werden.[265] Auch bestehende und seit langer Zeit bekannte und verfolgte Risiken und Risikofaktoren unterliegen hinsichtlich ihrer Bewertung einer bestimmten Dynamik. Ihre Eintrittswahrscheinlichkeiten und ihre potenziellen Schadensauswirkungen können sich ändern. Die Unterschätzung eines Risikos und der Verzicht auf Maßnahmen zur Risikobewältigung führen damit zur Beeinträchtigung der Ergebnissituation des Unternehmens.[266]

Die Gefährdung durch ein bestimmtes Risiko – etwa einen Terroranschlag – ist von Unternehmen zu Unternehmen verschieden. Für American Airlines ist ein solcher Anschlag wahrscheinlich, die Auswirkungen wären enorm. Für Fast-Food-Riesen wie McDonald's ist ein solches Ereignis durchaus auch wahrscheinlich, die Auswirkungen wären jedoch gering. Die Schließung eines einzelnen Restaurants würde die Gewinnsituation kaum beeinträchtigen. Eine Bekleidungskette ist kaum ein Terrorziel, wäre im Falle eines Anschlages aber schwer beeinträchtigt, wenn ein großer Teil der Waren über ein einziges Logistikzentrum disponiert wird.

Entscheidungsträger benötigen transparente Informationen und Entscheidungsempfehlungen zur Risikosituation. Die dafür notwendige Bewertung der Risiken kann auf drei Aggregationsebenen erfolgen:[267]

> ➢ Bewertung von Einzelrisiken durch die Parameter Eintrittswahrscheinlichkeit und Schadensausmaß und Darstellung in einer Risiko-Map
> ➢ Bewertung von Risikogruppen/-bereichen, insbesondere mit Scoring-Modellen,
> ➢ Bewertung der gesamten unternehmerischen Risikosituation, insbesondere durch kennzahlengestützte Analysen der Jahresabschlüsse.

Die Bewertung von Einzelrisiken stellt eine punktuelle Bewertung dar, bei der häufig die Gesamtposition des möglichen Schadens nicht ermittelt werden kann. Mit Hilfe von Scoring-Modellen lässt sich eine Risikosituation anhand frei wählbarer Parameter auch für einzelne Unternehmensbereiche bestimmen. In der Literatur wird häufig von einer zweistufigen Risikobewertung ausgegangen: einer Bruttobewertung (Stufe 1) und einer Nettobewertung (Stufe 2).[268] In der Bruttobewertung werden die Risiken ohne risikosteuernde bzw. –bewältigende Maßnahmen betrachtet. In der sich anschließenden Nettobewertung erfolgt die Ermittlung des Restrisikos nach Einbeziehung der Risikosteuerungs- bzw.–bewältigungsmaßnahmen.[269]

Zur Erreichung der Zielsetzung der Bewertung, Risikoinformationen zu aggregieren und zu beurteilen und dadurch eine Entscheidungsgrundlage zu schaffen, sind bestimmte Anforderungen zu erfüllen:[270]

> ➢ Bewertungsinstrumente sind so zu konstruieren, dass Wechselwirkungen adäquat berücksichtigt werden.

---

[264] Ebenda, S. 139
[265] Vanini, U.: Methoden der Risikomessung, in: WISU 6/2006, S. 785
[266] Diederichs, M., a.a.O., S. 139
[267] Ebenda, S. 141
[268] Ebenda.
[269] Ebenda.
[270] Burger, A./Buchhart, A.: Risiko-Controlling, München-Wien 2002, S. 101 f.

➢ Die Bewertung sollte eine möglichst eine hohe Objektivität aufweisen. Unternehmensexterne Risiken sollten durch einen hohen Marktbezug objektiviert werden. Unternehmensinterne Risiken unterliegen immer einer mehr oder weniger subjektiven Einschätzung und sollten daher auf andere Weise validiert werden.

➢ Zur Vergleichbarkeit ähnlicher Risiken innerhalb eines Unternehmens sollten unternehmensweit einheitliche standardisierte Methoden und Daten zur Anwendung kommen.

➢ Es sollte eine weitgehende Quantifizierung der Risiken angestrebt werden, da nur quantitative und insbesondere finanzwirtschaftlich orientierte Werte eine Bestandsgefährdung anzeigen.

Zur Klassifizierung der identifizierten Risiken ist die Vergleichbarkeit der Einzelrisiken bei der Anwendung verschiedener Bewertungsverfahren zu sichern. Mit einem einheitlichen Bewertungsmaßstab werden die Vergleichbarkeit und die Aggregierbarkeit der Risiken möglich. Zu diesem Zweck sind Verfahren der Risikomessung einzusetzen, mit denen Risikomaße bestimmbar sind. Es lassen sich grundsätzlich zwei Arten Gruppen von Verfahren der Risikomessung unterscheiden:[271]

➢ die **quantitative Risikomessung** über einfache Verlustmaße, Kennzahlen, Value at Risk (VaR)

➢ die **qualitative Risikomessung** über Scoring-Modelle, Klassifizierungs- und Rangverfahren.

Einfache Verlustmaße lassen sich in Form des Maximalverlustes oder des erwarteten Verlustes bestimmen. Der **Maximalverlust** gibt den größtmöglichen Schaden bzw. Verlust einer Risikoposition an. Er ist als absoluter Wert durchaus eine bestimmte Kontrollgröße, für sich allein aufgrund der fehlenden Wahrscheinlichkeitsbeurteilung nicht nutzbar. Der **erwartete Verlust** gibt einen wahrscheinlichkeitsgewichteten Durchschnittswert aller angenommenen Werte einer Risikoposition an. Die Grenzen des erwarteten Verlustes liegen darin begründet, dass durch den erwarteten Verlust die Risikoverteilung nicht ausreichend abgebildet wird.

Eine Risikomessung über **Kennzahlen** lässt sich durch statistische Methoden unterstützen. Mit der **Volatilität** (Schwankungsbreite) werden die durchschnittlichen Abweichungen vom Mittelwert nach oben und nach unten gemessen. Ferner kann auch die **Sensitivität** als Maß dafür, wie empfindlich die betreffende Risikoposition auf Veränderungen einer oder mehrerer Einflussgrößen reagiert, bestimmt werden.

Eine besondere methodische Bearbeitung ist für die Messung und Bewertung nicht quantifizierbarer Risiken erforderlich. Die praktikabelste Methode ist dafür die Klassifizierung von Risiken, d.h. die vergleichende Einordnung der Einzelrisiken in *Risikoklassen* nach dem Prinzip der Ordinalskalierung.[272] Dabei können Einzelrisiken in etwa vier Risikoklassen eingeordnet werden:[273]

➢ Risikoklasse I: geringes Risiko
➢ Risikoklasse II: mittleres Risiko
➢ Risikoklasse III: größeres Risiko
➢ Risikoklasse IV: existenzbedrohend.

Der Nutzen von Klassenbildungen und Risiko-Ranglisten ist v.a. in der Systematisierung als Grundlage von Selektionsentscheidungen zu sehen. Allerdings sind diese Risikoklassen noch keine allein ausreichende Basis für zuverlässige Risikoentscheidungen, da sowohl qualifizierte Einordnungskriterien als auch ein klar definiertes Skalierungsniveau fehlen. Bei der Bewertung qualitativer Risiken und Risikofaktoren mit Hilfe von Risikoklassifikationen wird der Grad der Gefährdung der Unternehmensziele als Bewertungsmaßstab verwendet. Die Bewertung erfolgt dann nicht durch ein Messmodell, sondern durch eine subjektive Bewertung durch Führungskräfte, Mitarbeiter und/oder externe Experten.[274]

---

[271] Vgl. u.a. Wolke, T.: Risikomanagement, München 2007, S.11ff.
[272] Burger, A./Buchhart, A.: Risiko-Controlling, München-Wien 2002, S. 103
[273] Ebenda, S. 104
[274] Ebenda.

Dem Unternehmen stehen für eine systematische Bewertung von Risiken unterschiedliche Methoden zur Verfügung. Die Auswahl einer Methode ist entscheidend von der bestehenden Datengrundlage abhängig. Unter diesem Aspekt kann zwischen quantifizierbaren Risiken, für die Eintrittswahrscheinlichkeiten und Schadenspotenziale ermittelt werden können, und qualitativen Risiken unterschieden werden, für die anhand subjektiver Kriterien Risikoklassen gebildet werden können.[275] Tab. 15 beschreibt einige wichtige Methoden hinsichtlich ihrer Datengrundlage und Anwendungsvoraussetzungen.

Methode	Identifikation von Risiko faktoren	Schätzung von Eintritts- wahrscheinlich keiten	Unternehmens- ziele als Schadens- potenzialmaße	Messmodell
Risiko- klassifikationen	nicht notwendig	icht notwendig	Qualitative und quantitative	nicht notwendig
Scoring-Modelle	notwendig	nicht notwendig	Qualitative und quantitative	nicht notwendig
Risikoportfolios	nicht notwendig	nicht notwendig	Qualitative und quantitative	nicht notwendig
Sensitivitätsanalysen	notwendig	nicht notwendig	Quantitative	notwendig
Szenarioanalysen	notwendig	notwendig	Quantitative	notwendig
At-Risk-Modelle (Value-at-Risk, Cash-Flow-at-Risk, Earnings-at-Risk)	notwendig	notwendig (Verteilung)	Quantitative (Unternehmenswert, Cash Flow, Erfolg)	notwendig

Tab. 15   Vergleich ausgewählter Methoden und Instrumente Risikomessung

Zur Bewertung kommen grundsätzlich zwei Methodengruppen zur Anwendung:[276]

> die **Top-Down-Methode**, mit der ausgehend von bekannten Folgen der Risiken die möglichen Ursachen bewertet werden (z.B. Nutzwertanalyse, Risikoindikatoranalyse, Risikodatenbank, Ertragsbasierte Ansätze, Key Risk Indicator – KRI, Value-at-Risk)

> die **Bottom-Up-Methode**, mit der ausgehend von den Ursachen der Risiken die möglichen Folgen für das Unternehmen abgeleitet und bewertet werden (z.B. Simulationsmodell, Sensitivitätsanalyse, Methoden der Zuverlässigkeitstheorie, Szenarioanalyse, Prozessrisikoanalyse, Expertenbefragung).

Die Ergebnisse der Risikobewertung können in das Risikoinventar bzw. den Risikokatalog übernommen werden.

Für die – meist quantifiziert anzustrebende – Bewertung von Risiken müssen allerdings auch Grenzen gesehen und auf spezifische Weise im Rahmen des Risikomanagements berücksichtigt werden:[277]

> Risiken können oftmals nicht quantifiziert werden, z.B. die negativen Auswirkungen auf das Image des Unternehmens, oder es liegt keine sinnvolle Datenbasis vor.
> Soziale Prozesse werden bei der Modellierung häufig vernachlässigt oder unterschätzt.
> Viele Risiken lassen sich auf Grund der Komplexität der Systeme – wie z.B. des Systems der volkswirtschaftlichen Einflussgrößen – nur schwer analysieren, da hier meist keine einfachen Kausalketten oder Korrelationseffekte bestehen.
> Das Verhalten von Individuen – zum Beispiel von Führungskräften – lässt sich nicht immer logisch und systematisch bewerten.
> Bewertungen werden häufig von der subjektiven Wahrnehmung des Risikos bestimmt.

---

[275] Vanini, a.a.O., S. 786
[276] Romeike, F.: Bewertung und Aggregation von Risiken, in: Romeike, F./Finke, R.B. (Hrsg.): Erfolgsfaktor Risiko-Management, Wiesbaden, S. 184 ff.
[277] Ebenda, S. 196f.

5.4.2   Bewertung von Einzelrisiken nach Eintrittswahrscheinlichkeit und Schadensausmaß

Die Risikobewertung erfordert die Beurteilung aller Risiken nach dem **Ausmaß der Auswirkung** des Risikos und nach der **Eintrittswahrscheinlichkeit** des Risikos. (Tab. 16)

Die Bewertung der Eintrittswahrscheinlichkeit der Risiken und der Risikofaktoren als Einflussgrößen dieser Risiken kann in Form objektiver oder subjektiver Wahrscheinlichkeiten erfolgen. Entsprechend der vorhandenen Datensituation muss unterschieden werden, ob

> ➢ Wahrscheinlichkeitsverteilungen, z.B. durch Annahme von Normalverteilungen, ermittelt werden können oder ob
> ➢ es sich bei den Risikofaktoren um singuläre Ereignisse handelt, für die Punktschätzungen für wenige Konstellationen (Szenarien) vorgenommen werden müssen oder ob
> ➢ diskrete Wahrscheinlichkeiten zu ermitteln sind.[278]

Für die Bewertung der Eintrittswahrscheinlichkeit sind mögliche stochastische Abhängigkeiten zwischen den Risikofaktoren (Risikointerdependenzen) – über eine Korrelationsanalyse ermittelt – zu berücksichtigen.[279]

Mit einer Risikomatrix dieser Risikobewertungen – auch als Risiko-Map oder -portfolio bezeichnet – lassen sich alle Risiken darstellen. Die Dimensionen des Risikoportfolios können ordinal oder numerisch skaliert werden. Ein vereinfachtes Modellbeispiel wird in Abb. 31 dargestellt.[280] Aus der Einordnung der Risiken wird eine Klassifizierung in A-, B- und C-Risiken vorgenommen, die eine differenzierte Risikosteuerung erfordert. In dieser „Risikomatrix" wird eine Risikoschwelle festgelegt, welche die kritischen von den unkritischen Risiken abgrenzt. Damit werden zunächst alle jene Risiken erkannt, die oberhalb der betrieblichen Akzeptanzschwelle liegen, d.h. vom jeweiligen Management nicht verantwortet werden können. Durch die Einleitung risikomindernder Maßnahmen und eine Strategieanpassung wird versucht, bestehende Risiken in den Raum unterhalb der Akzeptanzschwelle zu bewegen.

Die statistische Auswertung von Risikodaten erfordert eine fundierte Definition des Daten- und Skalenniveaus. Dabei können verschiedene Skalierungsmethoden zum Einsatz kommen:[281]

> ➢ **Nominalskala**
>   Eine Variable ist nominalskaliert, wenn bei ihren Ausprägungen nur zwischen Gleichheit und Ungleichheit, d.h. zwischen binären, dichotome und zweiwertigen bzw. polytomen oder mehrwertigen nominalen Variablen unterschieden werden kann. (Beispiel: Risiko besteht oder besteht nicht.)
> ➢ **Ordinalskala**
>   Ordinale Variablen oder Merkmale sind dadurch gekennzeichnet, dass ihre Ausprägungen vollständig geordnet werden können und somit eine Rangordnung erstellt werden kann. So wird beispielsweise im Rahmen von Ratingverfahren für das Merkmal Qualität des Managements eine Ordinalskala verwendet.
>   Beispiel: exzellent(6) – sehr gut(5) – gut(4) – befriedigend(3) – schlecht(2) – sehr schlecht(1)
> ➢ **Intervallskala**
>   Hier handelt es sich um eine metrische Skala mit gleich großen Skalenabschnitten, wie sie bei betriebswirtschaftlichen Größen häufig vorkommen.
> ➢ **Verhältnisskala**
>   Im Gegensatz zur Intervallskala besitzen sie einen natürlichen Nullpunkt.
>   Beispiel: Marktanteil in Prozent

---

[278] Burger, A./Buchhart, A.: Risiko -Controlling, München- Wien 2002, S. 106 f.
[279] Vanini, U., a.a.O., S. 786
[280] Kajüter, P. Instrumente zum Risikomanagement in der Supply Chain, in: Stölzle/Otto, S. 120ff.
[281] Rosenkranz, F./ Missler- Behr, M.: Unternehmensrisiken erkennen und managen, Berlin – Heidelberg 2005, S. 197f,

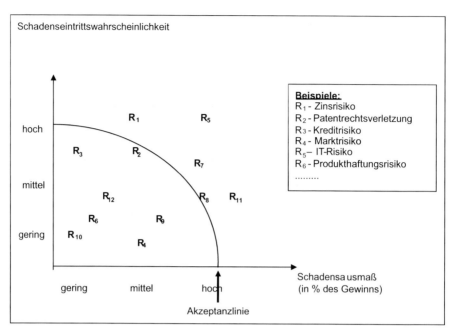

Abb. 31 Grundschema eines Risikoportfolios

Auswirkungen der Risiken		
Kategorie	**Definition**	**Wert in Euro**
Unbedeutend	Angesichts der Größe des Unter-nehmens zu vernachlässigen	100.000
Gering	Schadensfolgen sichtbar, aber be-grenzt	500.000
Spürbar	Finanzielles Ergebnis wird in der Höhe eines Jahresgewinns beein-trächtigt	2 Mio.
Kriitsch	Finanzielles Ergebnis wird in der Höhe mehrerer Jahresgewinne be-einträchtigt	5 Mio.
Katastrophal	Existenz des Unternehmens ist be-droht; Eigenkapital wird ganz oder teilweise aufgezehrt.	10 Mio.
Eintrittswahrscheinlichkeiten von Risiken		
Kategorie	**Häufigkeit**	**Wahrscheinlichkeit**
Häufig	Einmal in 2 Jahren	50 %
Möglich	Einmal in 5 Jahren	20%
Selten	Einmal in 20 Jahren	5%
Sehr selten	Einmal in 50 Jahren	2%
Unwahrscheinlich	Einmal in 100 Jahren	1%

Tab. 16 Beispiel zur Definition der Auswirkungen und Eintrittswahrscheinlichkeiten von Risiken

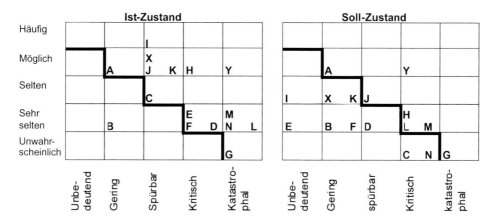

Abb. 32 Die Risikolandschaft eines Beispielunternehmens im Ist- und Soll-Zustand[282]

Auch im Soll-Zustand befinden sich noch Risiken über der Risikoschwelle. Diese Risiken und die Fortschritte bei den getroffenen Maßnahmen der Risikominderung müssen nunmehr einer permanenten Kontrolle unterzogen werden.

Eine Risiko-Map kann die Risiken eines abgegrenzten Unternehmensteiles, eines Geschäftsfeldes oder des Gesamtunternehmens beschreiben und somit auch der Dokumentation von Risikosituationen dienen. Mit Risiko-Maps auf verschiedenen Hierarchieebenen lassen sich neben punktuellen Risikoschwerpunkten auch Risikoaggregationen darstellen, indem etwa Einzelrisiken des Gesamtunternehmens herausgestellt oder Risiko-Maps von Geschäftsfeldern zu einer Risiko-Map des Gesamtunternehmens aggregiert werden.[283]

Die Risiko-Map dient allerdings noch nicht als alleinige Grundlage für Handlungsempfehlungen. Die Schwächen dieses Instruments liegen insbesondere in der punktuellen und oft statischen Darstellung von „Einzelrisiken" unter Vernachlässigung von Risikointerdependenzen und Wirkungskumulationen sowie in den methodischen Schwierigkeiten der Addition bzw. Aggregation der Schadensausmaße bzw. Schadenserwartungswerte.[284] Die Gesamtrisikolage ist nicht immer aus der Summe der Einzelrisiken bzw. der Schadenserwartungswerte bestimmbar.

Bei der Risikobewertung in der Praxis muss häufig bedacht werden, dass für ein Risiko (z.B. Brand in einem Server-Raum) kein exaktes Schadensausmaß und keine spezifische Eintrittswahrscheinlichkeit gegeben ist, sondern dass die Risikobeschreibung unterschiedlichste Schadensausmaße – vom Brand des Mülleimers bis zum Großbrand – berücksichtigen muss.[285] In solchen Fällen ist zur umfassenden Risikobewertung eine kontinuierliche Einschätzung notwendig, bei der jedem vorgestellten Schadensausmaß eine Eintrittswahrscheinlichkeit zugeordnet wird. Aus Gründen des damit verbundenen und für die Praxis häufig inakzeptablen Aufwandes beschränkt man sich dann oft auf einen wahrscheinlichen und einen größtmöglichen Schaden.[286] Dazu werden neben den Durchschnittswerten auch die Verläufe der Wahrscheinlichkeitsverteilungen mit den jeweiligen Schadenshöhen bestimmt.

[282] Brühwiler, B., Risikomanagement, in: Hering, E./Frick, G.(Hrsg.): Betriebswirtschaft in Fallbeispielen, München-Wien 2003, S. 206

[283] Diederichs, M.: Risikomanagement und Risikocontrolling, a.a.O., S. 145
[284] Ebenda.

[285] Lingnau, V./Jonen, A./Müller, J.: Risiken bei IT-Investitionen: Ein Vorgehensmodell, in: WISU 10/2006, S. 1282
[286] Ebenda.

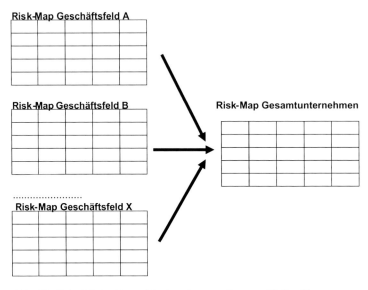

Abb. 33   Beispiel der hierarchischen Aggregation von Risiko-Maps
zu „übergeordneten" Risiko-Maps[287]

Auf der Basis der vorgenommenen Bewertung der Eintrittswahrscheinlichkeit (E) und des Schadensausmaßes (A) sowie einer zusätzlichen Bewertung der Maßnahmenwirksamkeit (M) kann für
jede Risikogröße ein Risikoindex (R_I) ermittelt werden, der sich stark an der aus der FMEA-
Analyse bekannten Risikoprioritätszahl orientiert. (Abb. 34)

Eingangsgrößen	Wertebereich der Eingangsgrößen	Risikoindex	Wertebereich des Risikoindex
Eintrittswahrscheinlichkeit(E)	1 bis 5	(E*A*M)*100/125	0,8 = sehr geringes Risiko bis
Auswirkungen (A)	1 bis 5		100 = sehr großes Risiko
Maßnahmenwirksamkeit (M)	1 bis 5		

Eintrittswahrscheinlichkeit	Auswirkungen	Maßnahmenwirksamkeit
1 = unwahrscheinlich 2 = gering 3 = mittel 4 = in ähnlichen Fällen eingetreten 5 = sehr wahrscheinlich	1 = kleine oder keine Auswirkung 2= geringe Auswirkungen 3 = erkennbare Auswirkungen 4 = Auswirkungen kaum akzeptabel 5 = Auswirkungen sind katastrophal	1 = Verfügbare Mittel und Ressour-cen reichen zum Umgang mit dem Risiko aus 2 = vernünftige Zuversicht 3 = Ressourcen/Mittel reichen teilweise nicht 4 = Ressourcen/Mittel unausreichend 5 = Keine Ressourcen und Mittel vorhanden

Abb. 34 Risikoindex[288]

Ein wirkungsvoller Bewertungsmaßstab im Rahmen der Risiko-Map wird in „annualisierten Erwartungswerten"[289] gesehen. Durch Multiplikation des Schadensausmaßes einzelner Risiken mit deren Eintrittswahrscheinlichkeiten ergibt sich ein „jahresbezogener Gesamterwartungswert". Zu-

---

[287] In Anlehnung an ebenda, S. 146
[288] Esswein, W./Enz, R.: Risikomanagement bei ERP-Projekten, in: WISU 1/2007, S. 102
[289] Diederichs, M.: Risikomanagement und Risikocontrolling, a.a.O., S. 146

nächst werden die einzelnen Risiken anhand von Schadenssummen und Eintrittshäufigkeiten be-wertet. Anschließend erfolgt eine Normierung aller möglichen Schäden auf einen bestimmten Zeit-raum, i.d.R. ein Jahr (Annualisierung). Es ist dabei jedoch zu prüfen, ob und inwieweit die zugrun-deliegenden Risiken voneinander unabhängig sind und ob die – auch in der Tabelle verwendete – Dreipunktschäden der Schadensklassen für die Analyse und Bewertung ausreicht.

Risiko-beschreibung			Risiko 1		Risiko 2		Risiko 3	Risiko 4	
Realistischer Höchstschaden			20 Mio. €						
Mittlerer Schaden					0,5 Mio. €				
Kleinstschaden							1.500 €	500 €	
Periode	> 100 Jahre	100 Jahre	20 Jahre	5 Jahre	1 Jahr	Quartal	Monat	Woche	Tag

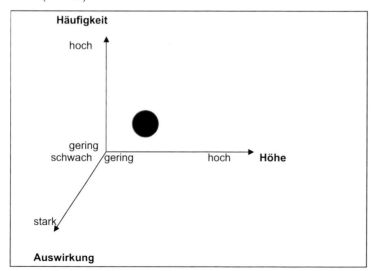

| Annualisierter Kleinstschaden + annualisierter mittlerer Schaden + annualisierter Höchstschaden = annualisierter Gesamterwartungswert | | 500 € x 52 Wochen = 26.000 € / Jahr + 1.500 € x 12 Monate = 18.000 € / Jahr + 500.000 x 1 Jahr = 500.000 € / Jahr + 20 Mio.€ / 20 Jahre = 1.000.000 € / Jahr = 1.544.000 € / Jahr |

Abb. 35   Beispiel einer Risikobewertung mit annualisierten Erwartungswerten[290]

Für die Darstellung eines Risikoportfolios in einem Unternehmen kann auch eine dreidimensionale Darstellung aus der **Risikofrequenz**, der **Risikohöhe** und den **Risikoauswirkungen** verwendet werden. (Abb. 36)[291]

Abb. 36 Dreidimensionales Risikoportfolio

[290] In Anlehnung an ebenda, S. 147
[291] Rosenkranz, F./Missler -Behr, M.: Unternehmensrisiken erkennen und managen. Berlin und Heidelberg 2005, S.149

Beispiel

Der Ausfall des zentralen EDV-Systems werde mit einer mittleren Schadenshöhe von 100 (GE) bewertet. Dieser als hoch bewertete Schaden entsteht beispielsweise dadurch, dass Kundenaufträge nicht entgegengenommen und bearbeitet werden können und die Produktion intern und mit den Kunden und Lieferanten nicht verlässlich abgestimmt werden kann.

Ein solcher Schaden kommt angenommen im Durchschnitt zweimal im Jahr vor. Diese Häufigkeit wird als mittelgroß eingeschätzt. Der Erwartungswert des Schadens ergibt sich dann aus 200 (GE) unter der Voraussetzung, dass Frequenz und Schadenshöhe unkorreliert sind und miteinander multipliziert werden dürfen. Durch einen Systemausfall ent-steht dem Unternehmen jedoch bei den Kunden und Partnern ein Reputationsverlust neben dem finanziellen Verlust, was zu einer Bewertung der Auswirkung insgesamt als „mittelstark" führt.

(Rosenkranz, F./Missler-Behr, M.: Unternehmensrisiken erkennen und managen. Einführung in die quantitative Planung, Berlin u.a. 2005, S.149)

5.4.3 Bewertung aggregierter Risiken und ihrer Auswirkungen

Die Bewertung der Gesamtrisikolage ergibt sich nicht aus der Summe der Einzelrisiken, sondern muss kompensatorische und kumulative Effekte berücksichtigen. Darüber hinaus kann die relative Bedeutung von Einzelrisiken für die Gesamtrisikolage stark differieren. Bestimmte Einzelrisiken können isoliert betrachtet von nachrangiger Bedeutung sein, kumuliert jedoch zu einem bestands-gefährdenden Risiko werden.[292] Zur Bestimmung dieser Gesamtrisikoposition können die Wirkun-gen der Einzelrisiken – zum Beispiel auf die GuV oder die Bilanz – mit der zufallszahlengesteuer-ten Simulationsrechnung oder mittels Sensitivitätsanalysen ermittelt werden. Dazu müssten aller-dings Verteilungsfunktionen der Parameter aus historischen Daten abgeleitet oder theoretisch ge-schätzt werden.[293]

Für die Bewertung aggregierter Risiken sowie der Auswirkungen von Einzelrisiken auf komplexe Netzwerke von Risikoparametern ist eine methodisch systematische Vorgehensweise notwendig, um Aussageverzerrungen, Doppelzählungen und Fehlinterpretationen zu vermeiden. Dabei kann nach der folgenden Schrittfolge vorgegangen werden:[294]

1. Erfassen der Ursache- und Wirkungsbeziehungen von Risiken

Auf Basis der Identifikation eines Risikos sind u.a. folgende Fragen zu beantworten: In welchem Unternehmensbereich, in welcher Abteilung, in welchem betrieblichen Umfeld tritt das Risiko auf? Handelt es sich um ein internes oder externes Risiko? Wodurch wird das Risiko begrün-det? Wodurch wird das Risiko beeinflusst? In welchem Zusammenhang ist das Risiko zu se-hen? Wie wirkt es auf andere Risiken oder Variablen, die das Unternehmen beeinflussen? Zur Beantwortung sind Kenngrößen bzw. Kennzahlen abzuleiten, mit denen das Risiko beschrieben und quantifiziert werden kann. Des Weiteren sollten Hypothesen über Zusammen-hänge zwi-schen den Risiken und den sie verursachenden Variablen aufgestellt werden.

2. Datenerfassung oder Schätzung der wichtigen Variablen

Risiken können direkt mit Hilfe von werten einzelner Kennzahlen bewertet werden. Zur Beurtei-lung eines Risikos müssen aber in vielen Fällen auch Zeitreihen einer Variablen erfasst, extra-poliert oder prognostiziert werden. Vielfach sind statistische Zusammenhänge zwischen Ursa-chen und Wirkungen zu ermitteln oder zu prüfen. Liegen keine umfassend repräsentativen Da-tenreihen vor, müssen Schätzwerte für Risikohöhen, -frequenzen und Eintrittswahrscheinlich-keiten subjektiv bestimmt werden.

3. Schätzung der Wirkungszusammenhänge

Dabei ist der quantitative Zusammenhang zwischen einer Risikogröße R und den für diese Ri-sikogröße R vermuteten ursächlichen Einflussgrößen x_i als eine Funktion hypothetisch be-

---

[292] Romeike, F.: Bewertung und Aggregation von Risiken, in: Romeike, F./Finke, R.B.: Erfolgsfaktor Risiko-Management, Wiesbaden 2003, S. 193

[293] Ebenda, S. 194f.

[294] Rosenkranz, F./ Missler-Behr, M.: Unternehmensrisiken erkennen und managen, Berlin –Heidelberg 2005, S. 188 ff.

schrieben und mit geeigneten statistischen Verfahren untersucht. Als signifikant erkannte Einflussgrößen werden weiter verfolgt, nicht signifikante Einflussgrößen vernachlässigt.

4. Überprüfung der Risikoprognosen für die Risikostrategie

Es sind die zukünftigen Auswirkungen der erkannten Risiken auf die Ergebnisse und Zielsetzungen des Unternehmens einzuschätzen, um eine angemessene Risikosteuerung vorzunehmen.

5. Bewertung der Risiken als Entscheidungsvorbereitung

Einzelrisiken sowie aggregierte Risiken werden anhand ihrer Höhe, ihrer Frequenz bzw. ihrer Eintrittswahrscheinlichkeit und in Bezug auf das Gesamtrisiko genauer untersucht. Bei qualitativen Risiken oder nur qualitativ beschreibbaren Risikoursachen und Einflussgrößen werden über Scoringmodelle und Sensitivitätsanalysen Gesamtbeurteilungen des Risikoausmaßes vorgenommen.

6. Darstellung von Risikoportfolios

Risikoportfolios dienen dann der Gesamtpositionierung der bewerteten Risiken und somit der Erhöhung der Transparenz der Risiken für die Entscheidungsträger. Durch eine damit mögliche Bildung einer Rangordnung hinsichtlich Dringlichkeit und Wichtigkeit werden die Prioritäten für eine effektive Risikosteuerung ableitbar.

Für die Risikoaggregation zur Bestimmung der Gesamtrisikoposition eines Unternehmens oder eines Unternehmensbereiches werden in der Literatur analytische Verfahren, z.B. mit dem Varianz-Kovarianz-Ansatz, und simulationsbasierte Ansätze vorgeschlagen.[295]

5.4.4 Risikobewertung mit Scoring-Modellen

Scoring-Modelle beruhen auf dem allgemein bekannten und relativ universell einsetzbaren Punktbewertungsmodell. Sie bieten sich an, wenn zwar mehrere Risikofaktoren für ein bestimmtes Risiko identifiziert, aber weder Eintrittswahrscheinlichkeiten noch funktionale Zusammenhänge mit den Unternehmenszielen ermittelt werden können und insbesondere die Risikofaktoren unterschiedlich skaliert sind und aggregiert werden müssen.[296] Damit lassen sich verschiedene qualitative Risiken einheitlich bewerten. Scoring-Modelle eignen sich auch, nicht quantifizierbare mit quantifizierbaren Präferenzen oder Handlungskonsequenzen in ein gemeinsames Entscheidungs- bzw. Handlungsmodell zu integrieren.[297]

Im Scoring-Modell werden überschneidungsfreie Risikofaktoren definiert und entweder anhand der skalierten Präferenzen der Entscheidungsträger oder aufgrund statistischer Analysen gewichtet. Die spezifische Ausprägung dieser Risikofaktoren wird dann durch Punkte bewertet, die je Risiko dann zu einem gewichteten Gesamtpunktwert addiert werden.[298] Die Grundstruktur eines Scoring-Modells (Tab. 17) beruht auf einer Verbindung von Ziel- und Entscheidungskriterien mit jenen Gewichten, mit denen diese in die Entscheidung eingehen sollen. Dabei muss eine Vergleichbarkeit zwischen den Bewertungen für bestimmte Kriterien bei unterschiedlichen Handlungsalternativen bestehen. Dies erfolgt durch eine standardisierte Punktwertskalierung.

Für die Risikobewertung mit Scoring-Modellen lassen sich verschiedene Kriterien zur Charakterisierung von Risiken (z.B. Dringlichkeit, Eintrittswahrscheinlichkeiten und –frequenzen, Schadensauswirkungen oder –reichweite) festlegen und gewichten.[299]

---

[295] Vgl. U.a. Romeike, F./ Hager, P.: Erfolgsfaktor Risiko-Management 2.0, 2. Auflage, Wiesbaden 2009, S. 151ff.

[296] Vanini, a.a.O., S. 787

[297] Burger, A./Buchhart, A.: Risiko-Controlling, München-Wien 2002, S. 156

[298] Vanini, a.a.O., S. 787

[299] Ebenda, S. 157 f.

Zielerreichungsgrade			
Zielkriterien	Teilziel 1	Teilziel 2	Teilziel 3
Gewicht	0,5	0,3	0,2
Alternative A	1500	sehr gut	kompliziert
Alternative B	800	gut	einfach
Alternative C	1200	ausreichend	einfach
Punktebewertung der Zielerreichungsgrade			
Gewicht	0,5	0,3	0,2
Alternative A	9	10	2
Alternative B	4	7	8
Alternative C	7	4	8
Gewichtete Punktzahl	**7,9**	**5,7**	**6,3**

Tab. 17 Grundstruktur eines Beispiels des allgemeinen Scoring-Modells [300]

Scoring-Modelle lassen sich insbesondere im *strategischen Management* für die Beurteilung von Risiken strategischer Erfolgsfaktoren nutzen. Die Gesamtpunktezahl zeigt dann die Sicherheit oder Gefährdung des Unternehmens an, wobei sich Zielzonen für eine akzeptable Chancen-Risiken-Relation definieren lassen. (Tab. 18)[301] Die Bewertung der strategischen Erfolgsfaktoren kann für einzelne Objekte oder Bereiche erfolgen sowie für eine umfangreiche Unternehmenshierarchie entwickelt werden, woraus sich für die einzelnen Hierarchieebenen differenzierte als auch aggregierte Bewertungen ableiten lassen. In ähnlicher Weise kann das Instrument auch eingesetzt werden, um Veränderungen von Risiken bei strategischen Erfolgsfaktoren im Zeitverlauf aufzuzeigen.[302]

Risikofaktoren	1	2	3	4	5	Bewertung	Risikorelevanz
Wachstum							
Leistungsdruck							
Wachstumsrate							
Unerfahrenheit wichtiger Mitarbeiter							
Kultur							
Belohnung für die Übernahme unternehmerischer Risiken							
Widerstreben der Manager gegen schlechte Nachrichten							
Stärken des internen Wettbewerbes							
Informationsmanagement							
Komplexität und Entwicklungstempo des Geschäfts							
Lücken in der Leistungsmessung							
Grad der dezentralisierten Entscheidungsfindung							
Gesamtbewertung							

Tab. 18 Beispiel: Scoring-Modell im Rahmen des strategischen Managements[303]

---

[300] Burger, A./Buchhart, A.: Risiko-Controlling, München-Wien 2002, S. 156f.

[301] Ebenda, s. 158

[302] Ebenda, S. 159

[303] Ebenda, S. 159; Vgl. auch Simons, R.: Interne Unternehmensrisiken genauer messen, in: Havard Business Manager 6/1999, S.49

Scoring-Modelle lassen sich auch im *operativen Management*, so z.B. bei der Risikobewertung von Investitionsprojekten oder im Kunden- und Lieferantenrating einsetzen.

Ein Beispiel für die Anwendung von Scoring-Modellen stellt die qualitative Messung und Beurteilung des Kreditrisikos von Kreditkunden auf der Basis der Kriterien **„bisherige Zahlungsbereitschaft"**, **„aktuelle Finanzlage"**, **„Höhe vorhandener liquider Mittel des Kreditnehmers im Verhältnis zum Kreditbetrag"** und **„allgemeine Geschäftsverfassung"** dar.[304]

Einflussfaktor	Zahlungs- bereitschaft	Finanzlage	Liquide Mittel	Geschäfts- verfassung	Zielwert
Gewichtung	40 %	30 %	20 %	10 %	
Kreditkunde A	Gut	Gut	30 %	Mäßig	
Kreditkunde B	befriedigend	Schlecht	20 %	Gut	
Kreditkunde c	Sehr gut	mittel	40 %	schlecht	
Kreditkunde A	8	9	3	5	**7,0**
Kreditkunde B	6	3	2	8	**4,5**
Kreditkunde C	10	6	4	2	**6,8**

Legende zur Bewertung:

Zahlungsbereitschaft sehr gut =10 / gut =8 / befriedigend =6 / ausreichend =4 / mangelhaft =2
Finanzlage　　　　　 gut = 9 / mittel = 6 / schlecht = 3
Liquide Mittel　　　　< 10 % = 1 / 10-20 % = 2 / ...../ 80-90 % = 9 / 100 % = 10
Geschäftsverfassung hervorragend = 10 / gut = 8 / mäßig = 5 / schlecht = 2
Beispiel Zielwertberechnung Kreditkunde A:　 $0,4 \times 8 + 0,3 \times 9 + 0,2 \times 3 + 0,1 \times 5 = \mathbf{7,0}$

Tab. 19　Beispiel zur Bewertung des Kreditrisikos

Eine praxiserprobte Anwendung erfuhr diese Methode mit dem BERI (Business Environmental Risk Index) zur Bewertung von Länderrisiken für die Entscheidungsfindung in international und multinational tätigen Unternehmen.[305] Dieser BERI-Index setzt sich aus drei Teilindizes zusammen: dem Political Risk Index (PRI), dem Operation Risk Index (ORI) und dem Remittance and Repatriation Factor (RF). In Tab. 20 ist der ORI beispielhaft für die Nutzung von Scoring-Modellen in der Risikobewertung veranschaulicht.

---

[304] Wolke, T.: Risikomanagement, München Wien 2007, S. 60f.
[305] Hake, B.: Länderrisiko-Analysen – Werkzeug des Controllers, in: Controller Magazin 23 (1997) Heft 4, S. 241 ff.

Operation Risk Index (ORI) Kriterien (i= 1,...15)	Gewichtung	Gewichtete Merkmalsausprägungen					
		Land 1		Land 2		Land 3	
		ungewichtet	gewichtet	ungewichtet	gewichtet	ungewichtet	gewichtet
1 Politische Stabilität	3,0	2,8	8,4	2,0	6,0	1,7	5,1
2 Verhalten gegenüber Investoren	1,5	3,2	4,8	2,3	3,5	1,8	2,7
3 Verstaatlichungstendenzen	1,5	3,2	4,8	2,3	3,5	1,8	2,7
4 Geldentwertungsrate	1,5	2,6	3,9	1,2	1,8	1,4	2,1
5 Zahlungsbilanz	1,5	2,8	4,2	2,3	3,5	1,5	2,3
6 Bürokratische Hemmnisse	1,0	2,4	2,4	1,8	1,8	1,2	1,2
7 Wirtschaftswachstum	2,5	2,1	5,3	2,0	5,0	1,5	3,8
8 Währungskonvertibilität	2,5	3,7	9,3	1,5	3,8	1,6	4,0
9 Durchsetzbarkeit von Verträgen	1,5	3,4	5,1	2,0	3,0	1,6	2,4
10 Lohnkosten zu Produktivität	2,0	2,0	4,0	2,2	4,4	1,8	3,6
11 Verfügbarkeit von Fachkräften	0,5	3,2	1,6	2,2	1,1	1,8	0,9
12 Nachrichten-/Transportwesen	1,0	3,0	3,0	2,0	2,0	1,7	1,7
13 Verfügbarkeit einheimischer Manager und Partner	1,0	3,2	3,2	2,3	2,3	1,5	1,5
14 Verfügbarkeit kurzfristiger Kredite	2,0	2,6	5,2	1,8	3,6	1,3	2,6
15 Verfügbarkeit langfristiger Kredite und Eigenkapital	2,0	2,7	5,4	1,6	3,2	1,2	2,4
Subindex Geschäftsklima		42,9	70,5	29,5	48,3	23,4	38,9

Punktzahl	Interpretation
70 – 100	Stabiles Land; geringes Risiko; hervorragendes Geschäftsklima
56 – 69	Mäßiges, mittleres oder noch akzeptables Risiko; einige Erschwernisse im täglichen Geschäft
40 – 55	Hohes Risiko; nur ausnahmsweise akzeptabel; schlechtes Geschäftsklima für ausländische Unternehmen
0 - 39	Sehr hohes, nicht akzeptables Risiko für ausländische Investoren

Tab. 20 Beispiel eines Teilindex des BERI-Indexes[306]

Scoring-Modelle lassen sich – auch unter dem Begriff der Risiko-Punkte-Tafel bekannt – als „**Bottom-Up-Ansatz**" für eine nach „oben" aggregierende Zusammenfassung von **Einzelrisiken zu umfassenden Risikofeldern/Risikokategorien** über mehrere Unternehmensebenen erstellen.[307]

[306] Vgl. Diederichs, M., a.a.O., S. 151
[307] Keitsch,D., a.a.O.,S. 172ff.

Risikokategorie	Risikopunkte-Bewertung					
	1	2	3	4	5	6
Prozessrisiken						
Durchlaufzeit	< 4 Std.	4-5 Std.	6-8 Std.	8-10 Std.	> 10 Std.	> 14 Std.
Kontrollen	> 98%	92-98%	88-91%	85-87%	< 85%	< 80%
Fehlerquote	< 1,75%	1,75-2,0%	2,0-2,5%	2,5-3,0%	> 3,0%	> 4,0%
IT						
Verfügbarkeit	> 98%	95-97%	92-94%	88-91%	< 88%	< 85%
Datensicherheit	> 97%	95-96%	92-94%	88-91%	< 88%	< 80%
Kunden						
Reklamationen	< 5%	5-11%	11-18%	18-24%	> 25%	> 30%
Anfragen	< 1,5%	1,5-2,0%	2,1-2,5%	2,6-3,0%	> 3,0%	> 10%
Bearbeitungszeit	< 5 Std.	5-6 Std.	6-8 Std.	8-10 Std.	> 10 Std.	> 15 Std.
Personal						
Fluktuation	< 8 %	8-11%	12-15%	16-20%	> 20%	> 25%
Qualifikation	> 95%	90-95%	85-90%	80-85%	< 80%	< 70%

Tab. 21 Risikoaggregation über eine Risikopunkte-Bewertung

Die Risikopunkte lassen sich zum Beispiel nach den sechs Indikatoren-Gruppen ermitteln:

Vergangenheit oder Ist-Zustand	Künftige Eintrittswahr-scheinlichkeit	Risikoeinstufung	Risikopunkte
sehr oft	höchst wahrscheinlich	kritisch	6
oft	sehr wahrscheinlich	sehr hoch	5
regelmäßig	wahrscheinlich	hoch	4
manchmal	möglich	mittel	3
selten	unwahrscheinlich	gering	2
unbedeutend	fast unmöglich	unbedeutend	1

Tab. 22 Bewertungstafel für die Ermittlung der Risikopunkte

Die Ermittlung der Risikosituation für die Unternehmenseinheit/den Unternehmensbereich kann dann nach dem folgenden Schema vorgenommen werden (Tab. 23):

Risikokategorie	Risiko-gewicht	Risikopunkte						Gewichtete Risikopunkte je Indikator	Gewichtete Risikopunkte je Kategorie
		1	2	3	4	5	6		
Prozessrisiken	35%								
Durchlaufzeit	0,5				x			2,0	
Kontrollen	0,3					X		1,5	
Fehlerquote	0,2			x				0,6	
	(100%)							4,1	1,435
IT	30%								
Verfügbarkeit	0,5			X				1,5	
Datensicherheit	0,5				X			2,0	
	(100%)							3,5	1,050
Kunden	20%								
Reklamationen	0,4			x				1,2	
Anfragen	0,3				X			1,2	
Bearbeitungszeit	0,3			X				0,9	
	(100%)							3,3	0,660
Personal	15%								
Fluktuation	0,5		X					1,0	
Qualifikation	0,5	X						0,5	
	(100%)							1,5	0,225

Tab. 23 Bewertung der Risikosituation für die Unternehmenseinheit/ den Bereich

Nach einer umfassenden Beschreibung und Bewertung der Risikoindikatoren in den Unternehmenseinheiten /-bereichen kann eine Risikoaggregation zur Risikoposition des Gesamtunternehmens erfolgen. Für diese Aggregation ist die Vorgabe der Risikogewichtung der Risikokategorien notwendig. Des Weiteren können SOLL-Risikopunkte für den SOLL-IST-Vergleich vorgegeben werden, die zwischen den Unternehmenseinheiten differenziert werden können. Für die Bestimmung der Risikopunkte-Bewertung des Unternehmens kann eine anteilige Gewichtung der Unternehmenseinheiten vorgenommen werden, die jedoch einen hohen Grad an Subjektivität aufweisen wird. Zu Recht ist darauf hinzuweisen, dass die hoch aggregierte Risikopunkte-Bewertung die Risikosituation kritischer Risikokategorien oder Unternehmenseinheiten „verwässert". Zu diesem Zweck müssen gleichzeitig auch die absoluten Werte betrachtet werden.[308]

Risikokategorie	Risikogewicht	Unternehmenseinheit A				Unternehmenseinheit B			
		SOLL	IST absolut	ST gew.	Anteil 70%	SOLL	IST absolut	IST gew.	Anteil 30%
Prozessrisiken	35%	3	4,10	1,435		2	3,3	1,155	
IT-Risiken	30%	3	3,50	1,050		2	1,5	0,450	
Kundenrisiken	20%	2	3,30	0,660		2	2,5	0,500	
Personalrisiken	15%	2	1,50	0,225		1	1,25	0,188	
	100%	2,65		3,370	2,359	1,85		2,293	0,688

Gewichtetes SOLL		Gewichtetes IST	
Risikopunkte-Durchschnitt	2,41	Risikopunkte-Durchschnitt	3,047

Tab. 24   Aggregierte Risikopunkte-Bewertung

Insgesamt bieten Scoring-Modelle im Rahmen der Risikobewertung zwei entscheidende Vorteile:[309]

➢ Möglichkeit, unterschiedlichste Risikokategorien zu aggregieren und gemeinsam zu bewerten
➢ Vergleichbarkeit der Risiken und risikobehafteten Objekte durch eine einheitliche Punktbewertung unabhängig von ihrer Quantifizierbarkeit
➢ Beurteilung von Gesamtrisiken bzw. Risikoprofilen verschiedener Betrachtungsobjekte. Geschäftsfelder oder Unternehmensbereiche lassen sich unabhängig von der Zusammensetzung der Einzelrisiken und ihren Beziehungen einander gegenüberstellen.

Zugleich dürfen bei der praktischen Anwendung die Probleme dieses Bewertungsansatzes nicht unbeachtet bleiben:[310]

➢ Punktbewertungen werden von subjektiven Präferenzen dominiert, woraus sich „scheingenaue" Bewertungen ergeben können.
➢ In unterschiedlichen Teilbereichen des Unternehmens werden vergleichbare Risiken unterschiedlich bewertet und eingeordnet. Dieses Problem erfordert die Vorgabe einheitlicher Bewertungsmuster, um eine konsistente Risikobewertung im gesamten Unternehmen sicherzustellen.
➢ Den Maßstab der einheitlichen Bewertung bilden die Risiken mit dem untersten Skalierungsniveau. Daraus ergibt sich ein Konflikt zwischen der Genauigkeit und Vollständigkeit der Bewertung aggregierter Risiken. Die vollständige Erfassung erfordert ein möglichst geringes Skalierungsniveau, um alle Risiken in die Gesamtbewertung einzubeziehen. Dabei nimmt jedoch die Genauigkeit bei der Bewertung von Risiken ab.

---

[308] Keitsch,D., a.a.O.,S. 179f.
[309] Burger, A./Buchhart, A.: Risiko-Controlling, München-Wien 2002, S. 160
[310] Ebenda, S. 161 f.

➢ Aus den ermittelten Gesamtpunktwerten können u.U. nicht oder unzureichend beachtete Wechselwirkungen und Interdependenzen bei der Zusammenfassung von Risiken nicht mehr erkennbar sein und somit das Ergebnis durch zu starke Gewichtung korrelierter Kriterien und Risiken verzerrt werden.

➢ Kompensationen durch sehr hohe und sehr niedrige Teilpunktzahlen sind nicht ersichtlich, womit stark profilierte und stark geglättete Bewertungsmuster zum gleichen Gesamtpunktwert führen können.

➢ Die Unabhängigkeit der Kriterien untereinander als wesentliche Voraussetzung ist zu prüfen.

Die Anwendung von Scoring-Modellen erlaubt es, viele in der betriebswirtschaftlichen Praxis auftretende Risiken überhaupt zu quantifizieren und diese in ein unternehmensweites Risikomanagementkonzept zu integrieren. Das Verfahren stellt daher ein wichtiges Instrument der Risikobewertung und -analyse dar.

5.4.5 Risikobewertung mit Portfoliomodellen

Die bekannten Portfoliomodelle lassen sich für die Risikobewertung in umfassend einsetzen. Die in den Unternehmen bestehenden Hierarchieebenen von Gesamtunternehmensebene, Geschäftsfeldebene und Unternehmensbereichensebene können auf diese Weise in einer Portfoliohierarchie unter Einbeziehung von Risikobewertungen beschrieben werden. Dazu wird eine Optimierung der Risikopositionen in folgenden Schritten angestrebt:[311]

➢ Im **ersten Schritt** erfolgt die Bewertung der mit den Geschäftsfeldern verbundenen Risikoarten und ihre Aggregation zur **Risikoposition der Geschäftsfelder**.

➢ Im **zweiten Schritt** werden anschließend das Gesamtrisiko aus den Risiken der Geschäftsfelder und so die **Gesamtrisikoposition des Unternehmens** bestimmt.

➢ Im **dritten Schritt** erfolgt die Ermittlung der **Gesamtrisikoposition einer Risikoart** durch Aggregation aller Risiken einer Risikoart (z.B. Währungsrisiken, Standortrisiken) über alle Geschäftsfelder.

Portfoliomodelle lassen sich auch als dreidimensionale Risikoportfolios nutzen. Die drei Dimensionen dieses Portfolios können sein:

➢ Risikofaktoren
➢ Unternehmensteile (intern) oder Wettbewerber (extern)
➢ Finanzielle Größen als Wirkungen des Einflusses von Risikofaktoren.

Spezielle Portfoliomodelle können auch durch Kombination klassischer Portfolios der strategischen Unternehmensführung, zum Beispiel des Marktattraktivitäts-Wettbewerbsvorteil-Portfolio, mit einer zusätzlichen Dimension „Risikopotenzial" erstellt werden.[312]

Dreidimensionale Portfoliomodelle liefern viele strategische Ansatzpunkte für eine risiko- und wertorientierte Unternehmensführung. Diese lassen erste Betrachtungen zur Gestaltung der Risikoposition und zu daraus abzuleitenden strategischen Steuerungsmaßnahmen zu. Bei der Anwendung derartiger Portfoliomodelle ist jedoch zu beachten:[313]

➢ Sie weisen meist statischen Charakter auf.
➢ Interdependenzen werden nicht berücksichtigt. In Bezug auf Risiken können damit kompensatorische und kumulative Effekte nicht erkannt werden.
➢ Informationen sind stark vereinfacht und bedürfen einer Verknüpfung mit der operationalen Ebene.
➢ Subjektive Elemente sind nicht vermeidbar.

---

[311] Ebenda, S. 196ff.
[312] Ebenda, S. 204
[313] Ebenda, S. 206

Marktattraktivität

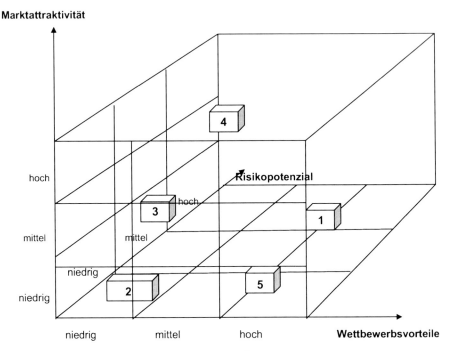

Abb. 37   Erweitertes Portfolio zur Risikoanalyse[314]

5.4.6   Risikobewertung mit Sensitivitätsanalysen

Sensitivitätsanalysen haben das Ziel, den Einfluss einzelner Risiken auf unternehmensbezogene ökonomische Größen zu untersuchen bzw. zu messen. Die Sensitivität kann nach folgender Formel bestimmt werden:

$$\text{Sensitivitätsgrad} = \frac{\text{Unerwartete relative Veränderung der Risikoposition}}{\text{Unerwartete relative Veränderung des Risikofaktors}}$$

Die Zielgröße Z hängt von den Ausprägungen der Risikoparameter (Merkmale, Variable,...) ab. Mit Sensitivitätsanalysen werden die Auswirkungen von Veränderungen in den Merkmalen oder Variablen auf die betrachtete Zielgröße bestimmt. Dabei können zwei unterschiedliche Fragen beantwortet werden:[315]

➢ Welche Veränderungen zeigen sich in der Zielgröße, wenn ein oder mehrere spezifische veränderte Werte eingesetzt werden?
➢ Wie stark darf sich ein bestimmtes Merkmal ändern, damit sich ein Ergebnis, z.B. die Zuordnung zu einer Risikoklasse nicht ändert?

---

[314] Ebenda, S. 205
[315] Rosenkranz, F./ Missler-Behr, M.: Unternehmensrisiken erkennen und managen. Einführung in die quantitative Planung, Berlin – Heidelberg 2005, S. 207

Der Einfluss einzelner Risikoparameter auf eine Risikoposition ist exakt bewertbar, wenn funktionale Beziehungen bzw. ein geschlossenes Bewertungsmodell vorliegen. Der Funktionsverlauf der Risikoposition kann dann nach einzelnen Risikoparametern differenziert werden. So lassen sich die Auswirkungen von Wechselkursänderungen, Zinsänderungen und Rohstoffpreisänderungen auf den Cash Flow und somit auf den Unternehmenswert ermitteln.[316] (Abb. 38)

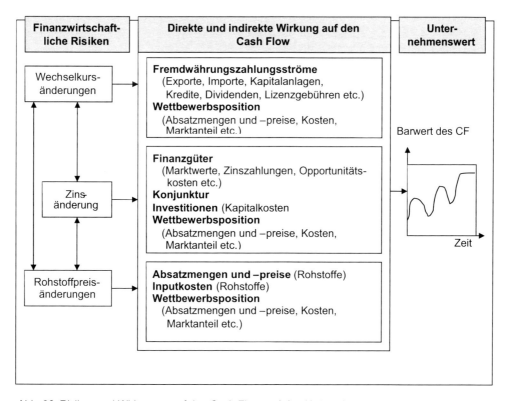

Abb. 38 Risiken und Wirkungen auf den Cash Flow und den Unternehmenswert

Für die einzelnen Risikofaktoren und ihre Parameter werden funktionale Beziehungen erstellt und somit deren Einfluss auf den Cash Flow und den Unternehmenswert rechenbar.[317] Der finanzielle Überschuss $\ddot{U}_t$ ergibt sich aus der Differenz zwischen dem Umsatz, den variablen Kosten, den Finanzierungskosten und den zahlungswirksamen fixen Kosten:

---

[316] Burger, A./Buchhart, A.: Risiko -Controlling, München- Wien 2002, S. 116
[317] Ebenda, S. 116

Beispiel einer funktionalen Beziehung einer Zielgröße und ihren Einflussparametern

$$\ddot{U}(t) = [a(t) \cdot p_I(t) + (1-a)(t) \cdot p_\$(t) \cdot W_{I/\$}(t)] - [k_I(t) + k_v(t) \cdot W_{I/Y}(t)] \cdot x(t) - I_I(t) \cdot A \cdot W_{I/Y}(t) - R(t)$$

darin gelten :

$x(t), a(t)$:	Menge und Anteil des Umsatzes
$p_I(t), p_\$(t)$:	Preise im Inland und im $-Raum
$k_I(t), k_Y(t)$:	Variable Kosten im Inland und im Yen-Raum
$W_{I/\$}(t), W_{I/Y}(t)$:	Wechselkurs für $ und Yen
$I_\$(t)$:	Zinsen im $-Raum
A:	Finanzierungsbetrag
$R(t)$:	Zahlungswirksame fixe Kosten

In vielen Fällen sind es nur wenige zentrale Schlüsselgrößen, von denen eine relevante Entscheidungsgröße – zum Beispiel der Kapitalwert einer Investition – abhängt.

Beispiel   „Sensitivität des Kapitalwertes auf eine Änderung der Personalkosten"[318]

Sensitivität des Kapitalwertes auf eine Änderung der Personalkosten					
Personalkosten	- 20 %	- 10 %	„wie erwartet"	+ 10 %	+ 20 %
Kapitalwert (Euro)	832.243	654.111	475.978	297.846	119.713
Änderung (%)	+ 74,8	+37,4	-	- 37,4	-74,8

Entsprechend wird mit den anderen Größen verfahren, die einen Einfluss auf den Kapitalwert haben können.

Sensitivitätsanalysen können bezüglich einer Veränderlichen oder – wie dies für die praktischen Situationen realistischer ist – bezüglich mehrerer Veränderlichen durchgeführt werden. Die Art des Ansatzes der Sensitivitätsanalyse hängt dabei von den zu beantwortenden Fragestellungen und dem Aufwand für die Durchführung der Analyse ab. Sie können neben der Anwendung punktueller Veränderungsrechnungen auch mit Szenarioanalysen, Differentialrechnungen und der Fuzzy-Modellierung verknüpft werden.

Die Ungewissheit und Unschärfe von Daten lassen sich mit der Fuzzy-Modellierung über sogenannte Zugehörigkeitsgrade oder –funktionen beschreiben und in unscharfen Break-Even-Analysen bzw. unscharfen Clusteranalysen berücksichtigen.[319] Mit unscharfen Clusteranalysen wird ein Objekt nicht eindeutig einer Klasse zugeordnet oder nicht, sondern ein Zugehörigkeitsgrad für die Zuordnung zu einer Klasse bestimmt.

5.4.7   Risikobewertung mit Kennzahlensystemen

Kennzahlensysteme entstehen durch logische, mathematische oder empirische Beziehungen zwischen Kennzahlen, die einer meist hierarchischen Ordnung unterliegen. Sie werden als Planungs-, Informations- und Steuerungsinstrument bereits umfassend im Rahmen des Controlling genutzt

---

[318] Sattler, R. R.: Unternehmerisch denken. Das Denken in Strategie, Liquidität, Erfolg und Risiko, 2. Auflage, München 2003, S. 120
[319] Rosenkranz, F./ Missler-Behr, M.: Unternehmensrisiken erkennen und managen, Berlin – Heidelberg 2005, S. 209

und können auch für die Zwecke der Risikobewertung erweitert und eingesetzt werden. In der Praxis lassen sich traditionelle Kennzahlensysteme (z.B. mit dem ROI als Spitzenkennzahl) und wertorientierte Kennzahlensysteme (z.B. mit dem Discounted Cash Flow DCF oder dem Cash Value Added CVA als Spitzenkennzahlen) unterscheiden. Für die Risikobewertung wird in der Literatur ein „Reward an Risk-Kennzahlensystem" vorgeschlagen, mit dem eine umfassende Risikobewertung in einem wertorientierten Kennzahlensystem erfolgen kann.[320]

Kennzahlensysteme können in Kopplung mit einer Balanced Scorecard zu einem integrierten wert- und risikoorientierten Steuerungssystem entwickelt werden. Der Unternehmenswert (DCF) wird hierbei durch den Free Cash-Flow und die risikoadjustierten Kapitalkosten (WACC) ermittelt.[321]

5.4.8 Risikobewertung mit dem Ansatz des Value-at-Risk (VaR) und Cash-Flow-at-Risk (CFaR)

Die Methode der Berechnung des VaR wurde im Bankensektor zur Bewertung von Anlageentscheidungen entwickelt und dient als Instrument der Überwachung und Steuerung von Risiken auf Finanzmärkten. Interesse außerhalb des Bankenbereichs fand diese Methode auf Grund der Möglichkeit der Bewertung der Gesamtrisikoposition eines Unternehmens in einer einzigen Kennzahl.[322]

Der VaR kann als Schadenshöhe (Verlust) definiert werden, die in einem bestimmten Zeitraum mit einer festgelegten Wahrscheinlichkeit p („Konfidenzniveau", z.B. 95%) nicht überschritten wird. Statistisch betrachtet entspricht der VaR dem (negativen) Quantil einer Verteilung und gibt den Schwellenwert an, bis zu dem x Prozent aller möglichen Werte liegen.[323]

Beispiel

Kumulative Schadenshöhe (Euro/Jahr)	180.000	220.000	260.000	300.000
Wahrscheinlichkeit (Prozent)	99,5	81,5	42,0	5,5

Das Grundprinzip des Verfahrens besteht in der Bestimmung von Wahrscheinlichkeitsverteilungen über Verlustpotenziale auf dem Wege der Simulation von Risikoparametern und ihrer Ursache-Wirkungs-Zusammenhänge. Der VaR-Ansatz lässt eine Abschätzung des Risikos sowohl bei vorhandener Datenbasis als auch bei groben Schätzungen zu und hat hinsichtlich der verschiedenen Risikoarten eine gewisse Flexibilität. Ein wesentlicher Vorteil liegt in der unternehmensweiten Vergleichbarkeit von Risikobewertungen auf Grund des gleichen methodischen Ansatzes.[324]

Der VaR kann als Kennzahl eingesetzt bei Erreichung bzw. Überschreitung von Grenzwerten und Toleranzschwellen Auslöser von Gegenmaßnahmen sein.[325]

Für die Anwendung des VaR außerhalb des Finanzdienstleistungssektors sind dessen Besonderheiten zu berücksichtigen, womit die Grenzen einer Übertragung des Konzepts schnell sichtbar werden.[326] Untersuchungen zeigen einerseits die vielseitigen Anwendungsmöglichkeiten dieser Methode, andererseits jedoch auch die sehr strengen Anwendungsvoraussetzungen und somit auch die bedingten Chancen einer Akzeptanz im Bereich des Managements kleiner und mittlerer Unternehmen. Für die Anwendung bestehen daher verschiedene Einschränkungen:[327]

[320] Burger/Buchhart, Risiko-Controlling, München-Wien 2002, S. 251ff.
[321] Ebenda, S. 258
[322] Diederichs, M.: a.a.O., S. 164
[323] Gleißner, W.: Grundlagen des Risikomanagements in Unternehmen, München 2008, S. 112
[324] Burger, A./Buchhart, A.: Risiko-Controlling, München-Wien 2002, S. 133
[325] Ebenda.
[326] Diederichs, M.: a.a.O., S. 164
[327] Burger, A./Buchhart, A.: Risiko-Controlling, München-Wien 2002, S. 134 f.; Wolke, T.: Risikomanagement, München-Wien 2007, S. 54

➤ Die Erfassung qualitativer Risiken ist nicht möglich, da die Methode mit monetären Größen rechnet. Das schränkt z.B. die Einbeziehung politischer und rechtlicher Risiken ein.

➤ Der Ansatz des VaR dient als Instrument zur Bewertung von eher „gewöhnlichen" Risiken, z.B. Marktrisiken mit durchschnittlichem Geschäftsverlauf innerhalb gewisser zeitlicher Grenzen.

➤ Die traditionelle, finanzwirtschaftliche Orientierung der VaR-Methode betrachtet vor allem kurzfristige Risikoaspekte. Die Probleme ergeben sich dann in einer mangelnden Bewertung intertemporaler Risikoausgleichsmöglichkeiten, in einem problematischen Vergleich von Risikopositionen mit unterschiedlichem Zeithorizont und damit in einer zu kurzfristig ausgelegten Risikosteuerung.

➤ Die Berechnungen zum VaR setzen eine ausreichende empirische oder geschätzte Datenbasis voraus. Daraus können sich erhebliche Datenbeschaffungsprobleme sowie ein hoher Rechenaufwand für historische und stochastische Simulationen ergeben. Den meisten – oft auf wahrscheinlichkeitstheoretischer Basis beruhenden – Modellen des VaR-Konzepts fehlt eine theoretisch fundierte Risikostrukturanalyse.

➤ Das VaR-Prinzip löst die allgemeine Problematik nicht, ob und wie von Vergangenheitsdaten auf die Zukunft zu schließen ist.

➤ Das Verfahren beruht auf dem Ansatz der Normalverteilung der Risikovariablen und es bleibt zu prüfen, ob diese mindestens näherungsweise akzeptabel ist.

Die Anwendung des VaR-Konzepts erzwingt eine ständige Überprüfung und Angleichung der Prämissen sowie der Methoden der Bewertung und somit einen regelmäßigen Vergleich erwarteter und eingetroffener Verluste.[328] Die Eingrenzung des betrachteten Risiko-Konfidenzintervalls bei der Anwendung des VaR-Konzepts bedarf einer praktischen Erweiterung.

Eine Alternative zum VaR-Konzept stellt die Weiterentwicklung durch das CFaR-Konzept dar. Der CFaR stellt den niedrigsten Cash-Flow dar, der mit einer vorgegebenen Wahrscheinlichkeit in einer bestimmten Periode mindestens erreicht wird. Das Konzept wird mit folgenden Verfahrensweisen umgesetzt:[329]

Verfahren I: CFaR-Berechnung auf Basis geschätzter Cash-Flow-Volatilitäten

Für die Risikogröße, also den CF, wird eine Wahrscheinlichkeitsverteilung aus dem Erwartungswert und den Volatilitäten geschätzt. Die dabei wiederum zu schätzenden Volatilitäten der Risikogröße sind in hohem Maße unsicher, da die zugrundeliegenden Einflussfaktoren selbst unsicher und von vielen Unbekannten abhängig sind.

Verfahren II: CFaR-Berechnung auf Basis eines Business Risk Models

Ein Business Risk Model bildet die ökonomischen Zusammenhänge zwischen bestimmten finanziellen Einflussgrößen und der gewählten Risikogröße – hier dem CFaR. Ausgangspunkt können hier die in den Unternehmen bereits vorhandenen und in Anwendung befindlichen Planungsmodelle sein.

Mit dem Cash Flow und seinen Komponenten als Risikoparameter ist es möglich, für verschiedene Geschäftsfelder bzw. Unternehmensbereiche Risiken zu bewerten und untereinander zu vergleichen.[330] Dabei ist auf zahlreiche methodische und informationelle Probleme hinzuweisen. So ist die Qualität der Risikobewertung mit dem CFaR-Ansatz entscheidend von der Architektur des Business Risk-Modells abhängig, wobei sich die Kausalverknüpfungen zwischen den Risiken und den Planungsgrößen sowie deren Quantifizierung als problematisch erweisen und durch Sensitivitätsanalysen und/oder Regressionsanalysen empirisch unterstützt werden müssen.[331]

---

[328] Ebenda, S. 135
[329] Diederichs, M.: a.a.O., S. 181 ff.
[330] Burger, A./Buchhart, A.: Risiko-Controlling, München-Wien 2002, S. 145
[331] Ebenda.

Kritisch muss auch die wechselseitige Abhängigkeit der Risiken in Bezug auf ihre Wirkung auf den Cash Flow betrachtet werden, die sich einerseits durch logische Interdependenzen zwischen den Risikofaktoren und andererseits durch intertemporale Zusammenhänge ergeben.[332] Insgesamt ist die CFaR-Methode durch einen hohen Anteil subjektiv geprägter Verlustwahrscheinlichkeiten gekennzeichnet. Dennoch können Modelle dieser Art mit subjektiven Bewertungselementen eine umfassende Unterstützung im Erkenntnisprozess von Risikofaktoren in ihren Wirkungen auf den Cash Flow darstellen. Die mathematischen Modelle zur Bestimmung des CFaR werden in der Literatur umfassend dargestellt. Eine Fallstudie zur Messung und Bewertung von Marktpreisrisiken findet sich bei ROMEIKE.[333]

5.4.9 Risikosimulation

Eine Simulation zur Bewertung von Risiken kann mit Hilfe von zwei Verfahren durchgeführt werden:[334]

➢ mit der **historischen Simulation**
   Dabei erfolgt die Berechnung des Value at Risk auf der Basis von Ergebnisschwankungen der Risikofaktoren der Vergangenheit. Es wird unterstellt, dass alle Risikofaktoren der Vergangenheit auch in der Zukunft gelten werden.
➢ mit der klassischen **Monte-Carlo-Simulation**
   Mit dieser Methode werden unter Nutzung geschätzter oder berechneter Wahrscheinlichkeitsverteilungen einer definierten Zahl von Einflussgrößen Häufigkeitserteilungen der Zielgrößen ermittelt. Nach einer bestimmten Anzahl von Simulationsläufen ergibt sich die Wahrscheinlichkeit dafür, dass ein bestimmter Wert der Zielgröße erreicht oder unterschritten wird.

Der Ablauf der Risikosimulation erfolgt in diesen Schritten:[335]

1. Modellbildung (z.B. vollständiger Finanzplan, Kassenhaltung)
2. Definition der quantitativ beschreibbaren deterministischen und stochastischen Inputgrößen x_i sowie der lediglich qualitativ beschreibbaren Größen,
3. Datenbeschaffung, Schätzungen der Häufigkeitsverteilungen $f(x_i)$ der Input-Größen
4. Monte-Carlo-Simulation, ggf. In Verbindung mit Szenarioanalysen,
5. Analyse/Interpretation der Risikoprofile der stochastischen Output-Größen $f(y_j)$.

Mit den Modellexperimenten in einem Simulationsmodell werden die Werte der Inputgrößen systematisch verändert, um so die Verteilungen der Output-Größen zu erhalten und auszuwerten. Das Modell kann statisch (ohne Veränderung des Systemzustandes) oder dynamisch (mit Veränderung des Systemzustandes) generiert und betrieben werden.

Beispiel
Zur Unterstützung der Findung optimaler Unternehmensstrategien können Bilanzsimulationen durchgeführt werden, mit denen verschiedene unsichere Einflussparameter auf die Bilanzergebnisse abgebildet werden und somit die Bilanzrisiken objektivierbarer gemacht werden können.[336] Auch in dieser Simulationsrechnung sind die Eintrittswahrscheinlichkeiten der Einzelrisiken, die Abhängigkeiten zwischen den Einzelrisiken sowie die bereits eingeleiteten Maßnahmen zu berück-

---

[332] Ebenda, S. 146
[333] Wiedemann, A./Hager, P.: Messung finanzieller Risiken mit Cash-Flow-at-Risk / Earning-at-Risk-Verfahren, in: Romeike, F./Finke, R.B.: Erfolgsfaktor Risiko-Management, Wiesbaden 2004, S. 222ff.
[334] Romeike, F.: Bewertung und Aggregation von Risiken, in: Romeike, F./Finke, R.B.: Erfolgsfaktor Risiko-Management, Wiesbaden 2004, S. 190
[335] Hummeltenberg, W.: Risikosimulation mit MS Excel, in: WISU 04/2006, S. 506
[336] Burger, A./Buchhart, A.: Risiko-Controlling, München-Wien 2002, S. 244

sichtigen.[337] Die bereits eingeleiteten Maßnahmen mindern das Risiko bereits, weshalb in die Simulation nur sogenannte „Nettorisiken" aufzunehmen sind.

Die Problematik der Simulationsmodelle liegt in der hohen Komplexität der abzubildenden Zusammenhänge, dem relativ hohen Aufwand der Modellierung und der Dynamik der Ursache-Wirkungs-Beziehungen. Die Modellkonzeption kann auf datenbasierten oder konzeptbasierten Vorgehen beruhen. Mit der datenbasierten Methode wird von der statistischen Analyse empirischer Daten auf die Beziehungen zwischen den Variablen geschlossen und darauf aufbauend eine sukzessive Modellerstellung und –verbesserung vorgenommen. Mit dem konzeptbasierten Vorgehen werden die Beziehungen der Systemdynamik nach den Regeln der kybernetischen Systemlogik abgebildet und simuliert. Systemdynamische Ansätze nutzen diese Vorgehensweise bereits intensiv.[338]

Zur Anwendung der Verfahren lässt sich zum Beispiel mit einer Simulationsrechnung die Verteilungsfunktion der Umsatzerlöse aus den Verteilungsfunktionen und den Expertenschätzungen der Preis- und Mengenentwicklungen auf dem relevanten Markt bestimmen.

In analoger Weise kann auch eine Integration der Risikobetrachtung in die Unternehmensplanung durch Risikoaggregation und –quantifizierung der einzelnen Risikofaktoren und deren Auswirkungen auf die Verteilung der Ergebnisgrößen eines Planungsmodells erfolgen. Am Beispiel eines vereinfachten Planmodells der Gewinn- und Verlustplanung eines Jahres soll die Vorgehensweise demonstriert werden. (Tab. 25)[339]

Plan-Ergebnisrechnung Jahr 20..							
	Basis	Risiko	S_1	S_2	S_3	...	S_n
Umsatz	1.000	+/- 5 %	950	1.000	1.000	...	...
- Materialkosten	400	+/-10%	380	400	360		
= Deckungsbeitrag	600		570	600	640		
- Personalaufwand	300	+/-2 %	300	300	296		
- sonstige Kosten	150		150	150	150		
- Abschreibungen	50		50	50	50		
= Betriebsergebnis	100		70	100	144		
- Zinsaufwand	44	+/- 1 %	44	50	50		
- außerordentliches Ergebnis	0	- 200	0	200	0		
= Ergebnis vor Steuern	56		26	- 150	94	...	...
Risikofaktoren	R1	Absatzmenge					
	R2	Neuer Wettbewerber					
	R3	Materialpreise					
	R4	Personalkosten					
	R5	Zinsänderung					
	R6	Ausfall der IT					

Tab. 25 Beispiel eines Simulationsansatzes zur Risikoanalyse und –bewertung

---

[337] Ebenda.

[338] Romeike, F.: Bewertung und Aggregation von Risiken, in: Romeike, F./Fin ke, R.B.: Erfolgsfaktor Risiko-Management, Wiesbaden 2004, S. 191

[339] Mit einigen Änderungen entnommen aus: Gleißner, W.: Grundlagen des Risikomanagements in Unternehmen, München 2008, S. 145

5.4.10 Bewertung extremer Risikoausprägungen: Crash Tests oder Stresstests

Das Ziel sogenannter Crash Tests besteht in der Bewertung von außergewöhnlichen Risikokonstellationen durch schlagartige Veränderungen mit geringen Eintrittswahrscheinlichkeiten und extremen Ergebnisauswirkungen mit Hilfe der bekannten Szenariotechnik.[340] Solche Negativ-Szenarien können für einzelne Risikokategorien, Unternehmensbereiche oder das Gesamtunternehmen bestimmt werden. Crash Tests sollen zeigen, in welchen Geschäftsfeldern oder Unternehmensbereichen unternehmensgefährdende Risiken vorliegen und ob bestandsgefährdende Risiken bereits aus einzelnen Geschäften oder erst aus der Aggregation verschiedener maximaler Verluste resultieren.[341]

Crash Tests lassen Informationen über maximal denkbare Verluste bei meist äußerst geringen Eintrittswahrscheinlichkeiten gewinnen. Für korrekte Entscheidungen sind dazu auch die Verbindungen zwischen den risikobehafteten Geschäftsfeldern oder Tätigkeitsbereichen sowie die Bestimmung der Reichweite von Maximalverlusten zu analysieren.[342]

In der Vergangenheit wurden zum Beispiel in Banken Risikomodelle auf der Basis des Value-at-Risk (VaR) eingesetzt. Diese sagen jedoch nichts darüber aus, welche Verluste bei außerordentlichen unvorhersehbaren Ereignissen eintreten können. Statistische Ansätze auf der Basis historischer Erfahrungen beruhen oft auf der Fortschreibung bekannter Trends mit Hilfe standardisierter Verteilungsfunktionen. Modelle auf der Basis des VaR als Risikomaß sind für die Risikobewertung bei richtigem Einsatz durchaus geeignet, müssen jedoch um die Erfassung von Extremsituationen in individuellen Stresstests ergänzt werden.[343]

Das Problem für die Praxis besteht in der Ableitung außerordentlicher und trotzdem realistischer Stressszenarien. Die Akzeptanz der Szenarien ist bei Verwendung von Extremereignissen der Vergangenheit zwar regelmäßig gegeben, doch bisher noch nicht beobachtete, jedoch mögliche Ereignisse werden nicht berücksichtigt. Hypothetische Stressszenarien werden mit Hilfe von Experteneinschätzungen gewonnen und finden nicht in jedem Fall Akzeptanz bei den Verantwortungsträgern.[344] In der Zukunft werden solche Stresstests weit über den Bereich Banken und Versicherungen hinaus Anwendung finden können.

Mit Hilfe von Crash Tests werden jedoch oftmals nur Negativ-Szenarien betrachtet. Eine Gesamtbewertung der Risikosituation ist aber nur unter Einbeziehung der sich gleichzeitig ergebenden Positiv-Szenarien (Ertrags-Chancen) zuverlässig. Dazu wurde das Modell eines Tornado-Diagramms entwickelt.(Abb. 39)[345] Sie zeigen für verschiedene Risikokategorien oder Unternehmensteilbereiche ein Chancen-Risiken-Profil mit monetären Größen und lassen so eine umfassendere Beurteilung von Crash-Szenarien zum Zwecke strategischer Entscheidungsfindung zu.[346]

Crash Tests erlauben ergänzende Betrachtungen gegenüber der Bewertung von Risiken mit Durchschnittsgrößen. Sie bewerten Extremrisiken im Rahmen längerfristiger Risikobetrachtungen. Entsprechend müssen übergeordnete Stellen des Risiko-Controllings die Ergebnisse dieser Crash Tests bewerten und strategische Maßnahmen wie die Anpassung der Finanzierungsstruktur oder des Geschäftsfeldportfolios vornehmen.[347] Eine besondere Bedeutung erlangen auf diesen Unternehmensebenen sogenannte Worst Case-Szenarien, wie die Praxissituation 20 zeigt. Ein entscheidender Nachteil der Crash-Tests besteht dennoch in der mangelnden Objektivität und der nicht vorhandenen bzw. ungenauen Wahrscheinlichkeiten für den Eintritt des jeweiligen Verlustes.

---

[340] Burger, A./Buchhart, A.: Risiko-Controlling, München-Wien 2002, S. 152 f.
[341] Ebenda.
[342] Ebenda, S. 153
[343] Welp, C.: Trügerische Sicherheit, WirtschaftsWoche 06. Juli 2009, S. 67
[344] RiskNET Redaktion: Szenario- und Sensitivitätsanalysen in der Praxis, in: www.risknet.de, Einsicht am 09.12.2010
[345] Pfennig, M.: Shareholder Value durch unternehmensweites Risikomanagement, in: Johanning, L./Rudolph, B.: Handbuch Risikomanagement, Bad Soden 2000, S. 1314f.
[346] Burger, A./Buchhart, A.: Risiko-Controlling, München-Wien 2002, S. 154
[347] Ebenda, S. 155

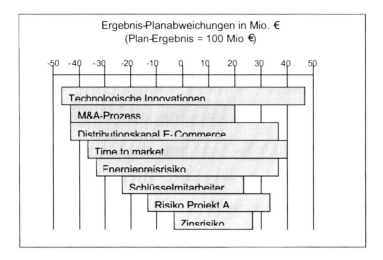

Abb. 39 Beispiel eines Tornado-Diagramms

Praxissituation 20:   Große Lehren aus kleinen Betriebsstörungen

Am Freitag, dem 17. März 2000, überrollten nachts Gewitterstürme die Wüstenstadt Albuquer-que im US-Staat New Mexico. Ein Blitz traf das Firmengebäude einer abgelegenen Außen-stelle des niederländischen Elektronikkonzerns Philips NV. Der Hochofen im Fabrikator 22 wurde in Brand gesetzt....Als die Feuerwehrleute aus Albuquerque eintrafen, hatten sie nichts mehr zu tun....Das Personal von Philips hatte den Brand bereits vollständig gelöscht.

Eine Routineuntersuchung hatte ergeben, dass es sich nur um einen Kleinbrand gehandelt hatte und es nur oberflächlichen Schaden gegeben zu haben schien....Niemand konnte sich zu jenem Zeitpunkt vorstellen, dass dieser Brand einmal entscheidende Folgen für die Zukunft zweier skandinavischer Unternehmen haben würde.

Die Brandstelle war vor dem Blitzeinschlag eine der saubersten Stellen der Erde gewesen. In der Philips-Produktionsanlage für die Halbleiterfertigung müssen sämtliche Oberflächen absolut sauber sein.... Durch den Brand wurden jede Menge Wafer-Trays zerstört, die für die Produktion hunderter Handys benötigt werden. Die Situation wurde noch dadurch verschlim-mert, dass die Auswirkungen nicht auf den Fabrikator 22 begrenzt waren. Rauch hatte sich im gesamten Gebäude ausgebreitet – und weitaus größere Bereiche erfasst, als man zunächst annahm. „Als die Beschäftigten losstürzten, um den Brand unter Kontrolle zu bringen, und die Feuerwehrleute bei der Gebäudeinspektion durch die Räume stapften, trugen sie an ihren Schuhsohlen auch Schmutz mit in das Gebäude. Rauch, Ruß und das Eindringen von Perso-nal und Feuerwehrleuten ließ die Reinräume in einem Zustand zurück, der alles andere als sauber war. Die Verschmutzung zerstörte die Halbleiterscheiben in fast jedem der Produkti-onsstadien, und so wurden in diesen wenigen Minuten Chips für Millionen Handys unbrauch-bar gemacht.

Noch schlimmer als der Verlust wertvoller Chips war der Schaden für die Reinräume selbst.(...) Zwei der vier Philips-Fabrikatoren in Albuquerque wurden in jener Nacht zerstört. Wasser und Rauch erzeugten ein chaotisches Umfeld. Alles muss vollkommen keimfrei ge-macht werden."

Die Reinräume konnten nicht in kurzer Zeit wieder in ihren ursprünglichen Zustand versetzt werden. Die erste geschäftliche Anordnung lautete, mit den etwa 30 Kunden der Produktions-anlage Kontakt aufzunehmen, insbesondere mit den beiden wichtigsten, den skandinavischen Handy-Riesen Nokia und LM Ericsson AB. Sie erteilten 40 Prozent der in der Produktionsanla-ge in Albuquerque betroffenen Aufträge.

(Quelle:Sheffi, Y.: Worst-Case-Szenario. Wie Sie Ihr Unternehmen auf Krisen vorbereiten und Ausfallrisiken minimieren, Landsberg/Lech 2006, S. 15 ff.)

5.4.11 Bewertung der Unternehmensvulnerabilität

Die Bewertung der Einzelrisiken und die Aggregation zu Gesamtrisiken lassen Entscheidungen zu vielfältigen Risikosteuerungsaktivitäten zu. Die Unternehmensleitung muss sich jedoch mit hoher Priorität denjenigen Risiken widmen, mit denen das Unternehmen „verwundbar" ist. Dazu lässt sich der Grad der Unternehmensvulnerabilität definieren und messen. Die besonderen Herausforderungen liegen in den so genannten „"High-Impact-/Low-Probability-Ereignissen", also jenen Risiken, die sich durch eine geringe Eintrittswahrscheinlichkeit, aber hohem Ausmaß an Schadensauswirkungen beschreiben lassen. Diese geraten infolge ihres „Seltenheitsgrades" in der Managementpraxis oftmals aus dem Blickfeld.[348]

Praxissituation 21: Unternehmensvulnerabilität

Die Wahrscheinlichkeit eines terroristischen Anschlages hängt u.a. davon ab, wie stark das jeweilige Unternehmen mit den USA verbunden ist. Die Auswirkungen dieses Anschlages sind abhängig von der Resilienz des Unternehmens und seiner Fähigkeit, seine Kunden von der Betriebsstörung abzuschotten. So haben etwa McDonald's und American Airlines ein relativ hohes Risiko für einen terroristischen Anschlag – allerdings mit jeweils verschiedenen Auswirkungsgraden. Der vorübergehende Verlust eines einzelnen Restaurants ist kein schwerer Schlag für ein Unternehmen mit mehr als 30.000 Filialen. Terroristen können nicht einmal eine weltweite Panik durch Nahrungsmittelvergiftung erzeugen, weil jedes McDonald's-Restaurant die Nahrungsmittel von lokalen Anbietern bezieht. Der Bekleidungseinzelhändler Limited Brands ist ein Beispiel für ein Unternehmen mit einem relativ niedrigen Wahrscheinlichkeitsrisiko, aber möglicherweise katastrophalen negativen Folgen. Limited Brands importiert Kleidung aus vielen Ländern, und es gab eine Zeit, als das Unternehmen alle Kleidungsstücke über ein einzelnes Vertriebszentrum an die 4.000 Einzelhändler in den ganzen USA verteilte. Unterschiedliche Unternehmen sind unterschiedlich anfällig für verschiedene Arten von Betriebsstörungen. McDonald's ist anfällig für den Ausbruch einer BSE-Krankheit, jedoch weniger anfällig für Streiks und Arbeitskämpfe. Viele große amerikanische Speditionsfirmen sichern ihr Transportsystem routinemäßig, indem sie ein nicht gewerkschaftlich organisiertes Frachtunternehmen mit geringerer Beförderungskapazität in ihr Portfolio von Frachtunternehmen mit einbinden.

Wenn ein Unternehmen Low-Probability-/High-Impact-Ereignisse in Betracht zieht, gibt es verschiedene Möglichkeiten der Risiko-Klassifizierung entsprechend der Prioritäten der Geschäftsführung. General Motors hat insgesamt über 100 Vulnerabilitätstypen dokumentiert, die sich auf die Bereiche „finanziell", „strategisch", „katastrophenbedingt" und betriebsbedingt" verteilen. ...Während die Wahrscheinlichkeit, von einem Einzelereignis getroffen zu werden, für eine Produktionsanlage oder einen Zulieferer gering ist, ist die Wahrscheinlichkeit insgesamt, dass irgendein Element der Versorgungskette von einem dieser Störungstypen betroffen ist, hoch.

Die Unvermeidbarkeit von Betriebsstörungen bei General Motors ergibt sich aus deren Größe, Umfang und Struktur – dem Ausmaß, in dem sie mit der Welt verbunden sind und das sie anfällig macht für Ereignisse, die sich dort irgendwo zutragen. Für jedes Unternehmen, das an dieser Supply Chain beteiligt ist, besteht die Kette aus drei Bereichen: Bereitstellungsbereich, interne Prozesse, Kundenbereich. Störungsauswirkungen von Zulieferern können durch Störungen bei Zulieferern von Zulieferern ergänzt werden. Dies war der Fall, als der Austritt einer chemischen Verbindung in einem Chipwerk einen Reinraum kontaminierte und die Produktion eingestellt werden musste. Das von der Störung betroffene Unternehmen produzierte die kleinen Chips, die für die Keyless-Entry-Entriegelungssysteme von Fahrzeugen verwendet werden. Ohne diesen Chip konnte das nächste Unternehmen in der Versorgungskette die kleinen, schwarzen Schlüsselanhänger für die GM-Fahrzeuge nicht herstellen. Und ohne diese konnte GM seine Fahrzeuge nicht verkaufen.

(Quelle: Sheffi, Y.: Worst-Case-Szenario. Wie Sie Ihr Unternehmen auf Krisen vorbereiten und Ausfallrisiken minimieren, Landsberg/Lech 2006, S. 33 ff.)

---

[348] Sheffi, Y.: Worst-Case-Szenario. Wie Sie Ihr Unternehmen auf Krisen vorbereiten und Ausfallrisiken minimieren, Landsberg/Lech 2006, S. 46

5.5 Risikoaggregation und Gesamtrisikoposition

5.5.1 Risikobewertung durch Aggregation und Quantifizierung durchschnittlicher Risiken

Im Rahmen der Risikoidentifikation erfolgen nicht nur die Aufnahme und Erfassung der Risikofaktoren, sondern auch ihrer Risikoursachen und Risikowirkungen. Inhalt des ersten Schrittes werden in der Regel die Identifikation von Einzelrisiken und ihre Darstellung im Rahmen eines Risikoportfolios sein. Auf dieser Grundlage werden mögliche Korrelationen zwischen den Einzelrisiken erfasst und möglichst quantifiziert. Einzelrisiken sind dann zu aggregierten Risiken oder Gruppenrisiken zusammenzufassen, deren Wirkungsbeziehungen oder Wirkungskomplexe analysiert werden müssen.[349]

Im Rahmen der Risikobewertung sind die Wirkungszusammenhänge zwischen Risikoursachen, Risikofaktor und Risikowirkungen quantitativ mit Methoden der Statistik oder qualitativ mit Schätz- und Bewertungsverfahren zu messen. Dementsprechend kann die Risikogröße nach Risikohöhe, Risikofrequenz und Eintrittswahrscheinlichkeit quantifiziert werden. Risikobewertungen zeigen Risiken mit finanzieller Wirkung, z.B. in monetär messbaren Beträgen, oder nicht finanzielle Risiken, z.B. Imagewirkungen bestimmter Handlungsweisen des Unternehmens. Letztlich muss versucht werden, auch derartige Risiken finanziell zu bewerten.[350]

In der Praxis werden eine Reihe von Risikofaktoren in Form von Einzelrisiken oder aggregierten Risiken nicht mit genau _einer_ Eintrittswahrscheinlichkeit und/oder genau _einer_ Schadenshöhe auftreten, sondern ein definierter Risikofaktor wird verschiedene Schadenshöhen mit jeweils objektiv oder subjektiv zuordenbaren Eintrittswahrscheinlichkeiten aufweisen.[351] In diesen Fällen lassen sich Verteilungsfunktionen für die Wahrscheinlichkeiten bestimmen, mit denen bestimmte Schadensgrößen anzunehmen sind.

Auf der Basis der Analyse aller Einzelrisiken des Unternehmens erfolgt eine klare Fokussierung auf Risikofelder mit hoher Relevanz für die Unternehmensziele, um eine hohe Effizienz zu erreichen. Zielstellung der anschließenden Risikoaggregation ist die Bestimmung des Gesamtrisikoumfangs der Unternehmung sowie der relativen Bedeutung der Einzelrisiken. Dazu sind auch die „Risikokosten" unter Berücksichtigung der erwarteten Schadensbelastungen, Kosten der Risikobewältigungsmaßnahmen sowie kalkulatorischen Kosten des Eigenkapitals zu berechnen.[352] Die Bewertung der Einzelrisiken nach den beiden zentralen Risikoparametern „Eintrittswahrscheinlichkeit" und „Schadenspotenzial" lässt sich dann dahingehend erweitern, durch Aggregation von Einzelrisiken ein **Risikoprofil** in zwei Schritten zu erstellen:[353]

Schritt 1:
Bestimmung der Verteilungsfunktionen für die Einzelrisiken durch Schätzung oder durch Simulation

Schritt 2:
Zusammenfassung der Verteilungen zu einer Gesamtrisiko-Verteilung

Bei der Risiko-Aggregation muss beachtet werden, dass den einzelnen Verteilungen gleiche Unternehmens- bzw. Umweltzustände zugrunde liegen und eine identische Ziel- oder Schadensgröße verwendet wird. Für die Berechnungen des Risikos über Verteilungsfunktionen liegen in der Literatur umfassende mathematisch-statistische Beschreibungen vor[354], auf die an dieser Stelle verzichtet werden soll.

---

[349] Rosenkranz, F./ Missler-Behr, M.: Unternehmensrisiken erkennen und managen, Berlin – Heidelberg 2005, S. 187
[350] Ebenda.
[351] Burger, A./Buchhart, A.: Risiko-Controlling, München-Wien 2002, S. 147
[352] Gleißner, W.: Balanced Scorecard und Risikomanagement als Bausteine eines integrierten Managementsystems, in: Romeike, F./Finke, R.B.: Erfolgsfaktor Risiko-Management, Wiesbaden 2004, S. 306.
[353] Ebenda.
[354] Vgl. u.a. Rosenkranz, F./ Missler-Behr, M.: Unternehmensrisiken erkennen und managen. Einführung in die

Die Risikoaggregation kann auch mit Hilfe von Simulationsverfahren erfolgen, indem eine „repräsentative Stichprobe" aller möglichen Risiko-Szenarien bestimmt und ausgewertet wird. So können die Wirkungen von Einzelrisiken anhand eines Planungsmodells unter Einbeziehung von Wahrscheinlichkeitsverteilungen berechnet werden. Das Ergebnis sind dann die durch die Risiken verursachten „Streuungsbänder" der zukünftig erwarteten Erträge, Gewinne/Verluste und des Cash-Flows.

Die Darstellung von Risiken kann auch in der Ermittlung der direkten Ergebnisauswirkungen im Zusammenhang mit den Eintrittswahrscheinlichkeiten erfolgen, um gleichzeitig eine Steuerungsgrundlage für die Risikobegrenzung im Sinne höchstzulässiger Risiken oder von Teilabsicherungen für den zu betrachtenden Risikofaktor zu ermitteln.

Mit derartigen verteilungsbasierten Risikoprofilen lässt sich die Wahrscheinlichkeit bestimmen, mit der eine negative Ergebnisauswirkung in einem bestimmten Bereich des Unternehmens durch die Risiken verursacht wird.[355] Damit erfolgt eine Zusammenfassung von Verteilungen einzelner Geschäftsrisiken bzw. Ergebniswirkungen. Risikoaggregation in dem hier verstandenen Sinne kann sich auf die additive Bestimmung der Ergebniswirkungen von sowohl nicht-hierarchischen als auch hierarchischen Risikofaktoren beziehen.

Die Erstellung von Risikoprofilen dient neben der quantitativen Risikobewertung auch der für die Entscheidungsvorbereitung wichtigen Visualisierung verschiedener Risiken. Risikoaggregationen können auch durch die Nutzung von Häufigkeitsverteilungen Aussagen über die „Normalität" der Risikosituation eines Unternehmensbereichs oder des gesamten Unternehmens – isoliert oder im Vergleich zu anderen Unternehmensbereichen oder zu anderen Unternehmen liefern. (Abb.40) Dabei werden die Häufigkeiten ermittelt, mit der bezogen auf alle betrachteten oder relevanten Risikofaktoren ein bestimmter Risikograd besteht.

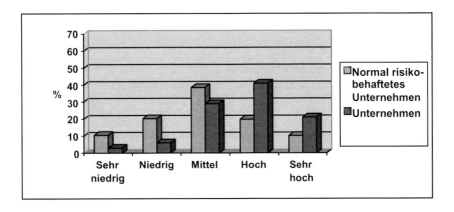

Abb. 40 Gewichtete Verteilung unterschiedlicher Risikoarten eines Unternehmens

Für die Aggregation von Risiken sind die Interdependenzen zwischen den einzelnen Risiken zu bewerten. Sie können über die Korrelationsmatrix erfasst werden. Eine hohe Korrelation zwischen zwei Risiken besteht dann, wenn sie auf eine gemeinsame Ursache zurückzuführen sind.[356]
Nach der Identifikation von Risiken stellen sich u.a. folgende Fragen: In welchem Bereich des Unternehmens und in welchem betrieblichen Umfeld tritt das Risiko auf? Handelt es sich um ein in-

quantitative Planung, Berlin – Heidelberg 2005, S. 212 ff.
[355] Ebenda, S. 148
[356] Lingnau, V./Jonen, A./Müller, J.: Risiken bei IT-Investitionen: Ein Vorgehensmodell, in: WISU 10/2006, S. 1282

ternes oder ein externes Risiko? Wodurch ist das Risiko begründet? Wodurch wird es beeinflusst? Lässt es sich durch das Unternehmen beeinflussen? In welchem Zusammenhang ist das Risiko zu sehen? Wie wirkt es auf andere Risiken oder Variablen, die das Unternehmen beeinflussen? Zur Beschreibung der Risiken und ihrer Wirkungszusammenhänge können Kenngrößen bzw. Kennzahlen verwendet werden. Ferner sind Hypothesen über die Zusammenhänge zwischen den resultierenden Risiken und den sie verursachenden Variablen zu erstellen. Mit geeigneten statistischen Verfahren lassen sich mit entsprechenden Näherungen statistische Überprüfungen der Signifikanz derartiger Zusammenhänge ermitteln. In diesem Schritt sind signifikante und nicht signifikante Einflussfaktoren zu trennen sowie ggf. noch nicht ermittelte Einflussgrößen aufzudecken.[357]

Die Schwierigkeit einer exakten quantitativen Erfassung der komplexen Wirkungszusammenhänge liegt zum einen in der Quantifizierbarkeit aller einzelnen Ursachen, Faktoren und Wirkungen selbst, zum anderen in der Quantifizierbarkeit aller Beziehungen dieses Netzwerkes. So können einzelne Ursachen und Wirkungen nur qualitativ erfasst werden und müssen dennoch mit quantitativen aggregiert werden. Subjektive Einschätzungen qualitativer Größen lassen sich über ordinale Risikoklassen bewerten und mit bestimmten Methoden zu quantitativ aggregierten Risikogrößen verdichten.[358] Theoretische und praktische Erkenntnisse und Erfahrungen bieten dennoch insgesamt zahlreiche Ansätze einer adäquaten Risikoaggregation für alle Unternehmensebenen.[359]

5.5.2   Fehlerquellen in der Risikobewertung und -aggregation

Die hauptsächlichen Probleme der Risikobewertung und –aggregation liegen in der Anwendung der zwar einfachen, aber fehlerbehafteten traditionellen Verfahren.[360] In der Praxis wurde oft nur mit dem Schadenerwartungswert als das „erwartete Risiko" gerechnet. Mit diesem Schaden muss jedoch im Durchschnitt gerechnet werden und somit Risikovorsorge für diesen Wert in jedem Fall getroffen werden. Risikoanalyse muss sich dann jedoch den unerwarteten Risiken widmen. Für eine umfassende Risikoanalyse ist es ferner nicht ausreichend, neben den Schadenerwartungswerten nur die Höchstschadenswerte im Rahmen der Worst-Case-Analyse zu betrachten. Diese Maximalwerte weisen im Normalfall geringe Eintrittswahrscheinlichkeiten auf und führen zur Überschätzung der tatsächlichen Risikosituation. Wenn diese maximalen Schadenswerte dann zur Beurteilung der Gesamtrisikoposition noch addiert werden, wird – in der Regel jedoch praxisfremd – unterstellt, dass alle Risiken im Betrachtungszeitraum gleichzeitig mit maximaler Schadenhöhe auftreten und eine strenge positive Korrelation aufweisen. Auch die „Berechnung" von Gesamtrisiken unter Addition von „Schadensklassen" kann zu falschen Risikobewertungen führen.

Im Rahmen der Bewertung identifizierter Risiken werden in der Praxis oftmals nicht oder nur bedingt akzeptierbare Fehler begangen:[361]

➢ **Fehlen einer einheitlichen Risikobewertungseinheit für die Risiken**, z.B. Ertrag
➢ **Fehlende Begründung der Risikobewertung**
   Trotz vorhandener objektiver Daten (z.B. Zeitreihen) werden subjektive Schätzungen – oft ohne begründete Plausibilitätsprüfung - erstellt.
➢ **Addition von Schadenswerten auf Ordinalskalen**
➢ **Verwechslung von Risiken und sicheren Schäden**
➢ **Vernachlässigung der Wirkungsdauer von Risiken**

---

[357] Vgl. Rosenkranz, F./ Missler-Behr, M.: Unternehmensrisiken erkennen und managen. Einführung in die quantitative Planung, Berlin – Heidelberg 2005, S. 188f.

[358] Ebenda, S. 190

[359] Vgl. u.a. Deutsche Gesellschaft für Risikomanagement e.V.(Hrsg.): Risikoaggregation in der Praxis. Beispiele und Verfahren aus dem Risikomanagement von Unternehmen, Berlin und Heidelberg 2008.

[360] Rommelfanger, H.: Stand der Wissenschaft bei der Aggregation von Risiken, in: Deutsche Gesellschaft für Risikomanagement e.V.(Hrsg.): Risikoaggregation in der Praxis. Beispiele und Verfahren aus dem Risikomanagement von Unternehmen, Berlin und Heidelberg 2008, S. 36

[361] Gleißner, W.: Ratschläge für ein leistungsfähiges Risikomanagement, in: www.krisenkommunikation.de/akfo53-d.htm Einsicht am 07.12.2005, S. 1f S. 3f.

Es wird nicht zwischen Risiken unterschieden, die nur einen einmaligen Schaden verursachen können, und solchen mit lang anhaltenden Wirkungen.

➤ **Unreflektierte Verwendung einer digitalen Schadensverteilung mit Eintrittswahrscheinlichkeit und Schadenshöhe**

„...wird nur eine digitale Schadensverteilung angenommen – der Schaden hat also beim Eintreten annahmegemäß immer den gleichen Umfang. Außerdem erfolgt die Beschreibung von Risiken mittels Schadenshöhe und Eintrittswahrscheinlichkeit. Dieses ist bei manchen Risiken – wie zum Beispiel unerwarteten Umsatzrückgängen, offensichtlich ungeeignet. Absatzmengenrisiken können – mit unterschiedlicher Wahrscheinlichkeit – einen Umfang von einem Prozent, zwei Prozent, drei Prozent usw. haben und sind oft besser durch eine Normalverteilung zu beschreiben."

➤ **Fehler bei der Abgrenzung von Risiken**, indem Überschneidungen nicht erkannt und somit Risiken doppelt gezählt werden.

➤ **Vernachlässigung von kleinen Schäden mit hoher Frequenz**

„Kleinschäden, die aber in der Summe eine hohe Bedeutung haben, werden tendenziell im Vergleich zu seltenen ,schrecklich' erscheinenden, katastrophenartigen Risiken vernachlässigt."

➤ **Vernachlässigung von Abhängigkeiten zwischen den Risiken (Korrelationen)**

➤ **Risikoanalyse auf Basis von Risikoerwartungswerten**

„Bei der Risikoanalyse werden einseitig entweder nur ,Schadenserwartungswerte' oder ,Höchstschäden' betrachtet. Beides liefert nur eine unvollständige Information über die Charakteristika eines Risikos und kann zu Fehleinschätzungen führen."

Bei der Bestimmung der Gesamtrisikoposition des Unternehmens durch Risikoaggregation bestehen in der Praxis folgende „Fehlerpotenziale":[362]

➤ **Addition der Risiken statt Aggregation**: Die Schadenshöhen verschiedener Risiken werden addiert. Dies ist jedoch nur für den sehr unrealistischen Fall zu akzeptieren, wenn alle denkbaren Risiken gleichzeitig eintreten.

➤ **Aggregation von Einzelrisiken ohne Bezugnahme zur Unternehmensplanung**:
Für einen ökonomisch sinnvollen Umgang mit Risiken ist es notwendig, die einzelnen Risiken im Rahmen einer Unternehmensplanung zu betrachten.

➤ **Fehlende Berechnung des Gesamtrisikoumfangs**: Der aggregierte Gesamtrisikoumfang (zum Beispiel als VaR) gibt den Eigenkapitalbedarf für das Unternehmen an, um die ermittelten Risiken zu tragen. Ohne diese Berechnungen sind weder die fundierte Beurteilung einer angemessenen Eigenkapitalausstattung möglich noch der Grad der Bestandsgefährdung des Unternehmens bestimmbar.

➤ **Fehlende Definition eines risikoorientierten Erfolgsmaßstabs**:
Ein zentrales Thema des Risikomanagements ist die Festlegung eines Erfolgsmaßstabs für unternehmerische Entscheidungen, der Rentabilität und Risiko erfasst – wie zum Beispiel der Unternehmenswert, der Economic-Value-Added (EVA) oder Return-on-Risk-adjusted-Capital (RORAC).

Grundlegende Fehler liegen auch in praktischen Risikomodellen, die in der Regel auf Daten aus der Vergangenheit beruhen, die auf die Gegenwart hochgerechnet werden. Sie sollen die Wahrscheinlichkeit vorhersagen, mit der ein bestimmtes Risiko eintritt. Häufig werden dabei die Schwankungsbreiten der Verteilungsfunktionen als zu klein angenommen und die Annahme einer Glockenkurve der Verteilungsfunktion fixiert. Beides kann sich aber in der Zukunft ändern.[363] Risikobewertung bedeutet einerseits eine quantifizierte vergangenheitsinduzierte Bewertung der Auswirkungen erkannter Risiken, andererseits die Prognose zukünftiger Auswirkungen dieser Risiken. Dabei muss stets die Extrapolationsfähigkeit vergangener Zeitreihen hinterfragt werden.[364]

---

[362] Ebenda, S. 4

[363] Stulz, R.M.: Was Risikomanager falsch machen, Havard Business Manager April/2009, S. 67ff.

[364] Vgl. Rosenkranz, F./ Missler-Behr, M.: a.a.O., S. 189

5.5.3   Exkurs: Erfahrungen der Risikoaggregation in einem Beispielunternehmen

Das Unternehmen SAP AG identifiziert und bewertet Risiken auf der Basis von Expertenschätzungen. Der Risikobewertungs- und –aggregationsprozess erfolgt so weit wie möglich in quantifizierter Form. Die folgenden Aussagen des Kapitels beziehen sich auf einen Erfahrungsbericht der SAP AG.[365] Die Risikoaggregation erfolgt demnach in folgenden Grundzügen:

➢ Einzelrisiken werden grundsätzlich quantitativ (monetär) mit ihrem maximalen Verlust (Total-Loss) bewertet. Unter diesen Bedingungen lassen sich dann die Werte des „Expected-Loss" als Produkt aus der Eintrittswahrscheinlichkeit und dem Total-Loss berechnen. Jeder risikorelevanten Aktivität wird ein Schwellenwert zugewiesen. Bei Überschreitung des maximalen Verlustes eines Einzelrisikos wird die Auswirkung des Risikos auf die Aktivität als katastrophal (Impact-Level 5) bewertet. Eine Einstufung in niedrigere Impact-Klassen (1 bis 4) erfolgt automatisch in Abhängigkeit vom Schwellenwert.
➢ Die Höhe des Verlustes kann außerdem für jede Organisationseinheit mit einer organisationsspezifischen Impact-Matrix individuell qualitativ bewertet werden. Damit kann eine Unterscheidung zwischen „globalem Impact" (z.B. Konzernebene) und „lokalem Impact" (z.B. Ebene der Landesgesellschaft) erfolgen.
➢ Die Risikoaggregation erfolgt auf der Basis von zwei Verfahrensweisen: der **semantischen** Aggregation und der **mathematischen** Aggregation.
➢ Mit der **semantischen** Aggregation werden Informationen, zum Beispiel aus Projekten, aus unterschiedlichen Textquellen und mit unterschiedlicher Struktur und Relevanz qualitativ verdichtet. Eine Quantifizierung erfolgt hier nicht. Diese Informationen sind im Rahmen der regelmäßig wiederkehrenden Risiko-Berichterstattung von Bedeutung, um bestimmte Trends zu erkennen. Im Rahmen dieser semantischen Aggregation werden allerdings nur ergänzende Informationen verdichtet, die die Bereitstellung quantitativer Bewertungen nicht ersetzt.
➢ Mit der **mathematischen** Aggregation werden quantitativ bewertete Risiken zunächst gruppiert und ihre Korrelationen bestimmt. Dann werden mathematisch bestimmte Aggregate berechnet: die Summe der Total-Loss-Werte der Einzelrisiken, die Summe der Expected-Loss-Werte der Einzelrisiken und das Gesamtrisikoniveau. Die Total-Loss-Werte und die Expected-Loss-Werte werden als relative Werte für Bereiche, Risikoklassen und Aktivitätsklassen berichtet. Jeder Gruppe der operationellen Kernrisiken werden diese relativen Werte zugeordnet. Eine Bestimmung der absoluten Gesamtrisikoposition ist damit jedoch nicht sinnvoll. Soweit möglich wird der VaR als Risikozahl bestimmt. Weitergehend kann eine mathematische Aggregation auch über die Ermittlung eines aggregierten Risikoniveaus vorgenommen werden.
➢ Das Gesamtrisikoniveau lässt sich über das auf alle betrachteten Risikoarten aggregierte Produkt aus der Eintrittswahrscheinlichkeit P und dem quantitativen oder qualitativen Impact I ($1<I<5$), gewichtet mit den zugehörigen Schwellenwerten, bestimmen. Diese so ermittelten Werte PxI_{gesamt} werden dann entsprechend der Organisations- und Hierarchieebene bestimmten Risikoniveaus zugeordnet, zum Beispiel:

Untergrenze PxI	Risikoniveau
0,0	Niedrig
1,1	Mittel
3,0	Hoch

Tab. 26 Zuordnung des Risikoniveaus

---

[365] Metzger, D.: Die Aggregation von Risiken bei der SAP AG, in: Deutsche Gesellschaft für Risikomanagement e.V.(Hrsg.): Risikoaggregation in der Praxis. Beispiele und Verfahren aus dem Risikomanagement von Unternehmen, Berlin und Heidelberg 2008, S. 51-75

5.6 Risikosteuerung

5.6.1 Grundbegriffe und Strategien der Risikosteuerung

Die Risikosteuerung umfasst alle Mechanismen und Maßnahmen zur positiven Beeinflussung der Risikosituation durch Verringerung der Eintrittswahrscheinlichkeit und/oder des Schadensausmaßes.[366] Im Einklang mit den Zielen der Risikostrategie muss diese optimale Risikosteuerung zur Vermeidung von nicht akzeptablen Risiken sowie zur Reduktion und zum Transfer von nicht vermeidbaren Risiken auf ein akzeptables Maß führen.[367] Wesentliche Voraussetzung für eine effektive Risikosteuerung ist eine leistungsfähige Informationsversorgung der Entscheider insbesondere über ein Risiko-Reporting. Mit einer optimalen Risikosteuerung und –bewältigung soll über eine Optimierung der Risikopositionen des Unternehmens eine Steigerung des Unternehmenswertes erreicht werden. Das erfordert die Herstellung einer betriebswirtschaftlich ausbalancierten Beziehung von Risikoumfang und Risikotragfähigkeit. Grundlage der Bestimmung der Risikoeigentragfähigkeit sowie der weiteren Maßnahmen der Risikofinanzierung und des Risikotransfers ist die Ermittlung des Gesamtrisikoumfangs über eine sinnvolle Risikoaggregation. Die Eigentragfähigkeit ergibt sich als Ergebnis eines Vergleiches des erforderlichen Eigenkapitals und des verfügbar zu machenden Eigenkapitals einerseits sowie des Vergleiches der kalkulatorischen Eigenkapitalkosten mit den für den Transfer von Risiken in Ansatz zu bringenden Kosten, z.B. durch Versicherungen. Das zur Risikodeckung reservierte Eigenkapital muss im Schadensfall liquidierbar sein, um nicht die Existenz des Unternehmens durch mangelnde Liquidität zu gefährden.[368]

Grundsätzlich können drei Strategien der Risikopolitik definiert werden: [369]

Präventive Risikopolitik	Korrektive Risikopolitik	Keine aktive Risikopolitik
⇩	⇩	⇩
Aktive Risikobewältigung durch ➢ Risikovermeidung ➢ Risikoverminderung ➢ Risikodiversifikation	Passive Risikobewältigung durch ➢ Risikotransfer ➢ Risikofinanzierung ➢ Risikovorsorge	Risiko wird selbst übernommen.
⇩	⇩	⇩
Folge: Risikostrukturen werden gestaltet. Keine oder verminderte Risikofolgen durch Verringerung der Eintrittswahrscheinlichkeit und/oder des Schadensausmaß	Risikostrukturen bleiben unverändert. Keine oder verminderte Risikofolgen durch Vorsorge oder Abwälzen der Konsequenzen	Risikostrukturen bleiben unverändert. Eventuell „intelligentes" Selbsttragen

Abb. 41 Übersicht über Risikobewältigungsstrategien

Die einzelnen Strategien der Risikosteuerung lassen sich in folgenden Charakteristiken unterscheiden:[370]

---

[366] Romeike, F.: Der Prozess der Risikosteuerung und –kontrolle, in: Romeike, F./Finke, R.B.: Erfolgsfaktor Risiko-Management, Wiesbaden 2004, S. 235
[367] Ebenda
[368] Romeike, F./Hager, P.: Erfolgsfaktor Risikomanagement 2.0, 2. Auflage Wiesbaden 2009, S. 157ff.
[369] Romeike, F.: Der Prozess der Risikosteuerung und –kontrolle, in: Romeike, F./Finke, R.B.: Erfolgsfaktor Risiko-Management, Wiesbaden 2003, S. 236
[370] Ebenda

Risikovermeidung ist die oft naheliegendste Strategie des Risikomanagements, indem das Unternehmen auf bestimmte Aktivitäten verzichtet, diese aufgibt oder anpasst.

Beispiele: 1. Verzicht auf den US-amerikanischen Markt durch einen Hersteller von elektronischen Steuerungseinrichtungen für PKW aufgrund hohen Produkthaftungsrisikos
2. Umstellung einer Lackstraße auf ein umweltfreundlicheres Lackierverfahren zur Vermeidung des Umwelt- und Imagerisikos

Dabei geht es jedoch nicht um generellen Verzicht auf Aktivitäten, denn somit würden dem Unternehmen auch Chancen entgehen. Es geht um die Optimierung des Risiko-Chancen-Kalküls. Die Risikovermeidung setzt grundsätzlich eine Möglichkeit der Beeinflussung der Risikokategorie und der Risikoursache voraus.

Risikominderung bedeutet eine Strategie, mit der Risiken auf Dritte (außer Versicherer) abgewälzt werden, innerhalb eines Unternehmens ein Risikoausgleich erzielt oder durch technische und organisatorische Maßnahmen Schäden verhütet werden. Verminderung heißt hierbei auch, entweder die Eintrittswahrscheinlichkeiten und/oder die Tragweite von Risiken auf ein für das Unternehmen akzeptables Maß zu reduzieren.

Beispiele: 1. Personelle Maßnahmen (Mitarbeiterschulung oder Personalauswahl)
2. Technische Maßnahmen (Löschanlagen, Firewall)
3. Organisatorische Maßnahmen (Prozessoptimierung, Qualitätsmanagement, Organisationsanweisungen etc.)

Risikominderung kann bei den Risikoursachen(-faktoren) oder bei den Risikowirkungen ansetzen. Dabei kann wiederum zwischen Maßnahmen der Schadensbegrenzung (z.B. vertragliche Schadenverringerung durch Gesellschaftervertrag) und Maßnahmen der Schadenvorsorge (z.B. durch Bildung eigener und fremder Reserven) unterschieden werden. Die Maßnahmen der Risikominderung sind sowohl auf der Unternehmensebene als auch auf der Unternehmensbereichs- oder Geschäftsbereichebene ansetzbar.(Tab. 27)

Beispiele zur Risikominderung auf Unternehmensbereichsebene	
Marketingbereich	Finanzbereich
➢ Marktsegmentierung und Konzentration auf erfolgversprechende Segmente ➢ Überprüfung der Produktpalette und Eliminierung von Produkten mit negativen Deckungsbeiträgen ➢ Permanente Make-or-Buy-Überlegungen mit exakten Berechnungen für unterschiedliche Kapazitätsauslastungen ➢ Beobachtung des Marktes hinsichtlich Kundenwünsche und Konkurrenzverhalten ➢ Beseitigung von Abhängigkeiten von nur einem oder wenigen Kunden ➢ Kooperationsbereitschaft ➢ Überprüfung der Verhaltensstrategien gegenüber Konkurrenten (Angriffsstrategie, Verdrängungsstrategie, Status-Quo-Strategie, Vermeidungsstrategie ➢ Ausbau von Marktnischen ➢ Bestimmung der kostengünstigsten und risikoärmsten Vertriebskanäle, Lagerstandorte ➢ Festlegung deckungsbeitragsoptimaler Auftragsgrößen	➢ Optimale Gestaltung der Kapitalstruktur und somit eines optimalen Verschuldungsgrades unter den Kriterien der Kapitalhöhe, Kapitalkosten, Kapitalfristigkeit, Kapitalflexibilität, Kapitalsicherheiten, Kapitaleinfluss ➢ Verbesserung der Finanzplanung ➢ Schaffung von Liquiditätsreserven / freien Kreditlinien ➢ Vermeidung zu hoher Kapitalbindung durch herkömmliche Finanzierung ➢ Verminderung der Kapitalbindung im Umlaufvermögen, z.B. durch Bestandsmanagement ➢ Veräußerung nicht benötigter Gegenstände des Anlagevermögens ➢ Überprüfung aller geplanten Investitionen mithilfe der Investitionsrechnung ➢ Vermeidung von einseitiger Abhängigkeit von einem Kreditgeber

Tab. 27 Beispiele zur Risikominderung[371]

---

[371] In Anlehnung an Ehrmann, H.: Risikomanagement, Kompakt-Training, Ludwigshafen(Rhein), 2005, S. 106f.

Risikodiversifikation enthält die regionale, objektbezogene oder personenbezogene Streuung der Risikopotenziale.

Beispiele: 1. Die Produktion von Speicherchips wird auf drei *regional* von einander getrennte Produktionseinheiten verteilt, um das Risiko der Betriebsunterbrechung oder eines Totalausfalls durch Brand zu reduzieren.
2. Durch Produktdiversifikation kann zudem das Marktrisiko reduziert werden.
3. Ein IT-Risiko wird durch dezentrale Rechnerstruktur verringert.
4. Eine personalbezogene Risikostreuung erfolgt z.B. dadurch, dass verschiedene Führungskräfte eines Unternehmens in getrennten Fahrzeugen reisen.

Das Ziel der Risikodiversifikation besteht in der Verringerung der Tragweite der diversifizierten Risiken und der Optimierung der Risikoperformance des Unternehmens.[372] Die Effizienz der Risikodiversifikation beruht auf der Portfolio-Theorie, nach der die Volatilität des Gesamt-Portfolios häufig geringer als die Summe der Volatilitäten der Einzelrisiken ist.[373] Allerdings müssen in der praktischen Anwendung dieser Theorie Korrelationseffekte zwischen den Einzelrisiken berücksichtigt werden.[374]

Im Gegensatz zu den bisher dargestellten *aktiven* Steuerungsmaßnahmen, die direkt an den strukturellen Risikoursachen – bewertet durch die Eintrittswahrscheinlichkeit und das Schadensausmaß – ansetzen, besteht das Ziel der *passiven* Risikopolitik darin, durch geeignete Maßnahmen die Auswirkungen des Risikoeintritts zu vermeiden oder zu vermindern, diese insbesondere auf andere Risikoträger abzuwälzen.[375] Damit werden die Risikostrukturen nicht verändert, wozu bei einer Reihe von insbesondere externen Risikofaktoren auch keine Einflussmöglichkeiten des Unternehmens bestehen.

Praxissituation 22: Währungskrise geht an Linde vorbei

„Linde sieht sich weder durch Währungsturbulenzen noch durch die Aussicht auf eine Konjunkturflaute beeinträchtigt. Der Industriegaseanbieter produziert fast ausschließlich in den Regionen, in denen er seine Kunden beliefert. Sinken die Erlöse durch den Dollar-Verfall, gehen proportional die Kosten zurück. Die Marge bleibt daher unberührt,...

Das Unternehmen sei nach dem Verkauf der Sparten Kältetechnik und Gabelstapler weniger abhängig von kurzfristigen Konjunkturveränderungen...

Viele Kunden von Industriegasehestellern wie Linde oder Air Liquide sind relativ wenig von Schwankungen der Konjunktur betroffen – wie beispielsweise Lebensmittelhersteller oder Abnehmer von Medizingasen. ...verschafft der breite Kundenmix den Gaseherstellern insgesamt mehr Stabilität als vielen anderen Chemiekonzernen.

(Quelle: Smolka, K.M.: Währungskrise geht an Linde vorbei, in: Financial Times Deutschland, 18.03.2008. S. 3)

Beim *Risikotransfer* werden die Risiken auf Dritte übertragen. Ziel ist es dabei insbesondere, die Risiken zu transferieren, die die Finanzkraft des Unternehmens übersteigen. Formen des Risikotransfers – auch Risikoüberwälzung genannt - können sein:

1. Versicherung
2. Staat in Form von Exportbürgschaften
3. Derivate (z.B. Hedging auf dem Finanz- und Kapitalmarkt)
4. Optimierung von Verträgen mit Lieferanten und Kunden
5. Ausgliederung von Funktionen (z.B. Outsourcing von Logistikleistungen)
6. Sondervereinbarungen (z.B. Factoring, Leasing, Franchising)

---

[372] Romeike, F.: Der Prozess der Risikosteuerung und –kontrolle, in: Romeike, F./Finke, R.B.: Erfolgsfaktor Risiko-Management, Wiesbaden 2003, S. 238
[373] Ebenda, S. 240
[374] Ebenda.
[375] Ebenda.

Der Risikotransfer ist insbesondere dann sinnvoll, wenn entweder die möglichen Auswirkungen von Risiken die Finanzkraft des Unternehmens stark beeinträchtigen bzw. sogar übersteigen würden oder wenn Risiken weder selbst (vollständig) übernommen noch gänzlich vermieden werden können oder sollen, wie zum Beispiel:

➤ Risikoüberwälzung auf Lieferanten: Überwälzung des Einkaufsrisikos eines Buch- oder Zeitschriftenhändlers auf den Verlag oder Pressegroßhandel, Überwälzung des Währungsrisikos in internationalen Lieferprozessen durch einen Großhänder auf seine Lieferanten, Überwälzung des Lagerhaltungsrisikos eines Einzelhändlers auf seine Lieferanten durch modernes Just-in-time-Liefermanagement
➤ Risikoüberwälzung auf den Kunden: Vertragsgestaltung in Energielieferverträgen
➤ Risikoüberwälzung auf Wettbewerber: Bildung von Konsortien von Versicherungsgesellschaften, Banken und Bauunternehmen zur Übernahme von Großprojekten
➤ Risikoüberwälzung auf Märkte: Durchführung von Termingeschäften auf Rohstoff- und Finanzmärkten.

Die *Risikofinanzierung* i.e.S. beinhaltet Maßnahmen und Konzepte zum Aufbau und zur Nutzung von Finanzierungsinstrumenten zur Risikobewältigung. Dabei können Risiken durch bestimmte Formen der Selbsttragung finanziert werden. Darüber hinaus können Risiken durch Fonds, Captive Lösungen, Kreditfinanzierung o.a. Konzepte abgefangen werden. Eine Reservenbildung kann sowohl extern als auch intern erfolgen.

Traditionelle Wege der Risikofinanzierung in Form von Versicherungslösungen entsprechen in der Praxis nicht immer den Bedürfnissen des Unternehmens in allen Risikofragen, da die Risiken, die über die traditionellen Versicherungsprodukte nicht alle Auswirkungen gewisser Risiken, etwa etwa Schäden nach einem Terroranschlag oder Imageschäden von Schadensfällen.[376] Zu dem übernehmen Versicherungen nicht immer die größten Risiken, da diese meist auch am unkalkulierbarsten sind. Darüberhinaus können Versicherungslösungen oftmals auch ineffizient werden, wenn man alle Kosten und die effektive Versicherungsleistung ganzheitlich betrachtet. Neue Konzepte der Risikofinanzierung werden in der Fachliteratur ausführlich vorgestellt:[377]

Beispiele: 1. Selbsttragung von Risiken
2. Captive Lösungen i.S. von Erst- oder Rückversicherungsgesellschaften, die einem oder einer Gruppe von Industrie-, Handels- oder Finanzunternehmen gehört und primär die Risiken dieser Eigentümer übernimmt.
3. Finite Risk-Lösungen
4. Risikotransfer auf den Kapitalmarkt durch Risk Securitisation

Die *Risikovorsorge* basiert auf dem Gedanken einer ex ante Finanzierung der finanziellen Konsequenzen von Risikoeintritten aus Unternehmensmitteln, d.h. aus Gewinnrücklagen, stillen Reserven und Rückstellungen. Die Akzeptanz der Eigenkapitalerhöhung durch die Kapitalmärkte wird allerdings für die Zielstellung einer Risikovorsorge eher weniger ausgeprägt sein, da Kapitalerhöhungen oftmals mit Zielstellungen der Investition in leistungswirtschaftlichen Bereichen verbunden werden. Eine weitere Möglichkeit der Risikovorsorge sind entsprechende Sicherheiten, wie sie z.B. von Kreditinstituten in Form von Sicherungsübereignungen, Eigentumsvorbehalten oder Bürgschaften verlangt werden.

Die grundlegenden Zusammenhänge zu den verschiedenen Vorgehensweisen der Risikobewältigung veranschaulichen Abb. 42 bis 44.

---

[376] Romeike, F: Traditionelle und alternative Wege der Risikosteuerung und des Risikotransfers, in: : Romeike, F. /Finke, R.B.: Erfolgsfaktor Risiko-Management, Wiesbaden 2004, S. 258
[377] Ebenda.

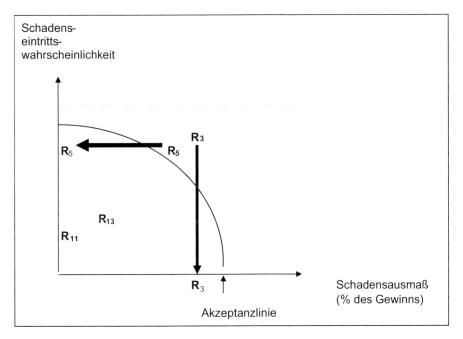

Abb. 42 Beispiel zur aktiven Risikobewältigung durch Risikovermeidung

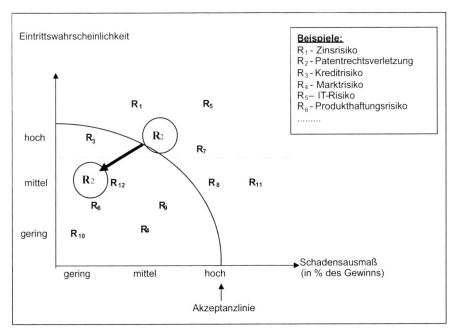

Abb. 43 Beispiel zur aktiven Risikobewältigung durch Risikoverminderung

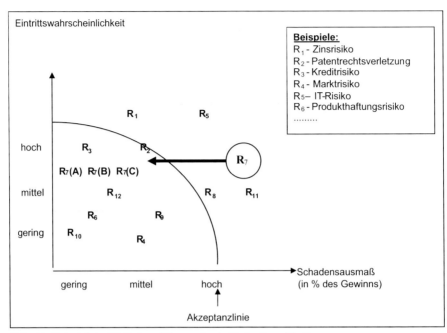

Abb. 44 Beispiel der Risikobewältigung durch Risikodiversifikation

Der Gesamtprozess der Risikosteuerung muss zur Sicherung von Effektivität und Effizienz der einzuleitenden Risikobewältigungsstrategien und –maßnahmen zunächst eine Rangfolge der möglichen Strategien bilden. (Abb. 45) [378]

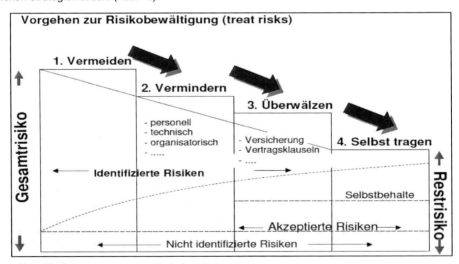

Abb. 45 Gesamtprozess zur Risikobewältigung

---

[378] Romeike, F.: Der Prozess der Risikosteuerung und –kontrolle, in: Romeike, F./Finke, R.B.: Erfolgsfaktor Risiko-Management, Wiesbaden 2003, S. 238

Für die transparente Darstellung von Risikobewältigungsmaßnahmen können auch Risikokataloge (Tab. 28 und 29) verwendet werden.

Unter-nehmens-bereich	Risiko	Ursache	Schaden-erwartung	Eintritts-wahr-schein-lichkeit	Risiko-politische Maß-nahmen	Schaden-erwartung nach Maß-nahme	Eintritts-wahr-scheinlich-keit nach Maßnahme	Verbes-serung
Produktion	Produk-tions-stopp	Brand	schwer-wiegend	möglich	Feuer-versicherung	gering	möglich	nein

Tab. 28   Prinzipschema eines Risiko-Kataloges eines Unternehmens

Periode	05/2004				
Tatsächlich eingetretene Schäden					
Unternehmens bereich	Risikoeintritt	Ursache	Schaden	Maßnahmen	Selbstgetragene Kosten
Produktion	Produktionsstopp für 2 Tage	Fehlender Rohstoff R17	Mehrkosten.....	Überprüfung Beschaffungs-zeiträume	alle Kosten vom Unternehmen ge-tragen

Tab.29   Erfassung und Zuordnung eingetretener Schadensfälle

Für eine optimale Risikosteuerung wird bedeutender, in Graustufen zu denken. Unternehmen wählen häufig zwischen zwei Handlungsoptionen: Risiken vermeiden **oder** Risiken blindlings eingehen. Dabei müssen bestimmte Kombinationen von Risikobewältigungsmaßnahmen für ein und dasselbe Risikoproblem in Ansatz gebracht werden. Ferner sind auch situationsbedingt unterschiedliche Strategien denkbar. So kann es für einen Risikofaktor(z.B. Technologieinnovation) in einer spezifischen Situation richtig sein, kein Risiko einzugehen, und in einer anderen Situation überlebensnotwendig sein, ein Risiko bewusst einzugehen. Zur wirksamen Risikosteuerung ist folglich ein je nach Charakter des Risikos individuelles, risikosteuerndes Instrumentarium einzusetzen. In einem Soll-Ist-Vergleich sind die Instrumente auf erforderliche Weiterentwicklungen und Anpassungen an die jeweilige Risikosituation und deren Veränderung zu prüfen.

Für die Entscheidungsfindung im Rahmen der Risikosteuerung können auch „Normstrategien" erste Anhaltspunkte liefern, die sich aus der Risiko-(Strategie-)matrix ergeben. (Beispiel Tab. 30)

	Schadensausmaß gering	Schadensausmaß hoch
Schadens-wahrscheinlichkeit hoch	**Risiko vermindern** ➢ Schutzmaßnahmen ausbauen ➢ Controlling optimieren ➢ Mitarbeiter schulen	**Risiko ausschließen** ➢ Risikoprodukte streichen ➢ Beteiligungen aufgeben ➢ Standorte schließen
Schadens-wahrscheinlichkeit gering	**Risiko selbst tragen** ➢ Rückstellungen bilden ➢ Partnerschaften eingehen	**Risiko abwälzen** ➢ Schaden versichern ➢ Verantwortung vertraglich ausschließen/begrenzen ➢ Preise erhöhen

Tab. 30   Matrix einzusetzender Risikobewältigungsstrategien

Fehlerquellen bei der Bestimmung von Maßnahmen der Risikobewältigung können sich in der Praxis in folgender Weise einstellen:

➢ Ausschließliche oder stark präferierte und dominante Betrachtung von Versicherungslösungen
➢ Vernachlässigung von Diversifikationseffekten zwischen Risiken: Bei der gezielten Erarbeitung von Maßnahmen für die Beherrschung einzelner Risiken werden das Risiko mindernde Diversifikationseffekte zwischen verschiedenen Einzelrisiken vernachlässigt und somit in der Gesamtheit ein zu kostenintensives Paket an Einzelmaßnahmen verabschiedet. Beispiel: Abschluss von Kombiversicherungen
➢ Aufbau von Kontrollsystemen statt geeigneter Anreizsysteme
➢ Fehlentscheidungen durch psychologisch bedingte „Denkfallen", wie zum Beispiel: Selbstüberschätzung, magisches Denken, nachträgliches Besserwissen („Hellseher-Mentalität"), Blindheit für Wahrscheinlichkeiten, Beeinflussbarkeit durch „Szenarien"
➢ Fehlende Abgrenzung von Kern- und Randrisiken
➢ Fehlende (quantitativer) Frühaufklärungssysteme.

Bei der Durchführung risikosteuernder Maßnahmen muss das Ziel in einer optimalen Kombination von Risikosteuerungsinstrumenten zur Maximierung des Erreichungsgrades der Unternehmensziele einerseits und zur Minimierung der Kosten der risikosteuernden Maßnahmen gesehen werden.[379]

5.6.2 Risikosteuerung durch Versicherungen

Eine Versicherungslösung ist aus der Sicht ihres ökonomischen Nutzens immer im Vergleich zwischen der zu zahlenden Versicherungsprämie zuzüglich eines vereinbarten Selbstbehaltes im Schadensfall und den für die Risikoeigentragung anfallenden, anteiligen Eigenkapitalkosten zu bewerten. Erfahrungsgemäß eignen sich Versicherungslösungen üblicherweise zur Abdeckung von Großrisiken (auch „Katastrophenrisiken" genannt). Das sind i.d.R. Risiken mit relativ geringen Eintrittswahrscheinlichkeiten mit existenzbedrohenden Auswirkungen. Bei der Beurteilung von Schäden mit mittlerer Tragweite ist ein ökonomischer Vergleich zwischen Kapitalkosten und Versicherungsprämien vorzunehmen, Klein- oder Bagatellschäden (auch häufig Frequenzschäden genannt) sind in der Regel nicht versicherungswürdig.[380]

Viele kleine und mittlere Unternehmen haben Versicherungsverträge zu irgendeinem Zeitpunkt abgeschlossen und nie wieder überprüft. Auch eine fristgerechte Bezahlung der Prämien beugt einer fehlenden Absicherung oder Unterversicherung nicht vor. Unternehmen sollten sich daher von unabhängigen Experten beraten lassen, um ihre Absicherung zu optimieren. So bietet der Deutsche Versicherungsschutzverband e.V.(DVS) diese Dienstleistung an.

---

[379] Vgl. Diederichs, M.: a.a.O., S. 189f.
[380] Romeike, F./Hager, P.: Erfolgsfaktor Risikomanagement 2.0, a.a.O.,S. 159f.

Von wirklich teuren Risiken befreien sich viele Versicherer zunehmend. Daher ist z. B. bei der Betriebshaftpflicht zu prüfen, welche Risiken diese überhaupt noch deckt. Einen Vollkaskoschutz gibt es nicht. „Unternehmer tun gut daran, wenigstens alle existenzbedrohenden Risiken abzusichern. Der Mindestversicherungsschutz besteht aus Haftpflicht- und Sachversicherungen sowie einer Betriebsunterbrechungspolice. Je nach Branche und Geschäftsfeld ist es zu empfehlen, weitere Risiken zu versichern. Produzenten, Werkstätten und Betriebe, die mit potenziell umweltschädlichen chemischen Substanzen oder Materialien arbeiten, sollten eine Umwelthaftpflichtversicherung abschließen. Zudem müssen sich alle produzierenden Unternehmen besonders absichern, denn sie stehen in der Herstellerhaftung. Elektronikpolicen sichern EDV und Netzwerke ab. Produktionsunternehmen benötigen darüber hinaus Maschinenversicherungen, um bei einem Ausfall die Reparatur oder eine Ersatzmaschine bezahlen zu können. Transportbetriebe oder Unternehmen mit großen Lkw- und Pkw-Flotten brauchen eine Transportversicherung sowie neben den Kfz-Policen auch einen Verkehrsrechtsschutz. Für angestellte Geschäftsführer und Aufsichtsräte mittel-ständischer Firmengruppen ist es auf jeden Fall ratsam, eine D&O-Police, also eine Managerhaft-pflichtversicherung abzuschließen."[381]

In vielen Unternehmen sind die Versicherungssummen möglicherweise zu niedrig angesetzt, was bei Schadenseintritt zu unübersehbaren finanziellen Folgen führen kann. In Unternehmen werden laufend Änderungen in der Vermögensstruktur vorgenommen, z.B. durch Zugänge oder Abgänge von Anlagegütern. Sind etwa Miet- oder Leasinggeräte in der Feuerversicherung enthalten? Dazu müssen diese jedoch extra im Vertrag aufgeführt werden, sonst kommen im Schadensfall hohe Forderungen auf das betroffene Unternehmen zu.[382]

Was gilt es bei der erweiterten Elementarschadenversicherung zu beachten: Sie deckt in der Regel Schäden durch

➢ Überschwemmung (nicht infolge einer Sturmflut)
➢ Rückstau von Witterungsniederschlägen, wenn der Kanal die Massen nicht mehr fassen kann
➢ Erdbeben
➢ Schneedruck
➢ Lawinen und Vulkanausbrüche.

Die Betriebsunterbrechung für Elementarschäden ist nicht inklusive und muss zusätzlich vereinbart werden. Eine Sturmversicherung als einfache Elementarschadendeckung muss ebenso gesondert abgeschlossen werden. Schäden am Gebäude können schnell das Lager oder die Werkstatt in Mitleidenschaft ziehen. Deshalb sollte gleichzeitig eine Sturmversicherung und eine Betriebsinhalt-versicherung abgeschlossen werden.

Für die Beurteilung des Versicherungsbedarfs sind besonders drei Fragen zu beantworten:

➢ Wie hoch ist die Wahrscheinlichkeit einzuschätzen, dass ein bestimmter Schaden eintritt?
   Grundsatz: Je höher diese Wahrscheinlichkeit, desto eher werden innerbetriebliche Maßnah-men notwendig, um derartige Schäden zu vermeiden. Sie zu versichern, würde in der Regel nur zu einem teuren Geldwechselgeschäft zwischen dem Betrieb und dem Versicherer führen.
➢ Bis zu welcher Größenordnung können Schäden vom Betrieb selbst getragen werden?
   Grundsatz: Es sollen nur die Schadensfälle versichert werden, welche die Existenz des Betrie-bes gefährden können.
➢ Wie gravierend wirken die Schadensereignisse für den Betrieb im äußersten Fall?
   Grundsatz: Ist die Auswirkungsmöglichkeit eines Schadens gering, sollte auf eine Versicherung verzichtet werden, da er dann die Existenz des Betriebes nicht gefährdet.

Für jede Risikoart muss der spezifische individuelle Versicherungsbedarf ermittelt werden. Die Tab. 31 gibt dafür einen allgemeinen Ansatz.

---

[381] an der Heiden, S.: Policen perfektionieren, Markt & Mittelstand 6/2007, S. 85f.
[382] Redaktion Risknet: Mittelständler unterschätzen unternehmerische Risiken, in: www.risknet.de/index/21.04.2006

Risikoart	Eintritts- wahrscheinlichkeit	Schadensauswirkung	Versicherungsbedarf
Feuergefahr	Unwahrscheinlich, ca. alle 30 Jahre	hoch, Betriebsunterbrechung bis zu einem Jahr, Folgeschäden an Umwelt und Nachbargrundstücken	Feuerversicherung notwendig
Sturm und Hagel	Gering, alle zehn Jahre	Mittelhoch, Betriebsunterbrechung möglich, Kostenauswirkungen, existenzbedrohende Auswirkungen im Einzelfall	Elementarschadenversicherung notwendig
Leitungswasserschäden	gering	Mittelhoch, Betriebsunterbrechung bis zu einem Monat, Kostenauswirkungen	Leitungswasserschadenversicherung unter Umständen notwendig
Einbruchdiebstahl	Mittelhoch, ca. einmal pro Jahr oder öfters	Mittelhoch, Betriebsunterbrechung oder Existenzbedrohung eher unwahrscheinlich	Versicherung bei Selbstbeteiligung notwendig, jedoch Maßnahmen der Prävention notwendig
Glasbruch	Hoch, mehrmals jährich	Gering, i.d.R. nicht existenzbedrohend	Oft nicht notwendig
EDV-Ausfall	Hoch, oft mehrmals jährlich	Nicht existenzbedrohend	Nicht notwendig
Haftpflichtrisiken	Hoch, oft mehrmals jährlich	Hoch, Haftung in unbegrenzter Höhe	Notwendig, z.B. Produkthaftungs- und Umwelthaftungversicherung
Betriebsunterbrechung	Mittelhoch	Mehrkosten, z.B. durch Maschinenausfall, Kundenverlust	Nur bei entsprechend hoher Risikobewertung notwendig

Tab. 31 Beispielübersicht zur Ermittlung des Versicherungsbedarfs für kleine und mittlere Unternehmen

5.6.3 Optimaler Risikotransfer durch kombinatorische Risikosteuerung

Die Optimierung des Risikotransfers leistet einen wesentlichen Beitrag zur Steigerung des Unternehmenswertes. In den Unternehmen dominieren allerdings oftmals partielle Lösungen des Risikotransfers sowie Versicherungsstrategien unter den Hauptkriterien „Prämienhöhen" und „Vertragsklauseln". Risikotransfer findet damit primär unter dem Ziel der Schaffung eines „Gefühls der Sicherheit" statt.[383] Auf der Grundlage praktischer Erfahrungen weist GLEIßNER auf die folgende Problematik hin:[384]

„Integrierte Transferlösungen nutzen Diversifikationseffekte innerhalb des Unternehmens und helfen so die Gesamtrisikoposition des Unternehmens mit geringen Kosten zu optimieren."

Unter dieser Zielstellung ist ein primärer Vergleich der Versicherungslösungen bezüglich des Prämienvolumens fragwürdig. Hinsichtlich ihres Wertbeitrags müssen alle Risikotransferstrategien über zwei Wirkungswege bestimmt werden: über die Beeinflussung der Höhe der Risiken und der Kosten und somit der Rendite. Beim Vergleich von zwei Versicherungslösungen ergeben sich zum Beispiel Variante A mit niedriger Prämie und hohem Selbstbehalt sowie eine Variante B ohne Selbstbehalt und hoher Prämie. In Variante A muss auf Grund der hohen Selbstbehalte ein höheres Risikodeckungskapital mit einem entsprechenden Eigenkapitalkostensatz für den Ausgleich der zu erwartenden Verluste vorgehalten werden. Variante A weist damit zwar niedrigere direkte Versicherungskosten, aber höheren Bedarf an Eigenkapital im Vergleich zu Variante B aus.[385] Ein

---

[383] Gleißner, W.: Mehr Wert durch optimierte Risikobewältigung, in: Gleißner, W./Meier, G.(Hrsg.): Wertorientiertes Risiko-Management für Industrie und Handel, Wiesbaden, 1. Auflage 2001, S. 102

[384] Ebenda

[385] Ebenda, S. 103f.

Vergleich verschiedener Alternativen lässt sich über die Berechnung des EVA (Economic-Value-Added) vornehmen, mit dem der Wertgewinn jeder Alternative in Abhängigkeit von der erforderlichen Eigen- und Kapitalbindung, der Rendite und des Kapitalkostensatzes ermittelt werden kann.

Einige Beispiele sollen diese Zusammenhänge verdeutlichen. Unternehmen zahlen häufig zu hohe Prämien, um sich zum Beispiel gegen Produkthaftungsrisiken abzusichern. In der Praxis hat sich jedoch gezeigt, dass es günstiger sein kann, Rückstellungen zu bilden und über dieses Modell der Selbstversicherung nach Erfahrungen in Unternehmen ca. 20 – 25 Prozent zu sparen.[386] Ein Backwarenlieferant für Discountmärkte sichert somit so genannte Frequenzschäden über Rückstellungen ab. Frequenzschäden sind kleine und mittlere Schäden, deren Gesamthöhe sich relativ gut vorausberechnen lässt. Im Gegenzug hat die Assekuranz die Versicherungsprämien gesenkt.[387] Für große Schäden, welche die Existenz des Unternehmens bedrohen würden, verbleibt die Versicherung. Oft genug sind zum Beispiel Ersatzmaschinen, bessere Lieferverträge oder schlicht bessere Schlösser und Bewegungsmelder die Alternative.

Die Möglichkeiten einer Selbstversicherung sind mit dem Prämienspareffekt noch nicht ausgeschöpft. Die jährlich eingesparte Summe kann investiert werden und so zusätzlichen Ertrag bringen. Ebenso entstehen Zwischenfinanzierungseffekte für die voraus gezahlten Beiträge im Vergleich zu den Zeitpunkten der Auszahlungen möglicher Versicherungsleistungen. Eine wichtige Begleiterfahrung haben Unternehmer dabei noch gemacht, dass sich das Verantwortungsbewusstsein im Unternehmen zur Schadensvermeidung und damit zur Kostenersparnis bei den Mitarbeitern verändert.[388]

Die Gestaltung von Verträgen und Allgemeinen Geschäftsbedingungen ermöglichen in bestimmtem Umfang Risikoabwälzung auf Vertragspartner. Damit können zum Beispiel Risiken der **Beschädigung und des Untergangs von Waren** über den Erfüllungsort, speziell über den Gefahrenübergang zumindest bis zu einem bestimmten Zeitpunkt auf Vertragspartner übertragen werden. Interessant ist die Möglichkeit der Abwälzung des Zahlungsausfallrisikos (Forderungsausfall) mit Vereinbarungen bzw. Regelungen wie Eigentumsvorbehalt, Sicherungsübereignung, Pfandrechte u.ä.[389]

5.6.4   Risikoübernahme – Selbsttragen von Risiken

Die Risikoübernahme i. S. des Selbsttragens der Konsequenzen aus dem Eintritt von Risikofällen ist eine sehr weitreichende Strategie der Risikosteuerung und –bewältigung. Im engeren Sinne bedeutet sie die direkte Übernahme des allgemeinen Unternehmer- und Unternehmensrisikos sowie der mit dem Aufbau bzw. der Nutzung der Erfolgspotenziale zusammenhängenden „Kernrisiken" durch den Gewinn des Unternehmens. Im weiteren Sinne gehören zur Risikoübernahme auch Strategien des Selbsttragens durch Aufbau und Entwicklung von „Risikodeckungsmassen" im Unternehmen, zum Beispiel durch Reservebildung, Finanzierungsmodelle.[390] Grundsätzlich kann bei Reserven zwischen finanzieller, personeller und materieller Reservebildung unterschieden werden. Die Risikoübernahme ist an verschiedene Voraussetzungen gebunden und muss grundsätzlich für jede Risikosituation im Zusammenhang mit anderen Alternativen oder Alternativenkombinationen für die effizienteste Risikosteuerung betrachtet werden:[391]

➢   Bewusstsein für Risiken
➢   Kenntnis und Informationen der Risiken und Risikosituationen
➢   Bewertung der Risiken
➢   Beeinflussbarkeit der Risiken.

---

[386] Martens, A.: Selbstsicher, in: Markt & Mittelstand 8/2006, S. 63
[387] Ebenda.
[388] Ebenda, S. 67
[389] Ehrmann, H.: Risikomanagement, Kompakt-Training, Ludwigshafen(Rhein), 2005, S. 91
[390] Ebenda, S. 101
[391] Ebenda.

Für die Schaffung von Risikodeckungsmaßnahmen sind insbesondere folgende Formen interessant:

➢ Eigenkapitalbildung in Form von Beteiligungen sowie offenen und stillen Rücklagen
➢ Bildung von Rückstellungen
➢ Kalkulation von Wagniszuschlägen, z.B. als Bestandswagnis, Gewährleistungswagnis, Ausschusswagnis,

Darüber hinaus werden mit dieser Strategie insbesondere Risiken abgedeckt, die sehr unwahrscheinlich sind oder nur eine geringe Schadenshöhe haben. Analog gibt es eine Reihe von Risiken, die im Wesentlichen „ein Unternehmen akzeptieren und selber tragen muss, ohne sie beeinflussen, vermeiden oder abfangen zu können" – so zum Beispiel die Auswirkungen des nicht sehr wahrscheinlichen Todes eines wichtigen Mitarbeiters.[392]

Risikoübernahmestrategien müssen die Frage nach der Höhe der Risikotragfähigkeit beantworten, die sich aus dem ökonomischen Eigenkapital bestimmt. Unter Zugrundelegung der spezifisch gegebenen Kapitalstruktur ergibt sich die Risikotragfähigkeit aus dem Verhältnis der eingegangenen bzw. einzugehenden Risiken zum ökonomischen Eigenkapital. Das ökonomische Eigenkapital ist dabei nicht gleich dem bilanziellen Eigenkapital, sondern der Wert des den Eigentümern zustehenden Vermögens zu einem bestimmten Zeitpunkt unter Berücksichtigung aller vom Unternehmen abgeschlossenen Geschäfte.[393] Es ergibt sich aus bilanziellem Eigenkapital, stillen Reserven, abzüglich stiller Kosten sowie zuzüglich des im aktuellen Geschäftsjahr aufgelaufenen, aber noch nicht ausgeschütteten Gewinns. Für den Fall einer Insolvenz ist als Untergrenze des ökonomischen Eigenkapitals der Liquidationswert, also der bei der Zerschlagung des Unternehmens realisierbare Wert.[394]

Zur ganzheitlichen Betrachtung des Risikodeckungspotenzials durch den Unternehmenswert werden drei Komponenten herangezogen:[395]

➢ eine vergangenheitsorientierte Komponente (Risikokapital)
➢ eine gegenwartsorientierte Komponente (Zuschlag für gegenwärtiges Ertragsniveau)
➢ eine zukunftsorientierte Komponente (erwartete zukünftige Ertragszuwächse).

Durch die Gegenüberstellung von Risiken und Risikotragfähigkeit wird die drohende Unterkapitalisierung sichtbar. Es ist dabei hilfreich, in Abhängigkeit vom Eintritt bestimmter Risikosituationen die potenzielle Existenzbedrohung festzustellen, weil die Risiken durch das ökonomische Eigenkapital und ggf. bestehende Liquiditätsreserven nicht gedeckt sind.

Für die differenzierte Betrachtung der Risikotragfähigkeit sind bestimmte „Verteidigungslinien" abzustecken. Die Inanspruchnahme der einzelnen Bestandteile des ökonomischen Eigenkapitals hat unterschiedliche Folgen und Öffentlichkeitswirkungen:[396]

➢ Die Verwendung eines Teils des Gewinns zum Risikoausgleich wird von Eigenkapitalgebern wahrscheinlich noch so lange akzeptiert, wie der von ihnen erwartete Mindestgewinn nicht unterschritten wird.
➢ Stille Reserven können sich je nach ihrer Art kurzfristig oder auch nur langfristig und mit unterschiedlichen Öffentlichkeitswirkungen realisieren lassen.
➢ Verlustausgleich durch bilanziell ausgewiesene Rücklagen oder durch das gezeichnete Kapital führen meist zu öffentlichkeitswirksamen Reaktionen.

---

[392] Rosenkranz, F./Missler-Behr, M.: Unternehmensrisiken erkennen und managen, Berlin – Heidelberg 2005, S. 46
[393] Merbecks, A./Stegemann, U./Frommeyer, J.: Intelligentes Risikomanagement, Frankfurt/Main, Wien 2004, S.193
[394] Ebenda.
[395] Gleißner, W.: Wertorientierte strategische Steuerung, in: Gleißner, W./Meier, G.(Hrsg.): Wertorientiertes Risiko-Management für Industrie und Handel, Wiesbaden, 1. Auflage 2001, S. 66
[396] Merbecks, A./Stegemann, U./Frommeyer, J.: a.a.O., S. 196

Eine differenzierte Risikomessung kann die Wahrscheinlichkeit bestimmen, mit der bestimmte unterschiedliche Eigenkapitalbestandteile angegriffen werden.

Eine interessante Perspektive ist die Ableitung von Anhaltspunkten zur optimalen Kapitalstruktur für ein bestimmtes Risikoportfolio. Diese Überlegungen sind vor dem Hintergrund des Eintritts von Extremfällen, von Konjunkturzyklen sowie kurzfristigen Volatilitäten und erwarteten Verlusten:[397]

➢ Verluste aus kurzfristig auftretenden, zumeist extern induzierten Extremfällen müssen aufgefangen werden können. Im Rahmen von Stresstests lassen sich verschiedene Szenarios simulieren, die ein Unternehmen aushalten „muss" oder „soll" und die dafür benötigte Kapitalstruktur bestimmen.
➢ Unternehmen müssen ein Ziel-Rating anstreben, um unter allen Konjunkturzyklen durch eine entsprechende Eigenkapitalausstattung eventuell weitere Zuführungen von Fremdkapital zu günstigen Konditionen zu erhalten.
➢ Die Zielsetzung für das Risiko- und Kapitalmanagement vor dem Hintergrund kurzfristiger Volatilitäten ist meist ehrgeiziger als nur das Bewahren des Unternehmens vor der Insolvenz oder der Sicherung des Zugangs zu Fremdkapital zu akzeptablen Kosten. Es geht vor allem um die Erreichung der Zielvorstellungen der Eigenkapitalgeber zur effizienten Nutzung des knappen Eigenkapitals und zur Maximierung des Shareholder Value. Bei Nichtausschöpfung der Risikotragfähigkeit kann die Eigenkapitalrendite durch zusätzliche Geschäfte gesteigert werden, bei Ausschöpfung muss die Effizienz des eingesetzten Eigenkapitals erhöht werden.
➢ Knappe Risikotragfähigkeit muss auch auf die einzelnen Geschäftsfelder im Rahmen der Portfolio-Optimierung verteilt werden. Die Allokation des Kapitals sollte auf Risiken konzentriert werden, zu denen Im Unternehmen Kernkompetenzen bestehen, die einen positiven Wertbeitrag erwarten lassen. Die gezielte Übernahme von Risiken, bei denen sich Überrenditen erzielen lassen, und die gleichzeitige Vermeidung oder Verminderung anderer Risiken kann zu einer Steigerung der Eigenkapitalverzinsung und somit zu höherem Shareholder-Value führen.

Die Entscheidung hinsichtlich der Risikoübernahme kann auch durch das Rendite-Risiko-Profil zur Kategorisierung der einzelnen Geschäftsfelder unterstützt werden. Geschäftsfelder werden nach der Attraktivität der Rendite-Risiko-Position bewertet. Die Mittelzuweisung aus dem risikotragenden ökonomischen Eigenkapital erfolgt nach dieser Attraktivität.[398]

Mit Hilfe des Rendite-Risiko-Profils kann auch eine Wertsteigerung innerhalb bestehender Geschäftsfelder durch das Management von Konzentrationsrisiken erzielt werden. Die Konzentration auf ein bestimmtes Kundensegment erzeugt ein potenzielles Konzentrationsrisiko.

5.6.5   Praxisbeispiel: Risikomanagement bei British Petroleum (BP)

Die Ölgesellschaft British Petroleum (BP) hatte Anfang der neunziger Jahre ein interessantes Risikofinanzierungsmodell implementiert, mit dem zukünftig kleinere Schäden (low-severity/high-frequency) zu versichern und große Schäden (high-severity/low-frequency) selbst zu tragen.[399]

---

[397] Merbecks, A./Stegemann, U./Frommeyer, J.: Intelligentes Risikomanagement, Frankfurt/Main,Wien 2004, S.198ff.
[398] Ebenda, S. 212
[399] Romeike, F: Der Prozess des strategischen und operativen Risikomanagements, in: : Romeike, F. /Finke, R.B.: Erfolgsfaktor Risiko-Management, Wiesbaden 2003, S. 149

Praxissituation 23: Aus der Praxis: Risikomanagement bei British Petroleum (BP)

BP zahlte über einen Zeitraum von zehn Jahren insgesamt etwa 1,15 Mrd. US-Dollar an Versicherungsbeiträgen, während nur etwa 360 Millionen US-Dollar als Entschädigungsleistungen für eingetretene Schäden gezahlt wurden. Die darauf basierend entwickelte neue Risikofinanzierungsstrategie enthält folgende Elemente:

➢ Alle Schäden unter 10 Millionen US-Dollar werden von den jeweiligen BP-Landesgesellschaften in Eigenverantwortung auf den lokalen Versicherungsmärkten abgedeckt.

➢ Alle Schäden zwischen 10 Millionen und 500 Millionen US-Dollar werden grundsätzlich nicht versichert und liegen im Verantwortungsbereich der Konzernmutter...Nach Analysen von BP kann ein Schaden in der Größenordnung um 500 Millionen US-Dollar nur auf den Ölfeldern in Alaska und in der Nordsee eintreten. Da dort eine Steuerbelastung von 87 Prozent gilt, würde ein Schaden von 500 Millionen US-Dollar den Firmenwert um etwa 65 Millionen US-Dollar reduzieren, sofern BP auch Gewinne erzielt.

➢ Für alle Schäden größer als 500 Millionen US-Dollar sucht BP geeignete und effiziente Risikofinanzierungslösungen, da Schäden in dieser Größenordnung die Existenz von BP bedrohen könnte.

(Quelle: Romeike, F: Der Prozess des strategischen und operativen Risikomanagements, in: : Romeike, F. /Finke, R.B.: Erfolgsfaktor Risiko-Management, Wiesbaden 2003, S. 149)

5.7 Risikoüberwachung und -kontrolle

Risikoüberwachung und –kontrolle sind Bestandteil eines umfassenden Risiko-Controllings. Risiko-Controlling lässt sich mit den klassischen Funktionen und Aufgaben des allgemeinen Controllings beschreiben:[400]

➢ Methodische Unterstützung des Planungs- und Kontrollprozesses in Bezug auf die zu erwartenden Risiken und der darauf aufbauenden Konzepte
➢ Bereitstellung von Informationssystemen
➢ Sachliche Koordinationsfunktion in Gestalt der zentralen Zusammenführung der einzelnen Risiken und zeitliche Koordinationsfunktion in der Abstimmung der Prozessphasen zu einem permanenten und konsistenten System.

Unter Risikoüberwachung und -kontrolle wird die „Überprüfung" der zur Risikosteuerung ergriffenen Maßnahmen verstanden.[401] Dazu werden alle relevanten Risiken hinsichtlich ihres Eintritts, z.B. anhand von Soll-/Ist-Vergleichen und Abweichungsanalysen sowie hinsichtlich der Wirksamkeit der im Rahmen der Risikosteuerung ergriffenen Maßnahmen betrachtet.[402] So kann gewährleistet werden, dass negative Abweichungen bei einem Soll-/Ist-Vergleich nicht sofort zu dem Schluss führen, dass die Maßnahmen der Risikosteuerung unwirksam seien.

Die Risikoüberwachung und Kontrolle bezieht sich somit auf folgende Schwerpunkte:[403]

➢ Abweichungsanalyse als Soll-Ist-Vergleich und Untersuchung der Abweichungsursachen,
➢ Vollständigkeitskontrolle zur Erfassung nichterfasster oder neu hinzukommender Risiken,
➢ Methodenkontrolle zur Überprüfung der Wirksamkeit der Instrumente und Methoden in den einzelnen Phasen des gesamten Risiko-Management-Prozesses.

Der Gegenstand der Risikoüberwachung und –kontrolle erstreckt sich auf die aktuellen und potenziellen Risiken, die diesen Risiken zugrundeliegenden Prämissen, die der Risikobeurteilung zu-

---

[400] Burger, A./Buchhart, A.: Risiko-Controlling, München-Wien 2002, S. 56f.
[401] Hornung, K.H./Reichmann, T./Diederichs, M.: Risikomanagement, Controlling 10(1999) 7, S. 321
[402] Ehrmann, H.: Risikomanagement, Kompakt-Training, Ludwigshafen(Rhein), 2005, S. 159
[403] Burger, A./Buchhart, A.: Risiko-Controlling, München-Wien 2002, S. 52

grunde liegenden Ziele, die Ursachen-Risiken-Verknüpfungen sowie die festgelegten Schwellenwerte zur Auslösung von Gegenmaßnahmen.[404] Dabei dienen die gewonnenen Erkenntnisse dieser übergeordneten Kontrolle des Gesamtprozesses als Grundlage zum Überdenken des strategischen Konzepts des Unternehmens.

Wesentliches Element dieser Phase ist ein regelmäßiges, empfängerorientiertes Berichtswesen. Träger der Aufgabe der Risikoüberwachung ist das *„Interne Kontrollsystem"* des Unternehmens, das von den bestellten Wirtschaftsprüfern und von der Internen Revision in Zusammenarbeit mit dem Controlling selbst wieder einer strengen Kontrolle unterzogen wird. Schwachstellen und Lücken in der Organisation des dem Internen Kontrollsystem zugrundeliegenden Überwachungsprozesses werden somit rechtzeitig erkannt und abgestellt.

Von besonderer Bedeutung für das Interne Kontrollsystem und dessen Funktion im Rahmen eines betrieblichen Risikomanagements ist das vom KonTraG geforderte Überwachungssystem. Die Korrektheit des Überwachungssystems und sein Funktionieren ist im Rahmen der Abschlussprüfung vom Abschlussprüfer festzustellen (§ 317 HGB) und in einem Prüfungsbericht (§321 HGB) festzuhalten.[405] Die Ergebnisse dieser Prüfung beziehen sich auf das Überwachungssystem selbst und sind damit eine Grundlage für die Wirksamkeit des Risikomanagementsystems.

Allerdings ist diese Prüfung nur ein Teil des Gesamtsystems der Risikoüberwachung und –kontrolle. Nicht Gegenstand der Prüfung durch die Wirtschaftsprüfer sind die „Reaktionen des Vorstands auf erfasste kommerzielle Risiken" sowie die „Beurteilung, ob die von den dem Vorstand nachgeordneten Entscheidungsträgern eingeleiteten oder durchgeführten Handlungen zur Risikobewältigung bzw. der Verzicht darauf sachgerecht oder wirtschaftlich sinnvoll sind".[406]

Ferner muss die Kontrolle die Umsetzung risikopolitischer Maßnahmen und die Wirksamkeit der unternehmensinternen Risikokontrolle selbst beinhalten. Diese Notwendigkeit wird stets wieder durch Beispiele des Versagens der Risikokontrolle in der Praxis belegt.

Praxissituation 24: Ein Derivatehändler jongliert...
mit Milliarden, hebelt sämtliche Risikokontrollen der Bank aus und fährt 5 Mrd. Euro Verlust ein. Der Spekulationsskandal bei der französischen Société Générale erschüttert das ohnehin angeschlagene Ansehen der Finanzbranche....hat ein Derivatehändler ohne Genehmigung des Managements Milliardenbeträge verschoben und sich dabei um fast 5 Mrd, Euro verzockt.
(Quelle: Böschen, M./Bartz, T./Arnold, M.: Roulette générale, in: Financial Times Deutschland 28.Januar 2008, S. 25)

Praxisrelevante Methoden der Risikoüberwachung und –kontrolle können sein:[407]

- ➢ Signalaufnahme und –verfolgung
- ➢ Verfahrens- und Arbeitsanweisungen
- ➢ Integration von Modellen in bestehende Informationssysteme
- ➢ Systemprüfung – Management Review
- ➢ Audit Committee.

5.8 Fehlerquellen des betrieblichen Risikomanagements

Bei der Gestaltung des Kreislaufs des Risikomanagementprozesses treten zahlreiche potenzielle Fehler auf. In der Checkliste der Tab. 32 hat Gleißner die wichtigsten praxiserfahrungsbasierten Fehlerquellen zusammengefasst.[408]

---

[404] Burger, A./Buchhart, A.: Risiko-Controlling, München-Wien 2002, S. 55f.
[405] Ehrmann, H.: Risikomanagement, a.a.O., S. 163
[406] Ebenda, S. 164
[407] Horvath, P.: Controlling, 9. Auflage, München 2003, S. 779

		Potenzielle Problemfelder des Risikomanagements	Bewertung		
			gut	befrie-digend	proble-matisch
1) Risiko-identifikation	1.1	Hierarchische Systematik zur Risikoidentifikation			
	1.2.	Bezug zur Unternehmensstrategie: Bedrohung von Erfolgsfaktoren			
	1.3	Erfassung unsicherer Planannahmen aus Controlling und Planung			
	1.4	Auswertung von Planabweichungen zur Risikoidentifikation			
2) Risiko-analyse / Risikoquanti-fizierung	2.1	Überschneidungsfreie Abgrenzung von Risiken			
	2.2	Abgrenzung von Risiken und sicheren Schäden			
	2.3	Dokumentation der Begründungen für die Risikobewertung			
	2.4	Berücksichtigung der Wirkungsdauer von Risiken			
	2.5	Quantitative Beschreibung der Risiken durch geeignete Wahrscheinlichkeitsverteilungen			
	2.6	Verwendung eines geeigneten Risikomaßes zur Priorisierung von Risiken			
	2.7	Erfassung der Abhängigkeit zwischen wichtigen Risiken			
3) Risiko-aggregation	3.1	Aggregation statt Addition der wichtigsten Risiken			
	3.2	Aggregation von Einzelrisiken mit Bezug zur Unternehmensplanung (z.B. Simulation)			
	3.3	Berechnung des Gesamtrisikoumfangs (Eigenkapitalbedarf) / Bezug zum Rating und zur Finanzierungsplanung			
	3.4	Definition eines risikoorientierten Erfolgsmaßstabes (Performancemaß)			
4) Risiko-bewältigung	4.1	Betrachtung unterschiedlicher Risikobewältigungsmaßnahmen			
	4.2	Beachtung unternehmerischer Entscheidungsrisiken (Managementrisiken)			
	4.3	Abgrenzung von Kern- und Randrisiken			
	4.4	Quantitative Frühaufklärungssysteme / Prognosesysteme			
	4.5	Abwägung von Risiken und Ertrag bei Entscheidungen (z.B. Investitionen)			
5) Risikoüberwachung und Gestaltung des Risiko-manage-mentsystems	5.1	Konzentration auf wichtige Risiken zur Vermeidung bürokratischen Aufwandes			
	5.2	Verbindung mit bestehenden Organisations-, Planungs- und Berichtssystemen (z.B. QMS)			
	5.3	Vollständige und verständliche Dokumentation der Prozesse im Risikomanagement			
	5.4	Klare Aufgabenzuordnung im Risikomanagement			
	5.5	Verantwortlichkeit für das Gesamtsystem			
	5.6	Organisatorische Trennung zwischen Risikomanagement und interner Revision			
	5.7	Einbindung der Mitarbeiter ins Risikomanagement / Risikokultur			
	5.8	Festlegung von Risikopolitik / Limitsystem			

Tab. 32 Checkliste potenzieller Fehlerquellen des Risikomanagements

[408] Gleißner, W.: Grundlagen des Risikomanagements, München 2008, S. 227

5.9 Exkurs: Zum Stand und zu den Grenzen des Risikomanagements in Unternehmen

Insgesamt haben sich Risikomanagement und Risikomanagement-Systeme in der Wirtschaft umfangreich entwickelt. In den Unternehmen der Wirtschaftsbranchen Finanzen und Versicherungen haben sich derartige Systeme – mit unterschiedlichen Wirkungsgraden – etabliert. Des Weiteren gibt es starke Unterschiede in der Breite und Tiefe des betriebenen Risikomanagements und der geschaffenen RMS in Abhängigkeit von der Unternehmensgröße und dem verzeichneten allgemeinen Branchenrisiko.

Die Experten der Wirtschaftsprüfungsgesellschaft PricewaterhouseCoopers (PWC) zeigen in einer Studie „Risk-Management-Benchmarking 2010" auf, wie sich Großunternehmen der Realwirtschaft auf die Herausforderungen der wirtschaftlichen Entwicklungen der letzten Jahre durch die Ausgestaltung ihres Risikomanagementsystems eingestellt haben. Die wichtigsten Erkenntnisse sind:[409]

> „Beim Thema Risikomanagement muss unterschieden werden zwischen den Anforderungen an ein Risikofrüherkennungssystem (RFS) nach § 91 II AktG und einem weiterentwickelten RMS, das in die Unternehmenssteuerungsprozesse integriert ist und zum Beispiel auch die Chancenberichterstattung berücksichtigt. Die Ergebnisse unserer Studie zeigen, dass die große Mehrheit der untersuchten Großunternehmen die gesetzlichen Anforderungen erfüllt. In Bezug auf ein umfassendes RMS besteht jedoch noch viel ungenutztes Potenzial. (…) Die Analyse der PWC-Untersuchung ergab, dass in 88 Prozent der Unternehmen eine dokumentierte, operational anwendbare Risikostrategie fehlt. (…) Das Ergebnis ist nicht weiter verwunderlich, da in über 70 Prozent der Unternehmen geeignete Systematiken zur Risikoaggregation und damit zur Ermittlung einer Gesamt-Risikoexposition fehlen."
> „Die Möglichkeit des Eintritts mehrerer Risiken zur gleichen Zeit wird vernachlässigt und somit ist keine auf die Risikotragfähigkeit des Unternehmens bezogene Aussage möglich. Die Finanz- und Wirtschaftskrise der letzten drei Jahre hat gezeigt, dass sich Unternehmen durch die Entwicklung von sogenannten Krisenszenarien (‚Stresstests') auf wirtschaftliche Ausnahmesituationen sinnvoll vorbereiten können. Unsere Analysen haben jedoch ergeben, dass diese Stresstesta in den allermeisten Fällen nicht eingesetzt werden."
> „Große Schwierigkeiten bereiten den Unternehmen die Aggregation der Risiken zu einem Gesamtrisiko und Ursache-Wirkungs-Analysen, aus denen sich Korrelationen ermitteln lassen. Risikokennzahlen (z.B. der Value at Risk, VaR) liefern – aus der Perspektive der PWC-Experten – wichtige Informationen für die Steuerung von Risiken. Sie werden jedoch nur von jedem vierten Unternehmen verwendet.
> „52 Prozent der Unternehmen bewerten die Risiken lediglich über einen Zeithorizont von einem Jahr. Dabei besteht die Gefahr, dass mittelfristige und strategische Risiken nicht systematisch beachtet werden. Die Erhebung und Dokumentation der Risiken führen 56 Prozent der Unternehmen mit einem Tabellenkalkulationsprogramm (MS EXCEL) durch."

Theorie und Praxis des Managements stellen sich permanent die Frage nach den Grenzen eines betrieblichen Risikomanagements. Michael Power, einer der führenden Experten für Rechnungswesen und Controlling erklärt, warum Risikomanagement oft mehr schadet als nützt: Brauchen wir ein intelligenteres Risikomanagement? Es gibt immer Wege, ein noch so gutes Risikomanagementsystem zu umgehen. Wir versuchen, mit immer ausgefeilteren Methoden und Instrumenten die Kontrolle über die Risiken in den Griff zu bekommen. Die Wirklichkeit ist dennoch komplizierter. Das Risikomanagement der UBS-Bank galt als vorbildlich und wurde sogar ausgezeichnet. Bekanntlich musste die Bank aber trotzdem 38 Milliarden Euro abschreiben, gehörte damit zu den größten Verlierern und geriet nahe an den Rand des Ruins. Auch Enron hatte ein sogenanntes Enterprise-Risk-Managementsystem. Wenn ein Unternehmen ein Risikomanagementsystem hat, dann findet es auch die dazu passenden Risiken.[410]

---

[409] Redaktion RiskNET: Risk-Management-Benchmarking 2010, in: www.risknet.de vom 13.12.2010
[410] Power, M.: Risikomanagement ist selbst ein Risiko, Harvard Business Manager, 11/2010, S. 109-115

Power begründet die Grenzen eines Risikomanagements mit einigen nachvollziehbaren Thesen:[411]

- ➢ Ohne naives Vertrauen in sein Risikomanagement hätte es manches Unternehmen – vor allem manche Bank – wahrscheinlich nicht geschafft, unbemerkt tatsächlich jene enormen Risiken einzugehen, die am Ende Skandale ausgelöst haben.
- ➢ Risikomanagementsysteme verwandeln komplexe, unklare Situationen, in denen zuverlässige Daten kaum verfügbar sind, in operative, scheinbar fassbare Probleme, die sich vorteilhaft in einem Bericht an den Vorgesetzten oder die Öffentlichkeit darstellen lassen. Auf diese Weise konnte sich zunehmend eine magische Vorstellung breit machen, man könnte alle Risiken managen, vielleicht sogar solche, die sich unserem Einfluss eigentlich vollkommen zu entziehen scheinen.
- ➢ Es hängt stark davon ab, wie tatsächliche und mögliche Ereignisse wahrgenommen, klassifiziert, dramatisiert und sichtbar gemacht werden, ob sie Eingang in die Risiko-Agenda finden. Risikomanagementsysteme bzw. diejenigen, die sie verwenden, „entdecken" Risiken nicht, sie „konstruieren" sie eher, indem sie bestimmte Ausschnitte der Wirklichkeit hervorheben, während sie andere ignorieren.
- ➢ Wir haben Bedingungen geschaffen, bei denen die gegenseitige Schuldzuweisung beziehungsweise Absicherung gegen rechtliche und wirtschaftliche Folgen sowie die Aktienkursentwicklung im Vordergrund des Handelns von Managern steht. Dies kann letztlich zu dem Effekt führen, dass das, was man Primärrisiken nennt – Risiken für die Kunden, die Mitarbeiter oder die Gesellschaft – in den Hintergrund tritt. Vorrang gewinnt stattdessen das Management von selbstbezogenen oder indirekten Risiken – die Sekundärrisiken – wie der Reputationsverlust.
- ➢ Ein intelligentes Risikomanagement müsste rationalistische Modelle durch solche ersetzen, die psychologische und kulturelle Dimensionen des Risikos berücksichtigen. Es müsste eine neue Art von Risikoexperten geben. Mathematisch bewandert dürften diese durchaus sein, aber sie sollten auch eine Art Autor für die dahinterstehende größere Geschichte sein, die den Nutzen für die Gesellschaft oder die Organisation aufzeigt.

---

[411] Ebenda.

6. Entscheidungsfindung bei Sicherheit und Unsicherheit

6.1 Grundbegriffe von Entscheidungssituationen

6.1.1 Grundmodell einer Entscheidungsmatrix und Typen von Entscheidungssituationen

Die normative Entscheidungstheorie befasst sich mit den logischen Grundlagen optimaler Entscheidungen und der sich dafür ergebenden formalen Regeln. Ihr Nutzen für die praktische Entscheidungsfindung besteht insbesondere in der systematischen Durchdringung der Struktur der Entscheidungssituation und der Konsequenzen der zu wählenden Alternativen unter Berücksichtigung externer und interner Prämissen. Entscheidungsmodelle sind vereinfachte Abbilder realer Entscheidungssituationen und haben das Ziel, auf der Basis von Modellprämissen und Entscheidungsregeln trotz unvollkommener Informationen und/oder konfliktärer Zielgrößen eine möglichst eindeutige, optimale Entscheidungsalternative zu ermitteln. Ein Entscheidungsmodell besteht aus

➢ einer Menge A von Aktionen (Aktionenraum)
➢ einer Menge Z von möglichen Zuständen der Umwelt (Zustandsraum)
➢ einer Menge E von möglichen Ergebnissen
➢ einer Ergebnisfunktion e:A x Z , die das Ergebnis der Aktion A_i bei Auftreten des Zustandes Z_j angibt.

Ein **Zustand** wird als eine denkbare Konstellation der das Ergebnis einer Aktion beeinflussenden Umweltbedingungen bezeichnet und drückt eine Wertkombination aller relevanten Umweltdaten aus. Eine **Aktion** kann aus einer Einzelmaßnahme, einem Bündel von Maßnahmen oder aus einer Kombination verschiedener Aktionsparameter (Variablen, Handlungsbereiche etc.) bestehen. Das folgende Beispiel demonstriert die Kombinationsmöglichkeiten innerhalb eines Aktionenraumes.[412]

Beispiel
Ein Unternehmen hat 100.000 Euro zur Verfügung und kann damit entweder das Produkt A oder das Produkt B produzieren (Produktionsaufwand je Produktart 60.000 oder 100.000 Euro) oder das Geld auf der Bank anlegen oder einen Teil für die Produktion eines Produktes und einen Teil für die Geldanlage verwenden.

Aktionsparameter 1 - *Produktion*   **Aktionsparameter 2 - *Geldanlage***

Mögliche Aktionen lassen sich wie folgt bilden:
Aktion 1: Produktion von Produkt A (100.000 Euro)
Aktion 2: Produktion von Produkt B (100.000 Euro)
Aktion 3: Geldanlage (100.000 Euro)
Aktion 4: Produktion von Produkt A (60.000 Euro) und Geldanlage (40.000 Euro)
Aktion 5: Produktion von Produkt B (60.000 Euro) und Geldanlage (40.000 Euro)

Der Zustandsraum lässt sich zu dem vorangegangenen Beispiel durch die Möglichkeit eines Verkaufsverbots für Produkt A oder den Verlust des angelegten Geldes (durch Insolvenz des Schuldners) kombinieren.

Zustandsparameter 1 – *Verkaufsverbot von Produkt A*
Zustandsparameter 2 - Verlust der *Geldanlage*

Mögliche Zustandssituationen lassen sich wie folgt bilden:
Zustand 1: Verkaufserlaubnis für Produkt A, Insolvenz des Schuldners
Zustand 2: Verkaufsverbot für Produkt A, Insolvenz des Schuldners
Zustand 3: Verkaufserlaubnis für Produkt A, keine Insolvenz des Schuldners
Zustand 4: Verkaufsverbot für Produkt A. keine Insolvenz des Schuldners

---

[412] Wöhe, G.: Einführung in die Allgemeine Betriebswirtschaftslehre, 19. Auflage, München 1996, S. 158

Ein Entscheidungsmodell mit endlichen Zustands- und Aktionsmengen kann durch eine Entscheidungsmatrix beschrieben werden.

Umwelt- zustand Aktion	$Z_1 (p_1)$	$Z_2 (p_2)$	....	$Z_n (p_n)$
A_1	e_{11}	e_{12}	...	e_{1n}
A_2	e_{21}	e_{22}	...	e_{2n}
......	......	......	......	......
A_n	e_{m1}	e_{m2}	...	e_{nn}

Tab. 33 Entscheidungsmatrix

Hinsichtlich der Grade der Unsicherheit in Entscheidungssituationen werden folgende Abstufungen vorgenommen:[413]

➢ **Sicherheit**
   - wesentliche Unternehmens- und Umweltdaten bekannt
   - geringe Streuung der Daten
   - kausale Wirkungen der Umweltentwicklungen und der unternehmerischen Entscheidungen genau prognostizierbar
➢ **Risikosituation i.e.S.** (bekannte Wahrscheinlichkeiten)
   - endlich viele Alternativen
   - statistische Verteilung in kontinuierlichen oder diskreten Verteilungsfunktionen beschreibbar
   - Eintrittswahrscheinlichkeiten der Zustände sind bekannt oder schätzbar
   - einstufige und mehrstufige Entscheidungen sind abbildbar
➢ **Ungewissheitssituation** (unbekannte Wahrscheinlichkeiten oder keine stochastischen Modelle verwendbar)
   - Ungewissheit i.e.S.: unbekannte Wahrscheinlichkeitsverteilung und Parameter
   - Darstellung einstufiger und mehrstufiger Entscheidungsprobleme möglich
   - Unschärfe (Plausibilität oder linguistische Variablen): Unschärfe im Kenntnisstand oder in der Verwendung von Begriffen, z.B. „rentabel", „angemessen"
➢ **Spielsituation:**
   - Situation, in der sich das Unternehmen in seinen Risikomaßnahmen auf die Strategien einer kleineren Zahl von kooperativen oder nicht-kooperativen Marktteilnehmern vorbereiten muss

Jede fundierte Entscheidungsfindung, wie zum Beispiel bei Planungsentscheidungen, beruht auf zahlreichen Annahmen. Für das Risikomanagement ist nicht nur die Planentscheidung an sich, sondern auch die Transparenz über die zugrunde liegenden Annahmen von Bedeutung. Risikobehaftete Planannahmen stellen somit eine wesentliche Informationsgrundlage für das Risikomanagement dar.[414] Mit der Durchführung von Plan-Ist-Vergleichen und entsprechenden Abweichungsanalysen versucht das Controlling die Ursachen für Abweichungen von Planentscheidungen zu erklären. Abweichungen lassen sich jedoch nur teilweise den bisher bekannten und betrachteten Risikofaktoren zuordnen, während sich zugleich neue, bisher nicht bekannte oder nicht betrachtete Risikofaktoren erkennen lassen.

Ansatzpunkte zur Unterstützung der Entscheidungsfindung unter Unsicherheit können ein gezieltes Entscheidungstraining sowie die gezielte Berücksichtigung der psychologischen Erkenntnisse über Entscheidungsprozesse sein, die zu einer höheren Qualität der „Entscheidungskompetenz des Unternehmers und der Führungskräfte" führen.[415]

---

[413] Holzbaur, U.D.: Management, Ludwigshafen(Rhein) 2000, S. 191; Rosenkranz, F./Missler-Behr, M.: Unternehmensrisiken erkennen und managen. Einführung in die quantitative Planung, Berlin u.a. 2005, S.143ff.

[414] Gleißner, W.: Grundlagen des Risikomanagements im Unternehmen, München 2008, S. 48

[414] Gleißner, W.: Grundlagen des Risikomanagements im Unternehmen, München 2008, S. 48

[415] Gleißner, W.: Die Psychologie unternehmerischer Entscheidungen, in: www.krisennavigator.de vom 07.12.2005, S.7

6.1.2 Entscheidungen bei Sicherheit

Ein gegebener und bekannter Zustand z_j tritt mit Sicherheit ein, d.h. die Wahrschei nlichkeit für das Eintreten eines Zustandes ist $p_j = 1$. Eine rationale Entscheidung findet dann über die Optimierung zwischen allen Alternativen nach der Regel

$$A_{opt} = \max_i (X_{ij}) , \; i = (1, m).$$

statt, die einer Maximierung der Auszahlungen im Sinne des gewählten Entscheidungskriteriums entspricht. Im Falle des Vorliegens einer Vielzahl von Aktionen, die „gemischt" werden können und bestimmten Restriktionen entsprechen müssen, lassen sich vorliegende Entscheidungsprobleme mit der linearen Programmierung lösen.

6.1.3 Entscheidungen bei Risiko

In Entscheidungssituationen unter Risiko sind die Wahrscheinlichkeiten des Eintretens bestimmter definierter Umweltzustände objektiv oder subjektiv bekannt oder schätzbar. Unter dieser Voraussetzung können folgende Entscheidungsregeln angewandt werden:[416]

➤ *Maximum-Likelihood-Regel*
  Es wird diejenige Alternative gewählt, welche beim wahrscheinlichsten Ereignis oder Umweltzustand die größte Auszahlung (den größten Nutzen) aufweist.

➤ *Bayes-Regel*
  Mit dieser Regel wird der Erwartungswert $\mu (a_i) = \Sigma p_j X_{ij}$ der Auszahlungen X_{ij} für jede Aktion berechnet. Die optimale Alternative ist diejenige mit dem höchsten Erwartungswert. Die Auswahlregel beruht hier auf einer wahrscheinlichkeitsgewichteten Maximierung des Nutzens der Entscheidungsalternativen.

➤ *(μ, δ) – Prinzip*
  Für die Entscheidung ist neben dem Erwartungswert μ auch die Standardabweichung δ als Maß für die Streuung der Wahrscheinlichkeitsverteilung von Bedeutung. Eine risikoaverse Entscheidung des Entscheidungsträgers läge bei der Verwendung der Nutzenfunktion
  $$N = \mu - 2\delta \longrightarrow \text{max. !}$$
  vor. Eine risikofreudige Verhaltensweise läge etwa bei der Nutzenfunktion
  $$N = \mu + \delta \longrightarrow \text{max. !}$$
  vor.

➤ *Bernoulli-Prinzip und Nutzenermittlung*
  Dieses Entscheidungsprinzip beruht auf der Festlegung individueller Nutzenfunktionen, d.h. eines numerischen Wertes der individuellen Präferenzen oder der Attraktivität einer Situation für den Entscheidungsträger. Der Vorteil dieser Regel liegt damit in der spezifischen Gestaltung von linearen und nichtlinearen Nutzenfunktionen. Es wird dann die Aktion mit dem maximalen Erwartungswert des Nutzens bestimmt.(Ausführliche Erläuterungen zu den Nutzenfunktionen finden sich u.a. bei ROSENKRANZ/MISSLER-BEHR). Risikoneutralität, Risikoaversion oder Risikofreude werden mit dem Verlauf der Nutzenfunktion bestimmt.

Im folgenden Beispiel werden die unterschiedlichen Wirkungen von drei Entscheidungsregeln unter Risiko verglichen. (Tab. 34)

---

[416] Ebenda, S. 99ff.; Sturm, R.: Entscheidungen und Entscheidungsmodelle, in: WISU 1/2005, S. 57ff. (56 -59)

Aktion \ Umweltzustand	Z_1 (p_1=0,3)	Z_2 (p_2=0,5)	Z_3 (p_3=0,2)	*Bayes* -Regel	*(μ,δ)-* *Prin- zip* μ - 2δ	*ML- Regel*
Aktion 1	90	110	150	**112**	70,2	**110**
Aktion 2	95	105	120	105	**87,6**	105

Tab. 34   Vergleich der Wirkung unterschiedlicher Entscheidungsregeln bei Risikosituation

Bei zwei Regeln wird die Aktion 1 und bei der dritten Regel die Aktion 2 als Best-Aktion empfohlen. In der konkreten Entscheidungssituation muss daher nach der Risikopräferenz des Entscheidungsträgers entschieden werden.

6.1.4 Entscheidungen bei Ungewissheit

In Entscheidungssituationen unter Ungewissheit sind keine Eintrittswahrscheinlichkeiten für die Umweltzustände bekannt, so dass der Entscheidungsträger bei unvollkommener Information entsprechend seiner Risikoneigung entscheiden muss. Für derartige Entscheidungsprobleme können folgende ausgewählte Entscheidungsregeln zum Einsatz kommen:[417]

➢ *Laplace-Regel*
   Mit dieser Regel wird dem Entscheidungsträger die Wahl der alternative mit dem maximalen wahrscheinlichkeitsgewichteten Ergebnis empfohlen. Die optimale Alternative wird bestimmt, indem den ungewissen Umweltzuständen die gleichen Wahrscheinlichkeiten zugeordnet werden. Damit entspricht diese Situation einer Risikosituation.
➢ *Modifizierte Bernoulli-Regel* (Vgl. Punkt 6.1.3.)
➢ *Maximax-Regel*
   Nach dieser Regel wird dem Entscheidungsträger die Wahl der Alternative mit dem größten Maximalerfolg vorgeschlagen.
➢ *Minimax- Regel*
   Nach dieser Regel wird dem Entscheidungsträger jene Alternative empfohlen, deren minimales Ergebnis unter allen zu wählenden Alternativen am größten ist.
➢ *Hurwicz-Regel (Optimismus-Pessimismus-Regel)*
   Mit dieser Regel wird dem Entscheidungsträger die Wahl der Alternative mit der größten gewichteten Summe aus Maximal- und Minimalerfolg vorgeschlagen. Für jede Alternative wird die Summe aus dem günstigsten Ergebnis (gewichtet mit dem Parameter λ) und dem ungünstigsten Ergebnis (gewichtet mit dem Parameter $\lambda - 1$) berechnet. Der Parameter λ wird im Wertebereich zwischen 0 und 1 festgelegt. Je größer dieser Wert, desto stärker kommt die optimistische Einstellung des Entscheidungsträgers zum Ausdruck.
➢ *Savage-Niehans-Regel (Minimax-Regret-Regel)*
   In dieser Regel wird das nachträgliche Bedauern über eine Fehlentscheidung minimiert. Der errechnete Regretbetrag ist der Betrag, der dem entscheidenden entgeht, wenn er für den zustand Z_j nicht die Aktion A_i mit der größten Auszahlung gewählt hat.

Ein Entscheidungsproblem unter Ungewissheit stellt sich nach diesen Regeln wie folgt dar:

	Z_1	Z_2	Z_3	Z_4	Laplace	Mod. Bernoulli	Maximax	Maximin	Regret	Hurwicz (λ = 0,5)
A_1	50	150	150	150	**125**	**112,5**	150	50	100	100
A_2	150	50	50	50	75	62,5	150	50	100	100

Tab. 35   Beispielrechnung zu Entscheidungsregeln unter Ungewissheit[418]

---

[417] Ebenda.
[418] Rosenkranz, F./Missler-Behr, M.: Unternehmensrisiken erkennen und managen. Einführung in die quantitative Planung, Berlin u.a. 2005, S.143ff.

6.1.5   Mehrstufige Entscheidungsprobleme und Entscheidungsbäume

In der Entscheidungspraxis treten vielfältige Entscheidungsprobleme auf, in denen mehrere Entscheidungen im Zeitablauf und in ihrer Abhängigkeitslogik gekoppelt sind. Derartige Entscheidungsprobleme lassen sich mit sogenannten Risikobäumen (Entscheidungsbäumen) beschreiben, die sich aufgrund ihrer allgemeinen Charakteristik sowohl für Risikosituationen als auch für Ungewissheits- und Spielsituationen anwenden lassen. Risikobäume enthalten zwei verschiedene Elemente:[419]

➢ **Knoten** zur Darstellung von Entscheidungen oder Aktionen der Entscheidenden und von als zufällig angenommenen Zuständen der Umwelt
➢ **Kanten (Pfeile)** zur Beschreibung der zeitlichen und logischen Abhängigkeiten (Kopplungen) von Entscheidungen und Zuständen.

Die Darstellung und Analyse von Entscheidungsbäumen beruht auf folgenden methodischen Regeln:[420]

➢ Entscheidungen und Zustände werden durch Entscheidungs- oder Zufallsknoten dargestellt.
➢ Zustandsänderungen oder –übergänge werden durch gerichtete Kanten abgebildet.
➢ Das Netzwerk hat eine Baumstruktur. Wenn ein bestimmter Zustand auf verschiedenen Wegen erreicht werden kann, wird der Zustand durch mehrere Knoten dargestellt.
➢ Übergänge zwischen den Knoten können auf zwei Arten erfolgen:
  a) durch **Entscheidungen in den Entscheidungsknoten**, die mit Sicherheit eine Zustandsänderung nach den Wünschen des Entscheidenden bewirken. Dabei kann nur jeweils eine der Entscheidungen, die in einem Entscheidungsknoten zur Wahl stehen, realisiert werden.
  b) durch **Entscheidungen oder Antworten der Umwelt**, auf die der Entscheidende keinen Einfluss hat. Diese „Antworten der Umwelt" treten mit wohl definierten Wahrscheinlichkeiten auf.

Zur Bewertung von Entscheidungsrisiken mit Hilfe von Risikobäumen werden in den meisten Anwendungen die Bayes- oder die Bernoulli-Regel verwendet, bei denen entweder die erwarteten Auszahlungen minimiert oder der erwartete Nutzen maximiert werden.

Beispiel
Ein Unternehmen hat zwischen zwei Anlageninvestitionen zu unterscheiden, deren Wirtschaftlichkeitserwartungen von der Entwicklung des Marktes abhängen.[421] Dem Unternehmen stehen zwei Alternativen zur Wahl, die die Grundlage einer langfristigen Kapazitätsplanung sein sollen.

Alternative	Marktgröße	Wahrscheinlichkeit	Umsatz (Mio. GE)
A1: Große Anlage	klein	0,2	10,0
(Preis= 10 GE)	Mittel	0,5	15,0
	gross	0,3	20,0
A2: Kleine Anlage	klein	0,4	4,0
(Preis= 5 GE)	gross	0,6	6,0

Tab. 36   Beispiel einer Problemsituation mehrstufiger Entscheidungen

---

[419] Ebenda, S. 84f.
[420] Ebenda, S. 87
[421] Ebenda.

6.1.6 Spieltheoretische Entscheidungssituationen mit Risikocharakter

In der Spieltheorie werden Situationen beschrieben, in denen die Umwelt mit ihren Umweltzuständen als Gegenspieler mit eigenen Interessen und Zielen erscheint. Im Rahmen eigener Entscheidungen ist die Gegenreaktion eines oder mehrerer Gegenspieler zu berücksichtigen. Die Entscheidungssituation der Spieler ist interdependent. Das Ergebnis der eigenen Entscheidungen
bzw. des eigenen Verhaltens hängt von den Entscheidungen bzw. dem Verhalten der Gegenspieler ab. Der Entscheidungsträger sucht nun eine optimale Strategie, mit der er unter allen denkbaren Gegenreaktionen eine Maximierung seiner eigenen Ziele erreicht. Im Folgenden werden nur
ausgewählte Grundaspekte spieltheoretischer Situationen betrachtet, um den Rahmen des vorliegenden Werkes nicht zu sprengen.

Im spieltheoretisch einfachsten Fall steht dem Spieler nur ein Gegenspieler gegenüber. Beide
Spieler streben das Ziel der jeweils eigenen Nutzenmaximierung an, verfügen über vollkommene
Informationen zu den eigenen Handlungsmöglichkeiten und denen des Gegenspielers sowie den
Nutzen aller Handlungsmöglichkeiten. Sie kennen jedoch nicht eindeutig die jeweilige Gegenreaktion des Gegenspielers auf die eigenen Handlungsentscheidungen. Als rationales Entscheidungskriterium kann nun die pessimistische Maximin-Regel – Maximum der Zeilenminima – benutzt werden, die von der Annahme ausgeht, dass der Gegenspieler die für den Spieler ungünstigste Hand-
lungsmöglichkeit wählt.[422] (Tab. 37) Im vorgestellten Beispiel wählt der Spieler (Entscheidungsträger) die Aktion, bei der das minimale Ergebnis größtmöglich ist, der Gegenspieler versucht, den
maximalen Verlust möglichst klein zu halten.

Aktionenraum des Gegners / Aktionen-raum des Spielers	S_1	S_2	S_3	Zeilenminima
A_1	10	15	7	7
A_2	20	5	8	5
A_3	14	12	10	10 Max.!
Spaltenmaxima	20	15	10 Min.!	

Tab. 37 Grundschema eines Entscheidungsmodells

Sind in einer Spielsituation Minimum der Spaltenmaxima und Maximum der Zeilenminima gleich
(Spiel mit Sattelpunkt), ist davon auszugehen, dass der Spieler die Aktion mit dem maximalen Zei-
lenminimum und der Gegenspieler die Aktion mit dem minimalen Spaltenmaximum wählen werden. Bei Spielen ohne Sattelpunkt ist die Entscheidung über eine optimale Strategie schwieriger. In
solchen Spielsituationen ist das Maximum der Zeilenminima kleiner als das Minimum der Spaltenmaxima, ist eine gemischte Strategie zu empfehlen.

In der Praxis lassen sich unterschiedliche Spielsituationen unterscheiden, die jeweils differenzierte
Strategien erfordern.[423] Von besonderer Bedeutung ist die Risikoklassifizierung der unterschiedlichen Situationen. Ein Beispiel einer etwas vereinfachten Einteilung ergibt drei Konstellationen:[424]

➢ Situation 1: Gegenspieler sind bekannt, vollkommene Information, Zielsetzungen bekannt
➢ Situation 2: Gegenspieler sind bekannt, unvollkommene Information, Zielsetzung bekannt bis
       unbekannt
➢ Situation 3: Gegenspieler sind unbekannt, unvollkommene Information, Zielsetzungen unbe-
       kannt

---

[422] Wöhe, G.: Einführung in die Allgemeine Betriebswirtschaftslehre, 19. Auflage, München 1996, S. 166
[423] Vgl. u.a. Rosenkranz, a.a.O., S. 102ff.
[424] In Anlehnung an ebenda, S. 103

Es ist bereits an den drei genannten Situationen erkennbar, dass das Risiko der Entscheidungsfindung von Situation 1 bis Situation 3 zunimmt. Die besondere Risikoproblematik liegt jedoch in den – oftmals nicht bekannten – Wahrscheinlichkeiten der gewählten Gegenreaktionen. Aus praktischer Sicht ist die im Grundmodell (Tab. 37) gewählte pessimistische Entscheidung nicht immer akzeptabel. In vielen Fällen wird man sich für die Erwartungswerte des Nutzens der eigenen Entscheidung in Abhängigkeit von den getroffenen Gegenreaktionen interessieren.

6.1.7 Exkurs: Entscheidungen unter Unschärfe -Situationen

Praktische Problem- und Entscheidungssituationen erfüllen nicht immer die in der klassischen Entscheidungstheorie verlangten Annahmen, insbesondere hinsichtlich der Determiniertheit und Quantifizierbarkeit der Aktionen, Umweltzustände und Ergebnisse. Vielfach treten Unsicherheiten, Unbestimmtheiten, Vagheiten und Unschärfen in den verfügbaren Informationen auf. Solche unscharfen Entscheidungssituationen können unter Nutzung der Fuzzy Set-Theorie behandelt werden. Die dabei betrachtete Unschärfe steht meist nicht im Zusammenhang mit bekannten oder unbekannten Wahrscheinlichkeiten. Insofern darf eine Entscheidungssituation unter Unschärfe nicht mit einer Entscheidungssituation unter Risiko oder Ungewissheit gleichgesetzt werden.[425]

Mit der Fuzzy-Set-Theorie ist es möglich, nicht-stochastische Ungewissheiten und insbesondere Begriffe aus der natürlichen Sprache in Modelle aufzunehmen. Dazu lassen sich drei Arten von Unschärfen unterscheiden:[426]

➢ **Lexikale Unschärfe** als Ausdruck der Unschärfe menschlicher Empfindungen
  Beispiele: „hoher Gewinn", „vertretbare Kosten", „angemessener Marktanteil"
➢ **Informationelle** Unschärfe als Ausdruck dafür, dass ein Begriff zwar exakt definiert ist, man aber bei der Handhabung große Schwierigkeiten hat, die vielen dazugehörigen Informationen zu einem klaren Gesamturteil zu aggregieren.
  Beispiele: „kreditwürdig", „marktbeherrschend"
➢ **Relationale Unschärfe** in Aussagen, bei denen die Beziehungen zwischen den angesprochenen Größen keinen dichotomen Charakter aufweisen
  Beispiele: „viel kleiner als" , „in etwa gleich".

Zur Behandlung von Unschärfen in der Entscheidungsfindung werden „Zugehörigkeitsfunktionen" gebildet, die den Grad der Zugehörigkeit von Elementen x zu einer Grundmenge X beschreiben:

$$\mu : X \rightarrow [0,1]$$

Im Vergleich zur klassischen Mengentheorie erfolgt hier keine „scharfe" Zuordnung eines Objektes (Elementes x) einer gegebenen Menge von Objekten X zu einer Menge von Objekten mit vorgegebenen Eigenschaften bzw. Merkmalen der Objekte. Vielmehr erfolgt eine „unscharfe" – abgestufte – Beurteilung dieser Zugehörigkeit. Ein Beispiel demonstriert die unscharfe Zugehörigkeit von Filialen eines Handelsbetriebes zur Menge „rentabler Filialen"(Abb. 46). Bis zu einem Filialergebnis von 350 T€ ist der Zugehörigkeitsgrad 0, das heißt eine Filiale ist unrentabel. Ab 700 T€ ist eine Filiale eindeutig rentabel. Zwischen diesen beiden Werten steigt die Bewertung der Rentabilität linear an.

---

[425] Ebenda, S. 93
[426] Gleißner, W./Wolfrum, M.: Risiko: Grundlagen aus Statistik, Entscheidungs- und Kapitalmarkttheorie, in: Gleißner, W./Meier, G.(Hrsg.): Wertorientiertes Risiko-Management für Industrie und Handel, Wiesbaden, 1. Auflage 2001, S. 141

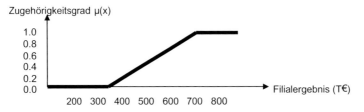

Abb. 46 Beispiel einer Zugehörigkeitsfunktion für die Beurteilung der Rentabilität von Filialen

Die Bedeutung der Theorie der unscharfen Mengen für das Risikomanagement liegt insbesondere in der Einbeziehung von unscharfen Informationen in die Risikoidentifikation und –bewertung. Ein interessanter Ansatz wurde zum Beispiel von BETZ mit der unscharfen Produktionsmengenplanung in Supply Chains aufgezeigt.[427] Dabei dürfte die Attraktivität des Modells hinsichtlich der Berücksichtigung objektiver Unschärfen die Eignung für risikoorientierte Planungen in Supply Chains erhöhen. Kritisch müssen jedoch der hohe Rechenaufwand für die „Verfolgung" der Unschärfen in komplexen Systemen sowie die in der Praxis problematische Datengenerierung für die Zugehörigkeitsfunktionen betrachtet werden.

6.2 Risikoanalyse und -beurteilung bei Investitions- und Innovationsentscheidungen

6.2.1 Grundlagen und Verfahren

Die Bewertung des Risikos von Investitions- und Innovationsentscheidungen (IIE) setzt eine systematische Analyse der Parameter der diesen Entscheidungen zugrundeliegenden Rechnungsmodelle voraus. Verschiedene Umweltzustände führen zu jeweils bestimmten Wertkonstellationen bei den Inputgrößen des Modells und somit zu einer bestimmten Bandbreite der Kapitalwerte der IIE-Maßnahmen. Verfahrenstechnisch lässt sich die Risikoanalyse und -beurteilung mit folgenden Ansätzen bearbeiten:[428]

➤ Korrekturverfahren
➤ Sensitivitätsanalysen
➤ Analyse der Wahrscheinlichkeitsverteilungen
➤ Entscheidungsbaumverfahren und
➤ Portfolio-Ansätze.

Mit dem Korrekturverfahren werden die geschätzten Inputgrößen des Investitionsrechnungsmodells nach dem Prinzip der Vorsicht mit einem Zuschlag oder Abschlag versehen. Zum Beispiel werden die geschätzten Einzahlungen der Periode um einen bestimmten Prozentsatz verringert, die geschätzten Auszahlungen der Periode um einen bestimmten Prozentsatz erhöht, die geschätzte Nutzungsdauer des Investitionsobjektes verringert und der Kalkulationszinssatz erhöht. Damit ist zu ermitteln, inwieweit der erwartete Kapitalwert auch unter ungünstigsten Umweltbedingungen noch erzielt, werden kann.

6.2.2 Sensitivitäts- und Szenarioanalysen

Sensitivitätsanalysen beantworten die Frage, welche Auswirkungen Veränderungen in den Merkmalen oder Variablen auf die betrachtete Zielgröße haben. Zur Bewertung der Sensitivität bestimmter betrieblicher Kenngrößen unter Risikoaspekten lassen sich nicht immer Wahrscheinlichkeitsverteilungen für die Risikoparameter ermitteln. Auf heuristischer Basis werden dann verschie-

---

[427] Betz, S.: Unscharfe Produktionsmengenplanung als Instrument des Risikomanagements in Supply Chains, in: Vahrenkamp, R./Siepermann, C.(Hrsg.): Risikomanagement in Supply Chains, Berlin 2007, S. 179ff.
[428] Wöhe, G.: Einführung in die Allgemeine Betriebswirtschaftslehre, 19. Auflage, München 1996, S. 780

dene Kombinationen von Ausprägungen der Risikofaktoren zu Szenarien gebildet und auf diese Weise mittels einer diskreten Verteilung die Risikogröße bewertet.[429] Das folgende Beispiel beschreibt diese Methode anhand eines Wertpapier-Portefeuille in Abhängigkeit von unterschiedlichen Währungskursen und Zinssätzen:[430]

Szenarien	aktuell	1	2	3	4	5	6
Wahrscheinlichkeit		0,10	0,05	0,15	0,25	0,40	0,05
$-Kurs in €	1,19	1,17	1,09	...			1,27
€-Kurs in Yen	105,66	101,77	...				109,36
€-Zins	3,92	3,78	...			4,01	...
...							
...							
Portfoliowert in €	100	87	72	114	98	103	138
Abweichung in €		-13	-28	14	-2	3	38

Abb. 47 Beispiel eines Szenario des Value-at-Risk (VaR)

Ergebnis:
Das Beispiel zeigt, dass mit einer Wahrscheinlichkeit von 5% der Verlust größer als 28 € ist, d.h. mit einer Wahrscheinlichkeit von 95% wird ein Portefeuillewert von 72 € nicht unterschritten

Szenarioanalysen bilden zukünftige Unternehmens- und Umweltentwicklungen in konsistenten Szenarien im Sinne einer expertenbasierten systematischen Planung ab. Die Mehrwertigkeit der Zukunftsannahmen lässt sich durch das bekannte Trichtermodell beschreiben. Der Umfang des Trichters und somit die Unsicherheit nehmen mit zunehmendem Prognosehorizont zu. Der Schnitt durch den Trichter zeigt alle möglichen Szenarien zu einem bestimmten Zeitpunkt. Für Zwecke der Planung werden in der Praxis zwei Extremszenarien und ein sehr wahrscheinliches Szenario entwickelt, die mit entsprechenden Störeinflüssen und –ereignissen verknüpft werden.[431]

6.2.3 Entscheidungsbäume zur Bewertung von Risiko-Entscheidungen

In vielen praktischen Entscheidungssituationen handelt es sich um komplexe Problemsituationen unter Unsicherheit. Dazu sind Entscheidungsbäume zu berechnen, mit denen die Auswirkungen einer im Zeitpunkt t_0 zu treffenden Entscheidung über mehrere Perioden ($t_1,....,t_n$) hinweg sichtbar zu machen sind. Lassen sich für das Eintreten der Umweltzustände in den einzelnen Perioden Wahrscheinlichkeiten schätzen, können diese für die Berechnung eines Erwartungswertes genutzt werden. Für die Anwendung der Entscheidungsbaumverfahren können verschiedene Modelltypen generiert werden:

Stufigkeit der Entscheidung / Informationsstand zu Umweltsituationen	**Einstufige Entscheidungssituation** (nur eine Entscheidung zu Beginn des Betrachtungszeitraumes in t_0)	**Mehrstufige Entscheidungssituation** (mehrere Entscheidungen zu verschiedenen Zeitpunkten des Betrachtungszeitraumes)
Risikosituation (Wahrscheinlichkeiten bekannt)	**Typ I**	**Typ II**
Ungewissheitssituation (Wahrscheinlichkeiten nicht bekannt)	**Typ III**	**Typ IV**

Tab. 38 Modelltypen von Entscheidungsbaumsituationen

---

[429] Burger, A./Buchhart, A.: Risiko-Controlling, München-Wien 2002, S. 124 f.
[430] Ebenda.
[431] Ebenda, S. 94f.

Im Folgenden werden die Typen I und IV an Beispielen demonstriert. Die Typen II und III sind den Typen I und IV strukturell ähnlich.

Beispiel Typ I

Für ein neues Produktionsverfahren soll eine Maschine angeschafft werden, für die folgende Daten vorliegen:

Anschaffungskosten in €	62.500 €
Nutzungsdauer in Jahren	2
Einnahmenüberschuss (€/Jahr)	
- bei Hochkonjunktur	125.000 €
- bei Rezession	12.500 €
Kalkulationszinssatz (% p.a.)	10 %

Bei Schätzung der Wahrscheinlichkeiten für die Branchensituation und das wirtschaftliche Umfeld des Unternehmens wird ein Entscheidungsbaum mit den betriebswirtschaftlichen Auswirkungen entwickelt. (Abb. 48) Für die darin ermittelten vier Alternativen j werden jeweils die wahrscheinlichkeitsgewichteten Kapitalwerte C_{0j} errechnet:

$C_{01}=$	125.000 x	0,9091 +	125.000 x	0,8264	- 62.500=	154.437,50 x 0,24=	37.065,00
$C_{02}=$	125.000 x	0,9091 +	12.500 x	0,8264	- 62.500=	61.467,50 x 0,36=	22.128,30
$C_{03}=$	12.500 x	0,9091 +	125.000 x	0,8264	- 62.500=	52.163.75 x 0.16=	8.346.20
$C_{04}=$	12.500 x	0,9091 +	12.500 x	0,8264	- 62.500=	- 40.806,25 x 0,24=	- 9.793,50

Abb. 48   Beispiel eines Entscheidungsbaums mit einstufigen Entscheidungsprozessen

Der Erwartungswert des Kapitalwertes beträgt 57.747,00 €. Mit einer Wahrscheinlichkeit von 76 % ist ein positiver Kapitalwert zu erwarten. Die Berechnung könnte nun auf weitere Perioden ausgeweitet werden, um zu ermitteln, wann der wahrscheinlichkeitsgewichtete Kapitalwert einen kritischen Grenzwert oder Null erreicht. Mit dem Modell lassen sich auch Sensitivitätsanalysen und Simulationen mit veränderlichen Parametern beliebig durchführen, um die Risiken i. S. negativer Auswirkungen sich verschlechternder Parameter transparent zu machen.

Der dynamische Charakter des Typs I kommt insbesondere in den unterschiedlichen Verlaufsformen der Einnahmenüberschüsse zum Ausdruck, die sich einerseits aus volkswirtschaftlichen Entwicklungsparametern und andererseits aus dem sich aus der Markt- und

Technologieentwicklung ergebenden Lebenszyklus der mit der Entscheidung verbundenen betriebswirtschaftlichen Maßnahme (Projekt, Investition,...) ableiten lassen.

Beispiel Typ IV

Ein Entscheidungsbaum kann auch komplexe, mehrstufige Entscheidungssituationen abbilden, wobei zwei Elemente zur Darstellung verwendet werden:

➤ Knoten, die einerseits die Situationen beschreiben, in denen z.B. Konkurrenten und Käufer (Umwelt) Entscheidungen treffen (Ereignisknoten) und andererseits diejenigen Situationen, in denen das Unternehmen Entscheidungen fällt (Entscheidungsknoten) und
➤ Kanten, mit denen die eintretenden Umweltzustände als Verbindungen zwischen den Ereignisknoten und den nachfolgenden Entscheidungsknoten mit/ohne ihre Eintrittswahrscheinlichkeiten repräsentiert werden.[432]

Für jeden Pfad dieses Entscheidungsbaumes werden dann wiederum die Konsequenzen ermittelt.

Beispiel

Über die Markteinführung eines Produktes soll im Rahmen von drei möglichen Entscheidungsalternativen entschieden werden:

    (1)   Herstellung und weltweiter Verkauf von 50.000 Stück
    (2)   Herstellung von zunächst 5.000 Stück und Test-Verkauf, anschließend bei Erfolg Herstellung und Verkauf weiterer 45.000 Stück
    (3)   Verzicht auf das Produkt

Der Entscheidungsbaum ergibt dann die folgende Grundstruktur:[433]

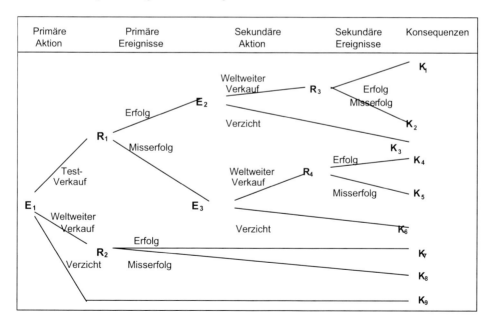

Abb. 49 Beispiel eines Entscheidungsbaums mit mehrstufigen Entscheidungsprozessen

---

[432] Ehrmann, H.: Risikomanagement, Kompakt-Training, Ludwigshafen(Rhein), 2005, S. 66
[433] Ebenda, S. 67

7. Organisation des Risikomanagements im Unternehmen

7.1 Ausgangspunkte und Status quo

Die Geschäftsleitung hat zur Einführung eines Risikomanagementsystems die notwendigen Voraussetzungen für die erforderlichen Organisationsstrukturen und deren Prozesse zu schaffen. Das Risikomanagement ist organisatorisch mehr als ein Prozess und weniger als eine Institution zu betrachten, obwohl der Risikomanagement-Prozess ohne eine wirkungsvolle Institutionalisierung nicht funktionieren wird.

Erfahrungen in der Implementierung eines Risikomanagementsystems in den Unternehmen zeigen, dass für die dafür verantwortlichen Führungskräfte und Mitarbeiter eine hohe Arbeits-(-mehr-) belastung entsteht. Ebenso ist häufig ein fachübergreifender Arbeitskreis einzusetzen.

Ein Risikomanagementsystem muss durch organisatorische Regelungen sicherstellen, dass Risiken frühzeitig identifiziert und regelmäßig bewertet werden. Bei der organisatorischen Gestaltung des RMS sind die folgenden Fehler zu vermeiden:[434]

➢ Fehlende Schwerpunktsetzung und vermeidlicher bürokratischer Aufwand
➢ Fehlende Integration in bestehende Organisations-, Planungs- und Berichtssysteme
➢ Mangelhafte Dokumentation im Risikomanagement
➢ Unklare Aufgabenzuordnung im Risikomanagement und Fehlen eines Verantwortlichen für das Gesamtsystem
➢ Fehlende organisatorische Trennung zwischen Risikomanagement und Interner Revision
➢ Unbefriedigende Einbindung der Mitarbeiter in das Risikomanagement
➢ Fehlende Risikopolitik und Limitsysteme.

Professionelles Risikomanagement muss in der Organisation eines Unternehmens angemessen berücksichtigt werden. Dies erfordert erstens geeignete Strukturen durch Zuordnung der Aufgaben und Verantwortung zu jeweils passenden Organisationseinheiten und zweitens die Berücksichtigung der besonderen Anforderungen des Risikomanagements in den Prozessen. Zur organisatorischen Gestaltung von Risikomanagementsystemen finden sich in der Literatur umfassende Konzepte und Erfahrungen der Praxis.[435]

In kleinen und mittleren Unternehmen bestehen zahlreiche Besonderheiten in der Organisation des Risikomanagements. Hier fehlen aufgrund der „gefühlten Überschaubarkeit" der Unternehmensprozesse häufig das Bewusstsein und das Verständnis für die Notwendigkeit eines RMS. Unternehmensleitung und Führungskräfte sind sehr stark und oftmals fast ausschließlich mit Aufgaben des operativen Tagesgeschäfts eingedeckt. Darüber hinaus fehlen in kleinen und mittleren Unternehmen oft die allgemeine Akzeptanz derartiger Managementsysteme und die für RMS erforderlichen Managementkapazitäten und Fachexperten für die Anwendung der Verfahren und Instrumente des Risikomanagements. Sie unterliegen oft auch nicht der gesetzlichen Verpflichtung für den Aufbau eines Risikomanagements oder den Forderungen im Rahmen eines Ratings durch die finanzierenden Banken. Ein wesentlicher ökonomischer Gesichtspunkt allgemeiner Zurück- oder Verweigerungshaltung gegenüber solchen Systemen liegt in den oft überproportional hohen System- und Prozesskosten für die Schaffung, die Implementierung und den laufenden Betrieb eines Risikomanagementsystems. Es sollten entsprechend einfache und sehr pragmatische Systeme und Modelle – vielleicht sogar partiell mögliche Standardmodelle oder modulare Konzepte – für bestimmte Gruppen kleiner und mittlerer Unternehmen typen- oder branchenspezifisch bereitgestellt und genutzt werden.

---

[434] Gleißner, W.: Ratschläge für ein leistungsfähiges Risikomanagement,
in: www.krisenkommunikation.de/akfo53-d.htm Einsicht am 07.12.2005, S. 7
[435] Vgl. u.a. Mott, B.P.: Organisatorische Gestaltung von Risiko-Managementsystemen, in: Gleißner, W./ Meier, G.
(Hrsg.): Wertorientiertes Risiko-Management für Industrie und Handel, Wiesbaden 2001, S. 199-232

7.2. Institutionelle und aufbauorganisatorische Einordnung

7.2.1 Grundprinzipien und organisatorische Anforderungen

Die institutionelle Organisationsform des Risikomanagements hängt insbesondere von der Größe, der Art, der Struktur und der internen Kultur des Unternehmens ab. In großen Unternehmen werden zur Wahrnehmung dieser Aufgabe Stabsabteilungen geschaffen oder spezielle Aufgaben in Controlling-Bereiche integriert. In kleinen und mittleren Unternehmen wird diese Aufgabe von der Geschäftsführung übernommen, die sich gegebenenfalls für spezielle Aufgaben zeitlich begrenzt ein Team von Mitarbeitern verschiedener Abteilungen und Hierarchiestufen zusammenstellen kann.[436] Von besonderer Bedeutung ist die Frage nach dem richtigen Verhältnis von Zentralisierung und Dezentralisierung der mit dem Risikomanagement verbundenen Aufgaben.

Eine **Zentralisierung** bestimmter Aufgaben in Form spezieller Organisationseinheiten kann erfolgen:

➢ vom Management selbst
➢ von dem Management unmittelbar untergeordneten Stabstellen
➢ von einer eigenständigen Linienorganisation
➢ vom Controlling
➢ von einem Gremium von Fachleuten.[437]

Die **Dezentralisierung** des Risikomanagements muss unter verschiedenen Aspekten gesehen werden. Erstens kann Dezentralisierung bedeuten, dass spezifische Risiken in hohem Maße dezentral entstehen und bestehen sowie auch nur dezentral identifiziert und bewertet werden können. Zweitens muss betrachtet werden, inwieweit Risiken als Folge von Entscheidungen (Tun oder Unterlassen) von dezentralen Organisationseinheiten verantwortet werden können und dürfen. Drittens ist zu entscheiden, in welchem Umfang die dezentral entstehenden und dort auch identifizierbaren Risiken auch einer dezentralen Risikoüberwachung sowie Risikosteuerung und -bewältigung unterliegen können und sollen. Ein bestimmtes Maß an Dezentralisierung des Risikomanagements nutzt einerseits die Fachkompetenz der Führungskräfte und Mitarbeiter in dezentralen Organisationseinheiten und schafft dort andererseits ein spezifisches Verantwortungsbewusstsein für die allgemeinen und die spezifischen Risiken.

Der Risikomanagement-Prozess bezieht sich auf alle Unternehmensebenen, beginnend beim Top Management bis in alle Bereiche entlang der Wertschöpfungskette. Insoweit ist der Umgang mit den Chancen und Risiken eine Angelegenheit aller Mitarbeiter, weshalb zu überlegen ist, durch welche Regelungen ihre systematische und effiziente Teilnahme am Risikomanagement-Prozess gesichert werden kann und.[438] Damit wird die differenzierte Übertragung und Zuweisung der richtigen Aufgaben an die richtigen Mitarbeiter eine wichtige Grundlage eines erfolgreichen Risiko-Managementsystems. In der praktischen Umsetzung stellt sich oft die Frage, wie man einerseits das Wissen der Mitarbeiter gezielt nutzen, andererseits aber den Umgang mit den Risiken fokussieren kann. Ehrmann bemerkt dazu eine oftmals erzielte praktische Erfahrung:

„Die in manchen Unternehmen praktizierte Vorgehensweise, durch Befragung sämtlicher Mitarbeiter eine lückenlose Liste sämtlicher Risiken zu erhalten und diese dann zu steuern, verspricht keinen Erfolg, sondern führt zu einer nicht beherrschbaren Risikofülle. Darüber hinaus besteht die Gefahr der mangelnden Zeitnähe und auch der mangelnden Objektivität."[439]

Empfehlenswert ist zunächst eine Risikoabgrenzung und –einstufung hinsichtlich ihrer Relevanz.

[436] Specht, D./Behrens, S./Mieke, C.: Risikomanagement in technologieorientierten Beschaffungsnetzwerken, in: Vahrenkamp, R./Siepermann, C.(Hrsg.): Risikomanagement in Supply Chains, Berlin 2007, S. 144
[437] Ehrmann, H.: Risikomanagement, Kompakt-Training, Ludwigshafen(Rhein), 2005, S. 120
[438] Ebenda, S. 122
[439] Ebenda.

Darauf aufbauend werden dann Risiken zu Risikofeldern strukturiert und diese bestimmten Aufgabenträgern einzeln individuell oder kollektiv zugewiesen.

Zentrales versus dezentrales Risikomanagement	
Gründe für ein zentrales Risikomanagement	Gründe für ein dezentrales Risikomanagement
➢ Vergleichbarkeit bei der Risikomessung durch einheitliche Modelle und Verfahren und konsistente Vorgehensweise auf der Basis einheitlicher Richtlinien für das Gesamtunternehmen ➢ Unternehmensweite Risikoperspektive: Konzentrations- und Diversifikationseffekte lassen sich nur auf zentraler Ebene berücksichtigen. ➢ Einheitliche und umfassende Sichtweise aus der Gesamtunternehmensperspektive ➢ Notwendigkeit des Einsatzes von Spezialkenntnissen hoch qualifizierter Mitarbeiter ➢ Unabhängigkeit und Schaffung einer „kritischen Masse" durch Aufgaben- und Informationsbündelung	➢ Nähe zum Geschäft: Informationsqualität durch die Marktnähe der Mitarbeiter in den dezentralen Einheiten und individuelles Bewusstsein für zu verantwortende Risiken bei den jeweiligen Entscheidungsträgern ➢ Verfügbarkeit und Verständnis von Daten in dezentralen Einheiten als Grundlage des besseren Verständnisses der Situation vor Ort und Möglichkeit einer schnelleren Erfassung und Reaktion auf veränderte Bedingungen ➢ Verringerung der Gefahr von Interpretationsschwierigkeiten hinsichtlich der Aussagekraft von Daten

Tab. 39 Argumente der Zentralisierung und Dezentralisierung des Risikomanagements[440]

In der Praxis hat sich eine Kombination aus zentralen und dezentralen Komponenten in der Organisation bewährt.

Professionelles Risikomanagement wird nur bei einer angemessenen Berücksichtigung in der Organisation des Unternehmens wirksam. Mit Hilfe geeigneter Strukturen sind Aufgaben und Verantwortung für das Risikomanagement den jeweils passenden Organisationseinheiten zuzuordnen. Dazu sollten einige grundlegende Erfahrungsregeln berücksichtigt werden:[441]

➢ Risikomanagement braucht einen „Champion" – Verantwortlichen - in der Organisation.
➢ Risikomanagement kann nicht als ein gebündelter Aufgabenkomplex einer einzelnen Organisationseinheit zugeordnet werden, sondern das Aufgabenspektrum sollte den Kompetenzen entsprechend verteilt werden. Entscheidungen für eine bewusste Risikoübernahme sind untrennbar mit Entscheidungen im unmittelbaren Geschäftsalltag verbunden und können nicht losgelöst davon betrachtet werden.
➢ Risikocontrolling muss unabhängig und exponiert positioniert sein. „Alle Geschäftseinheiten, die Risiken eingehen, müssen die Resultate der Risikomessung in ihre Geschäftsentscheidungen einfließen lassen. Immerhin verantworten Sie das Ergebnis dieser Geschäftsentscheidungen einschließlich der damit verbundenen Risiken. Zur Vermeidung von Interessenkonflikten ist es sinnvoll, dabei jedoch die organisatorische Verantwortung für die Risikoidentifizierung und – messung von der Verantwortung für die Risikoübernahme zu trennen. Eine derartige organisatorische Aufteilung zwischen den risikonehmenden Geschäftsbereichen und einem eigenständigen Bereich Risikocontrolling schafft die notwendige Unabhängigkeit der Kontrollfunktion, eine klare Trennung ist deshalb in der Praxis immer häufiger anzutreffen." Aufgaben des Risikocontrollings sind von Personen zu übernehmen, die keine unmittelbare Verantwortung für das Tagesgeschäft tragen und nicht weisungsabhängig von diesem Bereich sind.
➢ Die Rollen in der Risikomanagement-Organisation müssen klar definiert sein.

[440] In Anlehnung an Merbecks, A./Stegemann, U./Frommeyer, J.: Intelligentes Risikomanagement, Frankfurt/ Main, Wien 2004, S.230ff.
[441] Ebenda, S. 222

Eine wesentliche Säule der Organisation eines Risikomanagementsystems ist seine Integration mit anderen Managementsystemen, insbesondere den Qualitäts-, Umwelt- und Arbeitsschutzmanagementsystemen, zu Integrierten Managementsystemen. Diese Integration ist insofern bedeutend und auch sehr effizient, da alle genannten Systeme auf die gleichen System- und Prozessstrukturen des Unternehmens zugreifen. Des Weiteren sind auch die Normensysteme für diese Systeme strukturell und inhaltlich aufeinander abgestimmt.

Eine sehr enge Beziehung zwischen Risikomanagement und Qualitätssicherung wird zum Beispiel in Handelsunternehmen z.B. durch den Standard IFS Logistic geschaffen, mit dem die Qualitätssicherung auf höchstem Niveau auf der gesamten logistischen Prozesskette bis in die Filialen angestrebt wird und somit ein Beitrag zur Identifikation und Bewältigung von Risiken in dieser Prozesskette mit teils gravierenden Wirkungen auf den Handelsbetrieb geleistet wird.[442]

Für Risikomanagementsysteme in Unternehmen wurde eine Normenreihe ISO 31000 analog der Normenreihe ISO 9001 für das betriebliche Qualitätsmanagement geschaffen. Eine enge Beziehung besteht zwischen der ISO 31000 und der österreichischen Normenreihe ONR 49000ff[443]. Ein ausführlicher Praxisleitfaden für die Anwendung des neuen Standards wird von Brühwiler/Romeike[444] gegeben. Eine umfassende Darstellung dieses Standards würde den Rahmen und die Zielstellung des vorliegenden Buches sprengen.

7.2.2 Aufgabenzuordnung auf unterschiedlichen Organisationsebenen

Im Rahmen der unternehmensspezifischen Organisationskonzepte kommen den einzelnen Organisationsebenen unterschiedliche Aufgaben innerhalb des betrieblichen Risikomanagementsystems zu. (Vgl. Tab.   ) Zur Wahrnehmung der Gesamtverantwortung für das betriebliche Risikomanagement-System muss zunächst deren organisatorische Zuordnung an zentraler Stelle entschieden werden. Ohne diese „Institution" des Risk-Managers werden in vielen Fällen die Funktionsfähigkeit und die Weiterentwicklung des RMS nicht gewährleistet sein. Dies gilt in besonderer Weise für die fortlaufende Anpassung sowohl des Systems selbst als auch der Identifikationen und Bewertungen betrieblicher Risiken sowie die Gestaltung, Koordination und Gewährleistung des komplexen Informations- und Kommunikationsprozesses innerhalb des RMS und in Wechselwirkung zu anderen betrieblichen und außerbetrieblichen Informations- und Organisationsstrukturen.

Eine aufbauorganisatorische Verankerung und die Einbindung des Risikomanagements in die ablauforganisatorischen Prozesse im Unternehmen erfolgt unter der Zielsetzung der Aufgabenverteilung und der Festlegung von Kompetenzen und Verantwortung auf zentrale und dezentrale Einheiten. Mit diesen Festlegungen müssen risikoverursachende und risikokontrollierende Organisationseinheiten aufbau- und ablauforganisatorisch im Unternehmen eingebettet und verknüpft werden. Aufbauorganisatorisch sind für ein RMS die Organisationseinheiten nach dem Verursachungsprinzip entsprechend der risikoverursachenden Gruppierung von Risikoarten abzugrenzen.[445] Bei vielen leistungswirtschaftlichen und finanzwirtschaftlichen Risikoarten ist dies vom Grundsatz her möglich. In einigen Fällen ist dieses Verursachungsprinzip nicht trennscharf anwendbar. Zum Beispiel kann das Ausfallrisiko für die Begleichung einer Kundenforderung als Risikoart sowohl den leistungswirtschaftlichen (Entstehungsprinzip) als auch den finanzwirtschaftlichen Bereichen (Steuerungsprinzip) zugeordnet werden.[446] In einer Reihe von Fällen muss sachgerecht eine administrative Zuordnung von bestimmten Risikoarten erfolgen.
Für die praktische Implementierung eines Risikomanagementsystems kann es sich als vorteilhaft erweisen, ein „Risikoarten-Organigramm" zu erstellen, das in den entsprechen Fällen eine Zuord-

---

[442] Vgl. u.a. Kapell, E.: Handel führt Logistikstandard ein, Lebensmittelzeitung 12. Januar 2007, S. 26

[443] Vgl. Gleißner, W.: Grundlagen des Risikomanagements im Unternehmen, München 2008, S. 31f.

[444] Brühwiler, B./Romeike, F.(Hrsg.): Praxisleitfaden Risikomanagement. ISO 31000 und ONR 49000 sicher anwenden, Berlin 2010

[445] Wolke, T.: Risikomanagement, München, Wien 2007, S. 238f.

[446] Ebenda, S. 239

nung der Risiko-Verantwortung abweichend von den sonst üblichen Verantwortungszuordnungen regelt.

Unternehmensebene		Zuordnung von Einzelaufgaben
Unternehmensleitung		➢ Gesamtverantwortung für das Risikomanagement ➢ Gesamtsteuerung des Risikomanagement ➢ Festlegung konkreter Risikogrundsätze ➢ Feststellung der Kernrisikotreiber ➢ Bildung von Risikofeldern ➢ Bestimmung von Limits für die einzelnen Risikobereiche in Abhängigkeit von der Risikobereitschaft und –fähigkeit ➢ Steuerung der strategischen Risiken ➢ Festlegung des Rahmens für den Strategieeinsatz bei operativen Risiken ➢ Konzipierung von Handlungsanweisungen ➢ Berichterstattung gegenüber Gremien und Einrichtungen, wie zum Beispiel Aufsichtsräte, Verwaltungsräte, Wirtschaftsprüfer und Steuerberater ➢ Gewährleistung einer funktionierenden Risikoüberwachung ➢ Sicherstellung der Risikodokumentation
Controlling (Risikocontrolling)	➢ Konstitutiver Bereich	➢ Organisatorische Ausgestaltung des Risikomanagements ➢ Beschaffung, Bearbeitung und Weiterleitung von Risikoinformationen ➢ Mitwirkung bei der Identifikation von Risikofeldern ➢ Mitwirkung bei der Festlegung von Methoden und Verfahren der Risikoidentifikation, Risikobewertung und Risikoaggregation ➢ Ausgestaltung des Berichtswesens im Rahmen des Risikocontrolling ➢ Koordinierungsaufgaben im Rahmen der Risikohandhabung zwischen den einzelnen Risikobereichen ➢ Aufgaben im Rahmen der Risikokontrolle und Führung des Risikoinventars
	➢ Strategischer Bereich	➢ Unterstützung von Entscheidungen der Unternehmensleitung ➢ Weiterentwicklung von Risikogrundsätzen ➢ Mitwirkung bei der Strategienplanung, ➢ Feststellung der Risikokosten im Vergleich mit Aufwendungen bei Verminderungs- und Vermeidungsstrategien ➢ Ermittlung des Risikodeckungspotenzials ➢ Durchführung der strategischen Risikokontrolle
	➢ Operativer Bereich	➢ Beratung der Mitarbeiter ➢ Entwurf von Fragebögen, Dokumenten und Arbeitsunterlagen ➢ Durchführung von Koordinierungs- und Kontrollaufgaben ➢ Informationsversorgung der Führungsebenen
Mitarbeiter		➢ Feststellung, welche Mitarbeiter eines Bereichs in den Risikomanagementprozess einbezogen werden sollen ➢ Bestimmung des Aufgabenausmaßes bzw. –umfangs ➢ Bestimmung der Vorgehensweise bei der Mitwirkung während der Einführungsphase und während der laufenden Arbeiten

Tab. 40   Übersicht von Aufgaben des Risikomanagements und ihre Zuordnung zu Verantwortungsträgern [447]

---

[447] In Anlehnung an Ehrmann, a.a.O.,S. 124ff.

7.3. Prozessorganisation des Kreislaufs betrieblicher Risikomanagementsysteme

Die Ausgestaltung eines betrieblichen Risikomanagements erfordert ein zielgerichtetes Denken in Regelkreisläufen (vgl. Kapitel 5). Dazu lassen sich grundsätzlich drei miteinander verbundene Prozesskreisläufe definieren:

> ➢ Prozesskreislauf 1:
> Einführung eines Risikomanagementsystems durch Projektmanagement und –organisation

> ➢ Prozesskreislauf 2:
> Initialisierung - Risikoanalyse, -aggregation und –bewältigung

> ➢ Prozesskreislauf 3:
> Implementierung des Dauerbetriebes – Risikoüberwachung und -kontrolle

Wirkungsvolles Risikomanagement erfordert viele, teils neue und in jedem Fall klar zu definierende Prozessfestlegungen und -beschreibungen, zum Beispiel in Gestalt von Dokumentationen, Reports, Festlegungen zur Durchführungsfrequenz der verschiedenen Aktivitäten.[448] Die Organisation des Risikomanagements und der Risikomanagement-Prozess sollten in einem Risikomanagement-Handbuch (RMH) dokumentiert werden, um alle Mitarbeiter und Führungskräfte aktiv in diesen Prozess einzubeziehen. Eine solide Dokumentation ist eine entscheidende Voraussetzung für eine dauerhafte Funktionsfähigkeit des betrieblichen Risiko-managements. In Anlehnung an den IDW-Prüfungsstandard 340 sollten die in der Tab.41 genannten Bestandteile in dieser Dokumentation enthalten sein.

Exemplarischer Aufbau eines Risiko-Management-Handbuchs
I.   Vision und Ziele des Risiko-Managements
II.   Risikopolitische Grundsätze: Risikoeinstellung, Risikotragfähigkeit
III.   Grundsätze für Risikoerkennung und –identifikation und Risikobewertung (Risikoanalyse) sowie Risikokommunikation
IV.   Begriffsdefinitionen (Risiko, Risikomaße etc.)
V.   Risikostruktur sowie Risikofaktoren und –kategorien
VI.   Definition der Aufbauorganisation, beispielsweise eines institutionalisierten Bereiches Risiko-Management
VII.   Dokumentation von Risikoverantwortlichen und Maßnahmen
VIII. Definition der Methoden und Instrumente
IX.   Risiko-Management-Prozess
X.   IT-Konzept für das Risiko-Management (RMIS)
XI.   Zusammenstellen der wesentlichen integrierten Kontrollen sowie der Aufgaben der internen Revision
XII.   Geltungsbereich, Inkraftsetzen

Tab. 41   Grundstruktur des Aufbaus eines Risiko-Management- Handbuches[449]

Prozesskreislauf 1:
Einführung eines Risikomanagementsystems durch Projektmanagement und -organisation

Im Rahmen der Gestaltung eines Risikomanagement-Projektes ist zunächst eine Grundsatzentscheidung über den Umfang der vom Unternehmen selbst und von externen Experten und Beratern zu erbringenden Leistungen zu treffen. Die Integration externer Experten kann auf zwei verschiedene Weisen erfolgen:[450]

---

[448] Merbecks, A./Stegemann, U./Frommeyer, J.: Intelligentes Risikomanagement, Frankfurt/Main,Wien 2004, S. 249

[449] Romeike, F./ Hager, P.: Erfolgsfaktor Risiko-Management 2.0, 2. Auflage, Wiesbaden 2009, S. 117ff.

[450] Reh, G.: Ablaufplan: Einführung eines Risikomanagementsystems, in: Gleißner, W./ Meier, G.(Hrsg.): Wertorien-

➢ Der Berater stellt sein methodisches und fachliches Wissen zu den Arbeitsschritten zur Verfügung und führt durch die Einzelphasen ohne an der inhaltlichen Erarbeitung der Risikoinformationen beteiligt zu sein (Coaching-Modell).

➢ Der Berater erhebt gemeinsam mit den Mitarbeitern des Unternehmens die benötigten Informationen und wirkt aktiv in den Teilschritten mit.

Projekte für den Aufbau eines betrieblichen Risikomanagementsystems (RMS) könnten nach zwei alternativen Vorgehensweisen strukturiert werden:[451]

(1) Beginn mit der Gestaltung der Aufbau- und Ablauforganisation und Ermittlung der bereits vorhandenen Systeme, Informationszyklen und Berichtswege im Unternehmen, an die ein Risikomanagementsystem angebaut werden könnte.

(2) Beginn der Identifikation, Bewertung und Bewältigung der Risiken und danach Erweiterung der bestehenden Organisation um die Elemente der Früherkennung und Überwachung.

Für die Alternative (2) wäre dann mit der Phase 1 ein vierstufiges Vorgehen verbunden:

➢ Bildung von Risikoklassen und Festlegung von Risikobereichen
➢ Identifizierung, Beschreibung, Analyse und Bewertung von Einzelrisiken
➢ Erstellung eines Risikokataloges
➢ Risikoquantifizierung und Risikoaggregation

Mit der Phase 2 erfolgen dann der Aufbau und die Implementierung eines ersten den Anforderungen des KonTraG entsprechenden Risikomanagementsystems:

➢ Erarbeitung erster Maßnahmen zur Risikosteuerung
➢ Ausarbeitung der Risikopolitik
➢ Gestaltung des Risikomanagementsystems
➢ Aufbau des Risiko-Berichtswesens
➢ Implementierung von Methoden zur Risikobewältigung

Prozesskreislauf 2:
Initialisierung - Risikoanalyse, -aggregation und -bewältigung

Die Vorgehensweise der Analyse und Beschreibung der Risiken erfordert ein interdisziplinäres, bereichsübergreifendes Managementmodell, das nach den zwei allgemein bekannten Planungsweisen praktiziert werden kann:

➢ das Top-down-Prinzip, d.h. die Präzisierung der Einzelrisiken auf der Basis der auf der nächsthöheren Stufe identifizierten "Globalrisiken

➢ das Bottom-up-Prinzip, d.h. die hierarchiebezogene Verdichtung der auf den unteren Ebenen identifizierten Einzelrisiken.

Zur Unterstützung der Unternehmensbereiche bei der Erstellung ihrer Risikobewertungen sollte ein Risikomanagement-Workshop durchgeführt werden, der folgenden Aufbau haben könnte:

Erster Tag
1. Einführung in das Risikomanagement
2. Aufstellen der Gefahrenliste
3. Worst-Case-Szenarien
4. Bewertung der Szenarien
Zweiter Tag
1. Maßnahmen zur Verminderung der Risiken
2. Neubewertung der Risiken
3. Soll-Zustand der Risiken
4. Auftrag zur endgültigen Abstimmung der Ergebnisse

tiertes Risiko-Management für Industrie und Handel. Methoden, Fallbeispiele, Checklisten, Wiesbaden 2001, S. 29
[451] Ebenda, S. 33

Für die Einbeziehung der Aufgabenträger in die Risikoidentifikation und –beurteilung ist das Vorgehen genau zu definieren und mit vorgegebenen Arbeitsunterlagen zu verbinden.(Tab. 42)

Abteilung:	Einkauf	Name:	Lindemann		Funktion: Gruppenleiter Einkauf			Datum:	
Aufgabe	Risiken intern	Risiken extern	Begründung	Schadens- höhe	Eintrittswahr- scheinlichkeit	Schadens- ausmaß	Risiko- handhabung	Bericht an
Einkauf Haupt- rohstoff 412 .... 2. Vor- nahme der Bestellung								

Tab. 42 Beispiel einer Arbeitsunterlage zur Risikoidentifikation[452]

Prozesskreislauf 3:
Implementierung des „Dauerbetriebes"

Für den „Dauerbetrieb" sollten die folgenden Maßnahmen vorgesehen werden:

➢ Schaffung einer Verfahrensweise für die gesicherte Umsetzung, Kontrolle und Anpassung festgelegter Risikobewältigungsmaßnahmen
➢ Überwachung und Aktualisierung der Risikoidentifikation und Risikobewertung durch Anpassung der Daten an aktuelle Entwicklungen, Aufnahme neuer Risiken sowie Eliminierung nicht mehr existenter oder nicht mehr relevanter Risiken
➢ Umsetzung der Regelungen zur Erfassung, Dokumentation und Berichterstattung über Risikoinformationen „von unten nach oben"

Für den Dauerbetrieb sollten die zeitlichen Rhythmen der Überwachung, Kontrolle und Anpassung sowie die temporären Organisationsformen der Bewältigung dieser Aufgaben differenziert festgeschrieben werden.

7.4   Das Konzept eines prozessorientierten Risikomanagementsystems

Intransparenz der Unternehmensprozesse und die sich daraus ergebenden Folgen von Redundanz, Ineffizienz und fehlender Integration betriebswirtschaftlicher Organisations- und Informationssysteme erfordern eine permanente zeit-, qualitäts- und kostenoptimierende Prozessverbesserung. Ein großer Teil der unternehmerischen Risiken sind operationelle Risiken in den Geschäftsabläufen, Organisationsstrukturen, DV-Systemen oder externen Einflüssen. Ein Beispiel stellt der Zusammenbruch der Barings Bank im Jahre 1995 dar, wo ein mangelndes prozessorientiertes Risikomanagement die Intransparenz des Abwicklungsprozesses von Wertpapiertransaktionen und fehlende Kontrollstrukturen die Möglichkeit schafften, die durch Marktrisiken entstandenen Derivatverluste von ca. 827 Mio. Pfund lange Zeit zu vertuschen. Operationelle Risiken werden oftmals erst wirksam durch eine hinreichende Kenntnis und Analyse des zugrundeliegenden Prozesses erkannt. Voraussetzung für die Identifikation derartiger prozessbezogener Risiken ist eine methodisch sinnvolle und durchgängige sowie detaillierte Prozessanalyse.[453] Zur methodischen Unterstützung schlagen Brabänder et.al. eine Vorgehensweise für die Umsetzung des prozessorientierten Risikomanagements über mehrere Phasen vor:[454]

---

[452] Ehrmann, H.: a.a.O., S. 134
[453] Brabänder, E./Exeler, S./Ochs, H./Scholz, T.: Gestaltung prozessorientierter Risikomanagement-Systeme, in: Romeike, F./Finke, B.(Hrsg.) Erfolgsfaktor Risiko-Management, Wiesbaden 2004, S. 329ff.
[454] Ebenda, S. 332ff.

Phase 1 – Festlegung der Risikopolitik und Definition von Projektschwerpunkten

Mit der strategischen Entscheidung zur Einführung eines Risikomanagementsystems und der damit verbundenen Festlegungen zur Risikopolitik werden alle notwendigen Vorbereitungen für eine erfolgreiche Projektrealisierung getroffen. Es erfolgt eine Strukturierung des Grob-Projektplanes. In dieser Phase können Unternehmen Geschäftsprozesse definieren und beschreiben sowie in spezifische Projektschwerpunkte transformieren. Diese bilden dann den Rahmen für die folgenden Phasen der Risikoanalyse und –dokumentation.

Phase 2 – Prozessanalyse

Dazu kann die Standardmethodik für die Prozessanalyse nach dem **ARIS-Modell**[455] genutzt werden, mit der der Unternehmensprozess in verschiedene Sichten zerlegt und damit die Komplexität auf einen bestimmten Betrachtungsbereich reduziert wird. Geschäftsprozesse lassen sich damit auf der Ebene der Steuerungssicht durch eine *ereignisgesteuerte Prozesskette (EPK)* modellieren. Mit Hilfe einer detaillierten Prozessanalyse lassen sich die Prozessverläufe in den einzelnen Teilprozessen betrachten wie auch die am Prozess beteiligten und somit auch einflussnehmenden Faktoren erkennen.

Dabei sollte von einer Grobrisikoanalyse ausgegangen werden, um zunächst die mit voraussichtlich hohem Risikopotenzial behafteten Prozesse zu ermitteln. Dabei werden alle Prozesse in A-Risikoprozesse, B-Risikoprozesse etc. eingestuft und anschließend in einer Detailanalyse vor allem die A-Risikoprozesse näher betrachtet.

Phase 3 – Risikoidentifikation und Risikoanalyse

Im Rahmen von Risikoaudits wird gemeinsam mit den involvierten Mitarbeitern der dokumentierte Prozess Schritt für Schritt besprochen und nach möglichen Risiken an den einzelnen Funktionen durchleuchtet. Dabei ergeben sich wichtige Erkenntnisse über Schwachstellen, wie z.B. Mehrfachbearbeitung, manuelle Bearbeitung, mangelnde Qualität der Systemunterstützung, fehlende Schnittstellen zwischen den Systemen.

In einem Risikodiagramm werden dann die identifizierten Risiken entsprechend strukturiert aufbereitet. (Tab. 43)

Risiko	Risiko-verantwort-licher	Betroffene Prozesse und Wechselwirkungen	Frühwarn-signale	Kennzahlen zur Risikoüberwachung mit Toleranzgrenzen	Mögliche Maßnahmen zur Risikooptimierung und Kontrollprozesse

Tab.43 Risikodiagramm für die prozessorientierte Risikoanalyse

Die Risikoidentifikation kann auch im Rahmen der Teilprozessmodelle nach der ARIS-Methodik dokumentiert werden.

Phase 4 – Soll-Konzeption

Bei jeder Maßnahme zur Optimierung eines Risikos ist im Rahmen einer Kosten-Nutzen-Analyse abzuwägen, ob die Minderung der Schadenshöhe und/oder der Eintrittshäufigkeit die mit der Maßnahme verbundenen Kosten rechtfertigen. Bei der Umsetzung des prozessorientierten Risikomanagement sind folgende Maßnahmen überlegenswert:

➢ Risikooptimiertes Redesign des Prozesses,
➢ Implementierung von Kontrollmechanismen und Qualitätspunkten im Prozessverlauf
➢ Standardisierung von Arbeitsgängen
➢ Einführung einer einheitlichen Bearbeitungssoftware
➢ Einführung eines Workflow-Systems

---

[455] Vgl. Scheer, A.-W./Jost, W.(Hrsg.): ARIS in der Praxis, 1. Auflage, Heidelberg 2002

➢ Überprüfung bestehender Berechtigungskonzepte oder
➢ Aufbau von Redundanz- und Backupsystemen.

„Können Prozesse durch entsprechende Maßnahmen oder Umstrukturierungen nicht vollständig gesichert werden oder stehen die Maßnahmen in keinem positiven Kosten-Nutzen-Verhältnis, so sollten für die Risiken Notfall- und Alternativprozesse, Kontrollprozesse und Risikokennzahlen zur Überwachung definiert werden."

Phase 5 – Risikoreporting und -kontrolle

Für ein effektives Risikomanagement-System ist die zielgerichtete Kommunikation aller Risiken, Maßnahmen und vor allem der Notfall-, Alternativ- und Kontrollprozesse von erheblicher Bedeutung. Den entsprechenden Personen sind gemäß ihrer Risikoverantwortung Informationen zukommen zu lassen.

7.5 Informations-, Berichts- und Kommunikationssysteme des Risikomanagements

7.5.1 Risikomanagement-Informationssysteme

Unter einem Risikomanagement-Informationssystem (RMIS) kann ein „IT-gestütztes, daten-, methoden- und modellbasiertes Entscheidungsunterstützungssystem für das Risk Management" verstanden werden, mit dem inhaltlich richtige und relevante Informationen zeitgerecht und formal adäquat zur Verfügung gestellt werden. In ein solches RMIS gehen sowohl interne Daten als auch externe Daten ein. Das Risk Management beschäftigt sich hierbei primär mit dem „Management" von Informationen. Unterschiedliche Informationen oder Informationsblöcke liegen bereits an unterschiedlichen Stellen im Unternehmen meist unkoordiniert, unsystematisch und unvollständig vor. Mit dem RMIS wird eine koordinierte Erfassung, Speicherung, Verarbeitung und Bereitstellung von Risikoinformationen angestrebt.[456]

Generell muss ein RMIS die Planung, Steuerung, Durchführung und Kontrolle der Risikopolitik informationell und rechentechnisch unterstützen. Neben der Speicherung vergangener und aktueller Daten muss ein solches System den gesamten Risiko-Management-Prozess von der Risikoanalyse, die Beurteilung risikopolitischer Maßnahmen sowie die Erfolgskontrolle umgesetzter Maßnahmen unterstützen. Ein RMIS muss auch in die IT-Landschaft eines Unternehmens mit den zahlreichen Schnittstellen zu anderen Bestandteilen des betrieblichen Informationssystems integriert werden.[457] Die Zusammenstellung, Verdichtung und Aufbereitung der Ergebnisse der Risikoidentifikation und –bewertung in einem entscheidungsorientierten Report soll den verantwortlichen Managern einen klaren Überblick über alle wesentlichen Risiken geben. Ein wichtiges Instrument für die Darstellung von Risiken ist ein detaillierter quantitativer Risikobericht in der Gliederung nach Risikoarten und Geschäftsbereichen, erweitert um die Diversifikationseffekte zwischen den Geschäftsbereichen, zwischen den Risikoarten und auf der Gesamtunternehmensebene.

Jede Veränderung des Markt- und Wettbewerbsumfeldes wirkt sich auf die Position des Unternehmens aus. Ein Netz unternehmensinterner Korrespondenten schickt einmal im Monat einen Bericht, alle möglichen Risiken werden nach ihrer Tragweite auf einer Art Risikolandkarte eingestuft. Das Risiko-Reporting zielt als ein Bestandteil eines effektiven internen Berichtswesens auf eine Dokumentation der Risikopositionen der Teilbereiche und des Gesamtunternehmens. Für die Entscheidungsfindung werden insbesondere folgende „Risiko"-Informationen benötigt:[458]

➢ die Art der Risiken
➢ die Einflussfaktoren der Risiken
➢ ihren zeitlichen Verlauf

---

[456] Erben, R.F./Romeike, F.: Risikoreporting mit Unterstützung von Risk Management-Informationssystemen (RMIS), in: Romeike, F./Finke, B.(Hrsg.) Erfolgsfaktor Risiko-Management, Wiesbaden 2004, S. 282
[457] Ebenda, S. 284
[458] Burger, A./Buchhart, A.: a.a.O., S. 175

- ➢ das Gefährdungspotenzial der Einzelrisiken
- ➢ das Zusammenwirken der Einzelrisiken und
- ➢ das Gefährdungspotenzial der aggregierten Risiken.

Risiko-Reporting trägt zur Entscheidungsunterstützung durch die Bereitstellung einer informatorischen Grundlage für die übergreifende Steuerung von Einzelrisiken und die Gestaltung der Gesamtrisikoposition des Unternehmens bei. Im Rahmen des Risiko-Reporting sind der vertikale und der horizontale Informationsfluss mit dem Ziel einer effektiven vertikalen und horizontalen Steuerung interdependenter Risiken zu sichern. Risiko-Reporting muss unter den jeweils spezifischen Bedingungen des Unternehmens verschiedene Funktionen erfüllen:[459]

- ➢ Informationsfunktion
- ➢ Entscheidungsunterstützungsfunktion
- ➢ Dokumentationsfunktion
- ➢ Kontroll- und Prüfbarkeitsfunktion
- ➢ Rechenschaftsfunktion (zum Beispiel Beweisfunktion für den Vorstand).

7.5.2 Frühwarn- und Früherkennungssysteme als Informationsquelle des Risikomanagements

Einer Studie der Unternehmensberatung Weihenstephan zufolge hat die Einführung eines Frühwarnsystems (FWS) im Rahmen des betrieblichen Risikomanagements unabhängig von der Unternehmensgröße bei zwei Dritteln der Unternehmen eine erhöhte Risikosensibilität bei den Mitarbeitern geschaffen.[460] Für ein derartiges FWS wird von Read die folgende Methodik in sechs Schritten vorgeschlagen:[461]

Schritt 1: Informationsbeschaffung

Mit dem Frühwarnsystem werden interne wie auch externe Informationsquellen relevant. Informationen werden oft dezentral erfasst. Dazu ist für jeden Frühwarnindikator festzulegen, welche Information in welcher Messgröße wo beschafft werden soll. Die Informationsbeschaffung kann manuell oder automatisiert erfolgen.

Schritt 2: Informationsbewirtschaftung

Zur effizienten Informationsbewirtschaftung wird eine Datenbank geschaffen, in der die Messwerte mit Messzeitpunkt, Messort und Messverantwortlichen strukturiert abgelegt werden können.

Schritt 3: Auswertung

Mit den Informationsauswertungen erfolgt einerseits eine Historisierung der Informationen. Zu diesem Zweck wird u.a. erfasst, wie oft und in welchem Ausmaß ein Frühindikator eine Frühwarn- oder Alarmierungsschwelle überschritten bzw. beinahe überschritten hat. Andererseits vereinfacht die Konsolidierung/ Aggregation der Informationen die Identifikation von kritischen Unternehmenszuständen.

Schritt 4: Identifikation und Bewertung kritischer Unternehmenszustände

Mit Hilfe von historischen und aktuellen Messwerten der Frühwarnindikatoren sollen kritische Unternehmenszustände und potenzielle Bedrohungen erkannt und bewertet werden. Praktisch ist es nicht einfach, anhand solcher Messwerte ein kritisches Ereignis vorherzusagen. Ein besonderes Problem liegt in der optimalen Festlegung von Schwellwerten für die Auslösung einer Frühwar-

---

[459] Ebenda, S. 176

[460] Balg, B.: Risikomanagement muss Chefsache bleiben, Lebensmittelzeitung vom 08. Dezember 2006, S. 26

[461] Read, M.: Konzeption und Inbetriebnahme eines Frühwarnsystems, Zürich 2005, S. 3ff.

nung. Zu hohe Schwellwerte erhöhen die Wahrscheinlichkeit dafür, dass eine kritische Unternehmenssituation nicht erkannt bzw. nicht alarmiert wird. Im umgekehrten Fall vergrößert sich die Wahrscheinlichkeit einer Fehlalarmierung. Eine Kopplung des Risikomanagements mit einem Frühwarnsystem ermöglicht im Wesentlichen eine sehr rationale Vorgehensweise. Das Risikomanagement definiert den strukturellen Rahmen für die im Frühwarnsystem zu verfolgenden potenziell kritischen Unternehmenszustände. Eine Matrix der Korrelationen ermöglicht eine organisatorisch effektive Vorgehensweise mit stark dezentralisierten Zügen.

	Risiko 1	Risiko 2	Risiko 3	Risiko 4
Frühwarnindikator 1	➡	➡	➡	➚
Frühwarnindikator 2	➚	➘	➡	➚
Frühwarnindikator 3			➡	➘
Frühwarnindikator 4	➡	➚	➘	➡
➘ Negative Korrelation	(Frühwarnindikator nimmt ab, so nimmt das Risiko zu.)			
➡ Positive Korrelation	(Frühwarnindikator nimmt zu, so nimmt auch das Risiko zu.)			
➚ Keine Korrelation	(Frühwarnindikator und Risiko entwickeln sich unabhängig voneinander.)			

Tab. 44 Beispiel einer Matrix von Korrelationen zwischen Frühwarnindikatoren

Für Auswertungen wird eine Berechnung der Sensitivität des gesamten Risikoinventars bezüglich eines Frühwarnindikators unter Berücksichtigung der Risikoprioritätszahl der einzelnen Risiken vorgenommen. Alle Frühwarnindikatoren lassen sich dann mit der prozentualen Veränderung des Schadensausmaßes und der prozentualen Veränderung der Eintrittswahrscheinlichkeit in zwei Klassen einteilen:

➢ **Frühwarnindikatoren, welche eine Veränderung der Risikoexposition erkennen**

Mit der Matrix der Risikoexposition über Frühwarnindikatoren (Abb.   ) wird die Veränderung der Frühwarnindikatoren erfasst. Der äußere Rahmen (graue Fläche) definiert den Bereich, in dem sich die signifikanten Veränderungen abspielen könnten. Zur Interpretation und Vergleichbarkeit der Ergebnisse sollte eine normierte, vergleichbare Messfrequenz eingeführt werden. Eine Veränderung von 10 % pro Monat ist nicht mit einer Veränderung von 10 Prozent pro Jahr zu vergleichen. Des Weiteren können auch die in der Abb. Beispielhaft gewählten Grenzen (+/- 10 %) verändert und angepasst werden.

➢ **Frühwarnindikatoren, welche kritische Unternehmenssituationen erkennen**

Es handelt sich um Risiken, welche sich schnell verändern können und bei denen keine Risikoentwicklung über eine längere Zeit beobachtet werden kann. Die Fehlerrate ist im Allgemeinen hoch.

➢ **Frühwarnindikatoren, welche eingetretene Ereignisse und eine Veränderung der Ereignisschwere erkennen**

Hier handelt es sich um Frühwarnindikatoren, welche die Auslösung eines Ereignisses erkennen, eingetretene Ereignisse identifizieren oder die Weiterentwicklung eines Ereignisses vorzeitig erkennen können.

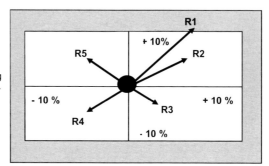

% Veränderung der Eintrittswahrscheinlichkeit

Abb. 50 Bereiche der Veränderung von Frühwarnindikatoren

Schritt 5: Frühwarnung / Alarmierung

Für die Identifikation von potenziell kritischen Unternehmenszuständen sind zwei Voraussetzungen erforderlich:

➤ Für jedes Risiko/ jeden kritischen Unternehmenszustand ist festgelegt, welche Frühwarnindikatoren relevant sind.
➤ Für jedes Risiko sind die Kombinationen der relevanten Frühwarnindikatormesswerte definiert, welche eine Frühwarnung bzw. Alarmierung auslösen sollen.

„Je nach Schwere des identifizierten kritischen Unternehmenszustandes soll entweder eine Frühwarnung des verantwortlichen Entscheidungsträgers oder sofort eine Alarmierung der zuständigen Ereignisbewältigungsorganisation erfolgen. Das bedeutet, dass das Frühwarnsystem mit einem Alarmierungssystem interagieren muss, welches bei Nichtverfügbarkeit der zuständigen Person/ Organisation in der Lage ist, das Ereignis an eine übergeordnete Stelle weiterzuleiten. Die Aktualität und Vollständigkeit der Kontaktinformationen ist Voraussetzung für eine erfolgreiche Alarmierung."

Schritt 6: Ereignisbewältigung

Der Nutzen einer Frühwarnung ist der Zeitgewinn, welcher für die Ereignisbewältigung erreicht wird. Präventive Maßnahmen sind wesentlicher wirksamer als Interventionsmaßnahmen, welche nach Ereigniseintritt ergriffen werden. Zeitgewinn durch frühzeitige Identifikation von kritischen Situationen hilft dem Unternehmen auf negative Ereignisse zu reagieren und frühzeitig effektive Interventionen zur Ereignisbewältigung einzuleiten. Ein solches Ereignis kann zum Beispiel die Identifizierung einer neuen Technologie sein, welche zwar noch nicht marktreif, aber eine enorme Marktveränderung bewirken wird. Der Erfolg der Frühwarnung mit entscheidungskritischen Informationen hängt allerdings stark vom Funktionieren des Ereignisinterventions- und Changemanagement-Prozesses ab.

7.5.3   Risikokommunikation innerhalb und außerhalb des Unternehmens

Die Risikokommunikation beinhaltet alle Aktivitäten, mit denen im Rahmen eines Risikomanagement-Systems gewonnene Risikoinformationen in entsprechend aufbereiteter oder originärer Form mit internen und externen Personen und/oder Institutionen entsprechend ihres Informationsbedarfs und der Informationsberechtigungen ausgetauscht werden. Dabei muss zwischen unternehmensinterner und unternehmensexterner Risikokommunikation unterschieden werden. Als Basis muss dafür eine generelle Kommunikationsstrategie entwickelt werden, mit der die grundlegenden Zuständigkeiten und die Grundsätze der Risikokommunikation unmissverständlich definiert, festgelegt und dokumentiert werden. Einer der wichtigsten Schwerpunkte der Kommunikationsstrategie ist die Darstellung der Kommunikationskultur: Wie umfassend, offensiv, detailliert und aufgeschlossen geht das Unternehmen mit Risikoinformationen um?

Die interne Risikokommunikation muss in zwei grundlegenden Richtungen organisiert werden:

➢ *„Interne Top-Down-Kommunikation"*
Sind die Top-Down-Kommunikationswege (z.B. Information, Anweisung, Genehmigung von Maßnahmen) definiert? Wie werden die Risikowahrnehmung und das Sicherheitsbewusstsein der Mitarbeiter gefördert? Wird das Verhalten der Mitarbeiter bezüglich Risikomanagement und Sicherheitsmanagement regelmäßig überprüft? Gibt es Anweisungen für den Umgang mit Medien?
➢ *„Interne Bottom-Up-Kommunikation"*
Sind die Bottom-Up-Kommunikationswege (z.B. Risikomeldung, Risikoberichterstattung etc.) definiert? Wie erfolgen Schadensmeldungen und Frühwarnungen? Welche Anreizsysteme fördern oder bremsen die Risikokommunikation der Mitarbeiter? Wurde die Risikoberichterstattung standardisiert und strukturiert? Sind die Risikoinformationen der unterschiedlichen Bereiche miteinander vergleichbar? Wird eine einheitliche Risikomanagement-Methodik unternehmensweit angewendet?

Hinsichtlich der externen Risikokommunikation muss zwischen **standardmäßiger** und **fallweiser** Kommunikation unterschieden werden. Grundlage der **standardmäßigen** Risikokommunikation zu unterscheiden. Unter standardmäßiger Risikokommunikation (häufig auch externe Risikoberichterstattung genannt) wird jene Risikoberichterstattung verstanden, die auf der Grundlage der gesetzlichen Regelungen und der darauf aufbauenden Standards beruht. Dazu gehören insbesondere die §§ 289 (1) und 315(1) HGB und der Deutsche Rechnungslegung Standard Nr. 5 (DRS 5). Danach wird die Risikoberichterstattung Bestandteil der Lageberichte der zu veröffentlichenden Jahresabschlüsse. Der DRS 5 enthält allgemeine Anforderungen an die Risikoberichterstattung. Danach müssen insbesondere bestandsgefährdende Risiken und Risikokonzentrationen angegeben werden; eine Verrechnung von Chancen und Risiken darf nicht erfolgen. Angaben über mögliche Chancen sind separat aufzuführen. **Fallweise** Risikokommunikation betrifft situationsbedingt selektierte Informationen über zukünftige und/oder bereits eingetretene Risikosituationen und – wirkungen, die für die Allgemeinheit oder für bestimmte Interessengruppen von hoher Bedeutung sein können. So werden bestimmte Risikoinformationen zum Gesundheitsschutz der Bevölkerung oder zur Abwendung von Gefahren terroristischer Angriffe übermittelt.

Die externe Risikokommunikation ist von besonderer Brisanz, da einerseits bestimmte Anspruchsgruppen (z.B. Banken, Versicherungen, Aktionäre/Eigner) wichtige Risikoinformationen korrekt, umfassend und rechtzeitig erwarten, andererseits alle Risikoinformationen mit hoher Sensibilität hinsichtlich ihrer Auswirkungen bei Personen und Institutionen der Unternehmensumwelt betrachtet werden müssen. Dies erfordert eine risikopolitisch dokumentierte Ordnung aller Anspruchsgruppen hinsichtlich der ihnen zu übermittelnden oder anzuvertrauenden Risikoinformationen. Zugleich müssen die internen Berechtigungen (und Verbote) für die Auslösung derartiger Informationen definiert und organisatorisch sanktioniert werden. Für Berechtigungen und Verpflichtungen im Rahmen der externen Risikokommunikation sind Gegenstand, Umfang, Tiefe und Struktur der weiterzugebenden Risikoinformationen organisatorisch möglichst verbindlich zu regeln.

7.5.4 IT-gestütztes Risikomanagement

Mit Hilfe von „unternehmerischer Intuition" und reaktiven Steuerungssystemen – quasi mit dem Rückspiegel – wird es immer schwieriger, die wachsende Komplexität und Dynamik der Prozesse und Risiken zu erfassen und zu analysieren. Es gilt künftig, stärker die Informationen aus dem gesamten Cockpit proaktiv zu nutzen. Ein effizientes IT-gestütztes Risk Management –Informationssystem (RMIS) wird zunehmend zum Erfolgsfaktor. Die Bedeutung von Informationssystemen liegt wesentlich in einer Implementierung eines Informationsangebots, das dem objektiven Informationsbedarf des Entscheiders weitgehend nahe kommt. Trotz des steigenden objektiven Informationsbedarfs ist zugleich der subjektive Informationsbedarf des Entscheiders zu betrachten, der nur jene Informationen umfasst, die aus seiner spezifischen (subjektiven) Sicht als für die Problem- oder Aufgabenstellung relevant gesehen wird.[462]

„Ein RMIS ist ein IT-gestütztes, daten-, methoden- und modellorientiertes Entscheidungsunterstützungssystem(EUS) für das Risk Management, das inhaltlich richtige und relevante Informationen zeitgerecht und formal adäquat zur Verfügung stellt und somit methodische Unterstützung bei der Entscheidungsvorbereitung bietet. Es erfasst und verarbeitet in der Regel sowohl interne Daten aus den betrieblichen ADS als auch externe Daten (z.B. Informationen aus öffentlich zugänglichen Datenbanken, dem Internet oder von Versicherern).“ Bestandteil eines solchen unternehmensweiten RMIS sollte ein funktionierendes Frühwarn- oder Frühaufklärungssystem sein.“[463] Ein RMIS muss einen reibungslosen Informations- und Kommunikationsfluss zwischen den am Risikomanagement beteiligten Organisationseinheiten und betrieblichen Funktionsträgern gewährleisten.

Eine umfassende IT-Unterstützung im Rahmen der Risikoidentifikation und –bewertung ist für einen effizienten Risikomanagement-Prozess aufgrund des enormen Datenumfangs bei der möglichst vollständigen Erfassung aller Risikoquellen, Schadensursachen und Störpotenzialen erforderlich. Die Informationsbeschaffung und –aufbereitung muss hier eine systematische und prozessorientierte Vorgehensweise unterstützen. Risiken sollen – wo es möglich ist – mit Hilfe spezieller Softwareanalysesysteme automatisch erkannt und der eingetretene Schaden berechnet werden. Risikokontrollen sollten in umfassender Weise hinsichtlich möglicher systembasierter oder personenbasierter operationeller Risiken erfolgen. Geeignete Transaktionsdatenbanken können diesen Prozess wirkungsvoll unterstützen. Mindestens sollten die Systeme auch eine Unterstützung bei der Anwendung von Identifikations- und Bewertungsmethoden, z.B. FMEA-Analyse, Sensitivitätsanalysen, ABC-Analysen, und statistische Analysen, ermöglichen. Die Bereitstellung statistischer Verfahren und Tools wäre vor allem für die Berechnung des maximal möglichen Höchstschadens von Bedeutung.[464]

Zur Beurteilung, Bewältigung und Überwachung von Risikoentwicklungen (Frühwarnindikatoren) und/oder Risikoereignissen (Wahrscheinlichkeit, Auswirkung) können Softwareprogramme eingesetzt werden. So lassen sich z.B. die Produkte **RiskManager** und **ProKoRisk**® für ein unternehmensweites Risikomanagement effizient anwenden.

---

[462] Erben, R.F./Romeike, F.: Risikoreporting mit Unterstützung von Risk Management-Informationssystemen (RMIS), a.a.O., S. 275ff.

[463] Ebenda, S. 281f.

[464] Ebenda, S. 287ff.

8. Konzepte eines Business Continuity Managements bei eingetretenen Risikosituationen

8.1 Praktische Erfahrungssituationen – Plädoyer für ein reaktives Krisenmanagement

Bestandteil eines wirksamen ganzheitlichen Risikomanagements muss stets auch die Vorsorge für den Fall eingetretener akuter Risiken sein, die insbesondere zu starken Einschränkungen oder zum Ausfall wichtiger Geschäftsprozesse oder sogar des gesamten Unternehmens führen. Die Ursachen für solche Risikosituationen sind zumeist unerwartete Ereignisse, die zwar allgemein und theoretisch vorhersagbar sein werden, jedoch in ihrer Wahrscheinlichkeit des Eintretens und ihrer Spezifik der Erscheinungsformen eine sehr hohe Unbestimmtheit aufweisen. Für solche Situationen lassen sich durchaus Elemente des Konzepts eines reaktiven Krisenmanagements einsetzen.[465]

Praxissituation 25: Große Lehren aus kleinen Betriebsstörungen...

„Nokias dunkle Vorahnungen sollten sich bestätigen, denn zwei Wochen später...hatte Philips erkannt, dass es Wochen dauern würde, bis die Reinräume wieder instand gesetzt und die Produktion wieder aufgenommen werden könnte....

An diesem Punkt erkannte Korhonen, dass die Versorgungsunterbrechung die Produktion von etwa vier Millionen Handsets verhindern würde. Nokia stand zu jenem Zeitpunkt kurz davor, eine neue Handy-Generation auf den Markt zu bringen. Für diese hatte man die Chips aus der geschwächten Philips-Produktionsstätte vorgesehen. Nun bestand die Gefahr, dass Philips in einer Phase boomender Handy-Verkäufe über 5 Prozent seiner Jahresproduktion verlieren würde."

Ein Team von Experten arbeitete an einer umfassenden Lösung des Problems. Drei der fünf Komponenten konnten alternativ anderswo eingekauft werden. Zwei der Komponenten wurden ausschließlich von Philips hergestellt....Man vereinbarte, dass das Philips-Werk im niederländischen Eindhoven Nokia 10 Millionen Chips liefern werde. Ein anderes Werk in Shanghai bemühte sich, weitere Kapazitäten für Philips freizusetzen.

Im Gegensatz zu Nokia hatte Ericsson keinen Plan B. Ericsson hatte den Großteil der Folgen aus der Betriebsstörung bei Philips zu tragen, weil das Unternehmen nicht in der Lage war, einen zweiten Zulieferer für die fehlenden Chips zu finden...Am Ende des ersten vom Produktionsausfall betroffenen Quartals meldete Ericsson Verluste von umgerechnet 320 bis 430 Millionen Euro vor Steuern, die sich aus der Komponentenknappheit ergaben. Die Betriebsstörung bedeutete für Ericsson mehr als nur einen vorübergehenden Einbruch ansteigender Gewinnkurven...Innerhalb von sechs Monaten nach dem Brand stieg Nokias Anteil am Handyset-Markt von 27 auf 30 Prozent jährlich an, während Ericssons Marktanteil von 12 auf 9 Prozent zurückging."

Obwohl Ericsson und Nokia von der gleichen Betriebsstörung betroffen waren, konnte sich das eine Unternehmen wieder erholen, während das andere bedeutende Geschäftsbereiche aufgeben musste.

Was waren die Lehren?

➢ Die Unternehmenskultur von Nokia unterstützte die Verbreitung negativer Nachrichten.
➢ Sofortiges Handeln, um die Lieferung wichtiger Komponenten ständig zu überwachen, ermöglichte dem Unternehmen, das Problem frühzeitig zu erkennen.
➢ Enge Beziehungen zu den Hauptlieferanten halfen ihm, diese schnell in Maßnahmen einzubinden.
➢ Das Wissen um die Versorgungsmärkte ermöglichte Nokia, Einzelteile von anderen Quellen zu beschaffen.
➢ Das modulare Konstruktionsdesign gab Nokia die Möglichkeit, in einigen seiner Produkte Chips von anderen Herstellern zu verwenden.

(Quelle: Sheffi, Y.: Worst-Case-Szenario, Landsberg/Lech 2006, S. 20ff.)

---

[465] Vgl. u.a. Proff, H.: Systematische Krisenbewältigung, in: WiSt 4/2009, S. 209-212; Burmann, C.: Prävention und Eindämmung von Ad-hoc-Krisen durch Aufbau strategischer Flexibilität, in: Burmann, C./ Freiling, J./ Hülsmann, M.(Hrsg.): Management von ad-hoc-Krisen. Grundlagen – Strategien – Erfolgsfaktoren, Wiesbaden 2005, S. 291-310

Praktische Erfahrungen zeigen, dass viele Unternehmen zwar enorme Anstrengungen für die Risikovermeidung oder –verminderung sowie für den Risikotransfer und die „Schadensbewältigung" nach Eintreten des Schadensfalles tätigen, jedoch nicht immer klare Vorstellungen von der Art und Weise der Fortführung des Geschäfts unter der Bedingung kritischer Ausfälle haben. Derartige Störungen müssen nicht oder noch nicht das Unternehmen direkt betreffen, können allerdings durch Situationen im Unternehmensumfeld „Notfallreaktionen" vom Unternehmen abverlangen. Stelle man sich eine Situation vor, die in einer Fallstudie der Zeitschrift Harvard Business Manager beschrieben wurde:

„Unmittelbar neben dem Hochhaus von Kaspa Financial Services ist ein schrecklicher Terroranschlag geschehen. Soll das Unternehmen seine Räumlichkeiten für die Versorgung der Opfer zur Verfügung stellen? Binnen Minuten muss der Leiter des Unternehmens eine schwierige Entscheidung treffen."[466]

Praxissituation 26: Pandemiegefahr im Supermarkt...

„Die Schweinegrippe firmiert offiziell als Pandemie, der die World Health Organization (WHO) die Stufe sechs verpasst hat. In Krisenszenarien kommt dem Lebensmittelhandel eine herausragende volkswirtschaftliche Rolle als Nahversorger zu.(…) Eine Pandemie könne ganze Teile des gesellschaftlichen Lebens in einem Dominoeffekt vorübergehend lahm legen. Große, vor allem international ausgerichtete Unternehmen beschäftigen sich daher bereits intensiv mit Krisenplänen. (…) Dennoch gibt es eine Reihe von Unternehmen, die wenig oder nichts präventiv unternommen haben. Sie unterschätzen die Gefahr, obwohl eine Epidemie mitunter bedrohliche betriebswirtschaftliche Auswirkungen haben kann. (…)

An der alljährlichen Influenza-Welle erkranken jährlich 10 bis 20 Prozent der Bevölkerung, weiß das Robert-Koch-Institut. Bei einer Pandemie sind regional 30 Prozent und mehr – über alle Altersstufen hinweg – betroffen.

Die Krisenplanung muss die Personalsituation berücksichtigen. Dazu gehören die Hinterlegung von Mitarbeiterqualifikationen und die Definition von Schlüsselfunktionen. Präventiv wird errechnet, ab welcher Größenordnung erkrankter Mitarbeiter ein Betrieb beziehungsweise eine Filiale noch aufrechterhalten kann. (…)

Sollten Filialschließungen verschiedener Einzelhändler in größerer Zahl in einer Region drohen, müssen sich Markt- oder Regionalleiter auf Verbandsebene abstimmen, um eine Grundversorgung der Bevölkerung zu sichern. (…)

Die Krisenplanung muss die gesamte Lieferkette umfassen. Schließlich muss die Versorgung sichergestellt werden, auch wenn Teilbereiche der Logistik wegbrechen. Ebenso muss das Sortiment darauf abgestimmt werden, da Hamsterkäufe und Umsatzeinbrüche einzukalkulieren sind. Mancher Händler denkt bereits an Survival-Pakete. Der Verkauf von Frischeprodukten kann im Ernstfall eingeschränkt oder vorübergehend aufgegeben werden..."
(Quelle: Lebensmittelzeitung 07. August 2009, S. 42)

8.2 Krisenkommunikation und effizientes Handeln bei Risikoeintritt

Bei Eintritt eines Risikos, insbesondere eines Risikos mit dem Charakter einer Ausnahmesituation, werden zunächst nicht alle Risiken bedacht, die sich der Abwicklung des originären Ereignisses in den Weg stellen. Unvorbereitet ist mit unterschiedlichsten und auch unerwarteten Reaktionen zu rechnen. Es gibt dabei Personen, die im ersten Schockzustand zu keinerlei Handlungen mehr imstande sind und durch die Einsatzkräfte schnell vom Ort eines Geschehens weggebracht und psychologisch betreut werden müssen. Auf der anderen Seite können gut gemeinte Aktivitäten und „Rettungsversuche" durch unmittelbar Anwesende beobachtet werden – in der Regel bevor die trainierten Rettungskräfte vor Ort sind. Eine entscheidende Grundlage für die Entschärfung bestimmter Situationen ist eine professionelle interne und externe Kommunikation. Informationen

---

[466] McNulty, E.J.: Keine Panik!, in: Harvard Business Manager 5/2010, S. 88-94

werden bei eingetretenen Risikosituationen schnell über unterschiedlichste Medienkanäle weitergegeben – häufig zunächst auch in Form von Halbinformationen und Spekulationen. Das Risiko von Falschinformationen oder Informationsverzerrungen und sich daraus ergebende Folgewirkungen in der Unternehmensumwelt ist daher groß.[467] Kommunikation muss situations- und empfängergerecht sein und die richtigen Botschaften zum richtigen Zeitpunkt vermitteln. Die Ereignisbewältigung birgt für die Kommunikation zahlreiche Risiken. In der Regel werden Kommunikationsmuster und –abläufe auf Standardfälle aufgebaut. Die eingetretenen Ereignisse weisen jedoch nicht selten andere Muster auf.

Eine besondere Bedeutung hat die Kommunikation mit den Behörden, zum Beispiel bei einem größeren oder schwerwiegenden Unfall oder einer anderen Katastrophe. Öffentlich befugte Stellen haben zunächst die Aufgabe, das Ereignis und die möglichen Ursachen sowie ihre Begleiterscheinungen zu untersuchen. In dieser Untersuchung geht es in den meisten Fällen auch um die Feststellung des möglichen Mitverschuldens oder Verschuldens des Unternehmen oder seiner Mitarbeiter und Führungskräfte, also um die Beurteilung und Beweisaufnahme über Eigen- oder Fremdverschulden. Zu diesem Zweck werden zahlreiche Befragungen durchgeführt, Dokumente begutachtet oder beschlagnahmt. Hier darf es weder ein „zu viel" noch ein „zu wenig" an Informationen geben. Mitarbeiter sind auf solche Situationen vorzubereiten, um unprofessionelle Kommunikation zu vermeiden oder auszuschließen. Mitarbeiter müssen auch darauf eingestellt sein, Informationen über den Ermittlungsgegenstand möglichst gegenüber Dritten zu vermeiden. Auf unterschiedliche Weise trägt dies dazu bei, die neben den ohnehin schon eingetretenen direkten Schäden auftretenden kommunikationsbedingt indirekten Schäden, wie etwa Reputationsverluste, auf ein Minimum zu beschränken oder auszuschließen.

8.3 Business Continuity Management – Konzepte zu Wiederanlauf und Fortführung

Ein Business Continuity-Plan (BCP) ist auf eine nachhaltige Aufrechterhaltung der Unternehmensprozesse während einer Krisensituation oder einer Katastrophe gerichtet und soll sicherstellen, dass wichtige Geschäftsprozesse selbst in kritischen Situationen nicht oder nur temporär unterbrochen werden und die wirtschaftliche Existenz der Institution auch bei einem größeren Schadensereignis gesichert bleibt. Der Business Continuity Plan ist somit wichtiger Bestandteil eines integrierten Risikomanagements und muss mit Hilfe von Checklisten, Handlungsanweisungen, Prozessen und anderen Maßnahmen eine Wiederanlauffähigkeit und/oder Aufrechterhaltung der Geschäftsprozesse ermöglichen.

Im Rahmen eines BCP-Konzepts sind unternehmensspezifisch unterschiedliche Situationen zu berücksichtigen:

➢ Aufrechterhaltung und Fortführung der Geschäftstätigkeit bei stark reduzierter Verfügbarkeit externer und/oder interner Kapazitäten oder Ressourcen
  Beispiel: Brand in einem Versandlager

➢ Aufrechterhaltung und Fortführung der Geschäftstätigkeit bei Ausfall wichtiger Managementpositionen und Wissens- und Entscheidungsträger
  Beispiel: Erkrankung oder Inhaftierung des Unternehmers, Geschäftsführers oder Vorstands

➢ Organisation des internen Wiederanlaufs nach Ausfall einzelner oder mehrerer Bereiche oder Geschäftsprozesse des Unternehmens
  Beispiel: Anlagenausfall, IT-Systemstörungen

➢ Organisation des externen Wiederanlaufs der Geschäftsprozesse bei Totalausfall des Unternehmens
  Beispiel: Brand in der Fertigungshalle mit exponierten Zerstörungen

---

[467] Brunner, P./Würsch, E.: Krisenkommunikation: Gut gesagt ist halb überzeugt, in: www.risknet.de/Krisenkommunikation, 25.03.2009, S. 2

Disaster-Recovery-Planung wird immer häufiger als Element eines ganzheitlichen Notfallmanagements angesehen und praktiziert. Kommunikationsdesaster nach negativen Unternehmensnachrichten zeigen zum Beispiel immer wieder, dass zu wenige Unternehmen funktionierende Notfallpläne, um auf unvorhersehbare Situationen angemessen und möglichst ohne finanziellen Schaden oder Reputationsverlust reagieren zu können. Es ist nicht ausreichend, Pläne für verschiedene Szenarien zu konzipieren, wenn die Führungskräfte und Mitarbeiter diese dann nicht kennen. Im Ernstfall funktionieren Notfallpläne nur, wenn sie in regelmäßigen Abständen geprobt, aktualisiert und Mängel beseitigt werden.

Jedes zweite Unternehmen musste in der Vergangenheit bereits auf firmeninterne Disaster-Recovery-Pläne zurückgreifen. Diese werden in den meisten Unternehmen zu selten getestet und mehr als die Hälfte dieser Pläne versagt bei umfassenden Tests. Dies ist ein Ergebnis einer weltweiten Studie von Symantec zum Umgang mit Disaster-Recovery-Plänen in Unternehmen.[468] Derartige Pläne sind insbesondere für folgende Risikogruppen zu entwerfen:

➢ Naturkatastrophen
➢ Virenangriffe
➢ Krieg und Terrorismus
➢ Ausfall der Computersysteme
➢ Feuerkatastrophen u.ä.
➢ Schäden an Reputation, Wettbewerbsnachteile, Lieferantenbeziehungen, Vertrauensverlust bei Kunden usw.

Eine Studie des Managementconsulters Mummert in Zusammenarbeit mit dem F:A:Z.-Institut ergab, dass gerade 50 Prozent der befragten Unternehmen einen Notfallplan, etwa zum Beispiel für einen Hackerangriff, haben. Noch seltener sind Unternehmen auf Datendiebstahl, einen Systemabsturz, Einbruch oder Feuer vorbereitet. 20 Prozent der Entscheider sehen hier große Sicherheitslücken im eigenen Unternehmen. Nur 28 Prozent der Befragten verfügen über externe Ausweichsysteme, wenn ihre IT ausfällt. Wenn überhaupt Notfallpläne vorliegen, sind die Mitarbeiter häufig nicht hinreichend instruiert – in jedem fünften befragten Unternehmen gibt es keine Informationen über die Notfallmaßnahmen. Auch fehlen bei vielen Firmen Vereinbarungen mit IT-Dienstleistern hinsichtlich der Beseitigungsfristen für einen Störfall.[469]

Die größten Gefahren, gegen die ein Disaster-Recovery-Plan schützen soll, sind vor allem Schäden an der Reputation, Nachteile im Wettbewerb, die Beziehung zu Lieferanten und der Vertrauensverlust bei den Kunden. Nur ein kleiner Teil der Unternehmen sorgt sich um die Leistungsfähigkeit seiner Lieferanten im Katastrophenfall, viele setzen entsprechende Pläne bei den Lieferanten einfach voraus. Strategien zur Sicherung der Kontinuität des Geschäftsbetriebes sind vor allem auch für die Anwendungs- und Datenverfügbarkeit über alle Plattformen und Entfernungen der IT-Basis zu erstellen.

---

[468] o.V.: Viele Notfallpläne nicht ausreichend getestet, in: www.tecchannel.de vom 18.10.2007, S. 1
[469] o.V.: Jedes zweite deutsche Unternehmen hat keinen Notfallplan, in: www.heise.de/security vom 12.07.2007, S.1

9. Risiko-Controlling als Bestandteil und Unterstützung des Risikomanagements

9.1 Die Kontrolle des Risiko-Management-Prozesses

Der Risiko-Management-Prozess bedarf selbst einer umfassenden Überprüfung auf Effektivität und Effizienz. Auf der Basis von Feedback-Informationen erfolgt dazu eine Schwachstellenanalyse zur Klärung der Probleme in den Abläufen, bei der Nutzung der Instrumente und bei den betroffenen Stellen.[470] Dabei werden die Risiken und ihre Veränderungen im Zeitablauf betrachtet und die Angemessenheit und Wirtschaftlichkeit der Prozesse des Risiko-Managements kontrolliert. Diese Art der Überwachung und Kontrolle wird auch „strategisches Risikoradar" genannt.[471] Kontrolle und Überwachung der Prozesse des Risiko-Managements erfolgen in der Regel durch externe und interne Instanzen, z.B. in den Führungsebenen selbst sowie in der Internen Revision.

Von entscheidender Bedeutung für das Risikocontrolling sind die Planung, Analyse und Kontrolle der Wirtschaftlichkeit des betrieblichen Risikomanagements. Maßnahmen des Risikomanagements verursachen gewöhnlich einen zusätzlichen Aufwand, der durch den zusätzlichen Nutzen überkompensiert werden muss. Dies wird durch die Bewertung der Maßnahmen des Risikomanagements im Sinne von Investitionen über die allgemeinen und spezifischen Methoden der Investitionsrechnung sicherzustellen sein. Der im Rahmen der Investitionsrechnung anzusetzende Nutzen kann sich an der Reduzierung der Auswirkungen von Risikoereignissen, wie Produktionsausfälle, Maschinenstillstände, Qualitätsmängel etc. auf Wertbestände, z.B. Anlage- und Umlaufvermögen sowie auf die zukünftigen und zu diskontierenden Cash Flows und Erträge orientieren.[472]

Gegenstand eines umfassenden Risiko-Controlling ist ein übergeordneter Regelkreis zur Überwachung des Gesamtprozesses des Risiko-Management, insbesondere hinsichtlich der Einhaltung der einzelnen Phasen, der Vollständigkeit der Abläufe und der Koordination der beteiligten Stellen bei der Erfassung, Bewertung, Steuerung und Kontrolle der Risiken.[473] Hauptaufgabe eines Risiko-Controllings ist es, Informationen für Entscheidungen des Risikomanagements bereitzustellen, insbesondere die Konsequenzen der verschiedenen Optionen der Risikosteuerung und –regelung zu ermitteln. Nach Rosenkranz/Behr bestehen die zwei Hauptaufgaben des Risiko-Controllings in

➢ der aktuellen **Überwachung und Kontrolle der erkannten Unternehmensrisiken** und
➢ der **Kontrolle und Anpassung des Prozesses** des Risikomanagements.[474]

Zur **Überwachung und Kontrolle** der erkannten Unternehmensrisiken sind insbesondere die folgenden Aufgaben zu bearbeiten:[475]

➢ Kontrolle der Risikoinformationen auf Relevanz
➢ Kontrolle der bei der Risikoidentifikation und –analyse unterstellten Ursache-Wirkungs-Beziehungen
➢ Soll/Ist-Vergleich der erfassten und analysierten Ist-Risiken mit ihren geplanten Zielgrößen nach Höhe, Frequenz und Auswirkung auf das Unternehmen
➢ Prüfung, ob Zielvorgaben und definierte Risikolimite eingehalten wurden
➢ Überwachung der Maßnahmen der Risikosteuerung
➢ Regelmäßige und ad hoc-Beobachtung der Risiken und Reporting an die Unternehmensleitung.

---

[470] Burger, A./Buchhart, A.: Risiko-Controlling, München-Wien 2002, S. 54
[471] Ebenda.
[472] Rosenkranz, F./Missler-Behr, M.: Unternehmensrisiken erkennen und managen. Einführung in die quantitative Planung, Berlin u.a. 2005, S. 282
[473] Burger, A./Buchhart, A.: Risiko-Controlling, München-Wien 2002, S. 60
[474] Rosenkranz, F./Missler-Behr, M.: a.a.O., S. 345
[475] Ebenda, S. 347f.

Das **Controlling des Risikomanagementprozesses** beinhaltet auch eine unternehmensinterne und unternehmensexterne Risikorevision in Form von Überwachungsmaßnahmen durch Personen, die nicht in den Arbeitsablauf des Risikomanagements einbezogen sind und auch keine Verantwortung für die Ergebnisse tragen. Mit dieser organisatorischen Sicherungsmaßnahme erfolgt eine Überwachung der Funktionsweise des Risikomanagementprozesses. Schwachstellen können dabei jederzeit entdeckt und weiter verfolgt werden.

Für ein systematisches Risikocontrolling kann das von Keitsch[476] vorgestellte Risikohandbuch als Musterdokumentation dienen (Tab.45).

Risikohandbuch					Unternehmens-/Risikobereich:									
Risiko-identifi-zierung	Risikoanalyse				Risiko-bewertung				Risiko-steuerung			Risiko-controlling		
Risiko-kategorie	Risiko-ursache	Risiko-wirkung	Eintritts-wahr-schein-lichkeit	Risiko-mess-metho-den	Risiko-poten-zial	Risiko-betrag	Maß-nah-men	Chan-cen der Maß-nah-men	Risi-ken der Maß-nah-men	Kosten der Maß-nah-men	Soll	Ist	Verän-derung

Tab. 45 Musterdokumentation für ein controllingorientiertes Risikohandbuch

Risikocontrolling ist jedoch gegenüber zahlreichen anderen Controllingaufgaben durch einige Besonderheiten und Schwierigkeiten charakterisiert. Eine Schwierigkeit liegt in der Erfolgsmessung des Risikomanagements und von Maßnahmen der Risikosteuerung. Dies zeigt sich zum Beispiel in der Problematik der Zuordnung der positiven und negativen Planabweichungen oder der Verminderung von Planabweichungen zu möglichen „Ursachen": Inwiefern lässt sich eine Planabweichung auf risikopolitische Aktivitäten zurückführen?

9.2 Risikocontrolling und Interne Revision

Die Aufgabe der internen Revision besteht im Rahmen des Risikomanagements in einer begleitenden, prozessexternen Prüfung der Wirksamkeit und Angemessenheit des Risikomanagementsystems. Mit der internen Revision werden im Auftrag der Unternehmensleitung Organisationseinheiten sowie Prozessabläufe im Unternehmen überprüft und Bericht erstattet.[477] Während jedoch Controlling kontinuierlich ergebnisrelevante Informationen für das Management bereitstellt, arbeitet die interne Revision situationsbedingt, schwerpunktbezogen und –wechselnd, als fall- und turnusweise tätige Überwachungseinrichtung. Die Bereiche Interne Revision und Controlling sind organisatorisch und disziplinarisch nicht zusammengefasst, sollten jedoch zur optimalen Nutzung ihrer jeweiligen Kompetenzen und zur Vermeidung von Doppelarbeiten eng zusammenwirken.[478] Die interne Revision wirkt im Rahmen des Risikomanagements als unabhängige Überwachungs- und Systemprüfung.

---

[476] Keitsch, D.: Risikomanagement, Stuttgart 2007, S. 193
[477] Horvath, P.: Controlling, 10. Auflage, München 2006, S. 747
[478] Ebenda, S. 748

Die Aufgabe einer **internen Revision** besteht im allgemeinen darin, im Auftrag der Unternehmens-leitung die Ordnungsmäßigkeit, Rechtmäßigkeit, Zweckmäßigkeit und Wirtschaftlichkeit von Unternehmenseinheiten und –prozessen zu auditieren. Prüfungshandlungen der internen Revision sind folglich auch auf die im Unternehmen vorhandenen Risikomanagementsysteme gerichtet. Eine Überwachung findet vor allem auf der Systemebene statt und stellt eine unabhängige Systemprüfung dar. Die interne Revision hat in dieser Funktion insbesondere die Angemessenheit, Funktionsfähigkeit und Wirksamkeit der in den operativen Geschäftseinheiten zur Identifikation, Bewertung, Handhabung und laufenden Steuerung von Risiken vorhandenen Risikomanagementsysteme zu beurteilen.[479]

Die Interne Revision liefert für das Risikomanagement und das Risikocontrolling Informationen unter zwei Aspekten:

➢ Informationen über das Funktionieren der bestehenden Risikomanagementsysteme im Unternehmen *(Prozessaspekt)* und

➢ Informationen aus verschiedenen Prüfungssachverhalten, welche Anhaltspunkte für bestehende und möglicherweise noch nicht als relevant betrachtete Risikopotenziale bilden (*Inhaltsaspekt).*

9.3 Organisation des Risiko-Controllings

Eine Implementierung des Risikocontrollings kann sich an der bestehenden Unternehmensorganisation mit ihren entsprechenden Planungs-, Kontroll- und Berichtssystemen orientieren. Nach der Schaffung eines konsistenten Konzepts muss eine Verankerung des Risiko-Controlling in allen Bereichen und Teilprozessen erfolgen. Das Risiko-Controlling muss alle operativen Teilbereiche in seine Abläufe einbeziehen und bereichsspezifische Instrumente bereitstellen.[480] Risiko-Controlling muss in diesem Konzept – wie auch in allen anderen Controllingteilsystemen - primär eine systembildende und systemkoppelnde Funktion übernehmen.[481]

Allerdings kommt dem Risiko-Controlling eine besondere Verantwortung durch seinen Querschnittscharakter gegenüber den anderen Controllingteilsystemen zu.

Die Einordnung eines Risiko-Controlling in die Aufbauorganisation kann innerhalb oder außerhalb der bestehenden Primärorganisation erfolgen: als Separationskonzept (1) oder Integrationskonzept (2):[482]

➢ *Separationskonzept:*   Dieses Konzept sieht eine weitgehende Trennung von Primärorganisation und Risiko-Controlling vor. Diese Trennung verdeutlicht einerseits die Bedeutung des Risiko-Controllings und stellt andererseits seine uneingeschränkte Durchführung sicher. Entscheidende Argumente für diese Organisationsform sind die unabhängige Kontrolle risikobehafteter Entscheidungen wie auch die erreichbaren Spezialisierungseffekte dieser Aufgaben. Im Mittelpunkt des Konzepts steht eine Zentralisierung des Risikocontrollings unter Berücksichtigung der operativen Erfassung und Bewertung von Risiken durch dezentrale Stellen. Diese Organisationsform erfordert aber einen hohen vertikalen und horizontalen Koordinationsbedarf zwischen Controlling-Stellen und Stellen der Primärorganisation. Die Hauptprobleme werden in möglichen Informationsasymmetrien, in Schnittstellenproblemen bei der Kooperation zwischen den Organisationseinheiten sowie möglichen problematischen Anreizstrukturen gesehen. Die Konsequente Trennung von Sach- und Risikoentscheidungen kann auch zur Inkonsistenz, zu Konflikten und damit zur Einschränkung der Entscheidungsflexibilität führen. Der sich ergebende Koordinationsbedarf führt zwangsläufig auch zu hohen Kosten.

---

[479] Ebenda, S. 789
[480] Burger, A./Buchhart, A.: a.a.O. , S. 264f.
[481] Ebenda, S. 266
[482] Burger, A./Buchhart, A.: a.a.O., S. 266ff.

> *Integrationskonzept:* Risiko-Controlling findet institutionell und prozessual innerhalb der primären Aufbauorganisation in Form einer Einbindung von Risikokomponenten in die Sachentscheidungen und einer Zuweisung von Verantwortung für die damit verbundenen Risiken an die jeweiligen Stelleninhaber statt. Die Instanz der Sachentscheidung verfügt über alle Informationen betreffend den Risikosituationen. Damit werden Synergien zwischen Sachentscheidungen und Risikoentscheidungen nutzbar sowie Effizienz- und Effektivitätsgewinne erzielt.
> Die Probleme dieses Konzepts liegen einerseits in einer gewissen quantitativen und qualifikatorischen Überlastung der Stellen und andererseits in der potenziellen Unvereinbarkeit von Tätigkeiten innerhalb einer Stelle oder Instanz zwischen dem Treffen von Sachentscheidungen und der risikorelevanten Kontrolle genau dieser Entscheidungen. Unter diesem Aspekt bedarf es einer unabhängig institutionalisierten Kontrollstelle eines (zentralen) Risiko-Controllings. Durch die eher dezentrale Ausrichtung dieses Prinzips des Risiko-Controllings besteht die Gefahr eines Verlustes der übergeordneten Perspektive der Risikoposition des Gesamtunternehmens. Eine zentrale Einheit des Risiko-Controlling muss in einem integrierten Organisationskonzept eine Bewertung operativer Einzelrisiken auf einer übergeordneten Ebene unter Berücksichtigung kompensatorischer und kumulativer Effekte bei der Aggregation von Einzelrisiken vornehmen, Risikoentscheidungen auf operativen Ebenen koordinieren, Risikomaßnahmen kontrollieren und weitgehend Prozesse, Methoden und Instrumente des Risiko-Controlling bereitstellen und weiterentwickeln.

Beide Konzepte zeichnen sich somit durch Vor- und Nachteile aus und müssen in ihrer praktischen Anwendung von den strukturellen und prozessualen Gegebenheiten des Unternehmens ausgehen. Deshalb ist eine Organisation des Risiko-Controllings gefordert, welche die dezentrale Erfassung und Beurteilung der Risiken und die zentrale Bewertung, Koordinierung und Steuerung erlaubt.

II. **Struktur und Systematik der Risikoarten im Unternehmen**

1. Grundstrukturen von Risikoarten im Unternehmen

Die Risikoidentifikation umfasst eine möglichst vollständige und kontinuierliche Erfassung aller Gefahrenquellen, Störpotenziale und Schadensursachen eines Unternehmens, die sich negative auf das Erreichen der Unternehmensziele auswirken können.[483] Dabei sind die Risiken sowohl für die Ebene des Gesamtunternehmens als auch für die Ebenen der betrieblichen Prozesse, Geschäftsfelder und Funktionsbereiche zu erfassen.

Die Vielfalt der Risikosituationen in den Unternehmen erfordert eine klare und systematische Strukturierung der Risikofaktoren, um eine effiziente Messung und Bewertung der Risiken vornehmen zu können. Eine Systematik der Risikokategorien ist auch für unternehmensinterne und unternehmensübergreifende Kommunikation und Dokumentation notwendig. Für die Unternehmung ist ferner eine Einteilung nach den einzelnen Bereichen / Abteilungen sinnvoll, da die jeweiligen Fachkräfte die Risiken für ihren Unternehmensbereich selbst identifizieren können und müssen.

Die Vielfalt der Risikosituationen in der Unternehmenspraxis erschwert eine klare, eindeutige und allgemeingültige Strukturierung. Darüber hinaus beruht die Systematisierung der Risiken auch auf Hypothesen und subjektiver Risikowahrnehmung. Die Tabellen 46 und 47 beschreiben Systematisierungsansätze formaler und praktischer Risikoarten.

Die Gliederung des Abschnitts II orientiert sich an folgender Systematisierung der Risikoarten:

➢ Leistungswirtschaftliche (bereichsbezogene) Risiken
➢ Finanzwirtschaftliche Risiken
➢ Strategische Risiken
➢ Unternehmensbezogene externe Risiken
➢ Unternehmensbezogene interne Risiken.

Leistungswirtschaftliche Risikoarten beziehen sich auf die unmittelbaren Leistungsprozesse als primäre Bestandteile des betrieblichen Wertschöpfungsprozesses. Damit wird die Gefahr beschrieben, dass der mit dem Einsatz von Produktionsfaktoren verbundene Werteverzehr, insbesondere der durch die Anlagen- bzw. Kapitalintensität des betrieblichen Leistungserstellungsprozesse determinierte Fixkostenblock, nicht über die Umsatzerlöse zurückfließt und somit Verluste entstehen.

---

[483] Romeike, F: Risikoidentifikation und Risikokategorien, in: Romeike, F./Finke, R.B.: Erfolgsfaktor Risiko-Management, Wiesbaden 2003, S. 166

Formale Risikoarten[484]		
Einzel- und Gruppenrisiko	Einzelrisiko	Risiken, die isolierte Risikoeinheiten betreffen, Beispiele: Reklamationen nach Abteilung, Kundenforderungen
	Gruppen-risiko	➢ Kumulrisiko – verursacht zur selben Zeit an verschiedenen Objekten Schäden, z.B. Hagelsturm, Börsencrash ➢ Globalrisiko – beeinflussen mehrere Einzelrisiken über eine längere Zeit, Beispiel: Volkswirtschaftliche Entwicklung beeinflusst Risiko des Forderungsausfalls bei mehreren Kunden und Risiko der Arbeitslosigkeit bei vielen Personen simultan. ➢ Klumpenrisiko – Risikohöhe oder Risikofrequenz von verschiedenen Einzelrisiken können hoch korreliert sein. Auswirkungen auf die Streuung des Gesamtrisikos verstärkt und eine Risikodiversifizierung erschwert.
Objektives und subjektives Risiko	Objektives Risiko	Risiko ist mit empirischen Daten über eine Verteilungsfunktion und ihre Parameter messbar, schätzbar und bewertbar.
	Subjektives Risiko	Risiko ist gewöhnlich ein vom Entscheider empfundenes Risiko, dessen Höhe und Frequenz nur subjektiv aufgrund von Meinungen und a-priori-Kenntnissen geschätzt werden kann.
Sachrisiko und Personenrisiko	Sachrisiko	Betreffen Sachen oder Werte der Aktiva oder Passiva
	Personen-risiko	Betreffen Personen (z.B. Mitarbeiter) als Ursache oder als Wirkung eines Risikos
Gefahren	Physische Gefahr	Physische Eigenschaften von Prozessen und Produkten beeinflussen das Risiko von Schäden, z.B. Baumaterialien.
	Moralische Gefahr	Gefahren, die aus charakterlichen Schwächen von Beteiligten resultieren, die sich selber auf Kosten des Unternehmens bereichern wollen, z.B. Betrug beim Gebrauch von Kreditkarten
	Gefährdete Moral	Gefahren aus Sorglosigkeit oder durch Verhaltensänderungen von Personen, nachdem eine Risikoabsicherung erfolgt oder ein bestimmtes Anreizsystem geschaffen wurde
	Adverse Selektion	Gefahr einer unerwünschten Selektion hoher Risiken aufgrund vorgegebener wirtschaftlicher Anreizstrukturen, begünstigt durch Informationsasymmetrien zwischen den Parteien, die Risiken transferieren oder versichern und den Unternehmen, die Risiken gegen Gebühr entgegennehmen und tragen
	Legale Gefahr	Schlecht prognostizierbare Gefahren, die aus den nationalen oder internationalen Rechtssystemen folgen können, z. B die umfangreichen Produkthaftpflichtklagen in den USA, Raucherklagen oder Klagen wegen HIV-verseuchten Blutkonserven etc.
	Kriminelle Gefahr	Fälschungen und Veruntreuungen im Rechnungswesen, Ladendiebstahl etc.
Finanzielles und nichtfinanzielles Risiko	Finanzielles Risiko	Bewertung von Risiken in finanzieller Form
	Nichtfinanzielles Risiko	Reputationsrisiko (Gefahr der Rufschädigung, z.B. im Falle der drohenden Versenkung der Bohrinsel Brent Spar 1995-1998 im Atlantik)
Statisches und dynamisches Risiko	Statisches Risiko	Ändert sich bezüglich der Parameter nicht oder nur wenig im Zeitablauf, z.B. Risiken aus physischer Gefährdung wie etwa die Brandgefahr bei Holzhäusern
	Dynamisches Risiko	Ändert sich numerisch oder strukturell im Zeitablauf und ist schwerer vorhersagbar; Dynamik ergibt sich oft aus Änderungen der Umweltbedingungen, wie etwa Konsumentenverhalten, Wettbewerbsbedingungen.

Tab. 46 Systematik formaler Risikoarten

---

[484] In Anlehnung an Rosenkranz, F./Missler-Behr, M.: a.a.O., S. 28ff.

Unterscheidungsmerkmal	Merkmalspositionen	Beispiele
Subsystembezogenheit	Managementsystem Rechtssystem Organisationssystem	
Sachbezogenheit	Leistungswirtschaftliche Risi-ken	▪ Beschaffung ▪ Produktion ▪ Absatz ▪ Forschung & Entwicklung ▪ Produkte ▪ Betriebsmittel /Technologien ▪ IT-Infrastruktur ▪ Bestände ▪ Entsorgung
	Finanzwirtschaftliche Risiken	▪ Ausfallrisiken ▪ Liquiditätsrisiken ▪ Marktpreisrisiken ▪ Kapitalstrukturrisiken ▪ Kapitalmarktrisiken
	Rechtliche Risiken	▪ Vertragsrisiken ▪ Haftungsrisiken
	Marktbezogene Risiken	▪ Markenführung ▪ Kommunikationsrisiken ▪ Nachfragerisiken
	Soziale Risiken	▪ Personal ▪ Gesellschaftliche Gruppen
	Politische, ökologische und gesellschaftliche Risiken	▪ Umwelteinflüsse ▪ Politische Entscheidungen
	Führungsrisiken	▪ Corporate Governance ▪ Organisation ▪ Führungsstil ▪ Unternehmenskultur ▪ Managementprozesse ▪ Kommunikation
Wirkungshorizont	Strategische Risiken Gefahr , dass eine verfolge Geschäftsstrategie nicht den optimalen Ertrag auf das eingesetzte Kapital erbringt, z.B. Gefahr fehlerhafter Entscheidungen beim Auf- oder Abbau von Geschäftsfeldern oder Pro-dukte	
	Operative Risiken Gefahr von unmittelbaren oder mittelbaren Verlusten, die infolge der Unangemessenheit oder des Versagens von internen Verfahren , Men-schen und Systemen oder von externen Ereignissen auftreten[485]	
Quellenbezogenheit	Unternehmensexterne Risiken	▪ Gesetzliche Vorschriften ▪ Technologien
	Unternehmensinterne Risiken	▪ Fehlerhafte Beschaffungspolitik ▪ Nicht adäquater Führungsstil ▪ Fehlerhafte Produktstrategie
Entstehungs- und Einfluss-bereich der Risiken	Gesamtunternehmen	
	Unternehmensbereich	
	Abteilung	
	….	
Akzeptanzgrad der Risiken	Nicht annehmbares Risiko	
	Vertretbares Risiko	
	Tragbares Risiko	
	Vernachlässigbares Risiko	

Tab. 47   Systematisierung grundlegender Unternehmensrisiken

---

[485] Ebenda, S. 169

2. Leistungswirtschaftliche Risiken

2.1 Risiken des Beschaffungsbereiches

2.1.1 Risikoarten und ihre Bedeutung im Beschaffungsbereich

Beschaffungsrisiken beziehen sich auf den Bezug der zur Leistungserstellung notwendigen, nicht selbst erzeugten materiellen und immateriellen Güter und Leistungen. Die unternehmerische Wertschöpfungstiefe ist vielerorts auf 25-45 % gesunken, d.h. dass die Unternehmen bis zu 75 % ihrer Leistung als Vorprodukte einkaufen. Bei dieser Entwicklung nimmt nicht nur die Bedeutung der Beschaffung in der Wertschöpfungskette rasant zu, sondern es erhöhen sich auch die Risikopotenziale in diesem Bereich.[486]

Risiken entstehen im Beschaffungsbereich in möglichen negativen Abweichungen von einer optimalen Zielerreichung in den folgenden Zielbereichen:

➢ Gewinnziele (Senkung von Einkaufspreisen, Einkaufskosten und Kapital- und Lagerhaltungskosten)
➢ Finanzziele (Liquiditätssicherung)
➢ Machtziele (Schaffung von Abhängigkeiten)
➢ Sicherungsziele (Qualität, Senkung von Beschaffungsrisiken, Erhöhung von Beschaffungsflexibilität und – autonomie, Wahrung der Unabhängigkeit des Unternehmens)
➢ Beschäftigungsziele (Arbeitsplatzerhaltung im eigenen Unternehmen und bei Lieferanten)
➢ Ökologische und sonstige Ziele.

Risiken des Beschaffungsbereichs lassen sich in allgemeine beschaffungsmarktbezogene Risiken (Makro-Risiken) und spezifische produkt-, lieferanten- oder abwicklungsbezogene Risiken (Mikro-Risiken) unterscheiden.

Unter beschaffungsmarktbezogenen Risiken werden insbesondere betrachtet:

➢ die Importabhängigkeit
➢ die Klimaabhängigkeit
➢ die politische und /oder ökonomische Instabilität der Lieferländer oder –regionen
➢ die Streikgefahr oder andere Erscheinungsformen höherer Gewalt
➢ das Fehlen von Substitutionsmöglichkeiten
➢ Rohstoffspekulationen usw.[487]

Die im Verantwortungsbereich des Beschaffungsmanagements liegenden Risiken lassen sich in bestimmte Risikoarten einteilen:[488]

➢ *Fehlmengenrisiko* als Gefahr der zum Termin oder zum Auftragsbeginn eintretenden Nichtverfügbarkeit von Material und Waren
➢ *Qualitätsrisiko* als Gefahr der Lieferung fehlerhaften Materials, das die benötigten Eigenschaften und Merkmale nicht aufweist
➢ *Bedarfsrisiko* als Ungewissheit über Menge, Termin, Qualität und Spezifikation des zu befriedigenden Bedarfs
➢ *Preisrisiko* als Gefahr von Preisnachteilen gegenüber den Beschaffungskonkurrenten und als Ungewissheit über die zukünftige Entwicklung des Preises
➢ *Rechtliches Risiko* als „formale" Unkenntnis von – insbesondere ausländischen – Gesetzen und fehlende Kenntnis ihrer praktischen Anwendung.

---

[486] Keitsch, D.: Risikomanagement, Stuttgart 2007, S. 130
[487] Koppelmann, U.: Beschaffungsmarketing, 4. Auflage 2003, S. 194
[488] Melzer-Ridinger, R.: Risikomanagement als Aufgabe des Supply Chain Management, BA-Kongress Mannheim 2003, S. 1

Praxissituation 27: Lidl haftet für Lieferanten

Nach einem Urteil des Europäischen Gerichtshofes (EuGH) muss ein Händler – auch wenn er nur Inverkehrbringer einer Ware ist – für Verstöße eines Herstellers gegen Lebensmittelrecht haften. Im konkreten Fall hatte die italienische Schwarz-Tochter Lidl Italia Srl. gegen die italienische Gemeinde Arcole geklagt. Diese verhängte wegen Verstoßes gegen italienisches Lebensmittelrecht ein Bußgeld gegen den Discounter.

Lidl hatte Likör des deutschen Unternehmens Jürgen Weber GmbH verkauft, dessen Alkoholgehalt falsch deklariert war. Proben der italienischen Behörden hatten ergeben, dass der Alkoholgehalt des Getränks „Amora alla erbe" bis zu einem Prozentpunkt unterhalb des deklarierten Wertes von 30 Volumenprozent lag. Das italienische Recht erlaubt aber lediglich eine Schwankung im Alkoholgehalt von 0,3 Prozentpunkten. Lidl argumentierte dagegen, dass sich die EU-Vorschriften über Etikettierung von Lebensmitteln, die ohne weitere Verarbeitung verkauft werden, nur an den Hersteller richten. Schließlich könne der Handel nicht bei jedem Produkt die Einhaltung der rechtlichen Vorgaben überprüfen. Der EuGH sieht das anders: Danach muss der Händler auf allen Verarbeitungs- und Vertriebsstufen die Anforderungen des Lebensmittelrechts erfüllen. Die Richtlinie 2000/13/EG statuiere auch eine Verantwortung des Verkäufers. Die Generalanwältin wies darauf hin, dass Händler Kontrollen bei den von ihren Herstellern gelieferten Waren durchführen müssen. Denn der Handel könne am besten ein sicheres System der Lebensmittellieferung entwickeln. Der EuGH stellte weiter fest, dass die Händler die „primäre rechtliche Verantwortung für die Lebensmittelsicherheit tragen..."

(Quelle: Lebensmittelzeitung 09. März 2007)

Im Beschaffungsprozess treten typische Risiken wie das Bedarfsdeckungsrisiko, das Lieferrisiko, das Transportrisiko und das Lagerrisiko auf. Zusätzlich zu diesen „klassischen" Risiken entstehen in Beschaffungsnetzwerken systemimmanente Risiken, insbesondere durch die Möglichkeit des unkontrollierten Know how-Abflusses und das opportunistische Verhalten, wodurch Wettbewerbsvorteile verloren gehen können. Wenn innerhalb eines Netzwerkes Lieferanten zu Systempartnern aufgebaut oder Einkaufsmengen in einem Pool zusammengefasst werden, könnten Opportunisten im Netzwerk an den dadurch generierten Vorteilen partizipieren, ohne eigene Leistungen ins Netzwerk einzubringen.[489] Zunehmende Risikopotenziale ergeben sich durch die Internationalisierung sowie Globalisierung der Beschaffung. Die Konzentration der Einkaufsbereiche liegt hier zunächst auf der Erzielung niedriger Preise und Kosten, wobei Abstriche in der Qualität und in den Arbeitsbedingungen der ausländischen Lieferanten bis zu einem gewissen Grad toleriert werden.

Praxissituation 28: „Ein Hersteller von Textilien aus Hangzhou in der Nähe von Shanghai

…hat eine blitzsaubere, moderne Fabrik, in der er…unter anderem für Abnehmer in Deutschland produziert. Eines Tages wird ein Kunde misstrauisch. Das Werk sei viel zu klein, dort könne er die bestellten Mengen doch gar nicht produzieren. Nachforschungen ergeben, dass der Unternehmer in Gefängnissen produzieren lässt. Die Fabrik in Hangzhou dient lediglich zum Vorzeigen der Abnehmer im Ausland."

Praxissituation 29: Wozu die Zusammenarbeit mit weniger seriösen Lieferanten führen kann…

hat Textileinkäufer van Roye auf schmerzhafte Weise gelernt. Im November 2008 wird seine Frau vor ihrer Pekinger Wohnung verhaftet. Offenbar hat einer seiner Lieferanten im chinesischen Hinterland, der Textilhersteller Gold Source, seine Verbindungen zu den Behörden genutzt, um van Royes Frau verschwinden zu lassen. Der Grund: Einige Wochen vorher hatte der Deutsche bei Gold Source Arbeitskleidung gekauft. Die Ware hatte Mängel, der Abnehmer in Deutschland hatte darum 30.000 Euro vom Rechnungsbetrag abgezogen. Als van Roye sich das Geld bei Gold Source zurückholen wollte, schaltete der Chef auf stur. Den nächsten Auftrag bei Gold Source, eine Ladung Latzhosen, hat der Deutsche darum nicht bezahlt....nach Bemühungen mit Anwälten zahlt van Roye, um seine Frau freizubekommen, 150.000 Euro an Gold Source, dazu weitere 120.000 Euro, über deren Verwendung Unklarheit herrscht...."

(Quelle: Kamp, M.: Brutales Geschäft, WirtschaftsWoche 16.11.2009, S. 27f.)

---

[489] Specht, D./Behrens, S./Mieke, C.: Risikomanagement in technologieorientierten Beschaffungsnetzwerken, in: Vahrenkamp, R./Siepermann, C.(Hrsg.): Risikomanagement in Supply Chains, Berlin 2007, S. 141

Werden jedoch ökologische und soziale Standards vernachlässigt, drohen Reputationsschäden und Umsatzrückgänge.[490] Internationale Beschaffungsprozesse können bei Vernachlässigung persönlicher Beziehungen zu den Mitarbeitern und Eigentümern der Lieferanten scheitern – wie zahlreiche Beispiele mit Lieferanten aus China zeigen.[491]

Eine Übersicht wesentlicher Beschaffungsrisiken gibt Tabelle 48 wieder. Auf dieser Basis werden in den folgenden Abschnitten ausgewählte praxisrelevante Risikobereiche vertieft.

1. - Risiken des Beschaffungsbereichs		
1.1 - Beschaffungs marktrisiken	1.2 – Beschaffungs- prozessrisiken	1.3 - Beschaffungs- funktionsrisiken

1.1 - Beschaffungsmarktrisiken			
1.1.1. - Marktbezogene Beschaffungsrisiken	1.1.2. - Lieferantenbezogene Beschaffungsrisiken	1.1.3.- Produktbezogene Beschaffungsrisiken	1.1.4. – Aktionsbezogene Beschaffungsrisiken

1.1.1. - Marktbezogene Beschaffungsrisiken			
Politische Risiken / Länderrisiken	Standortrisiken der Beschaffungsquellen	Markttransparenz / Preisspielräume	Wirtschaftliche Risiken
➢ Streik, Unruhen ➢ Politische Instabilität ➢ Ausfuhr-/ Einfuhrverbote ➢ Wirtschafts- und Arbeitsethik ➢ Währungsrisiken ➢ Umweltpolitische und umweltrechtliche Auflagen ➢ Globalisierungsbedingungen	➢ Infrastrukturen ➢ Lagerstandorte ➢ Transportrisiken ➢ Klimatische, geografische und geologische Bedingungen (z.B. Ernteabhängigkeit)	➢ Vergleichsmöglichkeiten verschiedener potentieller Lieferanten durch hohen Grad der Differenzierung der Produkte ➢ Allgemeine Preisrisiken ➢ Möglichkeiten und Grenzen der Überwälzung von Beschaffungspreisänderungen auf die Kunden	➢ Ausbildungssystem und –stand in Beschaffungsmärkten ➢ Strukturelle Angebotsbeschränkungen ➢ Nachlassender Lieferantenwettbewerb (Fusionen, Kartelle, Kooperationen, Ausscheiden von Lieferanten) ➢ Importabhängigkeit ➢ Preisschwankungen und Preisexplosion ➢ Rohstoffspekulation ➢ Verringerung der Angebotsmenge ➢ Konkurrenzstörungen auf den Beschaffungsmärkten

---

[490] Kaufmann, L.: Einkauf süß-sauer, Harvard Business Manager 07/2009, S. 100
[491] Ebenda, S. 101

1.1.2. - Lieferantenbezogene Beschaffungsrisiken

Lieferantenbindungs-risiken / Lieferanten-macht	Lieferzuverlässigkeit des Lieferanten	Lieferfähigkeit	Finanzielle Risiken
➢ Starre Bindung an Lieferanten und Rohstoffquellen ➢ Abhängigkeitsgrad vom Lieferanten ➢ Fehlen kurzfristiger und/ oder langfristiger Substitutionsmöglichkeiten ➢ Schutz des Know how (Risiko des Wissensabflusses) ➢ Umstellungskosten bei Lieferantenwechsel ➢ Risiko der Vorwärtsintegration von Lieferanten ➢ Verhandlungsmacht des Lieferanten	➢ Mengen-zuverlässigkeit ➢ Qualitäts-zuverlässigkeit ➢ Terminzuverlässigkeit ➢ Geheimhaltungs-zuverlässigkeit ➢ Reklamations-zuverlässigkeit	➢ Engpassfaktoren der Lieferfähigkeit ➢ Kapazitäten ➢ Lieferunwilligkeit ➢ Lieferverzögerung ➢ Lieferantenausfall durch Elementarschäden u.ä. ➢ Beschaffungszeiten ➢ Nachkaufsicherheit	➢ Lieferanten-insolvenz ➢ Lieferanten bonität

Technische Lieferanten-kompetenz	Integrationsbereitschaft / Kommunikationsfähigkeit	Wirtschaftlichkeit	Flexibilität
➢ Produktqualität ➢ Entwicklungs- und Innovationsfähigkeit ➢ Qualitätsfähigkeit ➢ Umweltstandards ➢ Service- und Ersatzteilkompetenzen	➢ EDV-Schnittstellen / EDI ➢ Integration in Kooperationskonzepte	➢ Preis-Leistungs-Verhältnis ➢ Preisniveau und Preisstabilität ➢ Marktmacht und Marktstellung des Lieferanten ➢ Kostenrisiken (TOCO-Gesamtkosten)	➢ Volumen-flexibilität ➢ Mindestbe-stellmengen

Lieferantenklassifizierung (Risikoklasse)

1.1.3. - Produktbezogene Beschaffungsrisiken

Produktabhängigkeit	Qualitätsrisiken	Saisonale Risiken	Kostenrisiken
➢ Abhängigkeit von einzelnen Materialien mit hoher Preisvolatilität ➢ Rohstoffabhängigkeit ➢ Komponenten-abhängigkeit ➢ Substitutions-möglichkeiten ➢ Technologie-abhängigkeit ➢ Umweltwirkungen	➢ Fehler in der Qualitätsspezifikation / – kommunikation mit dem Lieferanten ➢ Reklamationen ➢ Falsche Kennzeichnung von Produktparametern ➢ Qualitätsbetrug ➢ Prüfverfahren	➢ Ernteabhängigkeit ➢ Wetterabhängigkeit ➢ Saisonale Bedarfs-schwankungen	➢ Unzureichender Einsatz der Wertanalyse ➢ Ungenügende Normung/Typisierung/ Standardisierung

1.1.4. - Aktionsbezogene Beschaffungsrisiken

Lieferausfallrisiken	Bestellabwicklungsrisiken	Fehlmengenrisiken
	➢ Qualität der Lieferungen	➢ Dispositions- und Prognosefehler

1.2. - Beschaffungsprozessrisiken				
Beschaffungs-strategien	Beschaffungs-kosten / -zeiten	Bestandsfüh-rung	Prozesskontinuität/ -schnittstellen	Abhängigkeiten von Produktion und Vertrieb
➢ Umfang der Wertschöp-fungstiefe (z.B. Risiko eines hohen Anteil der Material-kosten an den Gesamtkosten)		➢ Melde-/ Sicher-heitsbestände ➢ Bestands-aktualität ➢ Lagerdauer ➢ Verderb/ Verlust	➢ Informations-schnittstellen ➢ Bereitstellungs-schnittstellen ➢ Prozessstörun-gen in der Ver-sorgung der Be-triebsbereiche	➢ Abstimmung mit Produktions-und Vertriebs-planung ➢ Reaktionszeiten auf Vertriebs-und Produkti-onsänderungen

Lieferanten-management-prozesse	Vertrags-abwicklung	Prognose / Pla-nung / Überwa-chung / Kontrolle	Dispositions-risiken	Lager- und Transportrisiken
➢ Lieferanten-audit/-bewertung ➢ Lieferanten-auswahl ➢ Lieferanten-struktur ➢ Lieferanten-streuung	➢ Rechtslage in Lieferländern ➢ Vertragsklauseln z.B. Mengenzu-sagen, Kündi-gungsoptionen, Preisgleitklau-seln durch Inde-xierungen)	➢ Planungs- und Prognosefehler in Bedarfsent-wicklung ➢ Bedarfsanfor-derung durch nicht berechtig-te Mitarbeiter ➢ Überwachung / Kontrolle	➢ Dispositions-fehler ➢ Verfügbarkeits-risiken ➢ Unwirtschaftli-che Bestell-mengen/-zeiten	➢ Kapazität der Lager-/ Trans-porttechnik ➢ Einsatz / Aus-wahl Trans-port- und Ladehilfs-mitteln ➢ Stapelfähigkeit der LHM

1.3. - Beschaffungsfunktionsrisiken			
Organisationsrisiken	Personalrisiken	IT-Risiken	Infrastrukturrisiken
➢ Verantwortung und Funktionstrennung ➢ Funktions- und Pro-zessdokumentatio-nen ➢ Führungsprozesse ➢ Führungsinstrumente ➢ Vergütungssystem ➢ Beschaffungs- und Bestandscontrolling	➢ Qualifikation ➢ Motivation ➢ Fehlzeiten und Fluk-tuation ➢ Kompetenzen ➢ Ressourceneinsatz ➢ Externe Mitarbeiter ➢ Stellenbeschreibung ➢ Arbeitsmarkt ➢ Schlüsselpersonen ➢ Verhaltensweisen der Mitarbeiter (z.B. Untreue und Be-stechlichkeit)	➢ System- und Daten-verfügbarkeit ➢ Systemstabilität ➢ Prozessintegration ➢ Zugriffsrechte und Datensicherheit ➢ Fehler oder Unvoll-ständigkeit in Infor-mationen zu Gütern	➢ Lagerräume/-gebäude ➢ Medienversorgung im Beschaffungsbe-reich ➢ Lagersysteme und Lagertechnik

Tab. 48 Übersicht wesentlicher Risiken des Beschaffungsbereiches

In den folgenden Abschnitten werden ausgewählte Risikofelder des Unternehmensbereiches Be-schaffung näher betrachtet.

2.1.2 Marktbezogene Beschaffungsrisiken

Allgemeine Marktbezogene Beschaffungsrisiken lassen sich in vier Risikobereiche unterteilen:

➢ Politische Risiken und Länderrisiken
➢ Standortrisiken der Beschaffungsquellen
➢ Wirtschaftliche Risiken
➢ Markttransparenz und Preisspielräume.

Von besonderer aktueller und zukünftiger Relevanz sind die Engpass- und Preisrisiken auf den Beschaffungsmärkten. Stahl ist knapp und teuer geworden. Der Preisanstieg beim Betonstahl übertraf alles bisher Dagewesene: von Dezember 2003 bis zum April 2004 verteuerte sich der Rohstoff um 86 Prozent.[492] Trotz gültiger Verträge setzen die Lieferer vor allem kleinere Unternehmen unter Druck. Grund der Stahlknappheit ist die steigende chinesische Nachfrage. Allein in den Jahren 2000-2003 kletterte der Stahlverbrauch Chinas um das Doppelte auf fast 300 Millionen Tonnen (Deutschland: 35 Millionen Tonnen).[493] Die Folgen der Verknappung sind katastrophal: weitere Preiserhöhungen und Lieferengpässe. Tausende Jobs stehen auf der Kippe, wenn Lieferer wegen der Stahlknappheit nicht produzieren könnten oder in die Insolvenz gehen. Schwierig ist zum Beispiel die Lage in der Stahlbaubranche. Hier besteht eine existenzielle Gefahr langfristig für die Hersteller von Stahlbrücken oder Industriehallen aus Stahl, wenn bei stetig weiter steigenden Preisen Kostennachteile gegenüber der Betonbauweise entstehen.[494] Manches Unternehmen wird sich überlegen müssen, wie es etwa durch Produktionsverlagerungen in Niedriglohnländer die steigenden Kosten für Stahl auffangen kann.

Praxissituation 30: Kein Gummi für die Bagger

„...Reifenknappheit macht Baumaschinen-Herstellern zu schaffen – Lieferzeiten von bis zu zwei Jahren...Es wäre einer der größten Aufträge der Firmengeschichte gewesen. Zwölf riesige Radlader hatte ein Minenbetreiber kurzfristig bei einem süddeutschen Baumaschinenhersteller geordert. Und der Mittelständler würde auch gerne liefern. Allein er kann nicht....Der Hersteller bekommt von seinen Zulieferern nur Reifen für vier Fahrzeuge. Nun wandern zwei Drittel des Geschäfts zu einem anderen Anbieter – sofern der Konkurrent die entsprechenden Pneus bekommt. Die Reifenknappheit ist derzeit die Schwachstelle der Branche", sagt Tsutomu Sakurai, Europa-Chef des japanischen Baumaschinenriesen Komatsu, der ein Fünftel seiner Maschinen für den europäischen Markt in Deutschland fertigt. Mit Michelin, Goodyear und Bridgestone gibt es nach Aussage von Sakurai derzeit weltweit nur drei Anbieter, die reifen in der für die Spezialfahrzeuge erforderlichen Qualität herstellen können. Und diese drei haben die Nachfrage schlichtweg unterschätzt...Nun können die Unternehmen zumindest bei Fahrzeugen mit Reifen ab einem Durchmesser von 1,50 Metern nicht so wie der Markt will. Lieferzeiten von bis zu zwei Jahren sind deshalb bei extrem schweren und großen baggern, Radladern und Muldenkippern keine Seltenheit. Zum Vergleich: Bei Komatsu müssen die Kunden auf die Mehrzahl der übrigen Produkte zwischen acht und zwölf Wochen warten....Die Baumaschinenhersteller suchen nun nach anderen Wegen, um der Reifenkrise zu begegnen...."

(Die Welt 30 April 2007, S. 15)

Trotz Rezession der Jahre 2008/2009 sind einige Rohstoffe bereits knapp, wie etwa die seltenen Erden – wie die raren Hightech-Metalle heißen. Direkte Profiteure der Verknappung sind nicht selten die wenigen großen Bergbaukonzerne. Die zentrale Rolle im Kampf um Rohstoffe und Jobs spielen aber die Schwellenländer. Staaten mit den größten Vorkommen wie China und Russland wollen mit Hilfe ihrer Bodenschätze den Sprung vom Erzlieferanten zum Produzenten hochwertiger Industriegüter schaffen. Bei den seltenen Erden besitzt China bis zu 97 Prozent der Weltvorräte. So ist beispielsweise Lanthan ein Metall der insgesamt 17 seltenen Erden. Metalle mit Namen wie Praseodym, Ytterbium, Dysprosium sind nicht nur selten, sondern mit bis zu 8000 Dollar pro Kilogramm auch relativ teuer. Exportzölle auf derartige Metalle verteuern die Fertigung in Europa, bis die Vorteile der höheren Produktivität weg sind. Wenn das nicht hilft, verknappen die Chinesen immer wieder das Angebot für ausländische Produzenten.[495]

---

[492] Gneuss, M.: Die Lunte brennt, Markt & Mittelstand 7/2004, S. 42
[493] Schnitzler, L.: Zahlen oder sterben, in: WirtschaftsWoche vom 13.05.2004, S. 66
[494] Ebenda.
[495] Kiani-Kress, R.: Kick in Gefahr, WirtschaftsWoche 23.11.2009, S. 52f.

Praxissituation 31: „Über Preiserhöhungen hinaus machen einigen Industriezweigen Versorgungsengpässe zu schaffen....
(…) Einkaufsabteilungen einiger Industriesektoren sind derzeit nicht nur mit steigenden Rohstoffpreisen, sondern auch mit Engpässen konfrontiert. Zellstoff, Baumwolle oder Braugerste sind nur schwer in der erforderlichen Qualität zu beschaffen.(…) So ist Braugerste zurzeit teuer und knapp, da die Landwirte die Anbaufläche reduziert haben. Dahinter steckten die geringen Preise aus den Vorjahren sowie das Risiko, dass die Witterung wie 2010 die Qualität verhagelt und die Gerste nur noch als billiges Futtergetreide zu vermarkten sei, meldet der Deutsche Bauernverband.(…) Mit drastischen Auswirkungen der Verknappung von Altpapier rechnet der Tissue-Hersteller Wepa....Die nach der Wirtschaftskrise deutlich anziehende Altpapier-Nachfrage am Weltmarkt, verschärft durch massive Importe nach China die Engpässe.(…) Wettbewerber Metsä Tissue hält die Altpapier-Knappheit für ein langfristiges Problem. Zusätzlich belasten die Tissue-Branche die neuen Anforderungen des Handels, nur noch Produkte mit Zertifikaten für nachhaltige Forstwirtschaft (FSC, PEFC) zu liefern..."
(Quelle: Rohstoffe werden knapp, in: www.lebensmittelzeitung.net vom 25.11.2010)

Aufgrund von Wettbewerbsverzerrungen zahlen Konkurrenten aus Fernost auch häufig weniger für Rohstoffe. Kritisch wird es dann, wenn durch Zugangsbeschränkungen Versorgungslücken entstehen und nur wenige Metalle durch andere Stoffe ersetzbar sind. Das Gefährliche daran ist insbesondere die Gefährdung wichtiger Zukunftsindustrien wie Elektroautos, Medizintechnik oder erneuerbare Energien, die besonders Kupfer, Lithium oder Tantal verbrauchen.

Praxissituation 32: „Der hohe Preis für Platin könnte den Autobauer Daimler bei der Entwicklung der Brennstoffzelle behindern…
…Seit fast zwei Jahrzehnten tüfteln Sie an der wasserstoffbetriebenen Brennstoffzelle, die den Verbrennungsmotor ersetzen soll…Zwar werden noch Jahre vergehen, bis die komplizierte Technik die Serienreife erreicht. Doch die größten technischen Probleme scheinen inzwischen gelöst, die horrenden Herstellkosten wurden gedrückt… Wäre da nicht das Problem mit dem Platin. Denn in jeder Brennstoffzelle stecken gut 60 Gramm des teuren Edelmetalls, das quasi das Herzstück der neuen Technik bildet. An Platin-Elektroden reagiert der Wasserstoff, den das Brennstoffzellen-Auto tankt, mit Sauerstoff zu Wasser. In den Elektroden entsteht dabei der Strom, mit dem der Elektromotor angetrieben wird.
Der hohe Platinpreis könnte die Brennstoffzelle wirtschaftlich abwürgen. Mit rund 3.000 Euro schlägt das Metall bereits heute pro Zelle zu Buche, Tendenz stark steigend. Innerhalb nur eines Jahres kletterte der Preis für die Unze Platin (31 Gramm) von 800 auf über 1400 Euro. In den kommenden Jahren gehe der Preisanstieg weiter, schätzt der weltweit drittgrößte Platinproduzent Lonmin aus Großbritannien. Von 2011 an könne es sogar zu Engpässen am Markt kommen."
(Quelle: Seiwert, M.: Horrende Nachfrage, WirtschaftsWoche 23.11.2009, S. 55f.)

Bei der Identifikation und Bewertung von Beschaffungsrisiken muss in vielen Fällen auf die gesamte Beschaffungskette zurückverfolgt werden, da sonst u.U. „Dominoeffekte" nicht erkannt werden. Derartige Effekte entstehen durch mehr oder weniger weit entfernte Risikofaktoren, die sich nicht in der direkten Faktorenlinie der unmittelbar an das Unternehmen angrenzenden Märkte oder Lieferanten erkennen lassen. Dieses Risiko besteht in hohem Maße im Rahmen der Sicherung der Rohstoff- und Primärenergiebasis. Die sichere und preisgünstige Versorgung mit Rohstoffen zählt zu den entscheidenden Faktoren für den Unternehmenserfolg. Der ansteigende Bedarf der Weltwirtschaft nach Rohstoffen im Allgemeinen und der besondere Bedarf an unverzichtbaren Rohstoffen wie Chrom, Molybdän oder Platin, Niob, Palladium, Rhodium sowie Tantal und Zirkon werden als kritisch eingestuft. Viele dieser Rohstoffe können einerseits nicht oder schlecht substituiert werden, finden andererseits in den Herkunftsländern und Anbietern einen sehr hohen oder hohen

Konzentrationsgrad. So konzentriert sich die Weltproduktion des schlecht substituierbaren Stahl-veredlers Niob fast ausschließlich auf drei Länder: Brasilien, Kanada und Australien.[496]

Praxissituation 33: „Als Russlands staatlicher Energieriese Gazprom...

im Dezember nach zweijährigen Verhandlungen endlich mit den Regierungen Kasachstans und Turkmenistans handelseinig war, war auch Wladimir Putin sichtlich erleichtert. Der Deal, der Gazprom ein Monopol für den Abtransport des Erdgases vom Kaspischen Meer, einer der bedeutendsten Lagerstätten des Brennstoffes sichert, sei ein ‚wichtiger Beitrag zu Europas Energiesicherheit", meinte der russische Präsident. Ungewollt gestand Putin damit die Schwie-rigkeiten ein, die sein Land neuerdings bei der Erdgasversorgung hat. Denn seit man es in großen Mengen nach Westeuropa pumpt, kommt Gazprom mit der Förderung nicht mehr nach. Im vergangenen Jahr lag die Produktion nach Angaben des russischen Energieministe-riums bereits vier Mrd. Kubikmeter hinter dem Bedarf, bis 2015 könnte dieser Fehlbetrag sogar auf knapp 50 Mrd. Kubikmeter steigen. Um die immer größer werdenden Löcher zu stopfen, kam man deshalb jetzt mit den zentralasiatischen Staaten Kasachstan und Turkmenistan ins Geschäft. Russland verfügt zwar über die weltweit größten Erdgasvorkommen, doch diese sind zum großen Teil noch nicht erschlossen...

Leidtragende der Verknappung sind vor allem die russische Bevölkerung und Russlands Nachbarstaaten, die auf preiswerte Gaslieferungen angewiesen sind. Aber auch die Europäer, allen voran die Deutschen, die rund 40 Prozent ihres Erdgases aus Russland beziehen, müs-sen sich fragen, ob ihre Energieversorgung auf wackeligen Beinen steht."

(Quelle: o.V.: Russland muss Erdgas kaufen, in: WISU 01/2008, S. 22)

➢ Material- und Energieeffizienz in der Produktion steigern und Rohstoff-Transporte vermeiden
➢ Alternative Rohstoffe oder Sekundärrohstoffe einsetzen
➢ Langfristige Lieferverträge abschließen
➢ Beteiligungen an in der Wertschöpfungskette vorgelagerten Unternehmen eingehen
➢ In den Förderländern der Rohstoffe sich den Status eines „Local Hero" erarbeiten
➢ Bei der Verkehrsträgerwahl auf Sicherheit und gutes Preis-Leistungs-Verhältnis achten
➢ Lagerbestände erhöhen bzw. optimieren
➢ Einkauf „frei Haus" möglichst vermeiden, Prozesssteuerung unter eigener Kontrolle behalten
➢ Einkaufs- und Transportgemeinschaften zur Kräftebündelung gründen

Die Risiken in den Beschaffungsmärkten zu erkennen bedeutet auch, die veränderten Bedingun-gen in den Märkten zu identifizieren. So wurden lange Zeit die südostasiatischen Länder als eine unerschöpfliche Quelle für die Lieferung von Billigprodukten jeder Art und jeder Menge gesehen. Doch dies änderte sich.

„Längerfristig wird man sich in China allerdings intensiver mit der Frage beschäftigen, ob vorrangig der heimische Markt oder der Weltmarkt mit Ware versorgt werden soll. Kurz nach dem zwischen-zeitlichen Quotenfall haben zwar viele chinesische Firmen ihren Exportanteil hochgefahren, das kann aber auch in die andere Richtung umschlagen. Laut dem Verband der chinesischen Textil-wirtschaft erwirtschaftet schon heute über die Hälfte der Textilanbieter beim Export keine ausrei-chende Rendite mehr. Gleichzeitig ist die inländische Kaufkraft im stetigen Anstieg begriffen, und die europäischen und amerikanischen Quoten werden ein Übriges tun, um die Bevorzugung des Binnenmarktes durch die Produzenten zu fördern. Wie die Entwicklung weiter verlaufen kann, sieht man in Brasilien: Die dortigen Produzenten beliefern heute fast nur heimische Abnehmer. Hinzu kommt, dass sich China zunehmend gezwungen sehen wird, höhere Umweltstandards einzuhal-ten, was wiederum die Kosten in die Höhe treibt. Ein europäischer Händler sieht zudem ein demo-grafisches Problem auf Chinas Bekleidungsbranche zurollen: Die Ein-Kind-Politik wirkt sich drama-tisch auf die chinesische Bevölkerungsentwicklung aus. Wir haben es mit einer alternden Bevölke-

---

[496] Pieringer, M.: Wachsam bleiben, LOGISTIK inside 11/2008, S. 41
[497] Ebenda, S. 42

rung zu tun. Der Anteil junger Menschen nimmt immer weiter ab, wobei die Jungen dann lieber in der Hightech-Branche arbeiten als in einer Näherei."[498]

Praxissituation 34: China will nicht länger reiner Produktionsstandort sein...

„...Da waren selbst hartgesottene Handelsmanager überrascht, als ihnen im Oktober des vergangenen Jahres ein Brief des Unternehmens Weco auf den Tisch flatterte. Es war sozusagen ein Brandbrief des führenden Feuerwerkherstellers. Dringend ersuchte das Management darum, noch im zu Ende gehenden Jahr erste Gespräche über das Sortiment für Silvester 2008/2009 zu führen. Grund: Völlig veränderte Produktionsbedingungen in China. Die Feuerwerkssaison zum Jahreswechsel auf 2009 müsse deshalb bis spätestens Ende Februar 2008 komplett geplant sein. ...Unter Branchenkennern gilt diese Angelegenheit als ein besonders drastisches Beispiel für die grundlegenden Veränderungen auf dem Beschaffungsmarkt China. Die Zeiten, als die Sonderwirtschaftszonen in den südchinesischen Küstenregionen als verlängerte Werkbänke für westliche Industrie- und Handelsunternehmen dienten, sind endgültig vorbei. Zunehmend gibt die Regierung in Peking den Takt vor, hauptsächlich wenn es sich um Angelegenheiten von nationalem Interesse handelt. So auch im Fall der Feuerwerksproduktion. Weil die chinesischen Machthaber sich vor und während der Olympischen Spiele im Sommer 2008 möglichst störungsfrei der Weltöffentlichkeit präsentieren wollen, sind schon etliche Verordnungen erlassen worden...Zu diesen Maßnahmen gehört es auch, den Umgang mit Gefahrgütern, darunter auch Feuerwerk, für einen Zeitraum von drei Monaten komplett zu untersagen...Die bisherige Hauptverladezeit für Feuerwerk in den Monaten Juli, August und September, ist damit vollständig blockiert....

(Quelle: o.V., Abschied von der chinesischen Werkbank, NONFOOD trends 1/2008, S. 6f.)

Eine besondere Bedeutung kommt den Beschaffungspreisrisiken zu. Der Einkaufsbereich muss unternehmensindividuelle und güterspezifische Analysen zu den Entwicklungstrends und zur Volatilität der Preise sowie zu deren stochastischen Abhängigkeiten (Korrelationen) erstellen. Beschaffungspreisrisiken unterliegen zwei verschiedenen Situationen:[499]

➤ **„Allgemeine" Marktpreisschwankungen** infolge der Veränderungen der Marktbedingungen, die alle Unternehmen prinzipiell in gleicher treffen, welche entsprechende Güter beziehen und

➤ **„Unternehmensspezifische" Beschaffungspreisschwankungen** infolge von Verhandlungsqualität gegenüber den Lieferanten und der Intransparenz der Einkaufssituationen.

Die letzteren „Beschaffungspreisschwankungen" können in weit stärkerem Maße zu einer Veränderung der relativen Wettbewerbsposition des einzelnen Unternehmens führen und somit ein nicht unerhebliches Risiko für die Gewinnposition des Unternehmens darstellen. In diesem Fall ist die Weitergabe der sich so ergebenden Kostensteigerungen an die Kunden nicht oder nur eingeschränkt möglich. Für den Fall der Weitergabe der beschaffungspreisinduzierten Kostenerhöhungen der Produkte und Leistungen entstehen relevante Ertragsrisiken durch eine mögliche Reduzierung der Absatzmengen infolge der Preisabsatzfunktionen auf den Absatzmärkten.[500] Für die Risikoanalyse, -messung, -bewertung und –bewältigung von Marktpreisschwankungen werden in der Literatur zahlreiche Ansätze und Modelle vorgeschlagen.[501]

---

[498] Merkel, H./Breuer,P./Eltze, C./Kerner, J.: Global Sourcing im Handel. Wie Modeunternehmen erfolgreich beschaffen, Berlin-Heidelberg 2007, S. 78

[499] Gleißner, W: Grundlagen des Risikomanagements, München 2008, S. 82

[500] Ebenda, S. 82f.

[501] Vgl.u.a. Romeike, F./ Hager, P.: Erfolgsfaktor Risiko-Management 2.0, 2. Auflage, Wiesbaden 2009, S. 203-242; Wolke, T: Risikomanagement, München und Wien 2007, S. 197-230;

2.1.3 Lieferantenstruktur - und lieferantenbezogene Beschaffungsrisiken

Die zunehmende Tendenz der partnerschaftlichen Ausgestaltung der Zuliefer-Abnehmer-Beziehungen durch eine engere, integrierende Zusammenarbeit der Unternehmen mit ihren Lieferanten verfolgt das Ziel der Kostensenkung, Nullfehler-Belieferung, Übertragung von Entwicklungs- und Logistikverantwortung auf die Lieferanten sowie ein zunehmender Abbau der Anzahl der Teilelieferanten zugunsten weniger Baugruppen-, Modul- bzw. Systemlieferanten. Unter diesem Ziel nimmt die Bedeutung des Beschaffungsprozesses für den Wertschöpfungsprozess und folglich auch die Schaffung eines leistungsfähigen, risikoorientierten Lieferantenmanagements zu.[502]

Die Risiken in der Lieferantenstruktur ergeben eine lieferanten- und lieferantenartspezifische Gewichtung. So kann substituierbaren und strategischen Lieferanten sowie nach System-, Modul-, komponenten-, Teile- und Rohstofflieferanten unterschieden werden. Aufgabe des Lieferantenmanagements ist es, die Versorgungsrisiken zu verringern bzw. zu minimieren, d.h. die Lieferung der Produkte zur richtigen Zeit in der richtigen Menge an den richtigen Ort zu sichern. Die Risiken der Lieferanten lassen sich in Verfügbarkeits-, Preis-, Qualitäts-, Technologie- sowie Finanz- und Bonitätsrisiken unterteilen.[503] Beschaffungsrisiken lassen sich auch in Verfügbarkeits- und Lieferantenrisiken unterscheiden:

Verfügbarkeitsrisiken		Lieferantenrisiken
auf dem Beschaffungsmarkt	beim Lieferanten	
Mengenrisiken		Ökonomische Risiken
Qualitätsrisiken		Ökologische Risiken
Preisrisiken		Technologie- und Prozessrisiken

Tab. 49 Verfügbarkeits- und Lieferantenrisiken

Lieferantenrisiken gehen direkt vom Lieferanten aus und sind relativ artikel- und produktunabhängig. Zu den ökonomischen Risiken zählen zum Beispiel das Insolvenzrisiko und das Kompetitivitätsrisiko. Aus ökologischen Risiken, wie zum Beispiel unzureichende Einhaltung der gesetzlichen Umweltschutzbestimmungen oder Elementarschäden können Imagewirkungen und finanzielle Folgen für den Abnehmer entstehen. Mangelnde technologische Weiterentwicklung können die Technologieführerschaft oder die Qualität des Abnehmers beeinflussen; fehlende Prozess- und IT-Integration beeinflussen die Wiederbeschaffungszeiten und die Prozesseffizienz des Abnehmers und somit dessen Wettbewerbsfähigkeit.[504]

In den Unternehmen setzte man in den letzten Jahren auf eine verstärkte Lieferantenkonzentration. So werden zum Beispiel in einem Maschinen- und Anlagenbauunternehmen rund drei Viertel des gesamten Beschaffungsvolumens durch rund 70 von insgesamt 1400 Lieferanten abgedeckt. Damit wird das Risiko eines überhöhten Beschaffungsaufwandes und von Effizienzverlusten stark abgebaut, jedoch zugleich unter bestimmten Bedingungen das Abhängigkeitsrisiko erhöht. Bei hoch innovativen Produkten sinkt dabei zugleich das Risiko des Know how-Verlustes durch die Einbeziehung von wenigen Lieferanten in den Innovationsprozess.[505]

Risikoorientiertes Lieferantenmanagement muss sich insbesondere den Qualitätsrisiken verstärkt stellen, da von hier der Einfluss der Lieferantenrisiken auf das Endprodukt und dessen Verwendung hoch sein kann. Bei der Herstellung von Packungsbeilagen für Drogerie- und Arzneiprodukte könnten sich zum Beispiel in der Druckerei Fehler zu Inhaltsstoffen oder Mengen einschleichen oder sogar die Packungsbeilagen verwechselt werden.

---

[502] Lasch, R./Janker, C.G.: Risikoorientiertes Lieferantenmanagement, in: Vahrenkamp, R./ Siepermann, C.(Hrsg.): Risikomanagement in Supply Chains, Berlin 2007, S. 111
[503] Nuri, M.: Teile aller Länder, vereinigt Euch, in: Markt und Mittelstand 10/2005, S. 45
[504] Lasch, R./Janker, C.G.: a.a.O., S. 115
[505] Nuri, M.: a.a.O., S. 46

Eine hohe Aufmerksamkeit muss das Management den Risiken aus der hohen Abhängigkeit von einzelnen Zulieferern oder einzelnen Zulieferregionen beimessen.

Praxissituation 35:
„Ein Feuer in einer Akku-Fabrik bringt die Laptop-Anbieter in Bedrängnis....
Am 3. März bricht in einer Akku-Fabrik des südkoreanischen Chemieproduzenten LG Chem ein Feuer aus...Rund zwei bis drei Monate dürfte die Produktion brachliegen.

Das reicht, um einer Reihe von Laptop-Anbietern Probleme zu bereiten. (…) LG Chem ist der weltweit viertgrößte Hersteller von Akkus für die tragbaren Computer. Die Zulieferbranche ist bereits stark konsolidiert. Immer mehr globale Anbieter hängen überwiegend von einer ein-stelligen Zahl von Zulieferern ab...Die Region Asien-Pazifik ist sehr zentral für die PC-Produktion.

Das zeigte sich schon einmal 1999. Damals erschütterte ein Erdbeben die Region. Kraftwerke fielen aus. Wochenlang war Taiwans Chipbranche beeinträchtigt, mit Auswirkungen auf die gesamte PC-Branche....

Heute sind in der Region nicht mehr nur wichtige Chiphersteller beheimatet wie TSMC und UMC. In Taiwan sitzen mit Quanta und Compal etwa auch die weltgrößten Notebook-Auftrags-fertigerer mit einem gemeinsamen Marktanteil von gut 50 Prozent."
(Quelle: Ottomeier, M./Hille, K.: Heikle Abhängigkeit, in: Financial Times Deutschland vom 27. März 2008, S.5)

Ein risikoorientiertes Lieferanten-Bewertungssystem sollte sich aus einer subjektiven und einer objektiven Komponente zusammensetzen. Die subjektive Komponente analysiert die Risikostrate-gie und die Beschaffungssituation und führt zur Auswahl von Kriterien für die Lieferantenbewertung und zur Bestimmung des Ideallieferanten, die objektive Komponente bewertet die Lieferanten mit Hilfe statistischer Verfahren. Die Risikoanalyse erstreckt sich dann auf die Hauptbewertungskrite-rien Mengen-, Logistik-, Entgelt-, Qualitäts- und Serviceleistung.[506]

Im Rahmen eines risikoorientierten Lieferantenmanagements ist die Früherkennung von Risiken von entscheidender Bedeutung, um rechtzeitig den „Spielraum" für erforderliche Bewältigungs-maßnahmen auszuloten und nutzen zu können. Entscheidungsrelevante Frühwarnindikatoren für existenzbedrohende Situationen auf der Lieferantenseite können insbesondere sein:

➢ Leistungsschwankungen des Lieferanten hinsichtlich Qualitäts-, Termin- und/oder Mengenzu-verlässigkeit
➢ Verzögerungen in der Abwicklung mit Hinweis des Lieferanten auf Produktionsengpässe
➢ Erhöhung der Vorräte/Vorratsintensität/gleichzeitiges Ansteigen der Forderungen
➢ Negatives Working Capital
➢ Schlechter Cash Flow vom Umsatz
➢ Unterbeschäftigung/Entlassungen
➢ Häufiger Wechsel im Management
➢ Veränderungen in der Rechtsform oder Betriebsaufspaltungen/Stilllegungen

Durch Nutzung primärer und/oder sekundärer Informationsquellen wie ein Lieferantenbewertungs-system, ein leistungs- und finanzwirtschaftliches Lieferanten-Audit, Auswertung interner Informati-onsquellen, Ermittlung von Bilanzkennzahlen, Finanzauskünfte oder ein spezifisches Frühwarnsys-tem lassen sich gezielt über wichtige und risikobehaftete Lieferanten bestimmte Entwicklungen beobachten. Für die Identifikation, Bewertung und Darstellung lieferantenbezogener Risiken lassen sich Lieferanten-Risiko-Portfolios nutzen. Ein allgemeines Grundmodell eines Lieferanten-Risiko-Portfolios beschreibt Abb.51.

---

[506] Lasch, R./Janker, C.G.: Risikoorientiertes Lieferantenmanagement, in: Vahrenkamp, R./ Siepermann, C.(Hrsg.): Risikomanagement in Supply Chains, Berlin 2007, S. 118ff.

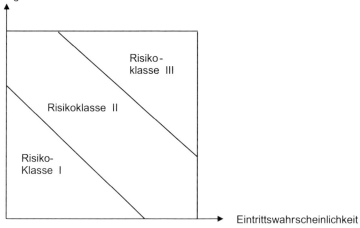

Schadensumfang /
Auswirkung des Lieferantenrisikos

Eintrittswahrscheinlichkeit

Abb.51 Allgemeines Modell eines Lieferantenportfolios

Die Positionierung der Lieferanten erfolgt auf der Basis des ermittelten Lieferanten-Risikoindex. (Tab. 50)

Einzelrisiken	Artikel- oder Materialgruppen		
	Material 1	**Material 2**	**Material 3**
Leistungsfähigkeit	2	1	1
Zuverlässigkeit	3	2	4
Qualitätsschwankungen	1	2	2
Produktionsengpässe	2	3	2
Know-how-Abfluss	5	2	5
Preiserhöhungen	4	3	2
Abhängigkeit	2	1	1
Risikoindex Artikel- oder Materialgruppe	2,71	2,00	2,43
Risikoindex Lieferant	**2,38**		

Tab. 50 Positionierung der Lieferanten anhand eines Risikoindex

Der Risikoindex kann auch mit einem Gewichtungskoeffizienten für die Einzelrisiken kombiniert werden, was jedoch in der Praxis erfahrungsgemäß methodische Probleme ihrer Definition und Bestimmung aufwirft. Auf der Basis dieses allgemeinen Modells können verschiedene Objektarten dargestellt werden:

➢ Artikel / Artikelgruppen eines Lieferanten
➢ Alle Lieferanten für einen Artikel/ eine Artikelgruppe
➢ Alle Risikoarten eines Lieferanten
➢ Alle Lieferanten für eine Risikoart.

Unter besonderer Berücksichtigung internationaler Lieferantenauswahlprozesse kann eine dreidimensionale Risikobewertung in Verbindung mit einer speziellen Lieferantenauswahl-Matrix eingesetzt werden.[507] Die Bewertung aller potenziellen Lieferanten erfolgt nach den Dimensionen:

➢ Endogene Einflussfaktoren – Beurteilung der Lieferfähigkeit
➢ Exogene Einflussfaktoren – Beurteilung des Ländermarktes
➢ Auswahlkriterien zur Lieferantenbewertung.

Ein Beispiel zur Vorgehensweise ist in Tab.51 beschrieben. Unter Nutzung der so gewonnenen Teil-Indizes dieser drei Dimensionen werden die Lieferanten anhand zweier Lieferanten-Portfolios positioniert und den Lieferantenklassen A, B oder C zugeordnet.(Abb.52) Mit Hilfe dieser Positionierungen lassen sich dann auch Strategien zur Bewältigung lieferantenbezogener Risiken ableiten.

Endogene Einflussfaktoren – Beurteilung der Lieferfähigkeit							
Einflussfaktoren	Relative Gewichtung	Risikoskala					Index
		1	2	3	4	5	
1. Gesamteindruck	0,10		X				0,20
2. Technisches Know how	0,10	X					0,10
3. Kapazität	0,05				X		0,20
4. Qualitätssicherung	0,05	X					0,05
5. Prüfmittel/-methoden	0,20					X	1,00
6. Werkstoffprüfung	0,10		X				0,20
7. Mitarbeiterqualifikation	0,20			X			0,60
8. Finanzielle Mittel	0,20		X				0,40
Ergebnis	**1,00**						**2,75**

Exogene Einflussfaktoren – Beurteilung des Ländermarktes							
Einflussfaktoren	Relative Gewichtung	Risikoskala					Index
		1	2	3	4	5	
1. Politische Stabilität	0,25		X				0,50
2. Streiks	0,25				X		1,00
3. Ausfuhr-/Einfuhrverbote	0,10		X				0,20
4. Devisenpolitik	0,05		X				0,10
5. Wirtschafts-/Arbeitsethik	0,05					X	0,25
6. Ausbildungssystem	0,05			X			0,15
7. Infrastruktur	0,05	X					0,05
8. Religion	0,05	X					0,05
9. Natürliche Bedingungen	0,05	X					0,05
10. Transportentfernung	0,10			X			0,30
Ergebnis	**1,00**						**2,65**

Auswahlkriterien zur Lieferantenbewertung							
Einflussfaktoren	Relative Gewichtung	Risikoskala					Index
		1	2	3	4	5	
1. Qualität	0,40	X					0,40
2. Preis	0,20			X			0,60
3. Lieferzuverlässigkeit	0,15		X				0,30
4. Liefertreue	0,05	X					0,05
5. Technischer Service	0,05	X					0,05
6. Reaktionsschnelligkeit	0,05				X		0,20
7. Administrative Arbeit	0,05					X	0,25
8. Zusammenarbeit bei Problemen	0,05	X					0,05
Ergebnis	**1,00**						**1,90**

Tab. 51 Bewertung der Einflussfaktoren der risikoorientierten Lieferantenbewertung

---

[507] Harting, D.: Strategische Lieferantenauswahl, in: Der Einkaufs- und Lagerwirtschaftsberater, 1994, Fach 03820, S. 20ff.

Risiko

Endogene Einflussfaktoren \ Exogene Einflussfaktoren	Sehr niedriges Risiko Index 1,0 – 2,25	Mittleres Risiko	Hohes Risiko
sehr gut geeignet Index 1,0 – 2,25	1	2	3
bedingt geeignet Index 2,251 – 3,5	4	5	6
ungeeignet Index 3,51 – 5,0	7	8	9

(positiv – neutral – negativ über den Spalten; Lieferfähigkeit: positiv, neutral, negativ an den Zeilen)

Gesamturteil	nicht kritisch 1,2,4	mittel kritisch 3,5,7	Kritisch 6,8,9

Auswahlkriterien zur Lieferantenauswahl \ Einflussfaktoren	Nicht kritisch 1,2,4	Mittel kritisch 3,5,7	kritisch 6,8,9
sehr gut Index 1,0 – 2,25			
befriedigend Index 2,251 – 3,5			▓
ungenügend Index 3,51 – 5,0		▓	▓

Legende: Auswahl und Zuordnung nach Gruppen	**A-Lieferant**	**B-Lieferant**	**C-Lieferant**
			▓

Lieferfähigkeit

Abb. 52 Zuordnung der Lieferanten zum Lieferantenportfolio

Eine besondere Bedeutung kommt der ganzheitlichen Bewertung des strategischen Lieferantenrisikos aus der Sicht der Gesamtkosten des Lieferanten zu. Unter dem Konzept des „Total Cost of Ownership" (TOCO) hat sich in der Praxis bereits ein geeigneter Ansatz durchgesetzt. Für die Entscheidungsfindung über die Auswahl asiatischer Lieferanten sind damit nicht nur die direkten Kosten, sondern auch die im Unternehmen für diese Lieferanten auftretenden indirekten Kosten (wie z.B. Kosten für Prüfung und Qualitätskontrolle, Reklamations- und Managementkosten) zu betrachten. Das Risiko muss hier beobachtet werden, mit den infolge von Kosten- und Preiserhöhungen bei den Lieferanten vor Ort steigenden direkten Kosten und den indirekten Kosten den bisherigen Kostenvorteil aus den niedrigeren Produktionskosten des Lieferanten zu vernichten.

2.1.4 Produktbezogene Beschaffungsrisiken

Unter produktbezogenen Beschaffungsrisiken werden alle produktspezifischen Risikoarten betrachtet, die insbesondere die folgenden Risikobereiche umfassen:

➢ Produktabhängigkeit
➢ Qualitätsrisiken
➢ Saisonale Risiken
➢ Produktkostenrisiken.

Praxissituation 36:
„...Betrüger verkaufen genetisch veränderte ‚Biobaumwolle' an Modekonzerne...
   Die weltweiten Wertschöpfungsketten bergen immer neue Risiken: Die Modekonzerne H&M und C&A sowie der Kaffeeröster Tchibo sind nach Informationen der ‚Financial Times Deutschland' auf einen Betrüger aus Indien reingefallen, der vermeintliche Biobaumwolle an die Unternehmen verkaufte. Diese war jedoch nach Angaben der indischen Regierung genetisch verändert. Trotzdem erhielt die Ware eine Biozertifizierung, mit der die Unternehmen warben. Diese Zertifizierungen werden meistens von privaten Unternehmen vorgenommen, heißt es in der Tageszeitung ‚Welt'. Die betroffenen Firmen sehen sich als Opfer. Tchibo kündigte an, die Ware im Labor testen zu lassen."
(Quelle: o.V. : Supply Chain nicht im Griff, www.logistik-heute.de/nachrichten vom 02.02.2010)

Eine besondere Relevanz für den Beschaffungsbereich weisen Qualitätsrisiken auf. Die Wirkung dieser Risiken hängt in spezifischer Weise von der Funktion des Produktes oder Materials für den Produktionsprozess oder für das Endprodukt sowie von der Erkennbarkeit des Qualitätsproblems auf der Stufe des Beschaffungsprozesses ab. Ein Qualitätsrisiko tritt auf, wenn eine Lieferung oder Teile einer Lieferung nicht die benötigten Eigenschaften und Merkmale aufweist, die sie entsprechend der Vereinbarungen mit dem Kunden oder den Erwartungen des Marktes haben müssen oder sollen. Es lassen sich hinsichtlich der Risikoursachen und Risikofolgen vier Situationen der Qualitätsrisiken unterscheiden:[508]

➢ Materiallieferung entspricht (teilweise) nicht der vereinbarten/geforderten Spezifikation. Fehlerhafte Stücke passieren (teilweise) unerkannt die Qualitätsprüfung.
➢ Materiallieferung entspricht (teilweise) nicht der vereinbarten/geforderten Spezifikation. Fehlerhafte Stücke werden in der Qualitätsprüfung identifiziert, aussortiert und beanstandet.
➢ Materiallieferung entspricht (teilweise) nicht der vereinbarten/geforderten Spezifikation. Der Anteil fehlerhafter Stücke in der geprüften Stichprobe übersteigt die Annahmegrenze; Lieferung wird insgesamt abgelehnt.
➢ Das gelieferte Material entspricht der vereinbarten Spezifikation, ist jedoch nicht bedarfsgerecht, da die Spezifikation ungeeignet, fehlerhaft oder unvollständig ist.

Störquellen können folglich sowohl beim Abnehmer als auch beim Lieferanten liegen. (vgl. 2.1.7.)
Fehlerhafte Lieferungen können Auswirkungen auf die gesamte Prozesskette haben:[509]

➢ Fehlmengensituationen wegen fehlerhaften Materials vor Beginn des Fertigungsprozesses
➢ Opportunitätskosten wegen fehlenden Materials, z.B. Kosten für Ausschuss oder verschwendeter Material-, Mitarbeiter- oder Maschinenkapazität
➢ Lieferverzögerung gegenüber dem internen Kunden
➢ Lieferverzögerung gegenüber dem externen Kunden
➢ Fehlerhaftes Absatzprodukt mit den entsprechenden Folgewirkungen.

---

[508] Melzer-Ridinger, R.: Risikomanagement in der Beschaffung, in: Birker, K./ Pepels, W.(Hrsg.): Handbuch krisenbewusstes Management. Krisenvorbeugung und Unternehmenssanierung, 1. Auflage, Berlin 2000, S. 202
[509] Ebenda.

Die Kostenauswirkungen werden im Qualitätsmanagement häufig unter Fehlerkosten oder Fehlerfolgekosten betrachtet.

Praxissituation 37:
„...Prozess um Falschdeklaration von Käse – Verantwortliche geständig...
   Die Milchwerke Oberfranken-West haben Kunden wie Aldi, Lidl, Edeka und tegut jahrelang Käse mit falschen Angaben über Bio-Qualität oder Fettgehalt geliefert. Die Genossenschaft hatte damit Lieferengpässe vermieden. Der geschäftsführende Direktor und zwei leitende Angestellte der Genossenschaft wurden dafür (...) zu glimpflichen Geldstrafen verurteilt. Wegen des Inverkehrbringens von Lebensmitteln unter irreführenden Bezeichnungen und Betrugs müssen sie 45.000 bzw. 9.000 Euro bezahlen.(...)
   Diese Falschdeklarationen dienten nach den Ermittlungen der Staatsanwaltschaft vor allem der Vermeidung von Lieferausfällen.(...) Ziel des Betrugs war nicht ein geringerer Wareneinsatz, sondern Abnehmern gewünschte Ware möglichst immer liefern zu können.(...)"
(Quelle: o.V.: Blamage für Milchwerke in Coburg, Lebensmittelzeitung vom 19.11.2010, S. 26)

Qualitätsrisiken können sich durch eine lange Lieferkette oder ein weit verzweigtes Liefernetz bis zu einem bestimmten Punkt fortpflanzen oder sogar zu einer Fehlerpotenzierung führen. Der Fall des Dioxinskandals bei einem Tierfutterhersteller Ende des Jahres 2010 hat in diesem Zusammenhang gezeigt, dass ein winziger Fehler ausreicht, um eine Katastrophe auszulösen.[510]

2.1.5 Aktionsbezogene Beschaffungsrisiken

Von besonderer Relevanz ist das *Fehlmengenrisiko*. Dies ist dann der Fall, wenn eine bestimmte benötigte Bedarfsmenge eines Materials oder einer Ware nicht oder nicht in ausreichender Menge zur Verfügung steht. Eine Fehlmenge ist die Folge einer Lieferung der falschen Artikel, einer verspäteten Lieferung, einer Mindermengenlieferung oder eines kompletten Lieferausfalls. Die Ursachen einer Fehlmenge können auf der *Lieferantenseite* sehr verschiedenartig sein:

➤ Probleme in der Fertigung des Lieferanten, z.B. Kapazitätsengpässe, Qualitätsprobleme
➤ Fehler in den administrativen Geschäftsprozessen des Lieferanten, z.B. Fehler und Verzögerungen in der Auftragsabwicklung, Kommissionierfehler
➤ Probleme und Verzögerungen bei den Vorlieferanten sowie auf den Transportwegen.

Ferner werden vielfältige Ursachen für Fehlmengen auch auf der *Abnehmerseite* zu finden sein:

➤ Organisatorische Mängel und Fehler im Geschäftsprozess Produktionsplanung und Materialdisposition, z.B. Prognose- und Dispositionsfehler
➤ Fehler im Geschäftsprozess Bestellabwicklung, z.B. zu späte Auslösung eines Bestellauftrages

Ursachen für Fehlmengen können auch auf dem *Absatzmarkt des Abnehmers* liegen:

➤ Kurzfristige Änderungen von Kundenaufträgen, kurzfristige Lieferwünsche und falsche Einschätzung der Entwicklung des Bedarfs auf dem Absatzmarkt
➤ Falsche Kalkulation von Beständen auf der Absatzseite.

Eine direkte Folge von Fehlmengensituationen sind die Fehlmengenkosten, die sich als aufwandsgleichen Kosten und Opportunitätskosten im Einkauf und in der gesamten Prozesskette definieren lassen. Sie können sich zur Vermeidung von Produktionsstillständen und zur Sicherung der Liefertermine gegenüber dem Kunden aus verschiedenen Elementen ergeben, wie z.B.:

➤ Beschleunigung der Übermittlung des Bestellauftrages, der Beschaffungstransporte
➤ Deckungskäufe bei einem anderen Lieferanten
➤ Materialsubstitution
➤ Änderung des Produktionsprogramms

---

[510] Fründt, S.: Ein winziger Fehler reicht aus, um eine Katastrophe auszulösen, Die Welt 09. Januar 2011, S. 29

➢ Kosten der Lieferverzögerung gegenüber dem Kunden sowie Schadensersatzansprüche und Vertragsstrafen in der Lieferkette.

Die Höhe und die Erscheinungsformen der Fehlmengenkosten sind von folgenden Faktoren abhängig:

➢ der Dauer und dem Umfang der Fehlmenge
➢ dem Zeitpunkt, zu dem die drohende Fehlmenge erkannt wird
➢ der Reaktion auf drohende oder eingetretene Fehlmengensituationen
➢ der rechtsrelevanten Situation der Vertragserfüllung und den sich daraus ableitenden vertragsrechtlichen Konsequenzen.

Je frühzeitiger eine drohende Fehlmenge erkannt wird, desto größer ist die Zahl der Handlungsmöglichkeiten und damit die Chance zur Fehlmengenminimierung.

Ein weiteres Problem des Beschaffungsbereichs stellt das sogenannte **Bedarfsrisiko** dar. Die Bedarfsermittlung ist stets die Grundlage der weiteren Bestell- und Dispositionsprozesse im Beschaffungsbereich. Bedarfsunsicherheiten oder –ungenauigkeiten wirken sich daher unmittelbar oder mittelbar auf die Aktivitäten des Beschaffungsbereichs und dessen Performance aus. (An dieser Stelle soll auf die vielfältigen Details der praktischen Bedarfsermittlungs-, Dispositions- und Bestellverfahren aufgrund des Umfangs verzichtet werden.) Bedarfsrisiken können sich bei den zwei grundlegenden Dispositionsverfahren unterschiedlich darstellen:[511]

(1) Bedarfsrisiken bei programmgesteuerter Disposition in Form von Unsicherheiten und Ungenauigkeiten der geplanten Nettobedarfsmengen aus den folgenden Ursachen

   ➢ Bestandsdifferenzen, die sich aus dem Bestandsabgleich zwischen dem Buchbestand und dem Istbestand vor allem aus organisatorischen Gründen ergeben können
   ➢ Nettobedarfsfehler, die sich aus den Unsicherheiten der im Planungszeitpunkt angenommenen physisch vorhandenen und disponierbaren Beständen unter Berücksichtigung wiederum unsicherer Reservierungen und offener, noch nicht gelieferter Bestellungen ergeben können
   ➢ Auftragsplanungen aufgrund von Absatzprognosen, die zur Verkürzung der Produktions-, Auftragsabwicklungs- und Beschaffungsprozesse als „programmorientierte" Vorgaben (Bedarfswerte) erstellt werden, jedoch dann bei Rahmen- oder Kundenaufträgen geändert werden und somit anvisierte Bedarfsmengen nicht mehr gültig sind
   Bedarfsänderungen können in dieser Form bei kritischen Auftragsdurchlaufzeiten negative Auswirkungen haben.

(2) Bedarfsrisiken bei verbrauchsgesteuerter Disposition in Form von Prognoseunsicherheiten und Prognosefehlern

   ➢ Unsicherheiten durch Kenngrößen des Bedarfsverlaufs (Zeitreihenschwankungen)
   ➢ Unsicherheiten durch Trend- und Strukturbrüche in der Bedarfsentwicklung
   ➢ Unsicherheiten über die langfristige Entwicklung der Bedarfsmenge, die sich einerseits in hohen Kosten bei Abnahmeverpflichtungen durch Rahmenverträgen oder andererseits in Versorgungsengpässen bei „Unterschätzung" des langfristigen Bedarfs zeigen können
   ➢ Prognosefehler aus der Anwendung nicht geeigneter Prognoseverfahren oder Prognoseparameter.

---

[511] Melzer-Ridinger, R.: Risikomanagement in der Beschaffung, in: Birker, K./ Pepels, W.(Hrsg.): Handbuch krisenbewusstes Management. Krisenvorbeugung und Unternehmenssanierung, 1. Auflage, Berlin 2000, S. 202S. 197f.

2.1.6   Risikobewältigungsstrategien im Beschaffungsbereich

2.1.6.1 Optionen der Risikobewältigung im Beschaffungsbereich

Risikomanagement im Beschaffungsbereich muss eine enge Verzahnung von Risiken und Chancen berücksichtigen. Mit dem Konzept der „Balanced Chance and Risk Management (BCRM)" sollen für die mit den Werttreibern bzw. den kritischen Erfolgsfaktoren der Balanced Scorecard verbundenen Chancen Wirkungszusammenhänge mit den Risiken hergestellt werden.[512]

Die Leistungsfähigkeit des Risikomanagements bezogen auf den Beschaffungsbereich lässt sich anhand der **Effektivität** (Wirksamkeit) und der **Effizienz** (Wirtschaftlichkeit) der eingesetzten Strategien und Instrumente beurteilen. Deren Wirksamkeit kann sich zum Beispiel hinsichtlich des Fehlmengen- und Qualitätsrisikos in folgenden Ergebnissen zeigen:[513]

➢ Reduzierung der Eintrittswahrscheinlichkeit (ex ante) bzw. der Häufigkeit (ex post) der Fehlmengensituationen
➢ Verkürzung der Dauer der Fehlmengensituationen
➢ Verminderung des Ausmaßes (bezogen auf die Anzahl der betroffenen Material-Identnummern, Bestellaufträge, Enderzeugnisse oder auf den Anteil der nicht richtig gelieferten Bestellaufträge am gesamten Einkaufsvolumen) der Fehlmengensituationen
➢ Verlängerung des Reaktionszeitraumes als Zeitraum zwischen Erkennen einer (drohenden) Fehlmengensituation und dem Eintritt des Risikos bzw. der Risikofolgen
➢ Reduzierung der Risikofolgen für das betroffene Unternehmen.

Strategien und Instrumente sind entsprechend der individuellen und situationsspezifischen Kosten-Nutzen-Relationen einzusetzen.

Für den Beschaffungsbereich lassen sich allgemein einige grundlegende Strategien der Risikobewältigung unterscheiden:[514]

➢ Strategie der **Risikoübernahme**
Sie arbeitet wirkungsorientiert und setzt Maßnahmen ein, welche die wirtschaftlichen Folgen der Risikoereignisse für das beschaffende Unternehmen verändern. Damit soll der Grad der negativen Beeinträchtigung der Zielerreichung möglichst gering gehalten werden. Gerade Beschaffungsrisiken sind häufig nicht oder nicht wirtschaftlich beeinflussbar und somit oft durch Risikoübernahmestrategien abzusichern.

➢ Strategie der **Risikovermeidung und -verminderung**
Diese Strategie setzt ursachenbezogen an. Auf der Grundlage von Informationen über die langen und komplexen Risikoursache-Wirkungsketten in der Supply Chain greifen Maßnahmen mit dem Ziel in den Risikoentstehungs- und –entwicklungsprozess ein, risikoauslösende Faktoren so zu verändern, dass bestimmte Ereignisse nicht eintreten, ihre Eintrittswahrscheinlichkeit sinkt, das Ausmaß der Störung oder die Dauer der Störung reduziert wird. In der praktischen Umsetzung ist diese Strategie oft problematisch, da die Risikoursachen meist außerhalb des Einflussbereiches des Unternehmens liegt und ihre Analyse und Beeinflussung einen hohen zeitlichen und finanziellen Aufwand verursacht.

Beispiele:
- Aussonderung eines Lieferanten
- Unterstützung des Lieferanten/Lieferantenentwicklung
- Abschluss von Qualitätssicherungsvereinbarungen (QSV) mit Lieferanten

---

[512] Westermann, H.: Strategisches Risikomanagement, Stuttgart 2009, S. 20
[513] Melzer-Ridinger, R.: Risikomanagement in der Beschaffung, in: Birker, K./ Pepels, W.(Hrsg.): Handbuch krisenbewusstes Management. Krisenvorbeugung und Unternehmenssanierung, 1. Auflage, Berlin 2000, S. 185
[514] Melzer-Ridinger, R.: Risikomanagement als Aufgabe des Supply Chain Management, BA-Kongress Mannheim 2003, S. 2

- Steigerung der Lieferantenperformance
- globale Diversifizierung zur Reduzierung von Preis- und Währungsschwankungen/Einkauf und Verkauf in einem Währungsraum
- Übernahme/Kauf eines Lieferanten
- Aufbau von Sicherheitsbeständen
- Aufbau eines Alternativlieferanten (dual sourcing)
- Beteiligung beim Lieferanten

➢ Strategie der *Risiko(folgen)überwälzung*
Diese Strategie funktioniert wiederum wirkungsorientiert. Der Schaden wird auf den verursachenden Lieferanten in Form rechtlich durchsetzbarer Schadenersatzforderungen übergewälzt.

Beispiele:
- Bevorratung beim Lieferanten oder Logistikdienstleister
- Eigenoptimierung des Lieferanten ohne finanzielle Unterstützung des Kunden
- Abschluss von Versicherungsverträgen

➢ Strategie der *Risikodiversifikation*
Diese Strategie zielt darauf ab, Risikoauswirkungen durch Streuung abzufangen.
Beispiele:
- Multiple Sourcing/Quotenregelung
- Vertragsklauseln/Restrisiko durch Selbstbehalt
- Gründung eines Joint Venture

2.1.6.2 Strategien der Bewältigung des Fehlmengenrisikos

Risikomanagement in der Beschaffung muss sich sowohl mit bestehenden als auch mit drohenden Fehlmengensituationen beschäftigen. Zur Reduzierung von Risiken in Beschaffungsnetzwerken, insbesondere des Bedarfsdeckungs- und Lieferrisikos, kann es sinnvoll sein, kritische Zulieferteile parallel von mehreren Lieferanten zu beziehen oder entsprechende Notfallpläne für ein schnelles Agieren im Bedarfsfall aufzustellen. „Die systemimmanenten Risiken des Beschaffungsnetzwerkes lassen sich schwerer in den Griff bekommen. Diese Risiken sind weit weniger auf die Organisation oder die Definition von geeigneten Prozessen zurückzuführen, sondern sind konkret abhängig von den im Netzwerk agierenden Personen und deren Interessen."[515] Die Vermeidung dieser Risiken kann insbesondere im Rahmen von Regeln in Kooperationsverträgen sowie durch eine Vertrauensbasis im Netzwerk erfolgen, wenngleich auch hier immer ein gewisses Restrisiko verbleibt.

Spezifische Strategien des Beschaffungsmanagements sind für die Bewältigung des Fehlmengenrisikos erforderlich. (Tab. 52)

---

[515] Specht, D./Behrens, S./Mieke, C.: Risikomanagement in technologieorientierten Beschaffungsnetzwerken, in: Vahrenkamp, R./Siepermann, C.(Hrsg.): Risikomanagement in Supply Chains, Berlin 2007, S. 142

Strategien zur Bewältigung des Fehlmengenrisikos			
Risikoübernahme		Risikoüberwälzung	Risikovermeidung
Bewältigung akuter Fehlmengensituationen	Senkung der Anfälligkeit gegenüber drohenden Fehlmengensituationen	Schadensersatzansprüche wegen verspäteter Lieferung/ Nichterfüllung, wenn Voraussetzungen des Lieferverzugs vorliegen oder eine vom Lieferanten zu vertretende Unmöglichkeit eintritt	Vermeidung von Störfaktoren in der Organisation der eigenen Geschäftsprozesse, insbesondere in der Produktionsplanung und der Materialdisposition sowie bei den Lieferanten
Ziele: ➢ Gewährleistung zugesagter Liefertermine und Liefermengen gegenüber den Kunden trotz aufgetretener Störungen ➢ Begrenzung der Fehlmengenkosten ➢ Möglichst schnelle Störungsbehebung	**Ziele:** ➢ Aufbau eines „Schutzwalls", der die Fehlmengensituation bei einer Lieferverzögerung verhindert oder hinauszögert ➢ Erweiterung des Handlungsspielraums in Fehlmengensituationen und Verkürzung ihrer Dauer ➢ Verkürzung des Zeitraums zwischen Erkennen der (drohenden) Fehlmengensituation und dem Eintreten negativer Wirkungen	**Ziele:** ➢ Ausgleich des Schadens aus dem Eintritt der Fehlmengen durch den Lieferanten ➢ „Erziehung" des Lieferanten zur Einhaltung von Verträgen	**Ziele:** ➢ Verbesserung der eigenen Planungs- und Prognosequalität ➢ Erkennung von internen und externen Einflussgrößen, die zu Fehlmengen führen können
Maßnahmen: ➢ Einkauf: Deckungskauf, Materialsubstitution, Beschleunigung der Bestellübermittlung, Materialbeistellung, Bürgschaft für Lieferanten gegenüber Vorlieferanten ➢ Disposition: Nutzung des Sicherheitsbestandes, Zugriff auf reservierten Bestand, Änderung der Produktionsplanung, kurzfristiger Übergang auf Fremdbezug ➢ Transport: Wechsel des Transportmittels, Einzeltransport statt räumlicher oder zeitlicher Bündelung	**Maßnahmen:** ➢ Sicherheitsbestände und Sicherheitszeiten ➢ Änderungen der Produktionsauftragsplanung und -steuerung ➢ Ausweichen auf Substitutionsgüter ➢ Aufbau und Nutzung alternativer Lieferanten/Lieferquellen ➢ Beschaffungsmarktforschung mit einem leistungsfähigen Frühwarnsystem	**Maßnahmen:** ➢ Verpflichtung des Lieferanten zur umgehenden Mitteilung erkennbarer Leistungsstörungen ➢ Abdingen der gesetzlichen Pflicht zur Mahnung und zum Einräumen einer Nachfrist, um evt. sofort Deckungskauf vorzunehmen ➢ Vereinbarung einer Vertragsstrafe in Prozent des Auftragswertes unabhängig vom tatsächlichen Schaden und vom Verschulden des Lieferanten	**Maßnahmen:** ➢ Unterstützung des Lieferanten bei Versorgungsengpässen auf den Vormärkten und bei Qualitätsproblemen ➢ Gestaltung und Vereinbarung von Abrufsystemen mit einer rollierenden Bedarfsinformation ➢ Durchführung der Beschaffungstransporte in Eigenregie ➢ Vereinbarung einer Pönale u./o. eines Fixterminauftrages ➢ Vertragliche Verpflichtung des Lieferanten zum Aufbau von Flexibilitätspotenzialen und Puffern ➢ Unterstützung der Leistungsbereitschaft des Lieferanten durch entsprechend konditionale Steuerung der Auftragserfüllungsprioritäten

Tab. 52 Übersicht von Strategien zur Bewältigung des Fehlmengenrisikos[516]

[516] Eigene Darstellung in Anlehnung an Melzer-Ridinger,R.: Risikomanagement in der Beschaffung, a.a.O.

2.1.6.3 Strategien zur Bewältigung des Qualitätsrisikos

Die Bewältigung des Qualitätsrisikos in der Beschaffung erfordert eine grundlegende Analyse der Ursachen und der Folgen eintretender Qualitätsprobleme. Es lassen sich zunächst verschiedene Situationen bzw. Ausprägungen unterscheiden, aus denen sich wiederum unterschiedliche Folgewirkungen ergeben können. (Abb.53) Die Qualitätsrisiken können durch Störquellen des Lieferanten und des Abnehmers verursacht werden.

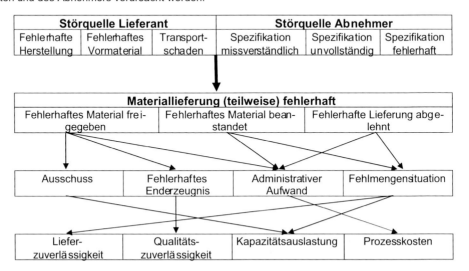

Störquelle Lieferant			Störquelle Abnehmer		
Fehlerhafte Herstellung	Fehlerhaftes Vormaterial	Transport- schaden	Spezifikation missverständlich	Spezifikation unvollständig	Spezifikation fehlerhaft

Materiallieferung (teilweise) fehlerhaft		
Fehlerhaftes Material frei- gegeben	Fehlerhaftes Material bean- standet	Fehlerhafte Lieferung abge- lehnt

Ausschuss	Fehlerhaftes Enderzeugnis	Administrativer Aufwand	Fehlmengensituation

Liefer- zuverlässigkeit	Qualitäts- zuverlässigkeit	Kapazitätsauslastung	Prozesskosten

Abb. 53 Ursache-Wirkungs-Beziehungen für Qualitätsrisiken[517]

Zur Bewältigung dieser Qualitätsrisiken lassen sich jeweils ursachenorientierte oder wirkungsorientierte Instrumente nutzen und situationsspezifisch einsetzen. (Tab.53)

Ziel	Wirkungsweise	Instrumente
Schadensbegrenzung bei fehlerhafter Lieferung	wirkungsorientiert	➢ Freigabe mit Auflagen ➢ Deckungskauf ➢ Ersatzlieferung ➢ Preisminderung
Vermeidung des Qualitätsrisikos	ursachenorientiert	➢ Erstellung vollständiger, unmissver- ständlicher, fehlerloser Spezifikationen ➢ Lieferantenauswahl ➢ Lieferantenbewertung ➢ Kontrolle der Herstellungsprozesse beim Lieferanten ➢ Vertragsgestaltung
Reduzierung der Anfälligkeit	wirkungsorientiert	➢ Qualitätsprüfung ➢ Sicherheitsbestand ➢ Kapazitätspuffer ➢ Sicherheitszeit
Risikofolgenüberwälzung	wirkungsorientiert	➢ Individuelle Vereinbarung von Quali- tätsmanagementmaßnahmen ➢ Zusicherung von Eigenschaften

Tab. 53 Instrumente zur Bewältigung des Qualitätsrisikos[518]

[517] Melzer-Ridinger, R.: Risikomanagement in der Beschaffung, in: Birker, K./ Pepels, W.(Hrsg.): Handbuch krisenbewusstes Management. Krisenvorbeugung und Unternehmenssanierung, 1. Auflage, Berlin 2000, S. 203

Maßnahmen zur Risikobewältigung von Qualitätsrisiken müssen stets unter Abwägung der Fehler- und Fehlmengenkosten betrachtet werden. So können bei wesentlichen Abweichungen von der vereinbarten Spezifikation die Rechte auf Ablehnung der Lieferung, Beanspruchung einer Ersatzlieferung, Preisminderung oder auf Rücktritt vom Vertrag genutzt werden (Gewährleistungsrechte). In anderen Fällen kann auch eine Freigabe mit entsprechenden Auflagen für die Fertigung erfolgen.[519]

Maßnahmen der Risikoabwälzung erfordern präzise vertragliche Vereinbarungen über die Anspruchsvoraussetzungen und –grundlagen der Abwälzung von Fehlleistungskosten. Gewährleistungsansprüche können vom Abnehmer nur dann durchgesetzt werden, wenn er seiner Prüf- und Rügepflicht ordnungsgemäß nachgekommen ist und wenn die gelieferten Produktmerkmale wesentlich von den vereinbarten abweichen.

2.1.6.4 Strategien zur Bewältigung des Preisrisikos

Preis- und Versorgungsrisiken aufgrund von Engpässen bei der Verfügbarkeit von Rohstoffen sowie im Zusammenhang mit der explosionsartigen Entwicklung der Rohstoffpreise erfuhren in den letzten Jahren eine starke Zunahme im Einkauf durch die Strategien des Global- und Low-Cost-Sourcing. Der Zwang zu mehr Effektivität und Effizienz führt damit geradewegs zu höheren Preisrisiken, da die eintretenden Preisrisiken auf Grund der bestehenden Wettbewerbsverhältnisse auf der Absatzseite nicht oder nur beschränkt auf die Kunden weitergegeben werden kann.[520] Eine wichtige Strategie der Risikoabsicherung ist dabei das Hedging. Es umfasst alle Maßnahmen zur Absicherung gegen finanzielle Risiken wie steigende Wechselkurse oder Rohstoffpreise, mit denen zusätzlich zu der bestehenden, abzusichernden Transaktion eine weitere Transaktion eingegangen wird, die in der Regel in Form eines Termingeschäfts mit fest definierten Laufzeiten ausgestaltet wird.

Zur Vermeidung oder Reduzierung des Preisrisikos lassen sich ferner folgende Instrumente einsetzen:

➢ Langfristige Verträge
➢ Vereinbarung von Festpreisen
➢ Vereinbarungen zur Begrenzung des Kostenüberwälzungsrisikos nach oben
➢ Vereinbarungen von Partialklauseln, bei denen nur ein Teil der Kosten gleitet
➢ Erhöhung der Fixanteile bei Vereinbarung von Preisgleitklauseln (Kostenelementklauseln)
➢ Emanzipation durch Möglichkeit zur Selbstanfertigung
➢ Erhöhung des Bedrohungspotenzials einer Rückwärtsintegration
➢ Suche nach Substitutionsgütern
➢ Suche nach neuen konstruktiven und verfahrenstechnischen, technologischen Lösungen
➢ Kooperation und Koalition mit anderen Nachfragern
➢ Verflechtungen mit Lieferbetrieben.

2.1.6.5 Strategien zur Bewältigung des Bedarfsrisikos

Zur Bewältigung des Bedarfsrisikos sind in der Verantwortung des Beschaffungsbereichs und in der Verantwortung des Produktions- und des Absatzbereiches unterschiedliche Strategieansätze denkbar. In der Gesamtheit aller Maßnahmen dürften die wirkungsorientierten Strategien überwiegen, da die Anlässe für Bedarfsrisiken häufig unternehmensexterner Natur sind:[521]

---

[518] Mit Ergänzungen nach ebenda, S. 205

[519] Ebenda.

[520] Wildemann, H.: Hedging im globalen Einkauf, LOGISTIK inside 12/2007, S. 61

[521] Melzer-Ridinger, R.: Risikomanagement in der Beschaffung, in: Birker, K./ Pepels, W.(Hrsg.): Handbuch krisenbewusstes Management. Krisenvorbeugung und Unternehmenssanierung, 1. Auflage, Berlin 2000, S. 199ff.

(1) Maßnahmen zur Bewältigung des Bedarfsrisikos in der Verantwortung des Beschaffungsbereichs:
   ➢ Optimale Bestimmung der Sicherheitsbestände und Sicherheitszeiten
   ➢ Sicherstellung kurzfristiger Beschaffungsmöglichkeiten durch Instrumente der Lieferantenpolitik, wie z.B. multiple sourcing und local sourcing
   ➢ Vereinbarung eines Lieferabrufsystems mit entsprechenden Bandbreiten zur Sicherung einer hohen Lieferflexibilität des Lieferanten

(2) Maßnahmen zur Bewältigung des Bedarfsrisikos in der Verantwortung des Produktions- und des Absatzbereichs in Kooperation mit dem Beschaffungsbereich:
   ➢ Gestaltung einer rollierenden Materialbedarfsplanung mit gestaffelten Planungshorizonten, Planintervallen, einer zweckmäßigen „frozen period" und einer adäquaten Planungsgenauigkeit
   ➢ Optimierung der Abstimmungsprozesse in der Prozesskette
   ➢ Anpassung der Bereitstellungsarten und –parameter, z.B. Verstärkung der lagerorientierten Bereitstellung
   ➢ Anpassungen in den Verfahren der programmorientierten Bedarfsrechnung, z.B. in den mehrstufigen Berechnungsverfahren vom Bruttobedarf bis zum Nettobedarf.

2.2 Risiken des Produktionsbereichs

Unter dem „Produktionsbereich" wird der Unternehmensbereich verstanden, in dem die unmittelbare Erstellung materieller Produkte oder Dienstleistungen – im folgenden Produkt genannt - erfolgt. Im Produktionsbereich entstehen Risiken im Zusammenhang mit dem Produkt und/oder im Zusammenhang mit dem Produktionsprozess, die sich in technisch-technologische, organisatorische und betriebswirtschaftliche Risikokategorien unterscheiden lassen. Eine Risikoanalyse im Produktionsbereich kann faktorenorientiert oder prozessorientiert erfolgen. Grundlage der faktorenorientierten Risikoanalyse kann die Risikofaktorenliste nach Tab. 54 sein. Eine prozessorientierte Risikoanalyse geht hingegen nicht global vom betrieblichen Risikofaktorensystem, sondern spezifisch vom „Produktionsprozess" aus. Diese Vorgehensweise lässt sich organisatorisch in Verbindung mit dem Qualitätsmanagementsystem (QMS) und dem Arbeitsschutzmanagementsystem (AMS) realisieren, in denen analog Gefährdungsbeurteilungen und –dokumentationen erstellt werden müssen.

2 - Risiken des Produktionsbereichs			
2.1. - Produktionsfaktorrisiken	**2.2. - Produktionsprozessrisiken**	**2.3. - Produktionsergebnisrisiken**	**2.4. - Produktionsqualitätsrisiken**
➢Personal ➢Technisch-technologische Infrastruktur ➢Produktions-IT-Systeme ➢Material- und Rohstoffversorgung	➢ Prozessfunktionen ➢ Prozessabläufe ➢ Prozesszuverlässigkeit ➢ Prozessabhängigkeiten ➢ Umweltauswirkungen ➢ Prozessflexibilität ➢ Prozessdokumentation ➢ Arbeitssicherheit	➢ Produktivitäten ➢ Produktionskosten ➢ Produktionstermine ➢ Produktionsausschuss ➢ Produkthaftungsfälle ➢ Produktrückrufquote ➢ Reklamationsquote	➢Qualitätsfehler ➢Qualitätsüberwachung und –kontrolle
2.5. – **Produktionsstrategien**	**2.6. –** **Produktionsplanung**	**2.7. –** **Produktionssteuerung**	**2.8. –** **Produktionskontrolle**
➢ Fertigungstyp ➢ Organisationstyp ➢ Produktionsstruktur ➢ Kundenauftragsbezogenheit	➢Produktionsprogrammplanung ➢Verhältnis Eigenfertigung zu Fremdbezug ➢Planungs- und Prognosesysteme	➢Zeitnähe der Produktionssteuerung ➢Zeitaufwand/Kosten der Produktionssteuerung	➢ Verfügbarkeitskontrolle ➢ Plan-Ist-Kontrolle der Fertigungsaufträge

2.1.1. -Produktionsfaktorrisiken - Personal			
Qualifikation	Verfügbarkeit	Personalstruktur	Organisation
➢Fachliche Qualifikation / Weiterbildung ➢Motivation	➢ Fehlzeitenquote ➢ Fluktuationsquote ➢ Streikbedingte Ausfälle	➢Bereichs- und Schichtbesetzung ➢ Externe Mitarbeiter (Leiharbeitnehmer)	➢Regelung der Aufgaben, Zuständigkeiten und Verantwortung ➢Arbeitsplatzbeschreibung

2.1.2. - Produktionsfaktorrisiken – Technisch-technologische Infrastruktur			
Maschinen und Anlagen	Steuerungssysteme	Logistische Infrastruktur	Medienversorgung
➢Technischer Stand und Modernisierungsgrad ➢Stillstandszeiten und –kosten ➢Kapazitäten und Kapazitätsauslastung ➢Betriebsunterbrechungen ➢Wartungs- und Instandhaltungssysteme	➢ Aktuelle und prozessnahe System- und Datenverfügbarkeit ➢ Systemzuverlässigkeit und –sicherheit ➢ Systemstabilität ➢ Prozessintegration ➢ Disaster Recovery ➢ Dokumentationen	➢ Layout-Planung der Produktionsstruktur ➢Verfügbarkeit logistischer Systeme	➢ Elektrizität ➢ Technische Gase ➢ Informationen ➢ Wasser ➢ Heizung / Klima
Entsorgungssysteme	Standortbedingungen	Natürliches Umfeld	

2.2. - Produktionsprozessrisiken			
Prozessfunktionen	Prozessabläufe	Prozesszuverlässigkeit	Prozessabhängigkeit

➢ Funktionserfüllung
➢ Funktionsintegration
➢ Verantwortung
➢ Funktions beschrei-
  bungen
➢ Prozessorganisation
	➢ Rationalität der Leis-
	  tungserstellung
	➢ Durchlaufzeiten
	➢ Prozessabstimmungen
	➢ Prozessdokumentation
	➢ Komplexität der Produk-
	  te/Herstellungsverfahren
		➢ Zuverlässigkeit und
		  Störanfälligkeit techni-
		  scher Systeme
		➢ Zuverlässigkeit der
		  Arbeitsausführung
			➢ von Beschaffung
			➢ von Vertrieb
			➢ von Konstruktion
			  und Projektierung

Umweltwirkungen	Prozessflexibilität	Prozessdokumentation	Arbeitssicherheit

➢Emissionen
➢Lagerung
➢Verarbeitung
➢Sicherheit
	➢ Umstellungsflexibilität
	  der Maschinen und
	  Anlagen
	➢ Produktabhängigkeit
	➢ Technologieabhängigkeit
		➢Erfassung und Ver-
		  knüpfung aller Char-
		  gen- und Seriendaten
		➢Zeitnahe Erkennung
		  und Verfolgung feh-
		  lerhafter Bauteile und
		  Komponenten
			➢ Arbeitsmittel
			➢ Gefahrstoffe

Tab. 54   Risikofaktoren des Produktionsbereichs

Für die Analyse der Risiken im Produktionsbereich ist ferner auch eine Unterscheidung nach strategischen und operativen Produktionsrisiken geboten. Strategische Risiken ergeben sich vor allem
aus langfristigen strategischen Entscheidungen zur Produktionsstruktur und Produktionsinfrastruk-
tur mit relativ statischem Charakter. Operative Risiken ergeben sich aus den direkten und indirekten Produktionsprozessen. Unter direkten Produktionsprozessen werden die unmittelbaren Leistungserstellungsprozesse, unter indirekten Produktionsprozessen die produktionsvorbereitenden
sowie produktionsleitenden Prozesse (Planung, Steuerung und Kontrolle) verstanden.

Zur Risikoanalyse in Produktionsprozessen ist u.a. die Frage zu beantworten, wie groß und an
welchen Stellen eine Gefahr unentdeckter Produktionsfehler besteht. Dazu sind zum Beispiel folgende Einzelfragen zu prüfen:[522]

➢ Stehen alle Daten, die für die Produktion und Qualität relevant sind, sofort zur Verfügung?
➢ Sind alle Chargen- und Seriendaten sowie deren Verknüpfungen vorhanden?
➢ Können Sie jederzeit sehen, wo und wann ein möglicherweise fehlerhaftes Bauteil (mit Serien-
  nummer) produziert sowie wann und an welche Kunden es ausgeliefert wurde?
➢ Welche Ressourcen waren an dem kompletten Produktionsprozess beteiligt?
➢ Welche Serien- oder Chargennummern sind mit den fehlerhaften Ressourcen noch gefertigt
  worden?
➢ Welche Qualitätsprüfungen wurden zur Dokumentation verwendet?
➢ Welche Kunden und Lieferanten sind in die unternehmenseigenen Abläufe involviert?
➢ Liegen im Unternehmensnetzwerk alle relevanten Informationen des Herstellungsprozesses
  vor?
➢ Gibt es detaillierte Vorgaben zur Steuerung von Rückrufaktionen?
➢ Gibt es ein Verfahren für einen stillen Rückruf, bei dem nur Händler und Werkstätten informiert
  werden?
➢ Hat das Unternehmen ein Krisenmanagement für den Fall eines Produktrückrufes?

Fehler verursachende Materialchargen sind schnell zu identifizieren und zu entfernen, um eine
Fehlerausbreitung auf folgende Produktionsstufen und mögliche Maschinenausfälle zu verhindern.
Mit Hilfe von Traceability-Programmen lassen sich sofort die Folgewirkungen identifizierter Fehler
eingrenzen. Mit derartigen Softwaresystemen können Unternehmen eine lückenlose Rückverfolg-
barkeit der eigenen Produkte anhand der Dokumentationen sämtlicher Herstellungs- und Quali-

---

[522] Hansel, S.: Keine Panik, impulse 2/2007, S. 94-96

tätsdaten belegen. Die Forderung nach einer solchen Vorgehensweise entsteht nicht zuletzt aus der Zunahme der Variantenvielfalt der Produkte und der damit einhergehenden potenziellen Erhöhung der Unübersichtlichkeit und Fehleranfälligkeit in ihrer Herstellung. Fehlerquellen können in diesem Bereich auch in der unkorrekten Verpackung und Abfüllung der Produkte auftreten, die schädlich für das Vertrauen in eine Marke werden.

Praxissituation 38: „In Buttermilchbechern ist einem Test zufolge oft zu wenig Inhalt...
Von 51 Proben waren 47, also 92 Prozent, unterfüllt. Das ist das Ergebnis eines Tests der Verbraucherzentrale Hamburg. Rechnet man das Ergebnis hoch, so erhielten die Verbraucher jährlich mehr als 100 t weniger als auf den Bechern steht. Marken und Handelsmarken der Molkerei Müller fielen besonders negativ auf.

Das Unternehmen wehrt sich gegen den Vorwurf, die Becher systematisch zu unterfüllen: ‚Unsere hausinternen Produktionskontrollen zeigen eindeutig, dass bei den genannten Produkten in jedem Fall eine gesetzeskonforme Produktabfüllung erfolgte.'"
(Quelle: o.V.: Buttermilch-Test stößt sauer auf, in: Lebensmittelzeitung 23.05.2008, S. 24)

Fehler in den Produkten oder bei der Erbringung von Leistungen können schnell für kurze oder auch längere Zeitdauer den Verlust oder die starke Einschränkung des Marktvertrauens bedeuten.

Praxissituation 39: Unfall erschüttert Lift-Branche
Ein tödlicher Unfall hat dem Schweizer Aufzug- und Rolltreppenhersteller *Schindler* einen Dämpfer in seinen Bemühungen versetzt, Weltmarktführer in der Branche zu werden. Ausgerechnet in Japan, wo sich derzeit neben Schindler auch Konkurrenten wie *Thyssen-Krupp Elevator* um Zukäufe bemühen, ist vor zehn Tagen ein Jugendlicher verunglückt....
Der 16-jährige Schüler wollte im zwölften Stock aus einem Schindler-Aufzug aussteigen, als der Lift plötzlich trotz offener Tür weiterfuhr und den Jungen lebensgefährlich verletzte. Seither schlägt dem Fahrstuhl-Hersteller in Japan eine Welle des Misstrauens entgegen. In der vergangenen Woche wurden die Büros der japanischen Schindler-Zentrale sowie der Firma SEC durchsucht, die den betroffenen Aufzug gewartet hatte. Die Schweizer reagierten zunächst nur mit einer Erklärung, in der sie Fehler an der Aufzugsteuerung ausschlossen. Erst später beteuerten sie, mit den Ermittlungsbehörden zusammenarbeiten zu wollen. Damit konnte Schindler jedoch nicht verhindern, dass das japanische Transportministerium ultimativ eine Liste aller 8.800 in Japan installierten Schindler-Aufzüge verlangte. Der Betreiber des Gebäudes, in dem sich der Unfall ereignete, will die Aufzüge gegen inländische Produkte ersetzen.
Schindler-Chef Roland Hess sieht den finanziellen Schaden „im fehlenden Vertrauen, das wir hier wieder reparieren müssen". Japan spiele eine extrem wichtige Rolle in der Aufzugsbranche. Schindler, das derzeit auf einen Marktanteil von einem Prozent in Japan kommt, hatte im vergangenen Oktober die japanische Wartungsfirma Mercury Ascensore gekauft, die zu den führenden unabhängigen Unterhaltsfirmen für Aufzüge und Fahrtreppen im Land gehört. Diese Akquisition sollte die Expansion erleichtern....
(Quelle: Bastian, N./Stock, O.: Unfall erschüttert Lift-Branche, Handelsblatt 13. Juni 2006,S.14)

Praxissituation 40: Der Fall Humana
Mitte November 2003 starben in Israel zwei Säuglinge, nachdem sie die Babynahrung „Super Soja" gegessen hatten. Das Unternehmen gestand einen Fehler in der Produktion ein: „Durch eine einmalige Verkettung unglücklicher Umstände weist das ausschließlich für den israelischen Markt hergestellte Produkt einen zu geringen Anteil an Vitamin B1 auf", erklärte Humana-Geschäftsführer Albert Große Frie. Trotz sofortigem Produktrückruf und Entlassung der verantwortlichen Mitarbeiter drohen dem ostwestfälischen Unternehmen Schadenersatzklagen in dreistelliger Millionenhöhe.
Auf dem Wühltisch eines Kölner Supermarktes gab es Ende 2003 Babynahrung zum halben Preis. Doch die Mütter gingen an der Ware achtlos vorbei. Auswirkung der Medienberichte, die der Firma Humana vorwarfen, durch fehlerhafte Babynahrung den Tod und die Krankheit israelischer Kinder verursacht zu haben. Die Folge: nicht nur Verbraucherboykott, sondern auch Schadenersatzklagen in Millionenhöhe. So wie Humana kann es jedem Unternehmen passieren.
(Quelle: Schmidt-Kasparek, U: Mit einem Bein im Gefängnis, Z. impulse 02/2004, S. 84ff.)

Produktionsrisiken entstehen in der Praxis häufig aus der zunehmenden technischen Komplexität von Produkten und deren Herstellungsverfahren sowie der hohen Anzahl zu integrierender Produkte, Komponenten und Schnittstellen. Typische Fragestellungen können das Risikopotenzial in diesen Faktoren bewerten helfen:

Technische Komplexität
➢ Handelt es sich um eine ausgereifte Technologie oder um eine neue, mit der wir wenig/keine Erfahrung haben?
➢ Wurde eine Machbarkeitsanalyse durchgeführt?
➢ Erfüllen die eingesetzten Maschinen die spezifizierten Leistungsbedingungen und gibt es Alternativen?
➢ Kann die Funktionsfähigkeit der Produkte auch durch mechanische, klimatische, chemische oder andere Umwelteinflüsse beeinträchtigt werden?

Anzahl zu integrierender Produkte
➢ Besteht der Lieferumfang aus getesteten Teilanlagen bzw. Komponenten? Ist deren Funktionsfähigkeit sichergestellt?
➢ Entsprechen die Komponenten des Systems dem Stand der Technik?
➢ Sind die Spezifikationen der Komponenten/Materialien vollständig und aktuell?
➢ Sind die einzelnen Komponenten auf- und abwärtskompatibel zu den entsprechenden Systemkomponenten des Vorgänger-/Nachfolgermodells?
➢ Werden die Schnittstellen innerhalb des Systems nicht oder nur ungenügend erkannt und beschrieben?
➢ Handelt es sich um ein gemischtes Produkt? Liegt eine detaillierte Beschreibung der externen Schnittstellen vor? Ändern sich diese externen Schnittstellen?
➢ Ändern sich die internen Schnittstellen?
➢ Sind die relevanten Schnittstellen der Fremdprodukte offen gelegt/mit unseren eigenen Produkten kompatibel?
➢ Sind viele Fremdprodukte zu integrieren?
➢ Liegen Erfahrungsberichte über die Fremdprodukte vor? Sind diese hinreichend bekannt?

In der besonderen Verantwortung des Produktions-(Leistungs-)bereiches liegen die vom Unternehmen beeinflussbaren ökologischen Risiken. Mit dem seit 2007 geltenden Umweltschadensgesetz (UschadG) wird auf der Grundlage des Verursacherprinzips ein Haftungssystem zur Vermeidung und Sanierung von Umweltschäden geschaffen. Das UschadG regelt zwei Haftungskonstellationen:

➢ die verschuldens**un**abhängige Haftung für berufliche Tätigkeiten nach der Anlage 1 des Gesetzes i.V. mit § 3 Abs. 1 UschadG bei Schädigung von Gewässern, des Bodens, von Arten und natürlichen Lebensräumen und
➢ die verschuldensabhängige Haftung für andere Tätigkeiten bei Schädigung von Arten und natürlichen Lebensräumen.

Bestandteil der im Gesetz genannten beruflichen Tätigkeiten ist zum Beispiel die Herstellung, Verwendung. Lagerung, Verarbeitung, Abfüllung, Freisetzung in die Umwelt und die innerbetriebliche Beförderung von gefährlichen Stoffen und Zubereitungen, Pflanzenschutzmitteln sowie von Biozid-Produkten. Solche Schäden können innerhalb oder außerhalb des Betriebsgeländes von Anlagen oder Tätigkeiten entstehen sowie von Produkten infolge eines Herstellungsfehlers ausgehen. Eine wirksame Absicherung vor derart nicht kalkulierten Schäden zwingt die Unternehmen zum Abschluss einer Umweltschadenspolice.

Praxissituation 41: Beispiel Produktionsfirma...* (*Name anonymisiert)
Die Produktions GmbH stellt elektrische Lüfter her. Einige werden in Maschinen für die Kunststoffverarbeitung eingebaut. Durch einen Herstellungsfehler überhitzen die Lüftermotoren. Bei einem Kunden entzündet sich ein Lüfter, die Produktionshalle brennt ab. Durch freigesetzte giftige Gase verenden in einem Naturschutzgebiet einige geschützte Tiere und Pflanzen.
[Quelle: Schmidt-Kasparek, U.: Chefsache Naturschutz, in: impulse 11/2007, S. 126ff.]

> **Praxissituation 42: Beispiel IKEA...**
>
> „Das Bauvorhaben war genehmigt, die Finanzierung durchgeplant, der neuen Filiale des schwedischen Möbelkonzerns stand nichts mehr im Wege. Abgesehen von 180 Feldhamstern. Die possierlichen, unter Artenschutz stehenden Nager bewohnten das ehemalige Militärgelände der US-Armee an der Bundesstraße 19 nahe Würzburg. Da die Hamster weder den Baulärm noch den späteren Kundenbetrieb verkraftet hätten, mussten sie in ein neues Zuhause umziehen – auf Kosten des Einrichtungsriesen IKEA ...endete mit einer Umzugsaktion, die immerhin 150.000 Euro kostete. (Ein Einzelfall wird sie vermutlich nicht bleiben.)"
> (Quelle: Martens, A.: Policen für den Umweltschutz, in: Markt & Mittelstand 5/2008, S. 78)

Risikopotenzial besteht generell in Unternehmen aller Branchen in den klassischen Entsorgungsprozessen. In Anlehnung an das Konzept des Umweltmanagementsystems nach ISO 14 000 lassen sich alle potenziellen Entsorgungsrisiken systematisch identifizieren und bewerten. Beispiele relevanter Risiken der Entsorgungsprozesse liegen in:[523]

- ➢ der fehlenden Durchgängigkeit des Entsorgungssystems sowie der Entsorgungslogistik,
- ➢ der mangelhaften Einhaltung von Entsorgungs- und Abfallrichtlinien,
- ➢ unzureichenden Umweltverträglichkeitsprüfungen im Rahmen von Entsorgungsentscheidungen,
- ➢ fehlenden umweltrelevanten Informationen,
- ➢ Schwachstellen in der Erstellung, Kontrolle und Archivierung von Entsorgungsdokumenten,
- ➢ einer unzureichenden stofflichen Differenzierung ablaufender Entsorgungsprozesse (deutsch: sortenreiner Trennung)
- ➢ einem unübersichtlichen Entsorgungsgüterfluss
- ➢ zu hohen Entsorgungskosten und einer zu geringen Effizienz.

Eine hohe Relevanz haben Risiken im Zusammenhang mit operationellen Prozessausfällen in Produktions- und Dienstleistungsprozessen. Die Beschleunigung , Spezialisierung, Automatisierung und Virtualisierung von Geschäftsprozessen sowie die Erhöhung der Komplexität der Steuerungs- und Kontrollprozesse machen auch Produktions- und Dienstleistungsprozesse generell anfälliger für Störungen und Prozessausfälle. Dazu sollten im Rahmen des Risikomanagements folgende Fragen gestellt werden:

- ➢ Wie können Prozessausfallrisiken systematisch identifiziert und bewertet werden?
- ➢ Wo befinden sich die Unternehmensverletzlichkeiten?
- ➢ Welche unternehmensspezifischen Szenarien können zu Krisen führen?
- ➢ Was sind die kritischen Ausfallzeiten?

In der Praxis hat sich dazu die Methodik der **Business Impact-Analyse (BIA)** eingeführt. Diese Analyse dient vor allem der Identifikation und Bewertung von Geschäftsprozessausfallrisiken und stellt u.a. folgende Fragen.

- ➢ Was passiert, wenn Prozess A ausfällt?
- ➢ Wo muss angegriffen werden, damit mit dem kleinsten Aufwand die größten negativen Wirkungen erreicht werden?
- ➢ Welcher Ausfall hat welche Auswirkungen?
- ➢ Was muss funktionieren, damit Prozess X nicht ausfällt?

Im Rahmen des übergeordneten Sicherheits- und Risikomanagementprozesses sollten folgende Prozessschritte durchlaufen werden:[524]

1. Durchführung einer Business Impact-Analyse
2. Entwicklung von relevanten Ausfall- und Krisenszenarien

---

[523] Vgl. Binner, H.: Unternehmensübergreifendes Logistikmanagement, München 2002, S. 113
[524] Read, M.: Vermeiden von operationellen Prozessausfällen mit Hilfe der Business Impact-Analyse, Zürich 2007, S. 2

3. Ausarbeitung von Sicherheitslösungen
4. Vereinbarung von Service Level Agreements
5. Realisierung der Sicherheitsmaßnahmen
6. Prüfung der Realisierung und Wirksamkeit von Sicherheitsmaßnahmen
7. Optimierung von Sicherheitsmaßnahmen

Der Ablauf einer Business Impact-Analyse kann spezifisch in vier Schritten erfolgen:[525]

> **Identifikation der kritischen Systemelemente**, insbesondere Betriebsmittel, IT-Ressourcen, Gebäudeinfrastruktur, Medienversorgung
> **Systemanalyse**, insbesondere Bestimmung der kritischen Ausfallzeiten, Wiederanlaufzeiten, Wiederbeschaffungszeiten und Ermittlung der Systemabhängigkeiten
> **Entwicklung relevanter Szenarien**, welche unmittelbar oder über mehrere Eskalationsketten hinweg zu Betriebsunterbrechungen und Krisen führen können
> **Maßnahmenentwicklung** zur Handhabung von Ausfallrisiken.

Die *kritische Ausfallzeit* ist ein Maß zur Bestimmung der Abhängigkeit eines Geschäftsprozesses zu einem anderen oder zu einer Betriebsinfrastruktur und besagt, wie lange ein System auf ein anderes verzichten kann, ohne selbst auszufallen. Die kritische Ausfallzeit von Geschäftsprozessen ist die Zeitspanne, die für die Bewältigung eines Ereignisses zur Verfügung steht, ohne negative Auswirkungen auf den Kunden zu verursachen. Neben der kritischen Ausfallzeit muss auch der *kritische Ausfallzeitpunkt* betrachtet werden. Innerhalb eines Jahres, eines Monates, einer Woche, eines Tages kann die Bedeutung des Ausfallzeitpunktes stark variieren. Zur Erfassung der kritischen Ausfallzeiten, Wiederanlauf- und Wiederbeschaffungszeiten kann die Cross-Impact-Matrix eingesetzt werden. (Tab.55)

Ressource	Kritische Ausfallzeit Leistungsprozesse	Betriebsmittel				IT-Ressourcen			Gebäudeinfrastruktur			...
		Anlage A	Anlage B	:	Anlage N							
Prozess												
Max. akzeptierte Ausfallzeit der Prozesse (h)	4											
Wiederanlaufzeit (h)	12											
Wiederbeschaffungszeit(h)	48											
Ausweichmöglichkeit												
Produktentwicklung	24											
Produktherstellung	12											
Wareneingang	12											
Warenkennzeichnung	4											
....												

Tab. 55   Vereinfachtes Muster einer Cross-Impact-Matrix zur Erfassung der kritischen Ausfallzeiten[526]

Auf der Basis der mit der Cross-Impact-Matrix gewonnenen Informationen sollten Szenarien entwickelt und dokumentiert werden. Für die Dokumentation jedes einzelnen Szenarios kann ein spezi-

---

[525] Ebenda.
[526] Vereinfachte Darstellung nach Read, M.: a.a.O., S. 5

elles Szenarioblatt erstellt werden. Dabei können zwei Arten von Szenarien unterschieden werden:[527]

> **Prozess- und Systemszenarien**

Sie beruhen auf kritischen Ausfällen bei Prozessen, welche eine geringe kritische Ausfallzeit und eine entsprechend lange Wiederanlauf- bzw. Wiederbeschaffungszeit aufweisen.

Kritikalität	Produktions-anlage	Maximal akzeptierte Ausfallzeit	Wiederan-laufzeit	Wiederbe-schaffungs-zeit	Ausweich-möglichkei-ten
1	Ass. Lines X	4h	48h	20W	Nein
3	Ass. Lines Y	6h	48h	3W	Ja
3	Ass. Lines W	12h	48h	6W	Ja
2	Ass. Lines Z	12h	12h	8W	nein

Die kritische Ausfallzeit der Ass. Lines X ist mit 4 Stunden wesentlich kleiner als die 20 Wochen für die Wiederbeschaffung einer der Produktionsanlagen nach einem Totalausfall.

Tab.56 Bewertung der Kritikalität von Produktionsprozessen

Von besonderer Relevanz sind Prozesse der Wertschöpfung, welche auf unternehmenseigenen Lösungen (Know how) basieren. Ausweichlösungen können dann kaum innerhalb der kritischen Ausfallzeit im Markt realisiert werden. Darüber hinaus besteht bei „Wiederbeschaffung im Markt" die Gefahr des Verlustes von spezifischem Unternehmens-Know how.

> **Großszenarien**

Im Ereignisfall wird die Marktposition des Unternehmens unmittelbar gefährdet und die Wertschöpfung massiv gestört bzw. unterbrochen. Ein Beispiel dafür wäre ein Großbrand in einer Produktionsanlage oder einer Produktionshalle.

Auf der Grundlage dieser Szenarien kann ein spezielles Risiko-Portfolio mit den zwei Bewertungsdimensionen „Kundenwirksamkeit" und Szenariobeherrschbarkeit" erstellt werden. (Abb. 54)

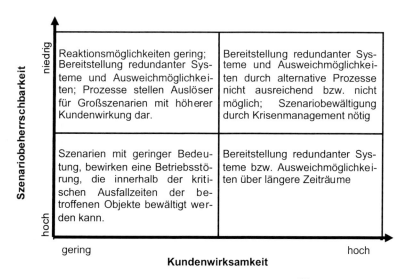

Abb. 54   Risiko-Portfolio zur Cross-Impact-Analyse[528]

---

[527] Ebenda, S. 6

Risiken der Bereiche der Produktion und Dienstleistungserstellung entwickeln sich nicht ausschließlich als rein zufällige Phänomene, mit denen „etwas ausfällt oder schief geht". Eine Reihe von Risiken entwickeln sich in einem schleichenden, „tolerierten" Prozess lassen sich durch ein strategisches Frühwarnsystem latent erkennen. Einige Fragen sollen dies exemplarisch zeigen:

➢ Ist die Produktion über Jahre unstrukturiert gewachsen, statt systematisch geplant?
➢ Werden die Durchlaufzeiten immer länger?
➢ Nimmt der Aufwand für die Produktionssteuerung zu?
➢ Orientiert sich die Produktion an räumlichen Gegebenheiten statt an Material- und Fertigungsflüssen?
➢ Wächst die Zahl der Transportvorgänge und Zwischenlagerungen?

---

[528] In Anlehnung an ebenda, S. 8

2.3 Risiken des Absatzbereiches

2.3.1 Risikoarten und ihre Bedeutung im Absatzbereich

Der Verantwortungsbereich Absatz ist durch zahlreiche exogene (von außen induzierte) Risiken und endogene (von innen induzierte) Risiken charakterisiert. Die Schwerpunkte der exogenen Risiken liegen in der Marktstruktur und der Marktentwicklung sowie in den allgemeinen Einflüssen politischer, wirtschaftlicher, rechtlicher und sozialökologischer Umweltfaktoren des Unternehmens. Die endogenen Risiken entstehen insbesondere

➢ in den Informationsgrundlagen des Absatzmarketing und der Absatzprozesse
➢ in den strategischen Entscheidungen des Absatzmarketing
➢ in den operativen Entscheidungen zum Einsatz und zur Kombination marketing- und absatzpolitischer Instrumente und
➢ in den operativen Prozessen der Organisation, Durchführung und Kontrolle absatzpolitischer Aktivitäten.

Mit der Tab. 57 wird ein Systematisierungsansatz mit ausgewählten exogenen und endogenen Risikofaktoren gegeben.

3. - Risiken des Absatzbereichs			
3.1 - Allgemeine Risiken des Absatzbereichs		3.2 - Spezifische Risiken des Absatzbereichs	
3.1.1. Absatzmarktbezogene Risiken	3.1.2. Unternehmensbezogene strategische Risiken	3.2.1. Operative Risiken absatzpolitischer Entscheidungen	3.2.2. Operative Risiken der Absatzorganisation und -prozesse
➢Risiken der Marktstruktur und Marktentwicklung ➢Rechtsrisiken der Absatztätigkeit	➢ Marktanteil ➢ Wettbewerbspositionierung ➢ Marktsegmentierungsstrategien	➢ Produktpolitik ➢ Markenpolitik ➢ Servicepolitik ➢ Preispolitik ➢ Kommunikationspolitik ➢ Distributionspolitik	➢ Kundenmanagement ➢ Absatzeffektivität und -effizienz ➢ Absatzprozesse ➢ Informationsprozesse des Absatzbereiches

3.1.1.1 - Risiken der Marktstruktur und Marktentwicklung			
Marktstruktur	Markttendenzen	Marktlebenszyklus	Marktverhalten
➢Wettbewerbskonstellationen ➢Wettbewerberverhalten ➢Fusionen / Branchenkonsolidierung ➢Markteintritt neuer Wettbewerber ➢Kundensegmente/struktur	➢Kaufverhalten der Kunden ➢Einstellung, Image, Präferenzen der Kunden ➢Produktwahrnehmung ➢Informations- und Entscheidungsverhalten der Kunden ➢Kundenbedürfnisse ➢Kaufkraft der Kunden ➢Technologischer Wandel	➢Wachstumsraten der Märkte und der Branche ➢Marktsättigung ➢Saisonale und konjunkturelle Einflüsse ➢Kundennachfrage und deren Volatilität	➢Preisverfall ➢Negative Medienberichterstattung ➢Boykott / Verurteilung

3.2.1.1 - Risiken der Produktpolitik			
Produktprogramm	Produktgestaltung	Produktlebenszyklus	Produktimage / Produktqualität
➢ Struktur des Produkt-programms ➢ Verhältnis Standard-produkte zu Individu-alprodukten ➢ Zunahme der Anzahl der Produktvarianten ➢ Aufwand für die Pro-duktentwicklung ➢ Innovationsrate des Produktprogramms ➢ Altersstruktur ➢ Abhängigkeit von Produkten ➢ Absatzmengen-strukturen	➢ Produktnutzen / Pro-duktanforderungen von Kundenseite ➢ Nutzungs-/ Gebrauchs-freundlichkeit der Pro-dukte ➢ Trendabhängigkeit der Produkte ➢ Zielgruppenaffinität der Produkte /Kollektionen.. ➢ Nachahmungspotenzial der Produkte	➢ Substitutionsprodukte ➢ Verlaufsformen ➢ Zyklusdauer ➢ Wettbewerbsdruck	➢ Qualitätsparameter ➢ Reklamationsquote ➢ Rücksendungsquote ➢ Rückrufquote ➢ Stornoquote

3.2.1.2 - Risiken der Servicepolitik			
Struktur der Serviceleistungen	Servicekompetenzen	Serviceorganisation	Serviceanforderun-gen und -ansprüche

3.2.2.1. - Risiken des Kundenmanagements			
Kundenbeziehungen und Kundenstruktur	Kundenzufriedenheit	Kundenverhalten	Kundenkommunikation
➢ CRM-Systeme ➢ Abhängigkeitsgrad von Kunden ➢ Kundenbonität ➢ Kundenmacht und Kundenfreiheit	➢ Kundenzufriedenheit ➢ Kundenloyalität	➢ Such- und Entscheidungsverhalten ➢ Zahlungsverhalten ➢ Reklamationsverhalten ➢ Qualitätsbewusstsein ➢ Markenverhalten	➢ Vernetzte Kunden-kommunikation ➢ Kundenansprache ➢ Kundenerreichbarkeit

3.2.2.3. – Risiken der Absatzprozesse			
Ressourcen-verfügbarkeit	Kundenauftragsbear-beitung	Organisation der Ab-satzprozesse	Kontroll-prozesse
➢ Personal (qualitativ und quantitativ) ➢ Vertriebsaufwand	➢ Durchlaufzeiten ➢ Reklamations-bearbeitungszeiten	➢ Gruppendynamische Risiken ➢ Kompetenzen ➢ Funktionen / Arbeitsteilung ➢ Prozessabstimmung ➢ Belegwesen / Dokumentationen ➢ Interne Informations- und Kommunikations-prozesse	➢ Kontrollkomponenten ➢ Kontrolldichte/ -frequenzen ➢ Kontrollintensität

3.2.2.4. - Risiken der Informationsprozesse im Absatzbereich			
Informations-versorgung	Informations-sicherheit	Informations-zuverlässigkeit	Informations-kosten
➢ Informationszugriff ➢ Informationszugriffs-zeiten ➢ Datenverfügbarkeit	➢ Zugriffsrechte ➢ Datenschutz/ Datensicherheit ➢ Datendokumentation ➢ Disaster Recovery	➢ Systemstabilität ➢ Informationsaktualität Informationsgenauig-keit ➢ Informationskorrektheit	➢ Kundenkorrespon-denz ➢ Kundenwerbung

Tab. 57 Systematisierungsansatz wichtiger Risiken des Absatzbereiches

2.3.2   Risiken der Marktstruktur und der Marktentwicklung

Risiken des Absatzmarktes können durch starke, unerwartete Rückgänge in der Nachfrage nach den Produkten oder Leistungen des Unternehmens entstehen, die ihre Ursachen wiederum zum Beispiel in technologischen Veränderungen, neuen Konkurrenten, Unregelmäßigkeiten bei einem der Hauptkunden oder dem plötzlichen Rückgang des Kundenvertrauens haben können. Die Gefahr von Unternehmensinsolvenzen ergibt sich daher nicht zuletzt aus den absatzbedingten Risiken.

Die Unsicherheit zukünftiger Umsätze lässt sich nicht allein aus den Absatz- bzw. Umsatzvolatilitäten der Vergangenheit ableiten, sondern setzt sich aus ganz unterschiedlichen Ursachen zusammen:

➢ Konjunkturelle und saisonale Schwankungen des Marktes
➢ Wettbewerbsstruktur und Wettbewerbskräfte des Marktes
➢ Änderungen der Markttrends
➢ Entwicklung der individuellen Wettbewerbsposition des einzelnen Unternehmens.

Das Absatzmarktrisiko lässt sich aus seinen Strukturmerkmalen, insbesondere den Wettbewerbskräften, ableiten, die sich mit dem Porterschen Modell der Wettbewerbsstruktur einer Branche erklärbar sind:[529]

➢ Wachstumsrate des Gesamtmarktes
➢ Differenzierungsmöglichkeiten zwischen den Anbietern
➢ Substituierbarkeit des eigenen Produktes
➢ Wettbewerb zwischen den heute etablierten Anbietern
➢ Markteintrittsbarrieren für neue Anbieter sowie
➢ Machtverteilungen zwischen den Anbietern und ihren Kunden und Lieferanten.

Eine hohe Marktattraktivität hat sowohl positive Wirkungen auf die Rendite als auch auf die Senkung des Unternehmensrisikos. Geringe Marktattraktivität kann zu einigen typischen Risiken für die Absatzentwicklung des Unternehmens führen:[530]

➢ ruinöser Verdrängungswettbewerb aufgrund niedriger Marktwachstumsraten oder gar rückgängiger Marktvolumina,
➢ Preiswettbewerb zwischen den Anbietern aufgrund geringer Differenzierungsmöglichkeiten,
➢ leichte Ersetzbarkeit der eigenen Produkte aufgrund geringer Kundenbindung,
➢ Markteintritt neuer Wettbewerber aufgrund niedriger Markteintrittsbarrieren, sowie
➢ Abhängigkeit von wenigen Kunden und / oder Lieferanten.

Die Risikostruktur des Marktes ist also ein wesentlicher Verursachungsfaktor der Absatzmengen- und Absatzpreisschwankungen, der Instabilität der Marktanteile sowie einer Gefährdung der eigenen Ertragssituation. Das Absatzmarktrisiko in seiner Gesamtheit hängt sowohl vom Marktrisiko als auch von der individuellen Wettbewerbsposition des Unternehmens im Vergleich zu den Wettbewerbern ab. GLEIßNER nennt folgende Indikatoren für die Erkennung eines erhöhten Absatzmarktrisikos:[531]

➢ niedrige Anteile von Stammkunden am Umsatz, keine langfristigen Lieferverträge,
➢ Produkte und Leistungen, die sich nicht wesentlich von denen der Wettbewerber unterscheiden,
➢ starke Abhängigkeit von wenigen Kunden,
➢ ausgeprägte saisonale oder konjunkturelle Schwankungen,

---

[529] Porter, M.: Wettbewerbsstrategie, 10. Auflage, Frankfurt 1999, zitiert in: Gleißner, W.: Grundlagen des Risikomanagements in Unternehmen, München 2008, S. 77
[530] Gleißner, W., a.a.O.., S. 77
[531] Ebenda, S. 78

➢ schrumpfende oder stagnierende Nachfrage,
➢ niedrige Markteintrittsschranken sowie
➢ hohe Wettbewerbsintensität.

Bei der Identifikation und Bewertung von Absatzmarktrisiken ist zwischen „Preisrisiken" und „Mengenrisiken" zu unterscheiden. Diese beiden Risikokomponenten sind sowohl hinsichtlich ihrer jeweils spezifischen Einflussfaktoren und Unsicherheiten als auch ihrer wechselseitigen Abhängigkeiten durch unterschiedliche Preiselastizitäten zu analysieren.

Der Erfolg des Marketing- und Absatzbereichs hängt direkt von der Qualität, Stabilität und Rentabilität der Kundenbeziehungen ab. Ein besonderer Risikobereich ist daher die Gefährdung existierender Kundenbeziehungen. Eine Kundenbeziehung kann als gefährdet betrachtet werden, wenn die nicht-zufällige Folge von Markttransaktionen zwischen zwei Parteien einer oder beider Parteien weniger Nutzen stiftet als zu einem früheren Zeitpunkt.[532] Für die Kunden kann sich ein „Weniger" an monetärem Nutzen, aber auch an Nutzen der Interaktion mit dem Unternehmen ergeben. In einer Studie zur Identifikation der einer Gefährdung existierender Kundenbeziehungen zugrundeliegenden Ursachen von KLOSE wurden u.a. beispielhaft folgende unternehmensbezogene Bezugspunkte herausgestellt:[533]

➢ mangelhafte Leistungsqualität, z.B. mangelnde Frische
➢ mangelhafte Interaktionsqualität, z.B. fehlende Fachkompetenz der Mitarbeiter
➢ Inconvenience, z.B. zu wenig Personal, lange Wartezeiten
➢ negatives Erscheinungsbild /Ambiente
➢ negatives Preis-Leistungs-Verhältnis
➢ mangelnde Warenverfügbarkeit
➢ mangelndes Vertrauen.

Darüber hinaus gibt es weitere, insbesondere vom Unternehmen nicht beeinflussbare Faktoren, wie zum Beispiel des Kundenverhaltens eines „Variety Seeking" und die grundsätzliche Verfügbarkeit von Alternativen.

Dennoch bleiben auf der Seite der Kundenbeziehungen Überraschungen häufig nicht aus. Daher besteht der beste Schutz vor diesem Kundenbeziehungsrisiko darin, kontinuierlich proprietäre Informationen über Ihre Kunden zu erzeugen und anzuwenden. Sie müssen dafür sorgen, dass Ihre Organisation keine Vermutungen mehr anstellen muss, sondern über Wissen verfügt. Das schließt wiederum nicht sogenannte Diskontinuitäten oder abrupte Ereignisse nicht aus, die vom Unternehmen zwar in Szenarien beschrieben werden können, jedoch erstens in der Regel nicht verhindert und zweitens in ihrer Eintrittswahrscheinlichkeit und im tatsächlichen Eintritt nicht adäquat vorhergesagt werden können. Dies kann zum Beispiel der Verlust eines Großkunden oder dessen Insolvenz, ein unerwartetes Einbrechen des Marktes sein.

2.3.3 Risiken der Marketingstrategien

Potenzielle Risiken der verfolgten oder zukünftig zu verfolgenden Marketingstrategien lassen sich in allen Strategiearten identifizieren. In der Praxis zeigt sich, dass keine Strategieart frei von Risiken ist, sondern Erfolg oder Misserfolg einer Strategie insbesondere von den gegebenen Umweltbedingungen, von den Stärken und den Ressourcen des Unternehmens sowie von der Konsequenz, der Nachhaltigkeit und der zugleich bestehenden Flexibilität in der Implementierung der Strategie abhängen. Ein besonderes Risikopotenzial ergibt sich, wenn durch die Marketingstrategien eine „Me-too"-Positionierung (Mitschwimmen im Markt) und somit eine steigende Austauschbarkeit entstehen und die Marktpositionen zu schwach sind.

Die folgenden Beispiele allgemeiner Strategiearten zeigen Risikopotenziale, die häufig erst in späten Phasen der Strategieimplementierung erkannt werden oder erst dort in Erscheinung treten.

---

[532] Klose, S.: Gefährdung existierender Kundenbeziehungen, Frankfurt/Main u.a., 2008, S. 23
[533] Ebenda, S. 65f.

Strategieraster „Diversifikation – Konzentration"

Die Strategie der Diversifikation beinhaltet die Ausweitung der Unternehmensaktivitäten auf neue Produkt-Markt-Felder. In der Marketingtheorie und –praxis werden verschiedene Arten der Diversifikation unterschieden:

➢ die horizontale Diversifikation
➢ die vertikale Diversifikation
➢ die laterale Diversifikation.

Unternehmen mit starker Fokussierung (Konzentration) sind in hohem Maße abhängig von ihren engen Märkten, von wenigen Kunden, von Konjunkturzyklen, die sie nicht anderweitig abfedern können. Fokussierung ist gleichzeitig Basis der Stärken, aber auch von Risiken des Geschäfts. Sie weist auf drei verschiedene Risiken hin:[534]

➢ Abhängigkeit von einem Markt
➢ Verlust der Premiumposition durch Angriffe von Standardprodukten auf die eigene hochpreisige Marktnische
➢ Verlust der Kundenakzeptanz und/oder der Wettbewerbsfähigkeit beim Preis durch überhöhte Kosten bei geringem Marktvolumen in der Nische oder bei Produktion an Hochlohnstandorten.

Eine Reihe spezialisierter Unternehmen haben einen Strategiewechsel in Richtung Diversifikation vorgenommen, weil ihnen enge Märkte mit hohen Marktanteilen nur begrenzte Wachstumsmöglichkeiten bieten. Das Ziel der Diversifikation ist daher nicht primär Risikostreuung, sondern die Möglichkeit zukünftig erwartete Wachstumsbarrieren zu überwinden. Die Gefahr besteht jedoch bei solchen Diversifikationen in der voreingenommenen Auffassung von Unternehmern, den Erfolg im bisherigen Geschäftsfeld in anderen, neuen Märkten unproblematisch wiederholen zu können. Dies führt dann oft zur Ablenkung vom Kerngeschäft und zur Vernachlässigung der bestehenden Potenziale im Kerngeschäft.[535] Die Gefahren der Verzettelung bei nicht vollständig durchdachter Diversifikation, fehlende Kenntnisse zum neuen Geschäftsfeld sowie Mangel an Bekanntheit und Akzeptanz seitens der Märkte können zu erheblichen Risiken der Diversifikation führen.

Strategieraster „Produkt-Markt-Strategien"

Unternehmen suchen nach Wachstumsstrategien und orientieren sich dabei an der Produkt-Markt-Matrix von ANSOFF.

Markt / Produkt	Bisherige Märkte	Neue Märkte
Bisherige Produkte	Marktdurchdringung	Marktentwicklung
Neue Produkte	Produktentwicklung	Diversifikation

Tab. 58 Produkt-Markt-Matrix nach Ansoff

---

[534] Simon, H.: Hidden Champions des 21. Jahrhunderts. Die Erfolgsstrategien unbekannter Weltmarktführer, Frankfurt/ Main und New York 2007, S. 101f.
[535] Ebenda, S. 106

Risikopotenziale liegen bei den einzelnen Strategien exemplarisch u.a. in folgenden Faktoren:

➢ Marktdurchdringung
  - Sättigung des bestehenden Marktes
  - Inflexibilität der eigenen Angebotskonzepte
  - Erhöhung der Wettbewerbsintensität in den bestehenden Märkten
➢ Marktentwicklung
  - Defizite in der Kenntnis der spezifischen Marktsegmente und Marktsituationen
  - Marktsättigung durch Nachfragesättigung
  - Eintrittsbarrieren und Marktabschottung durch die etablierten Anbieter
➢ Produktentwicklung
  - Marktakzeptanz der neuen Produkte
  - Kannibalisierung zwischen den etablierten und den neuen Produkten
➢ Diversifikation
  - Gefahr der Verzettelung
  - Fehlen eines ausreichenden Know hows in den neuen Produkt-Markt-Feldern
  - Fehlen eines ausreichenden Ressourcenpotenzials.

Strategieraster „Kostenführerschaft – Qualitäts-/Serviceführerschaft"

Die **Strategie der Qualitäts-/Serviceführerschaft** ist meist durch einen hohen Ressourcenein-satz, vor allem durch hohe Vorinvestitionen in den Markenaufbau bzw. die innovative Produktent-wicklung gekennzeichnet. Ein relativ hohes Marktrisiko entsteht vor allem bei ungenügendem Ma-nagement-, Marktinformations- und/oder Marketing-Know how-Voraussetzungen. Die Strategie funktioniert auch nur dann erfolgreich, wenn sie über einen USP eine eindeutige Kundenpräferenz aufbaut. Des Weiteren bedarf sie eines mehrjährigen Profilierungsprozesses und wird somit zum zeitbedingten Risikofaktor.

Die Strategie der Preis-/Kostenführerschaft erfordert in einer konsequenten Umsetzung eine ag-gressive low-price- und low-cost-Strategie. Der einseitige Preiswettbewerb verbietet den Aufbau einer anderweitigen Marktpositionierung und echter Präferenzen. Die besondere Gefahr liegt darin, aufgrund des Konkurrenzdrucks allmählich bis zur Preisuntergrenze und eventuell sogar darunter anbieten zu müssen und somit nicht nur die Gewinnmasse, sondern auch die Existenz des Unter-nehmens oder des Geschäftsfeldes zu gefährden.

Strategieraster Markteintritts-/Marktaustrittsstrategien

Hohe Risikopotenziale können mit der Wahl der Markteintritts- und/oder Marktaustrittsstrategien verbunden sein. Risiken von Markteintrittsstrategien lassen sich exemplarisch in folgender Weise identifizieren:[536]

➢ **Pionierstrategie** – Markteintritt als erster Anbieter in der Einführungsphase
  - Ungewissheit über die weitere Marktentwicklung
  - Gefahr von Technologiesprüngen
  - hohe Markterschließungskosten
  - Überzeugungsaufwand beim Kunden
  - hohe F&E-Aufwendungen
➢ **„Frühe Folger"-Strategie** – Markteintritt kurz nach dem Pionier
  - Markteintrittsbarrieren des Pioniers
  - Strategieausrichtung am Pionier erforderlich
  - Notwendigkeit eines eigenen komparativen Konkurrenzvorteils
  - schnelle Reaktion erforderlich
  - baldiger Markteintritt weiterer Konkurrenten

---

[536] Backhaus, K.: Industriegütermarketing, 6. Auflage, München 1999, S. 247ff.

➤ **„Späte Folger"-Strategie als „Me too"-Strategie**
  - bereits etablierte Konkurrenten
  - Notwendigkeit des Aufbrechens von Geschäftsbeziehungen
  - Gefahr von Preiskämpfen
  - Gefahr von Fehlinvestitionen
  - Imagenachteile
➤ **„Späte Folger"-Strategie als „Nischenstrategie"**
  - Markteintrittsbarrieren etablierter Anbieter
  - Gefahr der Verzettelung bei vielen Einzellösungen

Strategie-Risiken liegen auch in Fehlern der Marktsegmentierung, der Wahl der richtigen Zielgruppe(n) sowie der innerhalb der Zielmärkte gewählten Positionierungen und Bearbeitungsstrategien.

2.3.4 Risiken der Produkt-und Produktprogrammpolitik

Unternehmen stehen vor der zentralen Aufgabe, eine optimale Struktur des Produktprogramms/Leistungsprogramms/Sortiments (im folgenden Produktstruktur genannt) zu bilden und zu entwickeln. Das kritische Entscheidungsfeld liegt hier in einer optimalen „Geometrie" der Produktstruktur, die sich durch eine „Breite" und eine „Tiefe" auszeichnet. Die besonderen Risiken lassen sich differenziert für beide Dimensionen analysieren, wie zum Beispiel:

➤ **Risiken der „falschen" Programmbreite**
  a) Risikoproblematik einer zu breiten Produktstruktur
     - zu weite Entfernung vom Kerngeschäft und Entstehung einer unscharfen Wahrnehmung des Profils durch die Kunden
     - Rentabilitätsverluste durch nicht „passende" Produktgruppen

  b) Risikoproblematik einer zu schmalen Produktstruktur
     - Nichtausschöpfung des für das Unternehmen möglichen Kundenakquisitions- und Umsatzpotenzials
     - Erosion des bestehenden Geschäfts durch Wettbewerber, die ein breiteres Produktprogramm anbieten können
     - Verzicht auf Kunden, die „alles aus einer Hand" beziehen möchten (one-stop-shopping)

➤ **Risiken der „falschen" Programmtiefe**
  a) Risikoproblematik einer zu flachen Produktstruktur
     - Unzufriedenheit, Kaufverzicht und Abwanderung von Kunden infolge zu eingeschränkter Auswahlmöglichkeiten
     - Defizite in der Kompetenzwahrnehmung mit der Folge von Imageverlusten

  b) Risikoproblematik einer zu tiefen Produktstruktur
     - Gefahren der Kundenverwirrung durch Mangel an Transparenz und hoher Auswahl-Komplexität
     - Risiken der Kostenexplosion und Bestandsbindung
     - Einschränkungen in der flexible verfügbaren Produktions-, Lager- und Präsentationsfläche

Risikofaktoren ergeben sich auch aus dem Verlauf und der Einschätzung der Produktlebenszyklen, wie zum Beispiel:

➤ sehr häufige und schnelle Produktneueinführungen
➤ falsche Einschätzung des Verlaufs und der Dauer des Produktlebenszyklus
➤ Gefahr der Kannibalisierung zwischen verschiedenen Produkten durch Überlagerungen verschiedener Produktlebenszyklen
➤ nicht vorhersehbare Störgrößen im Verlauf der Produktlebenszyklen durch zahlreiche externe Einflüsse.

Aus risikopolitischen Überlegungen muss ein Unternehmen eine optimal strukturierte Alterspyramide der angebotenen Produkte finden. Einerseits ist zu fragen, ob ein überhöhter Anteil von Produkten (z.B. > 50 % des Gesamtumsatzes) mit einer bisherigen Marktzykluszeit von mehr als 5 Jahren besteht und damit das Risiko von Verlusten aus der „Abnutzung" der Produkte erhöht wird. Andererseits besteht die Gefahr der Nichterreichung der produktbezogenen Break-Even-Vorgaben durch einen zu schnellen, aber betriebswirtschaftlich nicht durch ausreichende Absatzmenge gedeckten, Produkt- und (Modell-) Wechsel innerhalb der Produktlebenszyklen. Zahlreiche kritische Problempunkte erweisen sich im Rahmen der Produktpolitik als Risikoindikatoren:

➢ eine übertriebene, einseitige und marktferne Produkt- und Technikverliebtheit
➢ unzeitgemäße Produkteigenschaften
➢ fehlende Identifizierung der Kunden mit den Produkten
➢ ein zu hohes oder zu niedriges Qualitätsniveau, das insbesondere nicht mit der Marktanforderungsdynamik Schritt hält
➢ staatliche Regulierungen mit Wirkung auf die Produktgestaltung

Weitergehende produktpolitische Risikofaktoren werden im Abschnitt 2.5. erörtert.

2.3.5 Risiken der Markenpolitik

Kunden lieben Marken, weil sie ihnen eine Qualitätsgarantie bieten. Unternehmen mögen Marken, weil sie ihnen nicht nur Preis- und Volumenvorteile und positive Mundpropaganda bringen, sondern auch einen gewissen Schutz vor der Konkurrenz bieten. Doch die Stärke einer Marke beeinträchtigt die Denkweise ihrer Besitzer und fördert Fehleinschätzungen einer Unangreifbarkeit. Unternehmen verlassen sich auf ihre Marke, halten sich für unverwundbar und investieren langfristig nicht ausreichend in ihre Marken. Das Markenrisiko ist kompliziert und wird häufig nicht oder zu spät erkannt. Es kann als Zusammenbruch oder als Erosion der Marke in Erscheinung treten.[537]

Die gegenwärtige Eskalation des Markenrisikos ist nicht einfach auf das Unterlassen von Investitionen oder die Inkompetenz des Managements in der Markenführung zurückzuführen, obgleich davon durchaus viele Impulse ausgehen. Vielmehr entsteht das Markenrisiko aus den komplexen, sehr variablen Kombinationen der Verhältnisse in der Branche, im Markt und bei der Marke selbst.

Praxissituation 43: „...Erosion einer Marke: Die Geschichte von Sony
...Der Wertvorteil, den die Produkte von Sony sich im Laufe der Jahre verdient hatten, löste sich in Luft auf. Die Wettbewerbsarena von Sony begann sich zu verändern....

Bei ihrem Bemühen, sich die Loyalität der Kunden zu sichern, suchten sich die Einzelhandelsketten neue Hersteller, die die Marken der Führer entzaubern und gute Geräte zu sehr niedrigen Preisen verkaufen wollten. Apex ist ein gutes Beispiel. Der chinesische Hersteller von DVD-Playern brauchte nicht Hunderte von Dollarmillionen für Werbung auszugeben. Er schloß einfach Verträge mit ein paar großen Einzelhändlern, denen daran lag, Produkte mit niedrigem Preispunkt verkaufen zu können.

1999, als Apex mit dem verkauf von DVD-Playern begann, lag der Anteil von Sony an diesem Markt bei 20 Prozent. Vier Jahre später war der Marktanteil von Apex (15 Prozent) höher als der von Sony (13 Prozent). Und der Preisvorteil von Sony war von 44 Prozent (2000) auf 16 Prozent (2004) abgesackt....

Die mehrdimensionale Kraft, die den Wettbewerb im Bereich der Elektronik umgestaltete, übte unablässig Druck auf die Marke Sony aus...Das Markenrisiko nahm zu. Die Erosion des Markenwertes reflektierte den verfall, den die Marke in den Köpfen der Kunden erlebte."
(Quelle: Slywotzky, A.J.: Upside. Sieben Strategien, um Herausforderungen in unternehmerische Chancen zu verwandeln, Frankfurt/ New York 2008, S. 144)

---

[537] Slywotzky, A.J.: Upside. Sieben Strategien, um Herausforderungen in unternehmerische Chancen zu verwandeln, Frankfurt/ New York 2008, S. 141

Lange Zeit wurde die Marke als ein Instrument des Marketings von Produkten betrachtet. Die formale Perspektive einer Marke soll es ermöglichen, Produkte eines Anbieters identifizierbar zu machen und von Wettbewerbsprodukten abzuheben.[538] Aus wirkungsbezogener Perspektive stellt eine Marke eine im Bewusstsein des Kunden verankerte Vorstellung dar, die das Angebot eines Unternehmens von Wettbewerbsangeboten differenziert.[539] Unter diesen Gesichtspunkten hat sich die Bedeutung der Marke(n) für die Unternehmen weit über den Bereich des Produktmarketing hinaus entwickelt und stellt heute ein zentrales Instrument zur Positionierung und Entwicklung des Unternehmens im Wettbewerb dar. Damit gewinnen auch Risiken der Marke und der Markenführung (Brand Risks) zentralen Stellenwert im Risikomanagement des Unternehmens.

Eine Marke sendet ein wertegeleitetes Sinn-Angebot aus, das bei entsprechender Resonanz Verbraucher zu Käufern, Wiederkäufern und zu Kunden macht. Mit Blick auf Risiko-Minimierung und Wertschöpfungsmaximierung gilt es, das in die Marke gesetzte Vertrauen immer wieder neu zu bestätigen und die Attraktivität der Marke zu erhalten.[540] Die Entwicklung einer Marke als Vertrauenssystem beruht auf Gesetzmäßigkeiten, die an die Charaktereigenschaften der Marken-Persönlichkeit gekoppelt sind:[541]

➢ Marke ist kein Produkt.
➢ Marke ist eigenwillig und einzigartig.
➢ Marke erhält ihre Identität durch sinnstiftende Werte.
➢ Marke begrenzt die „Zugehörigkeit" von Menschen.
➢ Marke reduziert Komplexität und kommuniziert ganzheitlich.
➢ Marke entwickelt sich erfolgreich selbstähnlich.
➢ Marken werden von innen zerstört.

Mit dem Aufkommen des Slogans „Geiz ist geil" besteht das Risiko der produzierenden Unternehmen, dass sie die Marke auf Spiel setzen. Man spricht hier auch von Marken-Erosion. Inwiefern unterliegt die Marke einem Risiko? Eine Marke ist ein vernetztes System, das seine Energie aus dem Markenkern und den darin verankerten Werten schöpft. „Menschen, die sich mit den Werten einer Marke identifizieren, verbünden sich vertrauensvoll mit ihr. Wird die Marke risikoarm geführt, wächst dieses System Wert schöpfend. Doch beim Vertrauen sind Marken äußerst fragil. Kleinste Unstimmigkeiten erschüttern das aufgebaute Vertrauen der Kunden oder zerstören es für immer."[542]

Vertrauensverlust stellt das größte Risiko für die Marke dar. Die Risiko-Landschaft in der Markenführung ist daher „unter dem Kriterium zu analysieren, welche Faktoren vertrauenserhaltend oder vertrauensbildend sind und welche Misstrauen begünstigen." Vertrauen ist gegenüber Verträgen bzw. Kontrolle ein effizientes, aber auch fragiles System, das jederzeit in Misstrauen umschlagen kann. Übertragen auf die Unternehmen, gilt, dass Risiko-Minimierung durch Vertrauenssicherung nur durch eine stilstrenge Markenführung im Detail möglich ist.[543] Vertrauen als Grundlage ethischen Mehrwertes entwickelt sich einerseits durch die kontinuierliche Einlösung eines Qualitätsversprechens auf der sachlichen Leistungsebene in Form der Produktqualität und andererseits durch eine glaubwürdige Haltung auf der soziokulturellen Ebene in einer von Respekt geprägten sinnstiftenden Wertehaltung als Bindeglied zwischen ökonomischen und nichtökonomischen Interessen.[544]

---

[538] Aaker, D.: Managing Brand Equity, New York 1991

[539] Homburg, C./Kromer, H.: Grundlagen des Marketingmanagements. Einführung in Strategie, Instrumente, Umsetzung und Unternehmensführung, 1. Auflage, Wiesbaden 2006, S. 181

[540] Schiller, W./Quell, M.: Brand Risk Management – Marke als Gegenstand des ganzheitlichen Risiko-Managements, in: Romeike, f./Finke, R.: a.a.O., S. 118ff.

[541] Ebenda.

[542] Schiller, W.: Die Marke nicht aufs Spiel setzen, in: Markt & Mittelstand, 10/2005, S. 46

[543] Schiller, W./Quell, M.: Brand Risk Management – Marke als Gegenstand des ganzheitlichen Risiko-Managements, a.a.O., S. 127f.

[544] Schiller, W.: Ethik als Basis einer risiko- und werteorientierten Steuerung, www.risknet.de vom 25.03.2009, S. 1

Praxissituation 44:
„Die Kult-Brause Bionade droht in der Bedeutungslosigkeit zu versinken…"

„…Deutliche Preiserhöhungen und strategische Imagefehler haben die Glaubwürdigkeit der Marke erschüttert und einen Abwärtstrend ausgelöst. (…) Und tatsächlich geht es mit Bionade schon jetzt rasant bergab. 200 Millionen Flaschen der Kult-Limonade wurden 2007 noch verkauft. Mittlerweile sind es dem Vernehmen nach allenfalls halb so viele. (…) Marktforscher Birnbaum jedenfalls spricht von strategischen Fehlern wie zum Beispiel der drastischen Preiserhöhung im Jahr 2008. Statt der lange Zeit üblichen 13 Euro müssen die Verbraucher seither 18 Euro für einen Kasten mit 24 Drittelliterflaschen bezahlen. (…) Das Image der kleinen, sympathischen Underdog-Firma hatte damit erstmals tiefe Kratzer bekommen. Zum anderen stößt der Zielgruppe übel auf, dass Bionade im Herbst 2009 von der zum Oetker-Konzern gehörenden Braugruppe Radeberger übernommen wurde. (…) Und ausgerechnet in dieser Situation passiert den Marketing-Managern bei Bionade der nächste Fauxpas. Im Januar weigerte sich das Unternehmen aus der bayerischen Provinz, eine Demonstration gegen grüne Gentechnik und das anschließende Konzert „Rock for Nature" zu unterstützen. (…) Branchenexperten zeigen sich wenig überrascht. Bionade habe über Jahre hinweg überhaupt nicht gewusst, welche Verbrauchergruppen zur eigenen Käuferschicht gehören und warum…."
(Quelle: Dierig, C.: Bion-ade?, in: Welt am Sonntag 20. Februar 2011, S. 35)

Kunden kaufen verstärkt preiswerte Alternativen zu Markenprodukten. Anbieter von Premium-Marken reagieren auf diesen Trend häufig mit preiswerten Kampfmarken, um Marktanteile zurückzugewinnen. Diese Strategie birgt jedoch fünf Risiken:[545]

➢ **Risiko 1 – Kannibalisierung**
Die Einführung von Kampfmarken erfolgt häufig mit dem Ziel, Kunden zurückzugewinnen, die zu billigeren Wettbewerbern abgewandert sind. Leider nehmen viele solcher Produkte auch den eigenen Premium-Marken Kunden weg. Eine Kampfmarke muss zwei Voraussetzungen erfüllen: Sie muss preisbewusste Kunden ansprechen, und sie muss hinter den Erwartungen der Premium-Kunden zurückbleiben. Die Marke darf nicht nur billig sein, sondern sie muss auch von den Kunden als qualitativ weniger hochwertig wahrgenommen werden. Verdrängungseffekte dürfen nicht vernachlässigt werden.

➢ **Risiko 2 – Fehlende Schlagkraft**
Das Management schirmt das Premium-Angebot so gut ab, dass die Kampfmarke ihre Schlagkraft verliert. Gerade für Unternehmen, die nicht besonders häufig neue Produkte einführen, sind Markttests entscheidend. Die Anbieter müssen bereit sein, Preis und Leistung einer Kampfmarke so lange anzupassen, bis sie genau den richtigen Kompromiss gefunden haben zwischen Kannibalisierung und Wirkungslosigkeit.

➢ **Risiko 3 – Finanzielle Verluste**
Es genügt nicht, bei Preis und Leistung mit der Konkurrenz gleichzuziehen. Wer eine Kampfmarke zum Erfolg führen will, muss auch einen tragfähigen Gewinn erwirtschaften. Leider ist das für Organisationen, die an höhere Preise und aufwendigere Betriebsabläufe gewöhnt sind, oft nicht einfach.

➢ **Risiko 4 – Kundenorientierung fehlt**
Ausgangspunkt einer erfolgreichen Marke sind normalerweise unerfüllte Kundenwünsche. Sowohl bei der Produktentwicklung als auch bei der späteren Vermarktung konzentriert sich das Unternehmen auf die Bedürfnisse der anvisierten Zielgruppe. Bei einer Kampfmarke ist das anders. Hier ist der Auslöser ein Wettbewerber und der strategische erfolg, den dieser Konkurrent gegenüber dem eigenen Unternehmen erzielt hat. So bald sich ein Manager für eine Kampfmarke entschieden hat, muss er sich auf das anvisierte Kundensegment konzentrieren.

---

[545] Ritson, M.: Mit Kampfmarken Konkurrenten abwehren, Harvard Business Manager 1/2010, S. 46-55

> **Risiko 5 – Verzettelung**
>
> Das Unternehmen muss in einem Zwei-Fronten-Krieg zwischen Premium-Marke und Kampf-Marke Ressourcen aufteilen. Ist es manchmal nicht besser, die bestehenden Bereiche zu verteidigen, als mit einer neuen Marke in den Kampf zu ziehen?
>
> Neben der finanziellen Belastung sind die Opportunitätskosten zu berücksichtigen. Wertvolle Managementressourcen hätten für die Premium-Marke eingesetzt werden können, anstatt sie für eine defizitäre Unternehmung zu verschwenden, die vom Kerngeschäft ablenkt. Kampfmarken entziehen der Top-Marke wichtige Gelder und Managementressourcen und machen so das Premium-Angebot noch anfälliger für Bedrohungen durch andere Wettbewerber.

Die Erfassung der Problemfelder der Markenführung konzentriert sich auf Instrumente der Marktforschung, wie zum Beispiel Image- und Zufriedenheitsmessungen und ist damit reaktiv. Fehler in der Markenführung werden zu spät erkannt. Für ein effizientes Brand-Risk-Management sind zwei Aufgaben zu betrachten:[546]

> **ganzheitliche Risikoanalyse** zur systematischen Untersuchung der Brand Risks von der Produkt- und Sortimentsgestaltung bis zum Design und zur Werbekommunikation und
>
> **präventives Markencontrolling** zur proaktiven Steuerung des Systems, mit der Gefahren identifiziert werden, bevor Aktionen das Vertrauen der Kunden beschädigen.

Das Risiko, Glaubwürdigkeit und Vertrauen der Marke zu verlieren, besteht in den Unternehmen in einer Beschränkung oder starken Fokussierung auf „Markenwerbung" als Bestandteil der Marketingkommunikation. Dabei werden oftmals ein „eindeutiges Commitment der Unternehmensführung und ein erforderlicher Change-Prozess" hinsichtlich aller extern und intern ausgerichteten markenrelevanten Leistungsbereiche vernachlässigt.[547]

Im Rahmen eines Brand Risk-Management können prinzipiell folgende Risiken entstehen:[548]

> **Risiko Produkt/Sortiment** – Bereits am Produkt ist für den Kunden die Marke erkennbar. Die Komplexität des Sortiments, die Abhängigkeit vom Lieferanten und der entsprechend auftretende Kontrollverlust tragen zur Steigerung des Risikos bei, dass sich eine negative Produkt- und Dienstleistungserfahrung auf das gesamte Leistungsportfolio des Unternehmens überträgt. „Marke ist die unbedingte Verpflichtung zur höchstmöglichen Qualität. Nur durch permanente Qualitätssicherung kann sich Kundenvertrauen bilden. Im Marketing findet man jedoch nur selten Brand-Manager, sondern überwiegend Produkt-Manager. Aus dieser Produkt-Fokussierung erwachsen zahlreiche Probleme und Risiken. Denn jedes neue Produkt muss auf demselben Qualitätsniveau wie das Kernprodukt sein. Je mehr Produkte unter einem Marken-Namen versammelt sind, desto aufwendiger ist die Qualitätssicherung, desto höher die Komplexität.... Jedes Produkt kommuniziert und erhöht das Risiko, dass eine negative Verbraucher-Erfahrung sich auf alle Produkte und damit auf die Marke niederschlägt." Ein Produkt, das als unstimmig, unglaubwürdig und nicht zur Marke passend empfunden wird, kippt das Vertrauen. Der so genannte „Elchtest" der Mercedes-A-Klasse hat dies deutlich gezeigt. Die Stärke der Marke konnte dieses Desaster überleben. Der Fall zeigt jedoch das hohe Risiko.

> **Risiko Distribution** – Unautorisierte Rabatte von Vertriebspartnern, Ramschecken oder ungepflegte Warenpräsentation gefährden die Produktwahrnehmung durch den Kunden im Sinne der Markenphilosophie. Problematisch kann ferner die Abgabe von Produktionsüberhängen oder B-Qualitäten an Discounter sein. Das entscheidende Risiko im Distributionsbereich ist die Erreichung und Sicherung einer markenbezogenen Kontrolle der Prozesse im Distributionskanal. Das geringste Risiko besteht im Direktvertrieb des Produzenten, z. B. bei „Vorwerk" oder „Tupperware". Bei indirekten Vertriebswegen ist nicht immer gewährleistet, dass die eigenen

---

[546] Schiller, W.: Die Marke nicht aufs Spiel setzen, in: Markt & Mittelstand, 10/2005, S. 46

[547] Schiller, W.: Ethik als Basis einer risiko- und werteorientierten Steuerung, www.risknet.de vom 25.03.2009, S. 3

[548] Schiller, W.: Die Marke nicht aufs Spiel setzen, in: Markt & Mittelstand, 10/2005, S. 46; Schiller, W./Quell, M.: Brand Risk Management – Marke als Gegenstand des ganzheitlichen Risiko-Managements, a.a.O., S. 118ff.

Produkte markenaffin präsentiert und verkauft werden. Mit speziellen distributionsstrategischen Entscheidungen versuchen Unternehmen, das Risiko unzureichender Kontrolle zu minimieren:

- durch die Strategie des „Controlled Distribution", z.B. durch das Franchise-Konzept
- durch die Strategie des „Shop-in-Shop-Systems" und
- durch die Strategie des "Stand-alone-Shops" als eigens gemanagetes Storekonzept.

➢ **Risiko Design/Werbung** – Werbe- und Designagenturen leben von der Erneuerung. Eine Marke erfordert aber die Bestätigung erfolgreich kommunizierter Botschaften und die Beibehaltung ihres typischen Stils. Einzigartiges Design und langfristig angelegte Werbekommunikation in allen Kanälen verbieten eine stilentfremdete Aktion. Beispiel: Die provozierende Benetton-Kampagne mit den Bildern von Aidskranken und getöteten bosnischen Soldaten in den 90er Jahren hatten nichts mit den Benetton-Läden gemein und führten zu einem dramatischen Einbruch der Marktanteile der Marke. Die Begrenzung der Kommunikationsaktivitäten auf das Subsystem der Werbung und die Überlassung dieser an „Kommunikationsspezialisten" beinhaltet das Risiko, dass zwischen den designten Werbewelten und der Realität in den anderen Marken-Bereichen eine Lücke entsteht, wie das Beispiel der Benetton-Werbekampagne Anfang der 90er Jahre gezeigt hat. Die Auswirkungen waren weit über den kurzfristigen Marketingsektor hinaus auf das Gesamtunternehmen spürbar.

➢ **Risiko Preis** – Wer sich dem Preisdiktat der Discounter unterordnet, riskiert langfristig das Vertrauen der Kunden, denn eine Marke ist immer wertvoller als das Produkt.
„Marke ist wertvoller als das Produkt – und das kommuniziert der Preis...Absolute Preisdisziplin wird zur Herausforderung in der Markenführung. Denn die Verlockung, durch Rabatte, Lagerverkäufe oder Sonderangebote Umsatz zu generieren, senkt nicht nur den Gewinn, sondern schadet dem Ansehen der Marke. Dasselbe Risiko besteht auch beim Verkauf von Überhängen als ‚ungebrandete' weiße Ware. Schnell spricht sich herum, dass das vermeintliche Billigprodukt in Wirklichkeit identisch ist mit dem teureren Marken-Artikel. Für ein kurzfristiges Umsatzplus wird langfristiger Gewinn- und Marken-Prestigeverlust in Kauf genommen."

➢ **Risiko Kunden** – Wie eine Marke zum Kunden passen muss, so muss der Kunde zur Marke passen. Der Unternehmer muss immer prüfen, ob sich geplante Veränderungen in das Markensystem einfügen. Am besten ist die Definition eines Stilfilters aus der Definition der Markenidentität, mit dem Entscheidungen im Vorfeld geprüft und somit Fehlentscheidungen vermieden werden können.

Praxissituation 45: Beispiel: Die „Markenwende" bei C&A
Das Kaufhaus C & A stieg nach dem Zweiten Weltkrieg durch den Verkauf von modisch schlichter und preisgünstiger Bekleidung zum Marktführer in Deutschland auf. 1997 wollte die Geschäftsleitung mit Star-Designern wie Karl Lagerfeld und Yves St. Laurent ein gehobeneres Klientel anlocken. Der Versuch scheiterte. Die Stammkunden, Familien und ältere Menschen wanderten ab, die Nobelkunden blieben ihren teuren Boutiquen dagegen treu. Nach fünf verlustreichen Jahren kehrte C & A zum ursprünglichen Konzept zurück.
(Quelle: Schiller, W.: Die Marke nicht aufs Spiel setzen, in: Markt & Mittelstand 10/2005, S. 47)

Ursachen des Markenrisikos liegen häufig in Fehlern bei der Investition in Marken begründet:[549]

➢ Unterlassung von Investitionen unter der Annahme, dass man sich nicht um den Wert der Marke kümmern muss
➢ Falscher Investitionsmix, z.B. in Marketinginstrumente, die kaum Markenwert erzeugen
➢ Falsche Reihenfolge bei den Investitionen, zumeist in Programme mit geringerer Rendite
➢ Kurzfristige Fokussierung bei den Investitionen
➢ Investitionen in die falschen Kundenkontaktpunkte

---

[549] Slywotzky, A.J.: Upside. Sieben Strategien, um Herausforderungen in unternehmerische Chancen zu verwandeln, Frankfurt/ New York 2008, S. 162f.

➤ Investitionen in die falsche Positionierung, d.h. in Strategien zur Stärkung von Elementen des Markenwertes, die keine Treiber für das Verhalten der Kunden sind
➤ Unterlassung von Anpassungen hinsichtlich der Investitionen in Komponenten des Markenwerts, die für die Kunden im Laufe der Zeit unerheblich geworden sind
➤ Nichtoptimale Zusammensetzung des Markenportfolios, z.B. durch Investitionen in zu viele Marken mit minimalem Wert, in Marken, die auf stagnierende oder schrumpfende Märkte fokussiert sind
➤ Verwässerung der Marke durch Strategien, mit denen die Bedeutung der Marke auf eine zu große Spannbreite von Kunden, Märkten, Produkten oder Dienstleistungen ausgerichtet wird.

Mittelständische Unternehmen mit bekannten Markennamen stehen vor zwei Problemen. „Einerseits können starke Marken Krisen im Regelfall besser kompensieren. Andererseits reizen gerade ‚große Namen' Anspruchsgruppen, diese für eigene Boykottkampagnen zu missbrauchen. Bei ihrer Produkt-PR und Markenkommunikation sollten mittelständische Unternehmen daher frühzeitig soziale Krisenkatalysatoren beachten: Als Folge eines ‚kulturellen Misfit' könnte die Botschaft oder die Darstellung eines Unternehmens in einem bestimmten kulturellen Umfeld möglicherweise falsch interpretiert werden. Bei einem ‚nationalen Misfit' droht auf Grund von nationalen Ressentiments gegen das Produkt oder das Unternehmen ein Käuferstreik. Ein ‚sprachlicher Misfit' liegt vor, wenn eine Marke durch verschiedene Bedeutungen entstellt wird. Kollidiert ein Produkt, ein Markenname oder eine Kampagne mit einem aktuell diskutierten Thema, liegt ein ‚diskursiver Misfit' vor. Unternehmen sollten daher vorab informelle Marktanalysen durchführen und kritische ‚issues' identifizieren. Auch nach der Produkteinführung gilt es, die Zielmärkte durch Frühwarnsysteme und systematische Medienbeobachtung kontinuierlich im Blickfeld zu behalten."[550]

Praxissituation 46: ...die Marke ist auf Talfahrt...
Der Absatz der Marke Warsteiner ging von 4,68 Millionen hl im Jahre 2002 auf 3,22 Millionen hl im Jahre 2007 zurück. Dies ist nicht allein dem allgemeinen Marktrückgang geschuldet. Welche Gründe können dafür noch stehen? Das Image der Marke ist mittelmäßig, dem Unternehmen fehlen durchschlagende Innovationen und eine klare Strategie. Das Image von Warsteiner ist diffus. Es ist nicht zu sagen, wofür die Marke steht. „Durch den häufigen Austausch der Agenturen wurde das Erscheinungsbild von Warsteiner nicht klarer, sondern eher konfuser. Mal gab es eine Werbung mit jungen, fröhlichen Leuten; mal stand die goldverzierte Bierflasche im Vordergrund – ähnlich auch in der aktuellen Kampagne, die seit April 2008 läuft." Marketingentscheidungen trifft der Senior lange Zeit allein und zumeist aus dem Bauch heraus, wenig durch Studien untersetzt.
...Lange wehrte er sich gegen Biermixgetränke aus dem Hause Warsteiner. Erst als die Konkurrenz damit von Erfolg zu Erfolg eilte, ließ er sich überreden und machte auch noch zwei Fehler: Biermixgetränke, die überwiegend junges Publikum ansprechen wurde unter dem altmodischen Label Warsteiner und zudem auch noch in braunen Flaschen abgefüllt, erst sehr viel später in modisch-schicken Klarglasflaschen....Albert Cramer träumte lange Zeit von einem internationalen Bierkonzern. Was ist, wenn die Banken – wie es 2002 schon einmal passierte – nervös werden, weil die Marke Warsteiner weiter absäuft und die Auslandsengagements noch mehr Geld verschlingen? Müssen die Cramers dann verkaufen?
(Quelle: Hirn, W.: Tochter-Unternehmen, in : manager magazin 8/2008, S. 59ff.)

Brand Risks entstehen auch, wenn eine Marke nicht als Bindeglied zwischen ökonomischer und ethischer Wertschöpfung verstanden wird und keinen Wettbewerbsvorteil durch nachhaltige Kundenbindung auf Basis der Übernahme sozialer Verantwortung und einer vertrauensbildenden und zugleich differenzierenden Wertehaltung schafft.[551] Die hohe Komplexität und vielfache Unsicherheiten in den Märkten erzeugen große Risiken für alle Marktteilnehmer. Marken als wertschöpfende, wertegeleitete Sinn-Systeme reduzieren die Komplexität und absorbieren Risiken durch den Aufbau eines wachsenden Vertrauenskapitals. Vertrauen kann oft erst in Jahrzehnten geschaffen, aber in wenigen Tagen zu Nichte gemacht werden. Die Bedeutung ethischer Markenwerte wird im

---

[550] Sammer, P.: Zum Wohle des Verbrauchers? – Risikokommunikation für Konsumgüter auf internationalen Märkten, in: www.krisennavigator.ch/miin-d.htm, S. 10
[551] Schiller, W.: Ethik als Basis einer risiko- und werteorientierten Steuerung, www.risknet.de vom 25.03.2009, S. 1

Vergleich zu den klassischen betriebswirtschaftlichen Wertetreibern wie Preis, Produkt- und Servicequalität unterschätzt. Übernahme und Sichtbarmachung sozialer und ökologischer Verantwortung sind im Zusammenhang mit der Positionierung von Marken eine wesentliche Grundlage für das Vertrauen der Kunden in die Markenleistung.[552]

Eine Verwässerung des Markenbildes wird auf längere Sicht negative Konsequenzen mit hoher Umsatzrelevanz haben. „Die Unterwerfung unter die Gesetze des Systems Börse anstatt unter die Regeln der Marke ist mit unkalkulierbaren Risiken verbunden. Während das Vertrauen der Verbraucher durch stilstrenge Markenführung zu managen ist, folgt die Börse ihren eigenen, oft unvorhersehbaren Regeln."[553]

2.3.6 Risiken der Servicepolitik

Die Bedeutung eines intelligenten Service- und Instandhaltungsmanagements hat in vielen Bereichen des produzierenden Gewerbes stark zugenommen. Dies belegen die steigenden Umsatz- und Gewinnanteile des Servicegeschäfts an den Gesamtumsätzen der Unternehmen. Die mit diesem Geschäft verbundenen Risiken werden jedoch zu wenig erkannt oder aus verschiedenen Gründen unterschätzt, wie dies eine Studie von Experten der ETH Zürich in Schweizer KMU's belegt.[554] Drei grundlegende Gefahren lassen sich identifizieren:[555]

1. Der Margen- und Rentabilitätsdruck im Neuanlagen- oder –gerätegeschäft nimmt zu, so dass in diesen Geschäftsbereichen zunehmende Quersubventionierung durch das Servicegeschäft erfolgt. Dabei besteht das Risiko, dass die Preise des Servicegeschäfts ins Zentrum der Verhandlungen rücken und die bislang dort verdienten Margen nicht zu halten sind. Steigende Markttransparenz katalysiert diesen Prozess zusätzlich.
2. Es entsteht neue oder sich verstärkende Konkurrenz durch Drittanbieter, die kein unrentables Primärgeschäft betreiben, sondern sich auf die lukrativen Felder des Services fokussieren. Auf Grund des nicht in vollem Umfang vorhandenen Know hows werden Serviceleistungen und mitunter auch Ersatzteile das Risiko einer Qualitätsminderung aufweisen, was wiederum die Reputation des Primärgeschäfts beeinträchtigen kann.
3. Die Risiken sowie die Ertragspotenziale des Servicegeschäfts sind meist nicht transparent. Das Produktmanagement fokussiert seine Aufmerksamkeit vor allem auf das Neuanlagengeschäft sowie die Neuanlagenentwicklung.

Durch den direkten Einfluss von After Sales auf die Rentabilität und die langfristige Kundenbindung sind die Risiken und deren Hebelwirkung auf das Unternehmen besonders groß.

Risikoart	Risikofaktoren
Organisatorische Risiken	➢ Das After Sales Business bekommt zu wenig Aufmerksamkeit vom Management. Probleme werden nicht oder erst spät erkannt und angegangen. ➢ Quersubventionierung aus dem After Sales Business kaschiert Probleme im Neuproduktgeschäft. Da der Neuproduktabsatz im Fokus von Verkäufern steht, wird der Service zu billig verkauft oder verschenkt.
Marktrisiken	➢ Kunden drücken auf die Margen. Hohe Margen sind im Service auf Dauer nicht zu halten. ➢ Marktanteilsverlust im Service- und Ersatzteilgeschäft an Drittanbieter sowie im Ersatzteilgeschäft durch gefälschte Ersatzteile. ➢ Kunden führen Servicehandlungen und Reparaturen selbst durch. ➢ Kostendruck im Neumaschinengeschäft führt zu vermehrter Verwendung von standardisierten Bauteilen und Modulen und weniger know how-intensiven und

---

[552] Ebenda, S. 2

[553] Schiller, W./Quell, M.: Brand Risk Management – Marke als Gegenstand des ganzheitlichen Risiko-Managements, a.a.O., S. 129

[554] Niemeyer, C./Boutellier, R.: Risikomanagement im After Sales Business, Marketing Review St. Gallen, 2/2009, S. 54ff.

[555] Ebenda, S. 55f.

	anspruchsvollen Bauteilen, die nur beim Originalhersteller zu beziehen sind. Es vereinfacht sich der Service, Markteintrittsbarrieren für Drittanbieter sinken und Standardersatzteile können auf alternativen Wegen bezogen werden.
	➤ Kunden empfinden Preise für Reparaturen und Ersatzteile im Vergleich zum Neuprodukt nicht mehr fair.
	➤ Lagerrisiken bei Ersatzteilen, falsche Einschätzung des Marktvolumens.
	➤ Ersatzteile für alte Produkte sind bei Zulieferern nicht mehr verfügbar oder können nicht mehr hergestellt werden.
Qualitätsrisiken	➤ Schlechte Service- oder Ersatzteilqualität durch Drittanbieter wirkt sich negativ auf die Reputation des Produkts aus.
	➤ Unfälle mit Produkten, die von Drittanbietern gewartet werden oder in die Ersatzteile von Drittanbietern eingebaut werden, führen zu einem Reputationsschaden beim Hersteller
	➤ Service- oder Ersatzteile sind nicht unmittelbar verfügbar, da sie für das Primärgeschäft abgezogen werden
	➤ Know how für den Service bei alten Produkten ist nicht mehr vorhanden.
Rechtliche Risiken	➤ In Serviceverträgen festgeschriebene Leistungen/Garantien können nicht eingehalten werden. Dies führt zu Regressforderungen.
	➤ Alte Produkte, für die eine Revision gemacht wurde oder für die ein Upgrade verkauft wurde, entsprechen in Teilen nicht den neuesten Sicherheitsrichtlinien und –standards. Daraus entstehen Haftungsrisiken.

Tab. 59   Übersicht häufiger Risiken im After Sales Business[556]

Zwei Strategien zur Bewältigung dieser Risiken wurden in der Unternehmenspraxis verfolgt, um die Komplexität und somit die Anfälligkeit des Systems zu verringern:

➤ Wandel des Unternehmens zum innovativen Dienstleister, indem vom Unternehmen permanent Serviceprodukt-Innovationen entwickelt und erfolgreich am Markt positioniert werden
➤ Trennung von Service- und Neuanlagengeschäft in strategische Geschäftseinheiten mit eigener Profit- und Verlustverantwortung, womit insbesondere die organisatorischen Risiken gemindert werden.

2.3.7   Risiken der Preis- und Konditionenpolitik

Wesentliche Auswirkungen auf den Markterfolg eines Unternehmens gehen von den verfolgten Preisstrategien aus. Dabei können die Hochpreispolitik, die Niedrigpreispolitik und die Marktpreispolitik unterschieden werden.

Eine **Hochpreispolitik** kann als Prämienpreisstrategie oder als Skimming-Preisstrategie auftreten.[557] Mit der Prämienpreisstrategie wird versucht, möglichst langfristig einen relativ hohen Preis zu erzielen, während mit der Skimming-Preisstrategie mit einem hohen Einführungspreis startet und entsprechend dem Marktverlauf Preissenkungen vornimmt. Risiken können sich hier in der Unterschätzung der Zeitrelationen der Marktdynamik nach der Einführung des meist neuen Produkts ergeben, wenn kurzfristiger und radikaler Preissenkungen als geplant vorzunehmen sind. Ferner werden die Rentabilitätsspielräume durch das Abschöpfen der Preisbereitschaft der Kunden in der Markteinführung neuer Produkte überschätzt.

Die **Niedrigpreispolitik** kann in Form der Penetrationspreispolitik oder der Promotionspreispolitik implementiert werden. Die Penetrationspreispolitik ist auf die schnelle Erzielung möglichst großer Absatzmengen durch niedrige Preise für neue Produkte und die schrittweise Anhebung der Preise im Verlaufe der Markteinführung gerichtet. Mit der Promotionspreispolitik wird hingegen versucht, mit langfristig niedrigen Preisen Konkurrenzvorteile dauerhaft zu erzielen. Die Risiken der Penetrationspreispolitik liegen insbesondere in der Überschätzung des Bedarfs in der Markteinführungsphase trotz eines niedrigen Preises, in der Beschränkung oder der Unmöglichkeit der späteren

---

[556] Ebenda.
[557] Weis, C.: Marketing, 13. Auflage, Ludwigshafen 2004, S. 345

Preiserhöhung sowie in der unzureichenden Abschöpfung der mit den Produkten geplanten Rentabilität. Für beide Strategien besteht gleichermaßen, wenn auch in unterschiedlicher Weise - die Gefahr einer dem niedrigen Preis adäquaten Qualitätswahrnehmung mit den entsprechenden Auswirkungen auf die Akzeptanz des Produktes durch den Kunden.

Effektive Preisgestaltung setzt gründliche Kenntnis der Wirkungszusammenhänge auf den Märkten voraus. Risiken aus fehlerhaften Preisentscheidungen beschränken sich in ihrer Wirkung manchmal nur auf kurzfristige Zeitperioden, können aber auch nachhaltige „Nachwehen" auslösen.

Praxissituation 47: „Drastische Preiserhöhung führt angeblich zu Umsatzeinbruch…"

„Peter Kowalsky hat jahrelang einen Traum leben dürfen…Denn das Kultgetränk Bionade hat aus seiner krisengeschüttelten Kleinbrauerei binnen weniger Jahre die am stärksten wachsende Getränkefirma in Deutschland gemacht. Dann aber hat der Bionade-Chef im vergangenen Sommer einen entscheidenden Fehler gemacht….Seither geht es mit dem Aufsteiger aus der bayerischen Provinz rasant bergab. ‚Bionade hat die Akzeptanz der Verbraucher verloren', begründet Günter Birnbaum, der Leiter der Division Getränke beim Nürnberger Marktforscher GfK Group." (…) „Grund dafür ist die kräftige Preiserhöhung im Sommer 2008. Statt 13 Euro pro Kasten müssen Endverbraucher seither bis zu 18 Euro für den Rahmen mit 24 Flaschen zahlen. ‚Offenbar kannte man bei Bionade die eigene Zielgruppe nicht gut genug und hat deren Reaktion falsch eingeschätzt', sagt Birnbaum im Gespräch mit der Welt…Mit einem massenhaften Konsumverzicht jedenfalls dürfte Kowalsky wohl nicht gerechnet haben. Mittlerweile haben sich die Absatzzahlen von Bionade nahezu halbiert, heißt es im Markt."
(Quelle: Dierig, C.. Erfrischungsgetränk Bionade fällt bei Verbrauchern in Ungnade, Die Welt, 10. August 2009, S.13)

Das moderne Konzept des *Value Based Pricing* unternimmt den Versuch, spezifische Segmente der Kunden hinsichtlich der Preisbereitschaft zu finden und somit das Dilemma zwischen Massenmarkt (Kostenminimierungsstrategie) und vollständiger oder näherungsweiser Individualisierung (Ertragsoptimierung) zu lösen. Nach der Identifikation preisspezifischer Segmente muss das Unternehmen den differenzierten Kundenwert kommunizieren. Dies geschieht häufig über unterschiedliche Vertriebskanäle (Internet ist günstiger als Fachmarkt, Fachmarkt ist günstiger als Fachgeschäft) oder über eine Mehr-Markenstrategie. Mit diesem Konzept besteht einerseits ein Risiko an sich schon durch das Bekanntwerden dieser „Praxis" in der Öffentlichkeit, andererseits in verstärktem Maße durch die wahrgenommene *„Unfairness"* dieser Preisdifferenzierung.[558] Eine Preisdifferenzierung kann bei den Kunden und in der Öffentlichkeit zu sehr negativen Reaktionen führen, wenn sie als unfair betrachtet wird.

Praxissituation 48: „Der online-Buchhändler Amazon.com…

hat im September 2000 begonnen, die Preise für Bücher aufgrund des Kaufverhaltens anzupassen. Der Aufschrei in der Presse war groß, als ein Kunde merkte, dass der Preis für ein bestimmtes Buch von 26,24 auf 22,74 US-Dollar sank, wenn er das Cookie im Browser deaktiviert, und wieder auf 26,74 US-Dollar stieg beim Reaktivieren des Cookies. Amazon erhielt Tausende von negativen E-Mails und erlitt einen veritablen Imageschaden…."
(Quelle: Michel, S./Pfäffli, P.: Implementierungshürden des Value Based Pricing, Marketing Review St. Gallen. 5/2009. S. 30)

Für Handelsunternehmen ist die strategische Wahl der Art der Preisdynamik eine sehr interessante Fragestellung. Die Baumarktkette Praktiker hat mit ihrer „20% auf Alles"-Aktionsstrategie zunächst zeitweilig große Kundenströme in ihre Märkte gelenkt. Die psychologisch wahrnehmbare Preiszufriedenheit der Kunden war indes auch überdurchschnittlich hoch. Im Verlaufe der weiteren Entwicklung zeigte sich jedoch eine zunehmende „Abnutzung" dieses Kaufvorteils für die Kunden. Das Unternehmen hat indes eine „Dauer-Erwartungshaltung" erzeugt, die es nicht langfristig halten konnte und strategisch auch nicht halten wollte. Mit der Verringerung der Aktionsfrequenzen und in

---

[558] Michel, S./Pfäffli, P.: Implementierungshürden des Value Based Pricing, Marketing Review St. Gallen, 5/2009, S. 30

Verbindung mit einigen „geheimen", aber dann der Öffentlichkeit nicht verborgen gebliebenen tricks verringerte sich die Attraktivität dieses Wettbewerbsvorteils.

2.3.8 Risiken der Kommunikationspolitik

Die systematische Durchdringung der Risikosituation in der Marketingkommunikation muss der hohen Komplexität der Prozesse und Fragestellungen einerseits und der hohen Gefahr von mehr oder weniger hohen Fehlinvestitionen in einem sehr kostenintensiven Bereich des Marketings Rechnung tragen. Dazu sind Risikoanalysen zu mehreren differenzierten Problemkomplexen von Bedeutung:

➢ Risikoanalyse der komplexen Ursache-Wirkungs-Zusammenhänge kommunikationspolitischer Strategien und Maßnahmen
➢ Risikoanalyse der kommunikationspsychologischen Prozesse
➢ Risikoanalyse des Einsatzes und der Wirksamkeit der kommunikationspolitischen Instrumente, Mittel und Medien.

Die Risikoproblematik der Marketingkommunikation ergibt sich aus den kritischen Faktoren, die eine Beeinträchtigung oder Nichterreichung kommunikationspolitischer Ziele zur Folge haben können. Die Erreichung kommunikationspolitischer Ziele wird sehr wesentlich von den Kommunikationsgestaltungsrisiken, den Kommunikationsadressatenrisiken und den Kommunikationskostenrisiken beeinflusst. Die Struktur kommunikationspolitischer Ziele beruht auf zwei grundsätzlichen Zielblöcken:

➢ Psychografische Ziele
➢ Ökonomische Ziele

Praxisituation 49:   Was der Esso-Tiger besser macht als Dieter Bohlen
Promis schaffen als Werbebotschafter Aufmerksamkeit und einen Image-Transfer. Ihre Schönheit, Sportlichkeit und ihr Witz geben dem Produkt und seinem Hersteller idealerweise zusätzlichen Glanz und nachhaltige Qualitätskompetenz...Die bekannten Köpfe müssen jedoch zum Produkt passen, authentisch und natürlich exklusiv sein. Die Kombination Produkt/Prominenter muss glaubwürdig sein. Steffi Graf in der Opel-Werbung nahm man zum Beispiel nicht ab, dass sie ein solches Auto fuhr....
VIPs sind auch nur Menschen mit Fehlern...Dieter Bohlen benahm sich illoyal gegenüber seinem Auftraggeber und verunglimpfte Milchtrinker als Gesundheitslatschenträger. Bei dem Tiger von Esso oder Lurchi von Salamander passieren solche Entgleisungen nicht....
(Quelle: Interview mit Sebastain Turner, Chef der Werbeagentur Scholz & Friends Berlin/ Hamburg, Z. impulse 01/2006, S. 52)

Eine besonders gefährliche Plattform zur Schädigung des Rufs eines Unternehmens ist das Internet. Nur wenige Unternehmen lassen systematisch ihren guten Ruf im Internet überwachen und sind so in der Lage, negative Mundpropaganda rasch zu stoppen. Risiken entstehen auf diesem Sektor sowohl durch Angriffe der Konkurrenten als auch der Konsumenten. Der Webexperte Harbulot, Leiter der renommierten „Schule für den Wirtschaftskrieg" in Paris, erklärte in einem Interview: „Die Wirtschaft befindet sich im Internet längst in einem Informationskrieg".[559]

Viele Unternehmen sehen der Entwicklung des Web 2.0 mit optimistischen, chancengenerierenden, aber zugleich durchaus nüchternen Blicken entgegen. Es bringt neben der Rufschädigung auch das potenzielle Risiko der Manipulation von Informationen in Bild, Ton und Text mit sich. Die Herausbildung einer „öffentlichen" Meinung über das Unternehmen, ein Produkt oder eine Marke erfolgt in Netzen mit rasanter und kaum aufzuhaltender Geschwindigkeit.

---

[559] Prochnow, E.: www.rufmord.de, in: impulse 04/2008, S. 92

Praxissituation 50: Mit Guerilla-Methoden

„Was hierzulande erst nach und nach als Risiko erkannt wird, hat in den USA bereits viele Firmen massiv getroffen. Beispiel: Kryptonite. Der Spezialist für Fahrradschlösser wurde durch zahlreiche Videos im Web verspottet, in denen Kunden ein angeblich bruchsicheres Spitzenschloss in Sekundenschnelle mit einem Kugelschreiber öffneten. Der PR-Gau schlechthin: Das Unternehmen hatte ein schlechtes Produkt auf den Markt gebracht und dazu noch vollständig die Kontrolle über das Krisenmanagement verloren. Bevor es sich bei den Kunden entschuldigen konnte, war die Geschichte schon in allen Videoportalen der Welt zu sehen.

‚Die meisten Firmenchefs wissen gar nicht, was im Datennetz über sie oder ihr Unternehmen zu finden ist', sagt Krisenberater Hofmann. Anders ist die Lage bei Werner & Mertz: Der Hersteller von Erdal und Frosch verfolgt eine offensive Online-Strategie. Das Unternehmen sucht gezielt nach Einträgen zu den eigenen Produkten und startete im vergangenen September den ‚Froschblog'. Ziel: Über die Marke Frosch soll die Ausrichtung der Firma auf Umweltschutz deutlich werden....Mitarbeiter bestücken jetzt die Online-Tagebücher mit Inhalten und setzen sich so mit Wünschen und Kritik der Kunden auseinander.

...Wie schnell sich sogar erfahrene Chefs in die Nesseln setzen können, hat Kirstin Walther erfahren. In ihrem Webtagebuch verwendete die Inhaberin der Saftkelterei Walther im sächsischen Arnsdorf die Worte ‚Olympia' und ‚Olympische Spiele'. Prompt kamen die Abmahnung des Deutschen Olympischen Sportbunds und eine Strafe über 250.000 Euro. Erst als sie ihren Online-Lesern davon berichtete und diese Sturm liefen, wurde der Druck auf die Verbandsfunktionäre zu groß. Die Unternehmerin musste 150 Euro zahlen."

(Quelle: Prochnow, E.: www.rufmord.de, in: impulse 04/2008, S. 92ff.)

Unternehmen müssen lernen, nicht nur mit der neuen Offenheit der Kommunikation umzugehen, sondern auch strategisch und operativ intensiver und aktiver die Informationen über sie in die Geschäftskommunikation zu integrieren.

2.3.9 Risiken der Distributionspolitik

Schwachstellen im Distributionsprozess deuten oft bereits intensiv auf risikorelevante Faktoren hin – einesteils hinsichtlich betriebswirtschaftlich nicht zu vertretender Kosten und andererseits hinsichtlich der Gefahren des Auftrags- und/oder Kundenverlustes. Beispiele können sein:

➤ Fehlende oder unsystematisch bearbeitete Distributionsstrategien und –strukturen
➤ Schwachstellen in den Lager- und Transportsystemen der Produktauslieferung (vgl. 2.4.)
➤ Fehlendes oder unzureichendes Distributionscontrolling
➤ Unsachgemäß ausgestellte Fracht- und Zolldokumente
➤ Verpackungsfehler durch unzureichende Artikelidentifizierung

Risiken können sich auch aus der Sabotage, Umgehung und Zerstörung von Vertriebskooperationen ergeben, wie der Fall des iPhone von Apple deutlich macht.

Die Vernetzung von Konsumenten über die Medien steigert das Risiko der Unternehmen. Medien stimulieren sehr schnell die Nachfrage, sorgen aber auch dafür, dass sich Trends oft unvorhersehbar rasch weltweit ausbreiten und schnell überall gleichzeitig vorbei sind. In und out wechseln immer rasanter, das Risiko, mit einem Produkt nicht einmal die Investition wieder einzuspielen, steigt. Gleichzeitig wird es auf Grund von nur kurz anhaltenden Nachfragespitzen schwieriger, Chancen ausreichend schnell zu nutzen.[560]

---

[560] Merbecks, A./Stegemann, U./Frommeyer, J.: Intelligentes Risikomanagement, Frankfurt/Main – Wien 2004, S. 36

Praxissituation 51:
„Fast eine Million Käufer des Multimediahandys iPhone haben das Gerät geknackt...
und untergraben damit das Geschäftsmodell von Apple. ...Warum kaufen sich 40 Prozent der Kunden in den USA gleich zwei der Multimediahandys? Und warum sind es gerade Kunden asiatischer Abstammung, die nach Beobachtung von Investmentbankern in Minibussen vor die Apple-Stores kutschiert werden, um sich mit den Telefonen einzudecken? Vielleicht, um es nach Asien zu verkaufen? Seltsam nur, dass es dort noch überhaupt keinen Netzpartner gibt....

schätzen, dass sich etwas über 800.000 Kunden nicht dem Diktat von Apple-Chef Steve Jobs gebeugt und keinen Vertrag mit Exklusivpartnern wie AT&T, O2 oder T-Mobile geschlossen haben. Vielmehr haben Sie die Software einfach geknackt, statt sie artig von Apples Onlineladen iTunes aktivieren zu lassen...

In Wahrheit kursieren im Netz Dutzende von Anleitungen, das iPhone zu knacken. Gelingt dies, können iPhone-Besitzer ihren Mobilfunkanbieter frei wählen. Und in der Apple-Statistik tauchen sie nicht mehr auf....Dem Konzern entgehen nach Berechnungen der Bankanalysten Hunderte von Millionen Dollar an Einnahmen, denn das Unternehmen ist an den mit dem Telefon erzielten Umsätzen prozentual beteiligt. Bei dem von den Experten zugrunde gelegten Anteil je Telefon wären dies im Jahr über 300 bis 400 Millionen $....Diesem Zusatzumsatz durch die Beteiligung stehen kaum Kosten entgegen, so dass Apple einen Großteil davon direkt als Gewinn verbuchen könnte."
(Quelle: Ohler, A.: Das Rätsel der 800.000, in: Financial Times Deutschland 30.Januar 2008, S. 1)

2.4 Risiken in der Unternehmenslogistik

2.4.1 Allgemeine Risikopotenziale in der Logistik

Die zunehmende Verbreitung des Global Sourcing, von Just-in-Time-Konzepten, Outsourcing und Lieferantenpartnerschaften haben die Auswirkungen ungeplanter Ereignisse in Lieferketten verstärkt, die Komplexität der Lieferketten erhöht und somit die logistikinduzierte Risikoposition belastet. Hohe Transportzeiten, vielfältige und mehrfache Umschlagprozesse und Zwischenlagerungen, langwierige Zollabwicklungen, Probleme der Verkehrsinfrastruktur bei den zu befahrenden Ländern erhöhen die Wahrscheinlichkeit ungeplanter Störungen in der Lieferkette.

Eine Befragung von Experten aus den Bereichen Einkauf und Logistik aus dem Jahr 2008 signalisierte eine umfassende Erkenntnis der Notwendigkeit eines Supply Chain Risk-Managements, aber gleichzeitig auch Defizite in der organisatorischen Umsetzung. Rund 75 Prozent der befragten Teilnehmer gaben an, dass ihr Unternehmen Risikomanagement betreibt, wobei der Fokus primär auf dem eigenen Unternehmen und nicht auf dem Wertschöpfungsnetzwerk und damit auf den Lieferanten liegt.[561]

Die besonderen Risikopotenziale liegen in der Unternehmenslogistik in folgenden Bereichen:[562]

➢ Gefährdung des Funktionierens der Beziehungen zwischen zwei oder mehr Akteuren in der Supply Chain
➢ Operative Risiken aus der physischen Logistik – Verfügbarkeit und Qualität der Waren

---

[561] Gabath, C.: Risiko- und Krisenmanagement im Einkauf. Methoden zur aktiven Kostensenkung, Wiesbaden 2010, S. 31
[562] Jung, K.-P./Nowitzky, I.: Das besondere Risikopotenzial in der Logistik, in: Hector, B.(Hrsg.): Riskmanagement in der Logistik, Hamburg 2006, S. 61

➤ Risiken aus dem Funktionieren bzw. Nicht-Funktionieren des Ineinandergreifens von Lagerung, Umschlag und Transport
➤ Risiken aus der Informationslogistik, z.B. durch Bestellung einer falschen Ware oder durch falsche Eingabe einer Bestellung in der Auftragsabwicklung
➤ Risiken aus Katastrophen (Hurrikan, Terror, Tsunami...)

Oftmals sind ganz einfache transportlogistische Gründe die Ursache für die Unterbrechung oder den Abriss der Supply Chain:

➤ Mangel an Transportkapazitäten für die Containerschiffahrt
➤ Verlust eines Containers während des Überseetransports
➤ Stau auf deutschen Autobahnen
➤ Beschädigungen/Einflüsse während des Lager- und Umschlagsprozesses.

Der Produktionsplaner bekommt dann ein Problem, wenn er sein Konzept des rollenden Lagers zu einem Konzept des stehenden Lagers 50 km vor den Werktoren mutieren sieht.

Transport- und Lagerrisiken lassen sich in verschiedene Risikoarten systematisieren:

➤ Transport- und Lagermengenrisiko
➤ Transport- und Lagerqualitätsrisiko
➤ Transport- und Lagerkostenrisiko
➤ Transport- und Lagerwertrisiko
➤ Transport- und Lagerzeitrisiko
➤ Transport- und Lagerortrisiko.

Unternehmen müssen sich in wachsendem Maße mit Risiken in den Beständen an Roh-, Hilfs- und Betriebsstoffen, Zulieferteilen und Waren beschäftigen. Ein nicht zu unterschätzendes Signal der Bestandsrisiken wird den Unternehmen mit den Inventurdifferenzen gegeben. Bestandsrisiken nehmen sowohl durch externe Angriffe als auch durch interne Unregelmäßigkeiten zu, wie die zwei folgenden Beispiele zeigen.

Praxissituation 52: Ladendiebe klauen täglich sechs Millionen Euro
2006 verlor der deutsche Einzelhandel zwei Milliarden Euro durch Ladendiebstahl, pro Tag kamen Waren im Wert von sechs Millionen Euro abhanden – während der Handel rund eine Milliarde Euro aufwendete, um Ladendiebstähle zu verhindern.
In einer Studie des Kölner EHI Retail Institutes werden die „Inventurdifferenzen" des Einzelhandels auf knapp vier Milliarden beziffert. Die zwei Milliarden Euro, die über die Laden-diebstahlsumme hinaus anfallen, gehen...auf das Konto normalen Schwundes sowie Mitarbeiter- oder Lieferantendelikte.
(Quelle: Die Welt, 12. Juni 2007)

Praxissituation 53: Aufschwung der Metallpreise treibt bizarre Blüten
HB Frankfurt. Auf einem Schrottplatz im deutschen Alsbach-Hähnlein machen sich Kriminelle mit fünf Tonnen Kupferkabel vom Acker. Im rheinhessischen Alzey erwischt die Polizei einen Autofahrer mit 13 gusseisernen Gullydeckeln im Kofferraum. Kupfer, Aluminium, Zink und an-dere Industriemetalle sind plötzlich Ziele von Gaunern und Hehlern.
In Amerika schlachten Gauner Telefonhäuschen aus und klauen Laternenpfähle. Auf einem großen belgischen Bahnhof sind fast alle 800 Karren für den Gepäcktransport verschwunden.
(Quelle: Handelsblatt 08. Dezember 2005)

Maßnahmen zur Risikobewältigung in den Lieferketten können zum Beispiel sein:[563]

➢ Auswahl der Transportwege und Lagerorte unter dem Gesichtspunkt maximaler Transport- und Lagersicherheit.
➢ Optimierte Auswahl der Transportmittel hinsichtlich der zu transportierenden Güter und der zu überwindenden geografischen Verhältnisse
➢ Eröffnung von Lieferantenparks für die werksnahe Ansiedlung wichtiger Lieferanten und die Integration von Logistikdienstleistern als Voraussetzung für eine optimale Lieferantenintegration mit minimalen Reaktionszeiten und niedrigen Transportkosten
➢ Auswahl geeigneter Verpackungsformen
➢ Überwälzung auf den Lieferanten durch entsprechende Lieferklauseln
➢ Abschluss von Warentransportversicherungen durch den Abnehmer zur Deckung des nicht durch den Lieferanten bzw. Logistikdienstleisters abgesicherten Risikoanteils.

2.4.2. Die „Verwundbarkeit" der Zulieferkette

In den vergangenen Jahren sind die Unsicherheiten mit der Zulieferkette permanent gestiegen. Gestiegene Kundenerwartungen, schärferer Wettbewerb, längere und komplexere Zulieferketten und größere Produktvielfalt, Angebotsschwankungen, Kapazitätsengpässe und Qualitätsprobleme bei Bauteilen – Manager müssen mit unvorhersehbaren Ereignissen fertig werden, die etwa auch Terroranschläge mit sich bringen.

Grundlage jeder Strategie ist eine detaillierte Verwundbarkeitsanalyse:[564] Was kann schief gehen? Wie wahrscheinlich ist das? Was sind die Folgen?

Das Wichtigste ist, dass Unternehmen ihre Reaktionsfähigkeit erhöhen – entweder durch eine mehrfache Absicherung oder durch mehr Flexibilität. Erstere erreichen Unternehmen durch Sicherheitsbestände, die Inanspruchnahme zusätzlicher Lieferanten und bewusst niedrige Kapazitätsauslastungen. Durch eine Flexibilisierung der Zulieferketten lässt sich jedoch beträchtlich mehr erreichen.

Die Frage muss nicht lauten, ob man bei einem einzigen Lieferanten oder bei mehreren kaufen soll. Die Beziehung zwischen Unternehmen und Lieferanten ist der Beschaffungsstrategie optimal anzupassen. Entscheidet sich ein Unternehmen zur Zusammenarbeit mit nur einem Lieferanten, muss es zu diesem eine intensive, meist langjährig aufgebaute Beziehung eingehen.

Praxissituation 54: ...Was ein Brand in einem Zuliefererwerk auslöst...
Nachdem ein Brand bei Aisin Seiki, einem Zulieferer von Toyota, im Februar 1997 einen Produktionsstillstand verursacht hatte, ersetzte das Unternehmen die verlorenen Kapazitäten mit Hilfe seines Keiretsu – einer für Japan typischen branchenübergreifenden Unternehmenskollaboration – und konnte innerhalb von neun Tagen die Produktion wieder aufnehmen. Nach einer eingehenden Analyse entschloss sich das Unternehmen, auch in Zukunft auf einen Lieferanten zu setzen, weil es die Kosten einer Beauftragung mehrerer Lieferanten für das fragliche Teil als zu hoch erachtete.
(WirtschaftsWoche 12/2006 vom 20.3.2006, S. 124)

---

[563] Gabath, C.: Risiko- und Krisenmanagement im Einkauf. Methoden zur aktiven Kostensenkung, Wiesbaden 2010, S. 68ff.
[564] Sheffi, Y./Rice, J.R.: Sensible Kontrolle, Wirtschaftswoche Nr. 12/2006 vom 20.03.2006, S. 124

2.5. Risiken im Produktmanagement

2.5.1. Risiken in der Produktentwicklung - Innovationsrisiken

Ergebnisse von Prozessen der Produktentwicklung können mit radikalen Innovationen verbunden sein, die ein großes Erfolgspotenzial besitzen. Doch gibt es dabei auch neue Regeln und Gesetzmäßigkeiten, die bei Verletzung zu empfindlichen Risiken führen können? Einige ausgewählte Risikofaktoren sind oftmals in der Praxis versteckt und bleiben oft unerkannt:[565]

➢ **Autonomie** – Unternehmen gliedern radikale Innovationen oft in eigene Einheiten aus. Das führt aber nicht zu mehr Erfolg, weil es auch viele Nachteile gibt. Es entstehen neue Schnittstellen, die Kommunikation wird schwieriger, es gibt Abteilungsegoismen, die ausgegliederte Einheit kann schwieriger auf Ressourcen zugreifen, wird sichtbarer und steht unter höherem Erwartungsdruck.
Anders sieht es aus, wenn unter Autonomie die Freiheit zur Selbstorganisation verstanden wird. Bei ungestörter Arbeit eines Teams über längere Zeit entsteht eine bessere Innovationskultur, gibt es größere Freiräume und Risikobereitschaft, werden neue Vorschläge offener aufgenommen.
➢ **Besetzung von Teams** – Die häufige Empfehlung für Entwicklungsprojekte, eine frühzeitige Zusammenstellung eines Teams aus vielen Mitgliedern unterschiedlicher Bereiche, führt nicht automatisch zu höchstem Erfolg. Für radikale Innovationen ist es besser, mit kleinen Expertengruppen zu beginnen und den Integrationsgrad schrittweise zu erhöhen.
➢ **Formalisierung von Prozessen** – Empirische Studien belegen, dass Entwicklungsprojekte mit einem strukturierten und standardisierten Prozess erfolgreicher sind. Ab einem bestimmten Innovationsgrad kann sich diese Tendenz allerdings umkehren.
➢ **Kundenorientierung** – Untersuchungen zeigen, dass eine hohe Kundenorientierung äußerst erfolgsfördernd ist. Entscheidend ist allerdings auch hier, latente und zukünftige Bedürfnisse potenzieller Kunden zu berücksichtigen.
➢ **Förderung von oben** – Auch wenn die Förderung von Entwicklungsprojekten durch das Top-Management Erfolgsfaktor ist, kann dies für hoch innovative Projekte nachteilig sein. Ein zu starkes Engagement kann dazu führen, dass Kontrollinstanzen bewusst umgangen werden.

Innovationsprozesse tragen in hohem Maße Risiko- und Ungewissheitscharakter. „Autokäufer haben immer individuellere und sich schneller ändernde Präferenzen, gleichzeitig wollen die Hersteller möglichst viele Nischen besetzen. Der Trend, immer mehr Baureihen mit kürzeren Lebenszyklen auf den Markt zu bringen, erhöht unter sonst gleichen Umständen die Planungsunsicherheit und damit die Ungenauigkeit der Absatzprognosen. Denn während bereits die gesamte Nachfrage nicht als sicher gelten kann, ist es noch schwieriger, das Interesse an jedem einzelnen Modell zuverlässig vorherzusagen."[566]

Produktinnovationen sind in vielen Unternehmen Chancen für ein nachhaltiges Wachstum durch permanente Sicherung bestehender und Schaffung neuer Wettbewerbsvorteile im Produktangebot. Innovationen tragen jedoch zahlreiche Risiken durch die Unsicherheit der Marktakzeptanz einerseits und die Unsicherheit ihres „(technischen und wirtschaftlichen) Funktionierens" andererseits. Unternehmen müssen hier gleichzeitig mit erheblichen Widerständen und Bedenken rechnen, wie sich das zum Beispiel bei der Nutzung der Gentechnik oder der Nanotechnik zeigt.

Risiken ergeben sich auch bei übertriebener sogenannter „Produkt- und Technikverliebtheit" in Verbindung mit einem übersteigerten (nicht marktkonformen) Perfektionismus und somit der Gefahr des Verlustes von Wettbewerbsfähigkeit. In Tab.60 werden die wesentlichen Risikofaktoren von Innovationsprozessen zusammengefasst.

---

[565] Gemünden, H.-G.: Andere Spielregeln, in: WirtschaftsWoche vom 06.08.2007, S. 73
[566] Merbecks, A./Stegemann, U./Frommeyer, J.: Intelligentes Risikomanagement, Frankfurt/Main – Wien 2004, S. 91

Risikofeld	Risikofaktor	Risikoausprägungen
Innovations-prozess	Zielgruppen- und Problemrisiko	➤ Unkritische Übernahme von Zielgruppenargumenten ➤ Zu kurzsichtige Problembetrachtung ➤ Außerachtlassen neuer Verfahren, Technologien oder Werkstoffe ➤ Unvollständige Information über bereits bestehende Lösungen im Anbietermarkt
	Unternehmungs-risiko	➤ Fehleinschätzungen des Potenzials der Unternehmerflexibilität, Finanz- und Sachmittel, Personalqualifikation ➤ Umsatzausfall bei Fehlentwicklung ➤ Fehlentwicklungen durch fehlende oder falsche, inkonsequente Strategie
	Marktrisiko	➤ Falsche Einschätzungen zu Marktgrößen ➤ Wirtschaftskrisen und Kursschwankungen ➤ Einschränkende Gesetzgebung ➤ Absatzrestriktionen
	Technologisches Risiko	➤ Neue Verfahren und Technologien ➤ Konkurrierende Schutzrechte ➤ Neue Wettbewerber ➤ Neue Produkte der Wettbewerber ➤ Unausgereifte Konzepte ➤ Innovationsverlust durch zu langen Entwicklungsprozess
	Entwicklungsrisiko	➤ Systemfehler im konstruktiven Konzept ➤ Fehlendes eigenes Know how ➤ Unzureichende Produktentwicklungsqualität ➤ Zeitverlust durch fehlende Systematik ➤ Konstruktive Mängel und fehlende Produktreife
	Kostenrisiko	➤ unterschätzte Kapazität ➤ falsch beurteilter Zeitaufwand ➤ zusätzliche externe Dienstleistungen ➤ Kostenüberschreitung durch Entwicklungsrisiko ➤ Allgemeine Kostenüberschreitungen
	Zeitrisiko	➤ ungenaue Schätzungen ➤ fehlende Planung und Zeitverzögerungen
	Finanzielles Risiko	➤ nicht gesicherte Kostenüberschreitungen ➤ Liquiditätsengpässe ➤ Gewinnreduzierung ➤ Erlösminderung durch Produktausfall ➤ Unterkapitalisierung
	Vertriebsrisiko	➤ Kein ausreichender Vertrieb ➤ Nicht qualifiziertes und Vertriebspersonal ➤ Nichtbeachtung neuer Vertriebsformen/-wege
	Kooperationsrisiko	➤ Kollision mit Programmen und Märkten ➤ Kollision mit Vertrieb und Entwicklungsvorhaben
	Wirtschaftlichkeits-risiko	➤ Zu hoher Entwicklungsaufwand ➤ kostengünstige Übersetzung der Produktidee ➤ Unrationelle Produktionsmethoden
	Personalrisiko	➤ Fehlende Qualifikationen und Spezialisten ➤ Höhere Anforderungen vom neuen Produkt
	Produzenten-haftungsrisiko	➤ Vom Entwicklungsrisiko ➤ Von der fehlenden Produktreife ➤ Vom unzureichenden Service
	Kalkulationsrisiko	➤ Verspätete Kalkulationsunterlagen ➤ Unzeitgemäße Kalkulationsmethoden
	Rest-Risiko	➤ Unvorhersehbare Prämissenänderungen ➤ Unzulängliche Risikoanalyse und –kontrolle

Tab. 60 Übersicht wesentlicher Risiken des Innovationsprozesses[567]

---

[567] Eigene Darstellung in Anlehnung an Weis, H.-C.: Marketing, 9. Auflage, Ludwigshafen 1995, S. 204

Ein signifikantes Risiko für Innovationsprozesse stellt die Entwicklungsreife und Akzeptanz des Marktes im Allgemeinen und der Kunden im Speziellen für Innovationen dar, wie das folgende Beispiel demonstriert.

Praxissituation 55:
„…Begeisterung deutscher Verbraucher für Nanotechnikprodukte droht zu kippen …"
„Die Deutschen finden Nanotechnik gut…Doch die Stimmung könnte umschlagen. Denn laut vzbv (Bundesverband der Verbraucherzentralen) äußerten 87 Prozent der Befragten im Verlauf des Interviews auch Ängste vor negativen gesundheitlichen Effekten durch Nanotechnik. ‚Die Einstellungen sind fragil und könnten schnell ins Negative kippen', sagt Studienleiterin Antje Grobe, die den Bereich Nanotechnologie der Stiftung Risiko-Dialog in St. Gallen leitet und an der Universität Stuttgart lehrt.
Vor allem über den Umweg Brüssel könnte sich die Stimmung auch in Deutschland eintrüben. Im Europäischen Parlament macht eine Gruppe von Nanoskeptikern mobil und Nichtregierungsorganisationen (NGO) wie Greenpeace sind auf EU-Ebene aktiv. …Wie heikel das Thema ist, zeigte sich in Brüssel kürzlich bei der Neufassung der Beschriftungsregeln für Kosmetik. Die deutsche Delegation wollte verhindern, dass Nanopartikel explizit genannt werden müssen. …Die Deutschen konnten sich jedoch nicht durchsetzen, und so müssen Nanoinhaltsstoffe künftig bei Kosmetik mit aufgelistet werden – allerdings auf der Rückseite der Verpackung…."
(Quelle: Wettach, S.: Diffuses Unbehagen, WirtschaftsWoche 11. Januar 2010, S. 73)

Risikomanagement von Innovationsprozessen muss sich auf den gesamten Markt- und Produktlebenszyklus beziehen, ferner den gesamten Produktkreislauf von der Idee über die Produktentwicklung bis zum Entsorgungsprozess verfolgen.

Unternehmen sind bei Innovationsprozessen zunehmend Patentrisiken oder anderen Schutzrechtsrisiken ausgesetzt. Einerseits geht es um eine erfolgreiche Anerkennung und Durchsetzung von Schutzrechten zu eigenen Produkten, andererseits um die Abwehr von gegen das eigene Unternehmen gerichteten rechtlichen Angriffen Dritter wegen „vorgetäuschter Verletzungen des Patentrechts". Beispiele gibt es hierzu zunehmend in der Pharmabranche, in der Generika-Hersteller auf verschiedene Weise Patentschutzrechte zu unterlaufen versuchen. Erfolgreiche Klagen Dritter könnten die Entwicklung oder Herstellung bestimmter Produkte behindern oder stoppen und – wie zum Beispiel die Erfahrungen der Bayer AG zeigen – zu Schadenersatz- oder Lizenzzahlungen an Dritte verpflichten.[568]

Innovationsrisiken liegen auch in den Entscheidungsprozessen zur Verfolgung bestimmter Trends der Produktentwicklung. Unternehmen verpassen es häufig, wichtige Konsumtrends aufzugreifen. Sie ignorieren Trends, die neue Märkte schaffen. Die Konzentration auf klar abgegrenzte Angebotskategorien hat häufig zur Folge, dass Innovationen nur auf Kundenbedürfnisse eingehen, die als relevant für die jeweilige Kategorie gelten. So lassen sie Chancen ungenutzt, die vermeintlich nicht relevante Trends bieten. Wenn ein Sportschuhhersteller nur untersucht, was den Verbrauchern bei Dämpfung, Langlebigkeit und Beschleunigung wichtig ist, wird er gar nicht erst auf die Idee kommen, dass Gewohnheiten im Umgang mit digitalen Produkten unter Umständen den Nährboden für neue Angebote bieten, die über die traditionelle Schuhkategorie hinausgehen.

Risikorelevant sind auch zahlreiche Schwachstellen der internen Prozesse bei der Produktentwicklung, z.B.:

➢ Fehlende Abstimmungen bei Entwicklungsprojekten insbesondere mit der Beschaffung und der Logistik
➢ Nichtoptimale Produkt- und Teilevielfalt
➢ Unzureichendes Entwicklungscontrolling
➢ Fehlerhafte Materialspezifikationen

---

[568] Romeike, F.: Bayer AG: Risikomanagement als Teil der Unternehmenssteuerung, www.risknet.de vom 04. Mai 2010, S. 3

> Unzureichender umweltverträglicher Werkstoffeinsatz
> Nicht transparente Durchführung, Verfolgung und Verwaltung der Entwicklungsaufträge
> Unvollständige oder fehlerhafte Dokumentation der Entwicklungsprozesse und –ergebnisse
> Nicht abgestimmte Prototyperprobung in der Produktion.

Auch die vom österreichischen Normungsinstitut veröffentlichten ON-Regeln „Risikomanagement für Organisationen und Systeme" listen eine exemplarische Gefahrenliste zum Produktentstehungsprozess auf:

Gefahrengebiet 1: Produktsystem	Gefahrengebiet 2: Vertrag und Finanzierung	Gefahrengebiet 3: Produktentwicklung	Gefahrengebiet 4: Beschaffung
1.1 Objektstruktur/ Baugruppen 1.2 Projektplanung, Projektstruktur, Projektablauf 1.3 Systemunterstützung und Methodik 1.4 Leistungsumfang 1.5 Gesetze. Standards. Regeln 1.6 Personelle Ressourcen	2.1 Spezifikationen 2.2 Liefertermine, Zahlungsbedingungen, Pönalen 2.3 Leistungs- und Funktionsgarantien 2.4 Versicherungen 2.5 Kalkulation 2.6 Währungs- und Zinsrisiken	3.1 Lastenheft 3.2 Entwicklungsprozess 3.3 Systempflichtenheft 3.4 Normen und Regelwerke / Konformitätsbewertung 3.5 Subsysteme / Technologische Anforderungen 3.6 Zuverlässigkeit / Verfügbarkeit 3.7 Gefährliche Eigenschaften / Produktsicherheit / Funktionalitäten 3.8 Eigene Patente / Verletzung fremder Patente	4.1 Lieferantenauswahl 4.2 Beschaffungsprozess 4.3 Beschaffungsanforderungen 4.4 Stabilität und Kontinuität der Lieferanten 4.5 Genehmigungen / Vertraulichkeiten 4.6 After Sales Service 4.7 Reklamationsmanagement
Gefahrengebiet 5: Produktion	**Gefahrengebiet 6: Lieferung**	**Gefahrengebiet 7: After Sales Service**	
5.1 Produktionsprozess 5.2 Produktionsplanung und –steuerung 5.3 Personal, Betriebsmittel, Standorte, Materialfluss 5.4 Technologietransfer 5.5 Arbeitssicherheit / Umweltschutz	6.1 Warendisposition und Systemunterstützung 6.2 Genehmigungen und Transporte 6.3 Abnahme / Übergabe / Fakturierung 6.4 Reklamationsabwicklung 6.5 Gesetzliche Anforderungen an den Warenverkehr	7.1 Ausbildung und Training 7.2 Handbücher, Instruktionen, Gebrauchsanweisungen 7.3 Garantieansprüche 7.4 Kundenbetreuung 7.5 Entsorgung	

Tab.61 Gefahrengebiete nach den ON-Normenwerken[569]

2.5.2. Risiken der Produktverwendung, Produktsicherheit und Produkthaftung

Technisch und rechtlich auf der sicheren Seite zu sein, wird immer wichtiger. Hersteller und Zulieferer stehen unter großem Druck, weil insbesondere durch immer kürzere Entwicklungszyklen auch die Qualitätsprobleme wachsen. Risikorelevant sind dabei besonders die Produktfunktionalitäten, die Produktsicherheit, die Gefährdungen durch bestimmte Produkteigenschaften, die Produktzuverlässigkeit und –verfügbarkeit.

---

[569] Vgl. ÖSTERREICHISCHES NORMUNGSINSTITUT: ONR 49002-1 – Risikomanagement für Organisationen und Systeme: Teil 1: Leitfaden für die Einbettung des Risikomanagements in das Managementsystem, Anwendung von ISO/DIN 31000 in der Praxis, Wien 2008, S. 13; zitiert in: Romeike, F./ Hager, P.: Erfolgsfaktor Risiko-Management 2.0, 2. Auflage, Wiesbaden 2009, S. 267ff.

Praxissituation 56: „Tchibo-Handtasche kann EC-Karte zerstören…
Handtaschen aus dem Sortiment von Tchibo können EC-Karten nach Angaben von Verbraucherschützern teils unbenutzbar machen. Bei einer von Tchibo derzeit angebotenen Umhängetasche mit eingebauter Innenraum-Beleuchtung habe der Magnet des Lichtschalters den Magnetstreifen der Geldkarte einer Kundin unlesbar gemacht…Dies sei jedoch kein spezielles Problem der beleuchteten Handtaschen von Tchibo alleine. Auch Taschen anderer Anbieter könnten etwa mit Magnetverschlüssen für Schäden an EC-Karten sorgen. Daneben seien für Geldkarten auch andere magnetische Artikel wie etwa Schlüsselanhänger gefährlich….“
(Quelle: o.V., Tchibo-Handtasche kann EC-Karte zerstören, Die Welt 06. Oktober 2009, S. 9)

Zulieferer trifft es bei Produktmängeln ebenso wie die Konzerne, weil einerseits bei weltweitem Absatz auch die weltweite Haftung folgt, und andererseits die Gewährleistungsansprüche vom Verbraucher über die gesamte Händlerkette bis zum Hersteller weitergereicht werden kann.[570] Zulieferer müssen bei vertraglichen Vereinbarungen darauf achten, dass die Konsequenzen aus Schadensfällen nicht allein zu ihren Lasten gehen. Durch einseitige Vertragsbedingungen gehen manche Unternehmen Millionenrisiken selbst bei Kleinteilen ein. Der beste Vertrag ist mit der jeweiligen Versicherung abzugleichen. Oft verpflichten sich Zulieferer zu etwas, wofür die Versicherung nicht zahlt. In Verträgen über Just-in-Time-Lieferung etwa ist die gesetzlich vorgeschriebene Eingangskontrolle beim Abnehmer oft auf ein Minimum reduziert und die Produktverantwortung auf den Lieferanten verlagert. Was dessen Ausgangskontrolle passiert, wird beim Hersteller eingebaut – und Fehler teuer. Die Haftpflicht deckt grundsätzlich nur die gesetzlichen Standardrisiken. Wer per Vertrag mehr übernimmt, muss i.d.R. zusätzliche Deckungen vereinbaren.[571]

Rückrufaktionen beinhalten besondere Risiken für die Lieferkette: „Erweist sich eine Charge von Zulieferteilen im Nachhinein als mangelhaft, zahlt die Versicherung nur für die betroffenen Fahrzeuge. In manchen Fällen rufen die Konzerne aber alle Pkw zurück, um ihren Kunden Sicherheit zu vermitteln. Wenn sich ein Zulieferer laut Vertrag an diesen Kosten beteiligen muss, wird es für ihn teuer. Eine Chargenverwaltung grenzt Rückrufaktionen ein. Sie verrät bei einem Produktfehler genau, wo mangelhafte Teile eingebaut wurden.“[572] Trotz aller Absicherung bedrohen auch unvorhersehbare Risiken jede Kunden-Lieferanten-Beziehung. Ein Blitzschlag legte kurzerhand die Software der Kiekert AG, einem Lieferanten für Türschlösser, lahm und verursachte tagelangen Bandstillstand in den Ford-Werken Köln. Wegen höherer Gewalt lehnte der Zulieferer jede Haftung ab, die Versicherung hielt sich zurück und über-nahm die Verzugsschäden nicht. Zulieferer und Abnehmer einigten sich.[573]

Versicherungsschutz im Liefergeschäft – auf diese Stolperfallen müssen Sie achten
➢ **Zeitlimit**
Deckung gibt es meist nur für eine bestimmte Zeit von der Auslieferung der Teile an, meist für drei Jahre. Der Produzent haftet hingegen noch nach Ablauf der Gewährleistungsfrist. Schutzverlängerungen sind möglich, aber kostspielig.
➢ **US-Risiko**
Zulieferer müssen damit rechnen, dass ihre Teile auch ohne ihr Wissen in die USA gelangen. Dann haften sie nach US-Recht. Urteile von US-Gerichten sind im Prinzip auch in Deutschland vollstreckbar. Versicherungsschutz hierzu muss gesondert gezeichnet werden.
➢ **Neuvertrag**
Vor einem Versicherungswechsel oder Neuabschluss muss geklärt werden, ob die neue Police auch Deckung für Teile bietet, die vor Vertragsabschluss ausgeliefert wurden.
➢ **Garantien**
Eigenschaften oder Haltbarkeit zu garantieren, bislang Zusicherungen genannt, ist wegen verschärfter Haftungsfolgen gefährlich. Oft verlangen Abnehmer aber solche Garantien.
(Quelle: Münster, T.: Der Dominoeffekt, in: Markt & Mittelstand 02/2003, S. 36)

---

[570] Münster, T.: Der Dominoeffekt, in: Markt & Mittelstand 02/2003, S. 34
[571] Ebenda, S. 35
[572] Ebenda, S. 36
[573] Ebenda.

Die Maschinenrichtlinie 2006/42/EG verlangt umfassende Dokumentationen zur Risikobeurteilung von Maschinen wie auch von unvollständigen Maschinen. Neben der Untersuchung von Gefährdungen sind auch die Wahrscheinlichkeit des Eintritts eines Risikos und die zu erwartenden Schäden zu beurteilen. Die Risikobeurteilung muss für alle Lebensphasen des Produkts erstellt werden, vom Aufbau über Betrieb und Wartung bis zur Entsorgung. Das Unternehmen bestätigt auf der Basis dieser intern erstellten Dokumentation durch „Konformitätserklärung" und CE-Zeichen die Einhaltung aller EU-Regeln, bei Teilmaschinen bestätigt die „Einbauerklärung" die Befolgung aller einschlägigen Bestimmungen.[574]

Bei der Risikobeurteilung sind vorhersehbare Fehlanwendungen zu berücksichtigen. Beispiel: Sicherheitsfunktionen wie der automatische Stopp von Kränen bei Überlastung können bei der Arbeit stören. Lassen sie sich leicht überbrücken, ist Missbrauch vorhersehbar – ein Haftungsrisiko für den Hersteller. Es gelten drei Sicherheitsstufen. Die erste soll Gefahren völlig ausschließen. Ist das nicht möglich, werden Sicherheitseinrichtungen wie Abdeckungen oder Lichtschranken eingesetzt. Genügt das nicht, kommen Warnhinweise zum Einsatz. Wer voreilig auf die nächste Stufe geht und etwa eine Warnung, statt einer teuren Schutzeinrichtung anbringt, riskiert Haftung.[575] Das Kernproblem besteht darin, dass Unternehmen sich selbst überwachen und Probleme deshalb viel zu spät auffallen: bei einem Unfall, einer Behördenuntersuchung oder einer Konkurrenzanzeige.

„Die Auswertung der 2007 beim europäischen Marktüberwachungssystem ICSMS gemeldeten Fälle bestätigen diesen Befund: Demnach traten bei 20 Prozent so ernsthafte Risiken auf, dass ein Verkaufsstopp drohte, bei 40 Prozent existierten mittlere Risiken, die Nachrüstung erforderlich machten. Nur zehn Prozent blieben ohne Beanstandung. Eine der Ursachen dafür sieht Dirk von Locquenghien in der Ingenieurausbildung: ‚Sicherheit ist kein zentrales Thema.' Vielfach würden Sicherheitsaspekte daher von den Ingenieuren erst viel zu spät in der Konstruktionsplanung berücksichtigt. In der Praxis werde immer noch viel zu häufig erst mal gebaut, dann erst folge die Risikobewertung. Da verschwinden zwangsläufig viele Risiken unter anderen Bauteilen oder der Verkleidung. Aber die meisten Unfälle passieren, wenn dieser Schutz wegfällt, bei Wartung, Reparatur und Störfällen…"[576]

Nach dem Produkthaftungsgesetz kann es Schadenersatzforderungen wegen fehlerhafter Maschinen, Geräte etc. geben. Dabei muss dem Hersteller oder Händler keine Schuld an dem Fehler nachgewiesen werden, der den Schaden verursacht hat. Es reicht, dass in seinem Bereich der Fehler „eingebaut" wurde. Selbst wenn er und seine Mitarbeiter noch so gewissenhaft bei der Arbeit waren, führt der durch technischen Fehler ausgelöste Schaden automatisch zur Produkthaftung i. S. einer Gefährdungshaftung.

Regress kann gegen den Hersteller geltend gemacht werden. Lässt sich dieser im Einzelfall nicht feststellen oder existiert dieser nicht mehr, haftet der Lieferant, also z.B. der Händler. Wer also im Handwerk mangelhafte Produkte verkauft, die Schäden anrichten, muss mit dem Regress gegen sich selbst rechnen. Der Schadenersatzanspruch verjährt drei Jahre, nachdem der Schaden erkennbar eingetreten ist.

Eine besondere Aufmerksamkeit muss den Haftungsrisiken aus dem Import von Waren, und hier insbesondere aus den asiatischen Ländern, gewidmet werden. Die Hoffnung, bei einem Produktfehler zahle der Hersteller in Fernost, ist sehr gering. In China werden bei Verstößen gegen die Produktsicherheit häufig keine Gerichtsverfahren eröffnet, sondern die Firmen von der Polizei umgehend dicht gemacht. Schadenersatzforderungen lassen sich in diesen Fällen kaum durchsetzen.[577]

Gerade Produktrisiken von Importprodukten aus China sollten mit hoher Aufmerksamkeit verfolgt werden. Zwar geht die chinesische Regierung inzwischen zunehmend offensiver und konsequen-

---

[574] Münster, T.: Operation Sicherheit , Markt & Mittelstand 10/2008, S. 48f.
[575] Ebenda, S. 49
[576] Ebenda, S. 50
[577] Münster, T.: Was tun bei Schlampelei, in: impulse 12/2007, S. 78

ter gegen Verfehlungen im Rahmen der Produktsicherheit vor, doch werden unter dem Druck falsch verstandener Qualitätsauffassungen und eines sehr harten Kostendrucks unter den chinesischen Wettbewerbern viele „Sicherheitslecks" noch auf absehbare Zeit bestehen.

Praxissituation 57: Vergiftete Produkte…

„ Zähneputzen ist gesund. Allerdings nicht, wenn es sich um gefälschte Zahnpasta aus China handelt. Im Juli(2007) zogen die Behörden in Spanien etwa 700.000 Tuben aus dem Verkehr, weil sie das Frostschutzmittel Diethylenglykol enthielten, das Leber und Nieren schädigen kann. Etwa zur gleichen Zeit tauchte auch in Italien kontaminierte Zahncreme auf…

Dass mit verseuchten oder unsachgemäß hergestellten Lebensmitteln nicht zu spaßen ist, zeigte sich letztes Jahr in Panama, wo falsch etikettierter Hustensaft aus China den Tod von über 100 Menschen verursacht haben soll. Für Schlagzeilen sorgten außerdem vergifteter Fisch und Orangensaft, verseuchtes Tierfutter und Reifen mit Sicherheitsmängeln…Und Anfang August musste der US-Hersteller Mattel rund 1,5 Mio. in China produzierte Spielwaren wegen bleihaltiger Farbe zurückrufen.(…)"
(Quelle: o.V., Die neue chinesische Gefahr,WISU 8-9/2007, S. 995)

Erfahrungen der in China tätigen deutschen Unternehmen zeigen, dass Qualitätsstandards individuell und unmissverständlich beschrieben und vereinbart werden müssen. Unternehmen können sich vor versteckten Fallen durch umfassende Strategien absichern:[578]

> **Grenzwerte**
> Bei Gift in Produkten ist der Vertrieb zu stoppen. Für chinesische Lieferanten sind EU-Grenzwerte nur dann verbindlich, wenn Vertragsklauseln das eindeutig bestimmen.

> **Produktmangel**
> Was in Europa ein Mangel ist, kann in China noch Standardqualität sein. Unterschiede sind vor allem bei Normen üblich, z.B. bei der Stärke der Isolierung von Elektrokabeln. Auch DIN ist nicht verbindlich.

> **Schadenersatz**
> Wer Produkte in die EU importiert oder unter seiner Marke vertreibt, haftet wie ein Hersteller für Personen- oder Sachschäden, weil das Produkt nicht dem Stand der Technik entspricht. Die EU-Haftungsregeln gelten jedoch nicht für China.

> **Rückrufe und Produktwarnungen**
> Jedes Unternehmen muss seine Abnehmer vor bekannten Risiken schützen, notfalls durch Rückruf- oder Warnaktionen. In China besteht nur dann eine Chance auf Erstattung von Rückrufkosten, wenn die Voraussetzungen dafür im Vertrag präzise genannt sind.

> **Strafbarkeit**
> Wer mit gefährlichen Importen handelt, riskiert bei Unfällen Strafverfolgung wegen Körperverletzung oder fahrlässiger Tötung. Davor geschützt ist nur, wer nachweisbar alles für die Sicherheit Notwendige getan hat. Dem Importeur, der die Waren zu prüfen hat, helfen nur systematisch durchgeführte und dokumentierte Kontrollen, da er sein Risiko nicht auf die Lieferanten abwälzen kann.

Das seit 01. Juni 2007 geltende europäische Chemikalienrecht im Sinne der VO zur Registrierung, Bewertung, Zulassung und Beschränkung chemischer Stoffe („Reach"-Verordnung) verlangt eine höhere Verantwortung der Hersteller, Händler und Importeure entlang der gesamten Lieferkette. Hersteller und Importeure von Produkten müssen nachweisen, dass von diesen Produkten keine Gefahren für Mensch und Umwelt ausgehen. Das EU-Chemikalienrecht Reach ist ein Stoffrecht. Die Aufgaben und Pflichten der Unternehmen gelten für Stoffe, die als solche oder in Gemischen oder Erzeugnissen hergestellt, importiert oder gehandelt werden. Viele Produkte sind komplex – Beispiel: Ein Kugelschreiber ist ein Erzeugnis (Stift), das ein Gemisch (Tinte) enthält. Die Inhaltsstoffe der Tinte müssen registriert sein, beim Stift besonders besorgniserregende Stoffe deklariert werden.

---

[578] Ebenda.

Risiken können dabei einerseits aus Falschinformationen innerhalb des Informationsaustausches in der Lieferkette und andererseits aus fehlender oder falscher Registrierung sowie sogar aus dem Versagen der Zulassung bestimmter Stoffe entstehen. Ferner muss der Regulierungsprozess der EU-Kommission beobachtet und verfolgt werden. So könnten sich in den nächsten Jahren weitere Verbote für Stoffe oder Stoffgemische mit einem gewissen Gefährdungsgrad, wie zum Beispiel der Weichmacher DEHP (bekannt als Phthalat) ergeben, die zu Kostenrisiken für die zu produzierenden Produkte führen oder zu einer konsequenten Veränderung der Stoffstruktur der Erzeugnisse zwingen. Auch die Beantragung der Zulassung solcher Stoffe kann kostenintensiv, zeitaufwändig und unsicher werden.[579]

Praxissituation 58: „…Stechender Geruch, korrodierende Wasser- und Stromleitungen –
Tausende Hausbauer im Süden der USA klagen über Schäden durch gasende Trockenbauwände, die beim Wiederaufbau nach den Stürmen Katrina und Wilma im Jahr 2005 eingesetzt wurden. Für die chinesischen Lieferanten der Platten, zu denen auch eine Tochter des deutschen Baustoffkonzerns Knauf gehört, spitzt sich die Lage nun zu. Denn die US-Verbraucherschutzbehörde CPSP hat in einem Gutachten erstmals den Rat erteilt, die gasenden Gipsplatten ebenso wie die angegriffenen Versorgungsleitungen herauszureißen…Für die Knauf-Tochter Plasterboard Tianjin (KPT) kann die CPSP-Empfehlung teuer werden. Der Renovierungsaufwand liegt im Schnitt bei 180.000 Dollar pro Haus…Die Platten sind schätzungsweise in 60.000 bis 100.000 Häusern verbaut. Etwa 20 Prozent stammen von der Knauf-Tochter…."
(Quelle: Schnitzler, L.: Teure Stinker, WirtschaftsWoche 12. April 2010, S. 9)

2.5.3 Risiken aus Produktrückrufen

Medienberichte haben in der Vergangenheit immer wieder gezeigt, dass kein Unternehmen grundsätzlich vor Rückrufen gefeit ist. Beispielsweise musste der deutsche Importeur des italienischen Mineralwassers Aqua Laura seine Ware wegen angeblicher Keime zurückholen, die Drogeriemarktkette „Ihr Platz" vermeintlich gefährlich heiße Teelichter zurückrufen, und IBM kam im August 2003 unter Druck, nachdem eine Fachzeitschrift über qualmende Monitore berichtet hatte.[580] Die Kette der Beispiele lässt sich fortsetzen.

Unternehmen können sich durch einen Notfallplan bei erforderlichen Rückrufaktionen absichern. Im ersten Schritt müssen die Stakeholder erfasst werden, wie z.B. Behörden, Banken, Investoren, Lieferanten, Presse, LEH. In einem zweiten Schritt sind deren Interessen zu dokumentieren. Auf dieser Basis sind Risiken zu identifizieren, zu bewerten und Lösungsansätze zu ermitteln.

Das Geräte- und Produktsicherheitsgesetz verlangt den Aufbau eines Krisenmanagements für die notwendigen Rückrufaktionen. Die meisten Schadensfälle im Zusammenhang mit mangelhaften Produkten lassen sich über die Produkthaftpflicht-, Rückrufkosten – und Lösegeldpolicen versichern. Desto mehr wundert es, dass gerade hier kleine und mittlere Unternehmen dieser existenziellen Vorsorge mit zu geringen Versicherungssummen entgegnen. In der existenziellen Gefahr befinden sich alle Unternehmen, die Waren produzieren, von außerhalb der EU einführen oder unter eigenem Namen verkaufen.[581] Selbst Händler können als Quasi-Hersteller für Personenschäden durch mangelhafte Produkte bis zu 85 Millionen Euro haften, für Sachschäden unbegrenzt – und zwar ohne Verschuldensnachweis. Bei Schuldnachweis gibt es auch bei Personenschäden keine Begrenzung.

---

[579] Dettke, J.: Bei Versäumnissen drohen hohe Strafen, Z. NONFOOD trends 2/2009, S. 54f.

[580] Schmidt-Kasparek, U: Mit einem Bein im Gefängnis, Z. impulse 02/2004, S. 86

[581] Ebenda, S. 85

Praxissituation 59: Reklamationen wegen Blockaden an Nottüren

Das Unternehmen Winkhaus Türtechnik, Spezialist für Schließsysteme aus Münster, erhielt Reklamationen wegen Blockaden von Nottüren durch Schließzylinder. Doch Winkhaus fand trotz sorgfältiger Suche keinen Fehler. Die Teile waren in Ordnung. Wie lt. Aussagen des Unternehmens Tests zeigten, gab es erst Probleme, als ihre Zylinder mit Komponenten anderer Hersteller in Fluchttüren kombiniert wurden. Für sich genommen waren auch die anderen Teile einwandfrei. Eine Blockade war dennoch bei bestimmten Produktkombinationen möglich, wenn der Schlüssel beim Abschließen nicht bis zum Anschlag gedreht wurde.

Blockierende Fluchttüren – ein Albtraum für Winkhaus. Wäre etwa in einer Diskothek ein Feuer ausgebrochen und hätten sich die Gäste nicht schnell genug in Sicherheit bringen können, hätte auch Winkhaus ein Haftungsrisiko gehabt. Winkhaus alarmierte Öffentlichkeit und Kunden, richtete Hotlines ein und stellte Warninfos ins Internet.

(Quelle: Münster, T.: Kommando zurück, in: WirtschaftsWoche vom 11.09.2006, S. 130)

Praxissituation 60: „Pannenserie reißt nicht ab ..."

„Nach dem Debakel mit defekten Gaspedalen steuert der japanische Autokonzern Toyota ausgerechnet bei seinem Vorzeigemodell Prius auf eine zweite Rückrufwelle zu. Offenbar wird der weltgrößte Autohersteller nun auch seinen bislang erfolgreichen Hybrid-Wagen Prius wegen Problemen mit den Bremssystemen in die Werkstätten zurückrufen…

Der lange Zeit erfolgsverwöhnte japanische Hersteller ruft bereits wegen der Gefahr klemmender Gaspedale Millionen Fahrzeuge zurück….Toyota muss allein in Deutschland rund 216.000 Fahrzeuge wegen klemmender Gaspedale zurückrufen…

Nach Einschätzung deutscher Autoexperten könnten auf Toyota deutlich mehr Kosten zukommen, als die von dem Unternehmen selbst veranschlagten 180 Mrd. Yen (1,5 Mrd. Euro)."

(Quelle: o.V., Toyota muss auch den Prius zurückrufen, Die Welt 08. Februar 2010, S. 11)

Praxissituation 61: „Brandwunden vom Akku bringen Apples Image in Gefahr…

Nie ohne meinen iPod, heißt es für viele Fahrradfahrer und Jogger. Dumm nur, wenn der Musikplayer einem ein Loch in die Brust brennt. Das widerfuhr Jamie Balderas aus Arlington im US-Bundesstaat Washington. Ihr iPod Shuffle überhitzte, während sie eine Runde um den Block lief. Eine centgroße, kreisrunde Wunde markierte die Stelle, an der ihr iPod auf ihrem T-Shirt hing….

Inzwischen gibt es mehrere Vorfälle mit iPods, die explodierten oder so heiß wurden, dass sie zur Gefahr für ihren Träger wurden…Ob Apple für diese Vorfälle verantwortlich gemacht werden kann, ist unklar. Bereits 2006 rief das Unternehmen Tausende Notebooks zurück, deren Akkus Gefahr liefen zu überhitzen und sich zu entzünden. Damals war jedoch der Akku-Hersteller Sony Schuld. Wer die Batterien in den iPods herstellt, will Apple allerdings nicht nennen…

Das Problem ist bekannt…"

(Quelle: Osterloh, M.: Wenn der iPod explodiert, Die Welt 05. August 2009, S. 12)

Praxissituation 62:
Return to Sender – Spektakuläre Rückrufkampagnen und ihre Folgen für das Image

Explodierende Flaschen

Die zur Radeberger-Gruppe gehörende Brauerei Schultheiss in Berlin bemerkte zu spät einen Defekt in der Abfüllanlage. Der Inhalt – Berliner Weiße mit Waldmeistergeschmack – konnte nachgären und die 0,33-Liter-Glasflaschen explodieren lassen. Im August 2005 rief die Brauerei 50 000 Flaschen zurück. Die Kosten lagen im „niedrigen sechsstelligen Bereich", errechnete Schultheiss. Verletzt worden war niemand.

Schmutzige Hüftgelenke

Verunreinigte Knie- und Hüftgelenke brachten das Schweizer Medizintechnik-Unternehmen Sulzer Medica vor fünf Jahren an den Rand der Pleite. Über 4000 Patienten, die die mangelhaften Produkte schon im Körper hatten, mussten sich ein zweites Mal operieren lassen. Sulzer wurde in Centerpulse umbenannt und vom US-Konzern Zimmer übernommen. 1,05 Milliarden Dollar zahlte Centerpulse bisher als Schaden-ersatz.

Geplatzte Reifen

Die Fahrer der Ford Explorer hatten keine Chance: Das Profil löste sich bei hoher Geschwindigkeit von den Reifen, die Autos überschlugen sich. 203 Menschen starben bei solchen Unfällen, über 700 wurden verletzt. Dann erst rief die Ford Company 13 Millionen Firestone-Reifen des Typs Wilderness AT, mit dem die Explorer ausgerüstet worden waren, zurück. Die Rückrufaktion 2001 kostete zwei Milliarden Dollar und vergrößerte den Jahresverlust auf 5,5 Milliarden Dollar. Die japanische Firestone-Muttergesellschaft Bridgestone erklärte sich Ende 2005 bereit, Ford 240 Millionen Dollar zu erstatten.

Gefährlicher Schlankmacher

5,8 Millionen Amerikaner schluckten in den Neunziger Jahren die Schlankheitspille FenPhen des US-Pharmakonzerns Wyeth, der damals noch American Home Products hieß. Dann kam heraus: Das Mittel war zwar gut für die Figur, aber schlecht fürs Herz. Wyeth nahm es 1997 vom Markt. 63 000 Klagen gingen ein, von denen noch 3000 laufen. 21 Milliarden Dollar stellte Wyeth für Schadenersatzzahlungen zurück und zahlte davon bisher 15,5 Milliarden Dollar aus. Bis 2008 will Wyeth den wohl größten Produkthaftungsfall der Wirtschaftsgeschichte abgearbeitet haben.

Misere mit Babymilch

Spuren der Chemikalie ITX waren im Herbst 2005 in Getränkekartons mit Nestlè-Babymilch gefunden worden. Der Verpackungshersteller Tetra Pak versprach, das Produktionsverfahren zu ändern. Die Rest-mengen wollte Nestlé noch verkaufen, denn gefährlich, darauf besteht der Konzern, sei ITX nicht. Nun beschlagnahmten italienische Polizisten mit Maschinenpistolen und Schutzwesten die Ware. Als „Sturm im Wasserglas" tat Nestlé-Chef Peter Brabeck-Letmathe das ab, gab aber nach. Zwei Millionen Liter Babymilch nahm er in Italien, Spanien und Frankreich zurück.
(Quelle: Schumacher, H.: Return to Sender, in: WirtschaftsWoche vom 11.09.2006, S. 132

Praxissituation 63: ...gefundenes Fressen für die Internetgemeinde

Zusammen sechs Millionen Laptops mussten die Computerhersteller Dell und Apple zurückrufen. Ein Kurzschluss kann die Akkus so überhitzen, dass die Rechner in Flammen aufgehen, sogar explodieren. Auf der Internetseite youtube.com kalauert ein Feierabend-Kabarettist im selbst gedrehten Warnvideo: Vorsicht beim Herunterladen des Doors-Klassikers „Light my fire"!

Die Dell-Leute finden das gar nicht witzig. Sie suchen den Schuldigen für das Debakel – und glauben, ihn mit Sony gefunden zu haben. Der japanische Elektronikriese hatte die brandgefähr-lichen Batterien geliefert und soll für den vermutlich 200 Millionen teuren Schlamassel gerade-stehen....Sony setzt alles daran, irgendwie aus der Nummer herauszukommen. Die Kosten wür-den etwa ein Viertel des erwarteten Jahresgewinns verschlingen.

Ein Mix aus steigendem Kostendruck, kürzeren Produktzyklen, aufwendigeren Produkten und kritischeren Kunden lässt die Zahl der Rückrufe und Produktwarnungen steigen. Der jüngste Fall: DaimlerChrysler ruft gerade rund 145.000 Autos vom Typ Dodge Ram 1500 wegen Prob-lemen mit Airbags und Sicherheitsgurten zurück. Insgesamt protokollierte die EU-Kommission im vergangenen Jahr europaweit 701 Warnungen vor gesundheitsgefährdenden technischen Prob-lemen, im Jahr davor waren es noch 388.

Es ist zunächst den Herstellern überlassen, ob und wann sie Produkte zurückrufen oder vor dem Gebrauch warnen. Eine Frage aber steht über allem: Steht die Gesundheit des Verbrau-chers auf dem Spiel? Wenn ja, muss das Unternehmen sofort handeln.

Macht es das nicht, können Manager seit der "Lederspray-Entscheidung" des Bundesgerichtshofes (BGH) auch strafrechtlich belangt werden. Ein Schuhpflegemittel der Marke Erdal hatte giftige Dämpfe erzeugt und bei Kunden Lungenödeme verursacht. Die Geschäftsführung nahm das Spray trotz der Kundenbeschwerden nicht vom Markt. Der BGH sah darin eine gefährliche Körperverletzung und folgte einem Urteil eines Landgerichts, das dem Management Bewährungsstrafen aufgebrummt hatte.

Was viele Hersteller unterschätzen: Die sogenannte Verkehrssicherungspflicht verlangt, dass Unternehmen stets alle Gefahren im Auge behalten, die von ihren Produkten für Kunden und andere ausgehen. Diese Pflicht besteht selbst dann, wenn die Garantie längst abgelaufen ist. Das Gesetz lädt den Unternehmen auch die Verantwortung auf, was andere mit ihren Produkten machen...

Den Druck auf die Hersteller hat der Gesetzgeber vor zwei Jahren noch mal erhöht. Das Gerä-te- und Produktsicherheitsgesetz (GPSG) stärkt die Position der Behörden. Die Unternehmen müssen bei sicherheitsrelevanten Problemen den Behörden berichten, welche Maßnahmen sie getroffen haben. Die Ämter rufen auch eigenmächtig Produkte zurück, wenn Gefahr für Leib und Leben besteht.

Ausflüchte gibt es nicht. Wer etwa behauptet, von Fehlern nichts gewusst zu haben, muss unter Umständen dennoch haften. Unternehmen haben die Pflicht, ihre Erzeugnisse ständig, also auch nach der Auslieferung zu beobachten. Dazu gehören nicht nur stichprobenartige Tests. Hersteller müssen auch Fachzeitschriften, Internetforen oder Online-Tagebücher durch-forsten und Reklamationen analysieren.

Unternehmen benötigen einen Rückrufplan, den sie regelmäßig überarbeiten und an veränder-te Bedingungen anpassen. Häufig vergeben Unternehmen die Chance, die Krisenkommunikati-on zu steuern...Autobauer Audi kritisierte sogar das Wertvollste, was ein Unternehmen hat: die Kunden. Die beschwerten sich nach der Markteinführung des Sportmodells Audi TT im Herbst 1998, der Flitzer komme bei Kurvenfahrten leicht ins Schlingern. Audi stritt jeden technischen Mangel ab – das Problem liege darin, so die offizielle Stellungnahme damals, „dass der TT in Hände kommt, die vorher noch keinen Sportwagen bewegt haben". Als sich Unfälle – zum Teil mit tödlichem Ausgang – häuften, schlingerte Audi in die wohl größte PR-Krise seit Bestehen der Marke. Nach quälend langem Hin und Her entscheid sich Audi zerknirscht, jeden TT kostenlos mit dem Anti-Schleuder-Programm ESP nachzurüsten.

(Quelle: Münster, T.: Kommando zurück, in: WirtschaftsWoche 11.09.2006, S. 129)

2.6 Risiken der betrieblichen Infrastruktur

Die Risikoschwerpunkte der infrastrukturell induzierten „Sicherheit" lassen sich in allgemeine und objektbezogene infrastrukturelle Risiken unterscheiden. Zu den *allgemeinen* infrastrukturellen Risiken gehören zum Beispiel alle Elementarfaktoren wie Sturm, Regen und Flut, Schnee und Frost, Blitzschlag, Hagel, Erdbeben und Erdrutsch. Die *objektbezogenen* infrastrukturellen Risiken können nach verschiedenen (Objekt-) Bereichen eingeteilt werden:

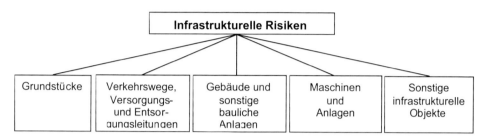

Abb. 55   Allgemeine infrastrukturelle Risiken

Objekt/ Gegenstand \ Einflussart	Grundstücke	Verkehrswege, Versorgungs- und Entsorgungs- leitungen	Gebäude und sonstige bauliche Anlagen	Maschinen und Anlagen, sonstige infrastrukturelle Objekte
Externe Einflüsse	➢Lage ➢Elementarfaktoren ➢Einflüsse benachbarter Grundstücke/ Flächen	➢Zufahrtswege und -kanäle ➢Elektrizität ➢Gas ➢Wasser/Abwasser ➢Fernwärme ➢Telekommunikation	➢Lage ➢Brand-/ Explosionsgefahren ➢Einbruch-/ Diebstahlsicherung ➢Sabotage ➢Vandalismus ➢Erpressung	➢Manipulation durch unbefugte Personen ➢Technischer Defekt ➢Versorgungsausfall ➢Angriff auf betriebliche Netze
Interne Einflüsse	➢Eingrenzung und Sicherung der betrieblichen Flächen ➢Grundstückskontaminationen ➢Altlasten ➢Grundstücksbeleuchtung	➢Heizung ➢Klima ➢I-und K-Leitungen	➢Konstruktion ➢Gebäudeverschleiß / -versagen ➢Brandschutz ➢Freisetzung von Gefahrstoffen ➢Werkschutz ➢Zutrittskontrolle ➢Haustechnik ➢Flucht- und Rettungswege / Nottüren	➢Technischer Defekt ➢Wartung/ Instandhaltung ➢Gefahren bewegter Anlagen (z.B. Stetigförderer) ➢Arbeitsmittel- und Arbeitsplatzgestaltung

Tab. 62 Beispiele spezieller infrastruktureller Risiken

Zur Sicherheit im Umgang mit Betriebsmitteln, Anlagen und Geräten sind insbesondere das Geräte- und Produktsicherheitsgesetz (GPSG), das Arbeitsschutzgesetz (ArbSchG) und die Betriebssicherheitsverordnung (BetrSichV) von Bedeutung. Diese Rechtsvorschriften stellen die „Rahmen"-Sicherheitsnormen für die Risikobeurteilung dar und verlangen von den Unternehmen eine systematische Gefährdungsanalyse und –beurteilung. Eine besondere Herausforderung liegt in diesem

Bereich in der präzisen Identifikation und Bewertung potenzieller Risiken. Die hohe Komplexität der betrieblichen Infrastruktur und der darin ablaufenden Prozesse führt zu Risiken, die oft nicht erkannt und folglich dann auch nicht verfolgt werden. Nicht erkannte oder in Kauf genommene Risikofaktoren der Infrastruktur können oftmals weitreiche Auswirkungen zeigen.

Praxissituation 64:
„Bis die Züge wieder normal fahren, werden noch Wochen vergehen..."
„Denn die S-Bahn verkehrt zur Zeit auf der Stadtbahn (Berlin) nicht. Die Räder der Züge müssen überprüft werden. Hunderte Waggons wurden deshalb aus dem Verkehr gezogen...Das Versagen des derzeitigen Betreibers, der Deutschen Bahn, wirft die Frage nach der Zukunft von Berlins Schnellbahnsystem auf...

Die S-Bahn habe gegen Sicherheitsauflagen verstoßen und könne derzeit nicht einmal ein Drittel der vereinbarten Leistung erbringen..." Hintergrund war die Sperrung zahlreicher Waggons durch die technische Aufsicht aus Sicherheitsmängeln."
(Quelle: Fülling, T.: Geschlossene Gesellschaft, WELT am SONNTAG 26. Juli 2009, S. B1)
„Eisenbahnbundesamt legt Züge still...
Der Konzernvorstand habe nichts vom Treiben der S-Bahn-Chefs bei den Prüffristen gewusst....aber der Druck des Bahnkonzerns auf seine Tochter S-Bahn Berlin, gute Ergebnisse zu bringen, war enorm – daher sparten die S-Bahn-Manager an allen Ecken und Enden...Aus dem nichtöffentlichen ‚Qualify & Qualify Plus-Portfolio' der Bahn vom August 2005, das der Welt vorliegt, geht hervor, dass Kürzungen bei der S-Bahn wichtiger Bestandteil der Konzernstrategie für den Börsengang waren. Die Verringerung der Wartungsintervalle gehörte zu den zentralen Maßnahmen...."
(Quelle: Doll, N.: Chaos bei Berliner S-Bahn belastet Deutsche Bahn, Die Welt 10. Juli 2009, S. 13)

Trotz umfangreicher Präventionen und zahlreicher Risikovorsorgemaßnahmen bleiben dennoch nicht kalkulierte Situationen, wie die folgenden Praxisbeispiele zeigen.

Praxissituation 65: ...Arbeitsunfall mit Todesfolge...
„In einem größeren Technologiekonzern in der Schweiz – mit etwa 1.000 Mitarbeitern – wurde ein Mitarbeiter in einem 100 Grad Celsius heißen Galvanikbad aufgefunden. Die Chemikalien im Bad zersetzen metallische und organische Stoffe. Nach genauer Untersuchung des Unfallherganges stellt sich heraus, dass der gut qualifizierte und ausgebildete Mitarbeiter beim Aufkonzentrieren des Galvanikbades auf den Rand der Badeinrichtung gestiegen, ausgerutscht und ins Bad gefallen. Die Untersuchungen haben ergeben, dass dem Mitarbeiter höchstwahrscheinlich beim Aufbereiten des Bades ein Kanister in das Bad gefallen war, den er offenbar versuchte herauszufischen.

Die Alarmierungen laufen, Sicherheitsverantwortliche sind vor Ort, die Notorganisation beginnt zu funktionieren. Während dieses Ausnahmezustandes sind die verschiedenen involvierten Funktionäre in ihrer Gesamtheit nur bedingt in der Lage, sofort an alle möglichen Risiken zu denken, die sich ihnen bei der Abwicklung dieses Ereignisses in den Weg stellen.

Der beschriebene Vorfall hätte nicht passieren dürfen/müssen. Es gibt keinen Arbeitsprozess, welcher das Betreten des Bades notwendig macht. Das Betreten des Bades ist verboten und zudem nicht ohne weiteres möglich. Dementsprechend ist ein solches Szenario auch nicht als Risiko identifiziert und bewertet worden. Damit der chemische Bearbeitungsprozess sicher betrieben werden kann, erfolgen periodische Ausbildungen. Drei Wochen vor dem Ereignistag wurde dieses Team speziell in den sicherheitsrelevanten Bereichen geschult. Das Risikoverhalten des Mitarbeiters hat sich vermutlich unbewusst aus seiner Gewissenhaftigkeit, Stress und den persönlich hohen Qualitätsansprüchen an sich selbst und sein Umfeld ergeben."
(Quelle: Brunner, P./Würsch, E.: Krisenkommunikation: Gut gesagt ist halb überzeugt, in: www.risknet.de vom 25.03.2009, S. 1)

Praxissituation 66: Unterschätzte Risiken

Der Monteur hatte das Gefühl, mit seinem Arm in einen Schraubstock gespannt zu sein. Er schrie. Auf dem Hof der Bautechnik Chemnitz GmbH liefen die Mitarbeiter zu Hilfe. Gemeinsam mit einem Kollegen arbeitete Peter P. an einem Schneepflug, um dessen defekte Hydraulikanlage zu reparieren. Plötzlich drehte sich das Schiebeschild zur Seite und quetschte ihm den Arm ein...

(Quelle: Reidel, M.: Unterschätzte Risiken, Markt und Mittelstand, 4/2005, S. 28 ff.)

Die Betriebssicherheitsverordnung zwingt Unternehmer, sämtliche Prozesse auf ihren Arbeits- und Gesundheitsschutz hin zu überprüfen. Dies gilt sowohl für überwachungsbedürftige Anlagen als auch für Bereitstellung von Werkzeugen, Geräten und Maschinen. Arbeitgeber sind dabei verpflichtet, immer zu überprüfen, ob der nötige Sicherheits- und Gesundheitsschutz gewährleistet ist und insoweit die Gefährdung der Mitarbeiter zu beurteilen. Doch viele – insbesondere kleine – Unternehmen kommen dieser gesetzlichen Vorschrift nicht nach. Diese Fahrlässigkeit bleibt bei einem Unfall nicht ohne Folgen. Der Arbeitgeber haftet, falls er weder für Sicherheit bei der Arbeit gesorgt noch den Mitarbeiter über mögliche Risiken aufgeklärt hat....

In einem Fall[582] stürzte beispielsweise ein Arbeitnehmer bei einer Demontage einer Anlage von einem Gerüst fünf Meter in die Tiefe und starb. Das Arbeitsgericht Weimar verurteilte daraufhin den Arbeitgeber wegen fahrlässiger Tötung zu einer Geldstrafe. Die Begründung der Richter war eindeutig. Nach ihrer Auffassung lag weder eine Gefährdungsbeurteilung vor, noch hatte der Chef die Beschäftigten entsprechend unterwiesen.

Praxissituation 67: „Die Verantwortung lässt sich nicht delegieren ..."

Als Unternehmer können Sie selbstverständlich Aufgaben an andere Mitarbeiter verteilen, sind aber im Bereich Arbeitssicherheit trotzdem in der Verantwortung. Am Beispiel eines Betriebsunfalls auf einer Münchner Baustelle wird deutlich, welche Folgen eine mangelhafte Organisation für den Unternehmer haben kann.

„Zu einem Jahr und zwei Monaten Haft ohne Bewährung wegen fahrlässiger Tötung verurteilte das Münchner Amtsgericht den Prokuristen einer Baufirma. Diese führte Abrissarbeiten in einem Münchner Verlagshaus durch. Dabei wurde unter anderem eine tonnenschwere Maschine demontiert. Für diese Arbeit setzte der Prokurist einen Vorarbeiter ein und übertrug ihm schriftlich die Unternehmerpflichten. Während der Demontage löste sich plötzlich eine Seitenwand der Maschine, stürzte aus drei Metern Höhe herab und verletzte drei seiner Hilfsarbeiter tödlich. Auch der Vorarbeiter wurde schwer verletzt.

Vor Gericht stellte sich heraus: Der Unfall ereignete sich durch unsachgemäße Demontage. Obwohl der Prokurist nicht unmittelbar am Unfallhergang beteiligt war, zog das Münchner Amtsgericht ihn und nicht etwa den Vorarbeiter, der den Abriss vor Ort leitete, zur Verantwortung. Das Gericht begründete sein Urteil damit, dass der Prokurist seine Organisationspflichten nicht erfüllt hatte. Der Unternehmer machte drei entscheidende Fehler:
Er setzte einen wenig qualifizierten Arbeiter als Bauleiter ein. Dieser hatte lediglich einen Lehrgang für Asbestsanierung absolviert, war aber ungelernt. Er wies den Vorarbeiter nicht ausreichend in seine Tätigkeit ein. Die schriftliche Sicherheitsbelehrung, die er sich zuvor vom Vorarbeiter unterschreiben ließ, reichte nach Ansicht des Gerichts nicht aus. Vielmehr hätte ein detaillierter Ablaufplan unter Angabe der eingesetzten Arbeitnehmer vorliegen müssen. Er hatte den Bautrupp nicht ordnungsgemäß überwacht, was besonders bei den Hilfsarbeitern nötig gewesen wäre. Er delegierte diese Aufgabe an den Vorarbeiter, der aber aus Unkenntnis selbst mitarbeitete, statt zu überwachen....Aufgrund der genannten Fehler wurde die Übertragung der Unternehmerpflichten unwirksam...." (handwerk magazin 10/98, S. 46)

Einer besonderen Aufmerksamkeit und Sorgfaltspflicht unterliegen die Gefährdungen innerhalb der Bereiche des innerbetrieblichen Materialflusses. (Tab.63)

---

[582] Reidel, M.: Unterschätzte Risiken, Markt und Mittelstand, 4/2005, S. 29

Einsatz von Stetigförderern	
Aufstellung	Gefahrsituation – Verkehrsraum - Sicherung
Quetsch- Scher- und Einzugsstellen	Grundgefahr – Bandförderer – Rollenbahnen
Schutz gegen herabfallendes Gut und Anstoßen	Gestaltung - Durchfahrtshöhe
Einsatz von Flurförderzeugen	
Verkehrswege - Grundsätzliches	Anhalteweg – Beschaffenheit
Verkehrsflächenbelastung	Maschinenaufstandsfläche – Flächenbelastung – Punktbelastung – Zustand der Wege
Aufzüge	Tragfähigkeit – Freigabe
Verkehrsräume – Sicht – Ausleuchtung	Ausleuchtung /Beleuchtung – Spiegel – Pendeltüren
Verkehrswege – Abmessung – Kennzeichnung – Sicherung	Breite – Arbeitsstellen – Gleisanlagen – Regale – Kennzeichnung - Gangsicherungen
Umgang mit Batterien	Ladestationen - Instandhaltung
Stapelung – Lagergeräte – Lagergassen - Maschinenbeschickungs- und abnahmeplätze	
Stapel – Standsicherheit – Höhe	
Tragfähigkeit von Lagergeräten	Belastungen – Gutoberfläche - Ladegutsicherung
Lagereinrichtungen	Lagerböden -Regale
Stapel- und Einfahrgassen	
Regalbedienkran und -technik	
Verkehrsregelung	
Sicherungsmittel in der Transportbranche	
Schilder zur Verkehrsregelung	
Be- und Entladen von Fahrzeugen	
Bauliche Einrichtungen	
Be- und Entladevorgänge	Betreten von Ladeflächen – Lasten – Anhänger/Waggonverschieben
Ladungssicherung	Rutschgefahr – Kippgefahr

Tab. 63   Auswahl wichtiger Gefährdungsfaktoren bei innerbetrieblichen Materialflüssen[583]

Zum Schutz der Arbeitnehmer in explosionsgefährdeten Umgebungen sind spezielle Vorkehrungen zu treffen, zum Beispiel durch den Einsatz explosionsgeschützter Gabelstapler.[584]

Risiken entstehen auch im Zusammenhang mit dem Fuhrparkmanagement. Wer Mitarbeitern einen Dienstwagen überlässt und deren Führerscheine nicht regelmäßig kontrolliert, macht sich strafbar. Rechtliche Gefahren im Sinne von Haftungsrisiken ergeben sich an folgenden Stellen:[585]

➢ Risiko *„Fahrer"*: Arbeitgeber und seine Fuhrparkmanager dulden, dass ein angetrunkener Mitarbeiter nach einer Feier selbst fährt. Der Fahrer hat keinen oder zeitweilig keinen gültigen Führerschein oder keinen für die Fahrzeugklasse gültigen Führerschein. Der Arbeitgeber melden bei Ordnungswidrigkeiten nicht die Namen der Fahrer.
➢ Risiko *„Technik"*: Jedes Fahrzeug muss den „Unfallverhütungsvorschriften" der Berufsgenossenschaften genügen. Die Ladung muss verkehrssicher verstaut sein, bevor das Fahrzeug den Betrieb verlässt.
➢ Risiko *„Dienstwagenordnung"*: Bei privater Nutzung des Dienstwagens ist zu klären, wer den Wagen außer dem Arbeitnehmer auch fahren darf.

Ein gewisses Risiko kann auch die Manipulation von Maschinen sein, um die Produktivität zu erhöhen.

---

[583] Zimmermann, S./Zimmermann, B.: Handbuch Prävention – Sicherheit beim innerbetrieblichen Materialfluss, 1. Auflage, Göttingen 2007, S.8f.
[584] Barck, R.: Wider den Feuerteufel, LOGISTIK inside 09/2008, S. 38
[585] Wittrock, O.: Ungeahnte Risiken, in: impulse 02/2008, S. 80ff.

Praxissituation 68:

An vier von zehn Industriemaschinen werden Schutzeinrichtungen lahmgelegt...

Zum Reinigen der Walzenauftragsmaschine hatte die Mitarbeiterin die vordere Verkleidung abgenommen. Dann überbrückte sie mit der Hand den Sicherheitsschalter, um die rotierenden Walzen leichter säubern zu können. Dabei wurde der Lappen erfasst und der linke Mittelfinger der Frau zwischen Transport- und Druckwalze gezogen.

Berichte wie dieser erreichen die Berufsgenossenschaften leider oft. Alarmierend dabei ist, dass sich die Mehrzahl der Unfälle durch Manipulationen an Schutzeinrichtungen ereignet. Das ergab eine Studie des Hauptverbands der gewerblichen Berufsgenossenschaften (HVBG) in Sankt Augustin bei Bonn.(…) Die Auswertung ergab, dass über 37 Prozent aller stationären Industriemaschinen von unerlaubten Eingriffen betroffen sind.

(Quelle: Baecke-Heger, F.: Manipulation an Maschinen, in Markt & Mittelstand 7/2007, S. 60)

Praxissituation 69:

„Experten enthüllen die fatalen Fehler von BP bei der Tiefbohrung ‚Deepwater Horizon…"

„…Enormer Zeit- und Kostendruck verursachte die größte Ölkatastrophe in der Geschichte der Menschheit: Nach neuen Erkenntnissen waren eine falsche Zementmischung und ein schlampiger Einbau der Rohre im Bohrloch fatale Fehler der BP-Verantwortlichen auf der Bohrinsel…im Golf von Mexiko. Zement soll die Rohre im Bohrloch stabilisieren und die Öllagerstätte absolut dicht verschließen. Dafür ist die Mischung für Tiefbohrungen wesentlich reiner und hochwertiger als für den Hausbau.(…) Hier machte die Besatzung der Bohrinsel einen gravierenden Fehler: Zum Zement, der das letzte Stück Rohr in mehr als 5000 Meter Tiefe fixieren und abdichten sollte, mischte sie zu viel Verzögerungsmittel - er wurde deshalb zu langsam fest. ‚Nach 24 Stunden war diese Mixtur noch flüssig', erklärt Johann Plank, Professor für Bauchemie der TU München(…) Aber schon nach 15 Stunden begannen die Arbeiter damit, die über dem Zement liegende Bohrflüssigkeit durch Meerwasser zu ersetzen. Die Bohrspülung ist wesentlich schwerer als Wasser und hätte solange als Gegengewicht im Bohrloch bleiben müssen, bis der Zement ausgehärtet gewesen wäre. Denn die Lagerstätte drückt von unten Öl und Gas mit über 900 bar ins Bohrloch – gehalten nur durch die Spülung.

Mit dem Austausch der Bohrspülung öffnete der Bohrtrupp am 20. April quasi eine Sprudelflasche: Gas schoss durch den noch flüssigen Zement nach oben, durchbrach die unzureichende Drucksicherung am Meeresboden(…) und explodierte mit der Bohrinsel. Diese brannte aus und sank. Elf seitdem vermisste Menschen starben offenbar bei der Explosion. ‚Die ganze Bohrung war eine Sparausführung von oben bis unten', berichtet Plank, ‚beginnend mit der Art der Verrohrung über den Zement bis zum BOP – eine nicht ausreichend gewartete Billigversion, die im kritischen Moment gleich mehrfach versagte'.

Schnell und billig musste es sein: Der Zeitdruck führte zu zwei weiteren folgenschweren Fehlentscheidungen. Das Rohr im Bohrloch wird üblicherweise von Zentrierringen gehalten.(…) Nur 100 Dollar kostet so ein Ring, aber der Einbau dauert einen halben Tag – zu lang auf einer Bohrplattform, die pro Tag 500 000 Dollar kostet. Statt der 21 erforderlichen Zentrierstücke baute man nur sechs ein – zu wenig, um das Rohr richtig zu zentrieren.

Zusammen mit dem nächsten Fehler war das fatal: Die unterste Partie sollte ein Schaumzement fixieren, der sonst vor allem für die Schicht direkt unter dem Meeresboden abdichtet. Dieser Schaum verträgt sich nicht mit bestimmten öligen Bohrspülungen. Deshalb sollte erst eine Trennflüssigkeit die Bohrspülung verdrängen, bevor der Zement folgte. Wo aber wegen fehlender Zentrierstücke das Rohr gegen Hohlräume in der Wand drückte, konnte sich die ölhaltige Spülung halten – und ließ den folgenden Schaumzement regelrecht zusammenfallen. Die Folge: Immer wieder fehlt entlang des Rohrs der Zement, der den Ringraum nach unten abdichten sollte.

Noch am Tag vor der Explosion schickte BP einen Messtrupp der Firma Schlumberger nach Hause, der mit einer speziellen Ultraschall-Sonde angereist war, um die Zementierung zu prüfen.(…) Bis zuletzt war sich BP uneinig mit den Zementierungsexperten der Firma Halliburton über die Temperatur am Grund der Bohrung: BP sprach von 128, Halliburton nur von 99 Grad Celsius – entscheidend bei der Frage, wie schnell ein Zement abbindet.(…)"

(Quelle: Fischer, A.: Falscher Zement führte zur Katastrophe, Die Welt 24. Juli 2010, S. 21)

2.7 Leistungswirtschaftliche Kostenrisiken

Das allgemeine Unternehmensrisiko liegt hier generell in einer ungeplanten Erhöhung der Leistungserstellungskosten. Leistungswirtschaftliche Kostenrisiken treten in verschiedenen Erscheinungsformen auf:

➢ Kostenstrukturrisiken
➢ Kostenplanungsrisiken
➢ Kostenentwicklungsrisiken
➢ Planeinhaltungsrisiken.

Das **Kostenstrukturrisiko** hängt grundsätzlich von der Flexibilität der Kostenstruktur ab, d.h. wie schnell die Kosten bei veränderter Beschäftigung angepasst werden können. Der Anteil der Fixkosten am Umsatz oder an den Gesamtkosten kann damit als Maß des Kostenstrukturrisikos gesehen werden. Je höher der Anteil der Fixkosten, desto größer ist das Kostenstrukturrisiko bei sich verschlechternder Umsatzsituation. Kostenstrukturrisiken stehen oft in engem Zusammenhang mit nicht wettbewerbsfähigen Kostenstrukturen.

Zu den Kostenstrukturrisiken gehören auch die Mehrkosten der unwirtschaftlichen Eigenfertigung (Eigenleistung) gegenüber einer Fremdfertigung (Fremdleistung).

Kostenplanungsrisiken ergeben sich aus falschen Planungs- und Budgetierungsansätzen und – berechnungen. Diese sind auf unterschiedliche Faktoren zurückzuführen:

➢ Verwendung falscher oder zu komplexer Planungsmodelle
➢ Ansatz falscher Planungsannahmen und –prämissen, die sich aus den leistungswirtschaftlichen Planannahmen ergeben
➢ Ansatz unrealistischer Kostenvorgaben durch zentrale Ebenen, aus denen dann dezentrale Kostenbudgets „gebastelt" oder „geknetet" werden
➢ Zugrundelegung eines falschen Zusammenhangs zwischen den Kostentreibern und den Kostenpositionen, insbesondere Verwendung falscher funktionaler Zusammenhänge

Das **Kostenentwicklungsrisiko** beinhaltet die Entstehung von Kostenerhöhungen, die geplant oder nicht geplant sowie vorhersehbar oder unvorhersehbar Auswirkungen auf die Erreichung bestimmter Rentabilitätsziele des Unternehmens haben können. Kostensteigerungen ergeben sich insbesondere aus externen Einflussgrößen, wie zum Beispiel Tarifanpassungen oder sozialversicherungsrechtliche Änderungen im Personalbereich, Erhöhung öffentlicher Abgaben, Erhöhung der Rohstoff-, Betriebsstoff- und Dienstleistungskosten. Mit Hilfe von Kostenentwicklungsszenarien müssen die für das Unternehmensergebnis relevanten Kostenentwicklungsrisiken sichtbar gemacht werden.

Planeinhaltungsrisiken beinhalten eine Überschreitung der geplanten und budgetierten Kosten. Kostenüberschreitungen entstehen aufgrund vielfältiger externer und interner operativer Einflussfaktoren. Zu den externen Einflussfaktoren können politische wie ökologische Faktoren, zum Beispiel Umweltkatastrophen oder Blockaden der Geschäftsprozesse sein, gehören. Zu den internen Einflussfaktoren können qualitätsbedingte, motivationale und organisatorische Faktoren gehören. So können Qualitätsfehler zu ungeplanten Mehrkosten führen, sinkende Motivation die Produktivität und damit die spezifischen relativen Kosten erhöhen oder nicht optimale Organisationsabläufe Kostentreiber bilden. Bei der Analyse der Planeinhaltungskosten ist nicht nur auf Symptomanalyse, sondern eine Ursachenanalyse zu setzen.

3. Finanzwirtschaftliche Risiken

3.1 Allgemeine Risikopotenziale im Finanzbereich von Unternehmen

Unternehmen sind im Finanzbereich verschiedenen Aufgaben des Liquiditätsmanagement, des Treasury und des generellen Finanzmanagement ausgesetzt. Viele Aufgaben des Finanzmanagements werden unter der Zielstellung der Renditeorientierung sowie der Renditeoptimierung gelenkt. Sie müssen jedoch gleichzeitig unter ihrem Beitrag zur Sicherung der Zahlungsfähigkeit des Unternehmens – und somit unter Risikoaspekten - betrachtet werden. Diese Sichtweise muss im Rahmen der lang- und mittelfristigen Finanzplanung beginnen und sich von hier auf die externe und interne Liquiditätssteuerung erstrecken.[586]

Bestände sowie aus Forderungen und Verbindlichkeiten resultierende künftige Zahlungsströme und Lieferverpflichtungen sind – insbesondere unter Berücksichtigung erforderlicher Fremdwährungstransaktionen den unterschiedlichsten Risikoeinflüssen ausgesetzt. Einerseits ist der Kreditwürdigkeit (Bonität) sowie dem Zahlungsverhalten der Geschäftspartner Aufmerksamkeit zu schenken, andererseits sind die sich aus den Veränderungen der Finanzmärkte ergebenden Risikopotenziale zu verfolgen.

Im Finanzbereich lassen sich drei Risikoarten klassifizieren: [587]

> **Direkte Finanzrisiken**, die unmittelbar aus den Finanztransaktionen und deren Positionen entstehen, wie zum Beispiel Marktrisiken als Zins-, Kurs-/Preisrisiken, Währungsrisiken und Volatilitätsrisiken
> **Indirekte Finanzrisiken**, die mittelbar mit den Transaktionen einhergehen, wie zum Beispiel die Liquiditäts- und Kreditrisiken mit besonderer Gewichtung der Ausfall- und Länderrisiken und
> **Interne Risiken**, die in der Tätigkeit und Organisation der Finanzabteilung sowie in deren internen Prozessabläufen begründet liegen, wie zum Beispiel das Mitarbeiterrisiko, das Finanzdatenrisiko und die organisatorischen und kontraktuellen Risiken.

Im Finanzbereich sind die im Zusammenhang mit dem Cash Flow zu betrachtenden Finanzrisiken mit den aus der unternehmerischen Tätigkeit herzuleitenden Zahlungsströmen zu betrachten In dieser komplexen Sichtweise kann man auch von einem Risk Flow als einem dem Cash Flow vorausgehenden Risikobereich sprechen, der die impliziten, vorgeschalteten und begleitenden Risiken, wie z.B. Zins-, Währungs-/Wechselkurs-, Ausfallrisiko etc. eines jeden Cash Flows ausdrückt.[588] Dabei werden nicht nur die reinen Liquiditätsflüsse, sondern auch die mit dem Cash Flow unmittelbar einhergehenden Risikofaktoren betrachtet: alle Geschäfte, die grundsätzlich einen Zahlungsstrom generieren oder als Plandaten einen solchen auslösen könnten.[589] Beispiele könnten sein: die Auslösung eines Auftrages in der Einkaufsabteilung oder die Investitionsplanung und –entscheidung.

Das Eingehen von Geschäften in den betrieblichen Kernbereichen (Grundgeschäft) trägt immer das Element einer Spekulation in sich. Die Betrachtung der Spekulation als bewusstes Eingehen eines Risikos in der Erwartung, dass der Einsatz dieses Risikos zu überdurchschnittlichem Ertrag führt[590], zwingt jedoch die Frage nach den Möglichkeiten und Instrumenten der Absicherung dieses Risikos einerseits in den Kernbereichen, aber andererseits im Finanzbereich selbst auf. In Unternehmen aller Branchen zeigt sich somit, dass das Grundgeschäft als ein eigentlicher Ursprung der Finanzrisiken gesehen werden muss.

---

[586] Keitsch, D.: Risikomanagement, Stuttgart 2007, S. 32f.
[587] Ebenda, S. 39
[588] Ebenda, S. 57
[589] Ebenda.
[590] Ebenda, S. 58

Im Zusammenhang mit Warengeschäften entstehen häufig Risiken der Wechselkursänderung. Dabei treten hinsichtlich der „richtigen" Erfassung des Risikos und der sich daraus ergebenden Kostenauswirkungen zwei Fragen auf:

> Wann soll das Kursrisiko erfasst werden: zum Zeitpunkt der Auftragserteilung oder zum Zeitpunkt der Rechnungsstellung?
> Welchem Bereich sollen die Kostenwirkungen zugerechnet werden: dem Beschaffungs-, Produktions- oder Absatzbereich oder dem Finanzbereich?

Die Beantwortung dieser Fragen hat unterschiedliche interne Konsequenzen:[591]

> Erfolgt eine Risikoerfassung bei Auftragserteilung, bedeutet dies eine „Verlagerung" des Gewinn-/Verlustpotenzials sowie der Risikosteuerung und -kontrolle in den Finanzbereich, der dann mit entsprechenden Risikoabsicherungen die Kalkulationsgrundlage für das Originärgeschäft des Unternehmens überhaupt gewährleistet.
> Die Risikoerfassung bei Rechnungsstellung erfolgt eine „Verlagerung" des Gewinn-/ Verlustpotenzials auf das Originärgeschäft und bedeutet keine Risikotransparenz und -kontrolle.

Finanzrisiken können also in den meisten der vorgenannten Betrachtungsweisen nur unter der Voraussetzung einer effizienten und organisatorisch fundierten Risikokommunikation zwischen den betreffenden Unternehmensbereichen identifiziert und abgesichert werden. Diese Kommunikation bezieht sich vordringlich auf die Einkaufs- und Verkaufsbereiche auf der einen Seite und die Finanzabteilung auf der anderen Seite. Für die Bereiche Einkauf, Produktion und Vertrieb werden interne Kalkulationen geplant und begleitet, die sich bei verstärkter Internationalisierung des Geschäfts durch Fremdwährungsfakturierung erheblich verändern könnten. Die Wechselkursrisiken haben über diesen Weg direkte Auswirkungen auf die interne Kalkulationsbasis und somit auf die Liquidität und das Unternehmensergebnis.[592]

Die Bereiche Finanzabteilung, in der sich das tägliche „Treasury" – der Abwicklungsbereich der Finanzabteilung - vollzieht, und das Rechnungswesen/Finanzbuchführung strikt voneinander zu trennen. Diese Trennung schafft eine klare Abgrenzung der Zuständigkeiten und überschneidungs-freie Verantwortlichkeiten der Bereiche. In Unternehmen, in denen eine solche Trennung nicht möglich oder nicht sinnvoll ist, muss die ordnungsgemäße Abwicklung der Transaktionen durch die Geschäftsleitung gewährleistet werden. Innerhalb der Funktionsbereiche ist zu sichern, dass miteinander unverträgliche Tätigkeiten durch verschiedene Personen vermieden werden.

3.2 Finanzierungsrisiken

Finanzierungsrisiken lassen sich durch zwei Risikokategorien beschreiben:

> das Risiko einer fehlenden oder nicht ausreichenden lang-, mittel- und kurzfristigen Kapitalaufbringung durch Formen der Eigen- und Fremdfinanzierung zu günstigen Bedingungen
> das Risiko eines Verlustes oder einer Minderung des Kapitalanlagegegenwertes durch interne und externe Entwicklungen
> das Risiko einer ungünstigen oder falschen Finanzierungsstruktur
> das Risiko von Belastungen durch überhöhte Kapitaldienstzahlungen und Finanzierungskosten.

Eigenkapital stellt grundsätzlich eine wesentliche Grundlage für eine solide, unabhängige und langfristige Finanzierung des Unternehmens dar. Im Zusammenhang mit dem Eigenkapital können selbst wiederum Risikopotenziale entstehen, wie zum Beispiel:

---

[591] Ebenda, S. 62
[592] Ebenda, S. 61

> ein zu geringer Anteil des Eigenkapitals am Gesamtkapital des Unternehmens,
> eine Überschätzung der Höhe der Rücklagen als Bestandteil des Eigenkapitals,
> das Risiko des kurz- und mittelfristigen „Abzugs" von Eigenkapitalanteilen durch einzelne Gesellschafter/Eigentümer oder unbegründeter „Eigentümer-/Aktionärs-Aktionismus",
> falsche oder nichtoptimale Gewinnverwendung, indem ein überhöhter Anteil des Gewinn als Gewinnausschüttung verwendet wird,
> Eigenkapitalverluste oder –aufzehrung durch überhöhte geplante oder unkontrollierte Privatent-nahmen.

Risikopolitisch sind lang-, mittel- und kurzfristige Finanzierungsengpässe von besonderer Relevanz. Diese können insbesondere durch das Fehlen einer periodenadäquaten Finanzplanung sowie Fehler und Schwächen im Investitionsbereich verursacht werden. Fehlende Investitionskalküle, eine Fehleinschätzung des Investitionsvolumens, mangelnde Budgetdisziplin sowie erhöhte Ausgaben an bestehenden Infrastrukturen aufgrund verspätet geplanter oder unterlassener Investitionsmaßnahmen können zu Finanzierungsengpässen führen und den finanziellen Spielraum in kurzfristigen Zeitperioden einengen oder sprengen.

Mit der weltweiten Finanz- und Bankenkrise der Jahre 2008-2009 wurde die Finanzierung von produzierenden Unternehmen durch Banken zunehmend schwieriger. Unternehmen waren hier gut beraten, wenn sie ihre Bankverbindung auf mehrere – bis zu einer Zahl von 10-15 verschiedenen Instituten – gestreut hatten und somit ihr Finanzierungsrisiko deutlich senken konnten. Analog haben Unternehmen auch ihre liquiden Mittel zu begrenzten Paketen auf verschiedene Banken gestreut.[593] Banken werden zunehmend zu einem strategischen Finanzierungsrisiko. Durch zahlreiche Praxisfälle (z. B. Enron, Kirch, Swissair, Babcock-Borsig) konnte die weit verbreitete Annahme widerlegt werden, dass Großunternehmen nicht in die Insolvenz gehen können, weil Banken an dieser Art von Vermögensverlust kein Interesse hätten. Durch die Einführung von Basel II, zunehmenden Wettbewerb und nicht zuletzt durch die Wirtschafts- und Finanzkrise 2008/2009 waren Banken bestrebt, ihr Kreditportfolio konsequent von fragwürdigen Engagements zu bereinigen.[594]

Das finanzwirtschaftliche Risiko kann ferner auch in der Gefahr gesehen werden, dass der mit der Aufnahme von Fremdkapital erforderliche Kapitaldienst – bestehend aus Zins- und Tilgungszahlungen – nicht, nicht ganz oder nicht rechtzeitig erfolgen kann und somit der Zustand der Illiquidität entsteht.[595] Die Ursache für eine solche kritische Situation liegt häufig in der unzureichenden Fristenkongruenz im Bereich mittel- und langfristiger Investitionen.

Zu den Finanzierungsrisiken zählt auch ein schlechtes Rating oder eine andere Art schlechter Bonitätsbewertung, infolgedessen das Unternehmen keine Kredite oder nur Kredite mit ungünstigen Konditionen erhalten wird. Ebenso führt die Verschlechterung der Bonitätsbewertung zu einer Erhöhung der Finanzierungsrisiken.

Finanzielle Risiken können aus Geschäftskontakten mit anderen Unternehmen entstehen, wenn diese durch ihren Firmeninhaber mitsamt allen Verbindlichkeiten kurzerhand verkauft werden und die neuen – meist dubiosen – Inhaber im Ausland sitzen. Für Mitarbeiter, Zulieferer und Kunden, die von den Transaktionen nichts mitbekommen hatten, folgt meist ganz kurzfristig das böse Erwachen.

Wesentlicher Bestandteil der Finanzierungsrisiken sind Zins- oder Zinsänderungsrisiken.

---

[593] Schnitzler, L./Hielscher, H./Kiani-Kress, R./Schumacher, H.: Altmodisch üppig, WirtschaftsWoche 13.10.2008, S.45
[594] Erben, R.F.: Analyse ausgewählter Unternehmenskrisen: Swissair, Enron, KirchGruppe, in:....S. 454f.
[595] Ziegenbein, K.: Controlling. Kompakttraining, Ludwigshafen(Rhein), 2001, S. 22

3.3 Kapitalmarktrisiken

Risiken des Kapitalmarktes (häufig auch als Finanzmarkt bezeichnet) wirken sich auf zwei Bereiche der betrieblichen Finanzwirtschaft aus:

➤ auf den Bereich der Kapitalaufbringung zum Zweck der Finanzierung des Unternehmens (Passiva-Wirkung) und
➤ auf den Bereich der Kapital- und Finanzanlage in Beteiligungen, Wertpapiere, Ausleihungen etc. (Aktiva-Wirkung).

So sind zum Beispiel Kursschwankungen von Aktien im Portfolio eines Unternehmens hauptsächlich auf Schwankungen des Gesamtmarktes, die Veränderung makroökonomischer Größen, weltpolitische und weltwirtschaftliche Ereignisse, Veränderungen der Risikoneigung der Investoren sowie psychologische Faktoren des Marktverhaltens von Kapitalanlegern zurückzuführen.[596]
Bei Unternehmen mit hoher Fremdkapitalbindung spielen die allgemeinen Finanzmarktrisiken, die Schwankungen der Kapitalmarktzinsen sowie Währungsrisiken eine große Rolle, die im Wesentlichen schwer vorhersehbar sind. Zinsrisiken entstehen bei Abhängigkeit des Unternehmens von den Schwankungen der Zinsen auf dem Geld- und Kapitalmarkt. Finanzmarktrisiken ergeben sich aus den Preis- und Wertschwankungen auf den Finanzmärkten, insbesondere auf den Wertpapiermärkten.

Daraus ergeben sich ferner vielfältige Auswirkungen auf die Kapitalkosten. In der Unternehmensbewertung und Unternehmensführung stellen die Kapitalkosten eine Brücke zwischen Marktanforderungen hinsichtlich der Rendite und der Unternehmensführung dar – dies ganz im Sinne des Shareholder Value-Ansatzes. Die Unternehmensführung muss die Erwirtschaftung der Kapitalkosten sowohl im Unternehmen als Gesamtheit wie auch in den Geschäftsfeldern und Unternehmensbereichen sicherstellen.[597] Bei der Beurteilung strategischer Entscheidungen müssen die Risiken des Verfehlens der Kapitalkosten-Ziele insbesondere hinsichtlich der Erwartungen der Unternehmenseigner und der Gläubiger betrachtet werden.

Für die Praxis sind hierbei zwei Risikofaktoren bedeutend:

➤ das Risiko des Nichterreichens der Kapitalkosten-Ziele (Zielerreichungs-Risiko) und
➤ das Risiko der dynamischen Anpassung von Kapitalkosten-Zielen (Zielerwartungs-Risiko) infolge veränderter Renditeerwartungen bestehender Kapitalgeber wie auch infolge veränderter Kapitalgeberstrukturen.

In der Literatur wurden zahlreiche Berechnungsmodelle zur Ermittlung der Kapitalkosten vorgestellt.[598]

3.4 Risiken aus Leasingverträgen und Lieferantenkrediten

Leasingverträge können für den Leasingnehmer zahlreiche – meist bei Vertragsabschluss nicht bemerkte und nicht bekannte – Risiken, wie zum Beispiel:[599]

➤ Vor- und Nachmieten aus dem Auseinanderfallen der Dauer der Ratenzahlung und der kompletten Nutzung des Objekts, womit versteckte Vor- und Nachmietklauseln in den AGB's die angegebene Leasingrate noch erhöhen
➤ Risiken aus Restwertzusagen sowie Restwertberechnungen am Ende der Laufzeit

[596] Vgl. Gleißner, W.: Grundlagen des Risikomanagements im Unternehmen, München 2008, S. 87
[597] Burger, A./Buchhart, A.: Risiko-Controlling, München/Wien 2002, S. 220f.
[598] Vgl. u.a. Burger, A./Buchhart, A.: Risiko-Controlling, München/Wien 2002, S. 220ff.; Fröhling, O.: Segmentbezogene Ermittlung von Kapitalkosten, in: krp 2000, S. 49ff.; Mandl, G./Rabel, K.: Unternehmensbewertung: eine praxisorientierte Einführung, Wien 1997.
[599] o.V.: Zehn Vertragshürden – und wie man sie meistert, in: impulse 6/2006, S. 22

- ➤ Verschleierte Berechnungen zum Effektivzins
- ➤ Zinsanpassungsklauseln
- ➤ Kosten und Gefahren aus Rückgabeoptionen.

Eine verschärfte Risikovorsorge der Warenkreditversicherer kann für viele Unternehmen zu einer unerwarteten Verschärfung der Liquiditätssituation führen. So könnten Zulieferer weitere Lieferungen ohne vorherige Bezahlung der offenen Rechnungen stoppen, wenn der Warenkreditversicherer den Versicherungsschutz kündigt. Im ungünstigsten Fall könnten gleichzeitig mehrere Zulieferer von Kündigungen durch den Warenkreditversicherer betroffen sein. Die Kündigung der Kreditversicherung kann von Seiten der Lieferanten auch als Zeichen einer sich verschlechternden Kreditwürdigkeit der Abnehmer verstanden werden.

Der Wegfall der Warenkreditversicherungslimite bedeutet den Verlust einer wichtigen Lieferantenfinanzierung und damit eine Liquiditätslücke von bis zu 10 Prozent des Jahresumsatzes, die nicht durch zusätzliche Bankkredite abzudecken ist. Ohne Liquiditätsreserven ist dies meist nicht zu schließen. Manche Unternehmen schenken zudem den Warenkreditversicherern zu wenig Aufmerksamkeit. In wirtschaftlich stabilen Zeiten ist eine ausreichende, in wirtschaftlich schwierigen Zeiten eine frühzeitige und offene Kommunikation sicherzustellen.[600]

3.5 Liquiditätsrisiken

Liquidität bedeutet die Fähigkeit des Unternehmens, seine Verbindlichkeiten jederzeit fristgerecht begleichen zu können. Sie ist für die Existenz- und Bestandssicherung des Unternehmens und die Vermeidung von Insolvenzsituationen von höchster Bedeutung. Liquiditätsrisiken entstehen in Form von Stockungen oder Verzögerungen der Liquiditätszuflüsse und nicht erwarteten bzw. zu einem bestimmten Zeitpunkt nicht erwarteten Liquiditätsabflüssen. Unter dem **Liquiditätsrisiko** wird auch der mögliche Schaden verstanden, der dadurch entsteht, dass ein Unternehmen **nicht** jederzeit seinen **finanziellen Verpflichtungen** nachkommen kann. (= Verletzung des finanziellen Gleichgewichts) Der sich ergebende Schaden kann in Form erhöhter Aufwendungen, z.B. in Form von Mahngebühren, Gerichtskosten etc. oder im extremen Fall in der Insolvenz bestehen.

Zur Messung des Gesamt-Liquiditätsrisikos muss eine Zerlegung in einzelne Arten von Liquiditätsrisiken erfolgen. Dazu lässt sich zunächst eine Unterteilung verschiedener Liquiditätsrisiken in Marktliquidität und Unternehmensliquidität vornehmen:[601]

- ➤ **Marktliquidität** ist die Fähigkeit der Marktteilnehmer, liquide Mittel für den Kauf von Gütern, Finanztiteln, Dienstleistungen usw. zur Verfügung zu stellen. Diese Marktliquidität ist von einem einzelnen Unternehmen i.d.R. nicht beeinflussbar.
- ➤ **Unternehmensliquidität** entspricht der allgemeinen Definition von Liquidität, jederzeit den finanziellen Verpflichtungen nachkommen zu können.

Die Arten der Unternehmensliquidität können dann in aktivische und passivische Liquiditätsrisiken unterschieden werden. Die **aktivischen Liquiditätsrisiken** lassen sich in folgende Arten unterteilen:

- ➤ **Liquidationsrisiko von Vermögenswerten** – Gefahr, dass Vermögenswerte aufgrund mangelnder Liquidität des entsprechenden Marktes nur mit Preisabschlägen wieder verkauft werden können und zu geringeren Einzahlungen führen als ursprünglich geplant.
- ➤ **Terminrisiken** in Form verspäteter Zins- und Tilgungszahlungen der Geschäftspartner oder Kreditnehmer bis zum Fall eines Ausfallrisikos auf bestehende Forderungen
- ➤ **Investitions- und Geschäftsrisiken** – in Bezug auf zukünftig geplante Cash Flows durch getätigte Investitionen oder aufgrund der Umsätze durch die operative Geschäftstätigkeit.

---

[600] Schauwecker, D.: Die Liquiditätsfalle, in: Der Handel 05/2009, S. 64
[601] Wolke, T.: Risikomanagement, München Wien 2007, S. 181

Zu den **passivischen Liquiditätsrisiken** – auch als Refinanzierungsrisiken zu verstehen – zählen insbesondere:[602]

➢ **Substitutionsrisiken** – als die Gefahr, dass ein Unternehmen fällige Verbindlichkeiten nicht durch benötigte neue Verbindlichkeiten ersetzen kann.
➢ **Prolongationsrisiken** – als die Gefahr, dass bestehende Kredite nicht verlängert werden, z.B. auch durch Streichung bestehender Kreditlinien auf einem Kontokorrentkonto.
➢ **Finanzierungskostenrisiko** – als die Gefahr, dass aufgrund einer Bonitätsverschlechterung des Unternehmens die Kreditgeber höhere Fremdkapitalzinsen verlangen und durch erhöhte Zinsauszahlungen sich die Liquidität des Unternehmens verschlechtern könnte.

Die Messung des Liquiditätsrisikos als Ganzes in einer unternehmensweiten Betrachtung ist mit Schwierigkeiten verbunden:

➢ Das unternehmensweite Liquiditätsrisiko setzt sich aus unterschiedlichen (Einzel-) Liquiditätsrisiken zusammen, deren Messung unterschiedliche Ansätze erfordern.
➢ Der Zustand der Liquidität verändert sich im Geschäftsprozess ständig durch zahlreiche Einflussgrößen.

Die Messung des Liquidationsrisikos von Vermögenswerten lässt sich durch entsprechende Marktpreisprognosen unterstützen. Eine Messung des Liquiditätsrisikos, welches durch Terminrisiken ausgelöst wurde, kann über die Bewertung von vier verschiedenen Faktoren erfolgen:

➢ der Höhe der Zins- und Tilgungszahlungen,
➢ dem durchschnittlichen Zeitraum einer Verzögerung,
➢ der Wahrscheinlichkeit für eine Verzögerung,
➢ dem Zinssatz zur Bemessung des Verzugsschadens.

Zur Steuerung der Liquiditätsrisiken sollten verschiedene Konzepte und Instrumente kombiniert zum Einsatz kommen:[603]

➢ kurz-, mittel- und langfristige Finanzplanung und tägliche Liquiditätsdispositionen
➢ Erhöhung des Eigenkapitals
➢ Senkung der Risikopositionen
➢ Erhöhung der Transparenz und verstärkte Kommunikation mit den Kreditgebern
➢ Einrichtung bzw. Optimierung eines Finanzcontrolling
➢ Funktionierendes Forderungsmanagement zur Steuerung und Vermeidung von Terminrisiken.

3.6 Ausfallrisiken

Zu den Ausfallrisiken gehören Risiken aus der Nichterfüllung von Schuldnerverpflichtungen und dem Wertverlust von Sachen, insbesondere Forderungsausfälle, Kündigung von fest eingeplanten Kreditzusagen und Bürgschaften sowie Wertverfall von Sachen.[604] Eine besondere Rolle spielt das direkte Zahlungsrisiko, das die nicht erbrachte, unvollständige oder verspätete Zahlung nach erfolgter Leistungserfüllung trotz objektiver Zahlungsfähigkeit beschreibt. Darüber hinaus existiert ein allgemeines Kreditrisiko als die Gefahr der Zahlungsunwilligkeit, Zahlungsunfähigkeit und des Zahlungsverzugs des Schuldners bei Gewährung von Lieferantenkrediten. Die Höhe des tatsächlichen Kreditrisikos steht in engem Verhältnis zur Kreditwürdigkeit des Geschäftspartners sowie zu der vorhandenen Kreditsicherheit. Durch ein unzureichend eingerichtetes und betriebenes Mahnwesen, die Unterschätzung oder Ignoranz der Frühwarnsignale zur Verschlechterung der Kundenbonität werden die ohnehin im Markt bestehenden Ausfallrisiken noch verschärft.

---

[602] Ebenda, S. 182
[603] Ebenda.
[604] Ehrmann, H.: Risikomanagement. Rating – Basel II, Kompakttraining, Ludwigshafen(Rhein) 2005, S. 52

In der Praxis von Konzernen oder Unternehmensgruppen hat sich das Verfahren des **Cash Pooling** umfassend bewährt. Statt die liquiden Mittel bei der Bank zu niedrigen Zinsen zu parken, überweisen die Konzerngesellschaften finanzielle Mittel auf das Konto der Muttergesellschaft, die den Tochtergesellschaften daraus kurz- und langfristige Kredite zu günstigen Kreditkonditionen und meist ohne Sicherheiten gewähren. Wenn ein Tochterunternehmen Geldvermögen in die Konzernkasse einzahlt, kommt dies einer Darlehensgewährung gleich. Für das Management der Tochtergesellschaft entsteht dann ein Haftungsrisiko für den Fall, dass der sich aus dem Darlehen ergebende Rückzahlungsanspruch nicht werthaltig ist und nicht mit Sicherheiten belegt ist – d.h. die Darlehensforderung ausfällt. Manager von Tochtergesellschaften müssen mit Schadensersatzforderungen rechnen, wenn sie Cash-Pool-Darlehen an ihre in Schwierigkeiten geratene Muttergesellschaft nicht rechtzeitig zurückfordern.[605]

Risiken entstehen auch in erheblichem Maße durch Zahlungsforderungen aus eingegangenen Bürgschaften.

Ausfallrisiken entstehen auch in besonderer Weise im Online-Geschäft. Wie empirische Ergebnisse zur Bewertung von Zahlungsverfahren durch Händler und Konsumenten zeigen, besteht eine funktionale Trade-off-Beziehung zwischen dem erwarteten Umsatz und dem eingegangenen Risiko. (Abb. 56)

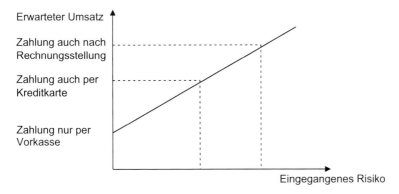

Abb. 56 Umsatz-Risiko-Relation von Zahlungsverfahren im Online-Handel[606]

3.7 Währungsrisiken

Währungsrisiken sind finanzwirtschaftliche Auswirkungen aus Währungskursschwankungen, die insbesondere für stark außenwirtschaftlich aktive Unternehmen von besonderer Tragweite sind. Allgemein können unter Währungsrisiken erstens Transaktionswährungsrisiken und zweitens ökonomische Währungsrisiken verstanden werden:

➢ Transaktionswährungsrisiken treten kurzfristig durch Schwankungen der Wechselkurse auf und beeinflussen den Wert bestehender Forderungen und Verbindlichkeiten.
➢ Ökonomische Währungsrisiken entstehen durch nachhaltige Wechselkursveränderungen und beeinflussen langfristig die Wettbewerbsfähigkeit der Unternehmen.

---

[605] Klesse, H.-J.: Gefahr in Verzug, WirtschaftsWoche 16. 03.2009, S. 74
[606] van Baal, S./Krüger, M./Hinrichs, J.-W.: Bedeutung, Rahmenbedingungen und Instrumente des Risikomanagements, in: van Baal, S./Hudetz, K.(Hrsg.): Risikomanagement im E-Commerce, Gernsbach 2008, S. 46

Mit dem Wechselkursrisiko werden drei verschiedene Exposure-Arten betrachtet: [607]

➢ das **Translationsexposure**, das sich aus der Umrechnung von Bilanzpositionen ausländischer Töchter in die Währung der Konzernmutter ergibt,
➢ das **Transaktionsexposure**, das bei vertraglich festgelegten Zahlungen in Fremdwährung existiert, wenn Zahlungszeitpunkt und Leistungsvereinbarung Wechselkursveränderungen eintreten können und
➢ das **Economic Exposure** als zukünftige Zahlungsströme, die durch die wechselkursabhängige internationale Wettbewerbsfähigkeit der Unternehmen beeinflusst werden.

Transaktionsbedingte Wechselkursrisiken sind im Wesentlichen durch finanzwirtschaftliche Instrumente zu bewältigen. Ökonomische Wechselkursrisiken erfordern im Wesentlichen realwirtschaftliche Risikobewältigungsmaßnahmen, zum Beispiel durch regionale Diversifikation und eine ausgeprägte Produktdifferenzierung zur Schaffung von Preissetzungsspielräumen. [608]

Gleißner weist auf einen weit verbreiteten Irrtum in der Praxis hin: „…man könne das Währungsrisiko dadurch ausschließen, dass man im Rahmen der Vertragsverhandlung eine Fakturierung in der eigenen Währung, also in Euro, vereinbart. Diese Vorgehensweise – sofern sie überhaupt durchsetzbar ist – kann allerdings nur als kurzfristig tauglich angesehen werden: Die Transaktionswährungsrisiken für den aktuell zu verhandelnden Vertrag werden transferiert (weil diese jetzt der Vertragspartner trägt); langfristig wähnt sich das Unternehmen aber in einer Scheinsicherheit, da die ökonomischen Risiken auch weiterhin bestehen, und zwar nicht mehr als Währungsrisiken im eigentlichen Sinne, sondern als Marktrisiken. Eine weitere Form eines ökonomischen Währungsrisikos ist vielen Unternehmen…gar nicht bewusst(…) Unternehmen, die in einem erheblichen Umfang von Rohstoffen abhängig sind, welche auf dem Weltmarkt in Fremdwährung (…) gehandelt werden, beziehen ihre Einsatzgüter oftmals von Zwischenlieferanten, die ihre Lieferungen in Euro fakturieren. Dadurch wird diesen Unternehmen nicht selten der Blick für ihre ökonomischen Währungsrisiken verstellt."[609]

3.8. Risiken aus der betrieblichen Altersversorgung

Das Instrument der betrieblichen Altersversorgung - Pensionszusagen an Arbeitnehmer – hat sich als fester Bestandteil der betrieblichen Entgeltpolitik etabliert, ist jedoch bei aller Vorteilhaftigkeit für Arbeitnehmer und Arbeitgeber für die Unternehmen mit finanziellen Verpflichtungen und Risiken verbunden. Basierend auf den allgemein bekannten demografischen Entwicklungen wächst die Zahl der Betriebsrentner, steigt die durchschnittliche Lebensdauer, werden andere Einflussfaktoren wie die Zinsentwicklung kritischer, woraus sich stetig anwachsende Pensionsverpflichtungen ergeben.[610] Bei aller Wichtigkeit der steigenden Kosten der betrieblichen Altersversorgung erfordern die finanziellen Risiken betrieblicher Pensionssysteme erhöhte Wachsamkeit.

Praxissituation 70: General Motors
Ein Beispiel für eine besonders dramatische Entwicklung ist der Fall General Motors in den USA, der zu Jahresbeginn 2006 für Schlagzeilen sorgte. Der Autokonzern hatte zu Zeiten des Börsenbooms Beitragszahlungen in sein Pensionssystem ausgesetzt, im Vertrauen darauf, dass eine hohe Rendite des mit Aktien abgesicherten Pensionsvermögens die fehlenden Einzahlungen kompensieren würde. Die Börse brach jedoch ein und verwandelte die Überrenditen in hohe Verlustpositionen; plötzlich klafften Milliardenlöcher bei den Pensionssystemen und brachten den Gesamtkonzern an den Rand des Ruins.
(Quelle: Rhiel, R.: Management von Pensionsplänen, in: Personal 09/2006, S. 7)

---

[607] Bleuel, H.: Bestimmung und Steuerung des ökonomischen Wechselkursrisikos, in: WISU – das Wirtschaftsstudium, Nr. 8-9/2006, S. 1054-1059; Pausenberger, E./Völker, H.: Praxis des internationalen Finanzmanagements, Wiesbaden 1985, zitiert in: Gleißner, W.: Grundlagen des Risikomanagements in Unternehmen, München 2008, S. 89f.
[608] Gleißner, W.: a.a.O., S. 90
[609] Ebenda.
[610] Rhiel, R.: Management von Pensionsplänen, in: Personal 09/2006, S. 6

Ein großer Teil der Pensionsverpflichtungen in deutschen Unternehmen ist nicht durch separierte Vermögenswerte gedeckt. Die Hauptursache liegt insbesondere darin begründet, dass viele deutsche Unternehmen ihre Pensionszusagen in gleicher Höhe mit Aktiva des Unternehmens unterlegen und Leistungen direkt vom Unternehmen an die Pensionsberechtigten gezahlt werden. Im Jahre 2006 waren rund 40 Prozent der Direktzusagen durch Kapitalanlagen unterlegt – in Form von Versicherungspolicen oder gemischten Anleihe- und Aktienportfolios. Diese Vermögenswerte werden als Aktiva des Unternehmens behandelt und als solche in der Bilanz ausgewiesen. Das Kritische daran ist jedoch die potenzielle Verwendbarkeit dieser Vermögenspositionen für andere Zwecke als für die Zahlung von Versorgungsleistungen.[611]

„Die Risikolandschaft der betrieblichen Altersversorgung ist komplex. Neben dem demografischen Risiko können Zinsschwankungen, volatile Aktienmärkte und nicht zuletzt Änderungen in der Gesetzgebung erhebliche Konsequenzen für die Entwicklung der Pensionsverpflichtungen eines Unternehmens haben – mit entsprechenden finanziellen Konsequenzen." Unternehmen müssen diesen Risiken durch eine sorgfältige Pensionsplangestaltung, eine abgesicherte Finanzierungsstrategie sowie eine Pension Governance wirkungsvoll begegnen.[612]

Im Rahmen der betrieblichen Altersversorgung wird von Unternehmen häufig ein zweites Risiko im Rahmen unterschätzt, das sich aus einer heimtückischen Haftungsfalle ergibt: die finanziellen Folgen einer Deckungslücke aus Versicherungspolicen zur betrieblichen Altersversorgung auf der Basis der Entgeltumwandlung.

Praxissituation 71: Ein Urteil mit üblen Folgen für viele Unternehmer...
„Anna Haber(Name geändert) kündigte im Sommer 2006 nach drei Jahren Betriebszugehörigkeit ihre Stelle bei einem Autohaus im bayerischen Rosenheim. Zu Beginn ihrer Tätigkeit hatte der Firmenchef für die 29-Jährige eine Lebensversicherung bei einer überbetrieblichen Unterstützungskasse abgeschlossen. Mit dieser Entgeltumwandlung, so dachte der Unternehmer, wäre er seiner Pflicht, eine betriebliche Altersversorgung(bAV) anzubieten, nachgekommen.
Wäre meine Mandantin über die Folgen der Zillmerung aufgeklärt worden, hätte sie den Vertrag nie abgeschlossen, erinnert sich Rechtsanwalt Thomas Keppel...Als Haber sich nach dem Rückkaufswert ihrer Police erkundigte, konnte sie es kaum glauben, Fast drei Jahre lang waren Monat für Monat 178 Euro ihres Gehalts in die Lebensversicherung geflossen, insgesamt 6230 Euro hatte sie in Beiträge zur bAV umgewandelt. Vorhanden waren von dieser Summe noch 639 Euro. Ihr Chef hatte für den Fehlbetrag keine Erklärung. Dafür aber die Versicherung. Sie nannte die Begriffe Zillmerung und Abschlusskosten, es habe alles seine Richtigkeit. Damit gab sich Anna Haber nicht zufrieden. Vor dem Arbeitsgericht Rosenheim klagte sie gegen ihren Chef, verlor, ging in die Berufung.
Am 15. März dieses Jahres dann das Urteil: Das LAG München verurteilte den Inhaber des Autohauses auf Zahlung des Fehlbetrages von 5591 Euro. Der Grund: Eine bAV auf Basis einer Entgeltumwandlung mit sogenannter Zillmerung ist rechtsunwirksam und damit nichtig. Für Deckungslücken haftet dem Mitarbeiter gegenüber nicht das Versicherungsunternehmen, sondern der Arbeitgeber.
Die Revision des Verfahrens läuft inzwischen vor dem BAG Erfurt, das Münchner Urteil ist daher noch nicht rechtskräftig. Doch bereits jetzt sorgt es für große Unsicherheit. (...)Dabei kommt die aktuelle Entscheidung für Juristen keineswegs überraschend. ‚Immerhin hat das Bundesverfassungsgericht in Karlsruhe Anfang 2006 bereits entschieden, dass die Zillmerung bei privaten Lebensversicherungen verfassungswidrig ist', erklärt Rechtsanwalt Johannes Fiala...."
(Quelle: Martens, A.: Raus aus der Haftungsfalle, Markt & Mittelstand 7/2007, S. 68 ff.)

Bei der Zillmerung werden die Verwaltungskosten der Versicherung sowie die Provision des Vermittlers in den ersten Vertragsjahren komplett mit den eingezahlten Beiträgen verrechnet. Das De-

---

[611] Ebenda, S. 7
[612] Ebenda, S. 8

ckungskapital baut sich dadurch erst viel später entsprechend auf. „Arbeitnehmer, die bereits nach wenigen Jahren ihre Altersversorgung rückkaufen möchten, weil sie aus dem Betrieb ausscheiden, stehen mit ganz geringen Summen da. Eine solche Berechnungsmethode sei mit dem Ziel des Vermögensaufbaus nicht vereinbar, urteilte das Bundesverfassungsgericht (BVG)."[613]

Horrende Zahlungen könnten Unternehmen entstehen, wenn die Zillmerung als vertragswidrig eingestuft wird. „Experten schätzen, dass 90 Prozent aller baV-Tarife gezillmert sind. Sofern all diese Verträge künftig als nichtig eingestuft werden, können betroffene Mitarbeiter von ihren Arbeitgebern die Rückabwicklung ihrer Verträge verlangen."[614] Dabei kommen auf die Unternehmen nicht nur die Rückzahlungen der fehlenden Deckungsbeträge zu, sondern auch nachzuzahlende Sozialversicherungsbeiträge für die – als sozialversicherungsfrei eingezahlten – Beiträge aus der Entgeltumwandlung sowie entgangene Zinserträge.

3.9 Finanzwirtschaftliche Prozessrisiken

Finanzwirtschaftliche Prozesse beinhalten zahlreiche Prozesspunkte, an denen durch bewusstes oder unbewusstes Fehlverhalten der beteiligten Mitarbeiter finanzielle Verluste entstehen können. Dazu zählen insbesondere

➢ das Fehlen einer ausreichenden Funktions- und/oder Verantwortungsabgrenzung und –trennung in finanzwirtschaftlichen Prozessen,
➢ Mängel in der Erfassung von Geschäften und Finanzpositionen,
➢ Mängel in der Erfassung und Einhaltung von Limiten,
➢ Schwachstellen in der Abwicklung von Finanztransaktionen und im Zahlungsverkehr,
➢ fehlende oder unzureichende Terminüberwachung und –kontrolle sowie
➢ methodische und funktionelle Fehler in der Bewertung von Finanzpositionen,
➢ Mängel im finanzwirtschaftlichen Kontrollsystem, wie zum Beispiel durch Verletzung oder Missachtung des Vier-Augen-Prinzips und der Plausibilitätskontrollen..[615]

Im Zusammenhang mit den genannten Prozessrisiken stehen personell induzierte Risikoursachen, wie zum Beispiel Motivation, Qualifikation, Befugnisse, Kompetenzen, Produktkenntnisse des Personals.

3.10 Risikobewältigungsstrategien „Finanzbereich"

Zur Bewältigung finanzwirtschaftlicher Risiken lassen sich eine Reihe spezifischer Instrumente einsetzen:

➢ Erhöhung des Eigenkapitals durch Einlagen bisheriger oder neuer Gesellschafter
➢ Vermeidung der Abhängigkeit von einem einzigen Kreditinstitut
➢ Langfristige Finanzierung aller langfristig im Unternehmen verbleibender Aktiva
➢ Vermeidung von Bürgschaften, Verlustübernahmeverträgen, Darlehen an andere Unternehmen, Wechselrisiken etc.
➢ Sicherstellen ausreichender Liquiditätsreserven und freier Kreditlinien
➢ Verkauf nicht betriebsnotwendiger Bestandteile des Anlagevermögens zur Schuldentilgung
➢ Abbau der Kapitalbindung im Umlaufvermögen (z.B. Forderungen oder Vorräte) durch eine verbesserte betriebswirtschaftliche Planung und Organisation
➢ Kritische Prüfungen von Investitionen
➢ Reduzierung des Anteils fixer Kosten durch Reduzierung der Fertigungstiefe und „Outsourcing"
➢ Schaffung eines ausreichenden Versicherungsschutzes für wesentliche versicherbare Risiken
➢ Absicherungen gegenüber Marktpreisschwankungen

---

[613] Martens, A.: Raus aus der Haftungsfalle, Markt & Mittelstand 7/2007, S. 69
[614] Ebenda.
[615] Keitsch, D.: a.a.O., S. 308f.

Für die finanzielle Sicherung eines Unternehmens ist nicht allein die Höhe des bilanziellen Eigenkapitals entscheidend, sondern die Liquidität. Sie ist durch externe und interne Risikofaktoren permanent gefährdet. Interne Faktoren liegen vorwiegend in der nicht fachmännischen Gestaltung der persönlichen und der gesellschaftsvertraglichen Verhältnisse: liquiditätsunsensible Abfindungsvereinbarungen, falsche Güterstands- und Testamentsregelungen oder unangemessene Ausschüttungsklauseln. Externe Gefahren liegen vor allem in der Verfügbarkeit des Fremdkapitals durch die sich für die Kreditgeschäfte der Banken verändernden Rahmenbedingungen.[616]

Eine besondere Aufgabe besteht in der unternehmensbezogenen Finanzstrategie von Familienunternehmen. Diese erfordert eine Gestaltung und Anpassung im Sinne der Sicherung und Optimierung des Gesamtvermögens – also des betrieblichen und privaten Vermögens als Einheit.[617]

---

[616] Hennerkes, B.-H.: Sekundenschneller Tod, WirtschaftsWoche vom 30. März 2000, S. 121
[617] Ebenda.

4. Unternehmensexterne Risiken

4.1 Allgemeine Charakteristik unternehmensexterner Risiken

4.1.1 Struktur und Systematik externer Risiken

Unternehmensexterne Risiken stammen aus der Unternehmensumwelt, die sich aus der **Makroumwelt** und der **Mikroumwelt** zusammensetzt. Die Analyse der Risiken aus der Makroumwelt erfasst insbesondere ökonomische, politisch/rechtliche, soziale und technologische Umweltrisiken. Die Analyse der Risiken aus der Mikroumwelt beschreibt die sich aus dem Wettbewerbs- und Marktumfeld ergebenden Risiken. Zwischen den Risiken der Makroumwelt und den Risiken der Mikroumwelt bestehen zahlreiche Abhängigkeiten und Interaktionen. In Tab. 64 sind die wesentlichen Risiken der Unternehmensumwelt zusammengefasst.

Umweltfaktor	Risikopotenzial
Personal	➢ Motivation, Ausbildung ➢ Personelle Abhängigkeiten ➢ Sicherheit, Qualität, Innovation
Kapitalmarkt	➢ Zinsrisiko, Wechselkursrisiko, Aktienkursrisiko ➢ Bonitätsrisiko, Kreditrisiko
Absatzmarkt	➢ Konjunkturentwicklung und -schwankungen ➢ Abhängigkeit von einzelnen Kunden (z.B. > 30%) ➢ Forderungsausfallrisiko ➢ Preisrisiko durch Absatzmacht ➢ Boykott der Produkte oder des Unternehmens
Recht, Politik, Sozialsystem	➢ Demografische Entwicklung eines Landes ➢ Steuer- und Abgabenrisiken ➢ Unsicherheiten der staatlichen Förderprogramme ➢ Gewerkschaften, Mitbestimmung, Streiks ➢ Krieg, Unruhen, Konfiskationen ➢ Rechtssysteme und Rechtsvorschriften
Natürliche Umwelt	➢ Naturkatastrophen (Sturm, Hagel, Hochwasser, Flut, Erdbeben, Regen, Erdrutsche, Blitzschlag, Seuchen) ➢ Umweltverbrauch, z.B. Wasser, CO_2-Emissionen ➢ Klimawandel ➢ Auftreten von neuen Krankheiten oder Epidemien
Wettbewerb	➢ Markteintritt neuer Konkurrenten ➢ Preis- und Qualitätskonkurrenz ➢ Druck durch Unternehmensübernahmen
Standort und Infrastruktur	➢ Technische Infrastruktur ➢ Verkehrsinfrastruktur ➢ Erreichbarkeit der Betriebsstätten ➢ Versorgungsstörungen, z.B. in der Stromversorgung ➢ Politisches, wirtschaftliches und soziales Standortumfeld
Beschaffungsmarkt	➢ Abhängigkeit von Lieferanten ➢ Qualität und Verlässlichkeit von Lieferanten
Technologie	➢ F & E-Risiko ➢ Risiko des Flops neuer Technologien ➢ Risiken durch Technologiewandel
Gewalt, Kriminalität	➢ Diebstahl, Vandalismus ➢ Gewaltakte, Terrorismus

Tab.64 Übersicht wichtiger unternehmensexterner Risiken[618]

---

[618] Mit leichten Änderungen entnommen aus: Rosenkranz, F./Missler-Behr, M.: Unternehmensrisiken erkennen und managen, Berlin – Heidelberg 2005, S. 12

Für die Identifikation unternehmensexterner Risiken können auch bestimmte Inhaltskomplexe systematisiert werden. (Tab.65)

Analyseart	Analyseinhalt
Umweltanalyse	➢ Politisches und gesetzliches Umfeld ➢ Gesamtwirtschaftliche und gesellschaftliche Bedingungen ➢ Ökologische und technologische Umwelt
Marktanalyse	➢ Marktpotenzial und Marktvolumen ➢ Marktwachstum und Verteilung der Marktanteile ➢ Bisherige und erwartete Preisentwicklung ➢ Ausgestaltung der weiteren Marketinginstrumente
Konkurrenten-analyse	Sammlung und Bewertung möglichst vieler Informationen über die Mitbewerber und Erstellung eines Konkurrenzprofils zu folgenden Parametern ➢ Anzahl der Konkurrenten ➢ Standorte, Betriebsgrößen ➢ Strategien und Anwendung von Marketinginstrumenten ➢ Marktstellung, Absatzgebiete, Kundenstruktur, Sortiment, Umsatz- und Absatzgrößen ➢ Ertragslage, Kostenstrukturen, Finanzsituation, innovative und technische Leistungsfähigkeit, ➢ Mitarbeiter, Management, Planung und Organisation
Branchen-analyse	➢ Branchenstruktur ➢ Kundenstruktur ➢ Wettbewerbssituation ➢ Marketinginstrumente, Technologienentwicklung, Innovationstendenzen

Tab.65 Inhaltskomplexe der Analyse unternehmensexterner Risiken[619]

Die Analyse der Risiken des Wettbewerbsumfeldes kann nach der Struktur des allgemeinen Modells der Wettbewerbsstruktur einer Branche von PORTER erfolgen.[620] (Abb.57   )

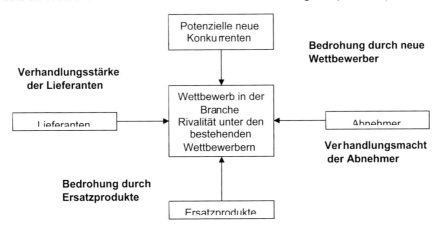

Abb.57 Modell der Wettbewerbsstruktur einer Branche

[619] In Anlehnung an Ehrmann, H.: Risikomanagement. Rating - Basel II, Kompakt-Training, Ludwigshafen(Rhein) 2005, S. 55f.

[620] Porter, M.: Wettbewerbsvorteile. Spitzenleistungen erreichen und behaupten, 5. Auflage, Frankfurt/Main 1999

Marktführer erkennen oft nicht, welche Gefahren ihnen von Nischenprodukten drohen. Oft spalten sich von großen Unternehmen kleine Einheiten, so genannte Spin-offs, ab und verfolgen selbständig kleine Segmente. Etablierte Unternehmen sehen dann oft das Potenzial dieser neuen Technologien nicht und besetzen diese Märkte nicht selbst. Die Spin-offs ziehen dann an diesen Unternehmen vorbei. Unternehmen unterschätzen die Dynamik, mit der sich Produkte aus der Nische ins Zentrum bewegen können.

4.1.2 Wirkungen zunehmender Vernetzung externer Risiken

Ein Unglück, vielleicht nur eine kleine Panne, löst eine Flut weiterer Wirkungen aus. Störfälle in unserer hoch technisierten, vermeintlich perfekten und vernetzten Welt erfassen viele Regionen und Bereiche der Wirtschaft. Bei der bereits erreichten Komplexität lassen sich die Dominoeffekte kaum noch abschätzen. Beispiele aus Störfällen an Stromnetzen im Jahre 2006 in Deutschland sowie im Jahre 2003 in den USA zeigen die globale Abhängigkeit von der Vernetzung. Hinzu kommen die Vernetzung und Digitalisierung der Wasserver- und –entsorgung, des Verkehrssystems, der Telekommunikation und der Datenautobahnen. Abwehrstrategien gegen Risiken werden schwieriger und erfordern zunehmende Koordination öffentlicher und privater Institutionen.

Die wirtschaftliche Entwicklung des Jahres 2010 hat gezeigt, dass gleichzeitig auftretende viele unerwartete Ereignisse die Stärke der Erholung einer Volkswirtschaft gefährden können: der kalte und lange Winter, die Vulkanasche aus Island, die Griechenland-Krise und die hohe Volatilität an den Märkten.

Praxissituation 72:
Die Infrastruktur unserer modernen Welt ist so eng vernetzt wie nie zuvor...
...und unser Lebensstil hängt immer mehr von technischen Systemen ab. Strom, Wasser, Heizung, vor allem aber Telekommunikation werden über eng verflochtene Netze bereitgestellt: Bürger und Wirtschaftsunternehmen hängen von deren Funktionieren auf Gedeih und Verderb ab. Naturkatastrophen, Terroranschläge, technische Störungen oder auch „nur" menschliches Versagen können im schlimmsten Fall ganze Städte oder Landstriche lahmlegen. Menschenleben sind in Gefahr, gigantische wirtschaftliche Schäden sind kaum zu umgehen.

Lokal begrenzt, aber für den Einzelnen durchaus unangenehm war ein Stromausfall am 2. Oktober 2008: Er legte 150 Geldautomaten in Sparkassen in Nord- und Ostdeutschland lahm. Außerdem hatten die Kunden mehrere Stunden weder Zugriff auf ihre online-Konten noch auf die Kontoauszugsdrucker. Lediglich am Bankschalter konnte man Geld abheben.

Die enge Verflechtung der Systeme tut ein Übriges und kann unter Umständen einen Dominoeffekt auslösen, wenn an einer Stelle etwas passiert...welch unerwartete Wirkungen ein relativ kleiner Fehler angesichts solch enger Vernetzung haben kann, zeigte ein Vorfall am 4. November 2006 um 22.09 Uhr: Nur weil ein neues Kreuzfahrtschiff von der Werft in Papenburg durch die Ems in die Nordsee überführt werden sollte und dazu eine 380-kV-Hochspannungsleitung über dem Fluss aus Sicherheitsgründen kurzzeitig ausgeschaltet wurde, brach danach das west- und südeuropäische Stromnetz in großen Teilen zusammen. Mehr als zehn Millionen Haushalte in Deutschland, Frankreich, Belgien, Italien, Österreich und Spanien waren bis zu zwei Stunden lang ohne Strom. Die Ursache war mangelhafte Planung und Abstimmung der Netzabschaltung, es kam zu Überlast in Teilen des europäischen Netzverbundes. Dies führte zu kaskadenartigen Notabschaltungen.
(Quelle: Röthlein, B.: Computer sollen die Welt sicherer machen, Welt am Sonntag 12. Juli 2009, S. 61)

Praxissituation 73: Risiken in der Stromversorgung steigen

Die Abhängigkeit von der Elektrizität hat durch die technische Entwicklung dramatische Ausmaße angenommen. Im Zeitraum 2003 bis 2005 gab es im Nordosten Amerikas und in Europa Stromausfälle, von denen insgesamt mehr als 115 Millionen Menschen betroffen waren. „Szenarien wie im Münsterland im November 2005 provozieren geradezu die Frage nach den Risiken der Stromversorgung", erklärt Lutz Cleemann, Geschäftsführer des Bereiches Industrielle Technik des AZT.

Schließlich hätten langandauernde Stromausfälle gravierende Folgen für Unternehmen, Landwirtschaft, Bevölkerung, Verkehrsinfrastruktur oder Gesundheitsversorgung. Das AZT hat systematisch den Stand der Technik, die Trends und Entwicklungen recherchiert und ihre Auswirkungen auf die Sicherheit der Stromversorgung auch aus der Sicht des Versicherers untersucht.

Die Ergebnisse sind beunruhigend: „Wir müssen damit rechnen, dass Stromausfälle in den nächsten Jahren weltweit häufiger werden, länger andauern und sich regional weiter ausdehnen", fasst Cleemann zusammen. Das AZT sieht für die wachsenden Risiken vielfältige Ursachen: Der steigende Strombedarf weltweit belastet die oft überalterten Kraftwerke und Netze, gleichzeitig steigt die Komplexität der netze durch die Erweiterung, z.B. nach Osteuropa. Der Kostendruck durch Deregulierung und neue Rahmenbedingungen hat Auswirkungen auf die Wartungsstrategien. Hinzu kommen durch die Klimaveränderungen mehr Extreme, wie Starkniederschläge, Trockenheit, Stürme und Überschwemmungen in nie gekanntem Ausmaß. Erschwerend kommen die Abhängigkeit von verletzbaren Informations- und Kommunikationssystemen und veraltete Notfallpläne hinzu.

(Quelle: www.risknet.de/ 17.03.2006)

4.1.3 Beispiel: Klimaveränderungen als Ursache unternehmensexterner Risiken

Zur Identifikation unternehmensexterner Risiken – insbesondere von Risiken aus dem gesellschaftlichen, politischen und natürlichen Umfeld – gilt es, mit Szenario-Analysen systematische strategische Früherkennung zu betreiben. „Der Klimawandel ist in aller Munde. Wenn sich bis zum Jahr 2100 die Erde um 4,5 °C erwärmt, werde das Auswirkungen auf die Lebensmittelproduktion haben. Unter solchen klimatischen Bedingungen könnte die Rohstoffversorgung und deren Qualität ein Problem darstellen...und auf lange Sicht Lebensmittelskandale und Erpressungsversuche hochsensibel in der Öffentlichkeit wahrgenommen werden. Das könne im Zweifelsfall ruinöse Folgen für Produzenten haben."[621]

Der Klimawandel wird Experten zufolge bereits real spürbar und zeigt sich in globalen und regionalen Klimaveränderungen. Extremereignisse, wie zum Beispiel Hochwasser, Dürreperioden sowie sehr kalte und strenge Winter können sich abwechseln. Diese Entwicklungen stellen Unternehmen vor neue Herausforderungen zur Anpassung ökologischer, sozialer oder ökonomischer Systeme in Reaktion auf beobachtete oder erwartete Klimastimuli und deren Folgen und Auswirkungen.[622] Allmählich sich verändernde Klimabedingungen führen zu branchendifferenzierten Auswirkungen.[623]

Eine besondere Eigenschaft vieler unternehmensexterner Risikofaktoren liegt häufig in ihrem „schleichenden Auftreten" – beginnend mit latenten Signalen und im Zeitverlauf ständig deutlicher werdenden Anzeichen. Einerseits sind diese Risiken mit Früherkennungs- (Frühwarn-) Systemen frühzeitig zu identifizieren, andererseits sind strategische Konsequenzen auf volkswirtschaftlicher und unternehmensbezogener Ebene rechtzeitig zu ziehen, um dem langen Wirkungszeitraum risikopolitischer Aktivitäten zu entsprechen. Dies zeigt sich zum Beispiel in den durch die langfristigen Klimaveränderungen ausgelösten Veränderungen in der natürlichen Umwelt.

---

[621] Hillemeyer, J.: Imageverlust schlägt ins Kontor, Lebensmittelzeitung vom 25. Mai 2007, S. 46
[622] Günther, E./ Stechermesser, K.: Klimawandel – Herausforderungen für die Unternehmen, WISU 10/2010, S. 1304f.
[623] In Anlehnung an ebenda.

Praxissituation 74: Hitzschlag in den Rechenzentren

Die Mitarbeiter des US-Finanzkonzerns waren seltsam ausgerüstet. Mit Gartenschläuchen in der Hand hatte sie der IT-Chef des Unternehmens aufs Dach des firmeneigenen Datenzentrums geschickt. Es war einer dieser heißen Sommer und die Rechner im Gebäude standen kurz vor dem großen Kollaps.

Draußen brannte die Sonne und in den Gebäuden konnte die Klimaanlage die Großcomputer nicht mehr auf Arbeitstemperatur runterkühlen. Ohne ein Eingreifen würden die Server bald den Dienst wegen Überhitzung einstellen. ...Die Folgen: Keine E-Mail könnte mehr das Haus verlassen, kein Brief könnte getippt und auch das Internet nicht mehr genutzt werden....

Der Einsatz einfachster Mittel ist zunehmend gefragt, um die digitale Wirtschaft am Laufen zu halten. Denn immer häufiger ist die notwendige Infrastruktur wenige Grad vom Zusammenbruch entfernt....

Denn die immer schnelleren Chips verströmen immer mehr Hitze. Und damit steigt der Bedarf an Ventilatoren, Klimaanlagen und ausgetüftelter Luftflussoptimierung....

Das Problem ist deshalb so gravierend, weil der moderne Alltag ohne funktionierende Datenzentren unvorstellbar ist.... Bis vor ein paar Jahren konnten Netzwerkverwalter leicht mit dem immensen Daten-Boom umgehen. Stieg etwa die Zahl der Online-Konten einer Bank rasch an, stellten die Techniker eben noch ein paar Serverregale auf und verkabelten sie. ...Das einzige, worauf die Techniker guckten, waren die Kosten pro Rechner. Doch heute ist auch der Strombedarf der Computer entscheidend. Die Flut vor allem per E-Mail verschickter Daten, Videos und Fotos lässt das Datenvolumen derart anschwellen, so dass immer kraftvollere Server nötig sind. Und diese verbrauchen immens viel Strom, vor allem für die Kühlung.

Viele Datenzentren stoßen an die Grenze des physikalisch Möglichen. Im einfachsten Fall ist schlicht kein Raum für weitere Regale mit noch mehr Rechnern. In anderen Fällen kann der Energieversorger nicht mehr genügend Strom zu einem Gebäude liefern, ohne das Leitungsnetz ausbauen zu müssen. Das Problem sei nicht einfach dadurch zu beheben, indem man einfach höhere Stromrechnungen bezahlt. Kunden sehen sich mit großen Umbauten von Datenzentren konfrontiert, die oft in dreistelligen Millionenbeträgen beziffert werden – auch aufgrund von Notstromaggregaten zur Verhinderung von Datenverlust bei Stromausfall.

(Quelle: Die Welt 19. Mai 2007, S. 16)

Klimaparameter	Veränderung	Branchenauswirkungen
Temperatur Winter/Sommer	Anstieg/Anstieg	Winter-/Sommertourismus
Anzahl tropischer Nächte	Anstieg	Klimaanlagen zur Sicherstellung gleichbleibender Produktionsbedingungen
Winterniederschlag	Anstieg	Wasserwirtschaft – Kapazität von Rückhaltebecken
Sommerniederschlag	Rückgang	Landwirtschaft – Gefahr steigender Ernteausfälle oder eines erhöhten sekundären Wasserverbrauchs
Sturmtage	Sehr geringer Anstieg	Versicherungswirtschaft - steigende Zahl von Versicherungsfällen

Tab. 66   Ausgewählte branchenbezogene Auswirkungen des Klimawandels
(Beispiel Region Dresden)[624]

---

[624] Günther, E./ Stechermesser, K.: Klimawandel – Herausforderungen für die Unternehmen, WISU 10/2010, S. 1304f.

Praxissituation 75: „...gewaltiger Wandel in deutschen Wäldern..."
In deutschen Wäldern vollzieht sich ein gewaltiger Wandel. Gemeinsam mit Trockenheit, Stürmen, extremen Niederschlägen bedrohen viele Schädlinge den deutschen Wald. Die Forstwirtschaft ist heute mit Risiken konfrontiert, von denen sie früher nichts ahnte. Die durch den Klimawandel dramatisch wachsenden Risiken erzwingen einen Waldumbau in nicht bekannten Dimensionen. Die deutsche Forstwirtschaft setzt noch immer auf die falschen Bäume und hat daher den Gefahren des Klimawandels nichts entgegenzusetzen. Sie muss sich von der Fichte trennen und andere Baumarten in den Mittelpunkt rücken, etwa die Buche. Dies kostet viel Zeit und umfassende Investitionen. Konkrete Details der Klimaveränderungen zeigen weit über den Waldbestand hinaus erste Folgen: Was müssen z.B. Obstbauern oder Winzer tun? Schädlinge, Viren und Pilze vernichten zunehmend ganze Weinreben, stellen die Qualität vieler Apfelsorten in Frage. Die Folgen der Wald- und Obstbaukatastrophen sind weit in die verarbeitenden Bereiche und letztlich bis zum Wandel des Konsumentenverhaltens zu erwarten. Risiken werden folglich auch für viele nachfolgende Stufen der Wertschöpfung bis zum Endprodukt auftreten.
(Quelle: Stratmann, K.: Ich glaub', ich steh' im falschen Wald, Serie Risikonomics, in: Handelsblatt 04.09.2008, S. 4)

Risiken des Klimawandels zeigen sich in den Unternehmen auf unterschiedliche Weise:

➢ Belastungen aus der Zunahme regulatorischer Veränderungen
➢ Besonderheiten bei Unternehmen mit hoher Gesamtenergieintensität und/oder hoher Wasserintensität

Grundsätzlich stellt sich die Frage nach der Vulnerabilität des Unternehmens als das Maß der Anfälligkeit eines Systems gegenüber den negativen Effekten des Klimawandels. Nach Erkenntnissen des Intergovernmental Panel of Climate Change (IPCC) hängt die individuelle unternehmensbezogene Vulnerabilität von der Art, der Stärke und Geschwindigkeit des Klimawandels und der Klimavariation sowie der Sensitivität und Anpassungsfähigkeit entscheidend ab.[625] Unternehmen müssen die Auswirkungen entlang der gesamten Wertschöpfungskette betrachten. Auswirkungen können sich auf die logistischen Prozesse, auf vor- und nachgelagerte Prozessstufen und Ebenen, auf die Beschaffungskosten von Gütern bei klimabedingtem Anstieg der Weltmarktpreise, auf Lieferzuverlässigkeit auf den Energieverbrauch etc. ergeben.

4.1.4 Risikoorientierte Typen von Umweltsituationen

Zur systematischen Entscheidungsunterstützung lassen sich Unternehmen und Geschäftsbereiche unter typischen Umweltsituationen mit spezifischer strategischer Risikocharakteristik betrachten:[626]

Tab. 67   Übersicht wichtiger Typen von Umweltsituationen

Typen der Umweltsituation	Charakteristik	Relevante Risikoaspekte
„Nischen"- Situation	➢ Im Marktsegment des Unternehmens kein oder nur wenige Wettbewerber, weil es für die Konkurrenten nicht lohnend oder aufgrund der geringen Größe nicht wahrgenommen wird ➢ Gefahren durch den Eintritt neuer Wettbewerber in das Nischensegment	➢ Eindringen neuer Wettbewerber in die bislang lohnende Nische mit der Folge verstärkten Margendrucks ➢ Nichterkennen von Wandlungen in den sehr spezifischen Kundenbedürfnissen ➢ Reduzierung der Markteintrittsbarrieren und Auflösung der Nische
„Zulieferer"- Situation	➢ Lieferungen erfolgen oftmals nur an wenige Abnehmer	➢ Verschlechterung der Beziehungen zu den wenigen Abnehmerunternehmen mit der

---

[625] IPCC: Third Assessment Report of the IPCC. Cambridge 2001
[626] Gleißner, W.: Grundlagen des Risikomanagements in Unternehmen, München 2008, S. 70ff.

	➤ Kunden-Lieferanten-Beziehung ist von Machtausübung durch die Abnehmer gekennzeichnet, in hohem Maße Diktat der Preise, Lieferbedingungen und Beschaffenheit der Produkte	Folge von z.B. extremem Preisdruck ➤ Beeinträchtigung oder gar Ausfall der Lieferfähigkeit durch eingetretene Leistungsrisiken mit der Folge eines möglicherweise irreversiblen Verlustes der Abnehmer ➤ Risiken durch Insolvenz der Hauptkunden (Forderungsverlust und Umsatzeinbruch)
„Starker Wettbewerb"	➤ Hohe Intensität des Preiswettbewerbs, gesättigte Märkte, relativ einfache Produkte, geringe Produktunterschiede ➤ Große Bedeutung des Preises für Kaufentscheidung	➤ Verschlechterung der Unternehmensposition im Markt durch Verlust von Marktanteilen ➤ Verlust von Differenzierungsvorteilen durch Nachahmerprodukte und damit verstärkten Preiswettbewerb ➤ Verdrängungswettbewerb
„Branche-in-Bewegung"-Situation	➤ Schnelle und einschneidende Änderungen der Umweltbedingungen, oftmals extrem kurze Produktlebenszyklen ➤ Technologieeinflüsse auf Produkt und Produktionsverfahren	➤ Hohe Risiken in notwendigen Entwicklungsprojekten ➤ Fehleinschätzungen insbesondere technologischer Entwicklungen mit der Konsequenz von Marktanteilsverlusten
„David-und-Goliath"-Situation	➤ Dem i.d.R. relativ kleinen Unternehmen steht mindestens ein großes Unternehmen gegenüber. Kleines Unternehmen verkörpert häufig „typisch" mittelständische Merkmale.	➤ Verlust der typischen und notwendigen Vorteile eines kleineren Unternehmens, wie z.B. persönlich geprägte, enge Beziehungen zu den Kunden oder flexible Reaktionsfähigkeit auf Marktveränderungen ➤ Verlust der preislichen Wettbewerbsfähigkeit gegenüber dem Großunternehmen wegen dessen Größendegressionseffekte
„Beschaffungs-Engpass"	➤ Probleme der Deckung des Bedarfs an Einsatzgütern in der richtigen Qualität, zum richtigen Zeitpunkt)...) ➤ Mangel an spezialisierten Fachkräften ➤ Mangel an Zugangsmöglichkeiten zu erforderlichem Kapital	➤ Risiko der Lieferunterbrechung und ggf. Ausfall der eigenen Produktion ➤ Machtkonzentration auf Seite der Lieferanten mit der Folge steigender Beschaffungspreise ➤ Erfolgreiche Integrationsstrategie eines Wettbewerbers, der einen wichtigen Lieferanten zur Integration in seine Prozesskette aufkauft.
„Innovations-druck"	➤ Kurze Produktlebenszyklen in der betreffenden Branche ➤ Rapider Preisdruck ➤ Erfordernis ständiger Innovation und Anstreben einer Technologieführerschaft bei hohen Aufwendungen für Forschung und Entwicklung und damit hohem Finanzmittelbedarf	➤ Verschlechterung der Innovationsfähigkeit des Unternehmens, z.B. durch Abwanderung wichtiger Mitarbeiter zur Konkurrenz ➤ Zu starke Orientierung auf das technisch Machbare ohne ausreichende Berücksichtigung der Wünsche des Marktes mit der Folge von Marktanteilsverlusten ➤ Risiko von Fehlschlägen in der Forschung und Entwicklung
„Marktführer"	➤ Hoher Marktanteil und beherrschende Stellung in einem entsprechenden Marktsegment ➤ Marktführerschaft beruht auf Produktalleinstellung (z.B. durch Patente), zeitlichem Vorsprung, einer günstigen Kostenposition oder einem Differenzierungsvorteil.	➤ Schleichender Verlust der Marktführerschaft durch aktive Wettbewerber, die die Kundenwünsche besser erkennen und umsetzen mit der Folge eines Verlustes der bisher günstigen Kostenposition ➤ Negative Auswirkungen des hohen Bekanntheitsgrades, wie z.B. schneller Imageverlust bei Qualitätsproblemen oder Umweltschäden ➤ Unzureichende kundenindividuelle Lösungen durch den Versuch, allen Kundengruppen gerecht zu werden ➤ Substitution des eigenen Produkts durch andere Produkte, meist wegen technischer Innovationen

4.2 Risiken aus volks- und weltwirtschaftlichen Entwicklungen

4.2.1 Allgemeine Risiken

Die Finanz- und Wirtschaftskrise der Jahre 2008/2009 hat gezeigt, dass in vielen Unternehmen das Frühaufklärungssystem nicht funktioniert hat. Speziell makroökonomische Risiken wurden unterschätzt, notwendige Informationen über den risikobedingt erforderlichen Eigenkapital- und Liquiditätsbedarf liegen vielen Unternehmensleitungen nicht vor und bei vielen unternehmerischen Entscheidungen werden Gewinne und Risiken nicht gegeneinander abgewogen. Die Zunahme der Diskrepanz zwischen Arm und Reich führt zu vermehrten sozialen Spannungen, zu erhöhter Kriminalität, zu mehr Unsicherheit. Konsequenzen hat dies auch für das Unternehmen. Störungen des Betriebsklimas und der Leistungsfähigkeit und Leistungsbereitschaft, Ehrlichkeit, Vermögensmissbrauch sind dann beispielhaft aktuelle Schlagwörter.

Ein nicht zu unterschätzendes Risiko bestand während der Wirtschafts- und Finanzkrise 2008/2010 auch in der Deglobalisierung – in der Gefahr eines wieder zunehmenden Protektionismus, der vor allem auf dessen populistischem Potenzial beruht. Was bedeuten Deglobalisierung bzw. ein verstärkter Protektionismus für die Unternehmen?

„Die meisten deutschen Unternehmen sind heute global hervorragend aufgestellt. Viele von ihnen haben nicht nur Vertriebsstützpunkte, sondern auch Produktionsstätten in den Zielmarktländern. Diese sind in hohem Maße in die internationale Arbeitsteilung eingebunden. Falls die Zollschranken im Zuge der Krise steigen sollten, wird diese Arbeitsteilung massiv behindert. Andererseits ist man aber in den Ländern mit Produktions- und Vertriebsstandort bereits „Inländer". Ein verschärfter Protektionismus hätte also zur Folge, dass man die Wertschöpfung in den jeweiligen Ländern vertiefen und Lieferungen zwischen Werken aus unterschiedlichen Ländern reduzieren müsste. Generell wäre auch die Standortpolitik zu überdenken. In wichtigen Ländern müsste man Produktionsstandorte einrichten, so wie es viele deutsche Unternehmen in den sechziger Jahren in Brasilien taten und wie es Volkswagen derzeit in den USA tut…"[627]

Die Neustrukturierung von Branchen infolge einer Wirtschafts- und Finanzkrise kann durch eine hohe Geschwindigkeit geprägt sein, und keiner kann sicher sagen, wie diese neuen Strukturen aussehen werden. Die Krise dürfte in vielen Märkten die Segmentstrukturen verändern. So wird spekuliert, dass obere Preissegmente schrumpfen werden. „Als Folge der Krise könnte ein Ultra-Niedrigpreissegment entstehen, das es in dieser Form bisher nicht gibt. Entsprechende Entwicklungen zeigen sich in Osteuropa und in Asien. Renault ist mit dem in Rumänien gefertigten Billigauto Dacia Logan, das es ab 7200 Euro gibt, sehr erfolgreich. Der Durchschnittspreis für einen VW Golf liegt etwa zweieinhalbmal so hoch. In Schwellenländern sind Ultra-Niedrigpreismodelle noch weitaus billiger als der Dacia Logan….Ultra-Niedrigpreis-Produkte findet man zunehmend auch in anderen Branchen….Selbst führende Firmen wie Intel und Microsoft treten in das Ultra-Niedrigpreis-Segment ein….Auch ein neues Billigsthandy von Hyundai Mobile kostet nur 20 Euro und kann für eine weitere Marktexpansion sorgen."[628]

4.2.2 Risiken aus politischen Macht- und Wettbewerbseinflüssen

Unternehmen müssen sich auf Veränderungen in den weltwirtschaftlichen Handelsbeziehungen permanent einstellen. Vor allem exportorientierte Unternehmen müssen die Risiken protektionistischer Bestrebungen wichtiger Länder beobachten und die sich daraus ergebenden Konsequenzen strategisch verfolgen. Gerade in Krisenzeiten sind solche Aktionen mancher Regierungen in Kombination mit Konjunkturprogrammen beliebt.[629]

---

[627] Simon, H.: Hidden Champions des 21. Jahrhunderts. Die Erfolgsstrategien unbekannter Weltmarktführer, Frankfurt/Main und New York 2007, S. 186

[628] Ebenda, . 193

[629] o.V.: Und jetzt die De-Globalisierung ? in: WISU 2/2009, S. 155

Politische Risiken können sich zum Beispiel

➢ in politischen Interessen auf nationaler oder internationaler Ebene zur Förderung bestimmter Unternehmensstrategien und
➢ in einer Abhängigkeit der Geschäftsstrategie von parteipolitischen Machtkonstellationen auf politischen Entscheidungsebenen, die zunächst offensichtlich hochriskante Unternehmensstrategien fördern und bei Eintritt von Krisensituationen ihre Unterstützung einstellen oder versagen,

zeigen.

Für Unternehmen können sich direkte und indirekte Risiken aus der Veränderung wirtschaftlicher und politischer Macht- und Wettbewerbskonstellationen ergeben, die sich sowohl kurzfristig in Form von „erdrutschartigen" Umbrüchen als auch langfristig in Gestalt sich abzeichnender Verschiebungen der Machtrelationen zeigen. Für beide Risikopotenziale brauchen Unternehmen gegebenenfalls Handlungsalternativen:

➢ für kurzfristig einsetzende Risikofälle einen Notfallplan und
➢ für langfristig sich entwickelnde Risiken ein Frühwarnsystem und Gegenstrategien.

Mit der internationalen Verflechtung der deutschen Wirtschaft nimmt der potenzielle Einfluss politischer Entscheidungen anderer Staaten auf die internationalen Geschäftsaktivitäten zu. Wenn Unternehmen zum Beispiel 20 Prozent ihres Umsatzes mit dem US-amerikanischen Markt abwickeln, dann sind die deutsch-amerikanischen politischen Beziehungen mitverantwortlich, ob Unternehmen diese Geschäfte erfolgreich fortführen können oder ob mit Auftragsstorni oder Produktboykotten zu rechnen ist. Die Haltung der deutschen Regierung zur amerikanischen Irak-Politik im Jahre 2003 hat dies deutlich gezeigt.

Die Globalisierung der Wirtschaft sorgt dafür, dass lokale und regionale Ereignisse weltweite Schockwellen aussenden. So zeigten sich diese Wirkungen nach dem Terroranschlag vom 11. September 2001 sowie an den großen Wertpapier- und Warenmärkten durch das bange Warten auf den Krieg im Irak Anfang 2003.

Unternehmen müssen sich der Gefahren der politischen Entwicklung in den für sie bedeutenden Regionen der Welt bewusst sein. Kriegerische Auseinandersetzungen in zerfallenden Staaten, deren Territorium dann zum Rückzugsgebiet von Terroristen oder organisierter Kriminalität werden sowie mit hegemonialen Staaten mit unbefriedigten Macht- oder Gebietsansprüchen. Wirtschaftliche Folgen drohen deutschen Unternehmen, wenn Exportmärkte in Kriege verwickelt werden, Wirtschaftssanktionen verhängt werden, Rohstoffmärkte weg brechen, Rohstoffpreise steigen, wirtschaftlich unbedeutende, aber zerfallende Staaten zum Handelshemmnis werden (z.B. Piraten vor Somalia am Horn von Afrika.

Ein weithin unterschätztes Risiko besteht in den Möglichkeiten der Übernahme von Minderheits- oder Mehrheitsbeteiligungen ausländischer Unternehmen an inländischen Unternehmen. Deutsche Firmen stehen dabei besonders im Fokus der Aufkäufer. Chinesische Investoren zeigen großes Interesse.[630] Sie wollen nicht mehr nur die Fabrik der Welt sein, die Europa und die USA mit ihren in China gefertigten Marken überschwemmt. Sie wollen eigene globale Brands kreieren. Chinesische Unternehmen verfolgen mit der Strategie des „Targeting" die Absicht, sich mit Unterstützung der chinesischen Regierung mit Spitzentechnik zum Weltmarktführer zu werden. Mit diesem Vorgehen peilen sie gezielt Unternehmen in entwickelten Industrieländern an, um sich von diesen Know How zu ergattern oder diese zu übernehmen.[631] Daher ist zu erwarten, dass sie zum Erwerb von Technologie- und Marketing-Know how und internationaler Vertriebswege mehr und mehr Beteiligungen an deutschen Unternehmen - vornehmlich an mittelständischen Unternehmen – einge-

---

[630] Hirn, W./Müller, H.: Westwärts. Eine neue Übernahmewelle aus Fernost rollt heran, m anagermagazin 4/2007, S. 120ff.
[631] Berke, J./ Kamp, M.: Im Rachen des Drachen, Wirtschafts woche vom 22.03.2010, S. 41ff. (40-47

hen.[632] Vorbild könnte für manches Vorhaben indes Lenovo sein: Beim Kauf der IBM-Computersparte nahmen die Chinesen die beiden Private-Equity-Firmen Texas Pacific Group und General Atlantic als Co-Eigner ins Boot.[633]

Optimisten sehen darin ein Szenario, in dem sich die Standorte in Deutschland auf Forschung und Entwicklung und anspruchsvolle Produktion konzentrieren – die Standorte in China würden dieses Wissen dank billiger Arbeitskräfte und staatlich subventionierter Kredite zu niedrigen Kosten in Produkte umsetzen. Beide Partner könnten davon profitieren. Das eher realistischere Szenario ist allerdings ein aggressives Vorgehen der Chinesen mit hundertprozentigem Eigennutz. Geheimdienstexperten erkennen ein systematisches, netzwerkartiges Ausforschen der wichtigsten Branchen mit dem Ziel, Know how abzuziehen und westliche Unternehmen vom Markt zu verdrängen.[634]

Praxissituation 76: Gazprom fordert mehr...

Kunden in Deutschland können sich auf eine drastische Steigerung der Preise für Erdgas im kommenden Jahr einstellen. Alexander Medwedew, Vize-Vorstandschef des weltgrößten Erdgasmonopolisten Gazprom, prognostiziert für 2008 einen Anstieg der Erdgaspreise für europäische Abnehmer um etwa 50 Prozent.(...) Für den drohenden Preissprung macht Gazprom nicht nur die Entwicklung der Erdölpreise verantwortlich – der Preis für Erdgas bildet den für Erdölprodukte mit drei- bis sechsmonatiger Verzögerung ab -, sondern die EU. Die Pläne der EU-Kommission, den Erdgasmarkt in Europa weiter zu liberalisieren, führten „unweigerlich zu einer Situation, in der die Preise steigen".

Gazprom stört sich daran, dass die EU die Erdgasindustrie entflechten und die Transportnetze vom Vertrieb trennen will.(...) In Russland hat Gazprom das Monopol bei der Erdgasförderung, dem Transport und Export inne und ist zudem noch einer der größten Stromerzeuger des Landes. Medwedew warnte vor „ernsten negativen Konsequenzen für die langfristige Erdgasversorgung der EU".

Auch die Pläne der EU, Investoren wie Gazprom den Erwerb von Aktienmehrheiten an europäischen Pipelinebetreibern zu untersagen, kritisierte Medwedew. (...) Das erklärte Ziel von Gazprom ist es, die Wertschöpfungskette vom Bohrloch in Sibirien bis zum Erdgasherd bei Kunden. Die Pläne finden innerhalb der EU wenig Anklang, besteht doch die Gefahr der Abhängigkeit vom Energielieferanten Russland. Gazprom liefert in diesem Jahr 148 Mrd, Kubikmeter Erdgas nach Europa und hat einen Marktanteil von etwa 25 Prozent. Bis 2015 wird einer Analyse von Gazprom zufolge der Marktanteil auf 33 Prozent steigen.

Europa verliert als Kunde unabhängig von der Liberalisierung des Marktes für Gazprom an Bedeutung. Gazprom will künftig Abnehmer in Asien und Amerika beliefern. So schloss der Konzern Preisverhandlungen mit dem chinesischen Staatskonzern CNPC ab. Damit scheint der Weg für den Bau von Pipelines nach China frei zu sein, durch die in vier Jahren bis zu 80 Mrd. Kubikmeter Erdgas jährlich fließen sollen.

Zum Vergleich: Deutschland bezieht von Gazprom 40 Mrd. Kubikmeter pro Jahr. Sein Augenmerk richtet Gazprom auch auf den stark wachsenden Markt mit verflüssigtem Erdgas, das mit Tankern auf die Weltmärkte transportiert wird. Auf der Pazifikinsel Sachalin steht bereits eine Flüssiggasfabrik, an den Ufern der Barentssee und der Ostsee sollen zwei weitere Flüssiggasfabriken gebaut werden, die als Exportterminals dienen.
(Quelle: Hartmann, J.: Gaspreise sollen 2008 um 50 Prozent steigen, in
www.welt.de/wirtschaft/article1385498/Gaspreise vom 22.11.2007

---

[632] Fuchs, H.J.: Die China AG. Zielmärkte und Strategien chinesischer Markenunternehmen in Deutschland und Europa, München 2007, S. 12

[633] Hirn, W./Müller, H.: Westwärts. Eine neue Übernahmewelle aus Fernost rollt heran, managermagazin 4/2007, S. 120ff.

[634] Ebenda.

Praxissituation 77:
„...Zerwürfnis mit den USA droht Deutschland nicht nur politisch, sondern auch...
wirtschaftlich Schaden zuzufügen....sollen die Amerikaner sogar mit Sanktionen für deutsche Unternehmen gedroht haben, die weiter Geschäfte mit dem Irak machen...

Am stärksten wird die Rüstung getroffen. Mitglieder des Groß- und Außenhandelsverbandes berichten über Verzögerungen von Geschäftsabschlüssen und kritischen Fragen, wie sie zur Irak-Politik stünden. Der Münchner Panzerhersteller Krauss-Maffei Wegmann etwa glaubte einen Auftrag der US-Armee schon sicher, gemeinsam mit Boeing schnelle und wendige Panzer für unwegsame Regionen zu entwickeln. Mitten im deutsch-amerikanischen Schlagabtausch dann der plötzliche Rückzug. Krauss-Maffei muss seine Entwicklungen über die US-Konkurrenten General Dynamics und United Defense anbieten. Die blicken damit in die Eingeweide der technischen Entwicklung Made in Germany.

...Speziell VW ist von einem Boykott in den USA bedroht. Denn für die Autos aus Wolfsburg gibt es zahlreiche Alternativen....Einer Boykott-Stimmung könnten die Deutschen nur schwer entgegentreten...Besonders groß ist die Nervosität bei Porsche: Der Sportwagenhersteller ist nicht nur zu mehr als 50 Prozent vom US-Geschäft abhängig, die Schwaben wollen auch ihr neues Produkt auf dem US-Markt einführen. Damit muss Porsche mitten in der diplomatischen Eiszeit eine große Marketingkampagne für ein Auto Made in Germany starten.

...Relativ gelassen zeigen sich dagegen Unternehmen, die nicht auf Anhieb als deutsch zu erkennen sind. So sind beim Biotech-Unternehmen Qiagen mit seiner niederländischen Holding, einer US-Tochter und Produktionsstätten in den USA die deutschen Wurzeln nur schwer auszumachen....

Noch schlimmere Folgen für Deutschlands Ruf hätte ein anderes Schreckensszenario: So erfuhr der Bundesnachrichtendienst, dass sich Bauteile aus deutscher Herstellung für mobile, auf Lastwagen montierte Biowaffen-Labors eignen, die US-Verteidigungsminister Donald Rumsfeld in den Händen Saddams vermutet...Erst Ende Januar wurden in Mannheim zwei deutsche Geschäftsleute wegen Verstoßes gegen das UN-Embargo zu Haftstrafen verurteilt. Sie lieferten dem Irak 1999 Bohrwerkzeuge für die Herstellung von Geschützrohren...“
(Quelle: Gutowski, K./Heise, S./Baumann, M./Hohensee, M.: Mit großer Sorge, in: WirtschaftsWoche vom 13.02.2003, S. 52ff.)

Wirtschaftliche Entscheidungen und Handlungen von Unternehmen stehen international immer unter dem Stern politischer Entscheidungen der betreffenden Länder. Häufig kann es kritisch werden, sich mit der aktuell praktizierenden politischen Führungselite eines Landes „anzulegen" oder diese zu kritisieren. Wer die Machthaber nicht kritisiert, darf mit guten Geschäften rechnen. Beispiele aus zahlreichen Geschäftsfällen in China und Russland belegen dies.

4.3. Wirtschaftsspionage

Unter Wirtschaftsspionage lassen sich zwei Richtungen unterscheiden:

➢ die staatlich gelenkte oder staatlich unterstützte Wirtschaftsspionage und
➢ die unternehmensinitiierte und unternehmensgelenkte Wirtschaftsspionage.

In bedeutendem Umfang nimmt jene Wirtschaftsspionage zu, unter der die staatlich gelenkte oder von Staaten unterstützte Ausforschung von Wirtschaftsunternehmen zu verstehen ist, die von fremden Nachrichtendiensten organisiert wird. Die Wirtschaftsspionage betrifft in erster Linie hochinnovative Unternehmen, die in den Bereichen Rüstungs- und Materialtechnik, Optotronik, Computer-Technologie, Bio- und Medizintechnik, Mikro-, Informations- und Kommunikationstechnik, Luftfahrt- und Verkehrstechnik, Energie- und Umwelttechnik tätig sind.[635]

---

[635] Hanning, A.: Wir müssen unser Know how besser schützen, in: WISU 12/2007, S. 1495

Neben klassischen Agenten, Angriffen über das Internet finden zunehmend „legal erscheinende" Prozesse statt, hinter denen Wirtschaftsspionage verschleiert wird, z.B. durch Gastwissenschaftler, ausländische Studenten und Praktikanten. Prävention setzt ein ganzheitliches, umfassendes Sicherheitskonzept voraus, in dessen Mittelpunkt der Mensch steht. Alle technischen Maßnahmen und Sicherheitsregeln können nur greifen, wenn sie von den Mitarbeitern entsprechend umgesetzt werden.[636]

Praxissituation 78
„...der Fall des Windradherstellers Enercon GmbH in Aurich in Ostfriesland...
Zwei Mitarbeiter des amerikanischen Konkurrenten Kenetech Windpower Inc. verschaffen sich im März 1994 Zugang zu einem Prototyp, der auf dem Privatgelände eines Verbandsfunktionärs steht – unterstützt von einem als Gutachter bekannten Experten. Dieser behauptet, die Anlage nur kurz zwei potenziellen Kunden von Enercon vorführen zu wollen. Tatsächlich jedoch messen und fotografieren die beiden Spione die Anlage bis ins Detail ab. Zehn Monate später erhebt Kenetech Klage wegen Patentverletzung gegen Enercon. Der nichts ahnende Firmengründer Aloys Wobben glaubt zunächst an ein Missverständnis. Bald stellt sich heraus, dass Enercon wahrscheinlich schon seit Anfang der 90er Jahre ausspioniert wird. (Möglicherweise stand das Unternehmen sogar im Visier der National Security Agency(NSA).Die Spionage kann Enercon zwar beweisen und belegen, dass es die von den Patenten geschützten Technologien seit Mitte der 80er Jahre anwendet. Genutzt hat es allerdings wenig. Das Unternehmen unterliegt im Rechtsstreit mit Kenetech. Die International Trade Commission mit Sitz in Washington verdonnert Enercon, die mit Millionenaufwand entwickelten Produkte nicht vor Anfang Februar 2010 in die USA einzuführen.
(Quelle: Nuri, M.: Ihr Mitarbeiter als Maulwurf, in: Markt und Mittelstand 08/2004, S. 30)

In großem Stil arbeiten auch ausländische Geheimdienste mit den Firmen des jeweiligen Heimatlandes zusammen, um gezielt oder unsystematisch Informationen abzutragen.

Praxissituation 79:
„An die Spitze der Schnüffelei haben sich die amerikanischen Geheimdienste...
gesetzt." Die National Security Agency (NSA) betreibt mit Hilfe leistungsstarker Supercomputer eine gigantische Überwachung des gesamten Telefon-, Daten- und E-Mail-Verkehrs an den wichtigsten Knotenpunkten und durchforstet diesen nach brisanten Informationen. Weitere 250.000 Mitarbeiter sind schätzungsweise im Central Security Service der Behörde tätig und müssen im Ausland die Botschaften analysieren. Diese Aktivitäten werden mit der Verbreitung der internetbasierten Übertragungstechnik (IP, Internet Protocol) noch zunehmend erleichtert.
(Quelle: Berke, Jürgen, Sicherheit – wie Unternehmen abgehört werden, in: WirtschaftsWoche vom 20.11.2006, S. 97)

Der Trend, die eigene Informationstechnik aus Kostengründen auf externe Rechner auszulagern, verschärft die Sicherheitsprobleme. Mit dem Einsatz externer Rechner im Ausland sind viele Daten der Kontrolle der Unternehmen entzogen. Das Versenden von Daten über einen öffentlichen Hotspot in Hotels, Flughafen-Lounges und Flugzeugen birgt die Gefahr, dass die Daten auf ausländischen Servern landen und somit der Zugriff für Geheimdienste wie auch Wettbewerbern direkt möglich ist. Besonders scharf sind auch die amerikanischen Behörden auf die tragbaren Computer von Geschäftsreisenden. Bei der Einreise in die USA werden Laptops und Notebooks nicht nur genauestens inspiziert, sondern manchmal stundenlang konfisziert – und damit durch die Zollbehörden nach interessanten Daten durchforstet. Gefährdungspotenzial besteht zunehmend in internationalen Hotelketten durch systematisches Abhören in Luxuszimmern.

Große Unternehmen agieren bei ihren internen Informations- und Kommunikationsflüssen in einem so engen Beziehungsgeflecht aus Zulieferern und Industriepartnern, Dienstleistern und Banken, dass der Sicherheitsschirm viel weiter aufzuspannen ist. Das eigene weltumspannende Firmen-

---

[636] Ebenda, S. 1496

netz entwickelt sich zum Sicherheitsrisiko. Jedes Netzwerk existiert nur virtuell und besteht aus vielen kleinen Versatzstücken verschiedener Netzbetreiber im In- und Ausland und reicht sogar bis in sogenannte „risikobehaftete Länder" wie China und Russland, von denen man ahnt, dass sie mehr als nur einen Blick auf alle die Grenze passierenden Daten werfen.[637]

Praxissituation 80: Wie mit modernen Systemen unbemerkt spioniert wird...
Bernhard Termühlen war baff, als Abhörexperten in seinem Büro eine Wanze entdeckten. „Längere Zeit" sei er belauscht worden, schimpfte der Chef des angeschlagenen Finanzdienstleisters MLP vor Führungskräften in Heidelberg. „Wirtschaftskriminelle" hätten ihr Geheimwissen angeblich genutzt, um an der Börse pikante Interna über die Kassenlage des Konzerns zu streuen und Termühlen persönlich zu schaden....Heute kann jeder für einen Spottpreis Technologie kaufen, die früher nur Nachrichtendiensten zur Verfügung stand. „Die Ausspähung nimmt zu", stellt Peter Frisch fest, ehemaliger Präsident des Bundesamtes für Verfassungsschutz...Spione setzen wieder verstärkt auf die Strategie, Informationen über miniaturisierte Aufzeichnungsgeräte zu erhalten....

Die Arbeitsgemeinschaft für Sicherheit in der Wirtschaft (ASW) schätzt den Schaden durch Konkurrenzausspähung auf mehrere Milliarden Euro pro Jahr – vor allem durch Verlust von exklusivem Wissen und Wettbewerbsvorteilen. Doch keineswegs geht es Industriespionen immer um Großunternehmen. Nach einer US-Studie interessieren sich 56 % der Täter tatsächlich für simple Einkaufs- und Verkaufspreise, 33 Prozent für neue Produkte und nur 6 Prozent für Technologien. Das Interesse an betriebswirtschaftlichen Daten nimmt stark zu. Die totale Sicherheit kann es nicht geben. Aber lästigen Lauschern soll der Job wenigstens schwer gemacht werden. Ein Lauschangriff soll so teuer und aufwendig gemacht werden, dass er in keinem Verhältnis zum Wert der abgehörten Information steht.

(Quelle: Range, S.: Wanze in der Kanne, in: WirtschaftsWoche vom 15.08.2002, S. 70ff.)

Der Mann war vernarrt in Modellautos. Die von Burago mussten es sein. Mehr als 100 standen in der Glasvitrine in seinem Büro. Ein guter Geschäftsfreund schenkte eine Rarität. Und der Mann freute sich. Was er nicht wusste: In dem Sportflitzer steckte eine Wanze – der Feind in seinem Büro. Ansgar Alfred Huth, Sachverständiger für Datenschutz und Lauschabwehr, berichtet von vertrauensseligen Menschen, die oft die Wanzen selbst in ihr Büro schleppen – von mithörenden Bilderrahmen, Aschenbechern, Kugelschreibern und Mehrfachsteckdosen als Werbegeschenke.

(Quelle: Späth, N.: Tatort Unternehmen, in: Welt am Sonntag, 22.09.2002, S. 29)

Praxissituation 81
„Viele deutsche Unternehmen schludern beim Schutz vor Ausspähattacken..."
„Bundeskriminalamt und Verfassungsschutz warnen deutsche Unternehmen vor verstärkten Aktivitäten ausländischer Geheimdienste. ...Doch nur wenige deutsche Unternehmen schützen sich ausreichend vor Spionen. Zu dem Ergebnis kommt eine Untersuchung der Beuth Hochschule für Technik in Berlin, die bundesweit Unternehmen, Behörden und Sicherheitsberater befragt hat und dabei viele Mängel entdeckt hat...Nur selten suchten Mittelständler Kontakt zu Behörden wie dem Bundesamt für Verfassungsschutz. Nicht einmal ein Prozent der Firmen in Deutschland stimmten das eigene Sicherheitskonzept mit den Behörden ab...."
(Quelle: Berke, J.: Miese Abwehr, WirtschaftsWoche 17.08.2009, S. 9)

In Tab.68 sind die wichtigsten Risiken zum Thema Abhörsicherheit veranschaulicht.[638]

---

[637] Berke, J.: Sicherheit - Wie Unternehmen abgehört werden , in: WirtschaftsWoche vom 20.11.2006, S. 102ff.
[638] In Anlehnung an Quirin, I.: Tatort Chefbüro, Z. impulse 9/2008, S. 98ff.

Risikofaktor	Gefahr	Abwehr
Funk (W-Lan, Handy)	Funkverbindungen werden abgefangen, Handys ausgetauscht. Wanze oder Trojaner sind bereits im Gerät. Zum Abhören werden vorgetäuschte Basisstationen verwendet. Bei automatischer stiller Rufannahme und angeschlossener Freisprechfunktion hat der Besitzer selbst eine Wanze eingebaut.	Über Kabel kommunizieren und bei W-Lan eine gesicherte VPN- Verbindung nutzen. Handys für Führungskräfte anonym einkaufen, sicher lagern und zum Schutz vor Austausch markieren. Handys zu vertraulichen Besprechungen nicht mitnehmen und nicht für sensible Gespräche verwenden.
Mehrfach-steckdose	Kleine Geräte werden gegen präparierte ausgetauscht. Im Innern steckt eine Wanze. Dauerhafte Überwachung durch Netzstrom möglich.	Kleingeräte selbst kaufen und installieren und so markieren, dass man sie als das Original erkennt. Gehäuseschrauben mit Nagellack vor unbemerktem Öffnen schützen.
Kopierer/Drucker	Ein Sender überträgt das Dokument nach draußen. Die Daten sind im Gerät gespeichert. Man kann sie auslesen.	Fotokopierer und Drucker vor Zugriffen Unbefugter schützen, Konfigurationsmenüs mit Passwörtern schützen. Kopierer mit einer zeitgesteuerten Stromabschaltung betreiben.
Tastatur	Ein Keylogger (Tasten-Rekorder) im Tastaturenkabel oder der Tastatur protokolliert die Eingaben des Benutzers.	Tatstatur und Kabel auf Änderungen kontrollieren und verstärkt kennzeichnen. Schutz vor Keyloggern bieten Bildschirmtastaturen.
Videokonferenz-anlagen	Durch Konfigurationsfehler sind sie meist offen und ermöglichen Lauschaktionen und unbemerkten Einblick in alle Sitzungen.	Richtige Konfiguration, Verzicht auf automatische Rufannahme, Passwortschutz des Konfigurationsmenüs.
Telefon/Fax	Beim ISDN werden versteckte Export-Leistungsmerkmale und Leistungsmerkmale wie das „direkte Ansprechen" aktiviert, z.B. über den Fernwartungszugang. Bei analogen Telefon-, Fax- und Datenübertragungen werden Endgeräte manipuliert. VoIP kann mit Laptop und Hackersoftware abgehört werden.	Geräte nur beim Händler des Vertrauens kaufen und markieren. ISDN-Geräte richtig einstellen und Passwörter ändern. Verschlüsselungstechnik einsetzen, die direkt am Mikrofon ansetzt. Auf VoIP in sensiblen Bereichen verzichten.
Lautsprecher	Über eine Alarm-Durchsageanlage werden Räume abgehört, weil jeder Lautsprecher wie ein Mikrofon wirken kann.	In gefährdeten Räumen nur Hupen zur Brandalarmierung einsetzen.
Computer	Lauscher fangen von außen die Abstrahlung von Computern auf.	Abstrahlarme Computer verwenden.
Schredder	Profis bauen Scanner vor den Messerwalzen ein, die alles aufzeichnen.	Partikel-Schredder benutzen, Geräte bei einem vertrauenswürdigen Händler kaufen, darauf achten, dass kein Unbefugter Zugang hat und das Gerät austauscht. Gerät regelmäßig prüfen.
Rauchmelder	In den Rauchmelder lässt sich eine Kamera oder Wanze einbauen, oder er wird unbefugt ausgetauscht.	Gerät vom Händler des Vertrauens kaufen und installieren lassen und keinen unbefugten Zutritt ermöglichen

Tab. 68   Übersicht Risikofaktoren Abhörsicherheit

Wirtschaftskriminalität ist in Deutschland auf dem Vormarsch – mehr als 1,1 Mio. Fälle laut Erfassung des Bundeskriminalamtes....Der Gesamtschaden für die deutsche Wirtschaft wird laut Wirtschaftsministerium auf ca. 20 Milliarden Euro jährlich geschätzt.

Mittelständler sind, Sicherheitsexperten zufolge, leichte Beute für Spione. Sie sind oft Weltmarktführer in ihrer Nische und somit sehr attraktiv.

Praxissituation 82:
„Kleine und mittlere Unternehmen sind eine attraktive und leichte Beute…"
„Eginhard Vietz hat so ziemlich jede Art von Spionage erlebt. Der US-Geheimdienst CIA hackte die Computersysteme seines mittelständischen Unternehmens, das unter anderem Prüftechnik für den Bau von Ölpipelines entwickelt. Zwei Mitarbeiter entwendeten Daten, ein chinesisches Staatsunternehmen kupferte eine komplette Vietz-Produktionsanlage samt Produkten ab….

Unternehmer Vietz hatte ein ungutes Gefühl. Dem 67-Jährigen war in seinem Pekinger Werk aufgefallen, dass Mitarbeiter ohne Grund fehlten und Konstruktionszeichnungen offen herumlagen…Vietz schilderte seine Beobachtungen einem langjährigen Freund im chinesischen Wirtschaftsministerium. Gemeinsam legten sich der Unternehmer und der Ministeriale in einem Kleinwagen vor dem Werkstor auf die Lauer. Dann fuhr ein VW-Bus mit einigen Leuten weg und Vietz hinterher. In Langfang, 40 Kilometer entfernt, hielt der Bus vor einer Halle." Es war die gleiche Halle wie bei Vietz. „Offensichtlich hatte der Joint-Venture-Partner, die staatliche CNPC, es darauf angelegt, Know how abzugreifen. Vietz ließ sich die Anteile rücküberragen, machte mit neuen Mitarbeitern und strengeren Sicherheitsvorkehrungen weiter. Und fühlte sich sicher.

Dann kam dieser neue Bewerber. Ingenieur, Chinese. Sprach perfekt Englisch…Der Mann bekam den Posten als neuer technischer Leiter. Wenige Monate darauf erwischte Vietz ihn, wie er nachts mit einem – strikt verbotenen – Laptop Daten vom Rechner kopierte…Vietz beendet sein Engagement in China nach 20 Jahren."

„Mit dem Spionieren war aber immer noch nicht Schluss. Zu Hause in Hannover bot der niedersächsische Verfassungsschutz Vietz an, die Sicherheitssysteme zu prüfen. Die Verfassungsschützer …fanden heraus, dass der US-Geheimdienst CIA schon zweimal die Rechner angegriffen hatte."…Die wollten an die neue Lasertechnologie…"Fast zeitgleich stellte sich heraus, dass auch ein ehemaliger langjähriger Mitarbeiter Know how abgegriffen hatte. Der Mann hatte Vietz bei der Kündigung erzählt, er ziehe aus privaten Gründen nach Wuppertal und arbeite bei einem Lebensmittelhersteller. Stattdessen war er bei einem Zulieferer eingestiegen und hatte die Kundendatei und alle Zeichnungen dorthin mitgenommen…"
(Quelle: Nuri. M.: Getarnte Kollegen. WirtschaftsWoche 16.02.2009. S. 68ff.)

Verfassungsschützer wissen: In einem von fünf Fällen bringen Profi-Agenten Unternehmensmitarbeiter erfolgreich dazu, ihnen vertrauliche Informationen zu überlassen. Diese meist bestens ausgebildeten Leute bringen jede Schwachstelle systematisch in Erfahrung und nutzen diese gnadenlos aus. „Geheimdienstlich geschulte Mitarbeiter finden leicht heraus, ob einer Schulden hat oder erpressbar ist." So meldet man sich auf Kontaktanzeigen von Sekretärinnen oder lässt den technischen Leiter auf Messebesuch im Ausland von einer als Prostituierten getarnten Spionin aushorchen. Auch eine gestellte Fachsimpelei mit Entwicklungsingenieuren ist manchmal erfolgreich. Ebenso lockt man mitunter verdächtige Mitarbeiter auch in Tarnfirmen. Eines der wichtigsten Motive für Wirtschaftskriminalität ist die Unzufriedenheit der Mitarbeiter.[639]

Was tun? Das fragen sich Firmenchefs, die ihr Unternehmen sauber halten wollen. Möglichkeiten gibt es viele. Eine ganze Branche lebt davon, Wirtschaftskriminalität zu verhüten. Neben Lausch-Abwehrexperten gibt es Firmen, die anonyme Postkästen installieren, Ethik-Berater, die unter Mitarbeitern ein „Wir-Gefühl" vermitteln, und Computer-Experten, die Hacker in die Schranken weisen. Der Nachholbedarf ist groß. Nur jedes vierte Unternehmen, so schätzt PricewaterhouseCoopers (PwC), hat Maßnahmen gegen Wirtschaftskriminalität ergriffen. Ein

---

[639] Nuri, M.: Getarnte Kollegen, WirtschaftsWoche 16.02.2009, S. 68ff.

Grund für den vermeintlichen Leichtsinn: Viele Chefs haben bisher nicht mitbekommen, dass in ihrem Haus etwas schief läuft. Dass jeder zweite Betrugsfall zufällig auffliegt, deutet auf große, bisher unentdeckte kriminelle Energien hin.

Für die Erkennung und Verhinderung von Wirtschaftsspionage sollte ein Frühwarnsystem geschaffen werden, das an den folgenden Schwerpunkten orientiert ist:[640]

➢ Belegschaft – Gefahr durch leitende oder spezialisierte Mitarbeiter, auch durch Unachtsamkeit Informationen in falsche Hände zu spielen, z.B. durch unbedachte Gespräche im Zug, am Flughafen, im Fahrstuhl oder Restaurant. Spione tarnen sich gerne als Hausmeister und Sicherheitspersonal.
➢ Ausländische Partner – Informationen über die Mitarbeiter oder das Unternehmen
➢ Reisende Mitarbeiter – Vor allem im Ausland sollten sie vertrauliches Material nicht in ihren Hotelzimmern lassen.
➢ Fremdländische Banken – Hinter vorgehaltener Hand warnen deutsche Sicherheitskreise davor, durch ausländische Banken ausspioniert zu werden.
➢ Datennetze – Über das Internet können Hacker sich mit Hilfe von Spionageprogrammen wie Trojanischen Pferden Daten beschaffen.
➢ Telefone und Faxgeräte – Wanzen sind schnell installiert und schwer zu finden. Wenn Sie Informationen auf elektronischem Wege verschicken, investieren Sie in Faxgeräte, die Nachrichten verschlüsselt senden.
➢ Handys – Mobiltelefone werden auch als kleinste seriengefertigte Wanzen bezeichnet.
➢ CD-Brenner – Kopiergeräte für Disketten, CDs und DVDs erleichtern das unerlaubte Mitnehmen von Daten.

Unternehmen sollten zur Spionageabwehr insbesondere zehn Kernpunkte umsetzen:

➢ Warten Sie nicht, bis jemand Sie ausspioniert. Entwickeln Sie ein Schutzprogramm.
➢ Holen Sie aktuelle Informationen bei kompetenten Partnern ein.
➢ Analysieren Sie die Risikostruktur Ihres Unternehmens. Welche Informationen sind für Ihr Geschäft existenziell? Welche Information muss geschützt werden? Wer benötigt Zugang zu welchen Informationen? Legen Sie Standards fest und analysieren Sie diese regelmäßig. Stellen Sie sicher, dass Ihre Angestellten die Standards kennen und sich der Spionagegefahr bewusst sind.
➢ Realisieren Sie ein ganzheitliches Sicherheitskonzept und erweitern Sie es kontinuierlich. Beziehen Sie Gebäudesicherheit, Personalkontrolle, IT- und EDV-Systeme, Frage der Verfügbarkeit und Aufbereitung von Daten mit ein.
➢ Konzentrieren Sie Ihren Schutz auf zukunftssichernde Informationen, also alles, was den Bestand des Unternehmens sichert, wie das Wissen über Produktionsverfahren, Vermarktungsstrategien, eingesetzte Technologien.
➢ Nutzen Sie den Schutz Ihrer Informationen als strategischen Erfolgsfaktor.
➢ Kontrollieren Sie sehr genau die Einhaltung und den Erfolg Ihrer Maßnahmen. Bestrafen Sie Verstöße konsequent.
➢ Installieren Sie ein Frühwarnsystem zur Erkennung von Know-how-Verlusten. Beobachten Sie Ihren Markt genau. Checken Sie, ob Konkurrenten mit ähnlichen Produkten auf den Markt kommen. Überprüfen Sie immer die Zeitpunkte für Patentveröffentlichungen.
➢ Verfolgen Sie Auffälligkeiten und konkrete Hinweise konsequent und nehmen Sie professionelle Hilfe in Anspruch.

Unternehmen setzen bei der Spionageabwehr zunehmend auf ein ganzheitliches Konzept präventiver Maßnahmen, zu denen u.a. abhörsichere Besprechungsräume, gesicherte Zugänge, Einbruchmeldeanlagen, Videoüberwachung gehören. Ferner werden Regelungen von Zugangsberechtigungen, zur Einbringung ungeprüfter Gegenstände, für Besucher in sensiblen Abteilungen, Sicherheitsüberprüfungen bei Neueinstellungen, Regelungen für den Fall des Ausscheidens von Geheimnisträgern, laufende Sicherheitsüberprüfungen des Personals sowie für die Absicherungen

---

[640] Nuri, M.: Ihr Mitarbeiter als Maulwurf, in: Markt und Mittelstand 08/2004, S. 26ff.

im elektronischen Bereich erlassen. Wichtige Dokumente werden nicht per Fax, E-Mail oder Brief-post verschickt. Für die Geheimhaltung von Informationen zu sensiblen Gütern werden Know-how-Sicherungsverträge mit Lieferanten abgeschlossen.

4.4. Risiken aus Katastrophen und Pandemien

Das Risikobewusstsein bei deutschen Unternehmen wächst hinsichtlich externer Risiken nur all-mählich. So weist eine Studie des Bundesverbandes Deutscher Unternehmensberater darauf hin, dass nur etwa die Hälfte der kleinen und mittleren Unternehmen Systeme zur Bewältigung extern induzierter Krisensituationen, wie z.B. einer Grippe-Pandemie, eingerichtet hat.[641] Zum Vergleich hat etwa die britische Bank HSBC, die in 77 Staaten tätig ist, nach eigenen Angaben einen Plan, wie sie im Ernstfall mit der Hälfte der Belegschaft auskommt.

Der Handel muss sich in besonderer Weise gegen Pandemien mit einem Vorsorge- und Notfall-plan wappnen. Dabei ist der drohende Pandemieverlauf zu beobachten und notwendige Schritte zu beraten. Das Risikopotenzial kann im Lebensmitteleinzelhandel einerseits in der Gefahr beste-hen, dass wichtige Unternehmensbereiche bei einem hohen Krankenstand funktionsuntüchtig wer-den, andererseits hat das Unternehmen eine hochrangige infrastrukturelle Funktion in der Sicher-stellung der Nahrungsmittelversorgung. Die Unternehmen müssen ihre Organisation, insbesondere die internationalen und nationalen Logistikketten, für den Pandemie-Fall auf verwundbare und un-verzichtbare Elemente überprüfen sowie Notfallpläne für den Ausfall von Lieferanten und Schlüs-selpersonal ausarbeiten.[642]

Praxissituation 83: Zeit für Notfallpläne

Vogelgrippe ist eine aggressive, hoch ansteckende Viruserkrankung, die von der bekannten normalen humanen Influenza zu unterscheiden ist. Nach aktuellen Erkenntnissen überträgt sich der Virus nur von Vogel zu Vogel oder von Vögeln zu anderen Tieren. Es gilt jedoch als gesichert, dass die Vogelgrippevirus den Sprung auf die Spezies Menschen schafft, so dass sich diese untereinander anstecken können. ...Nach Expertenmeinung besteht eine große Wahrscheinlichkeit, dass der Artenübersprung in den nächsten fünf Jahren passiert, dann käme es zur Pandemie, einer Epidemie weltweiten Ausmaßes. Die Experten gehen von einem wellenartigen Verlauf mit katastrophalen Auswirkungen aus. Die erste Welle würde acht bis zwölf Wochen dauern, gefolgt von einer gleichlangen Unterbrechung, die dann von einer zweiten acht bis zwölf Wochen dauernden Welle abgelöst wird. Als Referenz greifen die Experten hier auf die „Spanische Grippe" von 1918 zurück, die weltweit zwischen 20 und 40 Millionen Tote forderte. Für Deutschland rechnen Experten mit zwischen 100.000 und 160.000 Toten, zwischen 300.000 und 600.000 Krankenhauseinweisungen und einem wirtschaftlichen Schaden zwischen 25 bis 75 Milliarden Euro.

Bei einem Pandemieausbruch wird damit gerechnet, dass nur noch ca. 30 Prozent der Ar-beitskräfte verfügbar sind. Zu den gewöhnlichen Fehlzeitenursachen treten dann hinzu:
- an Influenza erkrankte Mitarbeiter, die meist an einer schweren Lungenentzündung leiden,
- gesunde Mitarbeiter, die sich um kranke Angehörige kümmern müssen oder um gesunde, aber betreuungsbedürftige Personen
- gesunde Mitarbeiter, die aus Angst vor Ansteckung zu Hause bleiben,
- Mitarbeiter, die wegen Zusammenbruch oder Untersagung des öffentlichen Nah- und Fernver-kehrs oder Einrichtung von Sperrzonen nicht mehr erreichen.
Während einer Pandemie wird ein normaler Geschäftsbetrieb kaum möglich sein. (…) Die be-trieblichen Notfallpläne müssen auf eine solche Situation frühzeitig eingestellt werden. Insbe-sondere muss gefragt werden: Welche kritischen Personen und Funktionen sind wo erforderlich, um den Betrieb aufrecht zu erhalten? Wie schützt man diese bestmöglich bzw. welcher Ersatz ist verfügbar?
(Quelle: Stück, V.: Zeit für Notfallpläne, Z. Personal 01/2007, S. 52 f.)

---

[641] Fabricius, M.: Das lange Warten auf den Tag X, in: Welt am Sonntag, 26. Februar 2006, S. 27
[642] Lehmann, N.: Hatschi!, handelsjournal 09/2009, S. 22

Maßnahmen können u.a. Impfungen der Mitarbeiter, die Anlage von Vorräten zu Mund - und Atem-schutzmasken, Desinfektionsmitteln, Hygieneartikeln oder Medikamenten, die Aufklärung und Be-ratung der Belegschaft sowie ein Leitfaden zu Verhaltensregeln während einer Pandemie oder Grippewelle sein.

Praxissituation 84: Eine Grippewelle kann ganze Abteilungen lahmlegen...

Doch Unternehmer können vorsorgen. Schon einfache Maßnahmen helfen, das Risiko in Grenzen zu halten. Legt eine Grippe trotz Impfaktionen ein Unternehmen lahm, sind die Fir-men im Vorteil, die für den Fall ein Krisenszenario in der Schublade haben. Ein Notfallplan ist in jedem Fall von Bedeutung. Manche Großunternehmen sind sehr engagiert in Sachen be-trieblicher Vorsorge. Der Reise - und Schifffahrtskonzern TUI (weltweit 63.000 Beschäftigte) ist auf mögliche Katastrophen gut vorbereitet. Er hat zum Beispiel festgelegt, wer im Ernstfall auch von zu Hause aus arbeiten kann sowie wie die Besatzungen von Flugzeugen und Schif-fen geschützt werden können.

(Quelle: Schmidt-Carré, A./Wittrock, O.: Geimpft gegen Gefahren, in : Markt und Mittelstand 11/2007, S. 52f.)

Praxissituation 85: Ein Leben auf unsicherem Boden

Katastrophale Betriebsstörungen wie Erdbeben zeigen auf, wie sehr Unternehmen auf ein vernetztes Infrastruktursystem angewiesen sind. Am 17. Januar 1995 um 5.46 Uhr schreckten die 5,5 Millionen Einwohner der geschäftigen japanischen Hafenstadt Kobe aus dem Schlaf, als sich der Boden unter ihnen stark bewegte. ...Noch bevor das Beben in Kobe zum Stillstand gekommen war, brachen über 150 Brände aus, verursacht durch gebrochene Gasleitungen, gerissene Stromleitungen und umgestürzte Gerätschaften....Das Erdbeben hatte die öffentliche Wasserversorgung Kobes an 2.000 Stellen zerstört....

Die Auswirkungen des Erdbebens von Kobe wurden jedoch in ihrem ganzen Ausmaß erst Tage, Wochen und Monate später sichtbar. Das Erdbeben zerstörte alle Verkehrsverbindungen in und um Kobe. Insbesondere wurde der weltweit sechstgrößte Umschlaghafen an diesem Januarmorgen buchstäblich ausradiert. Über ein Fünftel der Export- und Importtransaktionen Japans waren über diesen Hafen abgewickelt worden....Es dauerte Monate, bis der Hafen von Kobe wieder instandgesetzt war. 1995 hatte er zwei Drittel seines Frachtvolumens eingebüßt.

Die führenden Unternehmen Japans machten sich in der Geschäftswelt unter anderem einen Namen, weil sie auf schlanke Fertigungssysteme bauten – Prozesse, die qualitativ hochwerti-ge Produkte herstellten, wobei die Hersteller die Komponenten vom Zulieferer „just in time", also termingenau angeliefert bekommen. Die Minimierung der Teilebestände und die Synchro-nisation der Anlieferungsprozesse funktionierten sehr effizient. Aber das Erdbeben von Kobe zeigte die Vulnerabilität (deutsch: Verwundbarkeit) dieses Systems.

Obwohl die Fabrik von Sumitomo Metal Industries in Osaka nicht durch das Erdbeben zu Schaden kam, wurde ihre Gas- und Wasserversorgung zerstört. In dieser Fabrik wurden die meisten Bremsbacken hergestellt, die Toyota Manufacturing Company für seine Inlandsfahrzeuge verwendete. Da Toyota sich auf schlanke Fertigung stützte, hatte es keine Bestände an Einzelteilen. Der Mangel an Bremsbacken brachte die Produktion in den meisten Toyota-Autofertigungsanlagen in ganz Japan zum Stillstand, da diese ihre Bestände sehr bald aufgebraucht hatten. Aufgrund der fehlenden Teile konnte Toyota etwa 20.000 Fahrzeuge nicht produzieren....Auch dort, wo Fabriken intakt geblieben waren, dauerte es lange, bis man neue Routen für die Lkw- und Schiffslieferungen festgelegt hatte, die die zerstörte Infrastruktur des Gebiets um Kobe umgingen.

Das Erdbeben von Kobe zeigte auch die enge Vernetzung weltweit operierender Industrieunter-nehmen. Da viele Zulieferer multinationaler Konzerne betroffen waren, machten sich die Auswirkungen des Erdbebens sogar bei US-Unternehmen bemerkbar, die selbst keine Niederlassung in Kobe hatten. So musste Apple aufgrund des Produktionsstopps von Displaymonitoren in Kobe seine Produktion von PowerBook-Computern herunterfahren.

(Quelle: Sheffi, Y.: Worst-Case-Szenario. Wie Sie Ihr Unternehmen auf Krisen vorbereiten und

---

Praxissituation 86: Teures Flugverbot...

„Das Flugverbot wegen der Vulkanaschewolke hat die weltweite Wirtschaftsleistung um rund fünf Mrd. US-Dollar (etwa vier Mrd. Euro) gedrückt. ...Nicht nur Passagiere und Fluggesellschaften litten unter der Schließung europäischer Flughäfen. Der Ausfall traf auch Unternehmen, die bei Versorgung und Absatz von der Luftfracht abhängig sind, wie etwa deutsche Automobilhersteller. Insgesamt fielen zwischen dem 15. und 21. April (2010) mehr als 100.000 Flüge in Europa aus. Die Fluggesellschaften verloren netto 2,2 Mrd. US-Dollar. Die Reisenden gaben 1,6 Mrd. US-Dollar weniger aus. Produktivität im Wert von fast einer halben Mrd. Dollar ist verloren gegangen, weil Arbeitskräfte auf Flughäfen saßen."

(Quelle: LOGISTIK HEUTE weekly Nr. 21/2010)

4.5 Risiken aus externen Bedrohungsfällen

4.5.1 Allgemeine Risiken

Unternehmen sind zunehmend aufgefordert, mehr für den Schutz sensibler Infrastrukturen vor Terror, Katastrophen und menschliches Versagen zu tun. Insbesondere betrifft diese Forderung jene Bereiche, bei deren Ausfall die Versorgung und die Sicherheit der Bürger gefährdet sind. Eine zentrale Gefahr wird dabei im menschlichen Versagen, zum Beispiel in der Informationstechnik, gesehen.[643] Katastrophen, so verheerend sie auch immer sind, schärfen den Blick auf „Lücken im System" oder auf technische Unvollkommenheiten. Der technische Fortschritt löst ständig Probleme, die so vermeintlichen Lösungen bringen jedoch permanent immer wieder neue, technisch zu lösende Probleme hervor.

Eine besondere Bedrohung geht seit 2001 von Risiken aus Terrorangriffen unterschiedlichster Art aus. Amerikanische Sicherheitsexperten fürchten künftige Anschläge von einzelnen, verhältnismäßig amateurhaften Bombenanschlägen bis hin zu katastrophalen Anschlägen mit Massenvernichtungswaffen. Die Verwundbarkeit der Wirtschaftssysteme durch ABC-Angriffe (atomar, biologisch, chemisch) durch Terroristen wird nach wie vor als hoch und aktuell eingeschätzt. Die Verwundbarkeit der amerikanischen Wirtschaft hat sich partiell bereits in Krisenfällen aus Wirbelstürmen oder Flächenbränden gezeigt.

Von besonderer Bedeutung werden dabei Konzepte des *„Business Continuity"* sein: Fortsetzung der Geschäftstätigkeit nach Anschlägen oder Naturkatastrophen zur Aufrechterhaltung der Versorgung des Landes. Von Interesse wird dabei auch die Aufrechterhaltung der logistischen Infrastrukturen sein, um die Warenflusspipelines nicht zu unterbrechen. Dies ist aus Gründen der Versorgungsprozesse sowie der Verminderung des zu erwartenden Schadens zu betrachten: „Die USA haben auch schon mal ausgerechnet, was die Schließung eines Hafens wegen einer Bombenexplosion größeren Kalibers kostet: zwischen einer und 4,8 Mrd. Dollar pro Tag. Dem stehen Ausgaben für CSI-Maßnahmen (Container Security Initiative) in den Häfen von 141 Millionen Dollar gegenüber. Noch dieses Jahr wollen die USA die Zahl der CSI-Ports weltweit auf 58 erhöhen. Bis 2010 sollen überall gleiche Sicherheitsstandards herrschen."[644]

---

[643] Fichtner, N.: Regierung fürchtet Angriff auf Netze, in: Financial Times Deutschland 25. Januar 2008, S. 10
[644] Weise, H.: Totale Überwachung, *LOGISTIK inside* 10/2007, S. 18f.

4.5.2   Risiken aus Produkterpressungen gegen Unternehmen

Angriffe können Unternehmen auch in krimineller Weise durch Produkterpressungen treffen.

Praxissituation 87:   Der Fall „Thomy" der Nestlé AG...

„Von August 1996 bis September 1998 wurde die zum Nestlé-Konzern gehörende Thomy GmbH von Alexandru Nemeth erpresst. Obwohl Menschen im Verlauf der Erpressung nicht zu Schaden gekommen sind, war der finanzielle Schaden für den Nestlé-Konzern enorm. Wie war der Gang der Ereignisse?

➤ Das erste Erpressungsschreiben gab der 43jährige Schlosser und Landschaftsgärtner am 23. August 1996 bei der Post in Dortmund auf. Drei Tage später wurden in mehreren Supermärkten...vergiftete Thomy-Produkte mit Blausäure gefunden.

➤ Der Erpresser stellte die Blausäure nach Anleitung eines Buches selbst her, das er zuvor auf einem Trödelmarkt gekauft hatte. Unmittelbar nach der Platzierung der vergifteten Produkte gab Nemeth der Firma jeweils detaillierte Informationen über das vergiftete Produkt und den genauen Ablageort. Als Folge der Ereignisse wurden sämtliche Thomy-Produkte der jeweiligen Marke aus den betroffenen Geschäften entfernt. Zusätzlich wurde ein Informationsservice für Endverbraucher in Form einer Telefon-Hotline eingerichtet.

➤ In einer weiteren Erpressungsaktion verschickte Nemeth im Dezember 1997 Adventskalender mit vergifteten Süßigkeiten von Nestlé. Außerdem platzierte er einen mit Blausäure versetzten Milchshake auf einem Spielplatz in Köln und schickte präparierte Thomy-Produkte direkt zur Hersteller-Firma. Von der Nestlé AG forderte Nemeth 25 Millionen Mark in Rohdiamanten. Diese sollten von zwölf Brieftauben zum Erpresser transportiert werden. Die Polizei verfolgte die mit Peilsendern ausgestatteten Brieftauben per Hubschrauber zu einem Garten. Nemeth wurde als dessen Pächter ermittelt, unmittelbar bei der Lösegeldübergabe am 26. September 1998 verhaftet und ein Jahr später zu elf Jahren Gefängnis verurteilt.

(Quelle: Bellscheidt, B./Schäfer, H.: Produkterpressung als Risikofaktor in der Lebensmittelindustrie: Der Fall „Thomy" der Nestlé AG, in: www.krisennavigator.de/rifa2-d.htm vom 18.01.2002, S. 1f.)

Welche Auswirkungen hatte die Produkterpressung „Thomy"?

➤ Es ergaben sich durch den Austausch der Produkte Kosten in Höhe von 3,5 Millionen Mark. Der Umsatzverlust wurde auf etwa 34 Millionen Mark beziffert.

➤ Das Image von Thomy bzw. Nestlé litt erheblich. Dazu trug auch das ungeschickte Pressegespräch des Pressesprechers vor der deutschen Nestlè-Hauptverwaltung bei. Die Verbraucher erkannten dabei anhand des Nestlé-Logos im Hintergrund der Presseberichte, dass Thomy zu Nestle gehörte und übertrugen somit unbewusst die möglichen Gefahren der Erpressung auf die übrigen Nestle-Erzeugnisse.

➤ Ein weiteres Problem – das verhinderbar wäre – entstand durch sogenannte „Trittbrettfahrer", die ebenfalls Erpressungsversuche starteten. So versetzte ein Ehepaar Burger verschiedene Nestlé-Produkte mit Pflanzenschutzmitteln, ein weiterer Erpresser vergiftete Babynahrung mit dem Insektizid Parathion.[645]

Präventives Risikomanagement muss die Voraussetzungen für ein schlagkräftiges und zugleich sensibles Vorgehen im Krisenfall schaffen. Dazu könnten folgende Schritte gehören:[646]

➤ **Situations- und Risikoanalyse**
   Welche Produkte sind – auf Grund ihrer Umsatzstärke und Bekanntheit besonders gefährdet? Ist das Unternehmen von einem Produkt bzw. von wenigen Produkten abhängig oder stark di-

---

[645] Bellscheidt, B./Schäfer, H.: Produkterpressung als Risikofaktor in der Lebensmittelindustrie: Der Fall „Thomy" der Nestlé AG, in: www.krisennavigator.de/rifa2-d.htm vom 18.01.2002, S. 1f.
[646] Ebenda, S. 2ff.

versifiziert? Wie angreifbar ist das Unternehmen von innen und außen? Können die Produkte leicht manipuliert werden oder wird dieses durch eine Versiegelung wirksam verhindert? Sind Verunreinigungen der Produkte – bedingt durch die Textur des Lebensmittels – schwer zu erkennen? Im Fall „Thomy" konnte der Endverbraucher wegen fehlender Papier- oder Aluminiumsiegel bei Senftuben nicht erkennen, ob diese bereits geöffnet waren. Des Weiteren verhindert die pastöse Textur von Senf, dass Veränderungen durch Einspritzen von Flüssigkeiten sofort erkannt werden. Selbst bei geringeren Verzehrmengen können auf Grund der inhomogenen Verteilung der Schadstoffe in der Tube ernste Gefahren für die Gesundheit bestehen.

Der Fall „Thomy" hat gezeigt, dass ein Unternehmen vor allem durch eine Dachmarke mit hoher Bekanntheit angreifbar ist. Der geringe Diversifikationsgrad und die Zugehörigkeit zu einem bekannten Konzern verstärken das Risiko des Übergreifens der Auswirkungen der Konsumentenzurückhaltung auch auf andere Marken des Konzerns.

➢ **Optimierung der Produktsicherheit**

Durch versiegelte Produktverpackungen kann die Sicherheit für die Verbraucher nachhaltig erhöht werden. Mit abgeschirmten und gesicherten Produktionsanlagen kann das Risiko betriebsinterner Sabotage verringert werden.

➢ **Erstellung eines Krisenplanes**

Dazu gehört insbesondere die Bildung eines qualifizierten Krisenstabes, die Schaffung von Krisenhandbüchern und Checklisten mit Verhaltensregeln und Vorgehensweisen für den Ernstfall sowie die Vorbereitung auf selbstinitiierte, sogenannte „stille Produktrückrufe" ohne Einschaltung der Behörden und der Medien. Eine weitere Voraussetzung ist die uneingeschränkte Verfolgbarkeit der Produktwege, um Produktrückrufe auch logistisch zu beherrschen.

➢ **Abschluss einer speziellen Versicherung gegen Produkterpressungen.**

Praxissituation 88: Zyanidumhüllte Tylenol-Kapseln in den Ladenregalen

1982 hatte Johnson & Johnson mit seinem bekannten Schmerzmittel Tylenol einen Marktanteil von 37 Prozent am nicht rezeptpflichtigen Markt. Dann starben Ende September sieben Menschen, weil irgendjemand Packungen mit zyanidumhüllten Tylenol-Kapseln in die Ladenregale gestellt hatte. Obwohl sich diese Vergiftungsfälle auf den Großraum Chicago beschränkten, ging das Unternehmen kein Risiko ein, sondern nahm in einer Rückrufaktion alle 31 Millionen Packungen vom Markt....

Johnson & Johnson hielt das Produkt länger als einen Monat vom Markt zurück – und nutzte die Zeit für eine Neugestaltung der Verpackung, um eine weitere Produktsabotage zu vermeiden. Dazu gehörte auch das Umschwenken von den mit Pulver gefüllten Kapseln (die ohne weiteres geöffnet und mit einer fremden Substanz gefüllt werden konnten) auf feste Dragées. Das Unternehmen erstellte auch ein neues Design für die Dragéefläschchen und fügte drei Schutzschichten hinzu, die Produktsabotage erkennbar machen würde.

Ende des zweiten Quartals 1983, nur wenige Monate nach der Wiedereinführung mit hohem werbeaufwand, hatte Tylenol seinen ursprünglichen Marktanteil wieder erreicht. Dennoch verlor Johnson & Johnson mehrere hundert Millionen Dollar aufgrund von Verkaufseinbußen und Zusatzkosten.

(Quelle: Sheffi, Y.: Worst-Case-Szenario. Wie Sie Ihr Unternehmen auf Krisen vorbereiten und Ausfallrisiken minimieren, Landsberg/Lech 2006, S. 42 ff.)

4.5.3 Risiken aus kriminellen Handlungen gegen Unternehmensvermögen und Unternehmer

Der Schaden für die Unternehmen in Deutschland aus wirtschaftskriminellen Handlungen beläuft sich nach verschiedenen Studien auf rund vier Milliarden Euro pro Jahr. 91 Prozent der von Forsa befragten Unternehmen betrachten Wirtschaftskriminalität als eine ernsthafte Gefahr für das Unternehmen, die insbesondere von mittelständischen Unternehmen deutlich unterschätzt wird.[647]

---

[647] Redaktion RiskNET: Täter im eigenen Haus, www.risknet.de vom 08. Januar 2009

Praxissituation 89: „...Der Mann trägt ein weißes Hemd, Krawatte und Anzug ...

erinnert das Bild, mit dem die Polizei nach dem Mann fahndet, an einen prominenten Schlipsträger...Es kann gut sein, dass die Zeugen unbewusst einen Abgesandten der Konzernzentrale im Sinn hatten, als sie den Räuber beschrieben, der mit der Kasse ihres Discountmarktes geflohen war. Acht Märkte hat der etwa 45-jährige schon ausgeraubt, zuletzt Mitte Juni einen Netto-Markt in Köln, immer nach demselben Muster: Kurz vor Ladenschluss stellt er sich im Laden als Revisor aus der Hamburger Zentrale vor, der eine Überfallübung durchführen müsse. Immer noch scheinbar als teil der Übung zieht der Täter eine Pistole und bittet alle Mitarbeiter ins Büro. Dort fällt dann die Maske des Buchprüfers, aus dem Test wird bitterer Ernst. Während das Ladenpersonal auf dem Boden liegt, räumt der Räuber den Safe aus....

Wenn nun die LZ darüber berichtet, dann nicht aus Sensationslust. Auch nicht, um ein weiteres Geschäftsmodell vorzustellen, sondern nur, damit alle bei Edeka und anderswo daraus lernen. Trauen Sie keinem Revisor! Bisher wurde diese Warnung ja wohl versäumt, sonst hätte die Masche nicht achtmal funktioniert. (…) 200.000 Euro hat der Discount-Räuber bisher erbeutet – und das sozusagen nettissimo...."
(Quelle: Murmann, C.: Netto nettissimo, Lebensmittelzeitung 25. Juni 2010, S. 2)

Praxissituation 90: „Kriminelle prellen die Handybranche um Millionen. Mobilcom-Debitel testet jetzt Spezialscanner, um falsche Personaldokumente zu erkennen

Die Betrugsmasche ist stets gleich: Seriös und gut situierte wirkende Kunden mit Interesse an leistungsstarken und hochpreisigen Smartphones lassen sich in Handyshops beraten. Sie schließen einen teuren Mobilfunkvertrag ab, zahlen den verbleibenden Aufpreis für das Highendhandy und verlassen wenig später den Laden.

Die Telefonanbieter merken meist erst Wochen später, dass der Kunde ein Betrüger, der vorgelegte Ausweis gestohlen oder gefälscht und die angegebene Kontoverbindung falsch ist. Dann sind die vermeintlich lukrativen Kunden abgetaucht, die oft vier- bis fünfstelligen Rechnungen nicht mehr zustellbar und die Edelhandys längst über Ebay & Co. Verscherbelt.

Weltweit, erklärt die Deutsche Telekom, summiert sich die Betrugsschäden der Telefonbranche auf 50 Milliarden Euro. Wie hoch die Schadenssumme allein in Deutschland ist, will kein Mobilfunker verraten. Der Betrug dürfte mindestens im zweistelligen Millionenbereich liegen. Um den zunehmend organisiert auftretenden Betrügern das Geschäft zumindest zu erschweren, testet der Mobilfunkhändler Mobilcom-Debitel nun eine Technik: ...Ausweisscanner..., die binnen Sekunden erkennen, ob Personalausweise, Reisepässe oder Visa-Dokumente echt oder gefälscht sind.(…) …funktioniere die Prävention bemerkenswert gut"
(Quelle: Kuhn, T.: Prüfung des Ausweises soll Betrüger entlarven, in: WirtschaftsWoche 02. Mai 2011, S, 14)

Praxissituation 91: Leichtsinn

Die Täter kamen immer nachts. Viermal innerhalb weniger Wochen räumten sie in Sachsen-Anhalt Waren im Wert von mehreren hunderttausend Mark aus dem Lager eines Versandunternehmens. Die Polizei stand zunächst vor einem Rätsel. Sie fand keine Einbruchsspuren, die Alarmanlage blieb jedes Mal stumm. Dann des Rätsels Lösung: Die Einbrecher hatten sich eines alten Tricks bedient und den Schließzylinder einer nicht genutzten Tür ausgetauscht. So konnten sie sich unbemerkt Zugang zur Halle verschaffen.
(Wirtschaftswoche, Nr. 41 vom 01.10.1998, S. 107)

Praxissituation 92: Zaunklau bei Vollmondschein

„In der Nacht vom 17. zum 18. August haben unbekannte, dreiste Diebe 54 Metallzaunfelder von der Umzäunung des Sportplatzes in Höhe der Beach-Volleyball-Felder im sachsen-anhaltinischen Greppin gestohlen." (Wochenspiegel vom 01.09.2008, S. 3)

Praxissituation 93: Anschlag auf Pfandsystem
„Das deutsche Pfandsystem ist ins Visier professioneller Betrüger geraten. Wie die Deutsche Pfandsystem (DPG) versichert, konnte der „Super-Gau" jedoch verhindert werden. Die Berliner hatten Handel und Industrie vergangene Woche vor professionell gefälschten PET-Flaschen gewarnt, mit denen eine Bande in Schleswig-Holstein aufgeflogen ist....

Die Spur führt nach Litauen...Die Behörden haben bereits vor einigen Wochen drei Betrüger auf einem Aldi-Parkplatz festgenommen und ein Lager ausgehoben, in dem 150.000 Plagiate einer Traubenschorle-Flasche des Aldi-Abfüllers Riha-Wesergold gelagert waren....Die Beschuldigten waren von einem Osteuropäer angeworben worden, der die vorproduzierten Flaschen mit gefälschten Barcodes per LKW in eine eigens angemietete Lagerhalle in Kremperheide (Kreis Steinburg) befördert hatte..."
(Quelle: Lebensmittelzeitung, 20. Oktober 2006, S. 1)

Erpressung, Einbruch, Entführung – Firmenchefs sind in Beruf und Privatleben vielen Gefahren ausgesetzt, die sie oft nicht einmal wahrnehmen. Sicherheit ist dabei ein sehr komplexes Thema und erfordert individuelle Präventionskonzepte. Eine Verschärfung der Sicherheitslage ist laut Aussagen von Sicherheitsexperten nicht unbedingt festzustellen, wenn gleich sich die Bedrohungsschwerpunkte verändert haben. Wenn Unternehmer früher bis in die 90er Jahre durch terroristische und antikapitalistische Gruppierungen gefährdet waren – wie die Beispiele Herrhausen und Schleyer zeigen, geht die Bedrohung stärker von der organisierten Kriminalität, von Stalkern, unzufriedenen und entlassenen Mitarbeitern aus. Firmenchefs sind in ihrem Beruf und im Privatleben dennoch einigen Gefahren ausgesetzt, die sie oft nicht einmal wahrnehmen.

Praxissituation 94:
„Als Elmar Wipperdorl wieder zu sich kam, lag sein Auto im Straßengraben…
Was war passiert? Langsam kam die Erinnerung zurück: ein Zusammenstoß mit einem schwarzen Wagen. Wipperdorl hatte gerade mit seinem Steuerberater telefoniert und das andere Fahrzeug zu spät gesehen. Im Nachhinein schien es fast so, als ob jener Fahrer ihn hatte rammen wollen. Als Wipperdorl sich zur Rückbank umdrehte und seinen Aktenkoffer nicht fand, begann er zu begreifen. Die Patentunterlagen für die neue Steuerung waren weg. Nun passte für den geschäftsführenden Gesellschafter der Wipperdorl Spezialmaschinenbau Werke alles zusammen: der Hacker-Angriff auf den Server seines Unternehmens, die ungewöhnlichen Angriffe bei ihm zu Hause, der versuchte Einbruch in der Niederlassung, das merkwürdige Verhalten seines Produktionsleiters. Alles hatte offenbar nur einen Grund: Jemand wollte an die Konstruktionsunterlagen."

„Klar sieht Elmar Wipperdorl mittlerweile. Eine Messepräsentation seiner neuen Steuerungstechnik hatte bei der Konkurrenz viel Aufmerksamkeit erregt. Die klassischen Methoden der Industriespionage, der Einbruch und der Angriff über das Internet hatten nicht den gewünschten Erfolg gebracht. Der Konkurrent musste stärkere Geschütze auffahren und erpresste den Produktionsleiter. Allerdings kam der nicht an die begehrten Unterlagen heran. Also wurde der Chef persönlich angegangen, in einen Autounfall verwickelt und beraubt. Wipperdorl erarbeitet derzeitig mit professioneller Unterstützung ein umfassendes Sicherheitskonzept...."

4.6 Risiken aus der Auslandstätigkeit des Unternehmens

4.6.1 Risiken international ausgerichteter Unternehmensstrategien

Die Entwicklung vieler Unternehmen bei der Verlagerung von Produktionsaktivitäten ins Ausland zeigt den Widerspruch zwischen operativ-kurzfristigen Zwängen der Entscheidungsträger und deren strategischer Inkonsequenz. „Die Probleme deutscher Mittelständler fern der Heimat sind vielfältig. Die Firmen haben mit Entführungen, Korruption, Spionage zu kämpfen. Doch die wahren Krisenherde liegen nicht selten diesseits der Grenze – in den Köpfen der deutschen Firmenchefs."[648]

Die Forscher des Kieler Instituts für Krisenforschung ermittelten drei Typen von international agierenden Mittelständlern:[649]

- „Kurzfristige Kostenoptimierer" folgen blind der Karawane gen Osten. Momentane Lohnkostenvorteile können sich schnell nivellieren, wenn mit dem Marktwachstum in Osteuropa oder Fernost der Lebensstandard steigt und andere Kostenfaktoren nicht berücksichtigt werden.
- Der „folgsame Lieferant" sieht keine Alternative zur Verlagerung, weil er – wie im Falle des Zwangs zur Just-in-time-Fertigung" in der Autoindustrie – das Risiko einer zu langen Lieferkette scheut.
- Das „weitsichtige Global-Playerschen" kombiniert geschickt und erfolgreich die Stärken des Standorts Deutschland mit den Vorteilen einer internationalen Arbeitsteilung. So folgt der Taschenproduzent Bree Collection GmbH & Co. KG bei der Suche nach geeigneten Produktionsstandorten nicht kurzlebigen Trends, sondern produziert je nach individuellen Transportkosten und erwarteter Dauer des Modetrends preiswerte Taschen in China und hochwertige Damenhandtaschen in Thüringen.

Unternehmen müssen strategisch den Spagat zwischen den möglichen Chancen internationaler Expansionen und deren potenziellen Risiken bewältigen. Diese Erkenntnis zeigt sich bereits auf der Basis erster Erfahrungen von Unternehmen aus der Expansion in osteuropäische und asiatische Länder.

Praxissituation 96: .....die Produktion in Deutschland so attraktiv,

dass immer mehr Unternehmen nach Hause zurückkehren, die den Standort vor wenigen Jahren verlassen hatten. So etwa die N-TEC GmbH in Ismaning bei München. Ein guter Kunde hatte den Hersteller von Speichermedien für Geschäftskunden auf die Idee gebracht, die Gehäuse für die Speicher in Tschechien fertigen zu lassen. Die niedrigen Produktions- und Lohnkosten überzeugten Geschäftsführer Martin Huber: 'Wir erwarteten Einsparungen von rund 20 Prozent.' „

„Doch schon während der Anlaufphase der Zusammenarbeit mit seinem tschechischen Partner traten erste Probleme auf: ‚Wir hatten mit einer Lieferzeit von rund einer Woche gerechnet'...Bis der Partner lieferte, vergingen jedoch sieben Wochen – für Huber und seine Kunden viel zu lange...Nach drei Monaten erkannte der Mittelständler, dass sich an der Unzuverlässigkeit seines Partners auch künftig nichts ändern würde. Huber zog die Notbremse, kündigte den Vertrag und suchte sich in Deutschland einen neuen Partner..."

„Wer besonders großes Pech hat, wird auch noch von der Preisentwicklung im Ausland überholt. Das passiert derzeit vor allem Mittelständlern, die in die neuen EU-Staaten in Osteuropa expandiert haben. In absoluten Zahlen sind Löhne und Gehälter dort zwar immer noch viel günstiger als in Deutschland. Die Region befindet sich aber in einem derart rasanten Aufholprozess, dass der Vorteil zunehmend verschwindet..."

(Quelle: Mischler, G./Schorr, T.: Wozu in die Ferne schweifen, in: Markt & Mittelstand 05/2007, S. 14)

---

[648] Roselieb, F.: In der Welt zu Hause, Z. Markt und Mittelstand, 1/2006, S. 94
[649] Ebenda.

Eine Studie des Fraunhofer Instituts für Systemtechnik und Innovationsforschung (ISI) in Karlsruhe zeigte, dass 85 Prozent der befragten 1450 Unternehmen, die ihre Produktion ganz oder teilweise ins Ausland verlagerten, dadurch Personal- oder Materialkosten senken, jedoch Qualität, Liefertreue, Zuverlässigkeit und Flexibilität ebenso wichtige Parameter sind.[650] Wie diese Studie zeigte, sind schon allein die tatsächlichen Anlaufzeiten zweieinhalb mal so lang, als die Firmen in ihren Business-Plänen annehmen.[651]

Praxissituation 97: „Wie schnell im Zuge dieser Entwicklung die eigene Kalkulation zur Makulatur wird,

musste auch die Lemken GmbH & Co.KG erfahren. Der Landmaschinenhersteller aus Alpen am Niederrhein entschied sich Mitte der 90er Jahre, in Kaliningrad eine Firma aufzubauen. ‚Die Vorstellung, etwas Neues im Ausland zu schaffen und das zu Konditionen, wie wir sie uns nicht mal erträumen konnten, war zu verlockend‘, sagt Geschäftsführer von Busse...Die Aussichten auf schnelle Gewinne waren zu diesem Zeitpunkt hoch....

Doch dann kam alles ganz anders. Es begann damit, dass der billige russische Stahl nicht so schnell geliefert wurde wie erwartet...Ein weiteres Problem bereiteten dem Mittelständler die häufigen Stromausfälle. Wie sich später herausstellte, bezahlte der Vermieter der Werkhalle nur sporadisch seine Energierechnungen...Als die in Kaliningrad gefertigten Landmaschinenteile endlich in Deutschland eintrafen, waren sie entweder verrostet, weil sie Russen nicht so verpackt hatten, dass ihnen die aggressive Seeluft nichts anhaben konnte, oder sie fielen in Alpen durch die Qualitätssicherung....

Da Lemken keine eigene Abteilung hatte, die für die Verlagerung zuständig war, reiste der deutsche Werksleiter einmal im Monat persönlich mit allerhand Material, Werkzeugen und ein wenig Schmiergeld nach Kaliningrad....

Schließlich stieg noch der Preis für russischen Stahl...Alles in allem kostete das Engagement Lemken rund 250.000 Euro, brachte aber auch einen Neuanfang in Deutschland mit sich...“
(Quelle: Mischler, G./Schorr, T.: Wozu in die Ferne schweifen, in: Markt & Mittelstand 05/2007, S. 14)

---

[650] Mischler, G./Schorr, T.: Wozu in die Ferne schweifen, in: Markt & Mittelstand 05/2007, S. 14
[651] Ebenda.

Praxissituation 98: Kampf gegen den Drachen

Viele deutsche Unternehmen fahren besser damit, sich auf die Stammmärkte zu konzentrieren, als sich auf ein Abenteuer in China einzulassen

China zieht deutsche Unternehmen magisch an. Für die produzierende Industrie, so scheint es, ist China ein Muss. In weniger als zehn Jahren wird das bevölkerungsreichste Land der Welt die drittgrößte Wirtschaftsmacht nach den USA und Japan sein. China ist derzeit der Wachstumsmotor der globalen Wirtschaft und wird dies in absehbarer Zeit auch bleiben.

Wie sollen sich Unternehmen angesichts dieses neuen wirtschaftlichen Epizentrums positionieren? Sollen sie abwarten und damit vielleicht einmalige Chancen verschlafen? Sich von chinesischen Unternehmen überrollen lassen wie von japanischen in den 70er und 80er Jahren? Damals hatten viele Branchen in Deutschland, wie etwa die Unterhaltungselektronik, die Warnsignale ignoriert – und mussten dafür bitter bezahlen.

Heute sind die Vorzeichen andere. Viele deutsche Unternehmen haben bereits Standorte in China aufgebaut oder planen den Sprung ins Reich der Mitte. In einer aktuellen Studie hat Mercer die Chinastrategien namhafter deutscher Maschinen- und Anlagenbauer analysiert. Die Ergebnisse dürften Aussagekraft für die gesamte deutsche Fertigungsindustrie besitzen.

Getragen wird der deutsche Chinaboom vor allem von zwei Überlegungen: von den niedrigen Produktionskosten in China und der Aussicht auf einen neuen und gigantischen Absatzmarkt. Diese beiden Aspekte dominieren die China-Überlegungen in gefährlicher Weise. Doch gerade weil die Argumente „Kostenvorteil" und „Zukunftsmarkt" so überzeugend scheinen, springen die meisten Unternehmen bei ihren Globalisierungsstrategien zu kurz und blenden andere Faktoren aus.

Wer eine Standortverlagerung oder einen neuen Markt ins Auge fasst, muss alle Kostenarten berücksichtigen. Dazu gehören Opportunitätskosten, Logistikrisiken, Qualität, Prozessstabilität und Managementaufwand – aber auch die Sicherung geistigen Eigentums. In vielen Fällen führt eine vollständige Rechnung zu besseren Lösungen als die vermeintlich kostengünstige Verlagerung nach China oder in andere Billiglohnländer.

Vor allem zwei Aspekte werden in der Globalisierungsrechnung der meisten Unternehmen unterbewertet: der alternative Einsatz des zur Verlagerung erforderlichen Kapitals und die Verluste durch Diebstahl geistigen Eigentums, der in China nicht geahndet wird. Die Konsequenz: Viele Verlagerungen werden sich in der Praxis nicht lohnen!

Wie eine stimmige China-Strategie für einen westlichen Premiumhersteller aussehen kann, zeigt beispielhaft der Weltmarktführer für Getränkeabfüllanlagen, Krones. Das Neutraublinger Unternehmen hat erkannt, dass in dem von Low-Cost-Anbietern dominierten chinesischen Markt für Abfüllmaschinen die Bäume nicht in den Himmel wachsen.

In dem von Krones bedienten Topsegment ist das Unternehmen auch in China Marktführer – ganz ohne eigene Produktion im Land. Krones-Maschinen werden ohnehin in China nachgeahmt, doch da Fertigung und Entwicklung ausschließlich in Europa stattfinden, kann ein gewisser Know-how-Vorsprung gegenüber der chinesischen Konkurrenz besser gehalten werden.

Bei aller Euphorie über die chinesischen Wachstumsraten sollte zudem nicht vergessen werden, dass für die meisten Produkte auch in zehn Jahren die Stammmärkte der Triade die größten Absatzmärkte bleiben werden. Unternehmen, die nur über eingeschränkte Finanz- und Managementressourcen verfügen, sollten sich lieber auf die Absicherung ihrer Stammmärkte konzentrieren statt auf den mehr oder minder verzweifelten Versuch, China zu erobern.

Ein weiteres Element, das der China-Strategie vieler Unternehmen fehlt, ist die sorgfältige Analyse der Gefahren durch neue chinesische Wettbewerber. Fünf bis zehn Jahre technischer Vorsprung und eine noch zersplitterte Wettbewerbsstruktur in China lassen bei deutschen Fertigungsunternehmen das Gefühl der Sicherheit aufkommen. Dies könnte sich jedoch bald als trügerisch erweisen, denn chinesische Unternehmen sind oft extrem ehrgeizig und lernen schnell.

Gefährdet sind vor allem Unternehmen, in deren Märkten chinesische Wettbewerber bis 2020 voraussichtlich über 20 Prozent Marktvolumen erreichen werden und in denen die Möglichkeiten zur strategischen Absicherung des eigenen Wettbewerbsvorteils gering sind. Auch in Branchen, die von der chinesischen Regierung als „strategische Schlüsselindustrien" gefördert werden, sollte erhöhte Wachsamkeit geübt werden.

In einzelnen Bereichen sind chinesische Unternehmen bereits heute die Angreifer auf dem Weltmarkt. Nach Haier (weiße Ware) und Lenovo (Elektronik) sind etwa Dalian (Werkzeugmaschinen), Huawei (Elektronik) und Broad Air (Klimageräte) auf dem Sprung. Diese Unternehmen verfügen über die nötige Technologiekompetenz und eine konkurrenzlose Kostenposition im eigenen Land. Dass auch die finanziellen Mittel für eine weltweite Expansion zur Verfügung stehen, belegt die Tatsache, dass chinesische Firmen zunehmend an internationalen M&A-Transaktionen (Fusionen und Übernahmen) teilnehmen.

Grundsätzlich lassen sich für deutsche Premiumanbieter vier Felder zur strategischen Absicherung gegenüber chinesischen Konkurrenten identifizieren:

➢ Effizienzsteigerung: Wie in den vergangenen zwei Jahrzehnten müssen die Bemühungen um Kostensenkungen weitergehen. Natürlich werden im Vergleich die Kosten am Stand-ort Deutschland nicht mit denen an Billigstandorten mithalten können...Kostenmanagement plus die oben erwähnten Vorteile der Nichtverlagerung (bessere Qualitätssicherung, niedrigere Logistikkosten, Rechtssicherheit etc.) können dann zur Sicherung der Wettbewerbsfähigkeit der deutschen Standorte führen.
➢ Kundenbeziehung: Stabile Kundenbeziehungen mit Produktlebenszyklus-Konzepten, mehr-wertorientierten Servicestrategien, Relationship- und Brand-Management sind für Newcomer nur schwer zu knacken. Hier liegt eine entscheidende Stärke deutscher Premiumanbieter, die bislang nicht in gleichem Maße systematisch betrachtet worden ist wie die physische Wertschöpfungskette. Wer den Kunden auf der Basis eines klugen Beziehungsmanagements „besitzt", baut gegenüber chinesischen und anderen Wettbewerbern eine sehr effektive Wettbewerbsbarriere auf. Mapal etwa, ein mittelständischer Hersteller von Werkzeugsystemen für die Automobilindustrie, penetriert die relevante Zielgruppe auf allen Kontinenten so systematisch, dass für die Kunden ein klarer Mehrwert entsteht, der durch Wettbewerber kaum zu substituieren ist.
➢ Innovationspotenzial: Ein umfassendes Intellectual Property und Innovations-Management schafft neue Strukturen und Prozesse und minimiert Risiken. Innovationen dürfen sich künftig also nicht nur auf die Produktentwicklung beschränken. Durch die immer bessere Kopierbarkeit auch leistungsfähiger Produkte sollte die Aufmerksamkeit im Innovationsprozess auf neue Lösungen in der Verfahrenstechnik gelenkt werden. Intelligente Kombinationen von Produkt, Material und Verfahrenstechnik bieten Wettbewerbsbarrieren.
➢ Information Assets: Die kreative Sammlung und Nutzung von Kunden- und Betriebsdaten eröffnet neue Horizonte bei Kundenangebot und Kundenbindung. Ein Beispiel für einen solchen Wissenstransfer bietet der Flugzeugtriebwerksbauer Rolls-Royce. Mit Hilfe eines kontinuierlichen Stroms von Kennzahlen aus Vertrieb und Service steuert das Unternehmen seine Partner in Logistik, Einkauf und Komponentenproduktion

Für die Bearbeitung dieser Felder bedarf es eines starken Unternehmenskerns in Deutschland. Denn hier haben Unternehmen der Fertigungsindustrie nach wie vor gewichtige Standortvorteile: die Innovationsfähigkeit der Mitarbeiter, die hervorragende Infrastruktur, eine ausdifferenzierte Zulieferindustrie sowie ausgezeichnet ausgebildete Ingenieure und Facharbeiter.

(Quelle: Baumgartner, P: Kampf gegen den Drachen, Financial Times Deutschland, enable 03/2007, S. 24 f.)

Der Aufbau von Produktions- und Vertriebspartnerschaften im Ausland führt häufig zu Risiken aus Interessenkonflikten und interkulturellen Differenzen.

Praxissituation 99: „Eine eigene Fertigung in Indien...

aufzubauen, genau das war jedoch das Ziel des Drahtmaschinenherstellers Niehoff. Über einen indischen Partner vertrieb der Mittelständler aus Schwabach bei Nürnberg seit Mitte der Siebzigerjahre Anlagen zur Herstellung von Strom- und Telefonkabeln. Der einheimische Vertriebspartner startete zehn Jahre später auch eine eigene Fertigung in Lizenz. Ein zweischneidiges Schwert, so Niehoff-Geschäftsführer Heinz Rockenhäuser: ‚Damit konnten wir unser Geschäft zwar ausbauen und Importzölle vermeiden. Aber in Indien enden Lizenzverträge gesetzlich nach spätestens zehn Jahren. Und der Lizenznehmer ist dann frei, mit den Bauplänen zu machen, was er will.'

Niehoff gründete deshalb 1997 mit dem indischen Partner ein Gemeinschaftsunternehmen. Eine Fehlentscheidung, wie Geschäftsführer Rockenhäuser heute weiß: ‚Unsere Partner waren sehr auf ihren persönlichen Vorteil bedacht, weniger dagegen am Gedeihen des gemeinsamen Unternehmens.' Die langjährigen Geschäftsbeziehungen und die Aussicht auf weitere Geschäfte zählten für den Partner wenig. Das Konzept, eine Stammkundschaft aufzubauen, war ihm, wie vielen indischen Firmen, fremd. Der kurzfristige Vorteil stand im Vordergrund. Ohne indischen Partner hätte Niehoff sich den Start damals aber nicht zugetraut."

„...ist Niehoff global erfahren, das Geschäft auf ausländischen Märkten Firmenalltag. 85 Prozent seines Umsatzes erzielt der Maschinenbauer im Ausland, 70 Prozent sogar außerhalb der EU. Doch in Indien war diese Erfahrung wenig wert. Erst 2003 gelang es, den indischen Partner auszubezahlen und Niehoff of India vollständig zu übernehmen."

(Quelle: Müller, V.: Fehler vermeiden, WirtschaftsWoche 17. 11.2008, S. 45f.)

Die meisten strategischen Entscheidungsoptionen international agierender Unternehmen unterstellen einen sich permanent vertiefenden Globalisierungsprozess. Nun besteht gerade in Zeiten weltwirtschaftlicher Krisenzeiten die Gefahr der Deglobalisierung, eines sich verstärkenden Protektionismus der nationalen Regierungen. Ist es unter diesen Bedingungen vorteilhaft, internationale Aktivitäten einzuschränken und in gleichem Maße in die Stammwerke zurückzuholen und die Standortpolitik generell zu überdenken? Die grundsätzliche Strategie der Globalisierung sollte man selbst bei einem sich verschärfenden Protektionismus nicht infrage stellen. Deutsche Unternehmen würden aufgrund ihrer hohen Präsenz in vielen Märkten im Vergleich zu Firmen aus Ländern wie Frankreich oder Italien relativ besser dastehen.[652]

Unternehmen müssen bei Globalisierungsstrategien stets die Annahmen kritisch hinterfragen. Drei Grundfragen sind dabei wichtig:[653]

➢ Werden wir von einer Internationalisierung profitieren?
➢ Haben wir die nötigen Fähigkeiten im Management? Selbst wenn die Strategie Vorteile verspricht, fehlt manchen Unternehmen die dazu erforderliche Managementkapazität.
➢ Sind die Kosten größer als die Vorteile? Dieser Risikofaktor entsteht aus der Zunahme der Komplexität des Managements internationaler Organisationen.

Rückverlagerungen werden Studien zufolge vor allem wegen mangelnder Flexibilität und Lieferfähigkeit der Auslandsproduktion und Qualitätsproblemen vorgenommen. Sie sind oft auch die Folge von Fehlplanungen. Risikoanalysen von Standortfaktoren werden häufig nicht konsequent oder für einen zu kurzen Zeitraum erstellt. Es ist in der Regel nicht möglich, die gleichen Prozesse wie am Stammsitz des Unternehmens in Deutschland in kurzer Zeit – und dies nur billiger – an den neuen Standorten laufen zu lassen und hier das gleiche Qualitätsniveau zu erreichen.[654]

Durch eine Studie des Fraunhofer-Instituts für System- und Innovationsforschung (ISI) Karlsruhe wurden sieben Fehler bei kostenorientierten Standortverlagerungen erkannt:[655]

---

[652] Simon, H.: Das Risiko Deglobalisierung, managermagazin 4/2009, S. 106
[653] Alexander, M./Korine, H.: Global oder lokal – prüfen Sie Ihre Strategie, Harvard Business Manager 6/2009, S. 83 ff.
[654] Gillies, C.: Hallo, Deutschland, LOGISTIK inside 10/2008, S. 35ff.
[655] Ebenda, S. 38

1. Mangelnde Stimmigkeit von Strategien und Bewertungskriterien
2. Keine adäquate Berücksichtigung interner Optimierungspotenziale am bestehenden Standort
3. Keine Bewertung des Netzwerkbedarfs am jeweiligen Standort
4. Statische statt dynamische Standortbewertung
5. Fehlende Analyse des Stellenwerts einzelner Standortfaktoren für das Gesamtergebnis
6. Unterschätzung der Anlaufzeiten zur Sicherung der notwendigen Prozesssicherheit, Qualität und Produktivität
7. Falsche Schätzung und Zuweisung der Kosten für die Betreuung, Koordination und Kontrolle des ausländischen Standorts (Overhead-Kosten)

Osteuropa-Projekte scheitern oft nicht an der Standortwahl, sondern an den Fehlern ihrer Vorbereitung und Umsetzung:

➢ Mängel in der Erfassung und Integration von Informationen in die Entscheidungsfindung
➢ Schwächen in der Planung der Auslandsprojekte
➢ Mangel in der Begleitung des Auslandsprojekts durch das Controlling
➢ Fehlen eines einheimischen Partners oder Helfers
➢ Unterschätzung des Zeitfaktors und der erforderlichen Geduld
➢ Unterschätzung oder Missachtung der unterschiedlichen Kulturen in den Investitionsländern
➢ Fehlen der erforderlichen Sprachkenntnisse
➢ Fehlen der Präsenz deutscher Mitarbeiter auf den wichtigsten Positionen.

Unternehmen müssen in ihren international ausgerichteten Strategien auch Risiken aus politischen, rechtlichen und insbesondere bürokratischen Hürden kennen und einschätzen. So strebt die russische Regierung zielgerichtet eine behördliche Kontrolle und Regulierung von Investitionen in Wirtschaftssektoren mit „strategischer Bedeutung" an.[656] In Indien sind Behinderung, politische Agitation gegen Investoren, undurchsichtige Regelwerke, überbordende Bürokratie, schlechte Bezahlung staatlicher Angestellter, Amtsmissbrauch, Erpressung und Korruption an der Tagesordnung, keine Fehler im System – sie sind vielmehr das System. Indien lag im Jahre 2008 in der Rangliste der korrupten Staaten nur noch auf Platz 85 – im Gegensatz zu 1995 mit Platz 35.[657]

Praxissituation 100:
„Der Inspektor der örtlichen Brandschutzbehörde schüttelte widerwillig den Kopf...
...'Die müssen raus, müssen ersetzt werden', sagte er und zeigte auf die knallroten Feuerlöscher an den Hallenwänden. ‚Aber die sind keine vier Wochen alt. Westware, erstklassige Qualität, alle gemäß indischen Bestimmungen', insistierte der deutsche Mittelständler noch in seiner neuer errichteten Fabrik in Noida, einem Vorort von Delhi. Es half nichts. Die Pulverlöscher, einzig wirksames Mittel bei Ölbränden oder Starkstromanlagen, mussten ersetzt werden durch veraltete Wasserlöscher. ‚Vorschrift', sagte der Inspektor noch streng.

Was er nicht sagte: Die gesetzlichen Regeln und Bestimmungen interessierten ihn nicht im Mindesten. Er wollte Geld. Nicht auf direktem Weg, denn das hätte ihn angreifbar gemacht. (...) Vielmehr sollte der deutsche Industrielle überteuerte Feuerlöscher einer bestimmten indischen Firma erwerben – von der der Inspektor dann seine Vergütung erhält, so die Vermutung. Behörden-Alltag in Indien.
(Quelle: Müller, V.: Wie Indien seine eigene Zukunft gefährdet, in: Die Welt 22. Mai 2009, S. 10)

Bei Auslandsinvestitionen sind zudem alle steuerlichen Risiken einzukalkulieren, die sich aus einer konzern- oder unternehmensgruppeninternen Verrechnung von Kosten und Gewinnen ergeben, wenn die deutschen Finanzämter in Ansatz gebrachte Verrechnungspreise und sich daraus ergebende Gewinnverlagerungen ins steuergünstigere Ausland nicht anerkennen.[658]

---

[656] Willershausen, F.: Wechselnde Hürden, in: WirtschaftsWoche vom 03.12.2007, S. 46

[657] Müller, V.: Wie Indien seine eigene Zukunft gefährdet, in: Die Welt 22. Mai 2009, S. 10

[658] Diefenbach, R.: Strafsteuer für Wagemut, in: impulse 12/2007, S. 114

4.6.2 Risiken aus der Außenhandelstätigkeit

4.6.2.1 Risikoarten des Außenhandelsgeschäfts

Im Außenhandelsgeschäft der Unternehmen treten allgemeine ökonomische Risiken sowie spezielle Länderrisiken auf. (Tab.69)

Ökonomische Risiken

Risikoart	Risikoinhalt	Risikoabsicherungsmaßnahmen
Marktrisiko	Verlustgefahr, die das Unternehmen aus der falschen wirtschaftlichen Einschätzung der Auslandsmärkte bedroht und kann in folgenden Formen auftreten: ➢ Quantitatives Marktrisiko: Fehleinschätzung des Marktvolumens, so dass z.B. keine ausreichenden Produktmengen für den jeweiligen Absatzmarkt bereitgestellt werden ➢ Qualitatives Marktrisiko: Ungeeignetes Sortiment oder schlechte Produktqualität sprechen nicht den Käufer im Ausland bzw. Inland an. ➢ Lokales Marktrisiko: Es wurden der falsche Absatzmarkt/ Beschaffungsmarkt oder auch der falsche Distributions-/ Beschaffungsweg ausgewählt. ➢ Temporales Marktrisiko: Es wurde nicht der richtige Absatzzeitpunkt gewählt, z.B. zur Markteinführung neuer Produkte.	➢ Zielgerichtete Marktvorbereitung ➢ Prüfung der eigenen Leistungsfähigkeit für den Auslandsmarkt ➢ Laufende Marktberichterstattung durch Gebietsansässige ➢ Marktforschung ➢ Auslandsmarktpräsenz ➢ Produktgemäßer Distributionsweg
Preisrisiko	Gefahr von Preisveränderungen sowohl auf den Auslandsmärkten als auch auf dem Inlandsmarkt ➢ Importeur hat ein Preissteigerungsrisiko im Hinblick auf die auf den Auslandsmärkten beschafften Produkte und ist andererseits abhängig vom Inlandspreisniveau, sofern inländische Konkurrenzprodukte angeboten werden. ➢ Exporteur hat ein Preissenkungsrisiko auf Grund des verschärften Wettbewerbs auf den Auslandsmärkten oder durch staatlich subventionierte Preise von Konkurrenten und andererseits ein Preissteigerungsrisiko, z.B. durch Lohnerhöhungen oder Materialverteuerung auf der Einkaufsseite.	➢ Marktsegmentbezogene Preispolitik ➢ Preisgleitklauseln ➢ Preisabsprachen, u.a. Kartelle ➢ Preisbindung, u.a. durch Indizes oder Inflationsrate ➢ Preissicherungsgeschäfte an Warenbörsen ➢ Langfristige Außenhandelsverträge
Kreditrisiko	Gefahr der Zahlungsunwilligkeit, Zahlungsunfähigkeit und des Zahlungsverzugs bei der Gewährung von Lieferantenkredit an den Importeur	➢ Anzahlungen zur Mitfinanzierung des Auftrages, z.B. während der Produktionszeit ➢ Kreditsicherheiten, wie Wechsel und Garantien ➢ Formen der AH-Finanzierung mit Absicherung des Zahlungs- und Kreditrisikos, z.B. Akkreditiv ➢ Ausfuhrkreditversicherung und Forderungsverkauf

Lieferungs-/Annahme-risiko	➤ Importeur hat Lieferungsrisiko hinsichtlich Einhaltung von Lieferfrist, Lieferqualität oder Liefermenge sowie sonstiger Vereinbarungen über die Lieferung durch den Exporteur. ➤ Exporteur hat Annahmerisiko hinsichtlich der fristgerechten Annahme der Ware und der Unterlassung nicht berechtigter oder schwer nachprüfbarer Mängelrügen.	➤ Auskünfte gewerblicher Auskunfteien, Konsulaten, Handelskammern usw. ➤ Bankinformationen ➤ Kaufvertragsgestaltung, insbesondere im Hinblick auf die Stellung einer speziellen Lieferungs- und Gewährleistungsgarantie einer Bank
Kursrisiko	Veränderungen von Austauschrelationen zwischen verschiedenen Währungen im Zeitraum zwischen Vertragsabschluss und Zahlungseingang insbesondere zwischen der zu fakturierenden Währung gemäß Kaufvertrag und der Landeswährung.	➤ Abschluss in inländischer Währung ➤ Diskontierung von Fremdwährungswechseln ➤ Bei Zahlungsziel Kreditaufnahme in der fakturierten Währung und Tilgung aus dem Exporterlös ➤ Kreditaufnahme in einer abwertungsverdächtigen Währung, da dann evtl. mit weniger Geld der Kredit zur Refinanzierung des Lieferantenkredits zurückgezahlt werden kann ➤ Devisentermingeschäfte zur kurzfristigen Kurssicherung ➤ Längerfristige Kurssicherungsgeschäft
Transportrisiko	Risiko der Beschädigung oder des Verlustes der Ware auf dem Transportweg durch Unfall, Havarie, Krieg oder andere Ereignisse ➤ Lokales Transportrisiko: Versand an einen falschen Ort ➤ Temporales Transportrisiko: Verzögerung oder Verhinderung der Beförderung ➤ Quantitatives Transportrisiko: Verlust oder Reduzierung der Ware ➤ Qualitatives Transportrisiko: Verschlechterung oder Beschädigung der Ware	➤ Abschluss einer Transportversicherung ➤ Auswahl einer Lieferbedingung, die das Transportrisiko auf den Vertragspartner abwälzt (bei Exportverträgen z.B. ab Werk)
Standortrisiko	➤ Risiko der richtigen Wahl des Standortes für das AH-Unternehmen im Hinblick auf seine Export- bzw. seine Importfähigkeit im Vergleich zu den Konkurrenzunternehmen ➤ Standortrisiken beispielsweise in der Lohnstruktur, in der Arbeitsmoral, in der Infrastruktur, in den Steuergesetzen, in der Konkurrenzsituation oder der Käuferstruktur.	➤ Direktinvestitionen im Absatzmarkt oder auf einem „billigen" Drittmarkt ➤ Passiver Veredlungsverkehr ➤ Lizenzfertigung ➤ Kooperationen
Imagerisiko	➤ Nichteinhaltung von Umwelt- und Sozialstandards in den Importländern	➤ Vereinbarungen zu den geforderten Standards ➤ Vor-Ort-Kontrollprozesse

Länderrisiken		
Risikoart	Risikoinhalt	Risikoabsicherungs-maßnahmen
Politisches Risiko	➢ Politische Instabilität des Landes ➢ Verlustgefahr durch Schäden infolge von Feindseligkeiten wie Krieg, Boykott oder Blockade zwischen zwei oder mehreren Staaten oder aufgrund innenpolitischer Entwicklungen im Land des Vertragspartners wie Streiks, Unruhen oder Bürger-krieg. ➢ Politische Risiken sind auch politisch motivierte Ereignisse der Beschlagnahme, des Verlustes der Ware oder ihrer Beschädigung.	➢ (staatliche) Kreditversicherung (z.B. Hermes Kreditversicherung) ➢ Zahlungsgarantien ➢ (bestätigte) Akkreditive
Zahlungs-verbots- und Moratoriums-risiko	➢ Zahlungsverbotsrisiko: Möglichkeit, dass durch staatliche Maßnahmen zahlungs-willige und zahlungsfähige Schuldner an der Erfüllung ihrer Verbindlichkeiten gehindert werden, z.B. aus tiefgreifenden Zahlungsbilanzproblemen ➢ Moratoriumsrisiko: staatlich veranlasster Zahlungsaufschub, der in der Weise praktiziert wird, dass nur in gleicher Höhe wie Zahlungen aus dem anderen Land eingehen auch Zahlungen erbracht werden	
Transfer- und Konvertie-rungsrisiko	➢ Transferrisiko: Der ausländische Staat will entweder bestimmten Schuldnern bei ihrer Bank bereits geleistete Zahlungen in inländischer Währung nicht in ausländische Währung umtauschen bzw. die inländische Währung nicht ins Ausland überweisen lassen oder wünscht vorübergehend aus wirtschaftspolitischen Gründen keinen Geldexport. ➢ Konvertierungsrisiko: Staat könnte den Umtausch seiner Währung in eine andere Währung verbieten. Er lässt indes die Erfüllung von Auslandsverträgen auf der Basis gegenseitiger Verrechnungen zu.	
Wirtschaftliches Risiko	➢ Wirtschaftsklima des Landes ➢ Länderlastigkeit (Anteil der Geschäftsverbindungen mit dem betreffenden Land)	➢ Streuung der AH-Aktivitäten
Rechtliches Risiko	➢ Allgemein: staatlich geprägte oder administrativ veranlasste Rahmenbedingungen für die Rechts- und Wirtschaftsordnung. Beispiele: Veränderungen im Zoll- und Steuerrecht, bei den Export- und Importregeln, im Arbeits- und Sozialrecht, im Niederlassungsrecht oder bei gewerblichen Schutzrechten ➢ Vertragsrecht: Vertragsdokumentation, Einklagbarkeit, Kompetenz und Vertragsfähigkeit der Partner ➢ Regelungen zur individuellen Rechts-verfolgung und Vollstreckungswesen	➢ Laufende aktuelle landesspezifische Informationen ➢ Kontakte zu staatlichen Institutionen ➢ Kontakte zu Organen der Rechtspflege
Sozio-kulturelles Risiko	➢ Diese Risiken entstehen durch die jeweilige Gesellschaftsstruktur in einem Land, vor allem geprägt durch die Religionen des Landes, das Bildungswesen, die Traditionen und Gebräuche sowie durch soziale Konfliktpotenziale.	➢ Intensive Vorbereitung der Auslandskontaktpersonen ➢ Einbeziehung von Gebietsansässigen im Auslandsmarkt ➢ Detaillierte Landeskenntnisse

Tab. 69   Ökonomische Risiken im Rahmen der Außenhandelstätigkeit von Unternehmen[659]

---

[659] Eigene Darstellung nach Jahrmann, F.-U.: Außenhandel, 9. Auflage, Kiel 1998, S. 272ff.; Keitsch, a.a.O., S. 28

4.6.2.2 Allgemeine und länderspezifische rechtliche und politische Risiken

Rechtliche Risiken ergeben sich durch staatlich oder administrativ geprägte Rahmenbedingungen für die Rechts- und Wirtschaftsordnung, zum Beispiel das Zoll- und Steuer-, das Import- und Export-, das Arbeits- und Sozial- sowie das Niederlassungsrecht. Darüber hinaus sind besonders die Qualitäts-, Haftungs- und Schutzrisiken.

Für international tätige Unternehmen sind die besonderen Risiken zu beachten, dass Kunden die Ware wegen Beanstandungen nicht abnehmen oder dass nach dem Verkauf durch Kunden Haftungsansprüche gegenüber dem Hersteller geltend gemacht werden. Derartige Risiken können wegen ihrer besonderen Schadenshöhe schnell bestandsgefährdend werden. Im Zusammenhang mit zunehmendem Outsourcing und Subcontracting können für den Importeur Schadensersatz- oder Regressansprüche durch tatsächlich auftretende Folgeschäden entstehen. Die potenzielle Gefährdung der Gesundheit der Konsumenten, welche zu präventiven oder korrektiven Rückrufaktionen führt, wirkt durch ihre notwendige massenmediale Verbreitung imageschädigend. Es ist auch in Zukunft durch den relativ hohen Anteil der Warenimporte aus Billigstandorten von einer erhöhten Gefährdungslage auszugehen.[660]

Die Produkthaftungsrisiken können im Einklang mit dem jeweiligen Haftungsrecht in den verschiedenen Ländern stark variieren.

Produkt- und Markenpiraterie beinhaltet das Nachahmen oder Fälschen von Produkten und somit eine gezielte Verletzung von Marken-, Patent-, Urheber- und sonstigen gewerblichen Schutzrechten sowie deren illegale Nutzung. „Im Falle des Auftretens unrechtmäßiger Produkte und Marken entstehen für die ursprünglichen Markenhersteller direkte Schäden durch Umsatzeinbußen und den Verlust von Marktanteilen, die aus entgangenen Erlösen resultieren (Opportunitätskosten). Ein weiteres Risiko besteht im Bereich der Qualitäts- und Haftungsrisiken(…), da Marken-Goodwill und Reputation des gesamten Unternehmens beschädigt werden können.(…) Hinzu kommen potenzielle Produkthaftungsklagen und Schadensersatzansprüche, die oft zunächst an den Hersteller der Originalware herangetragen werden, auch wenn die Schäden durch kopierte Produkte verursacht wurden. Handelt es sich bei den Produkten um sicherheitsrelevante Technik oder pharmazeutische Produkte, ist der Plagiatehandel besonders risikobehaftet, da hier nicht nur Risiken für die Markenhersteller, sondern auch Gesundheitsgefährdungen für die Verbraucher auftreten können."[661]

Ein sehr weites Feld ist die Findung risikofreier Markennamen für die im In- und Ausland produzierten und für die jeweiligen Ländermärkte bestimmten Produkte. Eine Studie von WEIGEL[662] hat die Liste der peinlichsten Markennamen und deren Konsequenzen für das Marketing im chinesischen Markt untersucht.

Politische Risiken treten in unterschiedlichen Erscheinungsformen auf:[663]

➢ Fiskalisches Risiko
Eine besondere Risikosituation besteht hier in den kurzfristigen Veränderungen der angebots- und nachfrageseitigen Einflüsse von Entscheidungen der Steuer- und Abgabengesetze. Insbesondere bei einer lokalen Produktion in dem jeweiligen Gastland können politische Kursänderungen und einschneidende fiskalpolitische Maßnahmen den Bestand von Tochterunterneh-

---

[660] Rehner, J./ Neumair, S.-M.: Risiken internationaler Unternehmenstätigkeit: Begriffserklärungen und Formen von Internationalisierungsrisiken, in: Kühlmann, T.M./Haas, H.-D.(Hrsg.): Internationales Risikomanagement. Auslandserfolg durch grenzüberschreitende Netzwerke, München 2009, S. 38ff.
[661] Ebenda, S. 40
[662] Weigel, T.: Westliche Firmen-, Produkt- und Markennamen und ihre Übertragung ins Chinesische, Mainz 2003
[663] Vgl. Rehner, J./Neumair, S.-M.:, a.a.O.,S. 41ff.

men mittelfristig gefährden, da die der Investitionsentscheidung zugrunde liegende Kalkulation dadurch möglicherweise ungültig wird."

➢ Enteignungsrisiko

Das Enteignungsrisiko liegt in der Möglichkeit des Zugriffs staatlicher oder anderer öffentlicher Organisationen im Gastland auf das Vermögen eines Unternehmens.

➢ Transferrisiko

Dieses besteht in der Gefahr, dass die Repatriierung, d.h. die Rückführung von erlösen bzw. des investierten Kapitals in das Herkunftsland des Investors erschwert oder verhindert wird. Die praktischen Erscheinungsformen können von einem Zahlungsverbot, wodurch die in den betroffenen Ländern ansässigen Schuldner ihre Verbindlichkeiten im Ausland nicht begleichen dürfen, über ein Moratoriumsrisiko, nach dem die Zahlungen in Folge von Devisenknappheit aufgeschoben werden müssen, bis hin zu Konvertierungsrisiken, die sich aus dem im Land eines ausländischen Kunden verhängten Verbot des Umtausches der nationalen Währung ergeben.

➢ Dispositionsrisiko

Es umfasst die einzelwirtschaftlichen Folgen politisch motivierter Eingriffe des Gastlandes, welche den Handlungsspielraum ausländischer Unternehmen einschränken. Dazu können insbesondere administrative Regelungen wie beispielsweise Absatzkontingente, Local-Content-Vorschriften – Vorschriften zur Erwirtschaftung eines regionalen Wertschöpfungsanteils -, Embargomaßnahmen im Empfängerland, der Zwang zur Gründung von Joint Ventures mit lokalen Firmen, die Verpflichtung zur Ansiedlung bestimmter Forschungs- und Entwicklungsleistungen im Gastland zählen.

➢ Kriminalitätsrisiko

Wirtschaftskriminalität erwächst insbesondere aus der steigenden Komplexität der Organisationsformen des Geschäfts, aus den unterschiedlichen Wertsystemen verschiedener Akteure, dem Einkommensgefälle, mangelnder Kontrolle und organisationsinternen Aspekten. Wirtschaftskriminalität zeigt sich zunehmend in organisierter Kriminalität, wie zum Beispiel im Rauschgifthandel und –schmuggel, in Schleuserkriminalität, in Steuer- und Zolldelikten, Fälschungskriminalität, Eigentumsdelikten.

➢ Terrorismusrisiko

Risiken durch bewaffnete Auseinandersetzungen und andere terroristische Angriffe lassen sich in bestimmten Risikoräumen durch unternehmensspezifische Schlüsselelemente identifizieren. So lassen sich bestimmte Standort- und Gebäudetypen als besonders gefährdet einstufen, sind Unternehmen von Bedeutung, an denen man ein strategisches Interesse an dessen Geschäftstätigkeiten hat.

➢ Korruptionsrisiko

Dieses liegt in der Gefahr, dass von Vertretern öffentlicher Organisationen Forderungen nach illegitimen, teilweise illegalen Zahlungen an ein Unternehmen herangetragen werden. Das besondere Risiko besteht für Unternehmen in jenen Branchen, in denen die Erteilung nötiger Lizenzen, der Umfang von Genehmigungsinstanzen sowie die Beziehungen zwischen den Instanzen und dem Unternehmen als Kunden von hoher Relevanz sind.

In den letzten Jahren sind zahlreiche Länderindizes und –ratings entwickelt worden, die für die Risikobewertung im Rahmen von Auslandsaktivitäten von hoher Relevanz sind.[664]

4.6.2.3 Außenwirtschaftsrechtliche und -politische Risiken

Verstöße gegen die geltenden gesetzlichen Exportregelungen sowie die Missachtung der rechtlichen Besonderheiten ausfuhrgenehmigungspflichtiger und ausfuhrsensibler Produkte können zu wirtschaftlich bedeutenden Risiken im Rahmen der Außenhandelstätigkeit werden. Ein spezielles Risiko besteht für Unternehmen in der (unbewussten oder bewussten) Missachtung von Embargo-

---

[664] Vgl. u.a. Holtbrügge, D./Ehlert, J.: Länderindizes und Länderratings als Informationsgrundlage des internationalen Risikomanagements, in: Kühlmann, T.M./Haas, H.-D.(Hrsg.): Internationales Risikomanagement. Auslandserfolg durch grenzüberschreitende Netzwerke, München 2009, S. 83-134

regeln in der Außenwirtschaft sowie im Verstoß gegen die – meist aus politischen und/oder militärischen Gründen festgelegten personen- und institutionsbezogenen Handelsbeschränkungen.

Auf Grund der zunehmenden Terrorgefahr hat die EU Regelungen zur Erhöhung der Sicherheit im Rahmen der Außenwirtschaftstätigkeit erlassen. Eine der wichtigsten Änderungen ergibt sich durch die Einführung der sogenannten Sanktionslisten, die durch entsprechende EG-Verordnungen für sämtliche EU-Staaten gelten. Mit darin verzeichneten Personen, Organisationen und Einrichtungen dürfen weder mittelbar noch unmittelbar vertragliche oder andere wirtschaftliche Beziehungen eingegangen werden. Neben den EU-Listen gelten auch amerikanische Listen, die unter bestimmten Voraussetzungen zusätzlich zu beachten sind.

Das Problem der Anwendung dieser Listen ist, dass sie teilweise unbestimmt und sehr umfangreich sind sowie sich täglich ändern können. Sie sind rechtsverbindlich durch geltende EU-Gesetze, so dass ein Verstoß wie ein Embargobruch geahndet wird. Gemäß Außenwirtschaftsgesetz (AWG) ist demzufolge mit strafrechtlichen Konsequenzen für Verstöße zu rechnen. Strafrechtliche Ermittlungen richten sich dabei u.U. gegen das Unternehmen, gegen die Geschäftsleitung und gegen die verantwortlich Handelnden. Wer mit den dort erfassten Unternehmen Handel treibt, muss mit Geldbußen von bis zu einer Million Euro, dem Entzug der Einfuhr- und Ausfuhrlizenzen und sogar Haftstrafen rechnen. Wenn z.B. ein Versandleiter seine Sorgfaltspflichten verletzt hat oder der Verstoß Folge einer fehlenden oder unzuverlässig arbeitenden Organisation war, kann er zur Verantwortung gezogen werden. Innerhalb des Unternehmens sind daher per Organisationsanweisung alle betreffenden Bereiche einzubeziehen, insbesondere Vertrieb, Service und Einkauf.[665]

Unternehmen können die in diesem Zusammenhang erforderlichen Prüfungen nur durch Anwendung leistungsfähiger Software, sogenannter „Matching-Software" effizient vornehmen.

Praxissituation 101: Umfangreiche schwarze Listen in den USA...

gelten für alle Firmen, die Kunden, Lieferanten oder Tochterunternehmen in den USA haben oder die US-Materialien verwenden – und sind damit auch für viele deutsche Betriebe relevant. „Das musste die Petrom GmbH aus München im Jahre 2005 schmerzhaft erfahren. Die Firma exportierte Waren mit amerikanischen Bestandteilen an einen Kunden im Iran. Nach deutschen Gesetzen war das zwar legal, nicht aber in den Augen der US-Behörden. Aus deren Sicht gilt das Exportrecht der Vereinigten Staaten weltweit, und danach war die Ausfuhr verboten.

Ein amerikanisches Gericht brummte Petrom daher eine Geldstrafe von 143.000 Dollar auf und schloss das Unternehmen für die nächsten 20 Jahre vom US-Handel aus..."

(Quelle: Callies, S./Schmidt, K.: Liefern Sie an Terroristen? in: impulse 04/2008, S. 121)

EU-Unternehmen können sich seit dem 01. Januar 2008 als „Zuverlässige Wirtschaftsbeteiligte" mit dem AEO-Siegel (Authorised Economic Operator) zertifizieren lassen. Diese Zertifizierung verfolgt das Ziel, die gesamte Lieferkette vom Hersteller bis zum Endkunden sicherer zu gestalten. Werden Waren eines solchen Unternehmens zur Ausfuhr angemeldet, werden sie automatisch als sicherer eingestuft und seltener kontrolliert. Kann ein solches Zertifikat vor Verstößen gegen Voll- und Teilembargos schützen? Zur Erlangung des AEO-Status ist vom Unternehmen zu beweisen, dass es eine sehr gute Zoll-, Export- und Sicherheitsorganisation hat. Dazu gehören u.a. die Einhaltung der Zollvorschriften, die Führung von Geschäftsbüchern, die Erfüllung von Zahlungsverpflichtungen, die Absicherung von Gebäuden sowie die Schulung und Überprüfung neuer Mitarbeiter. Dies schließt auch die Prüfung potenzieller Handelspartner anhand der Antiterrorlisten ein.[666]

Die Zertifizierung nach AEO stellt „eine Art Zuverlässigkeitsvermutung und mögliche Beweislastumkehr" dar. Das Unternehmen kann dann bei Verstößen möglicherweise auf eine einmalige

---

[665] Die folgenden Aussagen sind entnommen aus einem Interview mit Matthias Merz: Nicht nur Kosten, in: Logistra, 6/2006, S. 14 f.

[666] Allgöwer, K: Sicher hinaus in die Welt, in: Financial Times Deutschland, Beilage enable 01/2008, S. 28f.

Nachlässigkeit oder Fahrlässigkeit verweisen und muss sich dann nicht auf eine umfassende Rechtsklage einstellen.[667] Der EU-Zollkodex hat im Jahre 2005 im Artikel 5a den sogenannten „Zugelassenen Wirtschaftsbeteiligten" (ZWB, engl: AEO) festgeschrieben. Der ZWB bietet künftig die Gewähr dafür, dass er bestimmte Safety & Security-Maßnahmen im Unternehmen durchführt. Ab Inkrafttreten des „Moderniszed Customs Code" (MCC) voraussichtlich sollten sich Verlader als Partner nur noch ZWB's suchen, die wiederum nur ZWB's als Dienstleister beauftragen. Diese ZWB's sind in jedem Fall bei der Nutzung des vereinfachten Abfertigungsverfahrens notwendig.[668]

Zum Schutz der Versorgungskette gibt es inzwischen bereits eine neue Norm „ISO/PAS 28000:2005", ein Sicherheits-Management-System der „International Organization for Standardisation"(ISO). Sie beinhalten Vorgaben für Einrichtungen zum Verpacken, Lagern und den Transport von Gütern mit verschiedenen Verkehrsträgern.

Zunehmend ist mit Risiken aus tarifären und nicht-tarifären Handelshemmnissen der Partnerländer zu rechnen. Der Abbau von Zöllen und anderen tarifären Handelshemmnissen ist im Rahmen der WTO-Verhandlungen weit vorangeschritten. Zum Schutz der eigenen Volkswirtschaft und deren Wachstum haben Länder jedoch zunehmend nicht-tarifäre Handelshemmnisse etabliert, die sich in preisbezogenen, mengenbezogenen, administrativen und sonstigen Beschränkungen zeigen.[669] Eine Übersicht wesentlicher Beschränkungen zeigt Tab. 70.

Nicht-tarifäre Handelshemmnisse	Beschreibung
Staatliche Regulierung	Standards, Qualitätsanforderungen, Sicherheitsbestimmungen, TÜV, DIN-Normen, Umwelt- und Sozialstandards, Verbraucherschutz- und Verpackungsbestimmungen…
Importquoten/Importverbote	Beschränkung der Importmengen bestimmter Güter durch die Regierung des Importlandes
Exportauflagen	Auflagen des Exportlandes
Freiwillige Exportbeschränkungen	Bilaterale Vereinbarung zwischen Ex- und Importland. Das Exportland beschränkt dabei freiwillig die gehandelten Mengen, um schärfere Sanktionen zu vermeiden.
Local Content	LC-Klauseln spezifizieren den Anteil eines bestimmten Gutes, der durch inländische Produktion gedeckt sein muss.
Administrative Hindernisse	Grenzabfertigungsdauer, Anforderungen an Handelsdokumente
Staatliche Preisfixierung	Beispiel: Buchpreisbindung in Deutschland
Kennzeichnungspflichten	Beispiel „Made in Germany" zur eindeutigen Identifizierung des Herkunftslandes
Marktstruktur	Staatlich subventionierte Monopole, Kartelle, Struktur- und Regionalförderung, Steuerpolitik, Währungspolitik etc.
Schutz geistigen Eigentums	Probleme bei der Anerkennung ausländischer Patente, Vervielfältigungsrechte usw.
Verpflichtung zu Technologietransfers	Beispiel Forschungskooperation
Lizenzierung	Notwendigkeit des Erwerbs einer Lizenz durch den Importeur, bevor dieser im Importland handeln darf

Tab. 70 Übersicht nicht-tarifärer Handelshemmnisse

---

[667] Ebenda, S. 29
[668] Matthias Merz: Nicht nur Kosten, Interview in: Logistra, 6/2006, S. 14 f.
[669] Nagel, M.: Nicht-tarifäre Handelshemmnisse im internationalen und im EU-Binnenhandel, Handel im Fokus, 1/2008, S. 38

Am Beispiel Russlands sollen ausgewählte Risikofaktoren aus politisch-rechtlicher sowie außen-
wirtschaftspolitischer und –rechtlicher Sicht betrachtet werden, da protektionistische Risiken im
Handel mit Russland von hoher Relevanz sind.

Viele praktische Beispiele zeigen, dass es in Russland nicht ausreicht, wettbewerbsfähige Beziehungen mit Marktpartnern wie Kunden, Lieferanten, Banken und Kooperationspartnern aufzubau-
en, sondern ein erfolgreiches Engagement vielmehr auch die Etablierung transnationaler Netzwerke mit nicht-marktlichen Interessengruppen erfordert.[670] Interessengruppen, die an die Unternehmung unterschiedliche Anliegen herantragen und ihre Aktivitäten durch unterschiedliche Maßnahmen beeinflussen, stellen Personen oder Gruppen dar, die materielle, politische, informatorische,
symbolische oder moralische Interessen an eine Unternehmung richten und die in der Lage sind,
für diese Interessen mittels formaler, ökonomischer oder politischer Macht einzutreten. So könnten
sozio-politische Interessengruppen zum Beispiel über Genehmigungs- und Zertifizierungsverfah-
ren, die positive oder negative Mobilisierung der Öffentlichkeit oder die Beeinflussung der rechtlichen Rahmenbedingungen die Erfolgschancen des Unternehmens entscheidend tangieren.[671]

Praxissituation 102:
„....In Russland zieht Premier Wladimir Putin die Zollschranken hoch...“

„...Die Tortur in der Zollstation Odinzowo vor den Toren Moskaus läuft in drei Schritten. Zuerst
müssen LKW-Fahrer ihre Fahrzeuge in einer Straße im Industriegebiet abstellen. Nach ein paar
Stunden öffnet sich das rostige Schiebetor zu einem mit Stacheldraht umzäunten Schotterplatz,
auf dem Hunderte Lastwagen stehen...

„Die Kombination aus ungewissem Warten und unkalkulierbaren Zahlungen für Importeure
sind Teil eines Systems, das immer mehr um sich greift in Russland zu Zeiten der Finanz- und
Wirtschaftskrise. Es sind nicht die vielen Tage und möglicherweise die paar Dollar-Scheine
zwischen den Papieren zur Beschleunigung der Zollabfertigung, die ausländische Lieferanten
vergrätzen. Anbieter von außerhalb werden zunehmend auf allen Ebenen diskriminiert. ‚Kauft
russisch' – Klauseln bei der Vergabe von Staatsaufträgen schließen mehr oder weniger offen
Anbieter jenseits der Grenze aus. Exporteure, vornehmlich aus westlichen Ländern, leiden zunehmend unter einer systematischen Verteuerung bestimmter ausländischer Waren...Seit Januar werden die Zölle in zahlreichen Branchen sukzessive hochgesetzt. Zudem erhöhen übereifri-
ge Zöllner unter der Hand durch sogenannte Korrektirowkas den Wert der eingeführten Waren,
um dadurch deren Preise nach oben zu schrauben und die Wettbewerbsfähigkeit gegenüber
Waren made in Russia zu schwächen....'

„Die Kreativität, die russische Zollbeamte dabei entfalten, ist beachtlich. Die deutsche Spedition Rhenus führte einen gebrauchten Gabelstapler ein, dessen Wert in den Papieren mit einem
fünfstelligen Euro-Betrag notiert war. Die Zöllner stuften das Gefährt jedoch als Neufahrzeug ein
und setzten den Wert ein Drittel höher an. Dadurch erhöhte sich der Zoll empfindlich. Die Rhen-
us-Leute kamen nur mit viel Aufwand um die Extrazahlung herum...Wer dagegen Textilien nach
Russland einführt, muss sich mit einem Dutzend Zolltarifen herumschlagen, die kompliziert nach
Qualität gestaffelt sind. Oft verlangen die Zöllner einfach einen höheren Tarif, als im Deklarati-
onsschein steht. Zu beweisen, dass der Stoff von niedrigerer Qualität ist, artet nicht selten zum
Glücksspiel aus. Noch schwieriger wird es, wenn Zöllner den Warenwert in Zweifel ziehen. Wurde der Inhalt eines Tanklasters Pestizide im vorigen Jahr auf 400.000 Dollar taxiert entsprechend verzollt, sind die Daten im Computer. Dann hat der Importeur jetzt Mühe zu beweisen,
dass der Marktwert des Pestizids zur Zeit durch die Wirtschaftskrise ein Viertel niedriger ist. ‚In
80 Prozent der Fälle', schätzt der Russland-Chef eines großen deutschen Logistikkonzerns,
‚versuchen die Zöllner, den Warenwert neu anzusetzen.' Wer das nicht hinnehmen will, muss
vor Gericht ziehen....“
(Quelle: Willershausen. F.: Schotten dicht, WirtschaftsWoche vom 04. Mai 2009, S. 50f.)

---

[670] Holtbrügge, D./Puck, J.: Stakeholder-Netzwerke als Instrument des strategischen Risikomanagements. Das Beispiel
ausländischer Unternehmungen in Russland, in: Kühlmann, T.M./Haas, H.-D.(Hrsg.): Internationales Risikoma
nagement. Auslandserfolg durch grenzüberschreitende Netzwerke, München 2009, S. 214
[671] Ebenda, S. 216f.

Praxissituation 103: „Das boomende Russland zieht reichlich Investoren an – Viele reden sich ihr Engagement schön..."

„...Der Fall Yukos – die Zerschlagung der größten russischen Erdölgesellschaft durch den Kreml – ließ nur kurzzeitig Investoren zusammenzucken und dann schnell wieder zum „Business as usual" übergehen.(...) In der russischen Wirtschaft hat sich ausländisches Kapital von insgesamt 130 Mrd. Dollar angesammelt, davon 64 Mrd. Dollar an Direktinvestitionen. Russland erlebt derzeit einen Investitionsboom wie noch nie. Das Land fasziniert, Mythen machen bei Investoren die Runde. Die WELT hat die zehn wichtigsten Irrtümer über Russlands Wirtschaft aufgelistet, die mit der Realität nichts gemein haben."

Irrtum 1: Auslandsinvestoren werden nicht angetastet
  Royal Dutch Shell steht unter Druck. Auch andere Ölgiganten wie Total, Exxon Mobil und British Petroleum genießen trotz gültiger Verträge keinen Schutz mehr, wenn russische Staatskonzerne wie Rosneft und Gazprom Aktiva ins Visier nehmen.

Irrtum 2: Nur wer beim Rohstoffpoker mitspielt, kann Ärger bekommen
  Es gibt genügend Beispiele für Übergriffe in anderen Wirtschaftszweigen. Dabei werden sogenannte administrative Ressourcen genutzt,...Feuerwehr, Miliz oder Justiz werden von Beamten oder Konkurrenten für ökonomische Zwecke missbraucht. So wird der schwedische Möbelkonzern IKEA in Nischnij Nowgorod wohl auf sein Weihnachtsgeschäft verzichten müssen. Feuerschutzbestimmungen seien verletzt worden, sagte ein Richter vor Ort.

Irrtum 3: Russland ist auf dem Weg zu einem Rechtsstaat
  (...) Maßnahmen und Angriffe auf das Eigentumsrecht sind nicht selten. Der Rechtsstaat entwickelt sich langsam.

Irrtum 4: Russland ist unter Putin weniger bürokratisch geworden
  Ein Investor, der eine Fabrik oder ein Einkaufszentrum auf der grünen Wiese bauen will, benötigt 190 Genehmigungen. Für jede Erlaubnis kann sich der zuständige Beamte bis zu 30 Tage Zeit lassen. (...) Die Bürokratie wird in Russland unter Putin umfassender und fordernder.

Irrtum 5: Geschäfte in Russland sind auch ohne Schmiergeld möglich
  Selbst die russische Staatsanwaltschaft räumt ein, dass der Umfang der Schmiergeldzahlungen in Russland höher ist als der Staatshaushalt.(...) Die Meistbegünstigten von Schmiergeldzahlungen sind Steuerbeamte, Richter, Milizionäre, Feuerwehr, Hygieneaufsicht.

Irrtum 6: Die Russen-Mafia ist tot
  ...findet in der russischen Wirtschaft ein blutiger Verteilungskampf statt. So rechnen Experten des russischen Innenministeriums für dieses Jahr (2006) mit bis zu 800 Auftragsmorden. Jede siebte Firmenübernahme in Russland findet unter Gewaltanwendung oder mit illegalen Methoden statt.

Irrtum 7: Der Einfluss des Geheimdienstes auf die Wirtschaft wird überschätzt.
  Der Einfluss des Geheimdienstes

Irrtum 8: Wer auf Nummer sicher gehen will, sucht sich einen russischen Partner
  Der deutsche Reifenproduzent Continental AG hatte eine Zweidrittelmehrheit bei einem Reifen-Joint-Venture mit der Moskauer Stadtregierung. Der Juniorpartner bootete die Hannoveraner nach und nach aus, bis die entnervt aufgaben.

Irrtum 9: Es ist noch immer preiswert, in Russland zu investieren
  Russland ist schon lange kein Billigland für Investoren mehr. Ausländische Produzenten klagen über steigende Kosten.

Irrtum 10: Russland ist ein offener Markt
  Mit dem WTO-Beitritt Russlands werden zwar die Einfuhrzölle beträchtlich sinken. Die Spielregeln werden jedoch besonders schwierig. Steuernachforderungen, Drohungen mit dem Entzug von Förder- oder Umweltlizenzen, unklare Eigentumsverhältnisse, das Warten auf Arbeitsgenehmigungen für westliche Mitarbeiter sind nur einige Punkte, die eine langfristige Investitionsplanung erschweren.

(Quelle: Hartmann, J.: Blauäugiges Abenteuer, Die Welt vom 22. Dezember 2006, S. 10)

4.6.2.4 Zahlungs-, Kredit- und Kursrisiken

Die Heterogenität der Auslandsmärkte erzwingt, Außenhandelsgeschäfte richtig und insbesondere länderspezifisch und kundenindividuell abzusichern. Voraussetzung dafür ist die richtige Einschätzung der bestehenden Zahlungsausfallrisiken.

Risiken in der Außenhandelstätigkeit können sich auf ein gesamtes Land (Länderrisiko), einen bestimmten Kunden oder einen Einzelauftrag beziehen. So kann eine gesamte Volkswirtschaft in Zahlungsschwierigkeiten kommen und dadurch Forderungen aus Lieferungen an Kunden in solchen Ländern in Gefahr geraten. „Der Bayer-Finanzbereich hat deshalb ein Länder-Rating entwickelt, das auf Analysen von Moody's, Standard & Poors und Institutional Investor basiert. Für Länder mit hohen Risiken werden Kundenforderungen grundsätzlich gesichert. Ausnahmen von dieser Vorgehensweise müssen schriftlich genehmigt und dokumentiert werden und sollten eine dem hohen Risiko entsprechende Risikomarge enthalten bzw. für die Marktentwicklung bedeutend sein."[672]

Zur Deckung des Informationsbedarfs für die Einschätzung der aktuellen Risiken und ihrer Anpassungen gibt es vielfältige Informationsquellen. So wird jährlich ein kompakter Überblick über die Länderrisiken herausgegeben, z.B. mit dem „Handbuch Länderrisiken 2006" aus dem F.A.Z.-Institut.[673] Das Unternehmen *Coface* gibt periodisch Länderratings heraus und weist auf sehr spezifische länderbezogne und branchenorientierte Zahlungsprobleme hin, die zu bestimmten Zahlungsausfallwahrscheinlichkeiten führen können.

Ein entscheidender Bestandteil des außenwirtschaftlichen Bezugs des Risikomanagement ist die strategische und operative Bewältigung der Währungsrisiken. Zu diesem Zweck sind die in Tab. 71 dargestellten Risikobewältigungsmaßnahmen denkbar.

Alternativen der Bewältigung des Währungsrisikos				
Risikovorsorge	Risikominderung		Risikokompensation	
	durch unternehmerische Anpassung	durch Vertragsgestaltung des Grundgeschäfts	Covering	Hedging
➢ Reservenbildung ➢ Risikozuschläge in der Kalkulation ➢ Streuung des Wechselkursrisikos ➢ Direktinvestition im Ausland	➢ Interner Devisenpositionsausgleich ➢ Zahlungsverzögerung bzw. -beschleunigung	➢ Fakturierung in Inlandswährung ➢ Kontrahierung in Drittwährung ➢ Währungsoptionsrechte ➢ Kurssicherungsklauseln ➢ Preisvorbehalte ➢ Vorauszahlung ➢ Bar-/Teilzahlung ➢ Vereinbarung einer Verlustteilung	➢ Devisentermingeschäfte ➢ Währungsswaps ➢ Fremdwährungskredite ➢ Wechselkursversicherung ➢ Forderungsübertragung (z.B. Forfaitierung von Exportforderungen, Exportfactoring)	➢ Currency Futures ➢ Devisenoptionen

Tab. 71 Übersicht wichtiger Risikobewältigungsmaßnahmen zum Währungsrisiko

---

[672] Großeschallau, W.: Risiko- und Chancenmanagement in der Supply Chain am Beispiel eines pharmazeutisch-chemischen Unternehmens, in: Pfohl, H.-C.(Hrsg.): Risiko- und Chancenmanagement in der Supply Chain, Berlin 2002, S. 88

[673] Vgl. Coface Deutschland: Handbuch Länderrisiken 2006, Frankfurt/Main 2006

Ein international tätiger Pharma-Konzern lässt das Debitorenrisiko von den einzelnen Geschäftsbereichen und Divisionen kontrollieren. „Das potenzielle Klumpenrisiko nach Ländern und Währungen (politisches und Transferrisiko) muss jedoch zentral divisionsübergreifend überwacht werden, weil rund 20 affiliierte Gesellschaften verschiedener Divisionen in zahlreiche Länder exportieren... Roche hat ein hausinternes System zur Festlegung der Länderkategorien nach Risikoart: A, B, C und D. Dadurch wird die Art der Risikoübernahme bzw. die Höhe der Absicherung bestimmt. Bei A trägt Roche 100% des Länderrisikos, bei B 50%, bei C 30% und bei D 0%. C und D erfordern öfters länderspezifische maßgeschneiderte Lösungen inklusive „Barterdeals" zur Ergänzung der traditionellen, standardisierten Mittel, wie z.B. Forfaitierungen. "[674]

Die Erfahrungen vieler Unternehmen zeigen, dass ein wesentliches Risikoelement im Export die Wahl der richtigen Partner ist, wie zum Beispiel einer erfahrenen Bank, einer soliden Versicherung, einem zuverlässigen Transportagenten, des besten Transportunternehmens.

Unternehmen müssen sich ferner der Risiken bewusst sein, die sie in der juristischen Auseinandersetzung in anderen Ländern, insbesondere in den USA, eingehen. Fehler bei Vertragsabschlüssen, die Unkenntnis der Verfahrensregeln oder der lokalen Gerichtssitten machen einen Erfolg vor Gericht oftmals unmöglich. Spektakulär ist in dieser Hinsicht die US-amerikanische Rechtsprechung zum Produkthaftungsrecht und zum Patentrecht. Kommt es zu einem Gerichtsverfahren, muss im beklagtes Unternehmen sämtliche Geschäftsunterlagen offen legen, die von der Gegenpartei benötigt werden. Das beklagte Unternehmen bleibt zudem auf seinen Gerichts- und Anwaltskosten sitzen, auch wenn es den Rechtsstreit gewinnt. Deshalb versuchen viele Unternehmen, einen Gerichtsprozess zu vermeiden und auf einen – wenn auch teuren – Vergleich zu setzen. Deutsche Unternehmen können in den USA auch verklagt werden, wenn sie dort kein Tochterunternehmen besitzen – und daraus entstehende Urteile sind in Deutschland vollstreckbar.[675]

Ein großer Teil der Risiken des Auslandsgeschäfts resultiert aus Vertragsstreitigkeiten. So gilt etwa der in Deutschland bekannte Eigentumsvorbehalt in manchen Ländern Europas nicht oder nur unter ganz spezifischen Bedingungen. Ebenso zeigen die in Deutschland häufig „angehängten" Allgemeinen Geschäftsbedingungen (AGB) im Ausland oftmals keine oder eine andere rechtliche Wirkung. Doch nicht nur Rechtsstreitigkeiten beeinträchtigen die Auslandsgeschäfte. So zahlen Unternehmen im Ausland Milliarden Dollar, um „die Probleme ihrer Firma" zu lösen, nicht zuletzt durch Bestechungsgelder.

4.6.3 Risiken des international tätigen Personals

Der Wettbewerb um Geschäfte und Jobs ist nicht selten mit Gefahren für Leib und Leben verbunden. Bei der Erschließung neuer Märkte setzen Unternehmen ihre Mitarbeiter oft auch neuen Gefahren aus. Unternehmen können es sich aber kaum leisten, risikoreiche Regionen brach liegen zu lassen. Die Palette der Unwägbarkeiten in solchen riskanten Regionen ist lang. Terrorattacken oder Entführungen sind nur die spektakulärsten Fälle. Eine große Rolle spielen auch Überfälle auf offenen Straßen, mangelnde Hygiene, unbekannte Krankheiten oder kulturelle Fallen.

In den letzten Jahren hat sich die weltweite Sicherheitslage verschärft. Gefährlicher wurde es z.B. im Nahen Osten, in Indien, Pakistan, Philippinen und in afrikanischen Staaten. Großkonzerne sehen den Schutz ihrer Mitarbeiter in risikoreichen Gebieten schon als Herausforderung an, Mittelständler sind mit dieser komplexen Thematik oft überfordert. In Risikoländern warten jedoch interessante Auftragschancen, z.B. für den Maschinen- und Anlagenbau, sind auch aufgrund der spezifischen Wettbewerbssituation gute Margen zu erreichen. Hier gilt es also, Chancen und Risiken optimal abzuwägen.

---

[674] Meier, H.B.: Controlling im Roche Konzern, in: Bruhn et al.(Hrsg.): Wertorientierte Unternehmensführung, Wiesbaden 1998, S. 138f.

[675] Godek, M: Risiko Auslandsgeschäft, in: Markt & Mittelstand, 12/2006, S. 34f.

Auch in als politisch relativ stabil geltenden Regionen wächst das Risiko, wie zum Beispiel in den zentralasiatischen Republiken, in denen die Gewaltkriminalität durch Armut zugenommen hat. Viele Unternehmen sichern deshalb ihre Einrichtungen und siedeln ihre Mitarbeiter und Büros in bewachten Ausländerghettos an.

Die Sicherheit der Mitarbeiter verursacht nicht unerhebliche Kosten. Spezialanbieter wie der Sicherheitsdienstleister Control Risks offerieren über eigene Internetportale täglich aktualisierte Nachrichten über die weltweite Sicherheitslage und Verhaltenstipps für einzelne Städte, schulen bei Bedarf auch die Mitarbeiter für richtiges Verhalten in Gefahrensituationen und organisieren eine bewaffnete Begleitung in einem gefährlichen Land.

Praxissituation 104: Krisenregionen

Je gefährlicher eine Region, desto mehr setzen Unternehmen auf schlichte Geheimhaltung ihrer Aktivitäten. Beispiel: „Unsere Büros in Bagdad, Dohuk, Basra und Umm Qasr würden Sie nicht finden", sagt ein 45 jähriger Unternehmer, der seinen Namen lieber für sich behält. An den Hauswänden gibt es keine Firmenschilder, die Firmenfahrzeuge sind nicht als solche gekennzeichnet. Die 60 irakischen Mitarbeiter benutzen keine Visitenkarten, kommen mit dem Bus oder Taxi zur Arbeit oder arbeiten von zu Hause aus.

Andere verlagern das Geschäftsrisiko deshalb gleich auf Einheimische....Spediteure, die Warentransporte über die Türkei, Syrien oder Jordanien in den Irak organisieren, packen die Ladung an der Grenze zum Zweistromland auf irakische Laster – oder wechseln das Nummernschild aus, um sich als Iraker zu tarnen. Die Fahrtrouten werden so spät wie möglich festgelegt. In Telefonaten, E-Mails und Fax-Schreiben an Kollegen in Deutschland und Amman kursieren Codewörter für Orte, Personen und Waren.

Ein Unternehmen, das vergangenes Jahr zweimal auf diese Weise Irakgeschäfte machte, ist die Firma KSG Sterilisatoren aus Olching bei München. Im September lieferte der Mittelständler zum Beispiel 16 kleinere Sterilisationsgeräte für 150.000 Euro zunächst an einen Zwischenhändler namens Karl Kolb im hessischen Dreieich, der die Ware im Rahmen eines größeren Auftrags an das irakische Agrarministerium verkaufte. Das Transportunternehmen MG International Transports ließ die Sterilisatoren in Containern von Hamburg in die jordanische Hafenstadt Akaba verschiffen und von dort mit LKW in den Irak bringen, wo sie wohlbehalten ankamen.

Wie vorsichtig deutsche Unternehmen inzwischen über ihr Engagement im Irak reden, zeigt die Deutsche Post. Noch vor eineinhalb Jahren schilderten Manager stolz die tollkühnen Aktivitäten im Irak. Das US-Verteidigungsministerium hatte 2003 das Unternehmen beauftragt, Post und Pakete für die amerikanischen Soldaten in den Irak zu fliegen. Also baute der zuständige DHL-Landesmanager bis Herbst 2004 eine Belegschaft von 138 Mitarbeitern auf, davon 120 Iraker und 18 Experten aus dem Westen. Der geschäftstüchtige Südafrikaner ließ bald nicht nur Post aus den USA, sondern auch andere Güter wie Mobiltelefone oder Materialien für die Ölindustrie in den Wüstenstaat verfrachten....Heute spricht darüber bei DHL niemand mehr. Welche Geschäfte das Unternehmen genau in der Region macht, wie viele Leute und Flugzeuge im Einsatz sind und wie sich die Betroffenen schützen, unterliegt der Geheimhaltung. (Quelle: Böhmer, R./Henry, A./Ginsburg, H.J./ Klesse, H.-J./Schaudwet, C./Schumacher, H.:

Die Entscheidung, Personal aus kriegsnahen Regionen abzuziehen, stellt das Management vor diffizile Entscheidungen. Gebunden an Verträge und Termine, müssen die Unternehmen täglich aufs Neue abwägen, ob sie die Mitarbeiter noch vor Ort belassen können oder abziehen müssen. Sobald ein Unternehmen das Gebiet zu früh verlässt, nutzen Wettbewerber die Chance, den Fuß in die Tür zu bekommen. Hier gilt es Chance und Risiko genau abzuwägen. So kann es zum Beispiel sinnvoll sein, auf internationale Flüge zu verzichten und wichtige Besprechungen per Telefon- und Videokonferenzen zu führen.

Praxissituation 105: Hohes Risiko

Geschäftsreisende leben unter ständiger Bedrohung....Der Flug nach Bogotá war lang.... Herbert Braunagel, Inhaber einer Frankfurter Luftfrachtspedition und deutscher Delegierter für das Meeting in der kolumbianischen Hauptstadt, wollte darum so schnell wie möglich in sein Hotel und war froh, dass am Flughafen ein Wagen auf ihn wartete. Wenig später wurde ihm auf sehr unangenehme Weise klar, dass er den falschen Wagen bestiegen hatte, der freundliche Fahrer ein Ganove war. Statt vor dem Hotel stoppte der Wagen in einer abgelegenen Straße außerhalb des Zentrums, zwei weitere Männer tauchten aus dem Nichts auf und nahmen ihm nicht nur Gepäck, Brieftasche und alle Wertsachen ab, er musste sich auch bis auf die Unterwäsche entkleiden, bevor er freigelassen wurde.

„Weltweit registrieren wir 1000 bis 1500 Entführungen jährlich", sagt Christopher Schramm von der Münchner Sicherheitsberatung Result Group, „die Dunkelziffer ist neunmal so hoch." Fast immer sind Geschäftsreisende Opfer. Wer beruflich viel unterwegs ist, lebt gefährlicher als Normalbürger. Und das nicht nur, weil in manchen Ländern Entführungen fast an der Tagesordnung sind. „Bei vielen Unternehmen ist das Bewusstsein für den Aspekt Sicherheit auf Geschäftsreisen gar nicht oder nicht ausreichend vorhanden", sagt Michael Kirnberger, Präsident des Verbands Deutsches Reisemanagement, „es fehlt an Kenntnissen über Rechtsvorschriften, Krisen- und Kommunikationspläne sind oft nicht vorhanden oder selten ausreichend transparent im Unter-nehmen."

„Drastisch zugenommen haben zum Beispiel sogenannte Express-Entführungen, bei denen die Opfer gekidnappt und zum nächsten Geldautomaten verschleppt werden – erst nachdem sie dort mit ihrer Kredit- oder Scheckkarte den Höchstbetrag abgehoben haben, kommen sie wieder frei", berichtet Oliver Schneider von der Result Group. Allein in Mexiko-City gibt es täglich mehr als 70 solcher Entführungen, dabei wechseln nach Schätzung von Experten jährlich mehr als 100 Millionen Dollar den Besitzer....

Mit seinen Sicherheitskonzepten und Schulungen für Firmen sorgt Schneiders Result Group – ähnlich wie Control Risk oder International SOS – dafür, dass Mitarbeiter, die in Risikoregionen zu tun haben oder auch für längere Zeit dorthin entsandt werden, möglichst gar nicht erst in gefährliche Situationen geraten. Im Ernstfall hilft manchmal die beste Vorbereitung nicht weiter. Dann kommt es darauf an, die Folgen mit der richtigen Versicherung abzumildern.(…) Doch so allgegenwärtig die Gefahr und so umfassend die Angebote, sich dagegen zu schützen, so lückenhaft ist immer noch die Vorsorge, die viele Unternehmen für ihre reisenden Mitarbeiter treffen. Sogar die potenziell Betroffenen selbst blenden die Risiken oftmals aus – aus Angst um den Arbeitsplatz...(Quelle: Klesse, H.-J.: Hohes Risiko, WirtschaftsWoche vom 26.02.2007, S. 82 ff.)

> **Praxissituation 106: Wie sich Geschäftsreisende in Risikoregionen am besten schützen.**
> Sicherheitsberater empfehlen:
> ➤ Sich vor der Reise umfassend über alle Risiken informieren, die wichtigsten Reisewege planen, eventuelle Schutzmaßnahmen organisieren, Impfungen und Versicherungen überprüfen.
> ➤ In Risikoländern möglichst nur in Hotels internationaler Hotelketten wohnen. Diese haben meistens eigenes Sicherheitspersonal. Die Zimmertür auf Klopfen nicht einfach öffnen, sondern kontrollieren, wer davor steht. Die Identität des Besuchers gegebenenfalls mit der Reception klären.
> ➤ Nicht alleine durch eine unbekannte Stadt laufen. Sich über gefährliche Viertel informieren und diese meiden. Den Weg vorher genau planen. Ausländer, die sich verirrt haben, sind leichte Ziele.
> ➤ Unauffällige, nicht zu teuer wirkende Kleidung tragen. Keine luxuriösen Accessoires wie goldene Uhren und auch keine Firmenlogos offen zeigen. Nicht zu viel Geld einstecken.
> ➤ Kollegen oder Gastgeber über den Zielort informieren und sich melden, wenn man angekommen ist. Sich in Risikoländern bei der deutschen Botschaft vorstellen und diese über die Reisepläne im Land informieren. Das erleichtert im Ernstfall die Suche.
> ➤ Notrufnummer notieren oder auswendig lernen. Immer ein Mobiltelefon bei sich tragen, das in dem Land auch funktioniert.
> ➤ Keine Wagen mit Firmenaufschrift fahren. Möglichst unauffällige Fahrzeuge benutzen. Wer selbst fährt, sollte die Türen verriegelt halten. Nur mit Taxis von dem Unternehmen oder dem Hotel bekannten Transportunternehmen fahren. In Kriegsgebieten möglichst im Konvoi fahren.
> ➤ Die wichtigste Ausrüstung stets bei sich führen. Dazu zählt bei längeren Fahrten Orientierungsmaterial und auch Proviant. Erforderlich sind mitunter spezielle Notrufgeräte.
> ➤ Kommt es zu einer Entführung, ist Kooperation mit den Kidnappern das wichtigste Gebot. Möglichst Ruhe bewahren, auf Forderungen eingehen, Gegenwehr oder Fluchtversuche enden meist tödlich.
> (Quelle: Böhmer, R./Henry, A./Ginsburg, H.J./ Klesse, H.-J./Schaudwet, C./Schumacher, H.: Pistole im Auto, in: WirtschaftsWoche 02.02.2006, S. 58)

4.7 Risiken aus Produktpiraterie und Technologieklau

Unter Produktpiraterie ist die illegale Reproduktion bzw. Imitation von Erzeugnissen zu verstehen, wenn sie gewerbliche Schutzrechte verletzt. Markenpiraterie hingegen umfasst die vorsätzliche Verwendung der Marke, des Namens, der Geschäftsbezeichnung oder der Verpackung und Präsentation von Produkten Dritter. Geschädigt werden durch Produktfälschungen nicht nur die Hersteller in Form von entgangenem Gewinn, Imageverlust und Gewährleistungsansprüchen, sondern auch Verbraucher, die eine minderwertige Qualität erhalten und sogar mit gesundheitlichen Risiken rechnen müssen. Besonders bedrohlich ist, dass die Fälschungen rasant in jenen Bereichen gestiegen sind, die für Verbraucher extrem sicherheits- und gesundheitsrelevant sind: Kosmetik, Lebensmittel, Medikamente. Die Gefahren für die Gesundheit können gravierend sein: „Giftige Farben und Rückstände, Bremsbeläge aus Torf, mangelnde Dämpfung bei Sportschuhen, Rückstände verbotener Insektentilgungsmittel in Textilien, gepanschte Cremes..."[676] Textilindustrie und –handel gehören zu den am stärksten betroffenen Branchen. Laut EU-Zollstatistik für das Jahr 2006 stammen 85 Prozent aller beschlagnahmten Artikel aus dem Bereich Bekleidung und Accessoires. Besonders betroffen sind hochwertige Markenartikel.

---

[676] Liening, B.: Original und Fälschung aus dem Reich der Mitte, handelsjournal 09/2008, S. 43

Praxissituation 107: ...nur das Stiebel-Eltron-Logo fehlte

„Manchmal muss man gar nicht weit gehen, um gefälschte Produkte des eigenen Unternehmens zu finden. Manchmal reicht ein Ausflug in den heimischen Baumarkt um die Ecke. Dort, nur wenige Kilometer vom Firmensitz im niedersächsischen Holzminden, in der Kundentoilette eines Heimwerkerparadieses, stieß ein Mitarbeiter des Elektrogeräteherstellers Stiebel Eltron auf eine fast perfekte Kopie des Händetrockners HTE 4. Das Geräte sah gleich aus, es klang auch gleich, nur das Stiebel-Eltron-Logo fehlte."

Die Schäden der Produktpiraterie für die Unternehmen liegen bei rund 400 Milliarden Dollar. Stiebel Eltron ließ kürzlich 4000 Plagiate eines illegal nachgebauten Schnellheizers vom Zoll aus dem Verkehr ziehen und auf Kosten des deutschen Importeurs zerstören.

Unternehmen können und müssen sich gegen Räuber zur Wehr setzen: zum einen durch Technik von einfachen Etiketten bis zu komplizierten Identifikationssystemen, zum anderen durch das Recht und die Zusammenarbeit mit den Behörden. Vielen Unternehmen fehlt jedoch das Wissen über moderne Technologien, mit denen sich Fälschungen verhindern lassen. Die wichtigsten technischen Schutzmöglichkeiten liegen in Hologrammen, chemische Lösungen zur Markierung der Verpackung, RFID-Funketiketten. Gerade Funketiketten sind für professionelle Fälscher schwer zu knacken, aber kostenintensiver. (...) Die Technik bietet stets nur begrenzten Schutz und sollte unbedingt durch rechtlichen Schutz untermauert werden. Dies ist insbesondere bei international tätigen Unternehmen geboten, wenn die Produkte etwa in asiatischen Ländern produziert werden sollen.

...hat der Kampf gegen Produktpiraterie Tradition

Von einem konsequenten Vorgehen berichtet die Leiterin der Rechtsabteilung des Messer- und Küchengeräteherstellers Zwilling aus Solingen. Sie streitet sich mit einem chinesischen Autozulieferer, der seine Teile unter gleichem Namen und Logo wie Zwilling seine Messer vertreibt. Für Zwilling sei es wichtig, in möglichst vielen Ländern den Status einer bekannten Marke zu erlangen, weil nur dann die Marke einen breiteren Schutz genießt. Es gilt zu verhindern, dass Unternehmen aus anderen Branchen die Marke für ihre Produkte benutzen. „Zwilling-Fachfrau Medeke fährt regelmäßig nach China, pflegt den Kontakt zu den Behörden vor Ort, besucht Messen, um Fälschungen der Zwilling-Produkte zu finden. In den Verträgen mit den chinesischen Partnern stehen Exklusivitäts- und Geheimhaltungsklauseln. (...) „Bei Streitigkeiten hilft eine in China ansässige Anwaltskanzlei, die Rechte des Solinger Unternehmens durchzusetzen. Medeke hat selber sogar schon ein Seminar mit chinesischen Produzenten veranstaltet, um deren Sensibilität für geistiges Eigentum zu erhöhen... Für kleinere Unternehmen, die nicht so viel Aufwand betreiben können, ist es günstiger, die illegalen Kopierer in Deutschland zu bekämpfen. Im Internet lässt sich verfolgen, wo Kopien der eigenen Produkte angeboten werden...Bei Messen kann man direkt gegen Fälscher vorgehen...Auch Informationen von Vertriebspartnern oder Spediteuren können helfen, gefälschte Waren zu finden." (Quelle: Hopper, T./Knipper, T.: Schilernder Schutz, in: WirtschaftsWoche vom 13.08.2007, S. 74ff.)

Deutsche Unternehmen werden sich zunehmend der Bedeutung der Produktpiraterie hinsichtlich der negativen Auswirkungen der minderwertigen Produktqualität der Plagiate bewusst. So wurden zum Beispiel in Teebeuteln Beimischungen von Sägemehl oder gefärbten Holzspänen oder in gefälschter Zahnpasta giftiges Diethylenglykol mit gefährlichen gesundheitlichen Folgen gefunden.[677] Besonders betroffen oder gefährdet sind folglich deutsche Markenhersteller für Konsumgüter. So spürten im Jahre 2004 Agenten der Düsseldorfer Firma Henkel 280.000 gefälschte Deo-Roller der Marke Fa in den Arabischen Emiraten auf, ließen diese beschlagnahmen und vernichten.[678]

Die Zollbeamten im Hamburger Hafen zogen im Herbst 2006 innerhalb weniger Wochen 117 Container mit gefälschter Markenware – hauptsächlich Sportschuhe der Marken Nike, Puma und Adidas – aus dem Verkehr. Die Fracht mit einem Wert der Originalwaren von ca. 383 Mio. Euro

---

[677] o.V.: Colgate statt Prada: Chinas Fälscher satteln um, in: WISU 07/2007, S. 878
[678] Ebenda, S. 879

stammte aus verschiedenen asiatischen Ländern und war für Scheinfirmen in Österreich, Ungarn und Italien bestimmt.[679]

Produktpiraterie nimmt weltweit explosionsartig zu; schätzungsweise ist jedes zwölfte Markenprodukt auf dem deutschen Markt gefälscht. Laut der Vereinigung zur Bekämpfung von Produktpiraterie e.V. (VBP) in München machen Plagiate zehn Prozent des Welthandels aus und gefährden allein in Deutschland jedes Jahr bis zu 70.000 Arbeitsplätze.[680] Insgesamt kostet der Ideenklau die deutsche Wirtschaft jährlich 20 bis 25 Milliarden Euro, ermittelte die Unternehmensberatung A.T.Kearney 2005 in einer Studie. Fast die Hälfte aller gefälschten Waren stammt aus China und Thailand. Weltweit werden die Verluste, die Unternehmen durch Verletzungen ihrer geistigen Eigentumsrechte entstehen, auf jährlich 600 Mrd. $ geschätzt.

Bei Einfuhrkontrollen beschlagnahmte der Zoll im Jahre 2007 in 7.752 Fällen gefälschte Marken oder Produkte mit einem Wert von 426 Mio. Euro. Mit rund 43.700 Beschlagnahmen hat auch der europäische Zoll 2007 einen neuen Rekord aufgestellt. Die Anzahl der einkassierten Waren ging zwar zurück – dies ist nur auf den ersten Blick ein Widerspruch. Fälscher reagieren auf den gestiegenen Verfolgungsdruck durch den Versand kleinerer Gebinde, um das Risiko von Beschlagnahmeverlusten zu minimieren.[681]

Praxissituation 108:
„Der Schutz des geistigen Eigentums hat keinen hohen Stellenwert"
„Mit steigender Tendenz werden fast alle erfolgreichen Produkte gefälscht und nachgeahmt", ist das ernüchternde Ergebnis einer China-Studie der deutschen Industrie- und Handelskammern (DIHK). 73 Prozent der befragten Unternehmen gaben an, dass Fälle von Produktpiraterie in den letzten beiden Jahren zugenommen hätten.
... Auch die deutsche Autoindustrie hat schlechte Erfahrungen mit ihren Partnern gemacht. Etwa DaimlerChrysler: 1997 investierte der Konzern 100 Millionen Dollar in ein Bus-Joint Venture im südchinesischen Yangzhou. Yaxing-Benz sollte jährlich 7.000 Busse und 12.000 Chassis herstellen. Doch die örtlichen Partner kopierten die deutsche Technologie, bauten ein Werk in unmittelbarer Nähe und stellten dort in Eigenregie Busse her. Statt der angepeilten 7.000 Busse liefen bei Yaxing-Benz 2000 nur 300 vom Band. 2001 waren es nur noch 110 Busse. Dagegen stellt der chinesische Partner Yangzhou Yaxing Motor Coach mit der Daimler-Technik etwa 8.000 Busse pro Jahr her.
(Quelle: Sieren, F./Kamp, M.: Nur Lippenbekenntnisse, in: WirtschaftsWoche vom 09.12.2004, S. 51 ff.)

Unternehmen müssen eine grundlegende Strategie und Konzeption zur Vermeidung und Bekämpfung der Produktpiraterie entwickeln, die insbesondere folgende Elemente enthalten können:
➢ Anwendung von Technologien zur fälschungssicheren Produktkennzeichnung
➢ Nutzung des gewerblichen Rechtsschutzes in den jeweils anwendbaren Formen (Patent, Geschmacksmuster, Gebrauchsmuster, Markenrecht)
➢ Marktbeobachtung zur rechtzeitigen Erkennung der Produktpiraterie
➢ Schaffung von Fälschungsbarrieren durch die Produktgestaltung
➢ Schutz im Rahmen der Supply Chains mit Originalitäts- und Unikatkennzeichnungen
➢ Effektive Durchsetzung der Schutzrechte.

Viele Unternehmen haben inzwischen erkannt, dass der juristische Schutz durch Patentrechte und Markenanmeldungen nicht reicht, sondern Sicherheitstechnologien gefragt sind, die eine fälschungssichere Identifikation der Produkte erlauben. Dafür werden verschiedene Möglichkeiten anwendbar:[682]

---

[679] Ebenda, S. 878
[680] Mannschatz, A.: Schutz vorm Ideenklau, in: Markt & Mittelstand 4/2006, S. 82
[681] Liening, B.: Original und Fälschung aus dem Reich der Mitte, handelsjournal 09/2008, S. 42f.
[682] Mannschatz, A.: Schutz vorm Ideenklau, in: Markt & Mittelstand 4/2006, S. 83

➢ Hologramme – relativ fälschungssichere Etiketten, die jedoch keine Rückverfolgung des Produktes zulassen. Mit einer Variante des Barcode-Verfahrens lassen sich solche Produkte auch zurückverfolgen. Der Nachteil ist, dass sich solche Klebeetiketten entfernen, kopieren und fälschen lassen.

➢ Nicht-manipulierbare Klebeetiketten, die z.B. aus einem dreilagigen Siegel besteht, der sich aus einer Unterlage, einer Mittelschicht mit Code und einer Oberschicht zusammensetzt. Ein Öffnen lässt sich nicht kaschieren, da die Oberschicht nach dem Öffnen seine Klebekraft verliert. Bei der Siegelproduktion wird zwischen den beiden oberen Lagen ein eindeutiger, nur einmal vorhandener Zahlencode verborgen. Im geschlossenen Zustand ist diese Zufallsnummer blickdicht geschützt. Erst der Empfänger legt sie frei und kann den Code über ein Call Center oder die Hersteller-Website prüfen lassen....Der Empfänger weiß dann, dass sein Produkt nicht gefälscht ist. Das System registriert jede Code-Abfrage und gibt Hinweise darauf, dass gefälschte Ware im Umlauf ist.

➢ Farbcode-Systeme

➢ RFID-Technologie – Die Chips speichern eine Nummer, die die Ware eindeutig macht. RFID-Etiketten sind ein guter Fälschungsschutz.

Für alle Sicherungstechniken gilt: Sie können nicht per se davor schützen, dass Produkte gefälscht werden. Sie ermöglichen aber die Beweisaufnahme, vor allem im Falle eines Folgeschadens. Kein Originalhersteller haftet dafür, dass jemand seine Teile fälscht und in Umlauf bringt. Es haftet immer der direkte Vertragspartner, im Zweifelsfall also der Handwerker, der das gefälschte Teil beschafft und eingebaut hat.

Praxissituation 109:
„Der Messebauspezialist Octanorm aus Filderstadt ging ein Joint Venture...
mit einem chinesischen Partner ein, um im Reich der Mitte den Markteintritt zu schaffen. Anfangs lief das alles glatt. Die Chinesen ließen sich in Deutschland schulen. Die Deutschen exportierten ihre Waren in das Partnerland. Doch statt mit den gelieferten Waren zu arbeiten, kopierten die Chinesen die patentierten Bauteile und boten sie anschließend anderen Firmen an, einschließlich der 65.000 Spannschlösser, die sie aus einem Octanorm-Lager vor Ort entwendet hatten....Den-noch verzichtete das Unternehmen auf eine Klage und einen Prozess, weil sie sich geringe Chancen ausrechneten....

Das Unternehmen zog andere Konsequenzen. Heute besitzt Octanorm in der Nähe von Shanghai eine eigene Tochtergesellschaft. Diese hat die Pflicht, alle Konstruktionspläne für Messestände und Entwicklungen unter Verschluss zu halten. Zulieferer bekommen immer nur die sie betreffenden Komponenten zu Gesicht, niemals das komplette Modell..."
(Quelle: Godek, M: Risiko Auslandsgeschäft, in: Markt & Mittelstand, 12/2006, S. 34f.)

Praxissituation 110: Produktpiraterie

Chinesen haben so gut wie keinen Respekt vor dem geistigen Eigentum westlicher Firmen und kupfern hemmungslos Maschinen, Herstellungsverfahren, Produkte, Marken und Designs ab – ohne Lizenzgebühren zu zahlen. So staunte der Eigentümer eines deutschen Maschinenbauunternehmens nicht schlecht, als er auf einer Messe in Shanghai eine seiner Maschinen entdeckte, die bis ins kleinste Detail von einer chinesischen Firma nachgebaut worden war...Der einzige Unterschied gegenüber dem Originalprodukt: Die Chinesen haben minderwertige Komponenten verwendet....Eine ähnliche Erfahrung mussten Siemens und ThyssenKrupp mit der Transrapid-Strecke machen.

Verglichen mit dem, was das japanische Unternehmen NEC in China erlebt hat, sind die Erfahrungen von Siemens und ThyssenKrupp jedoch halb so schlimm....haben chinesische Markenpiraten gleich den kompletten Elektronikkonzern kopiert. Seit Jahren lässt NEC von chinesischen Subunternehmen Tastaturen, MP3-Player, DVD-Rohlinge und viele weitere Produkte fertigen. Wie zahlreiche andere Elektronikkonzerne nutzen die Japaner ihr Nachbarland als preiswerten Produktionsstandort, verkaufen dort aber auch Waren an chinesische Endverbraucher. Und ebenso wie andere Hersteller ist NEC nicht vor Produktpiraterie gefeilt. So tauchten in Hongkong, Peking und anderen Städten in den vergangenen Jahren immer wieder nachgebaute NEC-Produkte auf.

Als der Konzern dann auch noch Service-Anfragen von Kunden erhielt, die Geräte mit einem NEC-Logo gekauft hatten, die überhaupt nicht zur Produktpalette des Unternehmensgehörten, war man höchst alarmiert. Die Nachforschungen, die daraufhin Mitte 2004 aufgenommen wurden..., förderten einen gut organisierten Ring von Produktfälschern ungeahnten Ausmaßes ans Licht.

An dem gigantischen Schwindel dürfte ein Netzwerk von rund 50 Firmen aus China, Hongkong und Taiwan beteiligt sein....Nach Angaben des Konzerns wurden rund 50 verschiedene Warentypen imitiert, darunter Home Entertainment Systeme, Batterien, DVD-Player und Mikrofone.... Mit anderen Worten: Die mafiaartig organisierten Fälscher waren dabei, gleich die ganze Marke NEC zu kapern. Die Täter druckten sich nicht nur NEC-Visitenkarten und –Briefpapier, sie stellten sogar vor ihren Fabriken NEC-Firmenschilder auf. Doch es kommt noch dicker: Im Namen von NEC ließ man neue Produkte durch Dritte entwickeln und orderte sogar Komponenten und Materialien bei NEC-Zulieferern. Nichtsahnende chinesische Firmen wurden beauftragt, vermeintlich echte NEC-Waren zu produzieren. Und bei den Abnehmern wurde der Schein erweckt, diese würden direkt bei NEC einkaufen. Um die Täuschung perfekt zu machen, verschickte man die Geräte in Verpackungen, die vom japanischen Konzern hätten stammen können. Außerdem wurden sie mit offiziell aussehenden Garantiebescheinigungen ausgestattet, um nicht selten direkt neben den echten NEC-Produkten im Handel zu landen....

Welchen Schaden der NEC-Doppelgänger angerichtet hat, lässt sich noch nicht genau feststellen. Doch er dürfte immens sein. Nicht nur, dass dem japanischen Konzern beträchtliche Umsätze entgangen sind, auch die Marke hat gelitten. Denn so mancher Konsument wird das Vertrauen in NEC-Produkte verloren haben.

(Quelle: o.V.: Jetzt werden schon komplette Konzerne kopiert, in: WISU 6/2006, S. 730 ff.)

Praxissituation 111: Die Schneidbrenner glühten, was das Zeug hielt...

Funkensprühend fraßen Sie sich durch ein Wälzlager nach dem anderen. Am Ende hatten die Flammen, dicht umringt von Fotografen und Kamerateams, 40 Tonnen fabrikneue Imitate in Schrott verwandelt.

Zu diesem Vernichtungsschlag hatte die Schaeffler Gruppe gemeinsam mit ihrem Wettbewerber SKF GmbH ausgeholt. Dem Fund der gefälschten Wälzlager bei einem fränkischen Händler waren mehrmonatige Ermittlungen vorausgegangen. Auslöser war ein anonymer Hinweis, dem beide Unternehmen gemeinsam nachgegangen waren. „Unsere Markenlogos waren auf sämtlichen Schachteln und Produkten", sagt Juristin Ingrid Bichelmeir-Böhn von der Schaeffler-Gruppe. Der wirtschaftliche Schaden ist schwer zu beziffern. Er bestehe nicht nur aus den entgangenen Verkaufserlösen, sondern auch aus dem Imageschaden durch die minderwertige Ware, der sich auf das Folgegeschäft auswirke sowie die enormen Kosten für die Ermittlung, Sicherstellung, Vernichtung und Entsorgung der Fälschungen

(Quelle: Baecke-Heger, F.: Kampf den Markenpiraten, in: Markt und Mittelstand 11/2007, S. 70ff.)

Praxissituation 112: Third Shift: Unerlaubte Originalwaren

In der Tat sind nicht alle vermeintlichen Markenprodukte, die man für wenig Geld in Shanghai, New York, Hongkong oder Paris kaufen kann, Imitationen. Denn manchmal handelt es sich tatsächlich um Originalprodukte, die über dunkle Kanäle in die Geschäfte gelangt sind.

Wie funktioniert das? Ein westlicher Markenartikler beauftragt eine Firma in China, beispielsweise 30.000 Polohemden herzustellen. Die Chinesen bekommen genaue Anweisungen, welche Materia-lien von welchen Zulieferern zu verwenden und wie die Hemden zu produzieren sind. Kurz danach werden die fertigen Waren an den Auftraggeber verschickt.

Doch damit ist die Sache für die chinesische Firma noch lange nicht erledigt. Sie stellt nämlich auf eigene Faust weitere 10.000 Polohemden her, die sich in nichts von den zuvor gefertigten Exemplaren unterscheiden. Der Markenhersteller erfährt selbstverständlich nichts davon. Und es ist gut möglich, dass die unberechtigt hergestellten Polohemden abseits der offiziellen Vertriebs-wege in denselben Geschäften landen, in denen auch die autorisierten Waren in den Regalen liegen.

Diese relativ neue Spielart der Markenpiraterie wird von Asienkennern gerne als „Third Shift", „Midnight Shift" oder „Ghost Shift" bezeichnet, weil die Fabriken neben den regulären Schichten, in denen der offizielle Auftrag abgearbeitet wird, eine weitere Schicht fahren, in denen die nicht-autorisierten Waren hergestellt werden.

(Quelle: Third Shift: Unerlaubte Originalwaren, in: WISU 6/2006, S. 732)

Praxissituation 113:
„Keine Chance für Plagiatoren: Der Zoll greift verstärkt auf Messen zu und beschlagnahmt

…Produktkopien.... Es ist ruhig am Morgen des 6.März 2007. Die ISH in Frankfurt, Weltleitmesse für Bad, Gebäude-, Energie- und Klimatechnik sowie erneuerbare Energien, hat gerade ihre Tore geöffnet...Plötzlich entsteht Hektik in der Halle 4.2. Aus dem Nichts tauchen ein Dutzend Zoll-fahnder auf. Sie eilen zu verschiedenen Ständen und legen den Betrieb lahm. Die Aktion richtet sich gegen Produktpiraten. Bei 27 Ausstellern stellen die Zöllner 48 Sanitärarmaturen, Brause-köpfe und Eckventile sowie 99 Strahlregler sicher. Die Beamten schaffen die Kopien in den Keller des Hauptzollamtes Darmstadt...

Die Messeveranstalter nehmen den Kampf auf ...Erstmals setzte die Messe Düsseldorf bei der Schuhmesse GDS im September 2007 im Kampf gegen Plagiate eigens Foto-Sheriffs ein, um das strikte Fotografierverbot zu kontrollieren. ‚Ausgestellte Produkte, die Kopisten mit Mobiltele-fonen oder Digitalkameras fotografieren, finden ihren weg in jede Produktion dieser Welt'...Für die Schuh- und Modebranche ist das ein Problem. ‚Perfekte Logistik ermöglicht es, die Produkte noch vor Saisonstart in die Verkaufsregale zu bringen.'

Am Messeplatz Nürnberg kennt Claus Rättich, Mitglied der Geschäftsleitung der NürnbergMesse GmbH, andere Tricks wie den mit der Zigarettenschachtel. Zwei Personen kommen an den Stand, einer verwickelt den Mitarbeiter in ein Gespräch, der andere legt eine Zigarettenpackung auf ein Exponat und fotografiert es unauffällig....

Tatort Interbuild, Birmingham, November 2007. Beim Rundgang über die Baufachmesse ent-deckt Willi Hecking zwei Fälschungen seiner Produkte. Gleich fünf Patente der SYR Hans Sasse-rath & Co. KG, einem Hersteller von Sicherheits- und Regelarmaturen für Trinkwasser- und Hei-zungsanlagen, hat ein asiatischer Hersteller verletzt. Das Fatale: Optisch gibt es zwischen den Originalen und den gefälschten Armaturen kaum Unterschiede, in der Qualität aber umso größe-re....Der Geschäftsführer will verhindern, dass diese Produkte auf den deutschen Markt kommen. Er geht juristisch gegen den asiatischen Hersteller vor....". Sowohl Grenzbeschlagnahmung von Plagiaten als auch die Aktivitäten der Zollämter auf den Messen und die Eigenaktivitäten der Un-ternehmen selbst werden zunehmend erfolgreicher und erzielen eine enorm abschreckende Wir-kung.

Inzwischen schlagen sich nach Einschätzung des Verbandes der Deutschen Maschinen- und Anlagenbauer (VDMA) fast zwei Drittel der Unternehmen mit Produktpiraterie herum. Der Ver-band schätzt die Umsatzverluste jährlich auf rund fünf Milliarden Euro.

(Quelle: Deutsch, C.: Tatort Messe, in: Markt und Mittelstand 1/2008, S. 32ff.)

Praxissituation 114:
Was passiert, wenn Produkte neben den eigentlichen Absatzwegen professionell...
...und illegal auf Internetplattformen vertrieben werden?

Die Gardena AG als weltweit anerkannter Hersteller von Produkten und Systemen zur Bewässerung und Gartenpflege organisiert den Vertrieb ausschließlich über ausgewählte Händler, die jedoch die Erlaubnis besitzen, Gardena-Produkte auch über das Internet – insbesondere über ebay – zu verkaufen. Im Jahre 2005 entdeckte Gardena, dass ihre Produkte weit unter dem Händler- Abgabepreis verkauft wurden. Durch die Revisionsabteilung wurde im Zusammenwirken mit externen Experten die Herkunft dieser Produkte verfolgt. Allerdings konnte so nur ein Drittel des betreffenden Gesamtumsatzes durch lizenzierte Händler erklärt werden.

Gardena ließ die gesamte Kette auf Schwachstellen untersuchen – mit dem Ziel, einen Preisverfall zu verhindern. Die ermittelten Ursachen sind vielfältig. „Neben in Baumärkten gestohlenen fanden sich zu billig abgegebene Produkte und vereinzelt Restanten. Ein besonderer Fokus der Ermittlungen richtete sich auf das zentrale Warenlager, auf die bei Dienstleistern geführten Läger, die Retourenlogistik sowie auf jegliche Sonderdistributionswege für Muster, Ersatzteile und Werbematerial."

Innerhalb der gesamten Supply Chain sind Transportdienstleister, Sicherheitsmitarbeiter oftmals Schwachstellen. Diebstähle werden nicht mehr zufällig ausgeführt, sondern unter Ausnutzung von Schwachstellen in den Logistik- und Abrechnungssystemen sowie von Schnittstellendefekten organisiert. „Gerade die Durchgängigkeit logistischer Systeme vom Anstoß im Vertrieb bis hin zur Kommissionierung, Verladung und Fakturierung kann zur Gefahr werden. Die Revision ist gefordert, Lücken in den Systemen aufzudecken und zu schließen."

Der illegale Verkauf der Produkte über ebay kann auch zu einem erheblichen Preisverfall von bis zu 50 Prozent führen. Gardena untersuchte mit einer „Rasterfahndung" alle relevanten Verkäufe über das Internet. Der Prozess der Preissicherung war jedoch langwierig und aufwendig, zeigte aber nach einer gewissen Zeit erste Erfolge.

Eine der wesentlichen Ursachen war in der Produkt- und Markenpiraterie zu sehen. „Durch Produkt- und Markenpiraterie, illegale Überproduktion, Parallel- und Re-Importe fallen inzwischen bereits 10 Prozent des Welthandels auf Fälschungen zurück, was einem internationalen Schaden von 200-300 Mrd. Euro gleichkommt. Unter Produktpiraterie ist die illegale Reproduktion bzw. Imitation von Erzeugnissen zu verstehen, wenn sie gewerbliche Schutzrechte verletzt. Markenpiraterie umfasst hingegen die vorsätzliche Verwendung der Marke, des Namens, der Geschäftsbezeichnung oder der Verpackung und Präsentation von Produkten Dritter."

Für den Absatz gefälschter Produkte bietet eBay als anonymes Handelsforum jedem potenziellen Fälscher die Möglichkeit, Produkte aller Art an den Mann zu bringen. Strukturen der „Hintermänner" dieses Handels lassen sich nur durch internationale Kooperationen von Polizei und Zoll ausfindig machen und erfolgreich bekämpfen.

„Ein hundertprozentiger Schutz gegen Nachahmungen besteht derzeit allerdings nicht." Welche Maßnahmen könnten dennoch geeignet sein, den Fälschungsprozess zu verlangsamen bzw. zu erschweren? Für einen optimalen Schutz sind immerhin bereits eine Auswahl von Lösungen verfügbar – vom Verschlusssiegel über das Sicherheitssystem höchster Stufe auf der Basis der DNS-Technologie bis hin zu einer IT-gestützten Echtheitskontrolle über das Internet.

Welche Schlussfolgerungen zog Gardena aus den Vorfällen? Marktforschung und – überwachung werden zukünftig stärker in die Unternehmensabläufe integriert, die Zusammenarbeit mit Polizei und Staatsanwaltschaft professionalisiert.
(Quelle: Eck, R.: Schutz vor Web-Piraterie, Logistik heute 6/2006, S. 52ff.)

Mit Wirkung vom 01. September 2008 hat sich die Rechtslage für den Markenrechtsinhaber geändert. Danach ist es möglich, die Vernichtung der Ware zu verlangen – auch dann, wenn sie sich im Gegensatz zur alten Rechtslage schon im Vertrieb befindet. Er kann vom Verletzer verlangen, die rechtswidrig mit seiner Marke gekennzeichneten Waren von sämtlichen Abnehmern zurückzurufen, solange er irgendeine rechtliche oder tatsächliche Einwirkungsmöglichkeit auf den Vertriebsweg hat.

Auf Grund des zu erwartenden Schadensumfangs sind nachhaltige und wirksame Maßnahmen zur Bewältigung der genannten Risiken aus Produktpiraterie und Technologieklau zu ergreifen, wie zum Beispiel:

➤ Vorgehen gegen Produktpiraterie und Technologieklau gegen betreffende Aussteller auf Fachmessen, z.B. durch gerichtliche einstweilige Verfügungen
➤ Klage auf Produktänderungen und –anpassungen
➤ Verzicht auf die Lieferungen gefährdeter Produkte in bestimmte Ländermärkte
➤ Schadenersatzforderungen gegen die Rechtsverletzer
➤ Sicherung der Schutzrechtsanmeldungen auf allen relevanten, schutzwürdigen Märkten, auch wenn man dort nicht verkauft (Ein Fernbleiben vom chinesischen Markt schützt keineswegs vor Produkt- und Markenpiraterie.)
➤ Integration von Wirtschaftsdetektiven vor Ort mit notwendigen Beziehungen und Kontakten
➤ Abschreckungstaktik (Die Fa. Stihl schaltete in China drei Zeitungsanzeigen, in denen sie davon berichtete, dass wegen Ersatzteilnachahmung drei Männer in Haft genommen wurden.)
➤ Misstrauen gegenüber potenziellen (chinesischen) Geschäftspartnern.

Insbesondere zum Schutz geistigen Eigentums in der Volksrepublik China müssen Unternehmen ganzheitliche und wirkungsvolle Strategien entwickeln[683], die sich auf die gesamte Komplexität des zu schützenden Eigentums und den gesamten Produktlebenszyklus erstrecken. Viele Konzepte greifen zu kurz und sind nur für vereinzelte Schutzsachverhalte gedacht.

Das Unternehmen GS1 Germany GmbH in Köln hat sich der Problematik angenommen und wirksame Lösungen zur Erhöhung der Fälschungssicherheit entwickelt. Mit der Vergabe einer Seriennummer in Ergänzung zur EAN-Artikelnummer können Fälschungen frühzeitig erkannt und entsprechende Frühwarnsysteme ausgelöst werden. In den Warenwirtschaftsprozessen der Bekleidungsbranche sorgt GS1 mit Hilfe von RFID und EPC nicht nur für mehr Transparenz und Effizienz, sondern erhöht auch den Schutz vor Fälschungen. Ein ganz entscheidender Vorteil für die gesamte Textilbranche: Der EPC schützt vor Markenpiraterie, denn Plagiate können über das EPCglobal-Netzwerk problemlos aufgespürt werden.[684]
Ganzheitliche Strategien des Schutzes vor Diebstahl geistigen Eigentums und Produktfälschungen verfolgen vor allem auch deutsche Produzenten mit ausländischen Partnerfirmen in den entsprechenden Schwellenländern.

---

[683] Vgl. u.a. Fuchs, H.-J.(Hrsg.): Piraten, Fälscher und Kopierer. Strategien und Instrumente zum Schutz geistigen Eigentums in der Volksrepublik China, Wiesbaden 2006
[684] Liening, B.: Original und Fälschung aus dem Reich der Mitte, handelsjournal 09/2008, S. 44

Praxissituation 115:

„Der Motorsägenhersteller Stihl wehrt sich erfolgreich gegen Produktpiraten…"

„…sind es nicht die verkauften Fälschungen auf den chinesischen Basaren, die Stihl in erster Linie schaden. Das sind bislang nur geringe Stückzahlen. Stihl produziert in der Volksrepublik fast nur für den Export – und so tun es auch die Fälscher. ‚Das Problem sind die vielen Plagiate, die die illegalen Hersteller ins Ausland verschiffen'…

Die Täter produzieren nicht nur in illegalen Hinterhofwerkstätten. Auf der Kantonmesse in Guangzhou entdeckten die Schwaben nachgeahmte Sägen, die die Firma Swool unter eigenem Namen auf den Markt brachte.…

Trotz des gerichtlichen Verfahrens fälschten die Angeklagten munter weiter.…Geschmacks- und Gebrauchsmuster oder Patente in China anzumelden, ist der wichtigste Schritt im Kampf gegen die Fälscherbanden. Denn verzichten ausländische Hersteller darauf, geben die gewieften Fälscher deren Erfindungen als eigene aus. Und dann wird es für Hersteller schwer, sich vor Gericht durchzusetzen.…

Ebenso wichtig ist der präventive Schutz von technologischem Know how.…Die Produktionsstätte in der Hafenstadt Qingdao gleicht einem Hochsicherheitstrakt.…Auf dem kameraüberwachten und eingezäunten Stihl-Gelände ist Fotografieren strikt verboten, die Fotohandys der Besucher kassiert der Pförtner ein.…Bei den Mitarbeitern achtet Stihl darauf, nur Angestellte aus der Region zu beschäftigen, die darüber hinaus nicht in einem Verwandtschaftsverhältnis zueinander stehen.…Der Werkschutz wiederum ist ortsfremd, um Diebstahl besser vorzubeugen. Den Einfluss solcher informellen Netzwerke und Beziehungen berücksichtigt Stihl auch bei den Gerichtsprozessen in China. Die wichtigste Regel: Niemals an dem Ort klagen, in dem die Fälscherwerkstatt liegt. Denn aufgrund von persönlichen Beziehungen sind die Richter oft auf Seiten der Fälscher – die Wirtschaftskrise befördert diesen Effekt derzeit sogar noch. Um den Prozess vor einem anderen, neutralen Gericht führen zu können, arrangieren Ermittler wie Zhang einen Testkauf in einem gewünschten Ort. Kommt dieser zustande, ist dort eine Anklage möglich…"

(Quelle: Hanke, U.: Dreiste Fälscher, WirtschaftsWoche 28. September 2009, S. 90f.)

Zunehmend wartet man nicht die Markteinführung neuer Produkte ab, sondern organisiert den Diebstahl geistigen Eigentums bereits in frühen Phasen der Vorbereitung der Markteinführung neuer Produkte.

Praxissituation 116:

„…Mobilfunk: Reihenweise verschwinden Prototypen aus den Labors der Hersteller…

Noch nie waren Handy-Prototypen so gefragt wie derzeit – Testgeräte, die die Hersteller vor Beginn der Serienproduktion anfertigen. Solche Geräte sind im Visier, weil es nicht mehr simple Handys, sondern echte Kleincomputer sind, eine lukrative Gerätegattung, in der viel Wettbewerb entstehe. Das macht Smartphones auch für Industriespionage interessant.…Wettbewerbern liefert solch ein Vorabexemplar wertvolle Hinweise, wenn sie darangehen, ein Konkurrenzprodukt zu entwickeln. Und Softwareentwickler können frühzeitig passende Zusatzangebote austüfteln.…

Schon 2009 war ein Mitarbeiter von Sony Ericsson aufgeflogen, der laut Polizei streng geheime Prototypen im Wert von 80.000 Euro eingesteckt hatte. In Barcelona verschwand ein Prototyp mit einer noch unveröffentlichten Version des Microsoft-Betriebssystems Windows Mobile aus der Tasche eines australischen Telekommanagers. Der prominenteste Fall geschah im April bei Apple. Ein Mitarbeiter hatte einen Prototyp des iPhone 4 in einer Bar liegen lassen. Darauf veröffentlichte der IT-Blog Gizmodo alle Details über das Gerät im Netz.…"

(Quelle: Stoelzel, T.: Handys weg, WirtschaftsWoche 12. Juli 2010, S. 10)

4.8 Risiken aus dem Boykott des Unternehmens oder seiner Produkte

---

Praxissituation 117: Boykotts und was sie bewirkten...

➤ Der *Buko-Boykott*

„Der Boykottaufruf, den diffamierende Mohammed-Comics Anfang 2006 ausgelöst hatten, brachte den dänischen Molkereikonzern Arla (Buko/Danablu) in arge Bedrängnis. Religiöse Führer verteufelten in den Freitagsgebeten die Milch- und Butterprodukte der Dänen, Arla-Mitarbeiter wurden aus den Läden geworfen, und Supermarktketten räumten die Regale leer....Schon eine Woche nach den ersten Freitagsgebeten legte sich die Empörung – aus einem sehr weltlichen Grund: Die Butter wurde knapp. Der Umsatz im Mittleren Osten stieg wieder auf über 60 Prozent vor dem Boykott erzielten Niveaus. Die Marktentwicklung wurde jedoch um zwei Jahre zurückgeworfen. Arla bezifferte die Verluste des Boykotts auf gut 50 Millionen Euro. So sehr die Genossenschaft auch von den unverschuldeten Skandal betroffen ist, wirklich bedroht war sie nie: Von den gut sechs Milliarden Euro Umsatz kommen nur rund fünf Prozent aus dem Mittleren Osten."

➤ Der *Nike-Boykott*

„Ausgerechnet im Vorfeld der Olympischen Spiele in Atlanta ging 1996 die Skandal-Bombe hoch – Menschenrechtsorganisationen prangerten Nike an: Der Konzern mit dem Swoosh verdanke seine tolle Bilanz auch der brutalen Ausbeutung asiatischer Lohnarbeiter und Kinder. So werde ein 100 Dollar teures Paar Nike-Schuhe in Indonesien für fünf Dollar produziert – der Stundenlohn von Elfjährigen, hieß es, betrage gerade mal 14 Cent. Das war erst der Anfang einer bald weltweiten Kampagne. Nike ignorierte die Vorwürfe zunächst, einige Jahre später reagierte der Konzern dann doch auf die immer lauteren Boykottaufrufe. Erstmals veröffentlichte Nike vor drei Jahren einen ausführlichen Bericht über die Zustände in seinen mehr als 600 Zulieferbetrieben, ohne auch Missstände wie körperliche Strafen für Mitarbeiter oder Vergewaltigungen zu verschweigen. Die Botschaft: Wir wissen, was in den Fabriken geschieht, und arbeiten daran. Ausgestanden ist das Thema nicht: In diesem Jahr finden die Olympischen Spiele in Peking statt; Nike rechnet mit Protesten."

➤ Der *Electrolux-Boykott*

„Im Dezember 2005 gab der schwedische AEG-Eigentümer Electrolux bekannt, er wolle das Nürnberger Waschmaschinen- und Geschirrspülwerk schließen und die Produktion nach Polen und Italien verlagern. Schnell forderten lokale Gruppen die Deutschen auf, keine Electrolux-Geräte mehr zu kaufen, um die 1700 Jobs zu retten. Trotzdem war die Werkschließung nicht mehr zu verhindern. Im März 2007 ging endgültig das Licht aus. Die IG Metall will aus sicheren Quellen wissen, der Deutschland-Umsatz sei um 25 Prozent eingebrochen...."

➤ Der *Shell-Boykott*

„Am 20. Juni 1995 um kurz vor 18 Uhr gab der Ölmulti auf. Gut sieben Wochen nachdem die ersten Bilder von Greenpeace-Aktivisten im Schlauchboot um die Welt gegangen waren, verkündete Shell kleinlaut: Die Brent Spar wird an Land entsorgt. Mit großformatigen Anzeigen tat der Konzern Abbitte, nachdem Greenpeace unter Hinweis auf die drohende Versenkung der Ölbohrplattform Brent Spar eine Verbraucher- Massenbewegung in Gang gesetzt hatte. Binnen weniger Wochen brach der Absatz an Shell-Tankstellen ein...."

➤ Der *Basic-Boykott*

Zuerst waren es die Lieferanten, dann die Kunden, die der Bioladen-Kette Basic demonstrativ die Geschäftsbeziehungen aufkündigten. Ursache war der Einstieg des Lidl-Eigentümers Dieter Schwarz...Die Globalisierungsgegner von Attac, aber auch Hersteller wie der Biofleisch-Produzent Georg Schweisfurth und der Bio-Großhändler Dennree, wollten unbedingt verhindern, dass der konventionelle Discount-Krösus, der zudem als Arbeitgeber keinen guten Ruf hat, die heile Bio-Welt nach seiner Vorstellung umbaut....Der Basic-Umsatz brach um 20 Prozent ein und weitere Lieferanten kündigten...."

(Quelle: Schumacher, H.: Aus dem Nichts, in WirtschaftsWoche vom 28. 01. 2008, S. 54ff.)

4.9 Risiken durch behördliche Eingriffe in das Unternehmen

Behördliche Eingriffe bei der Verfolgung strafrechtlicher Risiken können empfindliche Risiken für die Führung und das Überleben eines Unternehmens haben. Wenn etwa – wie im Falle der Siemens-Schmiergeldaffäre – amerikanische Ermittler im Auftrage der US-Börsenaufsicht die Abläufe der Korruption im Unternehmen untersuchen. Die Macht der US-Behörden reicht aus, ganze Unternehmen zu zerschlagen- wie im Fall des Energieunternehmens Enron.[685] Bei hohen Strafzahlungen in Korruptionsfällen gerät ein Unternehmen als Wirtschaftskrimineller in das Licht der Öffentlichkeit – mit der Folge, dass Konkurrenten daraus entsprechend weltweit Kapital schlagen könnten.

Praxissituation 118: Fiskus vernichtet Familienbetrieb

...Insgesamt rund 1,2 Millionen Euro Steuern sollte der Geschäftsführer der Assindia Heil- und Mineralbrunnen GmbH in Essen, Christian Krieb, auf Grund mehrerer Steuerbescheide nachzahlen. Dies brach dem Mittelständler das Genick. Bei einer turnusmäßigen Betriebsprüfung für die Jahre 1997 bis 2000 waren Beamte des Finanzamtes Essen zu der Ansicht gekommen, dass es sich bei der Zahlung von Mieten für Betriebsgebäude, die sich im Eigentum der Schwiegereltern des Firmenchefs befanden, nicht um Betriebsausgaben, sondern um verdeckte Gewinnausschüttungen handelte. Da Krieb somit die Zahlungen nicht von seiner Steuerlast hätte abziehen dürfen, sondern als Profite hätte versteuern müssen, forderten ihn die Amtsdiener zur Nachzahlung von Steuern in Millionenhöhe auf....

In der Kasse hatte Krieb einen derartig hohen Betrag nicht. Daher legte er Widerspruch ein und beantragte bis zur endgültigen Klärung des Vorgangs die Aussetzung der Vollziehung und hilfsweise Stundung der Steuerschuld. Die Finanzbeamten interessierte das wenig. „Die Behörde ließ sich vier Monate Zeit, auf unseren Widerspruch zu reagieren", beschwert sich Krieb....Nicht nur die Sturheit der Beamten machte dem Unternehmer in den folgenden Monaten zu schaffen. Als Folge der schlechten Nachrichten wandten sich auch zahlreiche Kunden ab. Besonders Großabnehmer wie Krankenhäuser suchten sich andere Lieferanten. Gleichzeitig durfte sich Assindia jedoch während des laufenden Verfahrens nicht um öffentliche Aufträge bewerben.

Der Umsatz brach um ein Viertel ein. Zuviel für den traditionsreichen Betrieb, der schon seit 1911 Mineralwasser abfüllt und vertreibt. Krieb musste Insolvenz anmelden. Das Finanzgericht Düsseldorf beendete das Verfahren des Mittelständlers gegen das Finanzamt schließlich nach fast einem Jahr mit einem Vergleich. Die Richter reduzierten die Steuerforderung zwar auf nurmehr ein Viertel der ursprünglichen Summe – jedoch für den Unternehmer zu spät.
(Quelle: Mischler, G.: Fiskus vernichtet Familienbetrieb. Wie das Finanzamt Essen eine Getränkefirma in die Insolvenz trieb. Z. Markt und Mittelstand 08/2003, S. 45)

Die Folgen von Durchsuchungen können fatal sein, selbst wenn sich der Chef nichts hat zuschulden kommen lassen. Das eigentliche Problem ist häufig die Vorbereitung auf derartige Fahndungen und die Verhaltensweisen der Führung und der Mitarbeiter bei Eintreten von Durchsuchungsfällen. Dies bedeutet auch Vorkehrungen zu treffen, die Arbeitsfähigkeit während der Untersuchungen und im Falle der Beschlagnahme von Inventargegenständen und Unterlagen aufrechtzuerhalten.

Risiken aus behördlichen Handlungen können sich auch zum Thema Produktsicherheit ergeben. So geriet zufällig ein Fackelmann-Pfannenwender aus Kunststoff ins Visier der Gewerbeaufsicht – obwohl ihn die Stiftung Warentest unter die Top 5 gehoben und damit gleichsam geadelt hatte. Anstoß nahmen die Aufsichtsbeamten laut Fackelmann daran, dass der Wender bei 250 Grad und ausreichendem Druck nach einigen Minuten in der Pfanne zu schmelzen beginne. Weil damit ein ‚Übergang von Stoffen' verbunden sei, musste Fackelmann das Produkt nach längerem juristischem Hin und her zurückziehen. Für den Geschäftsführer ist dies ein Zeichen für die übertriebene Angst der Ämter, Angst vor allem vor Vorwürfen, sie würden nicht genug für den Schutz der Verbraucher tun.

---

[685] Wildhagen, A.: „Das könnte tödlich treffen". Interview mit Jürgen Wessing, WirtschaftsWoche 15.09.2008, S. 70

Praxissituation 119: Fahnder legen Betrieb lahm

...Geht es etwa um die radikale Bewertung des Warenlagers, um stark verkürzte Abschreibungs-fristen oder um den Verkauf von ganzen Firmen über Zwischengesellschaften ins Ausland, wittern die „normalen" Steuerprüfer oder die Beamten in den Veranlagungsbezirken immer häufiger Betrugsabsichten. So auch bei dem norddeutschen Bauunternehmer, der angeblich seine private Autoleidenschaft über die Firma finanzierte. Bei Verdacht machen die Beamten Meldung an die Strafsachen- und Bußgeldstelle.

Prompt gerät die Kontrollmaschine in Gang – unter Einschaltung der Staatsanwaltschaft. Für Firmenchefs oft mit katastrophalen Folgen. Schließlich bekommen Mitarbeiter, Nachbarn, Kun-den oder auch Geschäftspartner das ganze Spektakel mit. Ein verheerender Imageschaden für die Firma. Weit dramatischer die Folgen für den Unternehmer selbst: Die Beschlagnahme der Firmenpapiere, der Abtransport der Computeranlage oder das Einfrieren der Geschäftskonten zur Sicherung der Steueransprüche legen den Betrieb erst einmal lahm.

(Quelle: Diefenbach, R.: Alarmplan Steuerfahndung, in: impulse 10/2006, S. 151)

In zunehmendem Maße werden Unternehmen durch Razzien und Durchsuchungen der Kartellbe-hörden „überrascht". Für eine wirkungsvolle und schadensminimierende Reaktion der betroffenen Führungskräfte und Mitarbeiter werden auch bereits Trainings von spezialisierten Anwälten durch-geführt.[686]

Oftmals entstehen auch Risiken für den Unternehmer bei Missachtung oder Vernachlässigung bestimmter Rechtsvorschriften, deren Einhaltung eine formal-bürokratische Aufgabe der entspre-chenden öffentlichen Institutionen ist.

Praxissituation 120:
„Mit 528,75 Euro baten die für das Eich- und Messwesen zuständigen Beamten
des Landkreises Oldenburg den Betriebsleiter der Olfry Ziegelwerke zur Kasse. Dieser hatte eine Lkw-Waage nicht nacheichen lassen, da sich das Gerät über die Winterpause ohnehin nicht in Betrieb befand. Das Unternehmen hatte es vor der Winterpause nicht mehr geschafft, den Auftrag für die Aktualisierung der Software und das Eichen ihrer Fahrzeugwaage zu ertei-len."

(Quelle: Gneuss, M.: Kostspielige Kontrolle, Markt & Mittelstand 5/2008, S. 24)

---

[686] Wetzel, D.: Angriff im Morgengrauen, Die Welt 08. Mai 2008, S. 16

5. Systematik strategischer Risiken

5.1 Grundbegriffe und Bedeutung strategischer Risiken

Mit der operationalen Planung des Unternehmenserfolgs im Sinne der Erreichung definierter Unternehmensziele muss bestimmt werden, welche Erfolgspotenziale, also Kernkompetenzen, interne Stärken und Wettbewerbsvorteile die zukünftige Ertrags- und Liquiditätssituation maßgeblich beeinflussen. Als strategische Risiken sind dann jene Risiken anzusehen, die zu einer wesentlichen Beeinträchtigung dieser Erfolgspotenziale des Unternehmens führen können.[687] Die strategische Führung des Unternehmens muss folglich Strategien entwickeln, die gleichzeitig das Chancenpotenzial ausnutzen und die strategischen Risiken qualifiziert berücksichtigen.

Nach Einschätzung von ROMEIKE werden durch fehlerhafte Strategien ca. 60 Prozent der Unternehmenswerte vernichtet. Zur Abschätzung der Risikotragfähigkeit eines Unternehmens ist die Aufmerksamkeit vor allem auf die so genannten „schwarzen Schwäne" zu lenken, also auf die unwahrscheinlichen, aber für das Unternehmen sehr teuren Risiken.[688] Er verweist in diesem Zusammenhang auch auf die Notwendigkeit, integrierte strategische Risikomanagement-Ansätze anstelle isolierter Risikobuchhaltung zu entwickeln.[689] Die Erkennung und Bewältigung von Risiken erfordert gerade im strategischen Bereich das Zusammenspiel von Expertenwissen, gesundem Menschenverstand und stochastischen Methoden.

Strategische Risiken lassen sich in Informationsrisiken und in Handlungsrisiken unterteilen. Unter Informationsrisiken werden alle jenen objektiven und subjektiven Faktoren betrachtet, die eine strategische Ungewissheit hinsichtlich der Unternehmensumwelt und hinsichtlich der strategischen Unternehmenspotenziale beinhalten. Handlungsrisiken entstehen durch die von den Entscheidungsträgern getroffenen oder unterlassenen Strategieentscheidungen.

Strategische Entscheidungsprozesse tragen zur Entdeckung potenzieller zukünftiger Risiken im Unternehmen bei und erzwingen gleichzeitig eine gründliche Risikoanalyse und -bewertung der den strategischen Entscheidungen innewohnenden Risikopotenziale. Bei der Suche, Bewertung und Auswahl von Strategien muss folglich neben den Bewertungskriterien wie Möglichkeit, Zulässigkeit, Nutzenpotenzial, Wirtschaftlichkeit und Effizienz auch das Risikopotenzial jeder Strategieoption berücksichtigt werden.[690] Die strategische Ausrichtung eines Unternehmens muss unter Risikokriterien in vier Kernbereichen durchleuchtet werden:[691]

➢ Erfolgspotenziale des Unternehmens
➢ Geschäftsfeldstruktur
➢ Wettbewerbsvorteile in den einzelnen Geschäftsfeldern und
➢ Gestaltung der Wertschöpfungskette.

Strategische Festlegungen beruhen immer auf Annahmen über die Zukunft. Aber niemand kann wirklich in die Zukunft schauen. Deshalb ist es manchmal „Glücksache", ob sich eine Strategie im Nachhinein als richtig herausstellt oder nicht.

Ein wesentlicher Risikofaktor ist der sich aus dem Ziel der Unternehmenssicherung ergebende Zwang zur permanenten Restrukturierung in den Unternehmen. So resultieren rund 60 Prozent aller Krisen im Mittelstand aus strategischen Fehlentscheidungen, mit denen dem permanenten Anpassungsdruck durch Umweltveränderungen – wie die fortschreitende Substitution von Massenprodukten durch Individualprodukte, immer kürzer werdende Innovationszyklen und ständig

---

[687] Gleißner, W.: Strategisches Risiko -Management und Risikopolitik, in: Gleißner, W./Meier, G.(Hrsg.): Wertorientiertes Risiko-Management für Industrie und Handel, Wiesbaden, 1. Auflage 2001, S. 162
[688] Kalscheuer, B.: Kein Risiko ohne Zukunft, in: www.risknet.de vom 13.11.2009
[689] Ebenda, S. 1
[690] Ehrmann, H.: Risikomanagement, Kompakt-Training, Ludwigshafen(Rhein), 2005, S. 27
[691] Gleißner, W.: Grundlagen des Risikomanagements in Unternehmen, München 2008, S. 61

neue gesetzliche Regelungen – nicht adäquat begegnet wird.[692] Das Insolvenzrisiko ergibt sich so nach dem Verlust der Wettbewerbsfähigkeit und des finanziellen Gleichgewichts, wenn sich vor allem mittelständische Unternehmen nicht oder nicht mit der erforderlichen Geschwindigkeit an die sich verändernden Bedingungen anpassen.

Interessant ist die Frage, ob strategische Flexibilität eine höhere strategische Sicherheit bieten kann. Der Strategieforscher Michael Raynor sagt dazu: „Flexibilität ist immer gut. Aber strategische Festlegungen, die sich leicht wieder rückgängig machen lassen, sind eben keine wirklichen Festlegungen. Wettbewerbsvorteile entstehen ja gerade aus Strategien, die so langfristig angelegt sind, dass sie von der Konkurrenz nicht ohne Weiteres nachgeahmt werden können. Solange Unternehmen sich noch anpassen können, können sie auch imitiert werden."[693] Im Hinblick auf die strategische Flexibilität sieht er einige sehr gute Unternehmen: „Zum Beispiel der US-Pharmakonzern Johnson & Johnson, in dem die einzelnen Unternehmenssparten große strategische Freiheit genießen. Oder auch Microsoft. Zwischen 1994 und 2005 hat sich Microsoft an über 200 verschiedenen Firmen beteiligt. Bill Gates wusste damals: Das Internet würde die Computerwelt verändern. Aber er wusste nicht, in welcher Weise. Also hat er mit den Beteiligungen möglichst viele strategische Optionen geschaffen, von denen er nur einige schlussendlich ausgeübt hat. Der Erfolg gibt ihm recht."[694]

Ein besonderes strategisches Risiko nennt SIMON den „Irrtum" oder „einen großen Fehler": „Wer langfristig überleben bzw. unabhängig bleiben will, der muss vor allem den einen ‚großen' Fehler vermeiden."[695]

Praxissituation 121:
„…Für den Untergang eines Unternehmens reicht oft schon ein Irrtum aus…"

„Selbst gut laufende Unternehmen gerieten durch den einen großen Fehler in kürzester Zeit an den Rand des Abgrunds. INA Schaeffler wuchs von 1,5 Milliarden Euro Umsatz 1998 auf 8,9 Milliarden Euro im Jahr 2008, war dabei stets profitabel und galt als hervorragend geführte, solide Firma – bis zum großen Fehler im Jahr 2008, der Übernahme von Conti. Nun gehört Schaeffler de facto den Banken.

Der Umsatz von Porsche stieg von 2,5 Milliarden Euro im Geschäftsjahr 1997/1998 auf 7,5 Milliarden Euro 2007/2008. Zeitraum versechsfachte sich der Gewinn aus dem Autogeschäft, und Porsche wurde zum profitabelsten Autobauer der Welt. Der Versuch, VW zu übernehmen, bedeutete das Ende der Unabhängigkeit für die stolzen Schwaben.

Die Hypo Real Estate stieg 2005, zwei Jahre nach der Ausgliederung aus der HypoVereins-bank, in den Dax auf. Schon 2006 stand der Aktienkurs bei 57 Euro (heute bei 1,40 Euro); und die Eigenkapitalrendite lag bei 11,9 Prozent. Doch dann erwarb der seinerzeitige Vorstandsvorsitzende Georg Funke für mehr als fünf Milliarden Euro den Staatsfinanzierer Depfa – der große Fehler, der die Hypo Real Estate in den Abgrund riss….

Die Geschichte ist voll von großen Fehlern. Das Kerngeschäft von Gerling war gesund. Dann strebten die verantwortlichen Manager nach Größerem und kauften den amerikanischen Rückversicherer Constitution Re….Der Quantensprung, oft nur ein anderes Wort für den großen Fehler, zwang den stolzen Gerling-Konzern in die Knie. Heute ist Gerling ein Teil des Versicherers Talanx."
(Quelle: Simon, H.: Der große Fehler, managermagazin 10/2009, S. 68)

---

[692] Axhausen, M.: Pflicht oder Kür? – Unternehmenssicherung durch permanente Restrukturierung, in: www.krisennavigator.ch/miin-d.htm, S. 3
[693] Raynor, M.: Fokussieren bis zur Pleite, managermagazin 6/2007, S. 135.
[694] Ebenda, S. 136
[695] Simon, H.: Der große Fehler, managermagazin 10/2009, S. 68

5.2 Risiken aus Fehleinschätzungen zu den „wirklichen" Erfolgsfaktoren

Das Fiasko vieler Unternehmen hat einen gemeinsamen Nenner: die Verkennung des Erfolgsfaktors Strategie. Hier der Traum von Wachstum um jeden Preis, dort der Glaube an schiere Kostendämpfung und Billigpreise zur Kompensation wegbrechender Umsätze – dies sind typische Fehlsteuerungen bei Firmen aller Branchen und Größen. Doch all dies eröffnet keine wirklichen Perspektiven. Komplexe Systeme lassen sich nicht durch einseitige Maßnahmen steuern. Ausgangspunkt für strategische Entscheidungen ist leider noch zu oft der „gesunde Menschenverstand". Unternehmen unterschätzen häufig die Bedrohung kritischer Erfolgsfaktoren, zum Beispiel die Bedrohung von Kernkompetenzen und somit den Verlust von Zukunfts-perspektiven des Unternehmens.[696]

Die häufigsten Fehler bei der Strategieentwicklung können sein:[697]
> **Fehlende Gesamtschau** – Fehlender Blick für alle internen und externen Einflussfaktoren und deren Wechselwirkungen
> **Unklare Ziele** – schwammige Leitlinie, fehlende Ziele der Geschäftsführung
> **Mangelnde Flexibilität** – Hängen an „bewährten" Strukturen oder vermeintlichen Erfolgsge-heimnissen des eigenen oder anderer Unternehmen und damit fehlende Anpassungsprozesse
> **Zu wenig Kundennähe** – Technikverliebtheit der Unternehmer und Gefahr, am Markt vorbei zu produzieren
> **Brachliegende Potenziale** – Fehlen der Auseinandersetzung mit Stärken, Potenzialen und Grenzen der Führungskräfte und Mitarbeiter und Nichterkennung, in welchem realen Ausmaß externe Partner und neue Mitarbeiter benötigt werden
> **Vergessene Risiken** – Fehlen der Auseinandersetzung mit möglichen Fehlentwicklungen
> **Keine Netzwerke** – Mangel an Beziehungen nach außen, z.B. durch Kundenbindungspro-gramme, Zusammenarbeit mit Lieferanten usw.

Strategisches Denken setzt immer drei Dinge voraus, deren Fehlen zu einem strategischen Risiko werden kann:[698]
> Wille – Unternehmer müssen herausfinden, was sie wirklich wollen.
> Wissen – Strategie beruht auf Ausdauer und Geduld. Dauerhafte Erfolgspositionen entstehen auch in der scheinbaren Schnelllebigkeit heutiger Märkte nicht in kurzer Zeit. Erfolg basiert auf Visionen und Aktionen, die über Jahrzehnte reichen und kontinuierlich verfolgt werden.
> Originalität – Wer sich ständig an den Erfolgsgeschichten von gestern orientiert und/oder frem-de Geschäftsmodelle imitiert, ist Unternehmer aus zweiter Hand.

Praxissituation 122: „Beate Uhse ist in der Krise..."
„...Fast sechs Jahre nach dem Tod der Gründerin Beate Uhse steckt Deutschlands größter Erotikkonzern in der Krise....Ränkespiele in der Führungsriege, falsche Strategien und Managementfehler haben Beate Uhse in eine schwierige Lage gebracht. Jetzt droht sogar die Zerschlagung durch Private-Equity-Unternehmen...." Sorgen macht vor allem das Video-geschäft unter den neuen Bedingungen der Internet-Konkurrenz....Hinzu kommen hausge-machte Probleme. "Beispiel Versandhandel, die umsatzstärkste Sparte des Erotikkonzerns. Kunden schätzten einst die schnellen Lieferungen, den kostenlosen Kundenservice und die zügigen Retouren."...Dann änderte sich die Geschäftspolitik. Im Vordergrund stand nun, ganz schnell neue Kunden zu gewinnen...gleichzeitig wurde der Service vernachlässigt. Ein Fehler. Der Umsatz im Versandhandel ist um fünf Prozent gesunken. Es häuften sich operative Probleme. Der Hauptaktionär Ulrich Rotermund verabschiedet sich aus dem Unternehmen.
   Der Konzern benötigt eine strategische Neuausrichtung – geplant mit der Positionierung der Marke Beate Uhse als Lifestyle-Marke für hochwertige, exklusive Ware. Doch das ist riskant – wie erste Erfahrungen mit neuen Ladenkonzepten von Beate Uhse zeigen.
   (Quelle: Keith, J.: Die Luft ist raus, Financial Times Deutschland 02. März 2007, S. 25)

---

[696] Gleißner, W.: Identifikation, Messung und Aggregation von Risiken, in: Gleißner, W./Meier, G.(Hrsg.): Wertorien-tiertes Risiko-Management für Industrie und Handel, Wiesbaden, 1. Auflage 2001, S. 115
[697] Prochnow, E.: Finanzen saniert – Firma am Ende? in: impulse 6/2004, S. 42
[698] Simon, H.: Herausfinden, was man wirklich will, in: impulse 6/2004, S. 43

Für das Unternehmen und für den Unternehmer entstehen ferner zahlreiche Risiken aus einem fehlenden Wertmanagement. In strategischer Sicht wird leider noch zu oft die Umsatz- und Marktanteilsentwicklung zum Maßstab des Unternehmenserfolgs. Doch erst eine Strategie der Wertsteigerung schafft die Basis einer stetigen Entwicklung des „Unternehmenswertes", der zudem in inhabergeführten Unternehmen häufig eine finanzielle Grundlage für den Unternehmer am Ende seines Berufslebens schafft, die ihn und sein Unternehmen vor einer Pleite retten. Der Unternehmenswert kann dabei nicht nur am Substanzwert gemessen werden, sondern muss den Ertragswert voll integrieren.

Die strategische Wertorientierung des Unternehmens ist ein langfristiger Ansatz, der jedoch erhebliche Folgen für das Management hat: Ein Beispiel ist das Kundenmanagement. Chefs bewerten oftmals ihre Kunden nach Umsatz oder Absatz und nicht nach ihrem Wert. Sie merken dabei nicht, dass sie mit manchem Kunden Geld verlieren. Viele Fragen lassen den Blick für die Strategie des Wertmanagements schärfen: Wie hoch ist der Deckungsbeitrag des Kunden und welche Margen lassen sich bei welchen Kunden erzielen? Wie lässt sich statt einer Umsatzprovision für den Außendienst der Wertzuwachsbeitrag eines Auftrages ermitteln? Wo liegen insgesamt die Werttreiber und wo die Wertvernichter? In welcher Weise werden die knappen Kapazitäten auf die interessantesten und lukrativsten Produkte fokussiert? Der strategische Wert eines Unternehmens ergibt sich auch aus Schutzrechten, Markenrechten und sich daraus ableitenden Ertragschancen. Ferner ist der Wert einer Firma umso höher, je mehr Kunden es gibt, die nicht mehr auf ihre Produkte oder Leistungen verzichten können oder für die der Wechsel zu einem Konkurrenten teurer wäre. Ein sehr gutes Beispiel für erfolgreiches Kundenmanagement ist hier das Unternehmen WÜRTH.[699]

Das Fehlen der strategischen Wertorientierung ist insbesondere in Klein- und Mittelbetrieben anzutreffen, in denen Selbständigkeit, Autonomiestreben oder die Faszination für eine Technik das Denken und Handeln der Unternehmer dominieren und die Betrachtung der Wertentwicklung in den Hintergrund tritt. Die klassischen Kennziffern der wertorientierten Unternehmensführung wie z.B. Value Added, Return on Capital Employed (ROCE), Discounted Cash-Flow (DCF), Return on Investment (ROI) oder Return on Equity (ROE) werden dann nicht zu strategischen Entscheidungsmaßstäben.

5.3 Risiken des Geschäftsmodells und des Unternehmenstyps

Ein bedeutsames strategisches Risiko liegt in der Überschätzung der Tragfähigkeit des Geschäftsmodells. Die Erfahrungen aus der Entwicklung der New Economy Ende der 90er Jahre haben gezeigt, dass schon die Missachtung strategischer Risiken in den Gründungsmodellen fatale Folgen hat:

> **Aussichtslose Geschäftsmodelle**
> Im Wettbewerb kann man sich nur dauerhaft behaupten, wenn man entweder besonders niedrige Preise bietet oder sich durch neue, andersartige Produkte und Dienstleistungen von der Konkurrenz abhebt. Viele Unternehmen der New Economy hatten keinen signifikanten Wettbewerbsvorteil.
> **Riskante Strategien**
> Die meisten Internetunternehmen setzten auf das vorrangige Ziel des Aufbaus von Marktanteilen. Die Gewinnerzielung wurde nur als mittelfristige Zielgröße angesetzt.
> **Gesichtsloses Image**
> Im Internet sind die Konkurrenten nur wenige Mausklick voneinander entfernt. Die erfordert den Verkauf der Produkte und Leistungen durch einfallsreiche Werbung und den Kunden durch einen originellen, einprägsamen Namen im Gedächtnis zu bleiben. Wer kann schon Buch.de und Buecher.de unterscheiden?
> **Undisziplinierte Finanzierung**
> Viele Internetunternehmer sind großzügig mit dem Geld ihrer Investoren umgegangen und leisteten sich eine Reihe von Fehlinvestitionen.

---

[699] Gneuss, M.: Werte schaffen, Markt & Mittelstand 10/2006, S. 76ff.

> **Überzüchtete Technologie**
> Vielen Start Up's war die neueste Technologie gerade gut genug. Nur die wenigsten Kunden konnten diese – meist mit erheblichem Mehraufwand eingesetzte neue Technologie – wirklich nutzen.

> **Vernachlässigte Logistik**
> Bei den neuen Internet-Unternehmen kamen oftmals 36 Prozent der Bestellungen im Weihnachtsgeschäft 1999 erst nach den Feiertagen an.

> **Überschätzte Chancen des Internethandels**
> Webunternehmer waren meist jung, abenteuerlustig und innovationsfreudig. Sie hatten jedoch im Allgemeinen keine Vorstellungen von den konservativen Verhaltensweisen und den sich nur langsam ändernden Gewohnheiten der meisten Verbraucher. Dies hat sich vor allem für Lebensmittel, hochwertige Kleidung, Parfüms und Schmuck gezeigt.

Eine grundsätzliche Problematik des Geschäftsmodells liegt in einem sogenannten „Übergangsrisiko" zwischen alten und neuen Geschäftsmodellen. Übergänge haben gewöhnlich eine der folgenden Formen: Auftauchen einer neuen Technologie, so dass die bisherigen Technologien veralten, oder Erschaffung eines neuen Geschäftsmodells, das die vorhandenen Geschäftsmodelle radikal aus dem Feld schlagen kann. Unternehmen, die darauf nicht vorbereitet sind, haben dann kaum Überlebenschancen. Solche Übergänge sind weder beispiellos noch unvorhersehbar. Unternehmen können die Gefahr eines Untergangs erkennen, sich gut über die erforderlichen Veränderungen informieren.[700]

Gefahren drohen auch, wenn Wettbewerber oder Quereinsteiger bisher erfolgreiche Geschäftsmodelle etablierter Unternehmen in Frage stellen oder erodieren.

Praxissituation 123:

„...Mit aggressiven Online-Strategien attackieren Google, Apple und Microsoft
die etablierten Geschäftsmodelle vieler deutscher Unternehmen. Gefährdet ist prinzipiell jedes Produkt, das sich in digitaler Form anbieten lässt – von Medieninhalten über Telefongespräche und Banktransaktionen bis zu Softwarelizenzen....Etwa sieben Prozent der deutschen Wirtschaftsleistung dürften durch Google, Apple und Konsorten massiv unter Druck geraten, schätzt die Unternehmensberatung Arthur D. Little...."
(Quelle: Hage, S. / Rickens, C.: Internet, managermagazin 04/2010, S. 31-37)

Strategische Risiken können sich auch spezifisch aus den charakteristischen Strukturmerkmalen eines oder mehrerer Unternehmenstypen ergeben, denen ein reales Unternehmen zugeordnet werden kann. Unternehmenstypen beruhen auf empirischen Studien und daraus erarbeiteten Strukturierungsansätzen.[701]

Tab. 72   Unternehmenstypen und ihre risikoorientierte Charakteristik[702]

Unternehmens-typ	Charakteristik	Wesentliche Risiken
Wachstums-Unternehmen	➤ Starkes Wachstum in Umsatz/Mitarbeiterzahlen ➤ Leitung, Organisation und Finanzierung halten oftmals nicht Schritt mit den gestiegenen Anforderungen	➤ Wachstumsbedingter Eigenkapitalmangel ➤ Fehlen erforderlicher Ressourcen ➤ Reorganisationsbedingte Risiken (z.B. Schwächen in der Aufgaben- und Kompetenzzuordnung oder im internen Kontrollsystem)
Techniker-Unternehmen	➤ Gründung oftmals aus einer Erfindung oder technischen Weiter-	➤ Abhängigkeit von einzelnen technischen und technologischen Lösungen

---

[700] Slywotzky, A.J.: Upside. Sieben Strategien, um Herausforderungen in unternehmerische Chancen zu verwandeln, Frankfurt/ New York 2008, S. 14

[701] Vgl. Gleißner....S. 65

[702] Eigene Darstellung in Anlehnung an Gleißner, W.: Grundlagen des Risikomanagements im Unternehmen, München 2008, S. 65ff.

	➢ entwicklung ➢ Dominanz der Forschung & Entwicklung ➢ Gefahr der Vernachlässigung externer Faktoren, wie z.B. Umwelt, Konkurrenz, Vermarktung	➢ oder Patenten ➢ Vernachlässigung der Marktorientierung und mangelnde Früherkennung von Änderungen der Kundenwünsche ➢ Defizite in der Fachkompetenz der Bereiche „Marketing" und „Finanzen" infolge der stark ausgeprägten Besetzung von Führungspositionen mit Naturwissenschaftlern und Technikern
Tagesgeschäft-Unternehmen	➢ Dominante Einbindung der Unternehmensleitung in das operative Tagesgeschäft bei fehlenden Zeiten für strategische Arbeit ➢ Klar verfolgte Unternehmensstrategie oft nicht vorhanden, sondern Politik des „Durchwurstelns" ➢ Vorherrschen von Improvisation und Intuition des Unternehmers	➢ Vernachlässigung langfristiger strategischer Planung ➢ Überlastung der Unternehmensführung, oft in Verbindung mit dem Risiko der „Schlüsselpersonen" ➢ Ineffizienz von Abläufen und Entscheidungsprozessen sowie Mangel an Eigenverantwortung der Mitarbeiter
Markenartikel-Unternehmen	➢ Angebot eines qualitativ hochwertigen Produkts ➢ Hoher Stellenwert der Produktdifferenzierung in Verbindung mit Hochpreispolitik	➢ Beeinträchtigung der Marke durch Störfälle ➢ Fehler bei der Markenpolitik ➢ Hohe sunk costs im Bereich Marketing, insbesondere für den Markenaufbau
Das verzettelte Unternehmen	➢ Breite und tiefe Ausrichtung des Produktionsprogramms mit meist hoher Fertigungstiefe ➢ Präsenz auf breit gestreuten Absatzmärkten mit vielen kleineren Kundengruppen	➢ Erhöhte Kosten durch zu hohe Komplexität ➢ Fehlende Spezialisierungs- und Wettbewerbsvorteile durch viele Produkte bzw. Leistungen, für die keine adäquaten Kompetenzen verfügbar sind ➢ Nicht erkannte Quersubventionierung zwischen Produkten oder Leistungen
Familien-Unternehmen	➢ Besonderheiten in der familienorientierten Führungsstruktur mit den Folgen für die Beziehungsstrukturen, Nachfolgeregelungen, Geschäftsführung ➢ Besonderheiten und Bedeutung der Tradition im Unternehmen ➢ Führungsstil eher autoritär, weniger kooperativ ➢ Unternehmenserfolg stark von der Harmonie in der Unternehmensleitung und dem „Betriebsklima" geprägt	➢ Übertrieben traditionsbewusstes und damit nicht rein ökonomisches Entscheidungsverhalten ➢ Risiken der Unternehmensnachfolge ➢ Finanzierungsrisiken durch beschränkten Kapitalmarktzugang ➢ Vermischung privater und unternehmerischer Interessen mit der Folge der Schwächung der Schlagkraft des Unternehmens
Das Ein-Kopf-Unternehmen	➢ Durch eine charismatische Persönlichkeit an der Spitze des Unternehmens geprägt mit starker Abhängigkeit zwischen Unternehmer und Betrieb ➢ Bestimmende Rolle einzelner „Mitarbeiter", zum Beispiel Vertriebsleiter oder Techniker	➢ Ausfall der Schlüsselperson und sich daraus ergebende Folgen ➢ Aufbau einer unangemessen hohen Machtposition einzelner Personen aufgrund ihrer „Unersetzlichkeit"
Das Ein-Standbein-Unternehmen	➢ Unternehmenserfolg nur von einem Produkt, einer Produktgruppe, einem Kunden, einem Absatzmarkt etc. abhängig ➢ Erfolg des Unternehmens von dauerhaft positiver Entwicklung dieses Standbeines abhängig	➢ Plötzlicher Ausfall des einzigen Standbeins ➢ Schleichende Alterung des einzigen Standbeins aufgrund mangelhafter Informations- und Frühaufklärungssysteme nicht rechtzeitig erkannt oder fehlinterpretiert

Unternehmen sollten durch einen neutralen „Typen-Check" – möglichst durch einen externen Experten – ihre individuelle Situation analysieren lassen, entsprechend drohende Deformationen erkennen und durch gezielte Maßnahmen kompensieren.

5.4 Risiken aus dem Geschäftsportfolio des Unternehmens

Die möglichen Ansätze zur Darstellung der strategischen Entwicklungssituation des Unternehmens über das Portfolio wurden insbesondere mit dem Marktwachstum-Marktanteil-Portfolio und mit dem Marktattraktivität-Wettbewerbsvorteil-Portfolio hinreichend in der Literatur beschrieben. Wie lassen sich mit der Anwendung dieser Modelle strategische Risiken erkennen und welche?

Grundsätzlich ergeben sich die Portfolio-Risiken aus

➢ der Bewertung der Marktattraktivität und der gegenwärtigen und zukünftigen Wettbewerbskräfte und
➢ der Bewertung der eigenen Marktpositionen und der Wettbewerbsvorteile.

Eine kritische Risikoanalyse muss in diesem Zusammenhang auch die Umsatzverteilung auf Produkt- und Kundengruppen sowie die Wettbewerbspositionierung erfassen. Ist das Geschäftsportfolio eher durch Spezialisierung oder eher durch ein Volumengeschäft geprägt und wie kann man dieses beeinflussen?

Praxissituation 124: „Managerfehler und Eigentümerstreit haben den Handelsriesen Tchibo in die Krise getrieben..."
...Wie groß die Nervosität bei Tchibo ist, zeigt sich auch daran, dass zuletzt die Manager genauso häufig wechselten wie das Angebot an Bratpfannen und Boxershorts in den Regalen. Pfander hat viel zu tun: Er muss dem Unternehmen ein frischeres Image und ein klares Profil geben. Das Durchschnittsalter der Kunden bei Tchibo ist mit 49 Jahren relativ hoch. Die größten Kaffeeshop-Ketten hierzulande heißen Starbucks und Mc Cafe – und nicht Tchibo...
Auch das Handelssortiment funktioniert nicht mehr so gut wie einst....Tchibo ist ein ganz normales Handelsunternehmen geworden, mit all den dazu gehörenden Problemen. Das einstige Erfolgsmodell Kaffee plus Krimskrams ist ins Wanken geraten, Der Nabel des Tchibo-Universums ist das Geschäft jenseits der Lebensmittel. Damit wurde das Hamburger Unternehmen, was es ist, und hier entscheidet sich auch seine Zukunft. Nach Berechnungen von Branchenexperten erzielt Tchibo über 65 Prozent des Umsatzes mit Produkten aus dem ständig wechselnden Sortiment, nur ein Drittel steuert der Röstkaffee bei. Der Gewinn komme sogar zu über 80 Prozent aus dem Geschäft neben dem Kaffee...
Jahrzehntelang konnte Tchibo mit seinem Konzept dem Fachhandel Marktanteile abjagen. Seit einigen Jahren beherrschen aber auch die Lebensmitteldiscounter von Aldi bis Plus das Geschäft. Tchibo ignorierte das zu lange. Im vergangenen Jahr blieb das geplante Wachstum erstmals aus, es häuften sich georderte Waren in den Filialen und Lagern. ...Was Tchibo so einzigartig gemacht hatte – ein exklusives, knappes Angebot, überraschende Produkte und vergleichsweise hohe Qualität zu niedrigen Preisen – ging zunehmend verloren.
Tchibo vernachlässigte aber nicht nur das Geschäft mit den Non-Food-Produkten. Auch im Kaffeemarkt verspielte das Management Chancen: Tchibo war bei dem Trend zu Espresso-Getränken und zur Entwicklung von Coffeeshops nicht schnell genug.
(Quelle: Seiwert, M.: Tchibo: Risse im System, WirtschaftsWoche 23.04.2007, S. 59ff.)

Unternehmen weisen ein sehr vielschichtiges und zwischen Geschäftsfeldern stark differenziertes Risikoprofil auf:[703]

---

[703] Meier, H.B.: Controlling im Roche Konzern, in: Bruhn et al.(Hrsg.): Wertorientierte Unternehmensführung, Wiesbaden 1998, S. 136

Praxissituation 125: „...Der Roche-Konzern hat ein sehr vielschichtiges ...Risikoprofil...

Zwar ist das Marktrisiko im Sinne der Verkäuflichkeit des Produktes allen gemeinsam, doch Pharma hat hier ein extremes Risiko, weil möglicherweise ein neues Medikament unter Einsatz von Hunderten von Millionen Franken entwickelt wird, Fabriken und Verteilstrukturen aufgebaut werden, nur um durch die Entdeckung einer negativen Nebenwirkung in Minuten entwertet zu werden. Ein Risiko in ähnlicher Dimension entsteht in anderen Geschäftszweigen in Bezug auf das Verkäuflichkeitsrisiko nur selten.

...Für die Illustration des Preisrisikos ist der Vitamin C-Markt das ideale Beispiel. China baute in den früheren 90er Jahren eine Produktionskapazität für Vitamin C auf, mit welcher die ganze Nachfrage der Welt hätte befriedigt werden können – unbedacht, dass dies die innerhalb kurzer Zeit auf die Hälfte reduzieren würde. Eine neue Vitamin C-Fabrik kostet im Westen jedoch in der Größenordnung von US$ 200-300 Mio. Ohne drastische Produktivitätssteigerung wird eine solche Fabrik durch die Halbierung der Preise in kurzer Zeit wertlos. Dank neuen Produktionsprozessen und Produktivitätsverbesserungen auf breiter Front ist es Roche gelungen, auch die Kosten zu halbieren und somit nicht nur den Wert der Fabrik, sondern auch des Geschäfts zu erhalten."

(Quelle: Meier, H.B.: Controlling im Roche Konzern, in: Bruhn et al.(Hrsg.): Wertorientierte Unternehmensführung, Wiesbaden 1998. S. 136)

Das Geschäftsportfolio ist in vielen Unternehmen ein Mix unterschiedlicher Branchen oder Branchenzweige und erfordert von daher die unterschiedliche Risikosituation der einzelnen Branchen zu berücksichtigen. „Das Branchenrisiko gehört zu den gefährlichsten Bedrohungen für Unternehmen und zugleich zu denen, die am schlechtesten verstanden werden...Das hat weder etwas mit dem Wachstum zu tun – auch wachsende Branchen können von diesem Risiko betroffen sein – noch mit Überalterung –Zonen ohne Gewinne können auch Branchen in den Abgrund reißen, in denen die Innovation robust und häufig ist. Das Branchenrisiko beruht vielmehr auf strukturellen Faktoren, die selbst bei gut geführten Unternehmen starken Druck auf die Gewinnspannen ausüben."[704] Sehr oft werden dabei auch die Risiken der Stagnation innerhalb bestimmter Branchen unterschätzt. Das Stagnationsrisiko fühlt sich am Anfang des Stagnationsprozesses gar nicht so an. Man glaubt zunächst nur an eine vorübergehende Erscheinung. Doch die langfristigen Wirkungen einer Stagnation können schwerwiegend sein. Die Mittel, die man in Innovationen stecken kann, beginnen zu versiegen. Die Talente fangen an, das Unternehmen zu verlassen, vor allem die besonders intelligenten und vielversprechenden Manager...Die negativen Trends setzen sich fort und verstärken sich."[705]

Strategische Risiken der einzelnen Geschäftsfelder lassen sich im Sinne der wertorientierten Führung spezifisch erfassen. Für die strategische Analyse und Steuerung der Werttreiber des Unternehmenswertes wird von GLEIßNER als Grundmodell eine modifizierte Matrix vorgeschlagen, die das Zusammenwirken von drei Werttreibern, den Kapitalkostensatz, die Kapitalrendite sowie das Umsatzwachstum darstellt.[706] (Abb.58) Diese Matrix zeigt, inwieweit ein Geschäftsfeld Marktanteile gewinnt oder verliert sowie einen positiven oder negativen Wertbeitrag leistet. Ein Unternehmen oder ein Geschäftsfeld erwirtschaftet einen positiven Wertbeitrag, wenn seine Rendite höher als der Kapitalkostensatz ist. Neben den Dimensionen Kapitalrendite und Wachstumsrate enthält die Matrix die „Cash-Linie". Geschäftsfelder mit einer Positionierung links oberhalb der Cash-Linie erwirtschaften positiven freien Cash-Flow; alle unterhalb haben negativen freien Cash-Flow.[707]

---

[704] Ebenda, S. 167
[705] Ebenda, S. 194f.
[706] Gleißner, W.: Wertorientierte strategische Steuerung, in: Gleißner, W./Meier, G.(Hrsg.): Wertorientiertes Risiko-Management für Industrie und Handel, Wiesbaden, 1. Auflage 2001, S. 83
[707] Ebenda, S. 84

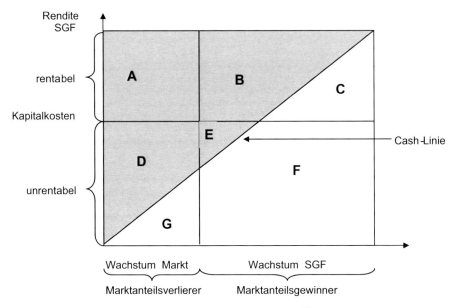

Abb.58   Modifizierte Marakon-Rentabilitätsmatrix[708]

5.5 Risiken der Unternehmensstrategien

Unternehmen verfolgen in der Regel erkennbar bestimmte grundlegende Unternehmensstrategien, wie zum Beispiel die Kostenführerschaft, die Qualitätsführerschaft, die Differenzierungs- oder die Konzentrationsstrategie. Im Zuge der strategischen Entscheidungsfindung werden zwar in den meisten Fällen die Auswirkungen auf die Marketingaktivitäten und die sich ergebenden Konsequenzen für den Markt betrachtet. Weit weniger werden die sich ergebenden internen Voraussetzungen für eine erfolgreiche Umsetzung der Strategien in ihrer Komplexität auf alle Elemente des internen Wertschöpfungsprozesses simuliert. Das Risikopotenzial lässt sich hier aus den strategisch erforderlichen Maßnahmen und den daraus folgenden internen Interdependenzen ableiten. Aus diesen maßnahmenbedingt entstehenden Risiken kann sich wiederum eine Beeinträchtigung des Erfolgs einer Strategie ergeben. In Tabelle… werden diese Zusammenhänge am Beispiel der Strategie der Kostenführerschaft beschrieben.

Unternehmen können den strategischen Fehler begehen, ein durchaus sehr gutes und erfolgreich für eine Kundengruppe oder ein Marktsegment eingeführtes Produkt auf eine zu breite Anzahl von Kundenzielgruppen mit stark heterogenen Anforderungen und Anwendungsbedingungen ausweiten zu wollen. Seit Jahren versucht der Softwarekonzern SAP, seine Programme auch an Mittelständler zu verkaufen – mit geringem Erfolg. Die Ursachen sind vielfältig. Zum einen schafft es das Unternehmen oft nicht, die Entscheider bei mittelständischen Unternehmen richtig anzusprechen. Zum anderen ist die ursprünglich für Großkonzerne erstellte Software für die Anforderungen kleinerer Firmen schlicht zu kompliziert – und kann die speziellen Bedürfnisse bestimmter Branchen selbst nach aufwendigem Nachjustieren teilweise trotzdem nicht erfüllen. Ferner gibt es noch zahlreiche weitere Spezialanbieter von Software, die genau das Gegenteil von SAP machen: Spezialprogramme für bestimmte Branchen zu schreiben und sich in diesen Nischen einzunisten. Ihr Vorteil besteht insbesondere in der Kenntnis der Probleme von Fleischproduzenten, Werkzeugmaschinenbauern oder kleinen Stadtwerken.[709]

---

[708] Ebenda, S. 83
[709] Voss, O.: Bagger im Vorgarten, WirtschaftsWoche 20.10.2008, S. 111ff.

Tab. 73   Entstehung möglicher Risikopotenziale aus der Strategie der Kostenführerschaft[710]

Maßnahme	Überprüfung des Bedarfs an Investitionen/Kürzung der Aus- und Weiterbildungsinvestitionen	
Risiko	Risikobeschreibung	Risikointerdependenzen
Personalqualitäts-risiko	Mitarbeiter sind unzureichend für ihre Aufgaben geschult und nehmen ihre Aufgaben zeitlich und qualitativ nicht hinreichend wahr.	Die Qualität der Mitarbeiter kann Auswirkung auf Produktqualität haben. Qualitativ schlechte Produkte können zu Ersatzansprüchen führen. Die Kundenzufriedenheit sinkt, Imageverlust kann entstehen. Die Rekrutierung neuer Mitarbeiter erweist sich als schwierig.
Personalfluktuations-risiko	Motivation der Mitarbeiter sinkt, da den Fortbildungswünschen der Arbeitnehmer nicht entsprochen wird. Personal wandert ab.	Ein negatives Arbeitsklima als Folge schlechterer Arbeitsbedingungen kann zu weiterer Personalfluktuation führen. Die sinkende Motivation kann sich auf die Produktqualität auswirken.

Maßnahme	Einsparungen durch Straffung eigener Vertriebsstrukturen	
Risiko	Risikobeschreibung	Risikointerdependenzen
Abhängigkeitsrisiko im Vertrieb	Durch eine Straffung des eigenen Vertriebsnetzes steigt der Einfluss der Vertriebspartner auf die Absatzstruktur des Unternehmens. In Abhängigkeit vom Konzentrationsgrad werden die Absatzpartner die Absatzbedingungen diktieren.	Der steigende Einfluss der Vertriebspartner kann zu einem übergreifenden Machterwerb führen.
Kundenverlustrisiko	Kunden sind nicht bereit, eine größere Entfernung zum Kauf des Produktes zurück zu legen. Sie können ihren Verbrauch ggf. substituieren.	Eine sinkende Kundenzahl wirkt sich i.d.R. negativ auf die Absatzmenge und den Umsatz aus und führt mittelfristig zu sinkenden Auslastungsgraden in der Produktion.

Maßnahme	Generierung von Economies of Scale durch Produkt- und Anlagenstandardisierung sowie aggressive Mengenpolitik	
Risiko	Risikobeschreibung	Risikointerdependenzen
Produkt-/Absatzrisiko	Durch die Produktstandardisierung können die Produkte an Profil und Attraktivität verlieren. Wenn die Kostenführerschaft nicht dauerhaft gehalten werden kann, ist die Abgrenzung gegenüber der Konkurrenz nicht mehr gegeben.	Es besteht die Gefahr, dass eine nur geringe (realisierbare) preisliche Differenz zwischen den eigenen und den Konkurrenzprodukten bei ansonsten gleichen Prämissen nicht zu der gewünschten Steigerung der Kundenzahl führt. Durch eine Fehleinschätzung der Preis-Absatz-Funktion kann die strategische Ausrichtung hinfällig werden.
Flexibilitätsrisiko	Die Bandbreite der Modellvarianten ist durch die Produktionsarchitektur festgelegt. Einem Trendwandel bzw. einem Bedürfniswandel der Kunden kann (kurz- bis mittelfristig) nicht flexibel gefolgt werden.	Die unzureichenden Anpassungsmöglichkeiten können bei konstantem bzw. negativem Branchenwachstum einen Verlust von Marktanteilen und eine Minderauslastung in der Produktion zur Folge haben.

Unternehmen haben oftmals auch Schwierigkeiten, ihre Geschäftsmodelle rechtzeitig an eine veränderte Umwelt anzupassen. Auf Warnsignale wie fallende Umsätze oder sinkende Margen wird

---

[710] Diederichs, M.: a.a.O., S. 123

falsch oder zu spät reagiert. Statt über eine Neuorientierung nachzudenken, wird versucht, das Geschäftsmodell weiter zu optimieren, um so Umsätze und Gewinne wieder zu stabilisieren. Dies funktioniert jedoch nicht, wenn neue Kundenanforderungen oder technologische Sprünge das Gewinnpotenzial einer ganzen Branche bedrohen. Unter Veränderungsdruck stehen vor allem Industrien mit niedrigen Eintrittsbarrieren und hoher Innovationsgeschwindigkeit, wie z.B. Medien-, Technologie- und Softwareunternehmen, die häufig von Unternehmen verwandter Branchen angegriffen und verdrängt werden.[711]

Das Entstehen einer strategischen Ergebnis- oder Rentabilitätslücke kann das Resultat des Übersehens, Ignorierens oder Unterschätzens bestimmter Marktentwicklungen sein, die sich mit hohen Unsicherheiten ankündigen und einen möglicherweise langen Transformationsprozess durchlaufen.

Praxissituation 126: „...Die Autobauer müssen jetzt neue Erlösquellen finden...“

„Dabei müssen die Hersteller bereit sein, komplett neu zu denken, weil sich die Welt um sie radikal ändere. ,Der Unternehmer kommt mit der S-Bahn zum Geschäftstermin, der Student fährt in der BMW-Limousine zur Vorlesung – immer häufiger geraten althergebrachte Verhaltensmuster ins Wanken, Zielgruppen sind für Unternehmen immer schwieriger abzugrenzen', sagt der Autoexperte Winterhoff.

Wie extrem dieser Wandel ausfallen kann, zeigt das Beispiel Japan. ,Der japanische Automarkt stirbt', sagt der Vorstand eines großen japanischen Autozulieferers, ,denn wir sind eine schrumpfende Gesellschaft, und die jungen Leute wollen keine Autos kaufen.' Auch in Deutschland droht ein Abschied junger Kunden vom Automobil: ,Der Trend zur Individualisierung bedeutet auch, dass immer mehr Kunden sich fragen, warum sie überhaupt ein eigenes Auto besitzen sollten', sagt Autoexperte Winterhoff. Komme man mit Straßenbahn, Taxi oder Flugzeug einfacher oder günstiger ans Ziel, bleibe das Auto in Zukunft einfach stehen.

Damit reicht es immer weniger, nur Autos zu verkaufen, um mit Autos Geld zu verdienen. Die Hersteller müssen Geschäftsmodelle entwickeln, damit sie auch vom Gebrauch der Autos profitieren. ,Das ist einer der großen Trends', sagt ein hochrangiger Strategieexperte bei Volkswagen...“

(Quelle: Katzensteiner, T./Seiwert, M./Bläske, G.: Smarte Ideen, WirtschaftsWoche 12.3.2009, S. 52)

Die Krise einiger deutscher Luxushersteller hat gezeigt, dass rein deutsche Luxushersteller strategischen Risiken stark ausgesetzt sind. Die Pleite des Damenmodeherstellers Escada im Jahre 2009 zeigt einige strategische Fehler der deutschen Luxusindustrie. Viele haben es versäumt, sich in große internationale Konzerne einzubinden und so global vertreten zu sein, dass sie den Vergleich mit großen internationalen Wettbewerbern nicht zu scheuen brauchen. Eine expansive Wachstumsstrategie ist den stark mittelständisch geprägten und oft sich in Familienhand befindlichen Unternehmen fremd oder mangels Kapital nicht möglich.[712]

So haben Unternehmen der Logistikdienstleistungs-Branche lange Zeit keine konsistente Marktstrategie verfolgt, die auch in schwierigerem Umfeld erfolgreich ist. Eine Wirtschaftskrise ist direkt mit der Reduzierung des Transportvolumens verbunden und trifft dabei insbesondere kleine Transportunternehmen, die zudem noch vielfach als Subunternehmen für große Speditionen fahren, die mit Großunternehmen langfristige Logistikverträge geschlossen haben. Viele Fuhrunternehmen haben sich häufig nicht von den reinen und letztendlich preisgetriebenen Transportleistungen unabhängig gemacht.

Unternehmen mit einem hohen Spezialisierungsgrad, die sich zudem als Problemlöser für ihre Kunden entwickelten, werden krisenresistenter.

---

[711] Seidensticker, F.-J.: Ignorierte Warnsignale, in: Palan, D.: Die Kunst der Verwandlung, managermagazin 4/2009, S. 66

[712] Schnitzler, L.: Gefährlicher Abgang, WirtschaftsWoche 17. Augsut 2009, S. 42ff.

Praxissituation 127: ...Lounge-Stil statt Plastik-Stuhl, Menüvielfalt statt Burger-Einerlei...

...– McDonald's steckt mitten in einem Veredelungsprozess, der den Konzern weltweit von Grund auf verändern wird....Vor fünf Jahren färbten erstmals in der 50 Jahre währenden Firmenhistorie Quartalsverluste die Bilanz ketschuprot. Der Aktienkurs stürzte ins Bodenlose. McDonald's liefen die Kunden weg. Die Eröffnung neuer Filialen brachte nicht den gewohnten Erfolg, und weil Investitionen in die alten ausblieben, verirrten sich immer weniger Klienten dort hinein. Zudem hatte sich McDonald's mit einer Diversifizierungspolitik verzettelt. Statt das Kerngeschäft voranzutreiben, musste das Management gekaufte Fast-Food-Ketten integrieren. Das band Kapital und Kräfte. Vor allem aber hatte McDonald's das Gespür für seine Kunden verloren. Das Stammsortiment aus Burgern, Fritten und Cola lockte Konsumenten nicht mehr. Sie wünschten sich eine gesündere und vielfältigere Produktpalette.

Lektion I: Konzentriere dich auf deine Kernmarke!

McDonald's hatte den Fokus vor dem Jahre 2003 verloren. Es entfaltete zahlreiche Aktivitäten in Nebengeschäften, wie etwa die Pizzeria Donatos oder das Pasta-Restaurant Fazoli's. Dieser Sammelwahn war das Resultat mangelnden Vertrauens in den Namen McDonald's. Die Verantwortlichen glaubten nicht, dass sie mit ihrer Hauptmarke wieder an frühere Wachstumserfolge würden anknüpfen können.

Lektion II: Kümmere dich um deine Kunden

Früher gab es Burger und Pommes, Pommes und Burger. Für Neuheiten war kein Platz. Doch im Gegensatz zur McDonald's-Küche hatten sich die Fast-Food-Vorstellungen vieler Konsumenten geändert. Die Kunden erwarten gesünderes Essen und vor allem deutlich mehr Auswahl.

Lektion III: Nutze das Wissen deiner Leute

Lektion IV: Sichere das Wachstum durch Vernetzung

(Quelle: Sucher, J.: Der Burger-Meister, manager magazin 5/2008, S. 82ff.)

5.6   Risiken der absoluten und relativen Abhängigkeiten des Unternehmens

Strategische Risiken können sich in einer Reihe von Abhängigkeiten des Unternehmens von **Anbietern** oder **Abnehmern** zeigen. Ein fundamentales Risiko auf der *Abnehmerseite* besteht in der Abhängigkeit von Entscheidungen zur Auftragsvergabe durch Großkunden.

Praxissituation 128: „Kampf um die Existenz – das Geschäft bricht weg"

„Aufgebaut in den vergangenen Jahren nutzten Autokonzerne wie BMW, Mercedes und General Motors Auftragsfertiger dazu, Kleinserien für sie zu produzieren. Nischenmodelle wie Cabrios oder Roadster lagen im Trend, waren wegen ihrer geringen Stückzahl in den Werken der großen Hersteller nicht rentabel zu produzieren. Diese Schwäche der Großen bescherte Karmann, Magna Steyr, Bertone, Pininfarina, Valmet und Heuliez lange ein glänzendes Geschäft.

Abgehängt. Inzwischen haben die Autokonzerne ihre Produktion flexibilisiert, jetzt rechnen sich auch kleinere Serien. Die Produktionseffizienz ist zudem gestiegen...Die Überkapazität in Westeuropa liegt nach einer Studie von Moody's bei 20 bis 25 Prozent. Die Hersteller holen die Kleinserien in die eigenen Werke zurück, um diese besser auszulasten.

Angeschlagen. Verzweifelt ringen die Auftragsfertiger nun um Aufträge. Bertone und Heuliez sind schon in der Insolvenz. Karmann muss den Autobau aufgeben, wenn die Firma bis Mitte des Jahres (2008) keinen Auftrag zum Bau eines neuen Modells erhält."

(Quelle: Spiller, K.: Ende einer Erfolgsbranche, Financial Times Deutschland 14. Januar 2008, S. 7)

Auf der *Anbieterseite* wirken sich besonders zwei generelle Risikofaktoren auf die Unternehmenskennzahlen aus: die Versorgungssicherheit und die Preisstabilität auf den Beschaffungsmärkten, insbesondere den Rohstoffmärkten, aus. Mit Blick auf die Ertragsentwicklung sind die

Risiken der Preissteigerung und Preisexplosion auf den Rohstoffmärkten von strategischer Bedeutung.

Praxissituation 129:
„Der Rohstoffindex des Hamburgischen Weltwirtschafts Archivs (HWWA)...,
der die Preisentwicklung aller Industriemetalle abbildet, notierte im Juli (2006) um 34,5 % höher als zwölf Monate zuvor. Der Preis für eine Tonne neu gewonnenes Kupfer etwa machte mit einem Plus von 60 Prozent auf fast 9.000 US-Dollar allein in den drei Monaten zwischen März und Mai den größten Preissprung seit 1960.(...)Diese Preisexplosion trifft Firmen hart. Das zeigt das Beispiel der Repower Systems AG. Das Hamburger Unternehmen stellt Windkraftanlagen her. Die Stahltürme, auf denen die Turbinen montiert werden, bestellt Repower zwar bei Subunternehmern." Durch die kurzfristigen Vereinbarungen mit den Lieferanten auf der Basis von Festpreisen konnten diese jedoch die steigen-den Stahlpreise 2003 und 2004 an das Unternehmen weitergeben. (Quelle: Mischler, G.: Knappe Ressourcen, in: Markt & Mittelstand 12/2006, S. 16)

Zahlreiche Faktoren sprechen für ein strategisches Risiko im Zusammenhang mit trotz erkennbarer Volatilitäten steigenden Rohstoffpreise: anhand hohes Wachstumstempo der Weltwirtschaft und insbesondere die Dynamik in Asien. „Allein die Nachfrage Chinas nach Kupfer hat sich von 1996 bis 2006 verdreifacht. Die Volksrepublik hat 2006 doppelt so viel Kupfer verbraucht wie die USA. Insgesamt konsumiert China ein Fünftel der globalen Kupferproduktion und ein Drittel aller weltweit gewonnenen Rohstoffe."[713]

5.7 Risiken strategischer Wachstums-, Investitions- und Finanzmarktentscheidungen

Wachstum birgt neben Chancen auch viele Risiken. Eine Wachstumsstrategie muss daher durch eine sorgfältige Risikopolitik erfolgreich und nachhaltig gestaltet werden. In Wachstumsstrategien verbergen sich häufig auch Risiken aus logischen Inkonsistenzen, die eine erfolgreiche Umsetzung der Strategie, insbesondere durch eine organisatorische und ressourcenseitig flankierende „Absicherung" der Wachstumspfade. Kritische Entwicklungen ergeben sich auch durch die Vernachlässigung der Entwicklung einzelner interner Geschäftsbereiche oder deren unzureichende Kosten- und Finanzmittelzuweisung infolge ehrgeiziger Wachstumsstrategien des Unternehmens oder einzelner Strategischer Geschäftseinheiten.

Praxissituation 130: „Die rasante Expansion brachte den Solarkonzern Conergy an den Rand des Ruins...
...(...) Unbeirrt blickt Dieter Ammer im Konferenzsaal der Hamburger Conergy-Zentrale in die Runde. Draußen ist es längst dunkel. Überstunden. Der bullige Zwei-Meter-Mann wendet das weiße Blatt Papier , das vor ihm liegt, kritzelt darauf mit seinem Kugelschreiber Kurven, Kästchen und Linien...und verkündet, Conergy habe eine Zukunft...
Milde Worte für den größten Sanierungsfall der deutschen Solarbranche. Firmengründer Hans-Martin-Rüter, der binnen zehn Jahren einen der führenden Anbieter in Europa formte, hat sich bei seiner Expansion verzettelt. Conergy investierte in eine Solarfabrik, in Bioenergieanlagen und Wärmepumpen, baute Windräder und Sonnenkraftwerke. Die Anleger jubelten, zeitweise war das Unternehmen an der Börse mehr als 2 Mrd. Euro wert. Doch Rüter schaffte es nicht, die zugekauften Firmen zu integrieren, schätzte Marktentwicklungen falsch ein. Der wundersame Aufstieg endete in einem Desaster (...)
Reihenweise kauft Rüter Unternehmen, massenweise stellt er neue Mitarbeiter ein, allein 1300 von Januar bis Oktober 2007. Prestigeobjekte wie die Solarfabrik in Frankfurt/Oder kommen jedoch nicht in Fahrt. Rüter will im märkischen Sand nicht nur Solarmodule zusammenschrauben lassen, sondern auch die Solarzellen und dafür nötigen Wafer selbst herstellen. Die hohen Siliziumpreise durchkreuzen jedoch die Pläne, der Produktionsanlauf verzögert sich immer weiter...(...) Das Schreckensjahr 2007 endete mit einem operativen Verlust von mehr als 200 Mio. Euro – bei einem Umsatz von gut 700 Mio. Euro. Prognostiziert hat Rüter Erlöse von mehr als 1 Mrd. Euro und 60 Mio. Euro Nettogewinn." (Quelle: Krümpel, M./Clausen, S.: Unter Hochdruck, Financial Times Deutschland, 21. Februar 2008, S. 25)

Praxissituation 131:
„Die Euphorie ist dahin. Binnen wenigen Monaten ist der Biogasboom
in sich zusammengefallen, denn die Agrarmärkte sind gekippt. Plötzlich kennen die Preise der wichtigsten Rohstoffe der Biogasherstellung nur eine Richtung: nach oben. Mais kostet fast doppelt so viel wie im Januar vor einem Jahr, Weizen ist nahezu dreimal so teuer wie 2004.

Was waren das für Zeiten. 2004. Biogas ist der letzte Schrei auf Deutschlands Höfen. Es sind die Jahre der Butterberge, der Milchseen, der zum Bersten gefüllten Getreidespeicher.... Doch die Bauern schöpfen Hoffnung: Die rot-grüne Regierung novelliert des Erneuerbare-Energien-Gesetz(EEG)...Betreiber von Biogasanlagen, die Elektrizität aus Lebensmitteln, Pflanzen oder anderen nachwachsenden Rohstoffen statt aus Abfall gewinnen, können den Strom unbegrenzt ins öffentliche Netz einspeisen – und erhalten neben der Grundvergütung – bis zu 11,5 Cent – weitere 6 Cent je Kilowattstunde.

Das neue Gesetz löst einen Hype auf den Höfen aus. Die Vertreter der Anlagenhersteller tingeln über die Dörfer, rechnen den Landwirten die schöne neue Biogaswelt vor – mit Weizenpreisen von 6 oder 7 € je Doppelzentner. Auch die lokalen Landwirtschaftsämter sind euphorisch, veranstalten Biomasse-Seminare, drängen die Bauern zur Umrüstung. Und so träumen viele Hofbesitzer bald von einem sorgenfreien Leben. Biogas, so scheint es, ist die Lizenz zum Gelddrucken. Die Erlöse sind staatlich garantiert, die Rohstoffpreise fast auf dem tiefsten Stand seit dem Zweiten Weltkrieg.

Zu Hunderten geben die Bauern die Viehzucht auf, investieren Hunderttausende, bauen ihr Getreide fortan nur noch zur Herstellung von Strom oder Treibstoff an....Bis Ende 2006 verdoppelt sich die Zahl der Biogasanlagen in Deutschland auf 3.500.

Die Goldschalds zögern zunächst. Dann entscheiden sie sich doch zum Bau. Sie beleihen ihren Hof, stecken 600.000 € in Rührwerke, Silos, Gasspeicher, Heizkessel, Leitungen, den 100 Kubikmeter großen Gärtank, ein 180-Kilowatt-Blockheizkraftwerk sowie ein Lager für den Abfall. Es hätte noch viel mehr sein können. Aber die Goldschalds halten die Anlage bewusst klein, gegen den Rat der Behörden. Sie wollen kein Getreide zukaufen müssen, und sie wollen weiter Rinder züchten. Ihre Vorsicht sichert den Goldschalds heute ihre Existenz. Hätte die Familie keine Einkünfte aus Fleisch, könnte sie die Anlage nicht mit eigenem Weizen und Mais füttern – sie stünde vor dem Ruin. Nur Spitzenanlagen wird es gelingen, 2008 eine schwarze Zahl zu schreiben. Die Getreidepreise werden wahrscheinlich mittelfristig nachhaltig steigen, wegen der weltweit angespannten Versorgungssituation."

(Quelle: Hecking, C.: Die Luft ist raus. Financial Times Deutschland 1. Februar 2008. S. 27)

Praxissituation 132: „Die Bahn hat Probleme – vielmehr als es Grube lieb sein kann...
Die Zeitbomben, die sein Vorgänger Hartmut Mehdorn hinterlassen hat, werden eine nach der anderen in den nächsten Monaten und Jahren hochgehen. Das zeigen die geheimen Zahlen der internen Mittelfristplanung...Jeder, der die Zahlen kennt, weiß, was auf Grube zukommt: Irrwitzige Großprojekte bei Bahnhöfen und Schienennetz belasten die Konzernbilanz noch jahrelang. Qualitätsprobleme bei Regional- und Schnellzügen verschlechtern die Chancen im Wettbewerb....nun muss er den Konzern von Grund auf neu auf Qualität und Verlässlichkeit ausrichten. Mehdorn hinterlässt ihm eine schwere Hypothek: einen Konzern, der jahrelang auf Sparflamme fuhr, um die Vorgaben für den 2009 geplanten Börsengang zu erfüllen und sich mit schönen Zahlen Großinvestoren als lukratives Anlageziel zu präsentieren.

Die Misere zeigt sich nirgendwo stärker als beim öffentlichen Personennahverkehr. Zwar war die S-Bahn Berlin wirtschaftlich zunächst ein Erfolg: Das Tochterunternehmen überwies der Konzernmutter 2008 etwa 56 Millionen Euro Gewinn vor Steuern. Doch Kritiker bemängeln schon seit Langem, dass die engen Sparvorgaben zulasten der Qualität gingen....

So hat die Bahn in Berlin schon 2005 im Rahmen eines Sparprogramms die Werkstattstunden für S-Bahnen der betroffenen Baureihe 481 um 30 Prozent verringert und die Wartungsintervalle verlängert. Außerdem hat sie seit 2005 rund 900 Stellen abgebaut. Die Auflagen des Eisenbahnbundesamtes, die Züge seit einem Radbruch im Mai dieses Jahres (2009) wöchentlich zu kontrollieren, ignorierte das Management. Das S-Bahn-Chaos begann."

(Quelle: Schlesiger, C./Böhmer, R./Hoffmann, M.: Ende der Show, WirtschaftsWoche 20.7.2009, S. 43ff.)

Praxissituation 133: Holcim: Wachstum und Risikomanagement

Holcim ist einer der weltweit führenden Anbieter von Zement, Zuschlagstoffen, Transportbeton, Asphalt und den dazugehörenden Serviceleistungen - ...ein global tätiger Konzern mit einem Umsatz von rund 18,5 Mrd. CHF und rund 90.000 Mitarbeitern in mehr als 70 Ländern.

Die Wachstumschancen für die Zementanbieter liegen hauptsächlich in den Entwicklungs- und Schwellenländern. Welches sind nun die Risikofaktoren in diesem globalen Wachstumsprozess? In der Zementindustrie sind die Länderrisiken von entscheidender Bedeutung. Was sind die Faktoren im Einzelnen?

➢ Zementindustrie muss nahe am Markt produzieren. Auf Grund des im Verhältnis zum Wert des Produktes relativ hohen Gewichts und der sich dadurch ergebenden hohen Transportkosten ist die Zementproduktion an einen regional begrenzten Absatzmarkt (max. 200 km) gebunden. Damit ist das Unternehmen bezüglich Produktion und Absatz der jeweiligen lokalen Risikosituation ausgesetzt.

➢ Die Investition an einem Standort ist eine sehr langfristige Entscheidung mit hohem Kapitalbedarf, einem langsamen Rückfluss und somit langen Amortisationszeiten. Bei sich verschlechternden Rahmenbedingungen kann eine Zementfabrik nicht einfach an einen anderen Standort verlagert werden.

➢ Das Baugeschäft ist von zyklischer Natur. Bei starkem Nachfragerückgang und signifikanten Überkapazitäten kann es zu erheblichem Preisdruck kommen, falls die Anbieter versuchen, durch niedrigere Preise einen höheren Marktanteil zu erzielen, um ihr Absatzvolumen zu halten.

➢ Märkte unterliegen einem schnelleren Wandel durch verstärkte vertikale Integration von Wettbewerbern, eine zunehmende Kundenkonzentration, ansteigende Importe sowie Markteintritt neuer Konkurrenten und geraten unter Preisdruck.

➢ Von umweltpolitischer Seite gibt es zunehmend Unsicherheiten bezüglich der zukünftigen Rahmenbedingungen hinsichtlich CO_2-Zertifikate, Emissionsbeschränkungen, Einschränkung für die Bewilligung von Steinbrüchen zur Rohstoffgewinnung und generell langwierige Genehmigungsverfahren.

➢ Steigende Energiepreise wirken sich besonders negativ auf den prozessbedingt energieintensiven Produktionskostenfaktor der Zementherstellung aus.

(Quelle: Köhler, R./Diebold, J./Mann, C.: Holcim: Wachstum und Risikomanagement, in: Raisch, S./Probst, G./Gomez, P.: Wege zum Wachstum. Wie Sie nachhaltigen Unternehmenserfolg erzielen, Wiesbaden 2007, S. 235f.)

5.8 Risiken der strategischen Gestaltung der Wertschöpfungskette

Die Entwicklung langfristiger Kernkompetenzen führt zur ständigen Anpassung der Wertschöpfungsprozesse mit dem Ziel der Erhaltung und Erweiterung nachhaltiger Wettbewerbsvorteile. Diese Aufgabe hat einen unternehmensexternen Kern – die Kernkompetenzen in der Produkt- und Marktbearbeitung ausgerichtet auf die relevanten Kundenzielgruppen – und einen unternehmensinternen Kern – die wirtschaftlich optimale Gestaltung der Wertschöpfungskette.

Entscheidungen zur Gestaltung der Wertschöpfungskette beziehen sich auf die Wertschöpfungstiefe des Unternehmens, das heißt auf die Frage, welche Anteile des Wertschöpfungsprozesses bleiben als „Kernkompetenz" im Unternehmen und welche werden verlagert. Strategische Risiken können hier im Kompetenzverlust, in der Abhängigkeit von der Qualität und Zuverlässigkeit der externen Geschäftspartner und in der Organisation und Koordination der gesamten Wertschöpfungskette liegen. Die Gestaltung der Wertschöpfungskette steht in engem Zusammenhang mit Strategien und Konzepten des Outsourcing.

Mit der Entscheidung über eine Auslagerung oder Verlagerung von Teilen des Wertschöpfungsprozesses ist zumeist ein langfristiger Vertrag zur Übernahme einer Funktion oder eines Prozesses mitsamt Know-how und/oder Personal an einen externen Partner verbunden. Dem verlagernden Unternehmen fehlen damit künftig häufig die Voraussetzungen, diese Leistungen wieder kurzfristig selbst zu erbringen. Diese Irreversibilität der Maßnahme ist das größte Risiko des Outsourcing.[714] Diese Abhängigkeitsrisiken vom jeweiligen Partner werden noch durch die kritischen Folgen einer möglichen strategischen Neuausrichtung, Insolvenz o.ä. sowie eine starke Verhandlungsposition oder sogar eine gewisse Monopolstellung des Dienstleisters verstärkt.

Risikopotenziale des Outsourcings können sein:[715]

(1) Outsourcing-Entscheidungsprozesse
   - unzureichende Strategieorientierung und –fundierung
   - überhastete, betriebswirtschaftlich nicht fundierte Entscheidungsrechnung, z.B. Fehler in der Kostenkalkulation, und/oder „Schönrechnen" der Wirtschaftlichkeits- und der Nutzwertberechnungen sowie der Angebotsbewertungen
   - mangelnde Vorbereitung des Outsourcing-Vorhabens als Projekt
   - einseitige, meist kurzfristige Kostensenkungsorientierung
   - Überschätzung der Kostensenkungspotenziale und der eigenen Opportunitätskosten
   - Mangel an Kostentransparenz mit der Folge einer Falschbewertung von Prozesskosten
   - Vernachlässigung der Komplexität des Outsourcing-Vorhabens
   - Fehler in der Ausschreibung, z.B. Anforderungsspezifikation, kurzfristige Sichtweise
   - Auswahl des falschen Partners

(2) Organisation und Vertragsgestaltung
   - Falsche rechtliche Gestaltungsstruktur des Outsourcing
   - unzureichendes Outsourcing-„Management" auf Auftragnehmer- und/oder Auftraggeberseite
   - unzureichende oder falsche Aufgaben-, Kompetenz- und Verantwortungsregelung
   - Fehler oder Vernachlässigung der Integration interner und externer Prozesse, insbesondere der Neuregelung der Ablaufprozesse und der Schnittstellen
   - Unterschätzung der Transaktionskosten (Anbahnungs- und Suchkosten, Vereinbarungskosten, Abwicklungs- oder Koordinationskosten, Kontrollkosten, Anpassungskosten und Beendigungskosten)
   - Mangel in der Flexibilität und Anpassungsfähigkeit bei sich verändernden Bedingungen, zum Beispiel hinsichtlich des Leistungsumfangs oder der Leistungsspezifikationen
   - Anlaufprobleme in der Umsetzung, zum Beispiel IT-Integration
   - Auswirkungen des „Betriebsübergangs" und sich ergebende Sozialplankosten

(3) Beziehungen in einer Outsourcingpartnerschaft
   - Outsourcingkultur
   - Wissensmanagement zwischen den Partnern
   - Vertrauen
   - Informations- und Kommunikationsflüsse
   - Unterschätzung der „menschlichen" Komponente der Partnerschaft, zum Beispiel der Akzeptanz durch das Personal auf beiden Seiten
   - Vernachlässigung der Bedeutung der eigenen Logistikpräsenz beim Kunden
   - Verlust an Kontrolle und Einfluss auf die Leistungserbringung sowie Know-how-Verlust

(4) Auftragnehmer
   - Mangelnde logistische Kompetenz, insbesondere mangelnde Branchen-, Netzwerk- und Systemkompetenz
   - Mangelnde IT-Kompetenz für die Systemanbindung
   - Schlecht- und Nichtleistung des Vertragspartners (Planungs- und Qualitätsrisiken)

(5) Auftraggeber
   - Motivationsverluste in der Belegschaft durch Restrukturierungsprobleme

---

[714] Bruch, H.: Outsourcing. Konzepte und Strategien, Chancen und Risiken, Wiesbaden 2000, S. 35

[715] Vgl. u.a.: Bruch, H.: Outsourcing. Konzepte und Strategien, Chancen und Risiken, Wiesbaden 2000, S. 35ff.; Müller-Daupert, B.: Logistik-Outsourcing, München 2005, S, 18ff.

➢ Vernachlässigung der sogenannten Remanenzkosten, zum Beispiel für die Anpassung bestehender Immobilien und Betriebsmittel an neue Verwendungsmöglichkeiten (Umwidmungskosten)
➢ Überschätzung der Kostenvariabilität bei unterschiedlichen Beschäftigungsgraden.

In den meisten Fällen ergibt sich eine besondere rechtliche und risikopolitische Problematik aus dem „Betriebsübergang" als Element möglicher Outsourcing-Strategien. Für den Unternehmer ist eine Übernahme eines Betriebs(-teils) oder die künftig eigene Durchführung eines bislang an einen Dritten vergebenen Auftrags regelmäßig nur dann sinnvoll, wenn damit in personeller Hinsicht allenfalls eine Übernahme von Know how-Trägern verbunden ist.[716] In diesem Zusammenhang ist die Rechtssituation eines Betriebsübergangs nach § 613a BGB zu klären. Das Verständnis des Betriebsübergangs wurde durch die Rechtsprechung ständig weiterentwickelt. Dabei wird aktuell „auf den Übergang einer ihre Identität bewahrenden wirtschaftlichen Einheit im Sinne der Fortführung einer organisierten Zusammenfassung von Ressourcen abgestellt". Das Ausmaß der Unsicherheit lässt sich an den folgenden beiden Fällen erkennen:[717]

➢ **Fall 1: Übernahme eines Produktionsbereichs**
„Die A-GmbH ist an der Übernahme des Produktionsbereichs der B-GmbH interessiert. Die Überlegung ist a) den Produktionsbereich zu erwerben, oder b) die Gesellschaftsanteile der GmbH zu erwerben.
Schon der Anwendungsbereich des § 613a BGB wäre nur in Fall a) eröffnet. Nur hier kommt es zu einem Übergang von Aktiva der GmbH auf die A-GmbH, mithin zu einem Inhaberwechsel. Im zweiten Fall findet nur ein Gesellschafterwechsel statt. Inhaber der Aktiva bleibt allein die B-GmbH. Sie bleibt auch immer Arbeitgeber, unabhängig davon, wie sich die Eigentumsverhältnisse an den Gesellschaftsanteilen verändern."

➢ **Fall2: Auftrag für die eigene Logistik**
„Ein Musikverlag A will aus Kostengründen seine eigenständig organisierte Logistik auslagern. Die bislang für die verwaltungsaufwändige Organisation der Logistik zuständigen 5 Mitarbeiter des A sollen entlassen werden, der in einer anderen Stadt ansässige externe Dienstleister B übernimmt die Aufgabe. B organisiert die Warenströme vollständig via Software und Internet. Es werden keine Mitarbeiter des A übernommen, wohl aber nutzt B die Datenbank des Musikverlags. Ist das ein Teilbetriebsübergang?
Die Fortführung der Logistikaufgaben des A durch B stellt sich für sich genommen als bloße Funktionsnachfolge dar. Ein Teilbetriebsübergang wäre nur dann zu bejahen, wenn die hier alleine feststellbare Nutzung der Datenbank des A als übergangsfähige wirtschaftliche Einheit zu qualifizieren wäre. Das ist jedoch aus zwei Gesichtspunkten zu verneinen. Zum einen wird die alleinige Nutzung der Datenbank nicht als Kern der Wertschöpfung der Gesamtlogistik, sondern vielmehr nur als Hilfsmittel anzusehen sein.(…)"

Die strategisch optimale Gestaltung der Wertschöpfungskette erfordert gezielte Maßnahmen der Risikobewältigung, wie zum Beispiel:

➢ Ausbau von Kernkompetenzen, die nachhaltig von den Wettbewerbern abheben und auf möglichst verschiedenen Märkten wertvoll sind
➢ Aufgabe oder Verkauf unrentabler Geschäftsfelder bzw. von Geschäftsfeldern ohne Wettbewerbsvorteile
➢ Vermeiden der Abhängigkeit von wenigen Kunden oder Lieferanten
➢ Vermeiden von Preiswettbewerb durch eine wirksame Differenzierung von Wettbewerbern
➢ Regelmäßige Marktbeobachtung zur Früherkennung von Änderungen in Kundenwünschen, Technologien oder Konkurrenzverhalten.

---

[716] Mayerhöfer, A./Legerlotz, C.: Das Leid mit dem Betriebsübergang, in: www.impulse.de/unternehmen/1004951.html, S. 2
[717] Ebenda.

5.9 Risiken aus Unternehmensfusionen

Das Eingehen zahlreicher Beteiligungen mit hohem Kapitaleinsatz und einer gleichzeitigen Vernachlässigung der Kernkompetenzen sind weit verbreitet. Nach Auffassung von ROTHENBÜCHER, Leiter des Expertenteams für Fusionen bei dem Beratungsunternehmen A.T.KEARNEY verschlechtert sich die Performance der beteiligten Unternehmen bei mehr als der Hälfte aller Fusionen und Übernahmen infolge von Integrationsfehlern.[718] Viele Übernahmen und Fusionen schaffen keinen Wert, sondern führen zu einer Verlangsamung der Wachstumsprozesse in den ersten drei Jahren nach Abschluss des Transfers. Die schwächere Dynamik lässt sich vor allem daraus erklären, dass zum einen die Kunden vernachlässigt werden, weil die Organisation während der Integrationsphase überwiegend mit sich selbst beschäftigt ist und zum anderen zu stark von der Illusion von Synergieeffekten ausgegangen wird.

Bei Fusionen von Unternehmen werden häufig Kostensenkungs- und Synergiesteigerungsansätze mit höchster Priorität durchgezogen. Notwendig sind jedoch mit mindestens gleicher Rangfolge die Absicherung des bestehenden Geschäfts, die Stärkung des Vertriebs und die Kommunikation mit den Kunden. Ein generelles Risiko besteht in einem dem Fusionstyp nicht angepassten Integrationsprozess zwischen den fusionierenden Unternehmen. Bei Größenvorteilen und Skaleneffekten muss sich die Integration vor allem auf das operative Geschäft, z.B. die Zusammenlegung und Neustrukturierung von Produktionsstätten, konzentrieren. Bei grenzüberschreitenden Fusionen zur Erweiterung der Absatzmärkte steht die Überwindung kultureller Unterschiede weit oben und bei Fusionen mit Produkt- und Kompetenzerweiterungen sind die Nutzung von Cross-Selling-Möglichkeiten und die bessere Ausschöpfung von Kundenpotenzialen besonders vorrangig.[719]

Praxissituation 134 „Die Schaeffler-Führung machte die Finanzkrise für ihre Schieflage verantwortlich,...
- Doch auch sie hat versagt, die Finanzkrise hat nur die Schwachstellen offen gelegt. Was sind die Lehren aus der Schaeffler-Krise, die fast die Existenz gekostet hätte?

Fehler 1: Der feindliche Angriff
„Schon der Versuch, den dreimal größeren Conti-Konzern zu übernehmen, offenbarte gravierende Fehler. Statt zunächst einen freundlichen Zusammenschluss auszuloten, setzte Schaeffler-Chef Jürgen Geißinger auf einen feindlichen Übernahmeversuch...den Zugriff auf mehr als 30 Prozent der Stimmrechte....Schaeffler ging auf volles Risiko. Die Krise der Autoindustrie war im Frühsommer 2008 aber abzusehen, wenn auch sicherlich nicht in vollem Ausmaß. Es deutet sich hier jedoch schon an, dass die Branche einen tiefgreifenden Wandel in den nächsten Monaten erleben würde. Schaeffler begriff sich die Krise als Chance. Eine fatale Fehleinschätzung.

Fehler 2: Zu großer Optimismus
Mehrere Monate hintereinander waren die Absatzzahlen auch der europäischen Hersteller rückläufig. General Motors (GM) in den USA musste einen Rekordverlust von fast 40 Mrd. Dollar verbuchen und stellte 74.000 Jobs auf den Prüfstand....in Deutschland brach der Kurs von Continental ein, Schaeffler nutzte gerade diese Krise zum heimlichen Einstieg. Bis weit in den November hinein,,, arbeitete Schaeffler mit einem Geschäftsausblick und Synergieerwartungen, die nicht mehr zu halten waren. Trotzdem stockte man die Offerte weiter auf – auf 75 Euro. Innerhalb der Bankenrunde soll dieser Schritt für Kopfschütteln gesorgt haben.

Fehler 3: Keine Rückversicherung
Am 30 Juli wurde die Übernahmeofferte offiziell vorgelegt. Doch noch bis in den August hätten die Schaefflers Zeit gehabt, um auf die Krise zu reagieren. Aber es passierte nichts. In de Offerte gab es keinerlei Bedingungen, über die man bei einem Worst-Case-Szenario den Ausstieg hätte schaffen können...Diese sollte sich wenige Wochen später deutlich rächen.
(Quelle: Die drei Fehler der Franken, in: Die Welt 10.Februar 2009, S. 14)

---

[718] Klesse, H.-J.: Nabelschau und Illusionen, WirtschaftsWoche 28.7.2008, S. 60
[719] Ebenda, S. 61

Risiken von Unternehmensfusionen entstehen auch durch falsches Timing, d.h. zu frühe oder zu späte Entscheidung oder Entscheidungen unter wirtschaftlich ungünstigem Wettbewerbs- und Konjunkturumfeld. Studien und Schätzungen ergaben zudem, dass mehr als die Hälfte aller Fusionen schief gehen oder nicht die erhofften Ergebnisse erbringen. Zusätzliche Marktchancen durch Bündelung von Kräften wurden überschätzt, Sparpotenziale durch gemeinsame Produktentwicklung oder Einkauf nicht erreicht. Struktur, Organisation und Kultur waren zu unterschiedlich. Führungskräfte oder Belegschaften zogen nicht mit oder stellten sich quer.[720]

Eine Studie zur Ermittlung der Integrationsrisiken, die in Zusammenarbeit von Deloitte und dem Bereich Wirtschaftswissenschaften der Universität Münster erstellt wurde, kommt zu dem Schluss, dass die gefährlichsten Integrationsrisiken außer Acht gelassen werden. Aus einer Analyse von rund 45.000 Datensätzen lässt sich ein so genannter PMI (Post Merger Integration)-Risiko-Index errechnen. In der Studie wurden 35 Risikofaktoren identifiziert und in vier Risikobereichen aggregiert:[721]

> **Synergie-Risiken**
> Kostensenkungspotenziale lassen sich im Vorhinein schlecht bestimmen. Die Umsetzungskomplexität der Synergieziele entscheidet über den Erfolg. Im Einkauf sind Synergierisiken geringer als in der späteren gemeinsamen Produktentwicklung.
> **Strukturrisiken**
> Sie entstehen dann, wenn Aufbau und Führung der Unternehmen nicht zusammenpassen. Die Vereinheitlichung unterschiedlicher Geschäftsprozesse muss vorbereitet werden und kostet Zeit.
> **People-Risiken**
> Probleme bei der Zusammenführung von Belegschaften. So entsteht Konfliktpotenzial, wo große Überlappungen zwischen Unternehmen bestehen und Kapazitäten zusammengelegt oder stillgelegt werden.
> **Projektrisiken**
> Zusammenführung von Projekten und gegebenenfalls Neupositionierungen im Projektportfolio.

Zur Bewertung lassen sich verschiedene Risikotypen klassifizieren:

> Risikotyp „Mikado"
> Dies betrifft ca. ein Drittel aller Fusionen. Es gibt in keinem der vier Risikobereiche überdurchschnittliche Risiken. Die Erfolgschance liegt bei rund 75 Prozent.
> Risikotyp „Domino"
> 17 Prozent aller Fusionen gehören zu dieser Gefahrenklasse, die Erfolgschancen sinken auf 23 Prozent.
> Risikotyp „Poker"
> Dazu gehören knapp ein Drittel aller Fälle. Mit drei überdurchschnittlich hoch belasteten Risiko-Bereichen gelingt die Integration nur noch in 17 Prozent aller Fälle.
> Risikotyp „Russisches Roulette"
> Hier bestehen in allen vier Risikobereichen hohe Risiken.

Der Misserfolg der Fusion zwischen Daimler und Chrysler lag nicht zuletzt in ihrer unzureichenden Vorbereitung. Einsparpotenziale wurden von Stabsabteilungen ohne Beteiligung der Praktiker kalkuliert, die ursprünglich auf drei Jahre geplante Integration nach elf Monaten für beendet erklärt, die meisten Chrysler-Führungskräfte kehrten dem Unternehmen den Rücken. Die erhofften Synergieeffekte blieben aus.

Fusionen führen in jedem Fall zu einer enormen Kraftanstrengung der Unternehmen bei insgesamt hoher Erfolgsunsicherheit.

---

[720] Klesse, H.-J.: Russisches Roulette, WirtschaftsWoche 22. Juni 2009, S. 58
[721] Ebenda, S. 59

Praxissituation 135: „Im Konzern geht die Angst um…

…Kein anderer Konzern hat die Autokrise bislang so gut weggesteckt wie Volkswagen…

Inzwischen fürchten in Wolfsburg viele, der Konzern könnte sich verheben. Das Programm der vergangenen beiden Jahre war gewaltig. Volkswagen kaufte den LKW-Hersteller Scania, rang den Angreifer Porsche nieder, beteiligte sich an MAN und Suzuki, sprang beim Zulieferer Karmann als Retter ein und eröffnete in aller Welt neue Werke. Vieles wurde eher aus dem Bauch entschieden als strategisch bis ins letzte Detail geplant, keines der Großprojekte ist abgeschlossen. (…) Ein solches Reich ist kaum kontrollierbar....

So beklagen die zweite und dritte Ebene im Konzernmanagement schon seit einiger Zeit, der Vorstand finde für drängende Probleme nicht mehr genügend Zeit. Produktionsvorstand Jochem Heizmann (58) scheitert immer wieder an Betriebsratsblockaden, wenn er die niedrige Produktivität der heimischen Werke verbessern will. Die Kooperation mit Suzuki bringt ständig neue Überraschungen, die Produktionsanläufe des Polos in Indien und auch des neuen Pickups Amarok in Argentinien gerieten desaströs. (…) Die größten Sorgen aber bereiten erste Anzeichen einer Seuche, die den japanischen Rivalen Toyota Milliardenbeträge kostet. Die lange gesunkenen Garantiekosten stiegen auch bei VW wieder, heißt es im Unternehmen....

Die neue Modulstrategie des Konzerns erfordert ein verschärftes Bemühen um Qualität. Mehr als drei Millionen Autos jährlich will Volkswagen aus seinem neuen Querbaukasten bestücken. Hunderttausendfach verkaufte Modelle wie Polo, Golf und Passat, Audi A1 und A3 sollen unterhalb der Blechverkleidung mit weitgehend identischen Teilen ausgestattet werden. Falls etwas schiefgeht, schnellt die Zahl der Rückrufe leicht in Millionenhöhe."

(Quelle: Freitag, M.: Der Fluch der Größe, managermagazin 03/2010, S. 10f.)

5.10 Risikoprofile zur Beurteilung der strategischen Chancen-Risiken-Konstellation

Risiko		Erfolgs-chancen (%)	Aus-wirkungen (%)	Gegenmaßnahme	Umset-zung (%)
1.	Zusammenbruch der Marke	5	80	Plan/System für Reaktion auf Krisen	100
2.	Veränderung bei den Kunden	60	20	Angebot einer neuen Dienst-leistung	50
3.	Rezession	80	20	Plan für Kostenreduzierung	80
4.	Veränderungen der Technologie	30	90	Technologische Forschung	30
5.	Scheitern eines wichtigen Projekts	70	10	Drei Alternativen beim Busi-ness Design	90
6.	Markenerosion	40	40	Lizenzierung neuer Produkte/ Verbesserung Serviceniveau	90
7.	Projektportfolio schlägt nicht ein	50	35	Beschneidung des Portfolios/ Fokussierung der Ressourcen	35
8.	Die obersten 10 % des Talents gehen	20	Kurzfristig 10 Langfristig 20	Änderung des Vergütungs- und des Schulungsplanes – Verstärkung der wachstums-orientierten Initiativen	80 30
9.	Bei einem großen Produkt läuft das Patent aus	90	20	Ausweitung des Absatzmark-tes – großes Lizenzierungs-geschäft	50
10.	Verfall der Ge-winnspannen in der Branche	70	20	Poolung der Fertigungsres-sourcen – Poolung der F&E vor dem Produktstadium mit zwei der Hauptkonkurrenten	10

Tab.74   Beispiel eines Arbeitsblattes zum Risikoprofil eines Unternehmens[722]

---

[722] Slywotzky, A.J.: a.a.O., S. 227

6. Risiken des Führungs-, Organisations- und Rechtssystems

6.1 Risiken des Führungssystems und der Corporate Governance

6.1.1 Allgemeine Risiken des Führungssystems

Generelle Risiken bestehen in der Führungskompetenz des Unternehmers und der Führungskräfte, die an Selbstüberschätzung leiden. Sie betrachten manche Affären als Kavaliersdelikte oder unterschätzen deren öffentliche Sprengkraft. Andere wiederum überschätzen ihre Fähigkeiten. Grundsätzlich geht jeder Mensch insgeheim davon aus, dass er mehr kann, mehr weiß und mehr darf, als es in der Realität tatsächlich der Fall ist. Der Glaube an sich selbst ist Teil unserer (Über-)Lebensstrategie – und somit Voraussetzung für Erfolg. Die Grenze zur Selbstüberschätzung verläuft allerdings fließend. Erst im Nachhinein wird uns bewusst, wann wir sie überschritten haben. Mit einem gefährlichen Halbwissen treffen Unternehmer und Führungskräfte täglich zahlreiche Entscheidungen – häufig mit großer finanzieller Tragweite. Die heutige Managergeneration geht häufig Projekte an, ohne vorher deren Erfolgswahrscheinlichkeit selbstkritisch genug abzuschätzen – oft aus purem Egoismus.[723]

Die charakterliche Deformation von Führungskräften mündet in einer Suche nach ständiger Anerkennung und Bewunderung. Fehler werden wegdiskutiert. Wenn dann Kontrolle fehlt, fallen jegliche Hemmungen zum Machtmissbrauch und zur Selbstüberschätzung. Nicht wenige Führungskräfte überschätzen sich, ignorieren Kritiker und orientieren sich an falschen Faustregeln. Wer sich dessen bewusst ist, kann Fehlentscheidungen mit kollektiver Intelligenz vermeiden. Der Verhaltensökonom Daniel Kahneman hat nachgewiesen, dass Menschen in Situationen mit Unsicherheit zu verzerrten Entscheidungen neigen. Doch viele Entscheidungen sind zu komplex, so dass die Intuition versagt. Persönliche Faktoren und Lebenserfahrungen spielen eine wesentliche Rolle und haben einen oft lebenslangen Einfluss auf die Risikofreude von Entscheidungsträgern. Einer Studie von McKinsey zufolge gab nur etwa jeder dritte befragte Manager an, dass er im Entscheidungsprozess explizit auch Unsicherheitsfaktoren anspreche. Nur 27 Prozent der Studienteilnehmer diskutieren bei wichtigen Entscheidungen ganz gezielt auch Standpunkte, die der Auffassung der höherrangigen Führungskräfte widersprechen.

Ein besonderes Phänomen besteht im „Management by Example" – einer Orientierung an besonders leicht merkbaren, aber wenig repräsentativen Beispielen. So stellen sich die Manager einer Einzelhandelskette immer eine bestimmte Filiale in der Nähe ihres Firmensitzes vor, wenn sie neue Produkte oder Kampagnen einführen wollen. Die Manager müssen bereit sein, die eigene Befangenheit zu akzeptieren und gegebenenfalls die eigenen Grundprämissen zu revidieren.[724]

Das Verhalten von Managern und Führungskräften unterliegt einigen unsichtbaren Fallstricken:[725]

➢ **Über-Optimismus**
Menschen schätzen ihre Lage tendenziell zu optimistisch ein...Projekte werden häufig teurer als geplant, ihre Umsetzung dauert länger als gedacht, oft liefern sie schlechtere Ergebnisse als erwartet.

➢ **Selbstüberschätzung**
Individuen haben die Tendenz, ihre eigenen Fähigkeiten zu über- und die ihrer Konkurrenten zu unterschätzen und gehen deswegen zu hohe Risiken ein.

➢ **Herdentrieb**
Menschen neigen dazu, Entscheidungen so zu treffen, wie sie sie bei anderen beobachtet haben – selbst dann, wenn es bessere Alternativen gibt. In Meetings streben Beteiligte einen Konsens an oder passen sich den Ansichten ihrer Vorgesetzten an, um das interne Gleichgewicht nicht aus der Ruhe zu bringen, statt die Positionen kritisch zu hinterfragen.

---

[723] Rettig, D.: Die Ego-Falle, WirtschaftsWoche 23.08.2010, S. 80-84 (hier 82

[724] Toennesmann, J.: Verzerrte Welt, in: WirtschaftsWoche 07. Juni 2010, S. 89-92

[725] Ebenda, S. 91

> *Interessen*
  Manager verfolgen oft andere Ziele als ihr Unternehmen – etwa dann, wenn sie oder ihre Abteilung von der Erreichung dieser Ziele besonders stark profitieren. Auch Gefühle spielen eine Rolle: Wer sich einer Marke oder einer Person besonders eng verbunden fühlt, wird seine Entscheidungen unbewusst auch nach seinen Sympathien ausrichten.

> *Vorurteile*
  Allzu oft lassen wir uns dazu verleiten, Informationen höher zu bewerten, die unsere eigenen Ansichten bestätigen. Wir verlassen uns dann auf Erfahrungen, die besonders plastisch oder positiv, aber nicht mit der aktuellen Situation vergleichbar sind.

Praxissituation 136:
„Alleinherrschaft eines Kontrollbesessenen, Bunkermentalität, Ideenlosigkeit ...“

„Verlust des Hoffnungsträgers und Verunsicherung des Managements im Süden, Herrschaft eines Konservators im Norden – die Aldi-Imperien mit ihren weltweit mehr als 170.000 Mitarbeitern befinden sich in einer Führungskrise...Seit rund einer Dekade schon schrumpfen die Marktanteile von Aldi in Deutschland, insbesondere deshalb, weil Gegenspieler Lidl eine Filiale nach der anderen eröffnet. Zudem greift jetzt auch noch die Edeka-Tochter Netto Marken-Discount mit der 2009 übernommenen Kette Plus auf breiter Front an.

Anstatt mit Innovationen oder mehr Service zu kontern, lassen sich die Aldi-Manager auf einen margenvernichtenden Preiskampf ein, dessen Ende nicht absehbar ist....

Den angestellten Spitzenkräften mangelt es an Dynamik und Kreativität...Egal ob Verwaltungsratsmitglied oder Filialleiter – bei Aldi Nord bleibt dem Einzelnen nur ein minimaler Entscheidungsspielraum. In Handbüchern und Rundschreiben ist alles bis ins Detail geregelt, wobei die Einhaltung der Vorgaben penibel überwacht wird....

Sparen um jeden Preis, Bevormundung und Ideenlosigkeit – die Auswirkungen dieser Unkultur bekommt Aldi Nord schmerzlich zu spüren. Mittlerweile gehen jüngere Käufer lieber zu Lidl und Netto, wo es bunter ist und das Angebot breiter....“
(Quelle: Jensen, S./Schwarzer, U.: Störet meine Greise nicht, managermagazin 05/2010, S. 26-34)

Viele Fälle des Managementversagens und der Wirtschaftskriminalität entstehen nicht aus dem persönlichen Versagen der Manager schlechthin, sondern aus den Fehlern des Systems. Grassiert nicht in den meisten Fällen ein akuter Kontrollverlust, fragt die Zeitschrift Manager Magazin im Jahre 2008. Dabei geht es um weit mehr als um spektakuläre Personalien, deren Entscheidungen oft große Konzerne in Gefahr bringen, wie das Beispiel der „Schrempp-Ära“ im Konzern Daimler-Chrysler belegt. Manager hinterfragen häufig ihr Handeln nicht selbstkritisch. Zu sehr glauben sie an ihre eigene Großartigkeit, umgeben sich mit Ja-Sagern, halten stur an ihren Überzeugungen fest. Nach der Analyse von Müller/Werres lassen sich fünf typische Syndrome der Unternehmensführung unterscheiden:[726]

1. **Das „Bush-Syndrom“**
   Dies beschreibt ein Verhalten, das stur an einer selbst gezimmerten Definition der Realität festhält und alle widersprechenden Informationen ausblendet.
2. **Das „Lemminge-Syndrom“**
   Das Verhalten lässt sich durch den „Herdentrieb der Lemminge“ erklären. Statt eigene Erfolgsstrategien zu entwickeln, orientiert man sich nicht selten an dem, was in der Branche gerade als erfolgversprechend angesehen wird.
3. **Das „Charisma-Syndrom“**
   Dieses Verhalten kämpft unbeirrt für eine bestimmte Vision, verfolgt jedoch damit unrealistische Ziele und ist für Kritik völlig unempfänglich. Charismatische Charaktereigenschaften exzellenter Manager – wie etwa Ehrgeiz, Zielstrebigkeit, Durchsetzungsfähigkeit – dürfen nicht in schlimme Managerfehler umschlagen. Die dunkle Seite des Charismas entsteht,

---

[726] Müller, E./Werres, T.: Absturz der Superstars, ManagerMagazin 06/2008, S. 52ff.

wenn exzessiver Optimismus die Sinne des Anführers und seiner Gefolgsleute vernebelt, jedes Gefühl für Risiken verlorengeht und unüberlegt grandiose Projekte gestartet werden, die von Anfang an zum Scheitern verurteilt sind. „Charisma müsse deshalb durch gesunden Realismus ausbalanciert werden…Klingt vernünftig, macht aber erst einmal nicht viel her. Denn Problembewusstsein und Vorsicht wirken weit weniger sexy als testosteronschwangere Macho-Auftritte, wie sie etwa Jürgen Schrempp liebte. Der ehemalige Chef der untergegangenen Auto-Welt-AG zeigt idealtypisch, wie verheerend das Eroberersyndrom wirkt. Seine epochalen Visionen…euphorisierten das Management. Im Tagesgeschäft aber waren die Daimler-Mannen bald von den Problemen in dem zusammengestoppelten Konzern überfordert. Am Ende hatte der selbsternannte Weltenerschaffer 32 Milliarden Euro Börsenwert vernichtet."

4. Das „Sonnenkönig-Syndrom"

Der immanente Mangel an kritischer Reflexion in einem Unternehmen ist ein Webfehler im System. Dieses Manko können nur effektive Kontrollorgane ausgleichen. Doch kritisch wird es, wenn diese ausgeschaltet werden oder nicht wirksam sind.

5. Das „Scheinriesen-Syndrom"

Manager fallen häufig den Krankheiten Größenwahn und Gruppenzwang anheim.

6.1.2 Verhaltenspsychologie des Unternehmens und seiner Führung

In den letzten Jahren ist der Begriff der „Corporate Governance" stärker in den Blickpunkt des Managements gerückt. Darunter können „die Fragen der Leitung von Gesellschaften im Sinne des Ausgleichs der Interessen der beteiligten Gruppen und zum zweiten die Überwachung der Geschäftsführung bezüglich der Wahrung dieser Interessen"[727] verstanden werden. Risiken erwachsen auf diesem Gebiet insbesondere dem Führungsstil, dem Unternehmensklima, der Motivation, der Unternehmenskultur, der Information und Kommunikation sowie der Organisationsstrukturen und –prozesse.[728]

Die Verhaltensweise des Unternehmens, seines Managements und seiner Mitarbeiter entwickelt sich im Laufe der Zeit aus unterschiedlichen Einflussfaktoren...Dabei sollte nicht unterschätzt werden, dass sich bestimmte krankhafte Verhaltensweisen („psychische Krankheiten") herausbilden, die zunächst nicht bemerkt werden, aber chronischen Verlauf annehmen können.(Tab.75) Daraus ergeben sich wiederum Risiken, deren Auswirkungen bedeutend sein können. Solche Risiken sind deshalb so gefährlich, weil sie nicht durch einfache Kompensationsmaßnahmen ausgeglichen werden können und häufig – vergleichbar einem fortgeschrittenen Stadium einer Krebskrankheit – weit gestreute Wirkungen erzielt haben, deren Therapie eine sehr langfristige Aufgabe wird.

In der wissenschaftlichen Forschung wird in den letzten Jahren zunehmend der Faktor „Moral" als Bestandteil eines Risikomanagements gesehen.[729] In diesem Sinne kommt dem Wertemanagement des Unternehmens und den sich daraus ableitenden Risiken, insbesondere bei Abweichungen von den definierten Werten eine hohe Bedeutung zu.

---

[727] Grininger, Ch.: Kreditwirtschaftliche Aspekte bei Krise, Sanierung und Insolvenz, in: Feldbauer- Durstmüller, B./ Schlager, J.(Hrsg.): Krisenmanagement – Sanierung– Insolvenz, 2. Auflage Wien 2002
[728] Ehrmann, H.: Risikomanagement. Rating – Basel II, Kompakttraining, Ludwigshafen(Rhein) 2005, S. 53
[729] Vgl. Wieland, J./Fürst, M.: Wertemanagement – Der Faktor Moral im Risikomanagement, KieM – Working Paper Nr. 01/2002, Konstanz 2002

Krankheitstyp	Symptome und Verlauf
Manisches Verhalten	➤ Überschwenglicher Enthusiasmus, der jede nüchterne Geschäftslogik vom Tisch wischt, vom gesunden Menschenverstand ganz zu schweigen ➤ Manische Organisationen halten sich aufgrund ihrer langen Erfolgsgeschichte für unbesiegbar. Grenzenloses Selbstvertrauen, Größenwahn, Hang zur Übertreibung und Vernachlässigung von wesentlichen Details werden zur Existenzgefahr.
Manische Depression	➤ Auf die manische Phase mit ihrer typischen Hyperaktivität und dem unbegründeten Enthusiasmus folgt unweigerlich eine Depression mit ihrer typischen Antriebslosigkeit und Apathie.
Schizophrenie	➤ Eine schizophrene Firma wirkt desorganisiert und chaotisch. ➤ Überall stößt man auf unlogische, nicht nachvollziehbare Maßnahmen. ➤ „Die Firma wirkt wie eine Galeere ohne Trommler. Manche rudern mit voller Kraft, andere mit halber Kraft, wieder andere ohne Kraft. Und der Kapitän steuert nach Gefühl."
Paranoia	➤ Ein Unternehmen, in dem man prinzipiell jedem misstraut und böse Absichten unterstellt, ist paranoid. Führungskräfte sind überzeugt, dass Mitarbeiter wie Außenstehende nur darauf aus seien, ihr eigenes Süppchen zu kochen und dem Unternehmen Schaden zuzufügen. Unter solchen Bedingungen breitet sich Angst aus, das Klima wird kalt und feindselig.
Neurotisches Verhalten	➤ Das neurotische Verhalten ist wahrscheinlich die häufigste Störung, an der Unternehmen und andere Organisationen leiden. ➤ Die Hauptmerkmale sind: Selbstzweifel, Angst, emotionale Lähmung und Nervosität. Das Unternehmen hat Angst vor sich selbst und hegt tiefe Zweifel an seinen Fähigkeiten. ➤ Diese Angst kann oft zu sinkender Produktivität führen. Die ängstlichen Mitarbeiter werden immer mehr Zeit, Energie und Ressourcen aufwenden, um Misserfolge zu verhindern, statt mit voller Kraft am Erfolg zu arbeiten.
Depression	➤ Symptome sind: Mangel an Energie und Initiative, Apathie, Mangel an Engagement, Schuldgefühle. ➤ Das Selbstwertgefühl ist geschwächt.
Suchtverhalten	➤ Das Unternehmen befindet sich in einem Rauschzustand, ist in irgendeiner Form abhängig. Es will Gefahren einfach nicht sehen, auch wenn es noch so eindringlich gewarnt wird. Es verschließt Augen und Ohren und will keine guten Ratschläge hören. Das Unternehmen redet sich ein, dass alles bestens ist.
Zwanghaftes Verhalten	➤ Einem bestimmten Anliegen wird eine völlig überzogene Bedeutung beigemessen. Meist handelt es sich um das erbarmungslose Streben nach Perfektion und „Risikovermeidung". ➤ Es ist besser nichts zu tun als etwas falsch zu tun.
Posttraumatisches Syndrom	➤ Es ist eine emotionale Krise, die auf eine traumatische Erfahrung folgt. Mögliche Auslöser könnten sein: Firmenübernahme, Verlust von Schlüsselkunden, Umstrukturierung, äußere Einflüsse (z.B. Sanierung, Gerichtsverfahren gegen die Firma) oder Rückruf eines Produktes. ➤ Unternehmen, die an einem Posttrauma leiden, sind nicht in der Lage, ihre volle Leistungskraft zu entfalten.

Tab.75   Übersicht ausgewählter psychischer Krankheiten von Unternehmen[730]

---

[730] Vgl. Cohen, W./Cohen, N.: Unternehmen auf der Couch, Freiburg i.Br. 1994, S. 27 ff.

Praxissituation 137: ...Kulturwandel bei Siemens...

„...Der Siemens-Chef Peter Löscher lässt sich für die Traditionsabkehr von einigen Management-Gurus und Medien feiern und dabei seltsame Begrifflichkeiten einfallen – wie den von der „Lehmschicht", die es im Unternehmen zu beseitigen gelte....

Doch was, wer ist diese ‚Lehmschicht'? Sicherlich, wie in jeder Großorganisation gibt es Faulenzer, Mauscheler und Bürokraten. Doch in der Masse handelt es sich schlicht um die ‚Mittelschicht' des Unternehmens..., die jahrelang hinweg Siemens...stabilisiert und zum Erfolg getragen hat. Diese Schicht ist in einem Unternehmen so wichtig wie in der Gesellschaft. Der Mittelbau aus Facharbeitern, Ingenieuren, Betriebswirten, Informatikern trägt das Unternehmen....

Wenn Löscher noch eine Chance hatte, den notwendigen Personalabbau mit einem Werben um Verständnis für die Last seiner eigenen Verantwortung zu verbinden, dann ist ihm das gründlich misslungen....Wo Identität verloren geht, verblasst auch der Zusammenhalt.

Sicher senken Restrukturierungsprogramme wie bei Siemens die Kosten. Andere Kosten aber stehen dagegen. Denn wenn Personalabbau nicht gut begründet, emotional abgefedert und nach fairen, berechenbaren Prinzipien erfolgt, zahlen Unternehmen ein zu hohen Preis: Loyalität im Unternehmen ist ein operatives Gut....Wer von der Unternehmensleitung Loyalität der Mitarbeiter einfordert, muss sich auch selbst loyal verhalten....Wer aber das Gefühl nicht los wird, dass das eigene Unternehmen auf jahrzehntelanges Engagement keinen Wert legt, der wird eben nicht mehr 150 Prozent Leistung, sondern Dienst nach Vorschrift erbringen. Aus ‚Siemensianern' werden dann schnell Söldner, die heute da und morgen dort anheuern und beim erstbesten Angebot die Seiten wechseln."

(Quelle: Inacker, M.J.: Neue Söldner, WirtschaftsWoche 14.7.2008, S.3)

Ein kritischer Risikofaktor ist das „Misstrauen" des Managements in die Mitarbeiter. Misstrauen ist bis zu einem bestimmten Punkt notwendig. Überzogenes Misstrauen schlägt dann in produktive Effekte um. SPRENGER weist auf diese „verdeckten" Risikofaktoren hin:[731]

„In Zeiten eines beschleunigten Wandels sind die Unternehmen auf die Vertrauensbeziehungen zu den Mitarbeitern angewiesen. Für sie ist das Unternehmen keine abstrakte, sondern eine konkrete Welt. Das Unternehmen ist für sie ein Beziehungsgeflecht, in dem sie sich sehr stark eingebunden und verankert und auch entsprechend verletzlich fühlen. Diese Verletzlichkeit verbunden mit einer Ungewissheit in Bezug auf die strategischen Managemententscheidungen ist schädlich für jedes arbeits- und motivationspsychologische Vertrauen in ihre Unternehmenswelt und dessen Führung."[732] Viele Mitarbeiter verspüren keine echte Verpflichtung ihrem Arbeitsplatz gegenüber, teilweise überhaupt keine emotionale Bindung zu „ihrem Job". Oftmals spricht man in der Unternehmenspraxis auch von „innerer Kündigung". Schuld daran ist oftmals der falsche Führungsstil der Vorgesetzten. Wenn Kommunikation und Motivation in den Hintergrund rücken, werden notwendige Aktionen für die Mitarbeiter nicht nachvollziehbar und Letztere für Veränderungsprozesse schwer zu gewinnen sein. Eine weitere Gefahr für die schwindende Mitarbeitermotivation besteht in der fehlenden Kommunikation von „oben" nach „unten". Es fehlt oft eine klare offene und frühzeitige Kommunikation, um sich auf die Neuerungen einstellen zu können.

„Kann man mit Wirklichkeitssinn noch von Solidarität und Zusammenarbeit sprechen, wenn man sich vielerorts ‚oben' fürstlich bedient und ‚unten' permanent kürzt? ...Das Schlimme daran ist, dass sie die Atmosphäre vergiftet, weil sie das Vertrauen in die Ökonomie für das ganze Haus erodieren lässt. Man glaubt dem Management einfach nicht mehr, dass es das Wohl der Firma im Sinn hat. Und spüren die Mitarbeiter, dass ihnen vertraut wird? Ohne Mühe kann man in den Unternehmen ganze Misstrauensabteilungen identifizieren, die ihre Zeit damit verbringen, Leute zu überwachen und zu überprüfen, ob sie auch tun, was sie tun sollen. Falls es dann doch noch eine Kontrolllücke geben sollte, wird ein zusätzliches Reportingsystem eingebaut, eine weitere Richtli-

---

[731] Sprenger, R.K.: Krieg gegen die eigenen Leute, managermagazin 5/2008, S. 109
[732] Keitsch, D.: a.a.O.,S. 135

nie erlassen, noch ein Monitoring-System installiert. Mag das auch noch so gut begründbar sein: Der Mitarbeiter erlebt es als Bruch des impliziten Vertrags. Er fühlt sich weniger verpflichtet, das in ihn gesetzte Vertrauen zu rechtfertigen, er strengt sich weniger an – was wiederum das Misstrauen des Managements zu rechtfertigen scheint. ...Und so dreht sich die Spirale aus Kontrolle und Kontrollumgebung weiter bis zu jenem Punkt, an dem schließlich die psychologischen Kosten des schlechten Gewissens entfallen: „Du misstraust mir, ich belüge dich." Misstrauen hat die unabweisbare Tendenz, sich im sozialen Miteinander zu bestätigen und zu verstärken: eine sich selbst erfüllende Prophezeiung. Je enger man den Spielraum macht, desto wahrscheinlicher wird die Regelverletzung. Denn intensivierte Sicherungsmaßnahmen können den Vertrauensmechanismus nicht nur nicht ersetzen, sondern setzen ihn außer Kraft....Wer also mit jemandem zusammenarbeitet, der sollte ihm sehr weitgehend vertrauen. Aus kühlem Grund: Es ist die einzige Möglichkeit, vertrauenswürdigen Menschen zu begegnen."

Risiken erwachsen auch aus „blinder Loyalität" der Mitarbeiter und Führungskräfte oder dem Gegensatz „Courage statt Karriere" im Rahmen der Unternehmens- und Führungskultur. Die hierarchische Struktur von Unternehmen und die Doktrin der Rationalität lassen Grundsatzfragen, abweichende Meinungen und Zweifel zur Machtfrage werden.

Praxissituation 138: Courage, Fall 1:
„Ein Ingenieur für Lüftungs- und Klimatechnik ist für den Einbau eines Lüftungssystems in einem Krankenhaus zuständig. Die Firma steht unter starkem Wettbewerbsdruck, und der Chef beauftragt ihn, aus Kostengründen auf den Einbau der Feuerschutzklappen zu verzichten – das würde später sowieso keinem mehr auffallen. Der Ingenieur sagt, er könne dies mit seinem Gewissen nicht vereinbaren. Er verliert die Zuständigkeit für das Projekt und wird mit Aufgaben betraut, für die er überqualifiziert ist und die mit intensiver Reisetätigkeit verbunden sind. Wenig später kündigt er." (Quelle: Reisach, U./ Sohm, S.: Courage statt Karriere, Personal Heft 10/2009, S. 42)

Unternehmen nennen den blinden Gehorsam Loyalität und fördern damit Anpassung statt Mitdenken. Wer auf Fehler hinweist oder als Risikomahner auftritt gilt als Störenfried in einer auf Befehlserfüllung eingeschworenen Gemeinde.

„Loyalität mit dem Unternehmen ist an sich positiv. Doch sie mutiert häufig zum Gruppenzwang, der durch Selbstüberschätzung, Engstirnigkeit und Selbstzensur gekennzeichnet ist. Unreflektierter Optimismus und die Betonung der wirtschaftlichen Notwendigkeit wie auch der vermeintlichen moralischen Überlegenheit sind die Folgen....Vertretern einer abweichenden Position werden mangelnde Information oder fehlende Kenntnis der Hintergründe, Profilierungsstreben (Wichtigtuer) oder unzureichende Geschäftsorientierung (Bedenkenträger) unterstellt."[733] „Oft werden diese Tendenzen durch die Karriereinteressen der Zuträger des Top-Managements verstärkt. Statt einer unabhängigen Expertise versuchen sie, die Meinung des CEOs zu antizipieren, die Entscheidungsunterlagen und Argumente entsprechend aufzubereiten. Ergebnis dieses Sunflower Managements sind gefällige Vorstandsvorlagen, nicht aber eine ausgewogene Darstellung der Chancen und Risiken."[734]

Kritisch wird es dann, wenn der Chef allein auf das Urteil seiner unterstellten Führungskräfte und Mitarbeiter vertraut, ohne sich bewusst zu sein, in welcher Weise diese mögliche Eigeninteressen verfolgen oder nicht den Mut haben, schlechte Nachrichten zu übermitteln. Selbstzensur, Unterdrückung von Gegenargumenten wider besseres Wissen sowie kollektive Übereinstimmung, die unkonventionelle Vorschläge im Keim erstickt, sind risikoreich.

In Unternehmen, die mit dem Wort Loyalität blinden gehorsam meinen, ist Loyalitätsbruch identisch mit Verrat. Die Ausgrenzung des Protagonisten durch Karriererückschritte oder Mobbing ist vorhersehbar...

---

[733] Reisach, U./ Sohm, S.: Courage statt Karriere, Personal Heft 10/2009, S. 42f.
[734] Ebenda, S. 43

> **Praxissituation 139: Courage, Fall 2:**
> „Ein deutscher Mittelständler wurde vor zwei Jahren von einem Investor übernommen. Dieser möchte das Unternehmen nun mit Gewinn weiterverkaufen, doch leider sind die Ergebnisse des Unternehmens nicht so glänzend, ein großer Verkaufserlös ließe sich nicht erzielen Der kaufmännische Leiter des Unternehmens soll die Bilanzen frisieren, um einen höheren Kaufpreis rechtfertigen zu können. Er lehnt ab und wendet sich an seinen Anwalt. Dieser begleitet seinen Mandanten bei den folgenden Abfindungsverhandlungen mit dem Arbeitgeber und erreicht schließlich, dass der Vertrag bei Zahlung einer Abfindungssumme von einem Jahresgehalt im gegenseitigen Einvernehmen beendet wird."
> (Quelle: Reisach, U./ Sohm, S.: Courage statt Karriere, Personal Heft 10/2009, S. 42)

Unternehmen müssen erkennen, dass Loyalität nicht im Sinne von Unterordnung, sondern umfassender verstanden werden muss: das Einstehen für die Ziele und Werte des Unternehmens und die Wahrung der Integrität. Kritische Einwände sind dabei immer ein positives Signal. Es gibt immer Mitarbeiter, die sich mit den Zukunftsfragen auseinandersetzen und bereit sind, die persönliche Karriere zu riskieren, um den richtigen Weg für das Unternehmen zu finden.[735]

REISACH und SOHM erklären die Hintergründe sehr treffend:
„Pluralistisches Entscheiden birgt das Potenzial, die Herrschaft der vermeintlich unfehlbaren Systeme zu brechen. Doch ist es schwer, aus diesem System auszubrechen, das die nun offensichtlich falschen Verhaltensweisen immer wieder reproduziert. Ein Blick in die Organisationstheorie mag eine Erklärung liefern: Kultur – das kollektive Gedächtnis, das einer Gruppe erprobte Denk- und Handlungsweisen zur Verfügung stellt – lässt stabile Systeme erwachsen...

Kultur als Bestand und ständige Wiederholung erprobter Verhaltensmuster hilft handlungsfähig zu bleiben und schafft soziale Fakten, die als gegeben akzeptiert und selten hinterfragt werden. Viele Unternehmen wollen ein Problem nicht sehen, doch inmitten dieser trügerischen Ruhe erodiert die Basis des betrieblichen Miteinanders. Es herrscht Resignation, ein pragmatischer Funktionalismus, ein Söldnertum ohne inneres Engagement und neue Ideen....

Erst wenn die Führungskräfte an der Unternehmensspitze dies vorleben und kritische Loyalität bei ihren Mitarbeitern unterstützen, setzt sich der Prozess nach unten fort und formt eine kritisch-konstruktive Unternehmenskultur. Sie ermöglicht ausgewogenere Entscheidungen..."[736]

6.1.3 Risiken fehlender Wandlungs- und Entwicklungsfähigkeiten

„Wenn dein Pferd tot ist, steig ab!" (Indianische Weisheit)

Der schnelle Wandel in den Industrien sowie der häufig aggressive Eintritt neuer Wettbewerber mit radikalen Innovationen in einen Markt setzen etablierte Unternehmen unter Druck. Diese scheitern jedoch zunehmend an der Aufgabe, die Gefahren durch jene grundlegenden Veränderungen zu erkennen und rechtzeitig zu reagieren. So verkaufte sich die 20-bändige Brockhaus-Enzyklopädie zunehmend schlechter, weil Kunden auf das kostenlose Online-Lexikon Wikipedia zurückgreifen.[737]

Woher kommt die Bedrohung dieser radikalen Innovationen?

➤ Produktangebote, die in einem Markt vollkommen neue Kundenbedürfnisse befriedigen
➤ Drastische Änderung der Architektur von Wertschöpfungsketten (Beispiel IKEA)
➤ Neue Wege von Unternehmen, geschaffenen Wert in Gewinn umzuwandeln (Beispiel Geschäftsmodell von Google Docs)

---

[735] Ebenda, S. 44
[736] Ebenda, S. 44
[737] Enders, A./König, A./Hungenberg, H.: Wie Unternehmen radikalen Wandel meistern, Harvard Business Manager, 8/2009, S. 20

Die Schwierigkeiten von Organisationen, sich an radikale Innovationen anzupassen, liegen in acht großen Fehlern:[738]

Ökonomische Faktoren

> Ausgeprägtes Effizienzdenken
> „Wir waren so langsam, weil unsere Prozesse extrem auf Effizienz getrimmt waren. Wir haben nur noch das Tagesgeschäft gesehen. Kostensenkung war das Stichwort."

> Orientierung an den besten Kunden
> „Unsere Topkunden – und nur mit denen haben wir richtig Geld verdient – wollten, dass wir unser bisheriges Produkt weiter verbessern."

> Vermeidung von Kannibalisierung
> „Was uns zurückgehalten hat, war die Sorge, dass unser Kerngeschäft verloren geht, wenn wir online gehen."

> Kurzfristig orientierte Anreizstrukturen
> „Wir müssen jedes Jahr hohe Umsatzziele erfüllen, um voranzukommen. Da können wir nicht in Ideen investieren, die sich vielleicht mal in fünf Jahren auszahlen."

Psychologische Faktoren

> Ankereffekte
> „Wir haben versucht, die Strukturen und Prozesse aus dem alten Geschäft auf den neuen Markt zu übertragen. Aber der neue Markt folgt komplett anderen Regeln."

> Inadäquates Kontrollempfinden
> „Wir haben gesagt: ‚Lasst uns abwarten und schauen' – ganz nach dem Motto Auch wenn wir ein Jahr später in den Markt gehen, können wir aufgrund der Größe unseres Unternehmens den Markt von hinten aufrollen. Das war ein Irrglaube."

> Herdentrieb
> „Wir haben Benchmarking mit unseren Hauptwettbewerbern gemacht. Von denen ist auch keiner mit Volldampf in den neuen Markt gegangen."

> Single Action Bias
> „Nachdem wir viel Geld in ein Online-Start-up investiert hatten, glaubten wir, das Thema sei erledigt und wir könnten endlich wieder an unser eigentliches Geschäft denken. Genau diese Missachtung hat uns aber am Ende im Online-Bereich den Vorsprung gekostet."

Es bleiben Fragen zu stellen: Ist die Unternehmenskultur traditionsbewusst oder änderungsfreundlich, kosten- oder innovationsorientiert, Status-quo- oder expansionsorientiert?

Unternehmen fällt es oft schwer, sich von gewohnten Denkmustern und Verhaltensweisen zu lösen. Warum ist das so schwierig? Erfolgreiche Unternehmen entwickeln mit der Zeit bestimmte Ideologien oder Doktrinen. Diese setzen sich aus bestimmten Vorstellungen zusammen, wie sich das eigene Unternehmen im Wettbewerb behaupten, seine Leistung messen, die Organisationsstruktur gestalten soll usw. Dies wird dann zu einer dominanten Logik, zu unumstößlichen Wahrheiten. Die Verweigerungshaltung gegenüber Wandlungserfordernissen wird dann zu einem strategischen Risiko.[739] Eine der wesentlichen Ursachen für diese Entwicklung ist die Selbstzufriedenheit im Unternehmen. Organisationen sind führungsbedingt durch vielmehr kurzfristige Ziele geprägt. Das Dilemma zwischen Kurzfrist- und Langfristorientierung entsteht, wenn Nutzen und Kosten einer Entscheidung zu unterschiedlichen Zeitpunkten sichtbar werden. Die verzögerte oder erschwerte Wandlung in Organisation ist nicht zuletzt aus dieser nicht ausbalancierten Relation von Kurz- und Langfristentscheidungen zu erklären.[740]

---

[738] Ebenda, S. 24ff.

[739] Prahalad, C.K.: Warum Wandel so schwerfällt, Harvard Business Manager, 6/2010, S. 20

[740] Müller-Stewens, G./Brauer, M.: Neues Denken fördern, WirtschaftsWoche vom 16.06.2008, S. 52

6.1.4   Risiken aus der Verletzung der „Compliance"-Anforderungen

Die Rahmenbedingungen der Tätigkeit von Unternehmen haben zur Entstehung neuer Risikopotenziale und zu neuem risikopolitischem Denken geführt, wie zum Beispiel:[741]

➢ Steigende regulatorische Anforderungen
➢ Politische und soziale Instabilität als Risiko für die Geschäftstätigkeit in verschiedenen Ländern
➢ Unterschiedliche Geschäftskulturen, die zu Missverständnissen und Schwierigkeiten, im Extremfall sogar zum Scheitern von geplanten oder bestehenden Partnerschaften führen können
➢ Rückläufige Mitarbeiterbindung und Loyalitätsrisiko mit der Gefahr erhöhter Fluktuation und Know-how-Abwanderung
➢ Heterogene und verteilte Informationen mit dem Risiko der Inkompatibilität von Verfahren und Prozessen sowie der Tendenz zu einer heterogenen Systemlandschaft, einer Zersplitterung des Wissens und eines unzureichenden Informationsaustausches.

Das Thema „Compliance" wurde entsprechend seiner Bedeutung für kapitalmarktorientierte Unternehmen mit dem Gesetz zur „Modernisierung des Bilanzrechts" in Form erweiterter Berichtspflichten bezüglich des internen Kontroll- und Risikomanagementsystems geregelt. Aber auch bei nicht kapitalmarktorientierten Unternehmen birgt ein unzureichendes Risikomanagementsystem die Gefahr von Verletzungen der Sorgfaltspflichten. Ein Compliance-Management-System als Bestandteil eines Risikomanagementsystems wird insbesondere durch eine Reihe regulatorischer Anforderungen getrieben. (Tab.76)

Organhaftung	➢ Allgemeine Sorgfaltspflicht von Vorstand/ Geschäftsführung ➢ Einhaltung von Verhaltensmaßregeln, Gesetzen und Richtlinien ➢ Erfordernis einer angemessenen horizontalen und vertikalen Überwachung
Korruptionsbekämpfung	➢ Vertrauensverlust und erhöhte öffentliche Sensibilität für Korruptionsthemen ➢ Gesetzliche Vorgaben und strafrechtliche Sanktionen(z.B. Vorteilsnahme, Betrug/Untreue, Geldwäsche)
Kapitalmarktorientierung	➢ Erhöhte Wert- und Kapitalmarktorientierung erfordern die frühzeitige Antizipation negativer Entwicklungen sowie den proaktiven Umgang mit Risiken und Chancen ➢ Erhöhte Anforderungen an die Finanz- und Risikoberichterstattung
Komplexität	➢ Höhere Anforderungen an interne Kontroll- und Überwachungssysteme, insbesondere bedingt durch stetig wachsende Anforderungen aus dem regulatorischen Umfeld (z.B. KonTraG, TransPuG, Corporate Governance Codex, BilMoG)
Sonstige branchenspezifische Treiber	➢ BASEL II / Solvency II ➢ BaFin ➢ Arbeits-, Umwelt- und Kartellrecht ➢ Produkthaftung ➢ Zertifizierung

Tab.76 Übersicht wichtiger regulatorischer Anforderungen an Compliance[742]

---

[741] Brauer, M.H./Steffen, K.-D./Biermann, S./Schuler, A.H.: Compliance Intelligence. Praxisorientierte Lösungsansätze für die risikobewusste Unternehmensführung, Stuttgart 2009, S. 8ff.
[742] Wezel, S.: Risiken auf Minimum reduzieren, News Spezial 12/2008, S. 48f.

Compliance als unbedingte Befolgung aller einschlägigen gesetzlichen und sonstigen Vorschriften verlangt ein wirksames System zur Risikovermeidung und Kontrolle, um hohe Haftungsrisiken für Manager und Führungskräfte zu vermeiden. Neben zivilrechtlichen Schadensersatzforderungen in Millionenhöhe können bei einer strafrechtlichen Verantwortlichkeit auch Geld- und Freiheitsstrafen folgen. Diese Haftungsvermeidung erfordert Strategien zur Schadensprävention und –minimierung sowie ein Krisenmanagement für effektive Reaktionen bei Regelverstößen und Rechtsverletzungen. Schwerpunkte liegen insbesondere in allen Bereichen von Korruptionsfällen, in Sachverhalten des Arbeitsrechts, des Kartellrechts, des Steuer- und Sozialversicherungsrechts, des Umweltrechts sowie des Datenschutz- und Datensicherheitsrechts.

Wesentlicher Bestandteil einer verantwortungsvollen Unternehmensführung ist die Erfüllung von Gesetzesvorgaben, Richtlinien und internen Vorschriften. Mit Compliance wird im umfassenden Sinne die Einhaltung und Befolgung von Regeln, also Regelkonformität verstanden. Darunter vereinen sich Maßnahmen, die auf effektive und sichere Geschäftsprozesse sowie die Minderung von Risiken abzielen. Zur Sicherstellung ordnungsgemäßer Prozesse und zur Einhaltung von Gesetzen und Regelwerken sind bestimmte unternehmensinterne Maßnahmen erforderlich, wie zum Beispiel:[743]

> Definition und Verbreitung von unternehmensweiten Richtlinien und Grundsätzen im Rahmen von Corporate Governance und Verteilung von Verantwortlichkeiten
> Schulung und Kommunikation
> Freiwilliges Berichtswesen
> Eskalationsmechanismen i.S. von Möglichkeiten zur vertrauensvollen und anonymen Meldung von Missständen („Whistleblowing"-Systeme)
> Internes Kontrollsystem
> Sanktionen bei Fehlverhalten.

Compliance-Management beginnt bei der schriftlichen Festlegung eines verbindlichen Verhaltenskodexes und von Verhaltensregeln für Mitarbeiter des Unternehmens und schließt ein internes Kontrollsystem zur Einhaltung dieser verbindlichen Verhaltensregeln sowie zur Aufdeckung der Regel- und Gesetzesverstöße ein. „Einerseits dient das Compliance Management der ganzheitlichen und effizienten Aufdeckung nicht regelkonformen Verhaltens (non-Compliance). Compliance übernimmt dabei eine Kontrollfunktion, von der Aufdeckung von Regelabweichungen bei Geschäftsprozessen (z.B. von Arbeitsanweisungen) bis zur Aufdeckung strafbarer Handlungen (z.B. illegaler Preisabsprachen). Andererseits soll Compliance auch der Vorbeugung von Wirtschaftskriminalität dienen (z.B. von Manipulationen bei der Rechnungslegung, von Vermögensdelikten, Korruption und Kartellrechtsverstößen), (…) Zur Prävention gehört es auch, frühzeitig Maßnahmen zur Schadensbegrenzung bzw. –beseitigung zu ergreifen."[744]

Ganz wesentlicher Teil dieser Regeln ist die Verfahrensweise zur gesetzlich nicht verbindlich geregelten Meldung von Compliance-Verstößen. Hierzu ist allerdings eine Vielzahl von einzelnen Vorschriften, wie das AGG, das BetrVG und Datenschutzvorschriften – zu beachten.

Das Thema Corporate Compliance ist nicht nur unter dem Aspekt der Haftungsvermeidung und Risikobegrenzung zu betrachten, sondern leistet auch einen Beitrag zur Erhöhung der Wettbewerbsfähigkeit und zur Steigerung des Unternehmenswertes. Die Brisanz dieses Risikofaktors ergibt sich potenziell auch durch Handlungsweisen der mit der Kontrolle und Überwachung der Compliance beauftragten Mitarbeiter und Führungskräfte, die bewusst oder unbewusst derartige „Regelverletzungen" hinnehmen, tolerieren, unterstützen oder sogar decken.

---

[743] Brauer, M.H./Steffen, K.-D./Biermann, S./Schuler, A.H.: Compliance Intelligence. Praxisorientierte Lösungsansätze für die risikobewusste Unternehmensführung, Stuttgart 2009, S. 18ff.
[744] Wente, M.: Compliance, in: WISU 2/2011, S, 197

Praxissituation 140: „Je tiefer die Deutsche Telekom in ihren Affären versinkt, ...
desto schwerer fällt Vorstandschef René Obermann die überfällige Sanierung des Konzerns...

Dort herrscht die raue Wirklichkeit des Spionageskandals, die Vorstandschef Obermann und das ganze Unternehmen fester im Griff hat, als ihm lieb sein kann. Vor fast zwei Wochen kam heraus, dass die Deutsche Telekom Vorstände und Aufsichtsräte ausspioniert, Listen mit ‚gefährlichen' Journalisten angelegt und Maulwürfe in Redaktionen eingeschleust hat. ...

Das eigentlich Schlimme für Konzernchef Obermann jedoch sind die Auswirkungen des Skandals auf das Geschäft. Denn je tiefer die Telekom in den Affären versinkt, desto schwerer wird es an der Spitze, das Unternehmen aus seiner ohnehin schwierigen Lage herauszuführen. Wie soll die Deutsche Telekom Kunden begeistern, wenn die Daten bei ihr nicht gut aufgehoben sind? Woher soll das Management die Zeit für überfällige Übernahmen nehmen, wenn erst einmal Vertrauen zurückgewonnen werden muss? (…)

Wie gefährlich der Skandal für Obermann und sein Geschäft tatsächlich schon geworden ist, beweist eine Umfrage des Kölner Meinungsforschungsinstituts Psychonomics im Auftrag der WirtschaftsWoche. Danach will ein drittel der befragten Telekom-Kunden wegen der Abhöraffäre „bestimmt" oder „wahrscheinlich" zu einem anderen Anbieter wechseln....Fast jeder zweite Befragte hat das Vertrauen in den Magenta-Konzern verloren.

Noch bedrohlicher sind die indirekten Auswirkungen der Spähaktionen unter Obermanns Vorgänger Kai-Uwe Ricke und dem damaligen Aufsichtsratschef Zumwinkel. Denn ein Teil der Aufräumarbeiten, die sich der Telekom-Chef vorgenommen hat, bleibt nun liegen....Die ohnehin schon vergleichsweise kleine Führungsgruppe um Obermann muss fürchten, von der Aufklärung des Spitzelskandals gelähmt zu werden....“
(Quelle: Berke. J.: Langes Nachbeben. WirtschaftsWoche 09.06.2008. S. 63

Praxissituation 141: „...BGH verurteilt Beauftragten für Regeltreue wegen Beihilfe
zum Betrug durch Unterlassen....
Unternehmen, die wegen kartellrechtlicher Verstöße am Pranger stehen, pochen immer wieder auf Strafminderung, wenn sie ein in ihren Augen funktionierendes Compliance-Programm etabliert haben. In der Vergangenheit hat sich eine wirksame Kartellrechtscompliance tatsächlich sanktionsmindernd ausgewirkt....

Der Bundesgerichtshof hat hingegen erstmals einen unternehmensinternen Beauftragten für Regeltreue (Compliance Officer) zu einer Geldstrafe verurteilt, weil er Verstöße der Beschäftigten nicht ausreichend verhindert hat. Es sei die notwendige Kehrseite seiner gegenüber der Unternehmensleitung übernommenen Pflicht, Rechtsverstöße und insbesondere Straftaten zu unterbinden, urteilten die obersten Richter des Karlsruher BGH (Az.: 5 StR 394/08). Sie verurteilten den Leiter der Rechtsabteilung und Innenrevision wegen Beihilfe zum Betrug durch Unterlassen...“
(Quelle: o.V.: Compliance ist kein Persilschein, Lebensmittelzeitung 06. 11.2009, S. 27)

Insbesondere im Einkaufsbereich bestehen signifikante Risiken hinsichtlich Fehlverhalten oder krimineller Handlungen, die durch ein funktionierendes internes Kontrollsystem reduziert werden können. Zu den bekanntesten Risiken im Einkauf gehören Korruption und Betrug sowie Unterschlagungen. Wirksame Schritte zur Verhinderung derartiger Aktivitäten könnten sein:

➢ Trennung von Verantwortlichkeiten in den Bereichen Bedarfsmeldung, Bestellabwicklung, Wareneingang und Rechnungsprüfung
➢ Überprüfung der strategischen Beschaffungsprozesse im Hinblick auf die Ausschreibungs- und Lieferantenauswahl-Prozesse
➢ Durchleuchtung der Prozesse der Angebotsanfrage hinsichtlich potenzieller Benachteiligungen des Unternehmens

Durch eine Manipulation bei einer Ausschreibung kann beispielsweise der Wettbewerb eingeschränkt werden, indem nur ein ausgewählter Kreis von Anbietern berücksichtigt wird oder wichtige Informationen – wie zum Beispiel die Konkurrenzpreise – weitergegeben werden. Ebenso könnten fiktive Leistungen in die Angebote eingebaut werden.

Präventive (vorgelagerte) und detektive (nachgelagerte) Kontrollmaßnahmen müssen erkennen lassen, dass eine bewusste bzw. unbewusste Manipulation aufgetreten ist. Indikatoren können hierfür häufige telefonische Anfragen, schlecht nachvollziehbare Dokumentationen der Beschaffungsvorgänge oder persönliche Beziehungen des Einkäufers zum Lieferanten sein. Manipulationen können nicht nur von innen, sondern auch von Dritten durchgeführt werden, so zum Beispiel in Form von lieferantenseitigen Preiskorrekturen nach der Lieferantenauswahl.

Menschen machen als Handelnde nicht nur Fehler, sondern können auch zum eigenen Vorteil Regeln missachten. Wie entsteht Betrug? Drei Faktoren bestimmen die Entstehung von Betrug im Rahmen menschlichen Handelns:[745]

> **Druck**
> Es kann ein empfundenes, nicht-mitteilbares Bedürfnis, zum Beispiel ein finanzielles Problem, vorliegen, das nicht auf legitime Weise lösbar erscheint. Aus diesem Grund werden illegale Handlungen in Betracht gezogen.
> **Gelegenheit**
> Es bietet sich die Gelegenheit, die illegale Handlung heimlich durchzuführen.
> **Rechtfertigung**
> Die überwiegende Mehrheit der betrügerisch Handelnden sieht sich nicht als Kriminelle an, sondern betrachtet die Handlung als akzeptable und vertretbare Handlung.

Die Sicherung einer unternehmensweiten Compliance im Sinne einer „Regeleinhaltung" erfordert die permanente Identifizierung von Prozessunregelmäßigkeiten im Rahmen interner Kontrollsysteme.

Ein wirksames und wirtschaftliches internes Kontrollsystem kann nur unter Berücksichtigung beider Aspekte funktionieren: der Steuerung regelkonformer Handlungsweisen aller Parteien und der prozessintegrierten und –unabhängigen Überwachung. Die bisherigen traditionellen, manuell getriebenen Kontrollansätze sind durch einen hohen Aufwand und den kritisch zu betrachtenden Stichprobencharakter gekennzeichnet. Mit neueren Compliance Intelligence-Ansätzen werden durch Kontrollen innerhalb der Geschäftsprozesse Erkenntnisse gewonnen, die zur Abschätzung der Ordnungsmäßigkeit der einzelnen und zusammenspielenden Geschäftsaktivitäten dienen. Diese Ablösung stichprobenbasierter manueller Kontrollen durch intelligente automatisierte Kontrollen wird die Wirksamkeit und Wirtschaftlichkeit des internen Kontrollsystems gesteigert. Die Nachteile der traditionellen Verfahren liegen in einer Begrenzung der Einbeziehung eines hohen Datenvolumens verfügbarer Daten, der Prozessintegration, der unternehmensweiten Abdeckung, der zeitlichen Abdeckung und der Kontrolleffizienz.[746]

„Compliance Intelligence ist die Anwendung von weitgehend automatisierten Kontrollaktivitäten in Geschäftsprozessen als Teil eines unternehmensweiten internen Kontrollsystems. Compliance Intelligence beruht auf umfangreichen Datenanalysen („Information Mining") und schließt die Überprüfung des Remediations-Fortschritts, also den Abbau von Auffälligkeiten und Regelverstößen, mit ein."[747]

„Im Rahmen eines internen Kontrollsystems unterstützt Compliance Intelligence die Sicherung der Ordnungsmäßigkeit und Verlässlichkeit interner und externer Rechnungslegung sowie die Einhaltung der für das Unternehmen maßgeblichen rechtlichen Vorschriften. Darüber hinaus wächst mit der Steigerung des Abdeckungsgrades der Kontrollaktivitäten die Prozesstransparenz und somit

---

[745] Brauer, M.H./Steffen, K.-D./Biermann, S./Schuler, A.H.: Compliance Intelligence. Praxisorientierte Lösungsansätze für die risikobewusste Unternehmensführung, Stuttgart 2009, S. 8ff., S. 30

[746] Ebenda, S. 32ff.

[747] Ebenda, S. 51

die Wahrscheinlichkeit zur Identifizierung von Prozessunregelmäßigkeiten. Die Relevanz dieser Unregelmäßigkeiten lässt ihre Einteilung in drei Kategorien zu:

➢ Prozessineffizienzen
➢ Potenzielle Risiken
➢ Unrechtmäßige Handlungen

Prozessineffizienzen stellen eine beabsichtigte oder unbeabsichtigte Abweichung von bestehenden Normen dar und lassen sich meistens auf nicht existierende oder nicht effektive Kontrollen zurückführen. In der Regel kann ihnen direkt oder indirekt ein monetärer Wert beigemessen werden…"[748]

„***Potenzielle Risiken*** beschreiben Szenarien, in denen das Eintreten des Risikos weder zu einem monetären noch zu einem nicht monetären Schaden führen muss." Der Mitarbeiter kann die bestehenden Möglichkeiten allerdings negativ ausnutzen.[749]

„***Unrechtmäßige Handlungen*** sind Aktivitäten, die gegen Verhaltensmaßregeln, Gesetze, vertragliche Verpflichtungen und Richtlinien verstoßen und dadurch dem Unternehmen sowohl einen monetären Schaden (Verlust von finanziellen Mitteln, Schadenersatzforderungen) als auch nicht monetären Schaden(Verlust von Reputation, Ausschluss von Angebotsabgaben) zufügen können."[750]

Im Folgenden werden ausgewählte Praxisbeispiele für die drei Arten der Unregelmäßigkeiten zusammengefasst. (Tab.77 bis Tab. 78)

Praxisbeispiele von Prozessineffizienzen	
Doppelzahlungen	Durch ein Versehen wird eine bereits bearbeitete Lieferantenrechnung auf Wiedervorlage gelegt und nochmals in den Rechnungsprüfungsprozess eingeführt. Ohne entsprechende Kontrollmaßnahme erfolgt eine doppelte Zahlung an den Lieferanten.
Prozessumgehungen	Im Regelprozess laufen Bestellvorgänge über zentrale Einkaufsplattformen, unter Einbindung der Einkaufsabteilung. Dies zielt sowohl auf die Bündelung von Einkaufsaktivitäten als auch auf die Sicherung des Einkaufsprozesses ("keine Rechnung ohne Bestellung") ab.
Nichtausnutzung vertraglicher Rahmenvereinbarungen	Die Bündelung von Leistungsbeziehungen auf bevorzugte Lieferanten ermöglicht es, deutlich vorteilhafte Vertragskonditionen zu erzielen.

Tab.77 Arten von Unregelmäßigkeiten in Geschäftsprozessen – Prozessineffizienzen

Praxisbeispiele von potenziellen Risiken	
Mehrfache Geschäftsaktivitäten mit Einmalkunden	Geschäftsaktivitäten mit Einmalkunden werden in der Regel über sogenannte CpD-Konten (Conto-pro-Diverse) abgerechnet. Hierbei handelt es sich um ein Sammelkonto für Vorgänge mit Geschäftspartnern, für die kein eigenes Debitoren- oder Kreditorenkonto angelegt wurde. Somit liegen für diese Geschäftspartner i.d.R. keine umfassenden Stammdaten und Integritätsprüfungen vor. Automatische Kontrollaktivitäten können feststellen, ob mehrfach Aktivitäten mit Geschäftspartnern getätigt wurden, die weiterhin über ein CpD-Konto abgerechnet werden.

---

[748] Ebenda, S. 54f.
[749] Ebenda, S. 55f.
[750] Ebenda, S. 56f.

Nichtbeachtung von Bestellgrenzen	Einkaufsmitarbeiter dürfen gemäß ihrer Unterschriftsberechtigung Bestellungen bis zu einer gewissen Wertgrenze eigenständig aufgeben.
	Automatische Kontrollaktivitäten können feststellen, ob Bestellungen aufgeteilt wurden (mehrfache Bestellungen an einen Lieferanten in kurzen Zeitintervallen), um die Bestellgrenze zu umgehen.
Außergewöhnliche Zahlungstransaktionen	Zahlungstransaktionen sind einer der sensibelsten Bereiche mit potenziellen Risiken, z.B. durch ▪ Zahlungen auf Nummernkonten in so genannten „Steueroasen" ▪ Zahlungen an Banken in Ländern, die weder dem Leistungsort noch dem Standort der Leistungspartei entsprechen ▪ Zahlung von unternehmerischen Leistungen auf Konten von Privatpersonen.

Tab.78 Praxisbeispiele potenzieller Risiken in Geschäftstransaktionen

Praxisbeispiele von unrechtmäßigen Handlungen	
Überhöhte Zahlungen an „bevorzugte" Lieferanten	Kontrollaktivitäten können auf die Ermittlung von Mustern abzielen, die darauf schließen lassen, dass der vereinbarte Preis im Vergleich zu Marktstandards zu hoch angesetzt und bei ähnlichen Ausschreibungen immer derselbe Lieferant bevorzugt wird.
Zahlung an fiktive Lieferanten	Kontrollaktivitäten können auf die Aufdeckung von fiktiven Lieferanten ausgerichtet werden, beispielsweise durch Prüfung auf identische Bankinformationen bei mehreren Lieferanten oder der Abgleich gegen externe Register etc.
Bezug von Leistungen für den eigenen Gebrauch	Die Übereinstimmung von Leistung und Gegenleistung ist eines der wichtigsten kaufmännischen Grundprinzipien und das Kontrollziel hinter der Prüfung, ob Leistungen für das Unternehmen bestellt und abgerechnet, aber für den eigenen Gebrauch verwendet werden.

Tab. 79 Praxisbeispiele von unrechtmäßigen Handlungen

Eine besondere Bedeutung haben Regelverstöße in den Prozessen des betrieblichen Rechnungswesens, insbesondere bei der Verbuchung von Geschäftsvorfällen, bei der Durchführung von Inventuren und bei der Erstellung der Monats- und Jahresabschlüsse. Dazu zählen u.a.

➢ Risiken aus der Verbuchung falscher oder gefälschter Belege und Dokumente, z.B. Betrug mit fingierten Energierechnungen durch kriminelle Machenschaften
➢ Risiken der Fälschung von Bilanzpositionen
➢ Nichtbeachtung von Änderungen im Bilanzierungs- und Steuerrecht mit Nachteilen für das Unternehmen
➢ Fehler in der Bewertung von Vermögensgegenständen mit entsprechenden Auswirkungen auf die Bilanz- und Ertragsstruktur
➢ Fehler in der Schuldtitel- und Kreditbewertung.

6.1.5 Risiken der Unternehmenskommunikation und der „Macht" der Netze

Unternehmen können Risiken drohen, wenn bei strategischen Neuausrichtungen die Unternehmenskommunikation vernachlässigt wird. Dies betrifft einerseits den Bereich der Investor Relationship und andererseits den Bereich der Public Relationship. „Mangelnder Dialog mit Mitarbeitern und Gewerkschaften, Kunden und Lieferanten, Journalisten und Politikern führt zur Verunsicherung und ‚Lähmung' der Betroffenen und Beteiligten. Hierdurch kann der Sanierungserfolg nachhaltig negativ beeinflusst werden. Stattdessen sollte die Unternehmensrestrukturierung als positiver Neuanfang mit Chancen zur Wertsteigerung kommuniziert und um Akzeptanz für die Wege und Ziele der Sanierung geworben werden."[751]

Ein besonderes Feld eröffnet sich im Bereich der Unternehmenskommunikation dem sogenannten „Whistleblowing", mit dem üblicherweise das Aufdecken organisationaler Missstände oder kritische Äußerungen, Beschwerden oder auch Anzeigen abhängig Beschäftigter gegenüber Missständen und Fehlverhalten ihrer Unternehmen bzw. Behörden verstanden wird, die sie entweder an betriebsinterne Stellen oder extern an staatliche Stellen, die Presse oder andere Ansprechpartner richten.[752] Obgleich sich für die Organisation positive Konsequenzen im Sinne des Schutzes und der Bewahrung vor weiteren Schäden ergeben können, sind die negativen Konsequenzen in Form von Strafen und Sanktionen im Falle von Gesetzesverletzungen sowie Imageschäden in der Öffentlichkeit zu beachten.[753]

Seit einigen Jahren nehmen die Bedrohungen auch aus „Enthüllungen" teils vertraulicher Informationen und Dokumente auf Webseiten – wie die Beispiele von Wikileaks im Jahre 2010 zeigten – zu. Enthüllungen im Internet finden zukünftig auf einer wachsenden Zahl von Enthüllungsplattformen statt. Viele Enthüllungen könnten Unternehmen entscheidende Reputation und Managern und Führungskräften ihren Job kosten.[754]

Risiken entstehen auch durch Veröffentlichungen unzufriedener oder ehemaliger Mitarbeiter über das Unternehmen in Internetforen. Nach einer Studie der weltweiten PR-Agentur Weber Shandwick wird dieses Risiko weithin unterschätzt. Zwei Drittel der rund 700 befragten Führungskräfte waren ahnungslos, dass unzufriedene Mitarbeiter das eigene Unternehmen online schlecht reden könnten. Nur 21 Prozent der CEOs und Vorstände sind sich der Imagerisiken bewusst, die von firmenbezogenen Inhalten auf sozialen Netzwerken im Internet, von Videoportalen oder Online-Gesprächsforen ausgehen könnten.[755] Diese Arglosigkeit stellt eine gefährliche Bedrohung für die Reputation des Unternehmens dar.

Praxissituation 142: „Im Internet lauern für Händler viele Gefahren:…
…So stehen seit kurzem Amateurfotografien aus den US-Märkten des weltgrößten Einzelhändlers Wal-Mart im Fokus des neuen Internet-Blogs www.peopleofwalmart.com. Betreiber sind drei junge US-Privatleute. Diese rufen einheimische Kunden des Handelsriesen seit August 2009 dazu auf, in Märkten und auf Außenflächen des Handelsriesen per Digitalkamera Szenen, Motive und Kunden zu dokumentieren und mit Kommentaren zu versehen. Die aktuell anzuschauenden Impressionen muten lustig, kurios, grellbunt und mitunter auch etwas bizarr an. Europäischen Voyeuren fällt die – wohl von konsequenter Fastfood-Verehrung herrührende – Leibesfülle der Shopper auf, die zumindest im Sommer mitunter arg textilarm präsentiert wird. Nur Bilder von Behinderten oder Amish-Leuten sind tabu, so die Betreiber der Seite."
(Quelle: o.V.: Neuer Blog zeigt Wal-Mart-Szenen, in: Lebensmittelzeitung 18.09.2009, S. 25)

---

[751] Girgensohn, A.: Anfang vom Ende oder hoffnungsvoller Neubeginn? – Krisenkommunikation bei Unternehmensrestrukturierungen, in: www.krisennavigator.ch/miin-d.htm, S. 9
[752] Schmitt, B.A., Whistleblowing – „Verpfeifen" des Arbeitgebers, Hamburg 2003, S. 1
[753] Weibler, J./Feldmann, M.: Whistleblowing. Der schmale Grat zwischen Bürgerpflicht und Denunziantentum, in: WiSt 9/2008, S. 505ff.
[754] Berke, J./Kiani-Kress, R./Bläske, G.: Digitales Fallbeil, WirtschaftsWoche 24.1.2011, S. 60-61
[755] Grabitz, I.: Unzufriedene Mitarbeiter können über Internetforen Firma schaden, in: Die Welt 03. Februar 2009, S. 12

Eine besondere Bedeutung kann die fehlerhafte Krisenkommunikation erlangen. Legendäre Fehler in der Krisenkommunikation haben gezeigt, dass Kunden und Mitarbeiter verunsichert werden, in vielen Fällen sich diese Verunsicherung in Webforen multiplikativ ausbreitet und dann im Falle einer Zurückhaltung durch die Unternehmensleitung die Glaubwürdigkeit verspielt werden kann.[756] Unternehmen versäumen es häufig, sich auf die richtige Krisenkommunikation im Ernstfall vorzubereiten, gegebenenfalls alle relevanten und denkbaren Horrorszenarien durchzuspielen und die erforderlichen Reaktionsstrategien in einem Krisenhandbuch festzulegen. Unternehmen versäumen es häufig oder unterschätzen es auch, in Krisensituationen eine offene Information nach innen zu geben. Aus dem unehrlichen Umgang mit den Mitarbeitern entwickeln sich nicht nur Gerüchte, sondern auch unkalkulierbare Risiken für den Fortbestand der Personalstruktur und die Erhaltung und Stärkung der Leistungsfähigkeit der Teams.

6.1.6   Risiken aus der Unternehmenskonstitution und -organisation

Die Wahl der Rechtsform des Unternehmens ist eine langfristig orientierte Entscheidung mit hoher Tragweite und – wie zahlreiche Praxisbeispiele zeigen – nicht unerheblichen Risiken. Viele Rechtsformentscheidungen wurden in der Vergangenheit unter dem vordergründigen Kriterium der Optimierung der Steuerbelastung getroffen. Eine steueroptimierte Rechtsformgestaltung kann jedoch zahlreiche Beschränkungen und Risiken nach sich ziehen und den Blick für andere Kriterien nachhaltig verstellen.[757]

Ein kritischer Faktor kann auch die Intransparenz der Unternehmensstrukturen werden, wenn sich zum Beispiel folgende Strukturen entwickelt haben:

➢ Existenz verschachtelter Konglomerate aus einer Vielzahl von mehr oder weniger eng miteinander verflochtenen Beteiligungs- und Tochtergesellschaften aus durchaus „nützlichen" betriebswirtschaftlichen und rechtlichen Überlegungen, jedoch mit hohem Einsatz von Finanzmitteln und Management-Ressourcen, teilweise deutlich unter den Erwartungen liegenden Synergieeffekten sowie einer erheblichen Gefahr von Kannibalisierungseffekten zwischen einzelnen Geschäftseinheiten oder Struktureinheiten des Konglomerates
➢ Unfähigkeit zur rechtzeitigen Erkennung von Fehlentwicklungen und Einleitung von Gegenmaßnahmen in einem unübersichtlichen Strukturmodell durch bewusstes oder unbewusstes Kaschieren von Fehlern oder Verstecken von Ineffizienzen oder Verlusten

Eine unangemessene Aufbauorganisation, eine unklare und/oder unübersichtliche Aufgaben- und Kompetenzverteilung oder fehlende Fachkompetenzen der Mitarbeiter führen im Unternehmen zu Risiken hinsichtlich der Effektivität und Effizienz der zu bewältigenden Arbeitsprozesse. Zentralisierte, hierarchische Unternehmensstrukturen waren im 20. Jahrhundert lange Zeit die rationale, beherrschende Organisationsform, werden jedoch mit den Informations- und Führungserfordernissen der modernen Zukunft nicht mehr fertig. Viele Firmenchefs wollen alles kontrollieren, was in ihrer Organisation geschieht. Bei wachsenden Unternehmen erweist sich diese Führung als inflexibel: der Chef wird zum Engpassfaktor im Entscheidungsprozess. Eine weitgehend ausgeprägte Arbeitsteilung, festgelegt und überwacht durch eine zentralisierte, bürokratische Hierarchie, beruht auf festen Regeln über das Verhalten der Mitglieder der Organisation. Diese tayloristische Organisationsform erzeugt also in einer sich entfaltenden globalen Wirtschaftsstruktur zahlreiche Risikopotenziale.

Der Übergang zu einer dezentralisierten, netzwerkartig funktionierenden Organisation als Lösungsansatz zur Bewältigung der Hierarchierisiken generiert aber zugleich neue, andersartige Risiken. Die Koordination wird von bürokratischen Regeln auf soziale Normen umgestellt. Autorität wird durch Selbstorganisation und Selbstbestimmung ersetzt.

---

[756] Reidel, M.: Den Kopf nicht in den Sand stecken, Markt & Mittelstand 09/2002, S. 33
[757] Münster, T.: Knifflige Wahl der Rechtsform, Markt und Mittelstand 5/2008, S. 30 (30-33)

In der Praxis nimmt der Risikofaktor „Organisationales Burnout" zu. Im Räderwerk der beschleunigten, globalen Wirtschaftswelt laufen die Menschen in den Unternehmen immer schneller Gefahr, zwischen die Speichen zu geraten. Studien zeigen, dass Burnout in den meisten Fällen eine arbeitsplatzbedingte Krankheit ist – sichtbar an zunehmender Häufigkeit von Angst- und Stresserkrankungen. Es ist jedoch falsch, einfach auf das einzelne Individuum zu zeigen und auf den wachsenden Druck in der Arbeitswelt zu verweisen. Oft hakt es vermutlich an den Strukturen: Die Organisation selbst ist krank. Sie reproduziert Bedingungen, die mit erhöhter Wahrscheinlichkeit eine wachsende Zahl von Mitarbeitern in einen Erschöpfungszustand geraten lässt. Strukturen und Prozesse werden dauerhaft überstrapaziert, es fehlen regenerative Phasen und Erneuerungen und es kommt zum organisationalen Burnout. Diese organisationale Erschöpfung zeigt sich darin, dass die Prozesse und Beziehungen dieser Organisation nicht mehr tragen, dass der Sinn der Organisation ihren Mitgliedern verloren gegangen ist.

Praxissituation 143: „Die Korruptionsaffäre nimmt kein Ende..."

„...Scharen von Korruptionsermittlern der US-Kanzlei Debevoise durchkämmen die weltweite Siemens-Organisation und verbreiten mit ihren Sheriff-Methoden Angst und Schrecken. Dem Vertrieb mangelt es an Orientierung. Viele Verkäufer wissen nicht, wie sie in Korruptionsländern ohne Geldkoffer die vorgegebenen Umsatzziele erreichen sollen. ‚Etliche Vertriebsleute tun lieber gar nichts, als etwas Falsches zu machen.'...Schon wenden sich die besten Leute von Siemens ab...." Der Konzern braucht gerade jetzt seine gebündelte Kraft, um im globalen Infrastruktur-Business technisch und wirtschaftlich ganz vorn mithalten zu können.

„Siemens befindet sich seit knapp zwei Jahren, seit dem Beginn der Korruptionsaffäre, in einer Art permanentem Ausnahmezustand. Das Gros der Führungskräfte verwendet mittlerweile die Hälfte der Arbeitszeit auf Interna. Besondere Mühe bereitet ihnen Löschers Hygienepolitik. Das Bestechungssystem und der strenge Blick von Öffentlichkeit, Staatsanwälten und Börsenaufsicht haben vorsichtig gemacht, wahrscheinlich sogar ‚übervorsichtig',...

In einer neuen, blitzsauberen Welt wird eine Geschäftsreise bürokratischer Hindernislauf. (…)Die neuen Abläufe machen Siemens schwerfällig und langsam. Das gilt nicht nur im Vertrieb. Auch andere Bereiche agieren, als seien sie mit schweren Gewichten ausgestattet. Kleine, interne Verbesserungsprojekte, die der Expertise externer Berater bedürfen, müssen neuerdings von der Münchner Zentrale genehmigt werden. Dabei vergehen mitunter Wochen...

Vertrauen ist zur rarsten Ressource bei Siemens geworden. Reichlich vorhanden dagegen sind die Spürhunde der amerikanischen Kanzlei Debevoise & Plimpton. Die Anwälte waren bereits unter Löscher-Vorgänger Klaus Kleinfeld und unter anderem auf Betreiben des jetzigen Aufsichtsratschefs Gerhard Cromme ins Haus geholt worden. Cromme wollte auf Nummer sicher gehen, die amerikanische Börsenaufsicht SEC beruhigen und damit verhindern, dass Siemens von öffentlichen Aufträgen in den USA ausgeschlossen wird. Diese Gefahr mag abgewendet werden können – wohl gegen eine Strafzahlung in Milliardenhöhe. Doch darüber hinaus entsteht für Siemens Schaden in noch nicht bezifferbarem Ausmaß.

Nahezu alle Führungskräfte der ausgemachten Korruptionsbereiche...wurden von den Debevoise-Truppen vernommen. Vier- bis fünftausend Siemensianer sollen betroffen sein....Die Anwälte schüchtern ein, wo sie können. Von Kopfprämien ist die Rede und falschen Versprechungen. Vernehmungsprotokolle dürfen die Verhörten – entgegen dem deutschen Recht – häufig nicht gegenlesen und unterschreiben. Kaum einer weiß, was nach Interpretation, Auswahl und Übersetzung ins Englische schließlich in der Akte steht....

Wer derart in die Mangel genommen wird, kann sich kaum noch seiner eigentlichen Aufgabe widmen. Manch forschem Debevoise-Anwalt müssen die Siemensianer erst einmal mühsam die Feinheiten der Konzernorganisation darlegen, damit auch sie offensichtlich legale internationale Buchungen als unbedenklich einstufen..."
(Quelle: Werres, T.: Leistungsabfall, managermagazin 7/2008, S. 40ff.)

Die US-Börsenaufsicht SEC und das amerikanische Justizministerium haben dem Münchner Konzern eine Strafe über 800 Millionen Dollar aufgebrummt, die Münchner Staatsanwaltschaft kassierte knapp 600 Millionen Euro.
(Quelle: Hildebrand, J.: Teurer Knigge für Konzerne, Die Welt 06. Januar 2009, S. 14)

Die Symptome einer erschöpften Organisation sind permanente Arbeitsüberlastung, mangelnde Führung, zerbrechende Teamstrukturen, Mangel an Fairness, niedrige Kreativitätsrate, Zynismus in der Firma, hohe Fluktuation, Identitätsverlust der Mitarbeiter, Kommunikationsprobleme, sinkende Berechenbarkeit des Umfeldes, Gefühl der Sinnlosigkeit der Aufgaben. Organisationen am Rande der Erschöpfung neigen zu Extremen, sie agieren hektisch, kopflos oder sind wie gelähmt.[758]

Ein weiteres organisationales Phänomen ist die mangelnde oder verzögerte Anpassung der Organisation an die sich schnell verändernden Anforderungen der Umweltdynamik ebenso wie die zu weit und zu breit angelegte Organisationsveränderung, wenn diese objektiv nicht im gleichen Umfang erforderlich ist.

Organisationsrisiken stehen in engem Zusammenhang mit der Komplexität des Unternehmens und seiner Organisation. Spezialisierung und Arbeitsteilung haben in den Unternehmen vielfach zur Zunahme der Komplexität geführt, die sich in einer gewachsenen Überorganisation ihrer Geschäftsprozesse reflektiert. Dabei ergeben sich Komplexitätsphänomene aus folgenden Einflussfaktoren:[759]

➢ Unternehmensgröße (Beschäftigtenzahl, Sortimentsbreite, Fertigungstiefe, Standorte usw.)
➢ Erzeugniskomplexität (Komponentenvielzahl, Systemangebote)
➢ Schnittstellendichte (Interdependenzgrad, Koordinationsbedarf)
➢ Diversifikation, Variantenreichtum, Pluralismus
➢ Unsicherheit, Ambiguität, Flexibilitätspotenziale, Intransparenz
➢ Dynamik, Diskontinuitäten, Verkrustung, Änderungsmanagement.

Die Ansätze der Risikobewältigung aus Komplexitäten dürfen nicht primär oder nicht allein im Abbau oder in der Vermeidung von Komplexität liegen, sondern in der Implementierung von Mechanismen, die es erlauben, komplexe Systeme beherrschbar zu machen. So wird der Abbau der Produktkomplexität eher zu Wettbewerbsnachteilen führen und somit keine geeignete Strategie darstellen. Risikobewältigung kann auf zwei Wegen angestrebt werden:[760]

➢ durch Herunterfahren des Mengengerüsts, z.B. in der Variantenvielfalt oder
➢ durch systemtheoretisch fundierte Konzepte, z.B. der Implementierung selbststeuernder Regelkreise zur Gewährleistung der Selbstorganisation.

6.1.7 Risiken der Informations- und Wissenssysteme von Unternehmen

Risiken können auch aus der Gestaltung und Nutzung betrieblicher Informations- und Wissenssysteme resultieren. Beispiele aus der Praxis lassen sich insbesondere in folgenden Bereichen finden:

➢ Nichtausnutzung vorhandener Informationsquellen
➢ Mängel in der Organisation der Informationsbeschaffung und –weitergabe
➢ Falsche Steuerung der Informationsflüsse
➢ Falscher Einsatz von Informationssystemen.

Ein weiterer Schwerpunkt besteht im Risiko des Verlustes geheimer Unternehmens- und Geschäftsdaten. Die größte Bedrohung für geheime Unternehmensdaten geht nicht von spionierenden Konkurrenten aus, sondern von gegenwärtigen und ehemaligen Mitarbeitern. Viele Unternehmen begehen den Fehler, die Regeln für die Behandlung vertraulicher Informationen nur einmal – während der Einweisung – neuen Mitarbeitern zu vermitteln. Eine Sensibilisierung für diese Vor-

---

[758] Dilk, A./Littger, H.: Das ausgebrannte Unternehmen. Organisationales Burnout, managerSeminare 8/2008, S. 18ff.
[759] Vgl. Reiss, M.: Komplexitätsmanagement, in: Wirtschaft und Studium, Teil I, S. 54 (54-60)
[760] Lorson, P./Küting, K.: Ausgewählte Instrumente des Komplexitätsmanagements, Betrieb und Wirtschaft 5/1994, S. 141

schriften ist aber ein kontinuierlicher Prozess. Die Unternehmensleitung sollte bei der Bewahrung von Geheimnissen nicht oder nicht nur auf Zugriffsverbote oder Zugangsbeschränkungen setzen, denn diese können sich auf die Arbeit der einzelnen Bereiche kontraproduktiv auswirken. Es ist vielmehr problematisch, dass Mitarbeiter in eine gefährliche Situation kommen können, in der sie sich entscheiden müssen, ob und in welchem Umfang sie eine Information einsetzen können, dürfen müssen...

Von praktischer Bedeutung ist die „problematische" Weitergabe positiver wie negativer Informationen gleichermaßen. Auch „negative Informationen" – das Wissen, dass etwas nicht funktioniert, also technologische Sackgassen – können ein Betriebsgeheimnis darstellen.

6.2   Persönliche Risiken des Unternehmers und der Unternehmer als Risiko

6.2.1   Risiken des kurzfristigen Ausfalls des Unternehmers

Die Absicherung der „Unternehmens- und Unternehmernachfolge" ist auch zukünftig ein Aufgabenfeld mit hoher Relevanz – besonders nachhaltig in kleinen und mittleren Unternehmen. Die Nichtbewältigung dieses Themas führt zu hohen Risiken für den Fortbestand und die Entwicklung des Unternehmens. Die Unternehmensnachfolge muss in risikopolitischer Hinsicht aus zwei Perspektiven gesehen werden:

➢ aus den Risiken des **kurzfristig** auftretenden Nachfolge- und „Ersatzproblems" aufgrund des plötzlichen Ausfalls des Unternehmers, der unabhängig vom Geschäftsverlauf, vom Alter und der persönlichen Lebensphase des Unternehmers entstehen kann,
➢ aus den Risiken einer verspäteten oder nichtoptimalen Entscheidung und Realisierung der **mittel- und langfristigen** Nachfolgeregelung.

Eine besondere Bedeutung haben derartige Risiken des Unternehmers in inhabergeführten Unternehmen mit den entsprechenden Folgen für den Unternehmer und dessen Familie. So müssen nicht wenige Unternehmen schließen, wenn der Unternehmer aufgrund schwerer Krankheit ausfällt. Nach einer Umfrage des Marktforschungsinstituts Psychonomics haben nur 46 Prozent der befragten Selbständigen geregelt, wie ihr Unternehmen fortgeführt werden könnte, wenn sie selbst ausfallen.[761] Die große Mehrheit hat eine solche Situation nur teilweise geplant oder noch nie darüber nachgedacht.

Praxissituation 144: Wenn der Chef verunglückt
Siegfried Jaffé war mit seinem Wagen unterwegs zu einem wichtigen Kunden in Süddeutschland. Der Chef einer kleinen, aber erfolgreichen Berliner Software-Schmiede nahm die Autobahn A9 Richtung Leipzig. Er lag gut in der Zeit an diesem Tag, als es passierte: Nahe Köselitz raste ein Fahrer mit 120 km/h durch eine Baustelle und rammte Jaffés Wagen, der von der Autobahn geschleudert wurde. Jaffé überlebte schwer verletzt. Acht Wochen Krankenhausaufenthalt und monatelange Rehabilitationsmaßnahmen waren die Folge.
   An der Schuld des Fahrers bestand kein Zweifel – seine Haftpflichtversicherung musste für den Schaden aufkommen. Doch während sich die materiellen Schäden am Blech leicht feststellen lassen, wird es beim Schadensersatz für den Verdienstausfall des Unternehmers oder Freiberuflers kompliziert. ...Bei Selbständigen muss die Entschädigungssumme von Sachverständigen nach Einblick in betriebsinterne Unterlagen ermittelt werden. Erschwert wird dies meist dadurch, dass außer dem Chef in der Firma kaum jemand Bescheid weiß. Die Berechnung des Schadenersatzes kostet Zeit und kann für Unternehmer wie Siegfried Jaffé deshalb schnell zur Existenzfrage werden.
(o.V.: Wenn der Chef verunglückt, in: Wirtschaft & Markt 09/1999, S. 56)

---

[761] Redaktion Risknet: Mittelständler unterschätzen unternehmerische Risiken, in: www.risknet.de/index/21.04.2006

Selbständige und kleine Gewerbetreibende treffen Unfälle mit schweren Folgen besonders hart. Sie geraten durch den Ausfall ihrer Arbeitskraft als in vielen Fällen einziger Verdienstquelle schnell in finanzielle Notlagen, wenn zu dem keine Rücklagen gebildet wurden. Die von Versicherern zu erwartenden Abschlags- und/oder Schadenersatzzahlungen können sich verzögern oder ausfallen. Letztlich müssen zur Berechnung fundierter Entschädigungszahlungen so schnell wie möglich von Steuerberatern oder Anwälten Unterlagen gesichtet werden, um die Verdienstausfallentschädigung zu bestimmen. Dazu ist ein Zugang zu geordneten Informationen und Aufzeichnungen notwendig. Jeder Selbständige sollte deshalb eine Person des Vertrauens über die wichtigsten Geschäftsvorgänge informieren und wichtige Daten und Unterlagen an einem sicheren, für Vertrauenspersonen zugänglichen Ort aufbewahren.

Wenn der Chef durch einen Unfall plötzlich ausfällt, helfen die richtigen Policen und ein Notfallplan. Doch nur, wer seinen Verdienstausfall nachweisen kann, bekommt das Geld von der Assekuranz ersetzt. Wenn zum Beispiel Familienmitglieder die Aufgaben übernehmen, werden häufig keine Arbeitsverträge abgeschlossen. In diesem Fall werden in der Regel Ansprüche nicht anerkannt. Oftmals sind dabei befristete Arbeitsverträge eine sinnvolle Lösung. Der Verdienst von Selbständigen schwankt aus den unterschiedlichen Gründen, weshalb der Schaden nur schwer nachweisbar ist. So sind die Auftragsbücher eines Bauhandwerkers im Winter nicht unbedingt so gefüllt wie im Sommer, oder es handelt sich um konjunkturelle Schwankungen, wie aus den Bilanzen der letzten drei Jahre abzulesen ist. Neue Geschäftsbeziehungen wurden angekurbelt, kommen aber nicht zum Tragen, weil der Chef fehlt. Versicherer ersetzen nur die nachweislich unfallbedingten Gewinneinbußen und Kosten.

Was sollten Unternehmer im Wege der Vorsorge dagegen tun:

➢ Eine Vertrauensperson sollte den Aufbewahrungsort der wichtigsten Geschäftsunterlagen kennen und jederzeit über die wichtigsten Geschäftsvorgänge auf dem Laufenden sein. Dies können der Stellvertreter, der Steuerberater und/oder der Ehepartner sein.
➢ In jedem Fall ist ein Anwalt für diese komplexe Materie einzuschalten.
➢ Die Person des Vertrauens sollte schnellstmöglich alle Unterlagen, die zur Bewertung des Schadens gebraucht werden, zusammenstellen.

Wichtige Maßnahmen stellen die Generalvollmacht, die Vorsorgevollmacht, die Betreuungsverfügung und für den privaten Bereich die Patientenverfügung dar. Die Vorsorgevollmacht „ist für den Fall der Geschäfts- und Handlungsunfähigkeit des Unternehmensinhabers gedacht, sonst könnte unter Umständen das Vormundschaftsgericht bei den unternehmerischen Entscheidungen mitreden. Die engsten Mitarbeiter sollten über entsprechende Vollmachten für den Notfall verfügen. Sinnvoll ist auch die Erstellung eines Beirates, der kurzfristig die operative Führung des Unternehmens übernimmt, bis ein geeigneter Nachfolger gefunden ist."[762]

Zur Absicherung des Schadens sollten eine Risikolebensversicherung, eine Krankenversicherung mit Krankentagegeldversicherung, eine Berufsunfähigkeitsversicherung und eine Unfallversicherung bestehen, die jeweils unterschiedliche Risiken abdecken.

Der Arbeitskreis der Betriebswirte des Handwerks Stuttgart hat eine Sammlung von Unternehmer-Checklisten herausgegeben, mit denen Inhabern von Unternehmen geholfen werden soll, damit das Unternehmen auch weiterläuft, wenn der Chef – unter Umständen auch einmal unerwartet – ausfällt und damit eine Betriebsübergabe in aller Ruhe vorbereitet werden kann.

---

[762] Keitsch, D.: a.a.O., S. 137

Praxissituation 145: Wenn der Chef ausfällt...

Ein schwerer Autounfall brachte Reinhold Metzner mit lebensgefährlichen inneren Verletzungen für sechs Monate ins Krankenhaus. Zuerst lag der Diplomingenieur auf der Intensivstation im Koma, danach war er aufgrund der starken Medikamente lange zu keinem klaren Gedanken fähig. Er hat überlebt, seine Firma hätte es beinahe nicht geschafft. Denn der Unfall kam zum denkbar schlechtesten Zeitpunkt: Für sein Unternehmen, die Spechtenhauser Pumpen GmbH, standen Lizenzverhandlungen in den Vereinigten Staaten und Produktprüfungstermine in Schweden an. Das neue Betriebsgebäude war noch eine Baustelle und der Umzug fest eingeplant." Meine Frau war regelrecht verzweifelt, denn alle Informationen waren nur in meinem Kopf", sagt Metzner. „Sie hatte nicht einmal eine Vollmacht für die Geschäftskonten....

Gerade mal vier von zehn Mittelständlern haben sich überhaupt schon einmal ernsthaft Gedanken gemacht, wie eine Nachfolgeregelung aussehen könnte. Und nur jeder dritte verfügt über einen Notfallplan, der Abläufe regelt, wenn die Firma ohne Führung dasteht....

Im Notfall übernimmt der Ehepartner die Führung der Firma? Was sich viele als einfache Lösung ausmalen, funktioniert in der Realität nur selten. Metzners Ehefrau nahm die Herausforderung an. Die selbständige Steuerberaterin setzte sich mit den Mitarbeitern zusammen, arbeitete sich in die Materie ein. Daneben managte sie noch ihre eigene Steuerkanzlei, versorgte die beiden halbwüchsigen Kinder und bangte um das Leben ihres Mannes. Dann kam der Chef wieder zurück – und es wurde noch schwieriger. „Das Schlimmste war, dass ich wollte, aber nicht mehr konnte", so Metzner. "Ich war den Belastungen physisch und psychisch nicht gewachsen."...Inzwischen sind die Wogen geglättet, der Senior wieder fit, und die Geschäfte laufen.

(Quelle: Becker, S.: Wenn der Chef ausfällt, in: impulse 08/2007, S. 53f.)

Praxissituation 146: Zeit der Entscheidung

Mehr als 20 Jahre hatte Klaus Weber seine Spedition mit zuletzt 17 Mitarbeitern geführt. Nach einem Skiunfall lag er fünf Wochen mit einem dreifachen Schädelbruch und weiteren Verletzungen im Koma. Insgesamt drei Monate Krankenhausaufenthalt und eine jahrelange Reha folgten.(…) Anfangs konnte seine damals gerade 19-jährige Tochter das Unternehmen weiterführen. „Da hatten noch alle Verständnis, und wir haben sogar aus Solidarität der Kunden einige Aufträge erhalten" so Weber. Doch nach und nach brach die Unterstützung der Fahrer weg, die junge Frau konnte sich in der Männerdomäne nicht durchsetzen. Genau ein Jahr nach dem Unfall verkaufte Weber die Firma.

(Quelle: Becker, S.: Wenn der Chef ausfällt, in: impulse 08/2007, S. 54)

Ein reibungsloser Übergang ist keineswegs selbstverständlich, wenn der Chef stirbt. Nicht überall gibt es mehrere Geschäftsführer. Gerade in kleinen Unternehmen ist der Inhaber und Chef oft der alleinige Kopf der Firma. Wenn er ausfällt, ist im besten Fall das Tagesgeschäft zu bewältigen, strategisch geht gar nichts mehr. Im schlimmsten Fall fehlen Bankvollmachten, gibt es niemand, der zeichnungsberechtigt ist. Jede vierte Nachfolge ist unerwartet - nach Berechnungen des Bonner Instituts für Mittelstandsforschung (IfM) pro Jahr in mehr als 18.000 Unternehmen. Die Abhängigkeit vom Chef ist sehr groß. In Krisensituationen muss schnell entschieden werden, weil ansonsten bereits nach einem halben Jahr schneller Verfall des Unternehmens einsetzen kann. In der Praxis muss sich der Unternehmer bei der Vorbereitung auf solche Krisen auch mit unangenehmen Gedankenspielen befassen. Doch genau in diesen Situationen ist nichts geregelt oder widersprechen sich bestehende Regelungen und Vereinbarungen. Experten empfehlen einen Notfallkoffer, in dem alle wichtigen Unterlagen gesammelt sind. Für die Sicherung der Kontinuität des Unternehmens kann ein Beirat mit speziellen Rechten ausgestattet sein.

Ehepartner oder gute Freunde sind meist nicht ausreichend für die Übernahme der Geschäftsführungstätigkeit qualifiziert. Diese Aufgabe sollte ein gut vorbereiteter Stellvertreter oder ein vertrauenswürdiger Unternehmerkollege übernehmen.[763] Vor dem Eintritt einer Krisensituation muss dieser Stellvertreter jedoch nicht nur dafür qualifiziert sein, sondern auch das Vertrauen des Chefs

---

[763] Becker, S.: Wenn der Chef ausfällt, in: impulse 08/2007, S. 55)

genießen und in vertrauliche Daten eingeweiht werden. Auch wenn Unternehmer nicht gern ihr Herrschaftswissen abgeben möchten, ist eine solide Notfallplanung immer ein erster Schritt zur Absicherung der Geschäftskontinuität.[764] Der Nachfolger hat jedoch neben der Weiterführung des operativen Geschäfts noch andere Herausforderungen. Es wird ihm nicht immer leicht fallen, von der Belegschaft akzeptiert zu werden.

Der Ausfall des Chefs trifft jedoch nicht nur das Unternehmen und dessen erfolgreiche Weiterführung. Unternehmer müssen sich auch der Risiken für ihre Familie bewusst sein.

Praxissituation 147: „Das Unglück erfasste Udo Saal im Mai 2006 auf einem Fußballplatz"
Beim Spielen brach der Unternehmer zusammen. Herzinfarkt. Er wurde reanimiert und überlebte. Doch sein Gehirn ist tot. Bis heute liegt er im Wachkoma...
Jahrelang hatten Sabine und Udo Saal viel Glück im Leben gehabt. Zusammen machte das Paar das auf Wäschereitechnik spezialisierte Familienunternehmen Satec groß und erfolgreich. Der Betrieb bescherte ihnen Wohlstand. Sie bauten eine Villa in Hanglage, kauften eine Eigentumswohnung, fuhren Autos nobler Marken und erfreuten sich ihres Familienglücks mit zwei gesunden Kindern. Bis das Schicksal an jenem Tag im Mai zu wüten begann. Es beendete jäh eine Ehe, zwang ein Unternehmen in die Knie, zerstörte Lebensplanungen....
Dem privaten Schicksalsschlag folgte der finanzielle. Die Firma überlebte den plötzlichen Ausfall von Udo nicht. Nur wenige Monate später war das Unternehmen pleite, die Villa, das Vermögen, das Glück der Saals einfach fort....Wie ein böses Geschwür fraß sich der Bankrott durch das Leben von Sabine Saal..." (Quelle: Fründt, S./ Grabitz, I.: Leben nach der Pleite, WELT am SONNTAG, 25. Januar 2009, S. 29)

6.2.2   Risiken aus unzureichendem Nachfolgemanagement

Eine besondere risikopolitische Bedeutung hat die häufig anzutreffende Verzögerung der Nachfolgeentscheidung, weil der „Senior" eine zu lange Zeit und in den meisten Fällen allein an der Spitze des Unternehmens verbleibt – und meist weit über das klassische Alter des Eintritts in den Ruhestand hinaus. Die Risiken liegen auf der Hand: „Das entscheidende Know how des Unternehmens bündelt sich – historisch bedingt – beim Seniorchef. Eine Delegation von Verantwortung auf die zweite Führungsebene findet meistens nicht statt. Einerseits mangelt es den Firmenchefs vielfach an Vertrauen zum Führungsnachwuchs. Andererseits fürchten nicht wenige Geschäftsführer die „Leere danach". Ein mittelständischer Unternehmer wird so zum Engpassfaktor seines eigenen Betriebes."[765] Der kritische Faktor des verzögerten Vollzugs der Nachfolgeregelung liegt auch in der Gefahr, dass vom Senior geforderte strategische und konstitutionelle Entscheidungen sowie konsequentes operatives Management verhindert werden und so das Unternehmen in eine ernsthafte Krisensituation kommen kann.

Es lassen sich in der Praxis einige kardinale Fehler vieler Seniorchefs erkennen, die zu ernsten Gefahren für eine erfolgreiche Nachfolgeregelung werden können. (Tab.80)[766] Knapp die Hälfte aller zur Nachfolge anstehenden Unternehmen wird immer noch an Familienmitglieder übergeben, auch wenn diese Zahl rückläufig ist. Die Übertragung des Unternehmens auf ein Kind unterscheidet sich nicht nur emotional vom Verkauf an einen Dritten. Meist treiben nicht etwa betriebswirtschaftliche oder juristische Probleme Unternehmerdynastien ins Chaos, sie scheitern vor allem an zwischenmenschlichen Problemen. Dies nicht zuletzt, weil der Patriarch Sohn oder Tochter maßlos überschätzt oder um jeden Preis eine familieninterne Lösung durchsetzen will. Doch längst nicht jeder Unternehmerspross bringt das nötige Cheftalent mit. Fehlentscheidungen lassen sich bei der Wahl des Nachfolgers meist vermeiden, denn die Anzeichen, ob Sohn oder Tochter wirklich ideale Kandidaten sind, zeigen sich meist bereits in früher Jugend.[767] Wie Helga Breuninger

[764] Becker, S.: Wenn der Chef ausfällt, in: impulse 08/2007, S. 55
[765] Pulver, A.: Schweres Erbe? – Krisenprävention durch rechtzeitiges Nachfolgemanagement, in: www.krisennavigator.ch/miin-d.htm, S. 4
[766] In Anlehnung an von Plüskow, J.: Im Schatten der Überväter, impulse 6/2001, S. 41
[767] von Plüskow, J.: Die Talentprobe, in: impulse 3/2001, S. 108

berichtet, bestätigen die Biografien vieler erfolgreicher Nachfolger, dass diese schon zwischen dem zwölften und 15. Lebensjahr mit dem betrieblichen Alltag ihrer Väter konfrontiert wurden. Viele Beispiele belegen auch, dass eine externe Besetzung der Nachfolge immer noch sinnvoller ist, als um jeden Preis die familieninterne Lösung zu favorisieren und damit das Risiko einer Firmenkrise mit zum Teil existenzgefährdendem Ausmaß einzugehen. So verdonnerten Clan-Chefs bei Pelikan, Pierburg oder Dornier ihre Sprösslinge zu Führungsrollen, denen diese nicht gewachsen waren und trieben damit ihre Traditionsbetriebe fast in den Ruin.[768]

Vision	
Fehlende Zieldefinition	Was will der Unternehmer mit dem Abschied erreichen? Was soll aus Firma und Mitarbeitern werden?
Gefühl der Unersetzlichkeit	Mancher glaubt noch mit über 70, ohne ihn müsse die Firma scheitern. Übliche Reaktion von Kunden und Mitarbeitern: eher Mitleid als Anerkennung.
Emotionale Leere	Die wenigsten Hobbys garantieren auf Dauer Erfüllung. Lösung: ein „Alters-Business-Plan"
Familie	
Übertriebenes Harmoniebedürfnis	Jedes Kind soll den gleichen Anteil am Unternehmen bekommen. Diese Entscheidung programmiert jedoch Ärger – in der Familie und im Betrieb.
Festhalten an Traditionen	Längst nicht immer besitzen gerade der älteste Sohn oder die älteste Tochter die beste Qualifikation.
Geheimniskrämerei	Streitigkeiten unter den Angehörigen gehören zu den häufigsten Gründen für das Scheitern von Nachfolgeregelungen. Wer seine Familie rechtzeitig in seine Pläne einbezieht, schafft gute Voraussetzungen für einen reibungslosen Umstieg vom Berufs- ins Privatleben.
Auswahl	
Fehlgriff	Viele Unternehmer suchen einen „Denkmalpfleger", der ihre Strategien bis ins Detail übernimmt – ein oft verhängnisvolles Verfahren. Erst die Mischung aus Erneuerungswillen und dosierter Übernahme von Erprobtem verspricht den gewünschten Erfolg.
Zeitplan	
Zu später Start der Vorbereitung	Im Durchschnitt dauert es fünf Jahre, bis ein geeigneter Kandidat gefunden und die Nachfolge optimal organisiert ist.
Übergabe ohne festen Zeitplan	Rund ein Jahr sollten Senior und designierter Nachfolger zusammenarbeiten. Dann ist Zeit für den Abschied. Der Ausstiegstermin sollte vertraglich vereinbart werden.
Finanzen	
Unzureichende Altersvorsorge	Nur die wenigsten Chefs kleinerer Betriebe können sich im Alter den gleichen Lebensstandard wie in ihrer Zeit als Unternehmer leisten. Geldknappheit zwingt sie, bis weit über die Pensionsgrenze hinaus zu arbeiten oder einen völlig überzogenen Preis für ihr Unternehmen zu fordern.
Verträge	
Falsches Testament	Der klassische „letzte Wille" sieht vor, dass Erben nur gemeinsam über den neuen Besitz entscheiden dürfen. Detaillierte Regeln für die späteren Machtverhältnisse im Betrieb vermeiden Familienzwist und Stillstand in der Firma.
Ungünstige Rechtsform	Haftung, Einflussnahme auf die Geschäftsführung oder steuerliche Vorteile hängen stark von der Rechtsform ab.

Tab.80 Übersicht wesentlicher Fehler im Nachfolgemanagement

---

[768] Ebenda, S. 110

Fehlende oder unzureichende Kompetenzen des Nachfolgers können erhebliche Risiken verursachen:

➢ persönliche Motivation
➢ fachliche Kompetenz
➢ betriebswirtschaftliche Kompetenz
➢ Führungs- und Managementkompetenz
➢ Unternehmerkompetenz
➢ Gesellschafterkompetenz.

Im Zusammenhang mit der Unternehmensnachfolge können vier klassische Risikofaktoren mit Nachfolgern entstehen:[769]

➢ Vielen Nachfolgern fehlt die erforderliche Qualifikation. Das Problem ist häufig nicht die Ausbildung. Meist fehlt den Junioren die Erfahrung. Die Karriere im eigenen Unternehmen ist nicht immer die beste Lösung. Wer draußen Karriere macht, ist eher prädestiniert, irgendwann einmal die Unternehmensnachfolge anzutreten. Viele Junioren scheinen jedoch die freie Wildbahn zu fürchten und erliegen den Verlockungen des elterlichen Betriebes. Dabei geht oft die Perspektive verloren.
➢ Patriarchen kleben auf ihrem Stuhl. Dafür sind oft tief sitzende Ängste verantwortlich – etwa die Angst vor der eigenen Vergänglichkeit oder die Angst vor der großen Leere. Unternehmer waren ihr ganzes Leben aktiv.
➢ Senior und Junior geraten in Streit.
➢ Erbstreitigkeiten entstehen zwischen Nachkommen.

Bei der Familiennachfolge sind unterschiedliche Varianten denkbar. In den meisten Fällen geht das Unternehmen in Form der vorweggenommenen Erbfolge oder Schenkung auf die nächste Generation über. Es kann aber auch sinnvoll sein, finanzielle Gegenleistungen an den Generationenwechsel zu knüpfen, z.B. die Zahlung einer Rente für den Fall, dass die Altersvorsorge der Eltern nicht ausreichend ist. Als rechtliche Formen der Übergabe innerhalb der Familie sind verschiedene Verfahren denkbar, so etwa die schrittweise Beteiligung bei einer Kapitalgesellschaft, die vorweggenommene Erbfolge beziehungsweise Schenkung, die Erbfolge per Testament oder Erbvertrag sowie die gesetzliche Erbfolge. Die Familiennachfolge hat eine Reihe weiterer Tücken. Wenn Seniorchefs jeden Erben mit Anteilen bedenken, belasten sie ihr Unternehmen mit einer schweren Hypothek: Sie zersplittern ihre Firma und erschweren Entscheidungen. Vererben nach dem Muster der Verteilungsgerechtigkeit hat Folgen:[770]

➢ Mehrere Entscheider erschweren Diskussionen, Einigungen und Entscheidungen.
➢ Nicht alle Gesellschafter sind gleichermaßen sachverständig.
➢ Arbeiten die Anteilseigner nicht im Unternehmen oder üben andere Berufe aus, erschwert das die Zusammenarbeit. Zersplitterung wird zum Risiko.
➢ Unterschiedliche Einzelinteressen gewinnen mit zunehmender Generation leicht die Oberhand. Die daraus entstehenden Konflikte beeinträchtigen die Handlungsfähigkeit des Unternehmens.

Die Umsetzung des Zusammengehörigkeitsgefühls bedarf stabilisierender Institutionen und Verfahren zur Regelung eines Miteinanders, der so genannten Family Governance. Vielerorts werden zwar zahlreiche rechtliche Fragen durch Testamente, Gesellschaftsverträge etc. geregelt, es fehlt jedoch eine „Familiencharta", in der die Familie die zukünftigen Leitlinien der Unternehmenssicherung und –fortführung bestimmt. Eine Familienstrategie sorgt auf dieser Basis für eine stabile Nachfolgeplanung, eine wirksame Erschließung des Potenzials der Unternehmerfamilie. Sie beantwortet Fragen, die immer wieder Streit- und Konfliktpunkte werden können und gibt Planungssicherheit für jeden Einzelnen.[771]

---

[769] May, P: Schmeißt sie aus dem Nest, in: Lebensmittelzeitung 01. August 2008, S. 29
[770] Baus, K.: So bewahren Sie Ihr Lebenswerk, Markt und Mittelstand, 10/2006, S. 54
[771] Ebenda, S. 56

Letztere hat allerdings schon vielen Familienbetrieben durch Erbstreitigkeiten ein rasches Ende beschert. In jedem Fall gilt auch für den Nachfolger aus der eigenen Familie, was für den Existenzgründer unabdingbar ist: Ein vernünftiges Übernahmekonzept sollte den geregelten Ablauf der Übernahme und die Zukunft des Betriebes sichern helfen. Mit dem Vertragsabschluss als letztem Schritt ist die Nachfolge vollzogen. Besonders schwierig gestaltet er sich häufig bei Nachfolgelösungen in der Familie, weil hier manche juristische Notwendigkeit aufgrund der familiären Nähe nicht immer erkannt wird. Fehler beim Vertragsabschluss können aber rechtliche Hürden errichten, die den Nachfolger in seiner Arbeit später schwer belasten. Als ein Beispiel seien hier die Personalfragen angeführt. Unter Umständen bindet sich der Nachfolger durch den Übernahmevertrag viel stärker an die vorhandene Belegschaft, als es seine Pläne für die Fortführung oder den Umbau des Unternehmens vorsehen.

Viele Mittelständler verschlafen den richtigen Zeitpunkt der Unternehmensübertragung und zahlen zu viel Steuern. Zur Sicherung der Existenz des Betriebes – und meist auch der Eigentümerfamilien – bedarf es eines Notfallplanes sowie einer klaren, möglichst steueroptimierten Nachfolgeregelung. Der Notfallplan muss garantieren, dass die Führung des Unternehmens vorübergehend auch ohne Geschäftsführer funktioniert und das Unternehmen handlungsfähig bleibt. Dies kann zum Beispiel auch durch den Einsatz zusätzlicher Fremdgeschäftsführer und/oder einen Beirat erfolgen. Auch eine Vorsorgevollmacht ist notwendig, damit der Bevollmächtigte unmittelbar nach dem Tod des Firmenchefs einen Interimsmanager einsetzen kann. Im Unterschied zu einem Testament, das oft erst nach Wochen eröffnet wird, gilt die Vorsorgevollmacht unmittelbar und über den Tod des Chefs hinaus, womit eine Führung abgesichert bleibt.[772]

Im Zuge der Unternehmensnachfolge muss verhindert werden, dass Geld aus dem Unternehmen herausgezogen wird. Gerade Pflichtteilsforderungen können den Nachfolgern das Genick brechen. Solch hohe Liquiditätsabflüsse oder eine entsprechende Kreditbelastung können dem Unternehmen zum Verhängnis werden. Ist keine Stundung möglich, droht die Insolvenz. In anderen Fällen droht der unfreiwillige Verkauf des Unternehmens, weil die Firma als Kreditnehmer zu hoch belastet wird, die Zins- und Tilgungskraft sinkt und die Banken mehr Sicherheiten verlangen. Unternehmer müssen daher eine solide wirtschaftliche Basis für eine erfolgreiche Nachfolge schaffen und – auch wenn dies steuerrechtlich nachteilig sein könnte – Überschüsse in eine Erhöhung der Eigenkapitaldecke investieren.[773] Wenn ein verstorbener Teilhaber zum Beispiel noch kein Testament erstellt hat, gehen die Anteile an die gesetzlichen Erben über. Die Auszahlung entsprechender Anteile kann die Familie zwar zur Ruhe kommen lassen, zwingt jedoch das Unternehmen zur Aufnahme eines fremden Geldgebers. Die letztere Variante kann zu einer nicht beabsichtigten Veränderung eines inhabergeführten Unternehmens führen.

Eine frühzeitige Planung ermöglicht eine steuerfreie oder steueroptimierte Übertragung von Vermögenswerten zu Lebzeiten auf die Kinder. Dieser Schritt kann auch interessant werden, um Kinder von der Firmenführung fernzuhalten und sie gleichzeitig zum Verzicht auf ihren Pflichtteilsanspruch zu bewegen. Für eine effektive und zugleich nachhaltige Regelung des Generationenwechsels müssen sowohl der Senior als auch der Junior ein Testament aufsetzen. Ebenso müssen die Eheverträge von beiden so abgefasst werden, dass die Firma vom Zugewinnausgleich ausgenommen ist und das Unternehmen so im Falle einer Scheidung finanziell nicht belastet wird. Auch Gesellschaftsvertrag und Testamente sind aufeinander abzustimmen.

Je länger Unternehmer die Nachfolgeregelung verschieben, desto eingeschränkter sind im Fall der Fälle ihre Möglichkeiten – und die ihrer Erben. Die frühzeitige und durchdachte Nachfolgeregelung vermeidet auch den Zwang, in einer wirtschaftlich ungünstigen Zeit – etwa in einer Rezession oder Depression – das Unternehmen zu denkbar schlechten Bedingungen verkaufen zu müssen. Viele Unternehmer verweigern sich aus emotionalen Gründen dem Thema, um Streit über unterschiedliche Interessen und Auffassungen innerhalb der Familie(n), über Verantwortlichkeiten, Kompetenzen und Informationsansprüche, Neid, Konkurrenz oder auch die Gewinnausschüttungspolitik an die Gesellschafter zu vermeiden.

---

[772] Bräuchle, S.: Risiko Erbfall, Markt & Mittelstand 8/2004, S. 42ff.
[773] Ebenda.

Kritisch ist auch das Fehlen einer Familienverfassung und Eigentümerstrategie sowie schriftlich verfasster Unternehmenswerte und –strategien, wenn viele potenzielle Nachfolger, Anteilseigner oder Familien im Rahmen der Nachfolgeregelung zu berücksichtigen sind.

Oftmals steht bei der Nachfolgeregelung auch eine Minimierung der steuerlichen Belastung im Vordergrund. Emotionale Aspekte werden dann gern verdrängt. Dabei scheitern nach Studien fast 90 Prozent aller innerfamiliären Nachfolgen an ungelösten zwischenmenschlichen Problemen: Liebe und Abneigung, Geldgier und Machterhalt, taktisches Verhalten und Ränkespiele. Der Senior weigert sich, Verantwortung abzugeben, der Junior wird nur zögerlich aus der Kind- und Befehlsempfängerrolle entlassen. In der Praxis werden oft all diese psychologischen Aspekte vernachlässigt oder unterschätzt.

Risiken aus dem Ableben des Unternehmers lassen sich durch gezielte Maßnahmen erfolgreich managen:[774]

➢ **Vorweggenommene Erbfolge** – Der Übergang des Unternehmens im Falle des Todes oder der Geschäftsunfähigkeit ist meist für alle Beteiligten ungünstig. Vorteilhafter kann es sein, wenn der Unternehmer die Firma oder Teile davon bereits zu Lebzeiten überträgt. Er kann die Übergabe und Fortführung selbst überwachen und eventuell korrigierend eingreifen.
➢ **Geeignete Rechtsform wählen** – Die vorzeitige Umwandlung einer Einzelfirma in eine GmbH oder GmbH & Co. KG kann die Haftungsrisiken für die Familie des Unternehmers reduzieren und einen Eintritt potenzieller Erben erleichtern.
➢ **Nachfolger vorbereiten** – Der Unternehmer muss frühzeitig potenzielle Nachfolger aufbauen. Dabei sollte deren Eignung für die Geschäftsführung stärker im Vordergrund stehen als die Zugehörigkeit zur Familie.
➢ **Testament erstellen** – Die Liquidität einer Firma kann durch hohe Abfindungs- und Pflichtteilsansprüche einerseits sowie die Erbschaftsteuerbelastung andererseits erheblich gefährdet werden. Das Liquiditätsrisiko kann der Unternehmer mit einem passenden Testament und dem Abschluss von Pflichtteilverzichtserklärungen einschränken – eine lebzeitige Abfindungszahlung, die Vereinbarung einer stillen Gesellschaft oder Unterbeteiligungen als Gegenleistung zum Pflichtteilsverzicht.
➢ **Eheverträge schließen** – Zur Sicherung des unternehmerischen Vermögens kann die Vereinbarung einer modifizierten Zugewinngemeinschaft dienen. Die Vereinbarung der Gütertrennung birgt das Risiko, dass der länger Lebende auf die ansonsten steuerfreie Zugewinnausgleichsforderung dann Erbschaftssteuern zu zahlen hat.

Aus langjährigem Erfahrungswissen lassen sich einige Regeln zur „Weichenstellung" in der Unternehmensnachfolge beachten:[775]

➢ Beginnen Sie rechtzeitig mit der Regelung Ihrer Nachfolge. Die Planung und Umsetzung nimmt einen Zeitraum von drei bis fünf Jahren in Anspruch.
➢ Übertragen Sie rechtzeitig Firmenanteile auf Ihren Nachfolger. Dann können Sie alle zehn Jahre die steuerlichen Freibeträge bei Schenkungen ausnutzen.
➢ Berücksichtigen Sie bei der Vermögensübertragung möglichst alle erben. Soll nur ein Nachfolger das Unternehmen führen, ist es möglich die anderen Kinder als Minderheitsgesellschafter zu beteiligen oder ihnen für den Verzicht auf Firmenanteile andere Vermögenswerte zu übertragen.
➢ Bedenken Sie bei Ihren Planungen, dass Ihr Nachfolger womöglich Pflichtteilsansprüche anderer Erben bedienen muss. Stellen Sie sicher, dass dafür genug finanzielle Mittel zur Verfügung stehen.
➢ Bündeln Sie nach Möglichkeit die Gesellschaftsanteile. Sind zu viele Familienstämme am Unternehmen beteiligt, droht Streit. Die Geschäftsführung muss unabhängig von den Gesellschaftern operieren können.

---
[774] Schulz, P./Werz, R.: Notfallkoffer für Unternehmer, in: Markt & Mittelstand 4/2008, S. 54
[775] Bräuchle, S.: Fliegender Wechsel, Markt & Mittelstand 11/2002, S. 99

➢ Sichern Sie Risiken ab: Es kann sinnvoll sein, Risikolebensversicherungen für die Hauptgesellschafter abzuschließen. Beim Tod eines Firmeninhabers trägt die Versicherung die Erbschaftsteuer. Die Liquidität des Unternehmens wird nicht belastet.
➢ Bauen Sie rechtzeitig vor und Stärken Sie die Finanz- und Ertragskraft Ihres Unternehmens. Nur so ist der Einstieg für einen potenziellen Nachfolger auch bezahlbar.
➢ Scheuen Sie sich nicht, den Betrieb frühzeitig zu verkaufen, wenn sich kein Nachfolger in der Familie findet. Der optimale Verkaufszeitpunkt ist, wenn der Firmenchef nicht veräußern müsste. Unter Druck zu verkaufen, drückt auf den Verkaufspreis.

6.2.3 Risiken struktureller Besonderheiten von Familienunternehmen

Familienunternehmen und ihre Führung unterliegen besonderen Prädiktionen und Regeln, die sich mit dem Blick auf den Generationenwechsel unterschiedlich stark als Risikopotenzial entfalten können.

Praxissituation 148:
Wie sich Herausforderungen der Verbindung von Familie und Unternehmen darstellen…
„nach intensivem Ringen um eine gute Nachfolgeregelung entschied sich Familie W. dafür, die Versuche aufzugeben, dass Vater und Sohn auf einen guten gemeinsamen Nenner kommen könnten. Zu groß erschienen die Unterschiede in den Perspektiven der beiden, zu massiv die immer wieder unausweichlich erscheinenden Anlässe für heftige Konflikte, die sich immer wieder um die Frage nach der künftigen Ausrichtung des Unternehmens rankten. Um die Familie als Familie zu bewahren und das grundsätzlich gute Einvernehmen aller, hatte sich die Familie schlussendlich dafür entschieden, einen Fremdmanager einzustellen und die Nachfolgeregelung als gescheitert anzusehen. Dennoch schauten alle Beteiligten (das Unternehmerehepaar sowie der Sohn und seine Partnerin) zwar durchaus mit Schmerz und Enttäuschung auf das Jahr intensiver Auseinandersetzung zurück (…), doch auch mit dem Bewusstsein, dass die Zeit nicht umsonst gewesen war.(…) Diese Aussagen aus dem Abschlussgespräch ermöglichen es der Familie, ihre Familienbeziehungen weiter zu leben und mit dem Bewusstsein gestiegenen Wissens um sich selbst aus einem Prozess herauszugehen, den sie auf der sachlichen Ebene als ‚gescheitert‘ betrachten mussten. Ja, beinahe erschienen alle erleichtert, nicht mehr mit dem ständigen Dauerkonflikt belastet zu sein. Durch die Entscheidung wurde es ihnen möglich, neu darauf zu schauen, wer sie eigentlich als Familie ohne Unternehmen im Hintergrund sein könnten."
(Quelle: von Schlippe, A./Nischak, A./El Hachimi, M.: Familienunternehmen verstehen, in: Schlippe, A./Nischak, A./El Hachimi, M.: Familienunternehmen verstehen, Göttingen 2008, S. 20ff.)

Langfristige Risikopotenziale in Familienunternehmen sind in ihren besonderen Konstitutionen spezifisch ausgeprägt. Dabei werden drei Archetypen von Unternehmen unterschieden:[776]

➢ **Ephemeres Familienunternehmen**
Dieses Unternehmen besteht meist eine Generation und scheitert in der frühen Phase der zweiten Generation. Es handelt sich dabei um ein „Ich"-Unternehmen, das vom Entrepreneur geprägt ist und eine systematische Basis vermissen lässt. Ohne Vision und ohne effektives System für den Generationswechsel ist dieses Unternehmen zum Scheitern verurteilt.
➢ **Bewahrendes Familienunternehmen**
Dieser Unternehmenstyp hat sich über mehrere Generationen behauptet, leidet jedoch unter einem geringen oder sogar einem Nullwachstum. Meist herrscht dabei eine konservative Kultur einer bewahrenden, weniger einer wachstumsorientierten Sicht vor. Die Auswirkungen des sich damit ergebenden beschränkten Geschäftsvolumens auf die von Generation zu Generation

---

[776] Schwass, J.: Wachstumsstrategien für Familienunternehmen, München 2007, S. 56

stets wachsende Familie liegen in zunehmenden Selektionsprozessen in Verbindung mit enormen finanziellen und emotionalen Kosten für die ausscheidenden Familienmitglieder.

➤ **Familienunternehmen mit Unternehmergeist**
Das unternehmerische Familienunternehmen setzt sich konstruktiv mit der Komplexität auseinander, die über viele Generationen wachsende Familien kennzeichnet. Es findet alternative Strategien und Strukturen, den unterschiedlichen Bedürfnissen der wachsenden Familiengerecht zu werden.

Auf ein Familienunternehmen wirken zahlreiche Einflussfaktoren und erzeugen für Entscheidungsprozesse insbesondere mit langfristiger Tragweite eine ungeheure Komplexität. Die besondere Stabilität oder – entgegengesetzt – die besondere Risikosituation zeigt sich diese Komplexität im Verlauf der Entstehung und Bewältigung von Unternehmenskrisen. (Tab.81)

Strukturelle Einflussfaktoren	Verhaltensbedingte Einflussfaktoren
Unternehmensseitige Einflussfaktoren • Komplexitätsgrad der Gesellschafterstruktur (Art und Anzahl der Mitglieder, involvierte Generationen, Organisationsgrad der Entscheidungsfindung, Stimmrechtsverteilung) • Installierte Aufsichts- und Kontrollgremien • Professionalisierungsgrad der Unternehmensführung und –steuerung • Qualifikation und Kompetenz aktiver Familienmitglieder, der Führungskräfte und der Berater • Organisations- und Professionalisierungsgrad der Nachfolgeregelung *Familienseitige Einflussfaktoren* • Finanzielle Potenz der Gesellschafterfamilie • Etablierte Familienkultur(en), z.B. Familienregeln, Streit- und Kommunikationskultur, Tabuisierungen	• Verhaltensweisen der einzelnen Akteure einer Unternehmerfamilie untereinander (GF-Gesellschafter, Nicht-aktive Gesellschafter, Familienmitglieder) • Verhaltensweisen der Unternehmerfamilie als Kollektiv gegenüber Familienunternehmen, Banken, externem Krisenmanagement • Verhaltensweisen familienfremder Mitglieder des Familienunternehmens • Verhaltensweisen unternehmensexterner Akteure gegenüber Familienunternehmen, z.B. Kunden, Lieferanten, Banken

Tab.81 Übersicht von Einflussfaktoren auf den Krisenverlauf in Familienunternehmen[777]

Familienunternehmen unterliegen finanziellen Restriktionen, die sich insbesondere aufgrund der Wachstumsprozesse zeigen. Entwicklungskrisen können hier über kurze oder lange Zeit zum Zerfall des Unternehmens führen. In Extremsituationen müssen Familienunternehmen mit zusätzlichen Einflüssen aus der Unternehmerfamilie rechnen. Zu Beginn des Krisenprozesses zeigen sich in der Regel konstruktive Einflüsse der Unternehmerfamilie auf das Unternehmen, z.B. durch Bereitstellung zusätzlichen Eigenkapitals. Zunehmend können diese sich aber im weiteren Verlauf in negative Einflüsse verwandeln, zum Beispiel durch Infragestellung der geschäftsführenden Familienmitglieder, Blockade des Sanierungsmanagements oder Entscheidungsunfähigkeit im Gesellschafterkreis aufgrund eskalierender Streitigkeiten.[778]

Potenzielle Auswirkungen auf die Risikosituation des Unternehmens ergeben sich grundsätzlich aus der Nähe und der Identität der Anteilseigner:[779]

➤ Die **Nähe der Anteilseigner** wird dann ein Problem, wenn diese sich zu sehr in das Unternehmen einmischen und den nötigen Respekt für die Grenzen zwischen den eigenen Rechten

[777] Rüsen, T.A.: Parallele Krisenprozesse – paralleles Krisenmanagement: Das Familienunternehmen unter existenziellem Druck, in: von Schlippe, A./Nischak, A./El Hachimi, M.: Familienunternehmen verstehen, Göttingen 2008, S. 50f.
[778] Ebenda, S. 24 ff.
[779] Ebenda, S. 58

und Pflichten und denen des Managements vermissen lassen. Ein weiterer Risikofaktor entsteht, wenn die Anteilseigner zu viel Mitspracherecht haben, sämtliche Unternehmensgewinne abschöpfen und damit das Unternehmen „melken".

➢ Die **Identität der Anteilseigner** wird zum Problem, wenn sich die Eignerbasis mit jeder Generation vergrößert. In sehr vielen Fällen wird die Wahrung der Familienhomogenität dann zum Konfliktproblem, wenn mit jeder Generation neue, auch angeheiratete, Familienmitglieder den Kreis der Familie vergrößern, unterschiedliche persönliche Interessen und eine geografische Streuung der Familienmitglieder natürliche Zentrifugalkräfte entstehen lassen, die die Gemeinsamkeiten der Familien verringern. Große, traditionsreiche Familien tendieren im Laufe der Zeit zu einer größeren Heterogenität.

Nähe und Identität der Anteilseigner bieten einerseits große Chancen, aber zugleich auch ertrags- und sogar existenzgefährdende Risiken. Stellen Familien selbst einen Risikofaktor dar?

Für ein Familienunternehmen bedeutet die Komplexität der doppelten Sichtweise – das Unternehmen und die Familie als zwei eng verschränkte Systeme zu betrachten – die Entstehung verschiedener Paradoxien. Diese Systeme sind unterschiedlich und beruhen auf verschiedenen Rationalitäten. Manchmal kommt noch das dritte System – die Eigentümer – hinzu. „Jedes dieser Systeme folgt einer jeweils eigenen Logik mit dazugehörigen eigenen Regeln und Sprachspielen. Immerfort bringen juristische/finanzstrategische (Eigentum), ökonomische (Unternehmen) und emotionale (Familie) Logiken die Personen in die Lage, nicht genau zu wissen, als wer sie gerade sprechen und handeln. Das, was im Lichte der einen Logik richtig erscheint, kann aus der Perspektive der anderen Logik falsch sein.(…) Was juristisch angesagt ist, muss keineswegs unternehmerisch angemessen sein und schon gar nicht den familiären Erwartungen entsprechen." Experten sehen in Familienunternehmen zwei wesentliche Paradoxien:[780]

➢ „Sei gleichzeitig Familienmitglied und Unternehmer!"
➢ „Sei gleichzeitig gerecht in beiden Systemen!"

Gerechtigkeit und Gleichheitsanforderungen in den Systemen Familie, Unternehmen und Eigentümer entspringen unbewusst wirksamen Erwartungsstrukturen. Was als gerecht in einer Familie gilt, ist nicht mit Gerechtigkeit im Unternehmen vergleichbar. „Unternehmen als aufgabenorientierte Systeme stellen die Funktionalität von Entscheidungen ins Zentrum. Als gerecht gilt hier, dass derjenige den meisten Einfluss und die beste Bezahlung erhält, der am höchsten qualifiziert ist, am meisten leistet und die überlebensfähigsten Entscheidungen trifft."[781]

Worin bestehen die Herausforderungen eines langlebigen Familienunternehmens?

Es geht hierbei um die dauerhafte Ankopplung von drei unterschiedlichen Systemen, der Familie, der Gesellschafter und des Unternehmens. Diese drei Systeme entwickeln sich im Zeitverlauf unterschiedlich und ändern ihre Konfigurationen. Die schwierige Synchronisation dieser drei Systeme birgt ein potenzielles Risiko für die Entwicklung des Unternehmens. Familien- und Eigentümerinteressen werden nie vollständig kongruent sein. Die Gefahr liegt in der potenziell eigendynamischen Entwicklung jedes der drei Systeme. In diesem Prozess entstehen Zentrifugalkräfte und -bewegungen, die insgesamt gefährlich werden: Rückfall in kleinfamiliale Strukturen (Familie), Zerfall in Einzel-Investor-Interessen (Eigentümer) und Verlust der Unabhängigkeit (Unternehmen).[782]

Die besondere Verkopplung zweier sozialer Systeme Familie und Unternehmen hat viele wechselseitige Auswirkungen, nicht zuletzt auch auf die Kinder der Unternehmer. In einer Unternehmerfamilie aufzuwachsen ist ein Risikofaktor, d.h. die Wahrscheinlichkeit, psychische Probleme in der Familie zu entwickeln. Ein besonderes Problem besteht in der sogenannten Geschwisterrivalität. Viele Eltern in Unternehmerfamilien wollen ihre Kinder gleichbehandeln. Im Rahmen der Familie ist

---

[780] von Schlippe, A./Nischak, A./El Hachimi, M.: Familienunternehmen verstehen, in: von Schlippe, A./Nischak, A./El Hachimi, M.: Familienunternehmen verstehen, Göttingen 2008, S. 24 ff.

[781] Ebenda, S. 26

[782] Ebenda, S. 33f.

das an sich eine gute Tugend. Problematisch wird es, wenn diese Erwartungen der Gleichbehandlung sich auch auf die im Unternehmen auszufüllenden Führungsfunktionen erstrecken. Hier kommt die Sachlogik unternehmerischer Entscheidungen, nach der die Zuweisung und Übernahme von Verantwortung aufgrund von Kompetenz erfolgen sollte, in Konflikt mit der familiären Beziehungslogik.

Wo liegen einige zentrale Risikofragen des Generationswechsels in der Unternehmensführung von Familienunternehmen?

Führungswechsel stören das Gleichgewicht, das alle vier Dimensionen des Familienunternehmens beherrscht hat: die Familie, die Eigner, das Management, jedes Individuum. Die Familie ist ferner mit einer veränderten Beziehung zwischen den Generationen konfrontiert, die sich von einer „Eltern-Kind"-Beziehung in eine Beziehung zwischen Erwachsenen verwandelt hat. Die Komplexität der Führungsnachfolge ist – anders als bei börsennotierten Unternehmen – durch drei wesentliche Faktoren geprägt:[783]

➢ Familienunternehmen müssen die wahren Auswirkungen der Eigentümerschaft bedenken, die nicht ohne weiteres übertragbar ist.
➢ Führungswechsel erfolgt in Familienunternehmen meist zwischen Verwandten.
➢ Die übliche Amtszeit des Unternehmensführers in Familienunternehmen ist lang: zwischen mindestens 10 Jahren und 30/40 Jahren.

Der scheidende Unternehmensführer hat mit seiner Identität Management und Kultur der gesamten Organisation über Jahre und Jahrzehnte geprägt. Alle Mitarbeiter und Führungskräfte sind mit dem Entscheidungsprozess und den Verfahrensweisen und –abläufen bestens vertraut. Jeder Änderungsversuch des Nachfolgers wirft bei dieser Vertrautheit ein direktes Licht auf jede von seinem Vorgänger getroffene Entscheidung und ist damit Nährboden für ein Potenzial an Generationskonflikten.

Im Falle des Scheiterns von Familienunternehmen nach der Führungsübergabe an die nächste Generation werden die Gründe meist in der mangelnden Führungskompetenz des Nachfolgers gesehen. Das Problem ist jedoch komplexer. Die Lösung einiger Probleme erfordert von den Nachfolgern, zentrale Entscheidungen ihrer Vorgänger aufzugeben und diesen Punkten das Unternehmen zu restrukturieren. Emotional gesteuerte Familienbeziehungen verhindern jedoch oft diese notwendigen Entscheidungen und ihre Umsetzung.

Praxissituation 149:
„In der fünften Generation der Familie Wrede gibt es zwölf Nachkommen,
die Anteile der Industrieholding erben werden oder bereits übertragen bekommen haben. Keiner von ihnen soll mehr als zehn Prozent besitzen dürfen, hat die vierte Generation der Wredes entschieden, damit sich keine verfeindeten Lager bilden können. Auch dürfen die Familienmitglieder ihre beruflichen Erfahrungen nicht im eigenen Unternehmen machen und nicht in untergeordneten Positionen arbeiten....Würde ein Marketingleiter schlechte Arbeit ma-chen, besäße als Familienmitglied aber Unternehmensanteile, dann könne dessen Vorgesetzter in eine schwierige Situation kommen. Nur als Geschäftsführer dürfen Mitglieder der Wrede-Familie deshalb im Unternehmen arbeiten, so will es die Verfassung...."
(Quelle: Allgöwer, K: In guter Verfassung, enable 03/2008, S. 22)

Der Senior eines Familienunternehmens muss bei der Entscheidung über die Nachfolge immer die Risiken beachten, die sich hieraus für den Familienfrieden ergeben und insoweit auch Konsequenzen für den Fortbestand des Unternehmens haben können. In vielen Fällen werden die Firmenanteile von Generation zu Generation immer weiter zersplittert. Von einer Generation zur anderen gehen die Interessen der Eigner somit immer weiter auseinander.[784]

---

[783] Ebenda, S. 62
[784] Allgöwer, K: In guter Verfassung, enable 03/2008, S. 23

Oft sind anstehende strategische Entscheidungen Anlass für Familienkriege. Streit unter Gesellschaftern stellt das größte Konkursrisiko in Familienunternehmen dar. Je größer die Familie wird, je weiter sie sich vom Unternehmen entfernt, desto stärker treibt die Entfremdung sie auseinander. Die Stabilität in inhabergeführten Betrieben kann durch die Trennung von Eigentum und operativer Führung wesentlich erhöht werden. Kooperationskonflikte, die sich aus dem delikaten Mit- und Gegeneinander auf der Führungsebene und dem nicht minder brisanten Zusammenspiel tätiger und nicht tätiger Gesellschafter ergeben, können so vermieden werden. Geld, Macht, Liebe - das sind die Zutaten, die harmonische Familienunternehmen in Minenfelder verwandeln können. In den Stärken der eigentümergeführten Firmen liegen zugleich die größten Risiken.

Eine besondere Herausforderung ist die Führung eines Unternehmens durch zwei nahezu gleichberechtigte Familienstämme - die Eigentümerfamilien -, zwischen denen sich das Miteinander immer wieder neu behaupten muss.

Praxissituation 150:
„...Bei Zwei-Stammes-Firmen muss anstelle der starken informellen Beziehung
ein weitgehendes und gelebtes Regelwerk treten. Doch auch hier lauern Fallstricke. Die Stammespatriarchen neigen gelegentlich dazu, ihr Regelwerk vererben zu wollen. Das kann gefährlich werden. Jede neue Generation muss die Möglichkeit erhalten, die Spielregeln ihres Miteinanders veränderten Zeiten anzupassen....Jeder Stamm und seine operativ Verantwortlichen besetzen klare Felder und agieren in ihren Aufgabenbereichen frei. Im täglichen Umgang ist gegenseitiger Respekt ein Muss, auch das Bewusstsein, dass nur gemeinsam gehandelt werden kann, da das Vetorecht beide Seiten blockieren könnte....

Um eine Balance der Interessen zu erzielen, darf kein Vertreter des einen Stammes formal Chef des Repräsentanten des anderen sein. Dies muss die Corporate Governance klar regeln."

(Quelle: DuMont Schütte, C.: Zwei Stämme – niemals nur ein Chef, impulse 5/2007, S. 138)

6.2.4   Risiken aus den privaten Beziehungen des Unternehmers

Viele Unternehmer und auch Führungskräfte leben oft in erster Linie für ihre Firma. Die Partnerin fühlt sich dann meist vernachlässigt, emanzipiert sich mehr und mehr – und irgendwann zwischen 35 und 45 befreit sie sich von ihm. Voraussetzung für die Vermeidung von Ehekrisen ist ein neuer Kontext für das Paar - ein Rahmen, der den wechselseitigen Bedürfnissen Rechnung trägt und die Entwicklung des Einzelnen wieder möglich macht. Klassische Chefs haben dennoch eingefahrene Denkklischees: hier die Firma („ich"), dort als unverzichtbare Gefährtin die Frau mit möglichst vielen Kindern ...und an ganz anderer Stelle womöglich auch mal eine Geliebte. Es gehört nicht zum „Konzept" des Patriarchen, dass einer der Beteiligten aus der ihm zugedachten Rolle einmal ausbrechen könnte.[785]

Die konfliktfreie Aufteilung des kostbaren Zeitbudgets zwischen der „Doppel-Ehe" Firma und Familie scheint für manche Unternehmer ein ebenso schwer lösbares Problem. Dies führt nicht selten zum Burnout oder zu Verwerfungen. Doch Chefs müssen sich entscheiden, wie sie beide Lebensbereiche ausfüllen wollen und welche Prioritäten sie setzen. Dazu müssen auch die Erwartungen aller Seiten offengelegt und diskutiert werden sowie Regeln für das Zusammenleben erstellt werden. Für die Unternehmensführung ist eine Familien-Verfassung für den Fall notwendig, dass mehrere Generationen oder Familien in der Firma aktiv sind.

Das Problem ist vielfach auch der Umgang mit den eigenen Bedürfnissen – Unternehmer sind tendenziell offensiv, eigenwillig, risikofreudig, wenig kompromissbereit. Diese für ein erfolgreiches Unternehmen durchaus nützlichen Tugenden können im Familienumfeld zu Konflikten und zu großem Schaden führen, der sich wiederum auf den Fortbestand und die Entwicklung des Unternehmens negativ auswirken kann.

---

[785] Corssen, J.: Was Chef-Ehen in Gefahr bringt, in: impulse 6/2004, S. 44

Wenn es zu Ehestreit kommt, hat dies oft große Folgen für das Unternehmen eines der Partner. Dann ist oft keine einvernehmliche Lösung mehr zu erreichen. Ein entscheidendes Risiko besteht hier im gesetzlichen Güterstand der Zugewinngemeinschaft. Zum Schutz des Vermögens des Unternehmens ist die Vereinbarung des Unterhalts und anderer Verpflichtungen nach der Trennung sinnvoll. Mit Hilfe von Eheverträgen kann der Unternehmer mehr Sicherheit in der Vermögenslage schaffen und die Risiken einer Scheidung für den Fortbestand seines Unternehmens minimieren. Kein Güterstand schützt jedoch vollends vor dem Zugriff der Gläubiger auf das Vermögen des Partners, etwa wenn er eine Bürgschaft für einen Unternehmenskredit gewährt hat.

Ein Risiko entsteht auch aus Versorgungsansprüchen von Eltern und eines Ex-Gatten an das Unternehmen. Mit dem Generationenwechsel übernimmt der Junior das Geschäft und vereinbart mit den Eltern – unabhängig von der noch weiter bestehenden Tätigkeit – eine künftige Rentenzahlung aus dem Unternehmen. Dies kann auch im Zusammenhang mit Nießbrauchs- und Wohnrechten stehen. In jedem Falle sind hier die finanziellen Belastungen zu kalkulieren.

Selbst eine intakte Ehe bringt große finanzielle Risiken für das Unternehmen. Die Eltern müssen im Durchschnitt die Ausbildung oder das Studium ihrer Kinder über einen Zeitraum von sechs bis acht Jahren finanzieren. Die finanziellen Belastungen erfordern Einschränkungen des Unternehmers.

Risikofaktoren liegen auch in der Beschäftigung von Familienangehörigen im eigenen Unternehmen des Unternehmers. Arbeitsverträge mit näheren Angehörigen, insbesondere mit Familienmitgliedern, unterliegen einer kritischen Kontrolle der Finanz- und Sozialversicherungsbehörden. Risiken aus der steuerrechtlich oder sozialversicherungsrechtlich begründeten Nichtanerkennung des Arbeitsverhältnisses oder die rückwirkende Inkraftsetzung einer Beschäftigung (z.B. einer „mitarbeitenden Ehefrau") als sozialversicherungsrechtliches Beschäftigungsverhältnis können finanzielle Konsequenzen haben.

Für den Unternehmer können sich ferner zahlreiche Vermögensrisiken ergeben. Unternehmer sollten besonders auf die Gefahr des Verlustes ihrer betrieblichen Altersversorgung bei Insolvenz achten. Dies kann auch den Verlust einer Lebensversicherung bedeuten – besonders im Fall ihrer Verpfändung für die Sicherung von Unternehmenskrediten.

Gefahren entstehen auch aus der Haftung für private Erbschaftssteuern aus ererbtem Vermögen im Falle einer Erbschaftssteuerfahndung, wenn dann zudem auch noch der mögliche Durchgriff auf das Firmenvermögen erfolgt.

6.3 Rechtliche Risiken

6.3.1 Bedeutung und Einordnung der Rechtsrisiken des Unternehmens

Die allgemeine Bedeutung der Rechtsrisiken liegt in der Berücksichtigung von Auswirkungen rechtlicher Vorschriften auf die Unternehmensprozesse und –ergebnisse, in der Einhaltung von Rechtsvorschriften sowie in der Informationspolitik gegenüber Dritten zu rechtlichen Fragestellungen. Rechtsrisiken entstehen also insgesamt durch externe Faktoren aus dem bestehenden Rechtssystem in der Unternehmensumwelt und durch interne Faktoren aus der betrieblichen Anwendung der rechtlichen Bedingungen der Unternehmensprozesse nach innen und außen.

„Beim Risikomanagement haben deutsche Firmen erheblichen Nachholbedarf, so das Ergebnis einer aktuellen Erhebung der Egip Software AG unter 309 Firmen. Dies betrifft vor allem die Einhaltung gesetzlicher Vorschriften und Richtlinien, in der betriebswirtschaftlichen Terminologie ‚Compliance' genannt. Jeder vierte der mit Compliance-Aufgaben betrauten Unternehmensmanager gestand ein, dass in seinem Unternehmen ein deutlicher Optimierungsbedarf bestehe."[786]

Compliance bezeichnet die Einhaltung von Gesetzen, Richtlinien und freiwilligen Kodizes auf allen Organisationsebenen des Unternehmens. Dabei sollen Kosten durch Strafzahlungen oder Schäden vermieden werden.[787] Eine besondere Relevanz hat in diesem Zusammenhang die Korruptionsbekämpfung erlangt. Wie der Fall Siemens aus den Jahren 2006 bis 2008 zeigt, stellt die Korruption eine ernsthafte Bedrohung des Unternehmens dar – nicht nur wegen der hohen Strafzahlungen, sondern gerade wegen der Risiken des Ausschlusses aus Märkten.

Rechtsrisiken betrachten u.a. die Gefahren von Verlusten aus

➢ dem Verzicht, Rechte aus geschlossenen Verträgen geltend machen zu können,
➢ Ansprüchen an das Unternehmen aufgrund von geschlossenen Verträgen,
➢ Verstößen des Unternehmens gegen rechtliche Auflagen und
➢ Schadensersatzpflichten aus Produkthaftung oder sonstiger Ansprüche.[788]

Rechtliche Risiken lassen sich nach bestimmten Gruppen von Risiken systematisieren und identifizieren. (Tab.82)

Die besondere Bedeutung des Managements rechtlicher Risiken liegt auch in der zunehmenden Internationalisierung der Geschäftsaktivitäten und der damit verbundenen neuen Qualität von Rechtsrisiken. Diese ergibt sich einerseits daraus, dass Unternehmen hier den bekannten inländischen Rechtsraum verlassen und sich anderen Rechtsgepflogenheiten und Rechtsnormen unterwerfen müssen. Andererseits nimmt die Gefahr außerhalb des Landes zu, Rechtsansprüche aus unterschiedlichen Gründen nicht durchsetzen zu können. Umso wichtiger ist es, das Rechtsrisiko auch außerhalb der national geltenden rechtlichen und regulativen Rahmenbedingungen zu beurteilen und zu bewerten. Die Rechtsunsicherheit bleibt in vielen Ländern auf absehbare Zeit hoch, Schadensersatzansprüche vor Gericht sind schwer durchsetzbar, Haftungsansprüche oft stark begrenzt.

Wichtige rechtliche Risikobereiche sind u.a. das Gesellschaftsrecht, das öffentliche Recht, das Vertragsrecht, das Arbeitsrecht, das Wettbewerbsrecht, das Umweltrecht. Die in den folgenden Kapiteln beschriebenen Rechtsrisiken tragen nur selektiven und exemplarischen Charakter und erheben weder den Anspruch auf Vollständigkeit noch den Anspruch auf rechtssichere Aktualität in den Details.

---

[786] Barck, R.: Stets auf dem aktuellen Stand, in: LOGISTIK inside 05/2008, S. 34f.
[787] Ebenda.
[788] Keitsch, D.: Risikomanagement, München 2008, S. 147

Risikogruppen Rechtsbereiche (Beispiele)	Risiken aus Veränderungen rechtlicher Regelungen sowie der Rechtsprechung	Risiken aus der Interpretation und Auslegung bestehender rechtlicher Regelungen	Risiken aus Mängeln der unternehmensbezogenen Rechtskonstrukte (z.B. Verträge)	Risiken aus rechtlichen Forderungen in Beziehung zu Dritten und zur Öffentlichkeit (*)
Arbeitsrecht				
Gewerblicher Rechtsschutz				
Datenschutzrecht				
Öffentliches Baurecht				
Umweltrecht/Immissionsschutzrecht				
Vertragsrecht				
Steuerrecht				
....				
(*) Zu dieser Gruppe von Risiken gehören insbesondere rechtliche Forderungen Dritter gegen das eigene Unternehmen, rechtliche Forderungen des eigenen Unternehmens gegen Dritte, rechtliche Forderungen aus Verletzungen öffentlicher Rechtsvorschriften, Verluste aus entgangenen, nicht oder nicht mehr durchsetzbaren Forderungen gegenüber Dritten.				

Tab. 82   Systematisierungsansatz von Rechtsrisiken nach Risikogruppen und Rechtsbereichen

Die besondere Bedeutung des Managements rechtlicher Risiken liegt auch in der zunehmenden Internationalisierung der Geschäftsaktivitäten und der damit verbundenen neuen Qualität von Rechtsrisiken. Diese ergibt sich einerseits daraus, dass Unternehmen hier den bekannten inländischen Rechtsraum verlassen und sich anderen Rechtsgepflogenheiten und Rechtsnormen unterwerfen müssen. Andererseits nimmt die Gefahr außerhalb des Landes zu, Rechtsansprüche aus unterschiedlichen Gründen nicht durchsetzen zu können. Umso wichtiger ist es, das Rechtsrisiko auch außerhalb der national geltenden rechtlichen und regulativen Rahmenbedingungen zu beurteilen und zu bewerten. Die Rechtsunsicherheit bleibt in vielen Ländern auf absehbare Zeit hoch, Schadensersatzansprüche vor Gericht sind schwer durchsetzbar, Haftungsansprüche oft stark begrenzt.

Wichtige rechtliche Risikobereiche sind u.a. das Gesellschaftsrecht, das öffentliche Recht, das Vertragsrecht, das Arbeitsrecht, das Wettbewerbsrecht, das Umweltrecht. Die in den folgenden Kapiteln beschriebenen Rechtsrisiken tragen nur selektiven und exemplarischen Charakter und erheben weder den Anspruch auf Vollständigkeit noch den Anspruch auf rechtssichere Aktualität in den Details.

6.3.2   Vertragsrechtliche Risiken

Risikopotenziale entstehen im Zusammenhang mit dem Zustandekommen oder Nicht-Zustandekommen von Verträgen, insbesondere durch sich widersprechende oder nichtige Vertragsbedingungen. Eine besondere Rolle spielen dabei unvollständige Vertragsklauseln, sittenwidrige Verträge oder Vertragsteile und anfechtbare Verträge oder Vertragsteile. Rechtliche Ansprüche entstehen auch durch die Verletzung von Formvorschriften, insbesondere des Widerrufsrechts von Verträgen im Privatkundengeschäft, Spielräumen in der Vertragsauslegung und in der Anwendung oder Annahme eines falschen Vertragstyps (z.B. bei Logistikverträgen).

Beispielsweise kann durch das wirksame Zustandekommen von Kaufverträgen trotz irrtümlich falscher Preisangaben ein beträchtlicher Schaden entstehen. Diese Situation kann bei automatischer
oder automatisierter Vertragsabwicklung – zum Beispiel im Onlinehandel – mit erheblich verzögerten Reaktionen verbunden sein, bis der Fehler im System bemerkt wird.

Praxissituation 151:
„...Eine falsche Preisangabe im Internet wirft die Frage auf, wann der Kaufvertrag
zustande kommt – und wie schnell der Händler den Preis berichtigen muss.

Im August dieses Jahres (2009) ergingen durch das Amtsgericht in Nürnberg-Fürth zwei Urteile gegen den Versandhändler Quelle. Hintergrund war der Eingabefehler einer Mitarbeiterin des
Händlers, die den bisherigen Preis eines Flachbildschirms der Firma Philips von 2.599,99 Euro
auf 1.999,99 Euro reduzieren sollte. Versehentlich stellte sie das Gerät im Onlineshop für 199,99
Euro ein. Etwa 1.000 Kunden bestellten innerhalb des folgenden Tages fast 4.000 Flachbild-
schirme zu diesem günstigen Preis." ...

Es konnte bewiesen werden, dass schon gegen Mittag des Tages, an dem die Bestellungen
eingingen, der Eingabefehler entdeckt worden war und man fieberhaft bemüht war, diesen zu
beseitigen. Es gelang aber erst mit der Datenübernahme um Mitternacht, den zutreffenden Preis
ins System zu stellen, so dass bis etwa 23 Uhr noch Bestellungen zu dem unrichtigen Preis ins
System der Firma Quelle gestellt und auch noch über die telefonische Bestellannahme Kaufab-
schlüsse getätigt werden konnten.

Die ergangenen Entscheidungen zweier Gerichte geben den Kunden in einem Falle Recht,
weil die Anfechtungserklärung seitens der Firma Quelle erst nach 14 Tagen und damit nicht unverzüglich erfolgt ist, und im anderen Falle, weil sie wegen der vorliegenden Kenntnis vom Irrtum
nicht als zulässig angesehen worden ist.
(Quelle: Bergfort, C.: Gewonnen und doch verloren, Online Handel 2/2009, S. 22)

6.3.3 Haftungsrechtliche Risiken aus gerichtlichen Klagefällen

Haftungsrechtliche Risiken ergeben sich in zahlreichen Rechtsbereichen durch eigenes Handeln
des Unternehmens oder durch das Handeln Dritter im Auftrage bzw. im Namen dieses Unternehmens unter Beachtung weltweit unterschiedlicher Haftungsvorschriften.

Praxissituation 152:
Immer mehr deutsche Konzerne werden in den USA vor Gericht gezogen.
Nur wenige sind darauf vorbereitet, was sie da erwartet...."Zusammen mit weiteren Opfern
reichte ein Südafrikaner im November vergangenen Jahres (2002) in New York eine Sammelklage gegen 20 Unternehmen ein, darunter fünf deutsche. Die rechtliche Grundlage: ein
Gesetz aus dem Jahre 1789, das es Opfern von Menschenrechtsverletzungen weltweit
möglich macht, in den USA vor Gericht zu ziehen. Deutsche und Dresdner Bank,
Commerzbank, Rheinmetall und Daimler Chrysler...hätten die Geschäftsbeziehungen zur damaligen südafrikanischen Regierung unterhalten und so das Apartheidsystem unterstützt..."

Die Vergleiche oder Entschädigungen summieren sich auf Milliardenbeträge. Trotzdem sind
nur wenige auf solche Prozesse vorbereitet, vielen fehlt eine ausreichend hohe
Versicherung....

Vor allem Produkthaftungsfälle und Anlegerklagen mehrten sich zuletzt dramatisch. Die
nächste Welle rollt schon heran: Klagen wegen Corporate-Governance-Verfehlungen. Das
sind insbesondere Klagen wegen fehlender Transparenz in den Informationen an Anleger.
Beispiel: Hugo Boss – „Das Modehaus wird von der deutschen Kanzlei Rotter und ihrer US-
Partnerkanzlei Shalov Stone & Bonner in die Enge getrieben. Der Vorwurf: Bilanzfälschung.
Anleger sollen über die tatsächlichen Umsätze in den USA getäuscht worden sein. Statt 1,2
Millionen Gewinn machte Hugo Boss im Jahr 2001 4,8 Millionen Euro Verlust..."
(Quelle: Greene, K.: Auf allen Kanälen, WirtschaftsWoche vom 12. Juni 2003, S. 70ff.)

Was sich aus der Vielzahl gerichtlicher Auseinandersetzungen deutscher Unternehmen in den USA ableiten lässt: Selbst unzulässige Klagen bergen Risiken für die Unternehmensreputation. Deutsche Firmen zeigen oft unkoordinierte Reaktionen und haben häufig keine Abwehrstrategie, um in der Öffentlichkeit mit den Anschuldigungen umzugehen und vor allem sofort zu reagieren.[789] Der gute Ruf der Produkte reicht dabei nicht immer aus, um die Schadensrisiken bei Klagefällen abzufangen.

Prozessdrohungen gegen deutsche Unternehmen oder deren Tochterunternehmen in den USA resultieren aus „Mitwirkungshandlungen" bei der Belieferung bestimmter Länder wie den Irak oder den Iran mit militärischen oder militärisch nutzbaren Gütern oder Komponenten solcher Güter, wie zum Beispiel die für den Aufbau Saddam Husseins Chemiewaffenprogramm.[790]

6.3.4 Arbeitsrechtliche Risiken

Arbeitsrechtlich relevante Risiken entstehen u.a. aus den folgenden Handlungsfeldern:

➢ Verletzung arbeitsrechtlicher Gesetze und Verordnungen, wie zum Beispiel das Arbeitszeitgesetz, das Arbeitsschutzgesetz, das Sozialgesetzbuch und die sich daraus ergebenden Schadenswirkungen für das Unternehmen (z.B. Abfindungszahlungen, Prozesskosten,…)
➢ der Veränderung der bestehenden rechtlichen Regelungen sowie der bisherigen Rechtsprechung der Gerichte mit erforderlichen Auswirkungen auf die Unternehmenspraxis
➢ Verletzung des arbeitsrechtlichen Gleichbehandlungsgrundsatzes (Diskriminierungsverbot),
➢ Unwirksamkeit von Kündigungen
➢ Unwirksamkeit von Vertragsklauseln in arbeitsrechtlichen Vereinbarungen
➢ Verletzung betrieblicher Mitbestimmungsrechte (zum Beispiel des BetrVG)
➢ Rechtsfolgen von vermeidbaren rechtsrelevanten Handlungen von Führungskräften und Mitarbeitern (z.B. Mobbing).

Die arbeitsrechtsrelevante Risikoproblematik soll zunächst am Beispiel des Allgemeinen Gleichbehandlungsgesetzes (AGG) dargestellt werden, mit dem der Gesetzgeber Benachteiligungen verhindern und beseitigen will. Für Unternehmer heißt das: Sie dürfen Mitarbeiter wegen der folgenden Kriterien nicht anders behandeln: Geschlecht, Behinderung, Religion oder Weltanschauung, sexuelle Identität, Rasse oder ethnische Herkunft, Alter. Juristische Konsequenzen in Form von Schadenersatz wie z.B. Rechtsanwaltskosten oder sogar Schmerzensgeld als Entschädigung drohen aufgrund der Verletzung dieses Gesetzes, wenn z.B. ein Bewerber in einem Auswahlverfahren abgelehnt wird.

Praxissituation 153: Die Risiken aus dem AGG sind noch nicht abschätzbar...
Ende Juni 2007 verurteilte das Arbeitsgericht Frankfurt die Lufthansa zu einer Strafe von 4000 Euro, weil die Airline eine 46-jährige Bewerberin aufgrund ihres Alters als „nicht zumutbar" abgelehnt hatte. In Gelsenkirchen zahlte ein Mediziner 1200 Euro an einen 45-jährigen Arbeitslosen. Der Arzt hatte eine Stelle als medizinisch-technische Röntgenassistentin ausgeschrieben und lehnte den männlichen Bewerber ab. Der klagte wegen diskriminierender Stellenausschreibung und bekam Recht.
Rechtsanwalt Löw rät daher, die gesamten Personalprozesse auf AGG-Tauglichkeit zu überprüfen. Denn die Bedeutung des AGG könnte künftig größer werden. So erklärte das Arbeitsgericht Osnabrück erstmals im Februar eine Kündigung für unwirksam. Ein Arbeitgeber hatte in seinem Sozialplan Altersgruppen gebildet und darin prozentual immer gleich vielen Mitarbeitern gekündigt. Das empfand ein Betroffener als ungerecht. Die Richter sahen das ähnlich. Für sie verstieß die Altersgruppenbildung gegen das Benachteiligungsverbot.
(Quelle: Bechtle, B./Reidel, M.: Keine AGG-Welle, Z. Markt & Mittelstand 8/2007, S. 45)

[789]Greene, K.: Auf allen Kanälen, WirtschaftsWoche vom 12. Juni 2003, S. 70ff.
[790]Ebenda, S. 74

Dieses Gesetz findet in sämtlichen Unternehmen Anwendung, gilt für alle Beschäftigten vom Praktikanten bis zum freien Mitarbeiter und greift bei sämtlichen Personal-Maßnahmen von Einstellungs-, Beschäftigungs- und Arbeitsbedingungen bis zur Aus- und Weiterbildung. Unternehmen treffen diesbezüglich unterschiedlichste Vorkehrungen bis hin zum Abschluss von Haftpflichtversicherungen für den Fall von Schadenersatzzahlungen.

Praxissituation 154: Sammelklage wegen Diskriminierung

Sieben Wal-Mart-Mitarbeiterinnen haben eine Sammelklage eingereicht – der sich 1,5 Millionen ihrer Kolleginnen anschließen können – um mehrere Milliarden Schadenersatz von der weltgrößten US-Einzelhandelskette zu verlangen. Ihr Vorwurf: Weibliche Angestellte würden gegenüber männlichen bei Bezahlung und Beförderung von Wal Mart systematisch benachteiligt. Die Klage wurde vom Berufungsgericht San Francisco gerade zugelassen.

Auch hier zu Lande sind Klagen von Frauen, die vom Arbeitgeber übergangen werden, denkbar. Im Schnitt verdienen Frauen 10 bis 30 Prozent – je nach Branche – weniger als Männer für dieselbe Arbeit (Handelsblatt 07.02.2007). Arbeitsrechtler Stefan Tomicic aus der Kanzlei Nörr Stiefenhofer Lutz warnt: „Top-Manager müssen das Gehaltsgefüge im Unternehmen daraufhin kontrollieren. Sonst können Verstöße gegen das Allgemeine Gleichbehandlungsgesetz (AGG) in extremen Fällen bis zur persönlichen Haftung führen."

Wer gegen die Regeln der guten Unternehmensführung (Compliance) verstößt, kann sich auch nicht unbedingt auf seine Managerhaftpflichtversicherung verlassen. AIG, die D&O-Versicherung von VW (Directors & Officers) verlangt jetzt von Ex-Personalvorstand Peter Hartz persönlich die 2,6 Millionen Euro zurück, die sie erst gezahlt hatten.

(Quelle: Tödtmann, C.: Wer die Firma schützt, schützt sich, in. Handelsblatt 09. Februar 2007, S. 6)

Risiken ergeben sich auch aus den im Unternehmen bestehenden Entgeltsystemen und den darin enthaltenen Differenzierungsansätzen. Altersabhängige Lohngestaltung ist eines der größten Diskriminierungsrisiken. Schätzungsweise haben bis zu 40 Prozent der Betriebe angreifbare Regelungen. Höheres Alter als Grund für mehr Gehalt verbietet das AGG. Generell besteht die Möglichkeit, Berufserfahrung zu honorieren, wenn sich diese in nachweislich höherer Leistung niederschlägt. Das AGG hat einen massiven Einfluss auf das deutsche Arbeitsrecht und die Personalpolitik in den Unternehmen. Es enthält für die Unternehmen Risiken in bisher noch nicht bekanntem Umfang.[791]

Aber auch Entscheidungen der Arbeitsgerichte machen den Unternehmen zunehmend Sorgen, wonach etwa bei der Berechnung der Kündigungsfrist die Beschäftigungsdauer vor dem 25. Lebensjahr – anders als in Deutschland noch gesetzlich vorgesehen, mit zu berücksichtigen ist.[792] Nach Auffassung der Arbeitsgerichte können auch bereits diskriminierende Äußerungen im Bewerbungsgespräch für eine deutliche Beweiserleichterung ausreichen.

Arbeitsrechtliche Risikopotenziale bestehen ferner bei Betriebsübergängen. An die allgemein bekannte Verpflichtung zur Unterrichtung der Arbeitnehmer durch den bisherigen Arbeitgeber bzw. den neuen Inhaber werden hohe Anforderungen gestellt – insbesondere eine verständliche, arbeitsplatzbezogene und zutreffende Information in Textform mit Angaben über die Identität der Erwerbers, den Gegenstand und den rechtlichen Grund des Betriebsübergangs sowie eine konkrete Darstellung der rechtlichen Folgen des Betriebsübergangs für den Arbeitnehmer. „Eine unzutreffende oder fehlende Unterrichtung führt in der Regel dazu, dass die einmonatige Frist zum Widerspruch der Arbeitnehmer gegen den Übergang ihrer Arbeitsverhältnisse nicht ausgelöst wird. Arbeitnehmer können auch noch lange Zeit nach dem Betriebsübergang dem Übergang ihrer Arbeitsverhältnisse widersprechen. Dies birgt für den alten Arbeitgeber die Gefahr, plötzlich wieder zusätzliche Arbeitnehmer zu haben. Für den neuen Inhaber bedeutet dies das Risiko, plötzlich

[791] Schwarz, E.: Ganze Entgeltsysteme wackeln, in: Lebensmittelzeitung vom 02. Oktober 2008, S. 40
[792] Reiserer, K.: Altersdiskriminierung wird beklagt, in Lebensmittelzeitung vom 19.09.2008, S. 32

nicht mehr über ausreichend qualifizierte Arbeitnehmer zu verfügen."[793] In vielen Fällen erfolgt jedoch nur ein teilweiser Betriebsübergang. Dabei besteht die Möglichkeit, Mitarbeiter weiter zu beschäftigen. Entlassungen durch Kündigungen müssen nicht automatisch jene Mitarbeiter betreffen, die vom neuen Firmenchef nicht übernommen werden, sondern unterliegen beim Alt-Inhaber den sozialen Auswahlkriterien. Finanzielle Risiken drohen dem Verkäufer vor allem nicht nur durch die – wenn auch nur temporären Weiterbeschäftigungspflichten, sondern auch aus den Kosten der Fristeinhaltung im Kündigungsprozess, insbesondere bei längeren Kündigungsfristen. Risiken gehen Arbeitgeber also insgesamt durch eine nicht rechtzeitige und andererseits durch eine nicht ordnungsgemäße Unterrichtung der Mitarbeiter über den Betriebsübergang ein.[794]

Praxissituation 155: Bundesarbeitsgericht: Konzern informierte Belegschaft falsch -...
...Lohn für drei Jahre muss nachgezahlt werden.
„Das belgische Traditionsunternehmen Agfa-Gevaert wird von der Vergangenheit eingeholt. Knapp drei Jahre nach der Pleite der ehemaligen Konzerntochter AgfaPhoto drohen dem Unternehmen nach einem Urteil des Bundesarbeitsgerichts (BAG) Kosten in mehrstelliger Millionenhöhe.
  Die Erfurter Richter gaben den Klagen von drei ehemaligen AgfaPhoto-Mitarbeitern statt. Ihrem Urteil zufolge haben die Belgier ihre Belegschaft vor dem Verkauf der angeschlagenen Fotosparte über die möglichen Folgen falsch informiert. Damit sind die klagenden Mitarbeiter weiterhin Angestellte von Agfa-Gevaert, und der Konzern muss ihnen die Löhne und Gehälter der vergangenen drei Jahre auszahlen. Zudem bestehen Forderungen aus Vorruhestandsvereinbarungen und betrieblichen Rentenverträgen...."
„Die weltweit 2.900 Mitarbeiter wurden durch eine Überleitungsvereinbarung über die Übertragung ihres Arbeitsverhältnisses von Agfa-Gevaert auf die ausgegliederte AgfaPhoto informiert. ‚Dieses Schreiben war fehlerhaft', stellte nun der 8. Senat des höchsten deutschen Arbeitsgerichts fest. Laut BAG-Urteil hätten die betroffenen Mitarbeiter nicht nur über die geplante Ausgliederung und den Betriebsübergang, sondern auch über die wirtschaftlichen Probleme und die Gefahr einer Pleite informiert werden müssen. In dem Brief an die Mitarbeiter vom Oktober 2004 stand laut Rechtsanwalt Kaiser nichts von einer Übertragung der Haftung auf die neue AgfaPhoto. Zudem seien falsche Tatsachen über die Liquidität und Überlebens-fähigkeit der Fotosparte vorgetäuscht worden, und es habe massiven Druck auf die Mitarbeiter gegeben. Laut Kaiser drohte Agfa-Gevaert wechselunwilligen Mitarbeitern mit dem Verlust des Arbeitsplatzes ohne jede finanzielle Entschädigung."
(Quelle: Dierig, C.: Ex-Mitarbeiter siegen über Agfa-Gevaert, Die Welt vom 22.03.2008, S. 13)

Eine Vielzahl praktischer Risikofaktoren liegt auch in der Verletzung der Mitbestimmungsrechte von Arbeitnehmervertretungen, insbesondere nach dem Betriebsverfassungsgesetz.

Praxissituation 156:
„...Aldi Nord wollte Betriebsräte systematisch mit Wunschkandidaten besetzen.
Akten belegen, dass Topmanager auch Anweisungen an die Scheingewerkschaft AUB gaben....dass die Führungsspitze von Aldi Nord systematisch darauf hingearbeitet hat, Marionettenbetriebsräte in vielen ihrer 35 Regionalgesellschaften aufzubauen. Mit geradezu paranoider Angst verfolgte die Chefs...über Jahre hinweg fast jeden Schritt der Gewerkschaft Ver.di. Gleichzeitig setzten sie nahezu alles daran, zahme Mitarbeiter in die Betriebsräte zu bugsieren, auf dem Ticket der arbeitgeberhörigen Gewerkschaft AUB. ...Bis ins Jahr 2007 überwachte und lenkte der Konzern heimlich die Arbeit der AUB, damit die in den Betriebsräten die Mehrheit übernahm. Und wenn das gelang, gab es offenbar laufend Absprachen, wie der Betriebsrat die Wünsche des Managements erfüllen konnte, ohne dass die Belegschaft rebellierte.
(Quelle: Dahlkamp, J./Schmitt, J.: Verramschte Rechte, in: Der Spiegel 43/2008, S. 86)

---

[793] Steenfatt, V.: Komplexität des Betriebsübergangs, Lebensmittelzeitung 08.08.2008, S. 40
[794] Fritz, R.: Risiko Betriebsübergang, in: Markt & Mittelstand 05/2002, S. 106ff.

6.3.5 Gesellschaftsrechtliche Risiken

Gesellschaftsrechtliche Risiken gehören zu jenen Risikobereichen, die einerseits sehr komplex, rechtlich häufig intransparent sowie heimtückisch sein können, von denen andererseits jedoch eine Bestandsgefährdung des Unternehmens und/oder eine Vermögensgefährdung des Unternehmers und/oder des Geschäftsführers oder Vorstandes in vielen Fällen ausgehen kann. Beispielsweise entstehen derartige Risikopotenziale

➢ durch eine nicht anforderungsgerechte und der Unternehmenspraxis nicht angemessene Gesellschaftsstruktur
➢ durch Fehler formaler, rechtlicher und struktureller Art in den Gesellschaftsverträgen,
➢ durch fehlende Schriftform von Gesellschaftsverträgen – wenn dies gesetzlich nicht vorgeschrieben ist -,
➢ durch Mangel an Transparenz in den gesellschaftsrechtlichen Konstruktionen, die insbesondere durch mehrfach verschachtelte und unübersichtliche Gesellschaftsstrukturen bedingt sind,
➢ in der Inflexibilität der gewählten Gesellschaftsstruktur,
➢ in den Kosten gesellschaftsrechtlicher Veränderungen.

Gesellschaftsrechtlich determiniert sind insbesondere Haftungsrisiken des Geschäftsführers einer GmbH oder von Vorständen einer AG, auch wenn die Haftung der Gesellschaft an sich begrenzt ist. Manchmal genügen kleine Unachtsamkeiten. Ein Geschäftsführer haftet schon , wenn er fahrlässig gegen eine Haftungsnorm verstößt, wenn das Unternehmen eine berechtigte Forderung verjähren lässt, wenn ihm bei Zahlungsausfällen eines Kunden nachgewiesen wird, dass er dessen Bonität nicht ausreichend geprüft hat oder bei der Auftragsvergabe eine simple Vorschrift missachtet wurde. „Beispiel: Ein Geschäftsführer eines Krankenhauses gab für einen Erweiterungsbau die Anfertigung von maßgeschneiderten Möbeln in Auftrag. Bei der Bauabnahme stellte sich aber heraus, dass die Möbel nicht den Brandschutzvorschriften entsprachen. Der Ausbau, die die nochmalige Anfertigung und der erneute Einbau kosteten 600.000 Euro. Den Schaden musste der Geschäftsführer privat tragen."[795]

Ein Geschäftsführer haftet gegenüber dem Unternehmen und unter Umständen gegenüber Dritten unbegrenzt mit seinem privaten Vermögen, wenn er gegen die kaufmännische Sorgfaltspflicht verstößt. Im Zweifelsfall muss er nachweisen, dass er dieser Sorgfaltspflicht nachgekommen ist. In diesem Zusammenhang hat der Geschäftsführer auch sicherzustellen, dass die Gesellschaft sämtliche gesetzliche Verpflichtungen – etwa aus dem Steuer-, Sozialversicherungs-, Umwelt- und Insolvenzrecht erfüllt. Das heimtückischste ist, das der Geschäftsführer schon bei leichter Fahrlässigkeit in voller Höhe haftet. Die Haftungsrisiken beschränken sich auch nicht dann, wenn der Geschäftsführer gleichzeitig Gesellschafter oder gar Alleingesellschafter ist. Sehr kritisch kann die Haftung bei dem allgemein bekannten Tatbestand der Insolvenzverschleppung werden. Dann werden die sich daraus ergebenden persönlichen Haftungsforderungen von mehreren Seiten - Gläubiger, Banken, Gesellschafter, Finanzbehörden, Sozialversicherungsträger, Insolvenzverwalter – gleichzeitig gestellt. Dies überfordert viele Geschäftsführer dann regelmäßig. Dazu wird von Beratern eine sogenannte D&O-Versicherung empfohlen, die die Haftungsrisiken zu wesentlichen Teilen abdeckt, wenn nicht – wie in vielen Policen vereinbart – vorsätzliches Handeln oder wissentliche Pflichtverletzung vorlag.

6.3.6 Wettbewerbsrechtliche Risiken

6.3.6.1 Risiken aus den Geschäftsbedingungen

Das Online-Geschäft bietet Unternehmen zusätzliche Vertriebschancen und ist zugleich der Nährboden für das Risiko wirtschaftlich empfindlicher Abmahnungen. Der Rechtsanwalt Rolf Becker zeigt häufige Gründe für dieses Risiko:[796]

---

[795] Deutsch, C.: Absturz in den privaten Ruin, Markt und Mittelstand 08/2005, S. 43
[796] Mertens, B.: Der 10000-Euro-Fehler, in: impulse 11/2007, S. 76

- > **Information** – Erst wenn der Kunde die Widerrufsbelehrung in Textform erhält, beginnt die Frist zum Widerruf.
- > **Widerrufsfrist** – Üblich ist eine Zeitspanne zum Widerruf von zwei Wochen…Bei Ebay beträgt sie nach aktueller Rechtsprechung exakt einen Monat (und nicht vier Wochen oder 30 Tage).
- > **Impressum** – Die vollständige Anbieteranschrift mit Telefonnummer, Fax (falls vorhanden) und E-mail ist anzugeben. Der Vorname darf nicht abgekürzt werden.
- > **Ersatz** – Für eine erstmalige Nutzung der Ware durch Kunden darf der Ebay-Händler nach Widerruf keinen Wertersatz verlangen.
- > **Rücksendung** – Die unfreie Retourlieferung darf nicht ausgeschlossen werden. Die Transportkosten trägt in der Regel der Händler.
- > **Pflichtangaben** – Bei Angeboten im Internet müssen die konkrete Höhe der Versandkosten und die Angabe, ob Umsatzsteuer enthalten ist, unmittelbar neben dem Preis stehen.
- > **Preis** – Neben dem Endpreis ist gegebenenfalls der Preis je Mengeneinheit plus Umsatzsteuer auszuweisen.
- > **Sonderaktionen** – Bei Gegenüberstellungen („statt 14,99 Euro nur 9,99 Euro") muss klar sein, ob die Referenz der alte Händlerpreis oder etwa die Preisempfehlung des Herstellers ist.
- > **UVP** – Vergleiche mit älteren unverbindlichen Preisempfehlungen (UVP) sind unzulässig, weil sie eine zu große Ersparnis vorspielen.
- > **Inhalte** – Herstellertexte und Produktfotos dürfen nicht kopiert werden, auch Kartenmaterial für Wegbeschreibungen ist urheberrechtlich geschützt.

Praxissituation 157:
„Unternehmer entdecken tolle Geschäftschancen im Internet – und werden schnell... Opfer von skrupellosen Abmahnhaien....
Als Markus Grosche eine Abmahnung mit Unterlassungserklärung auf den Tisch flatterte, glaubt er zuerst an einen schlechten Scherz. Schließlich ist darin von unglaublichen 62.500 Euro Streitwert die Rede. Der Bochumer Online-Händler, so schreibt ein Anwalt im Auftrag einer großen Elektronikkette, habe über ein Preisvergleichsportal im Internet ein TV-Gerät angeboten mit dem Hinweis: „Versandkosten ab 6 Euro". Das sei eine „Täuschung"...Grosche habe für das gleiche Produkt auf seiner eigenen Homepage Frachtkosten von 20 Euro angegeben. Das will Grosche so nicht auf sich sitzen lassen und hält dagegen: ‚Die Angabe ‚ab' erklärt doch, dass auch höhere Kosten möglich sind....Der juristische Streit endet mit einem Vergleich – der ihn 10.000 Euro kostet."
(Quelle: Mertens, B.: Der 10.000-Euro-Fehler, in: impulse 11/2007, S. 74ff.)

Praxissituation 158: „...Mit drei Paar Fußballschuhen ging alles los...
Dieser bescheidene Lagerbestand war im Herbst 2003 der Start von Andreas Zdarsky als Onlinehändler...Etwa 70 Paar Sportschuhe verschickt er ...heute in der Woche. Aus dem vorsichtigen Start ist ein kleiner, aber florierender eBay-Shop für Sportschuhe geworden. Freilich musste Zdarsky auch Lehrgeld zahlen. Das E-Commerce bietet unerfahrenen Händlern viele Fallen, die Abzocker ausnutzen....Das System ist bekannt: Geschäftemacher durchforsten systematisch das Internet nach Pannen wie selbst lächerliche Urheberrechtsverletzungen, um den Verursacher zur Kasse zu bitten. Zdarskys Anwalt konnte zwar in beiden Fällen die jeweils geforderten Summen herunter handeln – trotzdem musste der Darmstädter Händler für seine Unwissenheit insgesamt mit einer fünfstelligen Summe bezahlen....
Schließlich musste der Webshop-Betreiber aus Darmstadt auch bei einem großen Problem des Onlinehandels Lehrgeld zahlen: Plagiate. Einige Lieferungen nachgemachter Sportschuhe konnte er zurückschicken. Aber ein Satz gefälschter Sportschuhe liegt heute immer noch in seinem Keller – das Geld dafür musste er abschreiben."
(Quelle: Gerth, S.. Lehrgeld an Abzocker, Der Handel, 02/2010, S. 38)

Erheblich gestiegene Risiken entstehen durch die Nichteinhaltung der Anforderungen im Hinblick auf die vom Unternehmer im Online-Handel vorzuhaltenden Informationen. Dies ergibt sich nunmehr verstärkt aus dem § 5a Abs. 3 und 4 UWG („Irreführung durch Unterlassen").

6.3.6.2 Kartellrechtliche Risiken

Das Gesetz gegen Wettbewerbsbeschränkungen (GWB) – kurz als Kartellgesetz genannt – verbietet vom Grundsatz Kartellabsprachen und abgestimmte Verhaltensweisen, insoweit solche nicht explizit im Gesetz unter bestimmten Bedingungen erlaubt sind.

Von zunehmender Bedeutung sind daher kartellrechtliche Risiken. Kartellbehörden nehmen verstärkt ganze Branchen ins Visier verbotener Preisabsprachen – bei Verdacht oder bei Selbstanzeigen aus den eigenen Reihen der Unternehmen. Nach Inkrafttreten der sogenannten „Bonusregelung" für Kartell-Sünder (Kronzeugen-Amnestie) hat sich das Verhalten betroffener Unternehmen stark geändert. Wer den Behörden hilft, wettbewerbswidrige Verabredungen aufzudecken, kann straffrei ausgehen oder zumindest mit Milde rechnen. Im Februar 2008 akzeptierten zum Beispiel Henkel, Schwarzkopf, Sara Lee und Unilever Bußgelder von 37 Millionen Euro für abgestimmte Preiserhöhungen und gegenseitigen Informationsaustausch über Jahresgespräche. Ausgelöst wurde dieses Verfahren durch einen Bonusantrag von Colgate-Palmolive, wie das Kartellamt ausdrücklich mitteilte.[797]

Der Handel muss sich ebenso zunehmend der Gefahr einer verstärkten Beobachtung durch die Kartellbehörden stellen. Dies erfordert eine primär präventive Gestaltung der wettbewerbsrechtlich relevanten Prozesse, um empfindliche Bußgeldverfahren zu vermeiden. Das Vorgehen der Kartellbehörden führte zu einer zunehmenden Rechtsunsicherheit in zentralen Fragen des Geschäftsalltags. Darf sich ein Unternehmen mit seinem Handelspartner darüber austauschen, zu welchen Preisen die Produkte weiterverkauft werden? Wo liegt die Abgrenzung zwischen erlaubten Preisempfehlungen und verbotenen Preisbindungen?

Kartellrechtlich gilt der Grundsatz, dass jedes Unternehmen selbst entscheiden soll, zu welchen Preisen es seine Waren oder Dienstleistungen verkauft. Hersteller dürfen daher ihren Vertriebspartnern nicht den Preis vorgeben, zu denen diese die Waren weiterverkaufen (verbotene Preisbindung). Erlaubt sind neben der Vorgabe eines Maximalpreises lediglich unverbindliche Preisempfehlungen, mit denen der Hersteller seinen Handelspartnern Vorschläge für bestimmte Wiederverkaufspreise macht. Des Weiteren sind unter anderem Vereinbarungen über genaue Absatzspannen und maximale Preisnachlässe verboten. Auch die konkrete Vorgabe eines Aktionspreises als Gegenleistung für einen Werbekostenzuschuss (WKZ) verstößt aus Sicht der Kartellbehörde gegen das Kartellrecht.[798]

Kartellbehörden nehmen zukünftig auch stärker Kooperationen bei der Sortimentsplanung, das sogenannte „Category Management" unter die Lupe, wie Kartellanwalt Wiring berichtet.[799] Darunter versteht man die kundenorientierte Bewirtschaftung von Warengruppen, bei der Produkte nicht individuell, sondern in Kategorien mit dem Ziel einer bestmöglichen Nutzung der Regal- und Verkaufsfläche betreut werden. Händler schließen dabei auch Vereinbarungen mit Herstellern, die auf der Basis ihres Know hows als „Category Captain" Vorschläge für die Sortiments- und Regalplanung erarbeiten und somit dem Händler erhebliche Effizienzgewinne ermöglichen. Diese CM-Vereinbarungen sind für sich genommen zwar rechtlich regelmäßig in Ordnung, stellen kartellrechtlich jedoch ein Gefahrenpotenzial durch die Möglichkeit eines wettbewerbswidrigen Marktausschlusses anderer Anbieter dar, wenn der Category Captain durch seine Einflussnahme auf Marketingentscheidungen des Händlers den Vertrieb von Produkten konkurrierender Anbieter beschränken oder erschweren kann. Dem möglichen Vorwurf einer unzulässigen Einflussnahme auf das Sortiment lässt sich dadurch entgegenwirken, dass der Category Captain nicht den gesamten Regalplatz für die von ihm betreute Warengruppe verplant und seine unverbindlichen Empfehlungen stets auf objektiv überprüfbare Kriterien und sachlich richtige Daten stützt.[800]

---

[797] o.V., Industrie bekommt es mit der Angst, Lebensmittelzeitung 04. Juli 2008, S. 22

[798] Wünschmann, C./Schöning, F.: Heikle Preisfragen, Der Handel 06/2010, S. 14f.

[799] Wiring, R.: Category Management im Visier, Lebensmittelzeitung 30.07.2010, S. 20

[800] Ebenda.

Eine dicke Vorsicht vor Absprachen jeglicher Art ist geboten. Zur Minimierung von Risiken aus Kartellvergehen sind insbesondere präventive Maßnahmen im Führungsprozess zu fixieren:[801]

➢ Klare und eindeutige Kommunikation der Unternehmensleitung
➢ Analyse und Bewertung aller Risiken in Geschäftsprozessen beziehungsweise deren Veränderungen, Prüfung aller Vereinbarungen und Handlungsweisen
➢ Informationen im Rahmen von Mitarbeiterschulungen, Handlungsanweisungen und Konsequenzen-Management
➢ Überwachung der Einhaltung der Maßnahmen über Hinweisgeber-Systeme, Hotlines, ständige Überprüfung sensibler Bereiche.

Vertikale Wettbewerbsbeschränkungen sind nicht nur Gegenstand akademischer Diskussionen zwischen Kartellrechtsspezialisten, sondern stellen ein reales Bußgeldrisiko dar. Da den betroffenen Unternehmen Strafen bis zu 10 Prozent des Konzernumsatzes drohen, sind sie gut beraten, sich ein effizientes Compliance-Programm zuzulegen.[802] So erteilte im Jahre 2010 die polnische Kartellbehörde einen Bußgeldbescheid in Höhe von rund 9,4 Millionen Euro an die polnische Tochter des Baumarktbetreibers Praktiker wegen unzulässiger Preisabsprachen in den Jahren 2000 bis 2006.[803]

Praxissituation 159:
„Zwölf Jahre lang haben Sanitärfirmen ihre Kunden durch Preisabsprachen betrogen...

...Bauunternehmen, Installateure und Familien – sie alle sind geschädigt worden, weil deutsche und internationale Sanitärfirmen ihre Kunden zwölf Jahre lang hinters Licht geführt haben. Zwischen 1992 und 2004 haben sie laut EU-Kommission untereinander die Preise für Kloschüsseln, Waschbecken, Armaturen und andere Badezimmerartikel abgesprochen....verhängte die Behörde dafür Geldbußen von 622 Mio. Euro. Insgesamt hatten die Wettbewerbshüter gegen 17 Firmen ermittelt...

Unter ihnen sind die sechs deutschen Unternehmen Villeroy & Boch, Grohe, Duravit, Kludi sowie Dornbracht und Hansa....Villeroy und Boch steht mit 71,5 Mio. Euro an zweiter Stelle...

Die Koordination der Absprachen erfolgt im Rahmen von Treffen nationaler Fachverbände – allein in Deutschland mehr als 100 Mal. Dabei setzten die Unternehmen Preiserhöhungen, Mindestpreise und Rabatte fest und tauschten vertrauliche Geschäftsinformationen aus."

(Quelle: Ludwig, T./Gillmann, W./Weissenborn, C.: Das Badewannen-Kartell, handelsblatt 24. Juni 2010, S. 24.)

Praxissituation 160: „...Bundeskartellamt verhängt weitere Geldbußen gegen Röster...
Das Bundeskartellamt hat gegen acht Kaffeeröster und den Deutschen Kaffeeverband (DKV) sowie zehn Manager wegen Preisabsprachen zum Schaden von Großverbrauchern 30 Mio. Euro Bußgeld verhängt. Erstmals wird die öffentliche Ankündigung der Preiserhöhung durch den Verband als aktive Beteiligung geahndet....

Seit mindestens 1997 bis Mitte 2008, so ermittelte das Amt, bestand ein Arbeitskreis beim DKV, in dem die Geschäftsführer und Vertriebsleiter der Kaffeeröster Preiserhöhungen und auch Preissenkungen für Röstkaffee im Außer-Haus-Geschäft mit Gastronomie, Hotels, Automatenaufstellern und anderen Großverbrauchern vereinbarten...."
(Quelle: Murmann, C.: Kaffeekartell als warnendes Beispiel, Lebensmittelzeitung 11. Juni 2010, S. 25)

---

[801] O.V.: Zeitenwende, handelsjournal 3/2010, S. 22 ??????????????????????????????
[802] Soltesz, U.: Wettlauf um Geständnisse, Lebensmittelzeitung 29. Januar 2010, S. 28
[803] www.lebensmittelzeitung.net vom 27. Mai 2010

6.3.6.3 Risiken aus Markenrechtsverletzungen

Im Rahmen des Wettbewerbsrechts besteht die Gefahr, gegen Produktnachahmungen in Anspruch genommen zu werden. Nach § 4 Nr. 9a des Gesetzes gegen unlauteren Wettbewerb (UWG) ist das Anbieten von Produktnachahmungen unlauter, wenn es zu einer „vermeidbaren Täuschung der Abnehmer über die betriebliche Herkunft" des Produktes führt. Dies kann beispielsweise beim Verkauf von No-Name-Produkten im Handel vorliegen. Gegen derartige Praktiken können neben dem Geschädigten auch jeder Mitbewerber sowie die Verbraucherschutz- und Wettbewerbsverbände vorgehen. Daraus ergibt sich die steigende Bedeutung einer wettbewerbsrechtlichen Analyse im Vorfeld einer Produkteinführung.[804]

Handel und Produzenten sind verpflichtet, bei Markenverletzungen nicht nur den weiteren Vertrieb rechtswidriger Ware zu unterlassen, sondern auch bereits in der Lieferkette befindliche Ware zurückzurufen und – soweit möglich – aus dem Vertriebsweg zu entfernen.(§ 18 Abs. 2 Markengesetz)[805]

---

[804] Beyerlein, T.: Handlungsbedarf für die Praxis, Lebensmittelzeitung 22. August 2008, S. 25
[805] Weber, N.: Neue Pflichten schrecken Handel auf, Lebensmittelzeitung 09. Januar 2009, S. 48

7. IT-Risiken

7.1 Bedeutung und Systematik der IT-Risiken in Unternehmen

Die Bedeutung der optimalen Gestaltung und Sicherung der Informationsprozesse und die Integration der Unternehmensprozesse mit der Informations- und Kommunikationstechnologie (IuK, nachfolgend mit IT bezeichnet) nimmt sowohl als strategische als auch als operative Komponente des Unternehmenserfolgs zu. Die Abhängigkeit der Kernprozesse in der Wertschöpfungskette von der IT wird in der Unternehmenspraxis zunehmend sichtbarer. Damit nimmt das Risikopotenzial in der IT wie auch im Unternehmen in Abhängigkeit von der IT deutlich zu. Neue Informationstechnologien lassen Geschäftsprozesse nicht nur reaktionsschneller und effizienter, sondern auch komplexer werden und verstärken zukünftig die sich daraus ergebenden operativen Risiken. Die zunehmende Vernetzung von Unternehmen erhöht ihre Verwundbarkeit.

Die Dimension, in der sich IT-Risiken heute und in Zukunft darstellt, wird größer. Während in der Vergangenheit mit Hilfe elektronischer Enthüllungen nur konkrete Missstände aufgedeckt wurden, gewinnt der potenzielle Diebstahl des gesamten elektronisch gespeicherten Gehirns einer großen Institution durch gezielten Hackerangriff ein zunehmend realistisches Gesicht.[806] Der Chefredakteur der Zeitschrift WirtschaftsWoche beschreibt die reale Bedrohung treffend: „Bisher getrennte Netze werden zusammengeschaltet; demnächst sollen Daten- und Energienetze zu ‚Smart Grids' gekoppelt werden, um die Verbrauchssteuerung zwischen Kraftwerken und Stromkunden zu optimieren. Dann kann mein Handy mit Ihrer Lohnbuchhaltung kommunizieren, die Waschmaschine mit dem Roboter am Fließband, Ihre Autobatterie mit meinem Redaktionssystem. Die eigentliche Gefahr liegt dann nicht nur im Ausspähen peinlicher Gesprächsprotokolle aus Regierungs- und Vorstandsbüros oder in der Veröffentlichung von Kontonummern und Gesundheitsakten, sondern in Eingriffen in die Produktions- und Prozesssteuerung. ‚Cyberwar', der organisierte Zerstörungsangriff, ist kein Techno-Märchen, sondern Realität."[807]

Kein anderer Bereich als der IT-Bereich erscheint in der Praxis hinsichtlich der Kosten-Nutzen-Relationen als so undurchschaubar. Risikomanagement beschränkt sich hier häufig auf die Bewältigung technischer Einzelrisiken mit wenig Bezug zu den unterstützten Geschäftsprozessen. Zu jeder Risikoposition operationeller IT-Risiken ist jedoch auch der Wertbeitrag über den „Value at Risk"-Ansatz zu betrachten.[808]

Eine ständige Beurteilung von IT-Risiken und Maßnahmen zu ihrer optimalen Bewältigung muss eine wichtige Aufgabe der zuständigen IT-Verantwortlichen sein. Nur durch die Einbindung des Risikomanagements in die Geschäftsprozesse des Informationsmanagements können Schäden vermieden und Gefährdungen minimiert werden. Wesentliche Grundlage dafür ist eine adäquate Risikokultur im Tätigkeitsbereich aller Mitarbeiter, nicht nur der IT-Abteilung.[809] In vielen Unternehmen wurde das Management von IT-Risiken hauptsächlich als technikorientierte IT Security (IT-Sicherheit) betrachtet und war primär retrospektiv und situativ ausgerichtet. In Zukunft wird eine proaktive Ausrichtung des IT-Risikomanagements lebensnotwendig. IT-Risikomanagement kann nur als gesamtunternehmensorientierte Aufgabe verstanden werden, die nicht nur die direkten Konsequenzen auftretender Risiken in den IT-Bereichen, sondern auch die Auswirkungen auf die Geschäftsprozesse, den Markt und somit das Gesamtunternehmen betrachtet. Eine besondere Herausforderung stellt dabei die Sicherung der „Business Continuity" bei einem hohen Abhängigkeitsgrad von der IT-Infrastruktur und den IT-Ressourcen dar.

IT-Risiken können grundsätzlich als die unzureichende Erfüllung der Unterstützungs- oder Enablerfunktion des Informationsmanagements für Geschäftsprozesse verstanden werden und umfassen sowohl die Sicherstellung einer funktionsfähigen Infrastruktur und den sicheren Betrieb von

---

[806] Tichy, R.: Indiskrete Zeiten, WirtschaftsWoche 06.12.2020, S. 3
[807] Ebenda.
[808] Junginger, M./von Balduin, A./Krcmar, H.: Operational Value at Risk und Management von IT-Risiken, in: WISU 3/2003, S. 357
[809] Ebenda, S. 358

Informationssystemen als auch die termin- und bedarfsgerechte Durchführung von IT-Projekten sowie die Festlegung geeigneter IT-Strategien.[810] Dabei können bestimmte Arten von Risiken klassifiziert werden:[811]

➢ Organisatorische Risiken, z.B. mangelnder Schutz von Daten und Programmen vor unzulässigen Zugriffen
➢ Projektbezogene Risiken, z.B. Zeit-, Kosten- und Terminüberschreitungen
➢ Kosten- und leistungsbezogene Risiken, z.B. zu hohe Kostenbelastung, Nichterreichen der geforderten Leistungsparameter
➢ Infrastrukturelle Risiken, z.B. technische Standards unzureichend eingehalten
➢ Anwendungs- und prozessbezogene Risiken, z.B. veraltete Software oder Schnittstellenprobleme.

Zur spezifischen Analyse aller Einflussfaktoren auf die IT-Sicherheit kann eine spezielle Risikomatrix mit den beiden Dimensionen „Herkunft der Bedrohung" und „Verursacher" erstellt werden. (Abb. 59)

Herkunft der Bedrohung	Extern	**Beispiele** Diebstahl Sabotage Virenbefall Falschmeldungen Bauarbeiten	**Beispiele** Blitzschlag Stromausfall Überschwemmung
	Intern	**Beispiele** Programmierfehler Bedienungsfehler Verschütteter Kaffee	**Beispiele** Feuer Verschleiß
		Mensch	Natur
		Verursacher	

Abb. 59   Matrix der IT-Risikofelder

Eine mögliche Gliederung der Risikostruktur und –systematik nach internen und externen Risiken veranschaulichen Tab. 83 und Tab. 84.

Externe IT-Risiken	
Allgemeine externe IT-Risiken	Spezifische externe IT-Risiken
➢Politische Risiken ➢Naturkatastrophen und sonstige Katastrophen (z.B. Brandkatastrophen, Erdrutsche) ➢Rechtliche Entwicklungen, Compliance-Anforderungen ➢Externe Infrastruktur (Sicherheit der Strom- und Kommunikationsnetze, Versorgungssicherheit) ➢Externe Dienstleister	➢Kriminalität, insbesondere Internetkriminalität ➢Datentransfer, Datenmanipulation/ -verfälschung, Datenspionage, Datenmissbrauch ➢Einbindung externer Geschäftsprozesse (Zugriffsgefahren von außen) ➢E-Mail-Kommunikation

Tab.83 Übersicht wichtiger externer IT-Risiken

---

[810] Ebenda, S. 357
[811] Ebenda, S. 358

Interne IT-Risiken			
Risiken der IT-Infrastruktur	Risiken der IT-Prozesse	Risiken der IT-Projekte	Risiken der Informations-/Datenbasis
➢ Angemessenheit der Hardware- und Kommunikationsausstattung ➢ Hardware- und Netzwerkverfügbarkeit ➢ Physische Sicherungsmaßnahmen ➢ Brandschutz	➢ Nichtintegrierte Softwarelösungen ➢ Ressourcenbindung durch Schnittstellenprobleme ➢ Fehlerhafte Transaktionen in der Softwareanwendung	➢ Zeit-, Termin- und Kostenüberschreitungen ➢ Kein professionelles Change Management ➢ Kommunikationsrisiken ➢ Organisatorische Risiken ➢ Ressourcenbedingte Risiken ➢ Technische Risiken	➢ Manipulation von Daten und Programmen, unzulässige Zugriffe ➢ Datenmissbrauch ➢ Datenabfluss ➢ Schnittstellen für den Datentransfer
Risiken der IT-Wirtschaftlichkeit	Risiken der IT-Organisation	Risiken der IT-Planung und Budgetierung	Risiken des IT-Managements
➢ Keine IT-Kostenrechnung ➢ Wirtschaftlichkeits- sowie Kosten-/Nutzenrechnung	➢ Zugangs- und Zugriffsberechtigungen (Passwörter, Organisationsregelung, Zugriffsrechte) ➢ Kein oder unzureichendes Notfallmanagement ➢ Handlungsautorisierung	➢ Konsistenz der IT-Planung ➢ IT-Budgetreserven	➢ Strategische IT-Entscheidungen ➢ Allgemeine Administration ➢ Kontrollprozesse

Tab. 84 Übersicht wichtiger interner IT-Risiken

IT-Risiken führen in den Unternehmen zu Schäden ganz unterschiedlicher Art. Einerseits können Schäden durch direkten Wertverlust der entsprechenden Daten, andererseits Reputationsverluste und die Beeinträchtigung des Markenwertes die Folge sein. Gerade die „weichen" und nicht unmittelbar messbaren Risiken (wie etwa die Beschädigung der Marke, negative Pressemeldungen etc.) können eine weitaus gravierendere Wirkung entfalten als gut quantifizierbare Risiken (wie zum Beispiel technische Störungen im Rechenzentrum,…).[812] Man muss sich nur den Vertrauensverlust der Kunden bei einer Pressemeldung zum Diebstahl von Kundendaten oder von entscheidenden Hardwaresystemen eines Unternehmens vorstellen.

IT-Sicherheit darf nicht nur mit Schutz vor Viren und Trojanern gleichgesetzt werden, sondern muss eine ganzheitliche prozessorientierte Handlungsstrategie erfahren. Dabei müssen sowohl die betriebswirtschaftlich-organisatorischen Abläufe als auch die Hard- und Softwarestrukturen betrachtet werden. Dies schließt die Betrachtung der IT-Sicherheit als strategische Führungsaufgabe, die Verfolgung der IT-Sicherheit als kontinuierlicher Prozess sowie die Sensibilisierung, Mobilisierung und Einbeziehung aller Mitarbeiter ein. Der Aufbau eines IT-Sicherheitsniveaus erfordert auch eine organisierte und unternehmensübergreifende Vorgehensweise, da die IT-Sicherheit weit über die Grenzen des eigenen Unternehmens hinausgeht.

Organisatorische Schwachstellen sind häufig noch Ursache für Sicherheitslücken. Informationssicherheit wird nicht immer mit der erforderlichen Notwendigkeit, sondern oft „nebenbei" betrieben. Mitarbeiter sind damit vielfach zeitlich überfordert. Sie informieren sich zwangsläufig nicht oder nur zufällig-sporadisch über täglich neue Schwachstellen, deren Gefährdungspotenzial und mögliche

---

[812] Romeike, F./Hager, P.: Erfolgsfaktor Risiko-Management 2.0, 2. Auflage, Wiesbaden 2010, S. 379

Auswirkungen auf das eigene Unternehmen. Gerade kleine und mittlere Unternehmen leiden oft unter diesem „Multitasking" von Mitarbeitern, indem Aufgaben und Verantwortlichkeiten auf einzelne IT-Mitarbeiter verteilt werden.

Das IT-Risikomanagement (häufig auch IT-Sicherheitsmanagement genannt) hat jene Risiken zum Inhalt, die sich aus der Nutzung der Informationssysteme im Unternehmen ergeben. Zentrales Ziel ist die Sicherstellung des zweckadäquaten Betriebs der betrieblichen Informationssysteme.[813] Zur Unterstützung der Unternehmenspraxis bei der Gestaltung und Anwendung eines IT-Risiko-Managementsystems wurden unterschiedliche Standards entwickelt, wie zum Beispiel:[814]

➢ CobiT (Control Objectives for Information and related Technology)
➢ Common Criteria ISO/IEC 15408 für die Prüfung und Bewertung der Sicherheit von Informationstechnik
➢ die BSI-Standards und IT-Grundschutzkataloge des Bundesamtes für Sicherheit in der Informationstechnik (BSI)
➢ ISO/IEC 27001 als internationale Norm zu den Anforderungen für die Herstellung, Einführung, Betrieb, Überwachung, Wartung und Verbesserung eines dokumentierten Managementsystems für die Informationssicherheit.

Für die praktische Umsetzung eines IT-Sicherheitsmanagements kann die vom Bundesamt für Sicherheit in der Informationstechnik (BSI) herausgegebenen „IT-Grundschutz-Kataloge" zentrale Bedeutung haben. Diese bestehen aus Bausteinen, Gefährdungskatalogen und Maßnahmenkatalogen. (Abb. 60)

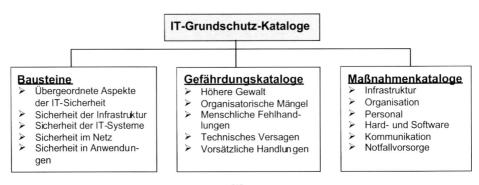

Abb. 60   IT-Grundschutz-Kataloge des BSI[815]

Die generellen Ziele des IT-Sicherheitsmanagements lassen sich wie folgt systematisieren:

➢ **Verfügbarkeit** – betriebsbereiter Zustand eines Systems, d.h. Möglichkeit zur vollständigen Ausführung der Aufgaben des Systems innerhalb eines bestimmten Zeitraums
➢ **Integrität** – Alle Komponenten eines Informationssystems bleiben entsprechend ihres ursprünglichen Zwecks vollständig und unverändert bestehen.(z.B. keine Manipulation von Softwarekomponenten)
➢ **Vertraulichkeit** – bedeutet, dass nur autorisierte Personen Zugriff auf die für sie bestimmten Daten haben.
➢ **Verbindlichkeit** – Relevante Daten lassen sich jederzeit der richtigen Person zuordnen. Dies ist insbesondere für die elektronische Kommunikation von Bedeutung („digitale Identität").

---

[813] Grob, H.L./vom Brocke, J./Buddendick, C./Strauch, G.: IT-Sicherheitsmanagement, in: WISU 8-9/2007, S. 1051
[814] Romeike, F.: a.a. O., S. 381 ff.
[815] Vereinfachte Darstellung aus: ebenda.

IT-Risiken lassen sich oft nur bei Verzicht auf bestimmte IT-Systeme vermeiden. Auch der Transfer von Risiken durch Versicherungen sowie durch Outsourcing-Konzepte ist nur sehr eingeschränkt möglich. Sinnvoll verbleibt oft nur die Möglichkeit der Verringerung der Risiken durch entsprechende Schutz- und Sicherungsmaßnahmen sowie der Akzeptierung gewisser Restrisiken.[816]

Für die Bewältigung von IT-Risiken lassen sich proaktive und reaktive Maßnahmen unterscheiden:[817]

➢ **Proaktive** Maßnahmen setzen vorbeugend an, z.B. Schaffung redundanter technischer Teilsysteme auf allen Ebenen, das Security Awareness Management (SAM) und das Security Awareness Training (SAT) aus organisatorischer Sicht.
➢ **Reaktive** Maßnahmen sind i.S. von Krisenmanagementprozessen zu verstehen, für die entsprechende Ressourcen vorzuhalten sind, z.B. im Sinne eines detaillierten Notfall- und Kontinuitätsmanagement.

Unternehmer und Führungskräfte unterschätzen aber allzu häufig die Risiken beim Einsatz von Hard- und Software, befindet sich die IT für viele Chefs von kleinen und mittleren Firmen am Rande ihrer Wahrnehmung. Dennoch haften Unternehmer und Firmenchefs für die Folgen von Unfällen, Fahrlässigkeit oder Leichtsinn – und oft sogar mit ihrem eigenen Vermögen.

Praxissituation 161: „Bei der Reparatur des Servers brachte der Service-Techniker die Maschine zum Absturz...
Wichtige Geschäftsdaten der Firma waren verschwunden. Das Reisebüro klagte gegen die Wartungsfirma auf einen Schadensersatz von 14.000 Euro. Doch bei der Berufungsverhandlung vor dem Oberlandesgericht Hamm wiesen die Richter den Kläger ab: „Ein Schadensersatzanspruch scheidet aus, wenn der Inhaber des Servers nicht für eine zuverlässige Sicherungsroutine sorgt, sondern diese grob vernachlässigt."(OLG Hamm, 13 U 133/03)

Entscheider müssen grundsätzlich die Zuverlässigkeit ihrer Informationsbestände, ihrer Informationsprozesse und Informationsverarbeitung sicherstellen. Zur Vermeidung von Haftungsrisiken werden zahlreiche vorbeugende Maßnahmen notwendig:[818]

➢ Lückenlose Identifizierung der gesetzlichen Anforderungen, die für das Unternehmen gelten
➢ Definition der Prozesse im Unternehmen, durch die laufend Sicherheitslücken zur Verhinderung des Missbrauchs vertraulicher Daten aufgedeckt werden können
➢ Sicherstellung der Vertraulichkeit der Daten und Nachvollziehbarkeit von externen und internen Datenflüssen
➢ Ausschluss von Fälschungen der Informationen über alle Systeme und Schnittstellen hinweg
➢ Gewährleistung der Verfügbarkeit unternehmenskritischer Systeme und sämtlicher für den ordentlichen Geschäftsablauf erforderlicher Informationen
➢ Methodisch und nachhaltig korrekte Umsetzung eines operativen IT-Risikomanagements im Unternehmen
➢ Verpflichtung eines internen oder externen Mitarbeiters (Compliance Manager) zur Sicherstellung der Wirksamkeit der getroffenen Maßnahmen.

Insgesamt wird von Experten eingeschätzt, dass bislang kaum umfassende Systeme für ein IT-Risikomanagement und IT-Sicherheitsmanagement bestehen, zumal die für das Management von operationellen Risiken entwickelten Risikomanagement-Informationssysteme (RMIS) nicht speziell

---

[816] Ebenda, S. 1052
[817] Ebenda.
[818] Dörfler, M.: Bedrohung aus dem Server-Raum, in: Markt & Mittelstand 9/2006, S. 78

auf die IT-Risiken zugeschnitten sind.[819] In Theorie und Praxis wird insgesamt intensiv an der Entwicklung und Implementierung von IT-Sicherheitsmodellen gearbeitet, die in differenzierter Weise die Vertraulichkeit in hierarchischen Institutionen, die Integrität bei Geschäftsanwendungen sowie vor Konkurrenten schützen und geschäftliche Transaktionen im Internet sicherstellen.[820]

Eine grundsätzliche Orientierung zur Risikobewältigung im IT-Bereich können die folgenden Regeln geben.[821](Abb.61)

Regeln für IT-Sicherheit

Viele Internetnutzer unterschätzen nach wie vor die Gefahr, die von außen droht und sind der Meinung, dass ihre IT-Infrastruktur ausreichend vor mutwilligen Störungen geschützt ist, hat das Marktforschungsunternehmen Research+Consulting herausgefunden. Projektleiter Frank Sautner hat herausgefunden, dass viele Entscheider nach wie vor die Sicherheitslücken ihres Systems nicht ausreichend kennen. Dabei gewinnt z.B. der sorgfältige Umgang mit Passwörtern besondere Bedeutung. Viele Sicherheitslücken im Unternehmen sind auf fahrlässiges, unvorsichtiges Verhalten der Mitarbeiter zurückzuführen.

Zur Erhöhung der IT-Sicherheit können einige wichtige Grundregeln definiert und umgesetzt werden:

1. Festlegung der Verantwortlichen für den IT-Betrieb und für die IT-Sicherheit
2. Wirksamer Schutz vor Schadsoftware aller Art (Computerviren, Malware, Spyware, Trojanische Pferde etc.) auf allen IT-Systemen und ständige Aktualisierung
3. Minimierung des Umfangs der jeweiligen Berechtigungen der einzelnen Mitarbeiter zur Einschränkung der Ausbreitung der Schadsoftware
4. Festlegung von Richtlinien für die Arbeit mit der IT und dem Internet
5. Sicherung aller Übergänge zu fremden Netzen mit Firewalls – insbesondere zum Internet, aber auch zu Kundennetzen. Einrichtung einer demilitarisierten Zone für Server, die auch von außen erreichbar sind, durch Computernetzwerke mit sicherheitstechnisch kontrollierten Zugriffsmöglichkeiten auf die daran angeschlossenen Server
6. Ständige Updates und Patches zur Erreichung aktualisierter Sicherheitsstandards auf allen IT-Arbeitsplätzen
7. Aktuelle Dokumentation der IT-Umgebung, um auch in Notfällen einen schnellen Wiederanlauf sichern zu können
8. Schulung der Mitarbeiter und deren Sensibilisierung für den sicherheitsorientierten Umgang mit Unternehmensdaten und IT-Systemen
9. Einführung einer systematischen Nutzerverwaltung, um sicherzustellen, dass nur berechtigte Personen auf die Unternehmensdaten zugreifen können; Vergabe restriktiver Zutritts- und Zugriffsberechtigungen mit entsprechender Authentisierung jedes Nutzers vor jeder Nutzung
10. Einrichtung eines ausreichenden physischen und technischen Schutzes der Unternehmensdaten entsprechend der jeweiligen Wichtigkeit der Datenbereiche
(Quelle: BSI-Leitfaden IT-Sicherheit)

Abb. 61 Regeln für die IT-Sicherheit

Sicherheit erfordert Klarheit und Wissen der Mitarbeiter, was sie online dürfen und welche Regeln zum Beispiel beim Senden und Empfangen von e-mails gelten. Hohe Risiken sind nach wie vor die Unwissenheit, Fahrlässigkeit und Sabotage durch Mitarbeiter.

---

[819] Ebenda, S. 1054
[820] Grimm, R.: IT-Sicherheitsmodelle, in: Wisu 5/2008, S. 720ff.
[821] Quelle: Wilhelm, S. Schwachstelle Mensch, Der Handel 05/2007, S. 44f.

7.2 IT-Risiken aus Compliance-Anforderungen

Die IT-Governance fordert, dass die Informationsbearbeitung und –verarbeitung jederzeit beherrschbar sein muss. Manager sind verpflichtet, laufend die IT-Sicherheit zu überwachen – tun sie es nicht, haften sie gegenüber dem Unternehmen und den Anteilseignern und gegebenenfalls auch gegenüber Dritten.[822] Mit dem Begriff „Compliance" wird die Gesamtheit von Maßnahmen verstanden, die das regelkonforme Verhalten eines Unternehmens, seiner Organisationsmitglieder und seiner Mitarbeiter hinsichtlich aller gesetzlichen Verbote und Gebote begründen. Die gesetzlichen Regelungen der IT-Compliance enthalten strenge Kontrollmechanismen, die sich auf die Datenhaltung, Datenkommunikation und Datensicherheit beziehen. Zur Umsetzung dieser Compliance-Standards in der IT wurden zahlreiche Leitfäden und Regelwerke veröffentlicht.[823]

Die Entscheidung über Sicherheitsstandards als Bestandteil einer IT-Strategie kann nicht nur aus Gründen der Compliance-Anforderungen getroffen werden, sondern muss im Sinne der Wertschöpfung der IT dem Unternehmen einen Nutzen durch erhöhte Sicherheit und somit Minimierung der Risiken bringen.

Eine sehr konkrete Anforderung für den Bereich der IT-Compliance besteht in den Vorschriften des Datenschutzes nach dem Bundesdatenschutzgesetz (BDSG). Darüber hinaus sind IT-Compliance-Anforderungen in allen Unternehmensbereichen als Grundlage der IT-Prozesse zu beachten, z.B. bei PDF-Eingangsrechnungen und bei der E-Mail-Archivierung. Unternehmen müssen entsprechend der rechtlichen Vorschriften sämtliche interne und externe E-Mail-Korrespondenz an einem sicheren ort archivieren, vor unerlaubtem zugriff und Datenverlust schützen und dennoch bei Bedarf schnell darauf zugreifen können.

Praxissituation 162: IT-Compliance-Beispiel: PDF-Eingangsrechnungen
„Unternehmen, die eingehende PDF-Rechnungen ausdrucken und dann in Papierform weiter bearbeiten, riskieren ihren Vorsteueranspruch. Für elektronische Rechnungen gelten in Deutschland besondere Vorschriften...Mit dem Ausdruck einer PDF-Datei erhält der Unternehmer keine gültige Eingangsrechnung. Es ist hiervon also kein Vorsteuerabzug gemäß § 15 Absatz 1 des Umsatzsteuergesetzes zulässig. Der Unternehmer muss im Gegenteil damit rechnen, dass die unberechtigt abgezogene Vorsteuer bei der nächsten Betriebsprüfung wieder zurückzuzahlen ist....
Jede Rechnung, die auf elektronischem Wege übermittelt wird, muss vom Versender mit einer qualifizierten elektronischen Signatur versehen werden. Der Empfänger muss diese Signatur vor Geltendmachung der Umsatzsteuer prüfen, die Prüfung dokumentieren und das PDF gemeinsam mit Signatur und Prüfprotokoll zehn Jahre elektronisch archivieren."
(Quelle: www.bestpractice-it.de/Spezial II/2007, 5f.)

7.3 IT-Systemrisiken

Eine aktuelle Studie von IDC, MessageLabs und McAfee unter 450 IT-Verantwortlichen kleiner und mittelgroßer Unternehmen verschiedener Branchen zeigt: acht von zehn Verantwortlichen fürchten zwar das Gefahrenpotenzial von IT-Angriffen, aber nur wenige ergreifen angemessene Gegenmaßnahmen. Nur acht Prozent der Befragten gaben an, dass sie der IT-Sicherheit eine hohe geschäftliche Priorität beimessen.[824] Mittelständische Unternehmen haben gerade in den letzten Jahren erheblich in IT-Infrastruktur investiert und somit eine rechentechnische Basis für einen großen Umfang hochsensibler und schutzwürdiger Daten geschaffen.

---

[822] Vgl. Keitsch, a.a.O.,S. 123

[823] Vgl. u.a. Grünendahl, R. -T./Steinbacher, A.F./Will, P.: Das IT-Gesetz: Compliance in der IT-Sicherheit, Wiesbaden 2009; Königs, H.-P.: IT-Risiko-Management mit System, Wiesbaden 2005; Eckert, C.: IT-Sicherheit, 6. Auflage, München 2009; Seibold, H.: IT-Risikomanagement, München 2006

[824] Haselbauer, B.: Risk-Management im Mittelstand, in: Web-Business 3/2007, S. 10

Bedrohungsszenarien reichen von der Zerstörung ganzer Infrastrukturen bis hin zur gezielten Wirtschaftsspionage und –sabotage. Spezialisten für das Konzept „Business Continuity Management" sorgen mit ausgefeilten Systemen dafür, dass im Katastrophenfall automatisch zwischen verschiedenen Leitungen und Internet-Service-Providern umgeschaltet wird, wobei das gesamte Spektrum verfügbarer Leitungstypen eingesetzt werden kann.[825] Damit können geschäftskritische Prozesse ungestört weiterarbeiten.

Von einem strategischen Risk-Management, das alle relevanten Risiken erfasst und minimiert, sind viele Mittelständler noch weit entfernt. Dies zeigt sich z.B. im Fehlen integrierter Storage-Security-Konzepte mit Storagesystemen und Speichernetzen.

In komplexen Produkten wie Software kommen regelmäßig Fehler vor, daraus entstehende Sicherheitslücken können von Angreifern mit so genannten Exploits ausgenutzt werden. Verfügbare Updates werden auf Grund von Unwissenheit, Nachlässigkeit oder Zeitknappheit oft nicht zeitnah installiert. Sicherheitsunternehmen entdecken immer neue Sicherheitslücken, die von Angreifern auch genutzt werden können. „Durchschnittlich benötigen Angreifer nur drei Tage, um ein Programm zur Ausnutzung der Schwachstelle zu schreiben. Vor zwei Jahren waren es noch 6,4 Tage. Computerschadprogramme bieten die häufigste Angriffsform gegen IT-Systeme, da durch die starke Verbreitung von Standardsoftware und eine Monokultur bei Betriebssystemen neue Schwachstellen große Angriffsflächen liefern.

Eine gewisse Gefahr besteht sowohl von externer wie auch von interner Seite in der Manipulation von Teilen der Softwaresysteme. Damit stehen manipulative Veränderungen von Dateien und Verschlüsselungen in Verbindung. Zunehmend werden deshalb Systeme mit automatischen Kontrollmechanismen eingesetzt, die zum Beispiel Plausibilitätsprüfungen zur Vermeidung unberechtigter Anwendungen durchführen.

Unternehmen müssen sich vor Investitionen in die Softwareinfrastruktur genau die anbieterseitigen Entwicklungstendenzen des Softwaremarktes ansehen und entsprechende Konzentrationsbestrebungen erkennen. Allzu leicht können sie auf die falsche Software setzen und eine Fehlinvestition landen, weil es den Hersteller des Softwaresystems später nicht mehr gibt.

Die Geschäftsprozessabläufe sind mit dem Ziel einer Risikominimierung zu untersuchen. Grundlage dafür sind schriftlich dokumentierte Prozessbeschreibungen (Prozessdokumentationen). Auch Ablaufprozesse unter Einbeziehung moderner Informationstechnologien – und hier insbesondere automatisiert gesteuerte Prozesse sind durch den Einsatz dieser Technologien komplexer und nicht automatisch sicherer geworden, bergen also folglich prozessinterne Risiken.[826] Die zunehmende Komplexität moderner Softwaresysteme induziert die potenziell erhöhte Gefahr, dass sich Softwarefehler „einschleichen" können, die an sich harmlos erscheinen und vielleicht flüchtig entstehen, aber Millionen-Schaden verursachen könnten. Ferner können sich die Auslegung der Anwendungskomplexität eines Softwaresystems, die Leistungsfähigkeit der Systeme hinsichtlich Zugriffs- und Verarbeitungszeiten und die Vernachlässigung der Integrationsanforderungen wichtiger Geschäftsprozesse im Softwaresystem als hemmend auswirken. Großes Risiko besteht in der mangelnden Anpassungs- und Weiterentwicklungsfähigkeit bestehender Systeme. Dieses kann durch Konzeptions- und Architekturschwächen der Systeme, durch fehlende oder mangelnde Systemdokumentationen oder fehlende fachliche, finanzielle und/oder kapazitive Ressourcen ausgelöst werden. Vielfach stehen auch die „früheren" Programmentwickler nicht mehr zur Verfügung.

Für Unternehmer kann es gefährlich werden, wenn sie nicht wissen, welche Software auf ihrer firmeneigenen Informationstechnologie arbeitet. So muss er für den Verstoß gegen die Lizenzbedingungen unter Umständen sogar persönlich haften. Ein fehlendes Bestellmanagement, oder mangelnde Übersicht über die von den einzelnen Mitarbeitern genutzten Softwaresystemen tragen dazu bei. Der im Unternehmen eingesetzte IT-Verantwortliche muss in seiner Administratorfunktion

---

[825] Ebenda.
[826] Keitsch, D.: a.a.O.,S. 115

regelmäßig Inventur durchführen, um es nicht im Laufe der Zeit zu einer unkontrollierten Anhäufung von überflüssigen und veralteten Programmen kommen zu lassen. Der Wildwuchs in der Firmen-IT kostet nicht nur unnötige Lizenzgebühren, sondern auch Effizienzverluste durch überladene und dadurch langsame Rechner, häufige Systemabstürze oder fehlende Kompatibilität der unterschiedlichen im Betrieb genutzten Lösungen.[827]

Mitarbeiter halten oft auch aus Gewohnheit oder aus Bequemlichkeit an veralteten Programmversionen fest, obwohl längst modernere und schnellere Lösungen unternehmensweit zur Verfügung stehen. Die Folgen sind höchst nachteilig: zu hohe Kosten durch die Verwaltung der Altlasten und mitgeschleppte Produktkosten durch Updates und Serviceverträge.

7.4 Risiken aus der IT-Infrastruktur

Infrastrukturrisiken können zum Beispiel in Form von

- Hardwarerisiken durch veralteten Stand
- Nichtkompatibilität von Systemen verschiedener Hersteller
- Leistungsfähigkeit der Systeme durch Grenzen der Verarbeitungsfähigkeit des Datenmaterials

in Erscheinung treten. Mit dem Trend zum zunehmenden Outsourcing von IT-Kapazitäten entstehen Risiken durch die steigende Abhängigkeit von der Verfügbarkeit aktueller Informationen und der IT-Infrastruktur.

Eine besondere Relevanz haben externe und interne Faktoren, welche die Sicherheit, den Bestand und die technische Verfügbarkeit der IT-Infrastruktur gefährden. Dazu zählen u.a. die Störung und Zerstörung von Infrastrukturkomponenten(IT-Systeme, Kommunikationsverbindungen) durch äußere Einflüsse, Manipulation an Gerätesystemen, Technikdiebstahl (z.B. Festplatten), mangelnde Sicherheit der Serveranlagen und Serverräume (z.B. Schutz vor Wasser-, Feuer- und Schmutzeindringen, Aufrechterhaltung der Klimatisierung), Fehlen erforderlicher Ersatzteile und –komponenten. Zur Erhöhung der Hardwaresicherheit ist nicht nur der Zutritt zu den „Computerräumen", sondern auch der „Zugriff / Eingriff" in Anlagen und Komponenten der Hardwaresysteme streng zu überwachen, zu regeln und zu kontrollieren. Eine neuartige Gefahr wird zukünftig von Experten auch in von Herstellern manipulierten Schaltkreisen gesehen, mit denen fast unbemerkt Schäden entstehen können.[828]

Immer wieder gibt es Vorfälle, in denen Rechenzentren wegen der Unterbrechung der Stromversorgung ausfallen und Notfallplanungen sich als unzureichend erweisen. Hochwasser, Anschläge, Feuer oder der Zusammenbruch der Stromversorgung können unternehmenskritische Systeme dauerhaft zerstören. Je nachdem wie kritisch die IT-Prozesse für das Unternehmen sind, müssen Räumlichkeiten für ein „Ausfallrechenzentrum" für den Krisenfall bereitgestellt werden. Generell ist die Vorsorge durch redundante Standorte für IT-Ressourcen zu empfehlen. Zu den Schutzmaßnahmen gehören auch eine unterbrechungsfreie Stromversorgung, Brandmeldesysteme, strenge Zutrittskontrollen und eine flächendeckende Videoüberwachung der Anlage. Einige Anbieter betreiben ihre hochverfügbaren IT-Systeme in stillgelegten Atombunkern aus den Zeiten des kalten Krieges – mit höchster Sicherheit. Als Ende 2006 ein unterseeisches Beben vor Taiwan wichtige Datenleitungen zerstörte, zeigten sich erneut gravierende Defizite in den Business-Continuity-Konzepten vieler Unternehmen, vor allem bei den internetbasierten Geschäftsprozessen. Mit der *Traffic Intelligence"-Technologie* konnte die Unternehmenskommunikation mit der Außenwelt fortgesetzt werden.[829]

---

[827] Dörfler, M.: Das schwarze Loch, in: Markt & Mittelstand 02/2008, S. 54ff.
[828] Lossau, N.: Trojanische Mikrochips, Die Welt 10. August 2009, S. 27
[829] Haselbauer, B.: Risk-Management im Mittelstand, in: Web-Business 3/2007, S. 11

Praxissituation 163: Paketdienst UPS übt für den Ernstfall ohne Strom
Ob das Datenzentrum des Paketdienstes UPS etwas taugt, wird sich am Sonntag rausstellen. Sollte dann etwa die Internetseite des Konzerns nicht zu erreichen sein, ist der fahler in Mahwah (New Jersey), eine Stunde nordwestlich von Manhattan zu suchen. Dort steht eines von zwei Rechenzentren des Konzerns, die sämtlich Computerdaten des Unternehmens speichern.

Pro Tag gehen 15,6 Mio. Sendungen durch die Hände der Boten und Packer. Jedes Päckchen wird mehrere Male von Scannern erfasst. Diese Datenflut wird in Mahwah ebenso verwaltet wie die Flugkoordinaten der Frachtflugzeuge, die Fahrtrouten der Transporter oder die Zugriffe auf ups.com.

Doch am Wochenende könnte das alles nicht mehr klappen. Denn IT-Manager Gary Kallenbach übt mit seinen Leuten für den Ernstfall. Geht der Test daneben, steht der Paketdienst solange still, bis das zweite Datenzentrum in Georgia den Job übernimmt. „Wir trennen am Wochenende unsere Anlage von den Leitungen des örtlichen Stromversorgers"...Dann kommt alles auf die Notstromaggregate an. Aber sollten die Dieselmotoren nicht anspringen, gibt es ein paar Korridore weiter noch mehr Motoren. „Wir haben eine Absicherung der Absicherung", erklärt UPS-Techniker Yehya Soliman.

Beim großen Stromausfall im Nordosten der USA 2003 hat sich das System bewährt. ...Bis die Generatoren auf vollen Touren laufen, vergehen jedoch zwanzig Sekunden. Würden die Tausenden Großcomputer so lange ohne Strom sein, wäre das schlimmer als eine Katastrophe. Daher gibt es im Keller des Datenzentrums auch noch Batterien. Und die stehen aus Sicherheitsgründen auf vier Räume verteilt, damit etwa ein Feuer nur einen Teil von ihnen zerstören könnte. Der stetig steigende Stromverbrauch und die kletternden Elektrizitätspreise sind UPS ein Dorn im Auge.
(Quelle: Die Welt 19. Mai 2007, S. 16)

Untemehmen müssen sich auch der Risiken bewusst werden, die durch Fehler einzelner Mitarbeiter – oftmals nicht vorsätzlich, sondern im Sinne menschlichen Versagens – im Umgang mit der IT-Infrastruktur entstehen und manchmal flächendeckende Folgen haben können.

Praxissituation 164:
„...Computer-Crash wirft viele Telefonkunden über Stunden aus dem Handy-Netz ..."
„Das Mobilfunk –Netz von Vodafone ist mehrere Stunden ausgefallen. Am Abend des 10. April konnten viele der rund 30 Millionen Kunden des Düsseldorfer Handy-Betreibers nicht mehr mobil telefonieren.... Laut Vodafone führte menschliches Versagen bei geplanten Wartungsarbeiten zum Blackout. Infolge einer falschen Eingabe eines Mitarbeiters stürzte ein zentraler Computer ab, was zu einer Kettenreaktion führte. Als Konsequenz aus der Wartungspanne analysierten Techniker noch einmal sämtliche Abläufe der notwendigen Überholungsarbeiten. Angedacht seien zusätzliche Sicherheitshürden, die es einzelnen Mitarbeitern dann unmöglich machen sollen, das gesamte Handy-System bei Vodafone zum Absturz zu bringen."
(Quelle: Haustein-Teßmer, O.: Wartungsfehler macht Vodafone-Handynetz platt, www.welt.de vom 21.04.2009)

7.5 Risiken aus der Datenträgernutzung und -archivierung

Mobile Speichermedien wie USB-Sticks oder PDAs sind kaum noch aus dem Alltag eines Unternehmens wegzudenken. Sie gewähren ein flexibles, unabhängiges Arbeiten, eine schnelle Synchronisation und leichteren Austausch von Daten. Obwohl diese Mini-Datenträger praktisch sind, bergen sie oftmals ein von vielen Unternehmen unterschätztes Risiko für die IT-Sicherheit. So können einerseits beispielsweise vertrauliche interne Daten in Sekundenschnelle unbemerkt auf einen Stick kopiert werden. Unter den am häufigsten kopierten Daten erfreuen sich Kundeninformationen (25 %) und Finanzinformationen (17 %) besonderer Beliebtheit, gefolgt von Geschäftsplänen (15 %), Mitarbeiterdateien und Marketingplänen (jeweils 13 %) sowie geistigem Eigentum mit 6 %. Andererseits können USB-Sticks als Einfallstor für Viren und Malware fungieren. Oftmals sind sich Unternehmen nicht des Ausmaßes bewusst, indem ihre Mitarbeiter mobile Medien wie iPods, Smartphones, PDAs und USB-Sticks am Arbeitsplatz verwenden. So schätzen in einer von SanDisk in Auftrag gegebenen Studie IT-Verantwortliche den Anteil an Mitarbeitern, die private Flash-Speichermedien nutzen auf 35 %. Während anderen Studien zufolge z. B. rund die Hälfte der befragten britischen Unternehmen keine Angaben darüber machen können, wie viele Mitarbeiter private USB-Sticks und iPods unternehmensintern verwenden, geben 77 % der Endbenutzer/Mitarbeiter an, private Speichermedien für Arbeitszwecke zu nutzen. Dabei werden oftmals private und Firmendaten vermengt.

Gravierend wird das Ausmaß des Sicherheitsrisikos für Unternehmen, wenn USB-Sticks verloren werden. Im Hinblick auf eine Studie im Auftrag der britischen Regierung (aus dem Jahr 2006), haben zwei Drittel aller Befragten schon einmal einen USB-Stick verloren. In 60 Prozent der Fälle befanden sich auf den Speichermedien firmeninterne Informationen. Einer neueren Studie zufolge hat bereits jeder zehnte Befragte schon einmal ein Speichermedium an einem öffentlichen Ort gefunden und 55 Prozent der Befragten gaben an, dass sie gefundene Daten auch einsehen würden.

Welche Gefahren bestehen für ein Unternehmen?

Durch die Verbindung eines USB-Speicherträgers mit dem Firmennetzwerk können sich auf dem USB-Stick befindliche Viren, Trojaner, Mal- und Spyware sowie diverse Hackertools unbemerkt auf den Computer übertragen und somit ins Firmennetzwerk gelangen. Insbesondere der Umstand, dass ein USB-Speichermedium oftmals sorgenlos zwischen vielen Rechnern getauscht wird, macht ihn zu einem idealen Verbreitungsmedium von Viren. Hinzu kommt, dass sich mittlerweile viele Unternehmen erfolgreich vor Gefahren aus dem elektronischen Postfach schützen, sodass Kriminelle nach neuen Verbreitungswegen suchen, um Computer zu infizieren. Mitarbeiter schützen selten USB-Sticks vor Viren, da eine öffentliche Sensibilisierung noch nicht stattgefunden hat, im Gegensatz zur breiten medialen Aufmerksamkeit bei E-Mail-Viren.

Eine vom IT-Beratungsunternehmen *NCC* durchgeführte Untersuchung bestätigt dies eindrucksvoll. Im Rahmen dieser Testreihe wurde im Februar 2008 an die Führungskräfte der Finanzabteilung von 500 börsennotierten Unternehmen und an mehrere Medienunternehmen jeweils ein USB-Stick versendet. Begleitet war die Sendung mit einer zwar anonymen, aber reizvollen Einladung zu einem exquisiten Event. Fast 50 Prozent aller Führungskräfte und ca. zwei Drittel der Medienunternehmen verbanden den USB-Stick mit ihrem Netzwerkrechner. Diese Unachtsamkeit hätte im Falle eines darauf befindlichen Virus oder Trojaners dramatische Folgen für das Unternehmen haben können. Cyber-Spione setzen mit einem Trick auf pure Neugier: Sie lassen USB-Sticks mit Trojaner-Software auf einem Firmenparkplatz fallen – in der Hoffnung, dass ein Mitarbeiter ihn findet und den Datenträger auf einem Firmencomputer öffnet. Sobald der Stick angeschlossen ist, wird die Schadsoftware aktiv und verschickt die gewünschten Daten wochenlang über das Internet.[830]

Vielen Unternehmen ist nicht bewusst, wie einfach es ist, sich vor allem in der Mittagspause Zugang zu Gebäuden zu verschaffen – und da finden sich unverschlüsselte Notebooks und PDAs, Post-it-Aufkleber mit Passwörtern. Daher sind alle Datenträger entsprechend zu schützen, Passwörter regelmäßig zu ändern, Mitarbeiter zu schulen, sie für diese Gefahren zu sensibilisieren sowie Zuständigkeiten und Ansprechpartner genau festzulegen.

Eine wichtige Abwehrstrategie gegen Angriffe auf das Firmennetz ist die Überwachung der Endgeräte im Netzwerk. So könnten sich Wireless-Access-Points im System befinden, private Rechner von Mitarbeitern, nicht registrierte Geräte angeschlossen sein und sogar Abhörgeräte von Mitbewerbern eingeschleust worden sein. Gefahren der unerwünschten „Abwanderung" vertraulicher Informationen drohen noch aus einer wenig beachteten Richtung. Nicht nur Arbeitsplatzrechner

---

[830] Berke, J./Engeser, M./Kroker, M./Matthes, S./Schlesiger, C.: Griff nach Daten, WirtschaftsWoche 06.12.2010, S. 86f.

und Laptops, sondern auch Kopierer, Faxgeräte und Drucker verfügen über eingebaute Festplatten mit gigantischen Speicherkapazitäten, auf denen alle Ausdrucke in elektronischer Form eine bestimmte Zeit und meist unbemerkt gespeichert werden. Auf eine 20-Gigabyte-Festplatte passen ca. 70.000 Dokumente. Wenn Unternehmen geleaste oder gemietete Geräte am Ende der Nutzungsdauer zurückgeben, können so unbemerkt Daten in falsche Hände geraten, wenn sie nicht vor der Rückgabe gelöscht werden.[831]

Ein weiteres Problem besteht in der Bestands- und Wiedergabesicherheit archivierter Daten entsprechend der gesetzlich vorgeschriebenen oder vertraglich vereinbarten Fristen der Datenarchivierung. Der erste Risikoschwerpunkt betrifft den Ort und Bedingungen, den Verantwortungsträger (Eigenlagerung und Lagerung durch Dienstleister) sowie die Sicherheitsvorschriften der Lagerung der zu archivierenden Daten. Der zweite Schwerpunkt liegt in der Entscheidung über den Einsatz des (der) geeigneten Datenträger (s) zur Vermeidung von Datenverlusten und bei hundertprozentiger Wiedergabesicherheit. Der dritte Risikoaspekt liegt in der Verfügbarkeit einer adäquaten Lese- und Wiedergabetechnik zum Zeitpunkt der erforderlichen Datenwiedergabe, die erst Jahre später stattfinden kann. Unstrittig ist, dass selbstgebrannte CD/DVD nur ein Verbrauchsmedium für kurze Zeit darstellen und mit einer Lebensdauer von 5-10 Jahren für viele Datenpakete kein geeigneter Archivierungsträger sind.

7.6 Risiken durch Datendiebstahl und Datenmanipulation

Im Bereich der IuK-Kriminalität zeichnete sich nach Einschätzung des Bundeskriminalamtes im Jahre 2006 eine Zunahme der organisierten Kriminalität und eine zunehmende Professionalisierung der Täter ab, die quasi auf Knopfdruck Tausende von Geschädigten produzieren könnten. Dabei könnten vor allem Erpressungsversuche beliebt sein: Bei Weigerung der betroffenen Unternehmen, auf die Forderungen der Erpresser einzugehen, werden massive „Denial-of-Service"-Angriffe gestartet, die zum Beispiel die Websites des betroffenen Unternehmens lahm legen.[832] Wirtschaftsspione und Hacker machen sich mit krimineller Energie daran, per Web die Geschäftsgeheimnisse mittelständischer Unternehmen zu lüften. Unternehmen müssen hier gezielt Vorsorge treffen und Risiken bewältigen.

Praxissituation 165: „...aussichtslos ist der Kampf gegen die zahllosen Datendiebe in privaten Unternehmen**

und kleinen Hinterhof-Klitschen, die auf elektronischem Weg bei ausländischen Unternehmen Konstruktionspläne, Formeln für Arzneimittel oder Designstudien ausspionieren. Zhongguancun im Nordwesten Pekings...ist eines der Zentren der Pekinger Hacker- und Fälscherszene....abseits der futuristischen Hochhäuser, in den dunklen Gassen und Hinterhöfen des Stadtviertels, tummeln sich die Hacker und Fälscher....Die Methoden der Hacker seien inzwischen so ausgereift, dass die Opfer die Angriffe auf ihre Netzwerke meist gar nicht bemerken....

Die unlauteren Späher aus dem Reich der Mitte loggen sich inzwischen sogar in die Netzwerke ausländischer Patentämter ein und durchforsten systematisch die Datenbanken, berichtet ein europäischer Experte für den Schutz des geistigen Eigentums. Die Diebe wandeln die Patente dann leicht ab und verklagen die Erfinder in China auf Schadenersatz. Der Vorwurf: Sie hätten beim chinesischen Konkurrenten abgekupfert.

Die chinesischen Niederlassungen ausländischer Unternehmen werden inzwischen ganz regelmäßig zu Opfern von Hackerattacken...(Es ist schwer, sich in China dagegen zu schützen.)

Aber nicht nur die Hacker, die sich in ihre Computernetzwerke einloggen, bereiten den Ausländern in China Sorgen. ‚Ein großes Problem sind die eigenen Mitarbeiter, die mit immer ausgefeilteren mobilen Datenträgern große Mengen an Informationen von den Rechnern kopie-ren', sagt Peter Humphrey, ein Privatermittler, der in China im Auftrag ausländischer Unternehmen gegen Datendiebstahl vorgeht...."

(Quelle: Kamp, M.: Extrem mobil, in: WirtschaftsWoche vom 03. September 2007, S. 34)

---

[831] Lange, E.: Spion inside, WirtschaftsWoche 12.03.2007, S. 102
[832] Erben, R.F.: IT-Sicherheit bleibt zentrale Aufgabe des Risikomanagements, in: www.risknet.de vom 06. 11.2007

Praxissituation 166: Angriff aus dem Web

„Irgendwann fiel es dem Systemverwalter auf: In einer Internetleitung des Unternehmens fanden auch am Wochenende extrem hohe Aktivitäten statt. Um die Ursache festzustellen, setzte der IT-Experte eine Analyse-Software ein, die den gesamten Datenverkehr und Session-Inhalt des Unternehmens an einem Wochenende mitschnitt. Die Auswertung entlarvte einen Spion in den eigenen Reihen. Ein Mitarbeiter übertrug streng geheime Daten aus der Konstruktionsabteilung an eine unbekannte Adresse im Internet. Der kriminelle Handel fand ein jähes Ende. Die Staatsanwaltschaft konnte mit den Daten des Analyseprogramms den Schuldigen dingfest machen."

(Quelle: Dörfler, M.: Angriff aus dem Web, in Markt & Mittelstand 02/2003, S. 54)

In einer Studie „Unsecured Economies: Protecting Vital Information" warnen Sicherheitsexperten und IT-Entscheider vor der Unterschätzung des Wertes geistigen Eigentums in Unternehmen und somit der Gefährdung geschäftsentscheidender Informationen. Die sich hochrechnende weltweite Schadenssumme wird auf etwa 770 Mrd. Euro geschätzt.[833] Der Missbrauch der Firmen-IT kann nicht nur den Firmen selbst immensen materiellen Schaden zufügen, sondern auch schwere Image-Schäden hervorrufen. „So machte der Lufthansa...die Bonusmeilen-Affäre(2002) schwer zu schaffen, bei der zahlreiche deutsche Politiker durch den ille-galen Zugriff eines indiskreten Mitarbeiters auf die Datenbank bei einer der größten Fluggesell-schaften der Welt , öffentlich bloßge-stellt wurden."[834] Online-Aktivitäten zum Ausspähen von mittelständischen Unternehmen las sen sich häufig schnell und fast unbemerkbar bewerkstelligen. „Wer über kein funktionierendes Sicher-heitskonzept für sein Unternehmen verfügt, setzt sich unliebsamen Angriffen aus."[835]

Eine weitere Bedrohung kommt auf Firmen zu, die unkontrolliert Daten mit modernsten Kommuni-kationstechniken übertragen. Geheimdienste der USA unterstützen den Konkurrenzkampf ihrer nationalen Unternehmen durch ein komplexes Abhörsystem, das den weltweiten Verkehr per E-Mail, Fax oder Telefon belauscht. Auf diesen Weg ist Datensicherheit also besonders brisant. Aus-ländische Unternehmen rüsten gemeinsam mit den Geheimdiensten auf, um mit den raffinier-testen technischen Tricks gezielt an vertrauliche Informationen heranzukommen und sich so Know how-Vorsprünge zu verschaffen. Die Gefahren aus dieser Richtung werden vielfach unterschätzt. Die Gefährlichkeit liegt dabei auch darin, dass Abwehrmittel gegen neue Instrumente der elektroni-schen Ausspähung erst mit zeitlicher Verzögerung wirken, wenn es überhaupt wirksame Mittel gibt. Unternehmen müssen somit die besonders schutzwürdigen Informations- und Wissensberei-che identifizieren und sichern.

Mittelständische Unternehmen unterliegen in der Beurteilung der Gefahrenlage besonders großen Fehleinschätzungen. „Das Problembewusstsein für Wirtschaftsspionage ist im Mittelstand immer noch zu wenig ausgeprägt."[836] Dreh- und Angelpunkt ist in diesem Prozess die Erkenntnis, welche Bedeutung die Mitarbeiter und deren Qualifikation für die IT-Sicherheit, insbesondere für den Schutz und die Sicherheit der betrieblichen Daten haben. In einer umfangreichen Studie „Data Breach Investigations Reoprt 2008" von Verizon wurde als Ergebnis festgestellt, dass 73 Prozent der Fälle eines Datenmissbrauchs von externen Quellen und 18 Prozent von innen ausgingen. 39 Prozent der externen Missbrauchsfälle gingen von Geschäftspartnern aus. Erstaunlicherweise wurden 75 Prozent der Verstöße von Dritten entdeckt und nicht von der betroffenen Organisati-on.[837]

Vorsicht ist beim Einsatz von Laptops im Ausland geboten. Den USB-Stick als Geschenk des chi-nesischen Geschäftspartners sollte man sofort wegwerfen. Zu groß ist die Gefahr der Infizierung durch versteckte Abhörprogramme, die sich selbständig installieren.

---

[833] Reaktion RiskNET: Verlust durch Datendiebstahl auf mehr als 770 Mrd. Euro geschätzt, in: www.risknet.de vom 10.03.2009

[834] Dörfler, M.: Angriff aus dem Web, in Markt & Mittelstand 02/2003, S. 55

[835] Ebenda.

[836] Ebenda, S. 56

[837] Schulzki-Haddouri, C.: Geschäftspartner als übersehenes IT-Risiko, in: Lebensmittelzeitung vom 11. Juli 2008, S. 35

Betrüger beschaffen sich die persönlichen Daten Dritter und gehen unter deren Namen und auf deren Rechnung zum Beispiel in Online-Läden einkaufen. Sie nutzen dazu gezielt Sicherheitslecks von Web-Shops. Manchmal müssen Betrüger nur Name, Anschrift und Geburtsdatum ihrer Opfer ausspähen und auf der Bestellseite eingeben. Mit geänderten Lieferadressen werden dann Warenlieferungen umgelenkt. Der Diebstahl persönlicher Daten im Web nimmt zu. Mit spezieller Spionagesoftware werden Suchmaschinen fortlaufend nach digitalen Identitätsdaten durchkämmt und auf anonymen Datenspeichern, sogenannten Crime-Servern, der Hacker gesammelt.

Cyber-Kriminelle knacken ganze Web-Seiten, deponieren dort Spionage-Programme, die bereits beim Aufruf der Seiten beginnen, arglose Surfer auszuspähen, wenn deren Rechner und Web-Browser nicht ausreichend geschützt sind. Digitale Schnüffler arbeiten nicht nur mit dubiosen Web-Angeboten, sondern infizieren auch namhafte Online-Plattformen, wie z.B. die Online-Programmzeitschrift der ARD oder die Online-Stellenanzeigen des amerikanischen Wirtschaftsmagazins „BusinessWeek".[838] Online-Händler legen die Kontrollschwellen für die Sicherheit unnötig niedrig und erleichtern so den Identitätsmissbrauch. Viele Versender fürchten, mit zu strengen Sicherheitschecks Kunden abzuschrecken und kalkulieren lieber den Verlust ein. In einem Beispiel belief sich der betrugsbedingte Forderungsausfall deutlich unter einem halben Prozent des Jahresumsatzes.

Die meisten Unternehmen sichern inzwischen sensible Informationen vor Hackern und anderen externen Angreifern ab, beugen jedoch oft nicht einer Attacke durch eigene Mitarbeiter vor. „So plünderte unlängst ein Manager des Chemieriesen Dupont mehrere interne Datenbanken. Erst als der Mann längst bei der Konkurrenz angeheuert hatte, bemerkte man im US-Konzern das Sicherheitsleck. Schaden: rund 400 Millionen Dollar. Für einen Bruchteil dieses Betrages hätte Dupont sich effektiv schützen können."[839] Viele neuartige Sicherheitssysteme sind in den letzten Jahren auf den Markt und zum praktischen Einsatz gekommen, wie z.B. die gesicherte Digitalpost, ein Geheimcode für den Drucker zur Unterbindung des Datenklaus zu vertraulichen Dokumenten, der PIN-Wechsel im Minutentakt sowie ein spezieller (elektronischer) Schlüssel für den Laptop.[840]

Praxissituation 167: Datendiebstahl belastet das Image des Handels

Mit manipulierten Kartenterminals haben Kriminelle in mittlerweile sieben Handelsgeschäften Daten von Kunden ausgespäht und anschließend deren Konten abgeräumt....Eine bislang nicht da gewesene Betrugsmasche sorgt für Unruhe im deutschen Handel. Durch die Manipulation von Kartenlesegeräten haben Kriminelle Kundendaten ausspioniert und anschließend die Konten geplündert....Laut BKA handelt es sich um technisch sehr versierte Täter aus dem Bereich der organisierten Kriminalität. Der jüngste Fall ereignete sich in...Kassel. Dort war unbemerkt ein Lesegerät in einem Gartenfachmarkt manipuliert worden. Erst nach dem das Terminal bei einem Einbruch entwendet wurde und kurz darauf die ersten Abbuchungen mit nach-gemachten Karten erfolgten, kamen die kriminellen Machenschaften ans Tageslicht...Schadenssumme wird derzeit auf 160.000 Euro geschätzt.

Es ist der siebte bekannt gewordene Fall in Deutschland, bei dem in Handelsgeschäften Kartenterminals manipuliert wurden....Schadenssumme über eine Million Euro....Für den Schaden, der den Kunden durch den Einsatz gefälschter Karten entsteht, haftet im Allgemeinen der Kartenherausgeber. Der Händler hat den Imageschaden. So mancher Kunde wird durch den Vertrauensverlust beim Bezahlen erst einmal auf die Karte verzichten. Das schmerzt doppelt, da Kartenkunden meist über eine höhere Ausgabenneigung verfügen....

Auch auf das Zahlungssystem fällt ein Schatten. Betroffen von den Betrugsfällen ist das von den Banken favorisierte EC-Cash-Verfahren mit PIN-Nummern. Mancher Händler trägt sich mit dem Gedanken, auf elektronische Lastschrift zurück zu gehen, mit der solche Verfahren quasi ausgeschlossen sind. Kartenabwickler B+S Card Service führt ein Sicherheitssiegel ein. Es bricht beim Öffnen des Gehäuses. Ferner können mit einer Softwarelösung ungewöhnliche Ereignisse – etwa, dass das Terminal längere Zeit vom Netzbetrieb getrennt war – aufgezeichnet werden.   (Quelle: Lebensmittelzeitung 8. Juni 2007, S. 24)

---

[838] Kuhn, T.: Kriminelle Doppelgänger, WirtschaftsWoche 3.11.2008, S. 113f.

[839] Hansel, S.: Innere Sicherheit, in: impulse 08/2007, S. 72f.

[840] Ebenda, S. 74

Praxissituation 168:
Täter stehlen Millionen von Kreditkartendaten bei neun US-Händlern...
„Die US-Justiz hat Anklage gegen einen Ring von global tätigen Kriminellen erhoben, die bei neun großen amerikanischen Handelsunternehmen über 40 Mio. Datensätze von Kreditkarten gestohlen haben. Einfallstor der Hacker waren WLAN-Funk-Netzwerke....

Durch die Anklageerhebung wurde jetzt erstmals bekannt, dass die Kriminellen Kartendaten aus den IT-Systemen des Buch-Filialisten Barnes & Noble, der Fachmarktketten Office Max und Sports Authority sowie bei BJ's Wholesale Club, Boston Market, Forever 21...entwendet haben."

„Laut Anklage startete der Datendiebstahl in fast allen Fällen damit, dass die Täter die WLAN-Netzwerke von US-Handelsfilialen von außerhalb auf Sicherheitslücken checkten. Waren sie erfolgreich, schickten sie über die Funkschnittstelle ‚Sniffer-Programme' zum Mitschreiben der Kartendaten...Diese ‚trojanischen Pferde' protokollierten die Kartennummern zusammen mit Passwörtern sowie weiteren Kontoinformationen und sendeten diese Daten später per Internet auf Server in den USA, Lettland und der Ukraine...."
(Quelle: o.V.: Secret Service stellt Datendiebe, Lebensmittelzeitung 08. August 2008, S. 33)

Die Verwundbarkeit von Computernetzen war lange Zeit nur aus der Office-Welt bekannt. Doch Würmer, Viren und Hacker bedrohen auch die automatisierte Produktion: Moderne Datennetztechnologien und Übertragungsprotokolle lösen zunehmend die proprietären Bussysteme in den Produktionsnetzwerken ab, womit eine wachsende Zahl von Produktionsanlagen Angriffen aus dem Internet praktisch ungeschützt gegenüber steht.[841] Ein hier bewirkter Produktionsstillstand kann ein wesentlich höheres Schadensausmaß anrichten als mancher Ausfall der Büronetze. In den Produktionsnetzwerken entstehen allerdings andere Probleme als in den Büronetzen, wodurch sich in diesem Bereich bewährte Security-Konzepte nicht einfach auf die Produktion übertragen lassen: die Praktikabilität der Authentifikation, Zugriffsrechte und Passwortvergabe für Maschinen, die von mehreren Mitarbeitern bedient werden, die Fernwartung und die damit problematische Abschottung kritischer Netzwerke gegenüber der Außenwelt sowie die Heterogenität der Systemlandschaft.[842] Dafür ist ein System von technischen und organisatorischen Maßnahmen erforderlich, wie z.B. die Trennung des Firmen- und des Produktionsnetzes wie auch die Trennung der Verbindungen zwischen den Maschinen.

In den Produktionssystemen ist mit gleichen Risiken wie in den administrativen Systemen zu rechnen, wenn die dort eingesetzten Computerprogramme die gleiche Technologie – also Netzwerke auf der Basis des Internetprotokolls (IP) nutzen.

Praxissituation 169:
„**...Der Computervirus Stuxnet sollte offenbar gezielt Anlagen zur Urananreicherung**
zerstören. (...) Er soll im Iran Industrieanlagen befallen haben – möglicherweise auch Anlagen zur Anreicherung von Uran. Analysen der amerikanischen Sicherheitsfirma Symantec belegen jetzt, dass Stuxnet tatsächlich für den Einsatz in Urananreicherungsanlagen optimiert war. (...)

Die ultraschnellen Zentrifugen in diesen Anlagen sind extrem empfindliche mechanische Systeme. Sie besitzen Resonanzfrequenzen, bei denen sie unkontrolliert in Schwingungen geraten können. Bekannt ist das Phänomen der Resonanzfrequenz zum Beispiel von Brücken, die zum Einsturz gebracht wurden, weil Soldaten im Gleichschritt über sie marschierten und dabei dummerweise eine Resonanzfrequenz erwischten. Physiker bezeichnen dieses resonante Aufschaukeln bis zur Zerstörung als Resonanzkatastrophe. Und zu einer solchen sollte offenbar Stuxnet führen. Die Analyse des Virus offenbarte nämlich, dass er die Rotationsgeschwindigkeit von Uranzentrifugen so manipuliert, dass gefährliche Resonanzen auftreten."
(Quelle: Lossau, N.: Resonanzkatastrophe, Die Welt 24. November 2010, S. 24)

---

[841] Baecke-Heger, F.: Schutzwall für die Produktion, Markt & Mittelstand 6/2007, S. 62
[842] Ebenda.

Sicherheitsrelevant ist nicht nur das Abgreifen von sensiblen Daten, sondern auch eine mögliche Manipulation der Fertigungsanlagen, wenn immer mehr Maschinen selbständig untereinander Daten austauschen, ohne dass Menschen kontrollierend eingreifen.[843] Dabei muss gewährleistet werden, dass nur berechtigte Systeme automatischen Zugriff auf geschäftskritische Daten haben. Wie können Unternehmen computergesteuerte Geräte schützen? Es lassen sich fünf strategische Ansätze formulieren:[844]

➤ Analyse möglicher Schwachstellen
➤ Risikomanagement auf der Basis von Szenarien zur Einschätzung der Folgen der IT-Fehler in der Produktion
➤ Einsatz und Durchsetzung international anerkannter IT-Sicherheitsstandards
➤ Sensibilisierung der Beschäftigten für die Problematik
➤ Kontinuität im Sinne der regelmäßigen Überprüfung und Optimierung der IT-Sicherheit der Maschinen.

Praxissituation 170: Smartphones und PDAs im Visier der Hacker
Immer mehr Manager und Außendienst-Mitarbeiter nutzen Handys und Funk-PDAs für den Zugriff auf Firmensysteme und die Speicherung sensibler Daten. Damit wachsen die Sicherheitsrisiken...Durch mobile Endgeräte lassen sich bestimmte Geschäftsprozesse schneller und effizienter gestalten. ..

Die Offenlegung der genannten Daten gegenüber Unbefugten kann aber kritische Folgen für das Unternehmen haben. Die Bedeutung von Sicherheitsmaßnahmen, um einen Zugriff von Dritten auf derartige Informationen zu verhindern, ist somit keinesfalls zu unterschätzen. Mit dem Zusammenwachsen von Sprach- und Datendiensten auf einem mobilen Endgerät wachsen die Risiken. Die Geräte sind bei ihrem Einsatz nicht automatisch in die Firmen-IT-Infrastruktur eingebunden. Daher profitieren sie nicht immer von einer sicheren zentralen Authentisierung und Autorisierung. Im Unternehmensnetzwerk vorhandene Sicherheitsmechanismen wie z.B. eine Firewall greifen nicht mehr....In der jüngsten zeit tauchen immer mehr „Schadprogramme" auf, die auf diese Geräte zielen.. Den Nutzern ist diese Bedrohung allerdings noch nicht im gleichen Maße bewusst. Mobile Endgeräte unterliegen darüber hinaus auch der Gefahr gestohlen oder verloren zu werden. Auch dieser Umstand muss in die Risikobetrachtung des Unternehmens einbezogen werden....

Ein mobiles Endgerät sollte wie alle anderen Elemente einer IT-Landschaft auch Teil des unternehmensweiten Sicherheitsmanagements sein....Dieses sollte nicht zuletzt auch durch eine Benutzerrichtlinie organisatorisch verankert werden...

Mobilen Endgeräten sollten heute die gleichen Sicherheitsfunktionen zur Verfügung stehen wie stationären Arbeitsplatz-PCs. Das sind je nach Anwendungsfall mindestens ein Mittel zum Zugangsschutz (Passwort oder PIN), Virenscanner sowie Firewall- und Verschlüsselungsfunktionen. Gespeicherte Daten lassen sich über Verschlüsselungsmechanismen vor fremdem Zugriff schützen. Weiterhin sollten heutige Endgeräte bei Verlust durch Verlieren oder Diebstahl auch durch Fernzugriff der Administratoren deaktivierbar. Die Verbindung zum Unternehmensnetzwerk sollte immer über ein Virtual Privat Network (VPN) erfolgen. Hiermit werden ein verschlüsselter Datenaustausch und eine sichere Erkennung des Endgerätes im heimischen Unternehmensnetzwerk sichergestellt. Kommunikationsschnittstellen wie das WLAN sollten nur in Betrieb genommen werden, wenn es absolut notwendig ist.
(Quelle: Lebensmittelzeitung 11. Mai 2007, S.46)

Während sich Sicherheitsbehörden fragen, wie viel Zugriff sie auf Smartphone-Handys erlauben sollen, beschäftigt viele Firmen derzeit eine andere Frage: Wie sicher sind unsere Handys? Wer kann meine e-mails lesen? Auch ohne Blackberrys müssen Manager und Privatleute längst um ihre Betriebsgeheimnisse fürchten. Prinzipiell muss jeder, der das Internet nutzt, davon ausgehen, dass seine persönlichen Daten in Rechenzentren im Ausland liegen – und dort auch angezapft werden können. Unternehmen, die ihre Daten nicht mehr auf eigenen Servern speichern, sondern

---

[843] Müller, W.: Nicht ganz dicht, in: enable 02/2008, S. 24
[844] Ebenda, S. 25

bei sogenannten Cloud-Computing-Anbietern, sollten ein Auge auf die dort gegebene Datensicherheit haben. Es ist zukünftig davon auszugehen, dass immer mehr Nutzer über kleine mobile Geräte mit großen Datensets und –anwendungen hantieren werden, die auf den Cloud Computern gespeichert sind.[845]

Sicherheitslücken und Datenspionage sind auch immer wieder aktuelle Themen bei der Nutzung sozialer Netzwerke wie Facebook. Großunternehmen haben daher ihren Mitarbeitern den Zugang zu Facebook und anderen Online-Diensten wie den Kurznachrichtendienst Twitter und dem Videoportal YouTube gesperrt. Soziale Netzwerke können Einfallstor für schädliche Software sein. Wie einfach Betrüger Facebook missbrauchen können, erfuhr Interpol-Chef Ronald K. Noble: Kriminelle legten unter seinem Namen ein Facebook-Profil an, um so an Informationen über eine Operation der Polizei zu kommen. Allerdings raten Sicherheitsexperten von derartigen pauschalen Sperrungen ab und empfehlen, die Mitarbeiter besser zu sensibilisieren. Unternehmen nutzen diese Netzwerke auch zunehmend für die beruflichen Aktivitäten und als Kommunikationskanäle.[846]

Wer es als Hacker ernsthaft auf ein Unternehmen abgesehen hat, kann richtig Schaden anrichten. Dabei sind nicht nur neue Technologien oder Firmengeheimnisse interessant. Schäden entstehen insbesondere auch, wenn Kundendaten gestohlen, gelöscht oder gefälscht werden. Viele Unternehmen sind sich dieser Möglichkeiten der Eingriffe von außen nicht bewusst. Noch weniger wird berücksichtigt, dass man den Hackern durch eigene Nachlässigkeiten Tür und Tor öffnet – zum Beispiel durch nicht erkannte oder ignorierte Sicherheitslücken in Softwareprogrammen. Viele Geschäftsführer wissen nicht, dass Sie für Datenverluste oder –mißbrauch und die dadurch entstandenen Schaden bei Geschäftspartnern haftbar gemacht werden können. Sehr oft scheitert die erforderliche Datensicherheit nicht an ihren Kosten, sondern an Konzept- und Ahnungslosigkeit. Viele derartiger Fälle entstehen in Bereichen der Vertriebsorganisation und lassen sich systematisieren. (Tab.85)

Risikofaktor	Gefahr	Schutzmaßnahmen
Mensch		
Zu einfach gewählte Passwörter oder unachtsame Handhabung	Zugriff auf firmeninterne Daten	Bildung von komplexen Keys, die für die Authentifizierung auf externen Medien (USB-Stick, SmartCard) gehalten werden
Unbedarftes Öffnen von Dateien	Versteckte Viren/Würmer	Aufklärung / Virenscanner
Notebook/ externer Zugriff		
Diebstahl	Zugriff auf firmeninterne Daten	Verschlüsselung der Festplatte bspw. mit einem Zertifikat, das auf einer SmartCard oder einem USB-Stick enthalten sein.
Hacking des Notebooks	Zugriff auf firmeninterne Daten	Notebook kann nur über zentrale Firewall ins Internet gelangen (z.B. über VPN). Hier wird nach den Richtlinien des Unternehmens gesurft.
e-Mail		
Einschleppen von Viren/Würmern/Trojanern	Verbreitung dieser/Zugriff auf Firmennetz Zerstörung von Daten	Virenschutz auf Internet-Gateway und den Clients
SPAM	Finanzieller Schaden durch Zeitverlust/Viren	Zusätzlicher SPAM-Schutz

Tab. 85 Übersicht zu IT-Risiken im Außendienst[847]

---

[845] Schulzki-Haddouti, C.: Sagen Sie nichts…, Die Welt 14.10.2010, S. W1

[846] Voss, O.: Zugriff gesperrt, WirtschaftsWoche 25.10.210, S. 8

[847] Zunke, K.: IT-Sicherheit ist Chefsache, in: acquisa 4/2004, S. 52ff.

Alle betrachteten Risikofaktoren haben ähnliche Folgen:

➢ Imageverlust im Sinne des Verlustes von Firmen- und Kundendaten, Veröffentlichung in den Medien, Systemmissbrauch für weitere Angriffe
➢ Finanzieller Schaden
➢ Beeinträchtigung der Geschäftstätigkeit und des laufenden Betriebes, insbesondere durch hohen Aufwand für Reinstallation
➢ Verstoß gegen geltende Richtlinien, Gesetze und Verordnungen.

Ein wirksamer Schutz vor Computerkriminalität ist nur durch systematisches und kombiniertes Konzept einer Reihe von Einzelschritten zu erreichen:[848]

➢ **Schutzbedarf ermitteln** (An welchen Informationen ist die Konkurrenz interessiert?)
➢ **Bedrohung analysieren** (Welche Angriffspunkte kommen für Wirtschaftsspionage in Frage, z.B. Mitarbeiter, Kommunikationstechnik etc.)
➢ **Risiko bewerten** (Wie sind die drohenden Verluste im Falle eines Angriffs zu bewerten welche Prioritäten sind für Schutzmaßnahmen zu setzen?)
➢ **Sicherheitskonzepte entwickeln** (Welche betrieblichen Bereiche sind mit einzubeziehen?)
➢ **Personelle Vorsorge** (Auf welche Sicherheitsaspekte ist bei der Personalauswahl und bei Zugangsregelung fremder Firmen zu achten?)
➢ **Organisatorische Vorkehrungen** (Welche Sicherheitsanweisungen sollten von einem Sicherheitsbeauftragten erarbeitet werden, die eindeutig über bestehende Schutzmaßnahmen und individuelle Verantwortung informiert?)
➢ **Rechtliche Aspekte** (Welche Sicherheitsfragen müssen mit welchen Konsequenzen in den Arbeitsverträgen geregelt werden?)
➢ **Technische Sicherung** (Mit welchen Zugangssperren, Kabel- und Netzsicherungen sowie Verschlüsselungstechniken sollten die IT-Systeme geschützt werden?).

Sicherheitsrisiken entstehen im Rahmen unkontrollierter Internetnutzung wie auch mit der Gefahr des Eindringens unerwünschter Internetinhalte. Mit dem Konzept des „Content Security Management" werden zunehmend effiziente, integrierte Sicherheitslösungen eingesetzt, die im Zusammenspiel verschiedener Techniken das Filtern, Sperren und Blockieren von Inhalten erlauben, welche die Web-Kommunikation und den E-Mail-Verkehr bedrohen.

7.7 Risiken aus der Datenkommunikation und Datennutzung

Die Datensicherung bei elektronischem Datentransfer und der E-Mail-Kommunikation weist immer mehr eklatante Sicherheitslücken auf. Die Zahl illegaler Zugriffe auf E-Mails, in den Geschäftsdaten abgefragt und geschäftsschädigend verwendet werden, nimmt zu. Viele wickeln diese Datenkommunikation ungeschützt ab. Dabei gibt es bereits zahlreiche Lösungen, sensible Geschäftspost in gesicherten Kanälen zu transportieren. Die Risiken der Datenübertragung über öffentliche Netze habenstark zugenommen, weshalb sich nichtöffentliche Netze, zum Beispiel Virtual Private Network (VPN) etabliert haben.

Datenfunk ist insbesondere in den logistischen Unternehmensbereichen von entscheidender Bedingung für eine hohe Produktivität der Mitarbeiter. So erfolgen in Zukunft wesentliche Teile der Wareneingangserfassung sowie der Kommissionierung mit WLAN-basiertem Datenfunk. Diese drahtlosen lokalen Netzwerke müssen jedoch ein Höchstmaß an Sicherheit und Funktionalität gewährleisten, insbesondere auch den Schutz vor Datenklau, Manipulationen oder Systemausfall.

Eine besondere Bedeutung erlangen dabei die Risiken aus der Nutzung sozialer Netzwerke. Über Twitter, Google Buzz und Netzwerke wie Foursquare posaunen Menschen herum, an welchem Flughafen sie warten und wie lange sie nicht in der Stadt sind. Das soziale Netzwerk wird zu einer

---

[848] Vgl. Dörfler, M.: Angriff aus dem Web, in Markt & Mittelstand 02/2003, S. 56

Art „Amazon für Einbrecher". Das niederländische Internet-Portal PleaseRobMe listete wochenlang die Datenströme aus sozialen Netzwerken zusammen und so auch Informationen von Menschen, dass sie gerade oder länger nicht zu Hause sind….Versicherer finden all das längst nicht mehr lustig. In Großbritannien, wo der Anteil der Nutzer sozialer Netze noch größer ist als in Deutschland, prüfen sie immer genauer, wer vor einem Einbruch was bei Twitter, Facebook oder anderen Netzwerken publizierte, etwa um Fahrlässigkeit festzustellen.[849]

Die häufigsten Gefahren aus drahtlosem Datenfunk sind beispielsweise in den Logistikbereichen die Datenmanipulationen sowie die Störungen der Verfügbarkeit des gesamten drahtlosen lokalen Netzwerkes.[850]

Praxissituation 171:
„…Cyberkriminelle brechen in Handys ein und infizieren sie mit Viren und Würmern…
Das Bundesamt für Sicherheit in der Informationstechnik warnt in seinem aktuellen Lagebericht vor zunehmenden Angriffen auf mobile Endgeräte wie Handys.
Der erste I-Phone-Wurm namens ‚Ikee' schlängelte sich im November letzten Jahres von Handy zu Handy. Dem IT-Schädling folgten ‚Ikex' und ‚Duh', die sich unbemerkt vom Nutzer mit einem Server verbinden, von dem sie Befehle erhalten. Zum Beispiel für einen Angriff auf die Webseite der niederländischen ING-Bank Ende letzten Jahres. Rief der arglose Nutzer diese mit seinem infizierten I-Phone auf, landete er nicht auf der Originalseite, sondern auf einer Phishing-Webseite, die ihm seine persönlichen Bankdaten zu entlocken versuchte…
Der Funktionsumfang moderner Smart-Phones wachse ständig und mit ihm die Sicherheitsprobleme."
(Quelle: o.V.: Mobile Anwendungen leben gefährlich, Lebensmittelzeitung 10/2010, S. 42)

Neuere Erfahrungen zeigen, dass leistungsfähige Mobilfunkgeräte immer attraktivere Angriffsziele für Hacker und Cyberkriminelle werden. Viele Sicherheitsspezialisten ärgern sich daher über das geringe Risikobewusstsein der meisten Mobiltelefonierer. Viele Anwender denken nicht darüber nach, was sie am Hinweisen angezeigt bekommen und klicken die Warnung einfach weg. Die Gefährlichkeit dieser Entwicklung liegt zum Beispiel darin, dass Virenschreiber selbst die Sicherheitshinweise ändern können und dann statt der Warnung vor gefährlichen Programmen eine Anfrage erscheint, ob der Kunde 100 kostenlose SMS verschicken oder eine Virenschutz-Software installieren möchte.[851]

Praxissituation 172: „Angriffsziel Smartphones…
Auf dem Android Market, dem Shop für Apps, die für Smartphones mit Android-Software bestimmt sind, herrscht große kreative Freiheit: Damit möglichst viele Entwickler ihre Ideen verwirklichen und in die Android-Community einbringen können, kann hier jeder seine selbstgebastelten Apps anbieten. Die Programme werden von Google, dem Entwickler des quelloffenen Betriebssystems Android Betreiber des Marktes weder getestet noch überprüft.
Weitgehend unkontrollierte Räume locken jedoch oftmals Kriminelle an. Eine Erfahrung, die Ende Februar auch Google machte: Mehr als 50 Apps musste der Suchmaschinenbetreiber aus dem Markt entfernen, weil sie mit der Malware ‚DroidDream' infiziert waren. Mit dem schädlichen Code werden persönliche Daten aus den befallenen Smartphones an von Cyberkriminellen betriebene Server gesandt. (…)
Als die auf Smartphone-Malware spezialisierte Softwarefirma Lookout im Mai 2010 stichprobenartig Handys untersuchte, fand sie auf neun Prozent der Geräte Apps, die mit Schadsoftware infiziert waren. (…) Der Trend dürfte sich fortsetzen, wenn die Nutzer beim Downloaden von Apps nicht vorsichtiger werden."
(Quelle: o.V.: Angriffsziel Smartphones, in: WISU 03/2011, S. 300)

---

[849] Matthes, S.: Amazon für Einbrecher, WirtschaftsWoche 22.03.2010, S. 67
[850] o.V.: Gefahr liegt in der Luft, Logistik heute 03/2005, S. 58ff.
[851] Kuhn, T.: Digitales Ungeziefer, in: WirtschaftsWoche 24.04.2006, S. 115f.

Unternehmen erzielen mit der Internet-Telefonie (Voice over IP oder kurz: VoIP) erhebliche Kosteneinsparungen, sind sich dabei jedoch häufig nicht der zusätzlichen Gefahren bewusst. Das erste Risiko betrifft den Ausfall des Computernetzes, mit dem die Telefonanlage gleichzeitig „abgeklemmt" ist. Das zweite Risiko betrifft das Eindringen von Angreifern auf die Datenbestände über das Internet.[852]

Praxissituation 173: Feind hört mit

Neue Technologien wie die Internettelefonie versprechen mehr Effizienz und geringere Kosten. Häufig unbemerkt eröffnen sie aber auch neues Gefahrenpotenzial.

Eine Unachtsamkeit beim Surfen im Internet genügte, und das Computernetz des Fassadenbauers Beck stand still: Außendienstmitarbeiter konnten nicht mehr auf den Datenbestand der Firma zugreifen, die E-Mail-Postfächer liefen über, der anstehende Monatsabschluss musste verschoben werden. Kosten für Datenrettung und Schaden an entgangenem Umsatz: rund 250.000 €.

Alles nur, weil ein Hacker oder ein Computerschädling die Internetleitung der Firma sabotierte. Und das gelingt immer leichter, weil Unternehmen neue offene Flanken präsentieren: Außendienstler oder Heimarbeiter nutzen regelmäßig externe Zugänge zu den Firmenservern, Angestellte schleusen über Speichersticks fremde Daten ins Unternehmen, neue technische Errungenschaften, wie etwa die Internettelefonie, genannt Voice-over-IP (VoIP), reißen ungeahnte Sicherheitslücken auf.

Mittelständische Firmen sind für derlei Attacken besonders anfällig. Sie verfügen seltener als Großunternehmen über IT-Abteilungen, die Gegenmaßnahmen auf dem aktuellen Stand halten....Aktuelle Studien taxieren die jährlichen Schäden durch Viren & Co bei kleinen und mittleren Betrieben in Europa auf 22 Milliarden Euro.

Mit dem neuen Trend VoIP bietet sich für Hacker und Spione nun ein weiteres Betätigungsfeld, um an sensible Unternehmensdaten heranzukommen. Wer via VoIP telefoniert, setzt sich prinzipiell den gleichen Gefahren aus wie beim Surfen. Damit wird das Telefon aber für die gleichen Angriffe empfindlich wie beispielsweise ein Webserver – etwa in dem der Rechner mit unzähligen Anfragen so lange bombardiert wird, bis das System vollkommen überlastet zusammenbricht. Experten sprechen von Denial-of-Service-Attacken (DoS).

(Quelle: Widrat, S.: Feind hört mit, in: impulse 01/2006, S. 105f.)

Wenn alle Kommunikationsnetze durch den Einzug der internetbasierten Übertragungstechnik zu einer einheitlichen Übertragungsplattform verschmelzen, wird das Ausspionieren von Daten weiter erleichtert. Größere Risiken entstehen ferner dann, wenn die Hardwarehersteller mehrere Funktechniken in ein Gerät packen und UMTS, WLAN und Bluetooth zum Standard werden. Dann müssen Nutzer enorm aufpassen, die Übersicht zu behalten.

---

[852] Schwarz, S.: Hackerangriff auf's Telefon, in: Markt und Mittelstand 7/2007, S. 74

Praxissituation 174: „Die Falle schnappt im Großraumwagen des ICE nach Frankfurt zu...

Nils Magnus klappt seinen Laptop auf, aktiviert per Tastendruck ein paar Spionageprogramme...und schaut nach, was der Geschäftsmann am anderen Ende des Wagens so alles im Postausgang seines Notebooks zwischengelagert hat: die Geheimzahl für das Girokonto, das Passwort für Ebay und Amazon,...sowie die Dateien mit den Vertragsentwürfen für die Kaufverhandlungen am Nachmittag. Nach zehn Minuten kennt Magnus die intimsten Geheimnisse aus dem privat- und Geschäftsleben des Managers und speichert sie auf seinem Notebook ab...ein Datendiebstahl, wie er tagtäglich passiert und bei Unternehmen in jedem Jahr Schäden von mehr als zehn Milliarden Euro anrichtet, schätzen Sicherheitsexperten...

Im Auftrag der WirtschaftsWoche ist Magnus, ein Mitarbeiter der auf IT-Hochsicherheitstechnik spezialisierten Essener Firma Secunet, für einen Tag in die Rolle eines Geheimdienstagenten geschlüpft....Die WirtschaftsWoche will vom Hoflieferanten der Bundesregierung...wissen: Sind deutsche Führungskräfte wirklich so fahrlässig im Umgang mit Handy, Laptop und Blackberry, dass jeder halbwegs Geschulte mit handelsüblicher Technik quasi im Vorbeigehen in die Geräte eindringen und auf streng vertrauliche Daten zugreifen kann? Bei der Aktion vermeidet Magnus jeden illegalen Einbruch. Er knackt nur den Zugang. Erst später im Büro demonstriert er, was er hätte anrichten können.

Zwei Fälle sollen dies demonstrieren.

Fall1 – Tatort ICE 813 von Köln nach Frankfurt, Montag, morgens um 7.07 Uhr

...Geheimauftrag: Am ICE-Haltepunkt Siegburg/Bonn steigt der Vorstand eines Maschinenbauers zu, der mit einem Angebot zu einem Kunden nach Frankfurt unterwegs ist. Auf seinem Laptop befinden sich die unterschriftsreifen Verträge, was wir im Vorfeld eruiert haben. Die Datei wollen wir in unseren Besitz bringen....

Niemand fällt auf, dass an diesem Morgen ein besonderes Programm arbeitet: die Schnüffelsoftware Wireshark Network Analyzer – eine überall erhältliche Netzwerk-Analysesoftware, die jeder im Internet herunterladen kann.

Unsere Zielperson gehört zu den 15 Managern, die ihren Laptop auspacken. Alle arbeiten offline, also ohne Verbindung ins Internet....Doch das kann uns nicht aufhalten. In knapp der Hälfte aller Laptops und Notebooks, ermittelt Wireshark, ist das Funkmodul für drahtlose WLAN-Netze aktiviert. Ohne Internet-Zugang in Reichweite sucht der WLAN-Chip permanent nach dem voreingestellten Heimat- oder Büronetz.

Für Datendiebe ist damit der rote Teppich ausgerollt. Aus den Suchrufen des Notebooks müssen wir mit Hilfe weiterer Spionageprogramme die Zugangsdaten vom Büro-Hotspot und E-Mail-Server auslesen...Es funktioniert. Ohne aufzufallen, klinken wir uns in die WLAN-Verbindung des Laptops ein. Werden nun – etwa im nächsten Bahnhof – E-Mails verschickt, läuft der Datenstrom über unseren Rechner, und die Inhalte der E-Mails können mitgelesen und aufgezeichnet werden.

Der Praxistest zeigt: Das Eindringen dauert ein paar Minuten. Doch der Aufwand lohnt sich. Denn die Datendiebe befinden sich in einer komfortablen Position. Sie agieren passiv im Hintergrund und hinterlassen keine Spuren. Jahrelang könnte man so einen Manager...gezielt ansteuern und ausspionieren....Jeder zweite Top-Manager unterschätzt die Gefahren des Kommunikationszeitalters und stuft das Bedrohungsrisiko für das eigene Unternehmen als gering ein....Der Datendieb von heute wählt sich direkt über das Internet in die Computer ein, aktiviert die Mikrofone in den Freisprecheinrichtungen der Handys...schaltet sich in laufende Videokonferenzen ein und fängt so wichtige Informationen ab – in der Regel ohne Spuren zu hinterlassen.

Fall 2 – Tatort Frankfurt Airport, Lufthansa Business-Lounge/Terminal 1, kurz vor 9.00 Uhr

Bis zum Abflug des Airbus 321 mit der Flugnummer LH 178 nach Berlin-Tegel sind noch gut zweieinhalb Stunden Zeit. Wir bauen unseren Laptop an dem speziell eingerichteten Computer-arbeitsplatz mit Sichtschutz im hintersten Winkel der Lounge auf und schauen uns um....Knapp 50 haben sich im kostenpflichtigen Hotspot von T-Mobile eingewählt und sind dort als Nutzer registriert.
...Geheimauftrag: Wir sollen ein Dossier über einen Top-Manager erstellen, der die Öffentlichkeit scheut und zurückgezogen lebt....Wer von den 50 Hotspot-Nutzern unsere Zielperson ist, lässt sich nicht sofort erkennen....Rund ein Drittel der Nutzer lassen sich direkt kontaktieren, weil sie auf eine Firewall verzichten. Zwölf erlauben sogar den direkten Zugriff auf die Festplatte....Wenn wir jetzt den richtigen Benutzernamen und das Passwort eingeben, lassen sich alle Dateien auf dem Laptop ausspionieren...Mit sogenannten Brute-Force-Programmen, einer Art Schlüsselbund mit 100.000 verschiedenen Schlüsseln, lassen sich in kürzester Zeit alle möglichen Kombinatio-nen durchspielen, bis der Code geknackt ist....Binnen weniger Minuten befinden sich die intims-ten Geheimnisse auf unserem Laptop...Leicht lassen sich dann Spionageprogramme im Laptop verstecken, die unkontrollierte Zugänge zum Unternehmensnetz schaffen...

Fall 3 – Tatort Hotel Adlon, Berlin, Unter den Linden, gegen 15.00 Uhr

„Das Hotel ist die Top-Adresse für Manager und Minister. Auf deren Laptops und Handys schlummern viele Geheimnisse. Wir lassen uns – mit Blickkontakt auf alle Eingänge nieder und werfen den Laptop an....Wir konzentrieren uns auf die Mobiltelefone.
Unser Geheimauftrag: Ein Top-Manager hat beim letzten besuch seines Design-Zentrums mit dem Handy heimlich Fotos von den neuesten Modellstudien gemacht. Ein Konkurrent hat davon erfahren und will in den Besitz der Aufnahmen kommen....
Dies ist vergleichsweise einfach. Wieder hilft die schlechte Konfiguration der Mobiltelefone. Die meisten Hersteller liefern die Geräte mit eingeschalteter Bluetooth-Verbindung aus. Nur wenige klicken sich direkt nach dem Kauf durch das Menü und stellen den Bluetooth ab. Unsere Netz-analysesoftware scannt das Foyer und zeigt drei Geräte an:...
Die Auswertung auf unserem Laptop zeigt, dass die drei Geräte kleine Computer sind. Eine Kopplung mit unserem Laptop erfolgt, wenn beide Seiten beim Erstkontakt die Bluetooth-Verbindung durch Eingabe einer identischen Geheimzahl bestätigen. Wer sein Handy nur ein Mal für wenige Minuten unbeaufsichtigt liegen lässt, läuft schon Gefahr, dass Datendiebe die Funkstrecke wie eine Standleitung nutzen, die sie jederzeit anzapfen können....Doch die Frei-schaltung funktioniert auch aus der Ferne. In neuen Handys sind oft gängige Ziffernkombinatio-nen....als Code voreingestellt. Wenn die beim Erstkontakt gleich korrekt mitgeschickt werden, kommt eine Bluetooth-Verbindung zustande....Beim Nachmittags-Tee im Adlon gelingt es sogar, die Fotos mit den Design-Studien im Nokia-Handy zu finden und auf unseren Laptop zu hieven. Für die Schnappschüsse würde die Konkurrenz viel Geld hinlegen. Doch wir bleiben standhaft. Wie an den anderen Tatorten brechen wir die Aktion kurz vor dem eigentlichen Einbruch ab. Glück gehabt."
(Quelle: Berke, J.: Sie verraten alles, WirtschaftsWoche vom 03.09.2007, S. 68ff.)

Wenn alle Kommunikationsnetze durch den Einzug der internetbasierten Übertragungstechnik zu einer einheitlichen Übertragungsplattform verschmelzen, wird das Ausspionieren von Daten weiter erleichtert. Größere Risiken entstehen ferner dann, wenn die Hardwarehersteller mehrere Funk-techniken in ein Gerät packen und UMTS, WLAN und Bluetooth zum Standard werden. Dann müssen Nutzer enorm aufpassen, die Übersicht zu behalten.

Unternehmen mit internationalen Geschäftsbeziehungen benötigen auch einen Notfallplan für die Unterbrechung der internationalen Datenkommunikation – zum Beispiel durch Zerstörung von Da-tenleitungen.

Praxissituation 175:
„Wie schier endlose schwarze Seeschlangen durchziehen sie die Meere.
...Gut zwei Milliarden Dollar kosteten die Unterseekabel SeaMeWe-4 und Flag-AE, über die drei Viertel des Internet- und Sprachverkehrs zwischen Westeuropa, Nahost und den Wachstumsregionen im Mittleren und Fernen Osten verlaufen. Oder besser: verliefen. Denn vorerst sind die Glasfaserleitungen tot – gekappt Anfang Februar wenige Seemeilen vor der ägyptischen Hafenstadt Alexandria. Am Wochenende fielen in der Region noch zwei weitere Leitungen aus..."
(Quelle: Kuhn, T.: Blackout vor Ägypten, in: WirtschaftsWoche vom 11. Februar 2008, S. 108)

Datenschutzmaßnahmen sind oftmals unzureichend. Veränderte Geschäftsprozesse sind Gründe für viele Datenlecks. So erhalten Callcenter, Zahlungsdienstleister und Lieferanten Zugang zu Kundendaten, oder Teilprozesse werden ins Internet verlagert. Daten werden zunehmend zu einer handelbaren Ware und begünstigen kriminelle Handlungen. Datenschutzrisiken müssen mit der Einbindung externer Stellen bewusster in die Planung der betroffenen Geschäftsprozesse integriert werden.

Praxissituation 176:
„...um den Kundenschwund zu stoppen, hat die Deutsche Telekom einen gigantischen
Vertriebsapparat mit unzähligen Subunternehmern und Callcentern aufgebaut. Doch das System entglitt über weite Strecken der Kontrolle. Abzocker bedienten sich, Partnerfirmen gingen pleite, Millionen von Kundendaten gerieten in falsche Hände. Das ganze Ausmaß der Folgen zeigen jetzt erstmals interne Unterlagen und staatsanwaltschaftliche Ermittlungsakten, die der WirtschaftsWoche vorliegen....
Es geht um einen der größten Datenskandale in der Geschichte Deutschlands. Als die WirtschaftsWoche im Dezember 2008 aufdeckte, dass auf dem Schwarzmarkt die Daten und Kontoverbindungen von 21 Millionen Deutschen vagabundieren, gab es erste Hinweise auf gravierende Lücken bei der DeutschenTelekom...Inzwischen gehen Experten davon aus, dass große Teile des Datenbestandes des Konzerns in Deutschland – 39 Millionen Mobilfunk-, 27 Millionen Festnetz- und 11 Millionen Internet-Kunden – in irgendeiner Form in dubiose Hände geraten sind. Der Diebstahl und Missbrauch von 20 Millionen Kundendaten ist bereits Gegenstand von Ermittlungen der Staatsanwaltschaft Bonn...."
(Quelle: Berke, J./Kroker, M.: Die Chaosmaschine, WirtschaftsWoche vom 11.01.2010, S. 37-43)

7.8 Risiken unzureichender Kompetenz, Vertraulichkeit und Verhaltenskonsistenz der Mitarbeiter

Sicherheitsberater verweisen oft darauf, die deutlichen Warnsignale auf Unzuverlässigkeit, mangelnde Vertraulichkeit und Missbrauch durch die Mitarbeiter wahrzunehmen und zu verfolgen. Risiken, die von „Innentätern" drohen, werden leider nicht allerorts ernst genommen. Praktische Beispiele vorhandener CD-Brenner an den Arbeitsplätzen zeigen die Risikorelevanz des menschlichen Faktors. Doch bei der Betrachtung des menschlichen Risikofaktors in der IT-Sicherheit sind gerade mittelständische Unternehmen leichtsinnig.

Risikopolitisch sind die folgenden Schwerpunkte des Faktors „Mitarbeiter" im Bereich der IT systematisch zu verfolgen:

➢ Fachliche Kompetenz und Verfügbarkeit der Mitarbeiter des „direkten" IT-Bereichs, insbesondere der IT-Verantwortlichen und Administratoren, z.B. Problematik einer Ersetzbarkeit bei kurzfristigem Ausfall des IT-Personals

➢ Fachliche Kompetenz der Mitarbeiter der Anwendungsbereiche, insbesondere hinsichtlich der Korrektheit der Bearbeitungsprozesse
➢ Zuverlässigkeit der Mitarbeiter hinsichtlich der Erkennung von Risiken und Gefahren im Einsatz der IT (z.B. leichtfertige Verwendung von online heruntergeladenen oder privaten Softwarelösungen und –komponenten)
➢ Einhaltung gesetzlicher und sonstiger Regelungen für die Verarbeitung, Speicherung, Verwendung und Weitergabe personenbezogener Daten (Datenschutzrisiken)
➢ Missbrauch von IT-Komponenten zum Zwecke der Verfolgung eigener Interessen.

Kontrolle und Überwachung von Mitarbeitern sind trotz ethischer und moralischer Bedenken notwendig, um festzustellen, was in der Firma vorgeht. Unternehmer und Manager sind persönlich dafür verantwortlich, technische Unregelmäßigkeiten und Straftaten so früh wie möglich zu erkennen – mit Hilfe von **Netzwerk-Monitoring** und **IT-Forensik.** Mit spezieller Software werden alle Bewegungen in der gesamten Informationstechnologie eines Unternehmens analysiert, verdächtige Vorfälle aufgespürt und mögliche Täter identifiziert.[853] Unter dieser Voraussetzung ist ein steigender Trend zur Netzwerk-Beobachtung zu erkennen, wenn sich dieser zunächst vor allem bei mittleren und größeren Unternehmen bemerkbar macht. Durch die Netzwerk-Kontrollen gelangen Nutzungen ins Visier der Beobachter, die nicht sein dürften. „So ist etwa die Weitergabe von rechtegeschützten Video- oder Musikdateien auch in einem unternehmensinternen Tauschhandel ein Missbrauch, den der Firmenchef nicht dulden darf. Unangenehm wird es, wenn sich durch die Software-Protokolle herausstellt, dass Entwicklungsunterlagen oder Kundendateien aus dem Unternehmen per Internet oder USB-Stick verschwunden sind."[854]

Anzeichen von IT-Missbrauch durch Mitarbeiter könnten sein:[855]

➢ Nicht nachvollziehbare Abläufe – Geschäftlich genutzte Systeme entwickeln sich in einem Tempo, das das Management eines Unternehmens nicht mehr nachvollziehen kann. Die Weiterentwicklung wird von Projektgruppen und Programmierern übernommen, die häufig wechseln.
➢ Falsche Sparaktionen – wichtige Sicherheitskontrollen werden aus Kostengründen nicht durchgeführt. Einzelne Mitarbeiter erhalten eine unkontrollierte Machtposition, z.B. durch alleinige Zahlungsanweisung einzelner Mitarbeiter bei Zahlungen an Lieferanten.
➢ Schlechtes Betriebsklima – unzufriedenes Personal ist ein häufiges Anzeichen für latente Gefahren. Verärgerte Mitarbeiter könnten dem Unternehmen Schaden zufügen.
➢ Persönliche Auffälligkeiten – Mitarbeiter, die zu unüblichen Zeiten arbeiten, auf die Mittagspause verzichten und nie in den Urlaub fahren, sind möglicherweise nicht immer pflichtbewusst, sondern leben in der Angst, dass jemand ihren verborgenen Taten auf die Spur kommen könnte. Ein Warnhinweis sind Mitarbeiter, die über ihre Verhältnisse leben, z.B. teure Autos fahren.

Bei allem begründete Misstrauen und Risikobewusstsein der Unternehmensleitung gilt es jedoch auch, rechtliche Regeln bei Kontrolle und Überwachung von e-mail und Internet zu beachten:[856]

➢ **Private Nutzung**: „Bei einer genehmigten Privatnutzung von E-Mail und Internet für die Mitarbeiter wird der Arbeitgeber rechtlich zum Telekommunikationsanbieter. Dann gilt das Fernmeldegeheimnis, weil sich der Arbeitnehmer auf die Vertraulichkeit der privaten Kommunikation verlassen darf. Kontrollen sind daher unzulässig. Möglich ist die Erfassung von Daten zur technischen Datensicherheit, Notfallprävention oder Störungsbeseitigung. Eine Auswertung der Daten ist dagegen nach § 89 TKG nur zur Abrechnung der privaten Nutzung, bei Gefahr im Verzug oder bei einer Einwilligung der Mitarbeiter erlaubt."

---

[853] Dörfler, M.: Der Feind in meiner Firma, in: Markt & Mittelstand 12/2006, S. 50
[854] Ebenda, S. 52
[855] Ebenda, S. 56
[856] Ebenda, S. 52.

➢ **Dienstliche Nutzung**: Wenn nur eine dienstliche Nutzung des Internet erlaubt ist, gilt das Fernmeldegeheimnis nicht. Die dienstliche Nutzung steht dann aber unter dem Bundesdatenschutzgesetz. Ein vollständiges Verbot des Versendens privater e-mails kann bestimmt werden. Möglich sind weitergehende Kontrollen, weil das TKG nicht gilt. Doch die Einsicht der Firmenchefs in die E-Mails oder individuellen Webinhalte ist nicht ohne weiteres möglich. Kontrolliert werden die besuchten Webseiten, die Dauer des Surfens oder der Umfang der Downloads. Auch bei E-Mails ist nur die Einsicht in die Adressdaten erlaubt, ein Mitlesen des Inhalts ist für den Firmenchef nicht zulässig.

Innere Sicherheitsprobleme – Ergebnisse einer Studie zur IT-Sicherheit
Nach einer Studie IT-Sicherheit 2006/2007 von CA fürchten Firmenverantwortliche innere Sicherheitsprobleme:

90 % Unsichere Kennwörter
83 % Keine Nachvollziehbarkeit von Zugriffsberechtigungen
82 % Keine konsistenten Zugangsberechtigungen
78 % Nicht gelöschte Benutzerkonten ehemaliger Mitarbeiter
74 % Unverschlüsselte Übertragung von Informationen
57 % Zu hoher administrativer Aufwand für interne Benutzer
57 % Fehlende oder ineffiziente Antragsverfahren für Benutzer und Berechtigungen
47 % Zu hoher administrativer Aufwand für Kunden
'Quelle: Dörfler. M.: Der Feind in meiner Firma. in: Markt & Mittelstand 12/2006. S. 52)

Risiken entstehen in den Unternehmen durch Unzulänglichkeiten in der Verwaltung von Benutzeridentitäten und Berechtigungen. Für Mitarbeiter müssten bei Ein- oder Austritten, Abteilungswechseln oder Rollenänderungen Benutzerkonten angelegt, angepasst oder gelöscht werden. In der Praxis sind davon in aller Regel mehrere Anwendungen betroffen. Eine durchgängige, über alle Systeme hinweg und automatisiert vorzunehmende Benutzerverwaltung ist in vielen Unternehmen nicht anzutreffen – wie Studien zeigen. Der Umgang mit Passwörtern wird nicht immer professionell betrieben. So bestehen noch zu viele sogenannte „Phantom-Berechtigungen" von Mitarbeitern auch nach ihrem Ausscheiden aus dem Unternehmen, dem Bereich oder der Abteilung. Diese Anforderungen könnten durch neue Ansätze des Identity Management modular und ohne Änderungen der Infrastruktur und Organisation auf Basis der prozessorientierten Automation realisiert werden.[857]

Die Erteilung der Berechtigungen ist jedoch keine Aufgabe allein eines IT-Verantwortlichen, sondern aus ganzheitlicher Sicht aus der Aufgabe der Berechtigten und den in diesem Zusammenhang erforderlichen Kontrollprozessen zur Vermeidung krimineller Handlungen abzuleiten. Mitarbeiter im Einkauf haben Zugriff auf die Lieferantenstammdaten und können gleichzeitig Bestellungen und die Rechnungsprüfung durchführen. Dabei ist es leicht möglich, einen fiktiven Lieferanten im System anzulegen, Bestellungen an diesen Lieferanten zu geben und gleichzeitig die eingehende Rechnung zur Zahlung auf die privaten Konten anzuweisen.

Unternehmen brauchen verbindliche Richtlinien für alle Mitarbeiter zur Umsetzung der Sicherheitsstrategie. Dazu müssen ferner auch klare Weisungslinien für die Umsetzung bestehen, indem sich die IT-Benutzer zum Beispiel in sicherheitsrelevanten Bereichen immer an die Anweisungen des IT-Sicherheitsbeauftragten zu halten haben.[858]

Nicht nur Missbrauch, kriminelle Handlungen und Kompetenzdefizite auf der Mitarbeiterseite stellen Risiken dar, sondern auch der einfache Verlust von mobilen Datenendgeräten jeder Art. Laut einer Check Point-Statistik vom Februar 2008 wurden in Londoner Taxis innerhalb von sechs Mo-

---

[857] Heinrich, W.: Riskante Benutzerverwaltung in vielen Unternehmen, Köln 2008, S. 1
[858] Dörfler, M.: Vorsicht Computerfalle! Wie Sie Gefahren erkennen und sich davor schützen, in: Markt und Mittelstand 5/2006, S. 62-64

naten 55.000 Mobiltelefone, 5.000 Handhelds, 3.000 Notebooks und 900 USB-Sticks liegen gelassen – ein unvorstellbarer Leichtsinn mit Folgen.[859] Dieses Risiko kann vor allem durch ein verstärktes Risikobewusstsein vermieden werden.

7.9 Risiken aus externen Angriffen auf das IT-System

In den letzten Jahren hat sich der Trend zu kriminell motivierten Online-Angriffen verstärkt. Nicht nur der Zuwachs an Schadsoftware war bedenklich; auch die Qualität und das Profil der Angriffe haben sich verändert. Der Schwerpunkt lag früher zunächst auf der Störung von Geschäftssystemen und deren Diensten. Zunehmend verlagern sich die Schwerpunkte der Angriffe auf Spionage und Diebstahl von Informationen. Gleichzeitig unterliegt die verwendete Schadsoftware permanenten Veränderungen: Statt großen Schaden an befallenen Systemen anzurichten und Chaos hervorzurufen, werden neue Generationen darauf ausgelegt, Rechner möglichst unauffällig zu infiltrieren und lange unentdeckt zu bleiben. Hacker kontrollieren mittlerweile ganze Armeen von PCs – die so genannten Botnets. Und diese Zombie-PCs nehmen rasend schnell zu. Die Computer-Kriminellen haben raffinierte Methoden entwickelt, um sich in fremde Rechner einzuschleichen und dort unentdeckt ihr Spiel zu treiben. Schuld an der Invasion sind auch PC-Besitzer, die sich leichtsinnig verhalten.

Schätzungen zur Anzahl der Bots und Botnets gehen weit auseinander. Die Organisation Shadowserver geht von knapp 3.000 Botnets aus, die insgesamt etwa 300.000 PCs kontrollieren; der Software-Hersteller Microsoft schätzt rund 1.000 Botnets, von denen allein das größte mehrere Millionen infizierte Computer umfassen soll.[860]

Die Experten des Unternehmens McAfee kommen in ihrer Studie „Das Sicherheitsparadoxon" im Jahre 2010 zu der Erkenntnis, dass die Zahl der Angriffe auf die IT-Systeme mittelständischer Unternehmen zugenommen hat, gleichzeitig jedoch in vielen Unternehmen die Budgets für IT-Sicherheit eingefroren oder gekürzt wurden. Dieser Studie zufolge erlitten 30% der mittelständischen Unternehmen einen oder mehr Sicherheitsvorfälle. In 55 % dieser Fälle nahmen Untersuchung und Problembehebung bis zu 5 Stunden in Anspruch. In 16 Prozent der Unternehmen dauerte es jedoch über eine Woche, um sich von den Auswirkungen der Angriffe zu erholen.[861]

Praxissituation 177: Estland: Erstes Opfer im Cyberwar

„Anfang Mai waren in Estland zahlreiche Websites von Behörden und Staatsorganen...nicht erreichbar. Auch die Websites der größten Bank und einiger Tageszeitungen waren lahmgelegt. Der Grund: Ein koordinierter Hacker-Angriff, eine so genannte DDoS-Attacke (DDoS = Distributed Denial of Service), hatte sie solange mit Anfragen bombardiert, bis sie unter der Spam-Last zusammenbrachen.

Für den – offensichtlich generalstabsmäßig geplanten – Angriff wurden nach Expertenschätzungen weltweit bis zu einer Million Rechner eingesetzt. Meist ohne Wissen ihrer Besitzer, da sie mit Hilfe spezieller Spionage-Software, so genannter Bots, angezapft wurden. Einige Datenspuren ließen sich bis nach Vietnam zurückverfolgen.

Derartige Attacken sind nicht neu. Internet-Firmen wie Amazon und Ebay waren bereits häufiger das Ziel von Cyber-Kriminellen. Auch Länder wie die USA und Israel wurden bereits attackiert. Im Falle Estlands schafften es die Hacker allerdings erstmals, die Internet-Infrastruktur eines ganzen Landes zu blockieren.

...Jedenfalls zeigt der Fall, wie verwundbar moderne Gesellschaften im digitalen Zeitalter sind. Vor allem wenn sie wie die Esten, die 97 Prozent ihrer Banküberweisungen online abwickeln, eifrige Internet-Nutzer sind.

(Quelle: o.V.: Estland : Erstes Opfer im Cyberwar, in: WISU 7/2007, S. 861)

---

[859] Selberdinger, H.: Mobile Security: Kleine Devices, große Gefahr?, in: www.logistik-inside.de vom 28.11.2008, S. 2
[860] o.V.: Botnets: Die Bedrohung wächst, WISU 11/2008, S. 1468
[861] www.ecc-handel.de vom 18.11.2010

Diese Art digitaler Attacken ist nur der Anfang möglicher „Cyberwars", die konventionelle Kriege ersetzen oder vorbereiten. Länder wie die USA, Russland und China bereiten sich schon auf den Schutz vor solchen Attacken und die Ausschaltung gegnerischer Computer-Netze vor.

Unternehmen können direkt und indirekt von Attacken der Cyber-Gangster betroffen sein. Cyber-Kriminelle setzen verstärkt „Trojanische Pferde" ein, um Passwörter und andere vertrauliche Daten von den PCs von Internet-Nutzern zu stehlen. Dabei werden als Absender für diese Betrügereien auch e-mail-Adressen und Webadressen von Händlern und E-Commerce-Plattformen missbraucht.

Praxissituation 178: Handel im Visier von Cyber-Gangstern
Millionen von Deutschen bekamen zwischen Ende Juni und dem 19. Juli 2007 eine E-Mail unter der Überschrift „Die Rechnung ist blockiert" und dem angezeigten Absender „Otto.de (service@otto.de) In dem kurzen Text folgte die Aufforderung „Bitte folgen Sie dem Link http://otto.de/de/ Die meisten Empfänger löschten die Mail sofort – entweder waren sie keine Otto-Kunden, oder das holprige Deutsch der Mitteilung machte sie misstrauisch. Doch wenn jemand auf den Link klickte, begab er sich in eine doppelte Gefahr: Vielleicht werden jetzt seine Online-Zugangs-Daten von Spionage-Software protokolliert und später sein Konto von Kriminellen leergeräumt. Eventuell kann sein PC jetzt ferngesteuert selbst für Internet-Verbrechen eingesetzt werden.
...Der vermeintliche Link zu Otto.de führte in Wirklichkeit zu einer anonym angelegten Adresse beim Onlinedienst Geocities, erstellt im Otto-Design....Im Otto-Fall ging es den Verbrechern möglicherweise vor allem um das Abfischen von Zugangsdaten zum Versender – vermutlich zwecks kostenlosem Einkauf.
(Quelle: Rode, J.: Handel im Visier von Cyber-Gangstern, in: Lebensmittelzeitung, 27.07. 2007. S. 42)

Nach der Installation eines Trojanischen Pferdes auf einem PC können Verbrecher dreifach profitieren: Sie können Kontodaten und Passwörter durch Keylogger-Module ausspähen und später nutzen. Sie können darüber hinaus den befallenen PC zum Element eines „Bot-Net" machen, die als Netz von einigen hundert oder aber auch tausenden von ferngesteuerten PCs ihren Herren zwei Einnahmequellen ermöglichen: Sie können zur Versendung von Spam-Mails vermietet werden oder die Grundlage für die Erpressung von Unternehmen mit DoS-Attacken sein, mit denen der Internet-Zugang dieser Firmen durch viele tausend Daten-Pakete aus dem Bot-Net lahmgelegt wird. So werden gezielt Mails an Führungskräfte verschickt, auf deren Rechnern besonders wertvolle Informationen vermutet werden. Die US-Polizeibehörde spricht von Kosten in Höhe von 400 Mrd. Dollar, verursacht durch Computerkriminalität.[862]

Entsprechend wächst auch das Aufkommen von so genannter Spyware und Phishing-Mails (Datenklau), die insbesondere auch kleinere Unternehmen und deren Kunden befallen. Die internationale Online-Kriminalität wird sich in den kommenden Jahren stärker in Richtung eines Cyberwars entfalten. Einige Stationen auf diesem Weg werden im Folgenden wiedergegeben. Das Gefährliche an dieser Entwicklung ist der Wandel von der Datenspionage zu einer Art „elektronischer Kriegführung" mit virtuellen Marschflugkörpern. Sabotageakte können damit Handynetze, Krankenhäuser und Kraftwerke lahmlegen.

Eine besondere Gefährdung liegt in diesem Zusammenhang in einem aktuellen Trend des Cloud Computing. Besonders mittelständische Unternehmen trauen diesen Dienstleistungen wenig. Eine Umfrage der Wirtschaftsprüfungsgesellschaft PricewaterhouseCoopers unter deutschen Mittelständlern ergab, dass nur gut zehn Prozent das Angebot der auf firmenfremden Servern vorgehaltenen IT-Kapazitäten nutzen. Der Fortschritt dieser Dienstleistung wird also in Zukunft primär von der Lösungen der Sicherheitsproblematik abhängen.[863]

---

[862] Killer, A.: Computer werden zu Zombies, in: Die Welt 19.07.2007, S. 31
[863] Fuest, B.: Attacke auf die Wolke, Die Welt 30. Mai 2011, S. 12

Praxissituation 179: Szenarien eines Cyberwar-Angriffs und dessen Konsequenzen

Cyberwar als Alternative zur konventionellen Kriegführung ist unter modernen technischen Bedingungen für den Angreifer ungefährlich. Im Alltag sind bereits erste Elemente dieser Kriegführung im Einsatz: Angriffe durch Phishing, Spyware und Botnetze gehören zu erprobten Instrumenten dieses modernen Krieges. Botnetze sind Fernsteuerprogramme, über die kompromittierte Systeme von einem Angreifer zentral befehligt werden können. Die Kosten eines Cyberwar sind niedrig, die Gefährdung von Menschenleben im Prinzip ausgeschlossen. Bei den Angriffsobjekten und –subjekten kann dieser Angriff jedoch zu erheblichen Schäden führen.

Mit behördlichem Auftrag wurden bereits Planspiele für derartige Situationen durchgeführt, die u.a. folgende Aufgabenstellung betrachteten:
➢ Was passiert, wenn eine terroristische Gruppierung Deutschland „digital" angreifen würde, um die Telefon- und Datennetze zu zerstören?
➢ Wie könnte ein solcher Anschlag aussehen?
➢ Wie würde er vorbereitet, wenn sich die Täter zur Vorbereitung und Durchführung zwei Jahre Zeit nehmen würden?

Für Behörden wie auch für Unternehmen stellt sich eine besonders bedrohliche Lage durch die starke Zentralisierung und Konzentration von über 80 % des deutschen Telefonnetzes in der Hand eines Unternehmens, der Deutschen Telekom – dar. Die Gefährlichkeit dieser infrastrukturellen Situation wird noch dadurch erhöht, dass nahezu alle deutschen Internetprovider von diesem Unternehmen abhängig sind und sich überdies sich auch auf den Rechner-Systemen der Unternehmen zu 90 % Microsoft-Betriebssysteme befinden, die in der Vergangenheit bereits des öfteren Ziel erfolgreicher Virenangriffe waren.
Man stelle sich ferner vor, es gäbe einen Angriff auf das elektronische Steuersystem ELSTER, in dessen Folge mittels Spyware Steuernummern und Namen von Unternehmen und Privatpersonen recherchiert werden und mit speziellen Programmen innerhalb von Stunden Tausende von gefälschten Steuererklärungen abgegeben und in Größenordnungen Einnahmeausfälle sowie Steuerrückerstattungen ausgelöst würden.
Wie könnte ein solcher Cyberwar aussehen? Einem eigentlichen Angriff würde mit hoher Wahrscheinlichkeit eine Analyse der relevanten Datennetze vorausgehen. Im Mittelpunkt solcher vorbereitender Aktivitäten würde u.a. die Analyse der Datenströme, die Analyse der in den Steuerungszentralen eingesetzten Software auf Lücken sowie auf Schwachstellen in den Zugriffsregeln und –techniken sowie die gezielte Analyse der Hauptknoten und deren Schwachstellen stehen. In der Folge könnten dann effektiv mittels eines Botnetzangriffs diese Hauptknotenpunkte ausgeschaltet werden. Ferner ließen sich Störsysteme in Netzwerkabteilungen großer Provider, unbemannten Schaltzentralen sowie wichtigen Schaltkästen installieren.
Flächendeckende Angriffe würden dann mittels der Hackerszene gestartet. So könnten dabei alle Telefonleitungen von Microsoft mittels eines Botnetzes oder durch Trojaner attackiert werden und mittels eingeschleuster Schadprogramme Auswirkungen auf Tausende von Rechnern erzielen.
Die Funktionsweise solcher Attacken konnte bedauerlicherweise im Oktober 2005 in den Niederlanden beobachtet werden, als Betreiber eines Botnetzes festgenommen wurden. Die Gefährlichkeit dieses auf 1,5 Millionen PC geschätzten Netzes besteht darin, dass auch ohne die Betreiber die infizierten Rechner weiterhin „versuchen" werden, andere PCs anzustecken. Experten haben ein sehr bedrohliches Szenario über die auch im deutschen Internet-Netzwerk möglichen flächendeckenden Ausfälle erstellt. Die Angreifbarkeit des deutschen Telefonnetzes hätte dann auch un-absehbare Folgen für das Funktionieren diverser lebenswichtiger Telefonvermittlungen, den Betrieb von Rundfunk- und Fernsehstationen, Kreditkartenzahlungssystemen, Buchungssystemen für Flug-Tickets etc.
(Quelle: Lang, F.-J.: Planspiel für einen Cyberwar, WIK06/2, S. 55f.)

Praxissituation 180: Cyber-Attacken

Juli 2001

Angriff auf das Weiße Haus

Computerwurm Code Red nutzt eine Lücke im Betriebssystem Windows aus und legt den Server, auf dem die Web-Seiten des Weißen Hauses laufen, mit einer Flut von Anfragen lahm.

September 2007

Luftabwehr manipuliert

Die US Air Force manipuliert mit der Software Suter die Empfangsantennen der gegnerischen Luftabwehrsysteme im Irak und in Afghanistan. Auf diese Weise können Phantomziele eingespeist werden oder aber sichtbar gemacht werden, was der Gegner gerade auf seinem Radar hat.

September 2007

Behörden blockiert

Erste Cyber-Attacke auf Bundesbehörden in Deutschland: Per digitalem Beschuss durch ein sogenanntes Botnet aus 350 gekaperten und zusammengeschalteten Rechnern werden der Internet-Zugang und der E-Mail-Verkehr von zehn Bundesbehörden blockiert. Unter der Last des elektronischen Angriffs steigt der digitale Datenverkehr im Kommunikationsnetz der Bundesverwaltung für kurze Zeit um den Faktor 1000 an.

Dezember 2009

Drohne angezapft

Talibankämpfern im Irak gelingt es, den Datenstrom einer unbemannten Predator-Drohne zum Satelliten anzuzapfen. Die US Air Force bemerkt den Zwischenfall erst, als sie auf dem Laptop eines Schiiten Videoaufnahmen aus den Kameras der Drohne entdeckt.

April 2010

Verkehr umgeleitet

Im Auftrag chinesischer Regierungsstellen kapern Hacker 15 Prozent des weltweiten Internet-Verkehrs und leiten ihn für 18 Minuten nach China um. Darunter befinden sich riesige Datenpakete vom Pentagon, anderen amerikanischen Regierungs- und Militärstellen sowie vom US-Softwareriesen Microsoft und dem US-Computerbauer Dell.

September 2010

Kraftwerk sabotiert

Virenattacke auf das iranische Atomkraftwerk Bushehr. Der mit hohem Aufwand entwickelte Cyber-Schädling Stuxnet sabotiert die Steuerung von Industrieanlagen. Das Virus ist so raffiniert, dass es sogar ein bereits desinfiziertes System erneut befallen und danach unentdeckt bleiben kann.

(Quelle: Kuhn, T./Berke, J./Willershausen, F./Kamp, M.: Virtuelle Marschflugkörper, WirtschaftsWoche 06.12.2010, S. 82ff.)

Die Gefahren der Cyberkriminalität kommen vor allem aus dem Osten. Insbesondere russische und chinesische Hacker sind zahlreich organisiert. Hacker dringen in Rechenzentren fremder Regierungen ein.

7.10 Continuity Management als Strategie der IT-Risikovorsorge

Je stärker die eigenen Geschäftsabläufe von der IT abhängen, desto wichtiger ist eine umfassende Continuity-Management-Strategie als Risikovorsorge. Sie beginnt als Projekt im IT-Bereich mit einer Analyse aller unternehmenskritischen Geschäftsprozesse, ihrer Beziehungen und Abhängigkeiten untereinander und betrachtet die Auswirkungen eines potenziellen Gesamtausfalls der IT auf die Geschäftsfelder und Geschäftsprozesse (Business Impact Analyse). Darüberhinaus werden alle Anwendungen und Ressourcen einer Bewertung und Einstufung in Kritikalitätsklassen unterzogen und ihre Beziehungen und Abhängigkeiten zu den kritischen Geschäftsprozessen dargestellt. Für alle relevanten Störgrößen können so entsprechend der Anforderungen Reaktionsstrategien abgeleitet werden. Die Maßnahmen reichen dabei von der Erstellung eines Notfallhandbuches über notwendige Planungs- und Implementierungsmaßnahmen wie Installationen, Tests und Migrationen bis zum Training von Fehler- und Katastrophenfällen. Continuity Management in der IT muss personell und organisatorisch als unterbrechungsfreier Prozess im Unternehmen verankert werden. Unternehmen verteilen daher oft das Rechenzentrum auf zwei oder mehrere Standorte oder planen ein mobiles Rechenzentrum, das innerhalb von 24 Stunden per Container im Fall der Fälle vor Ort sein und die Funktionen des Rechenzentrums ersetzen kann. Dann lassen sich über einen detaillierten Recovery-Plan in der Reihenfolge der Wichtigkeit sämtliche Systeme und Daten wiederherstellen. Die Zusammenhänge um den Wiederanlauf nach einem IT-Desaster zeigt Abb. 62.

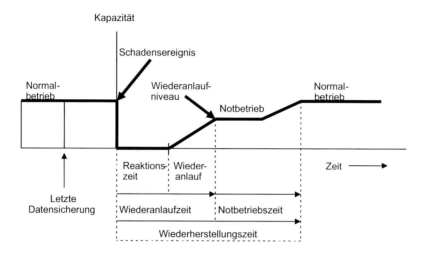

Abb. 62 Zusammenhänge des Wiederanlaufs nach einem Schadensereignis[864]

Für die Durchführung einer Business-Impact-Analyse lassen sich sieben Schritte formulieren:[865]

➢ Schritt 1 – Feststellung der für das Notfallmanagement wichtigen Organisationseinheiten und der verantwortlichen Personen
➢ Schritt 2 – Analyse der voraussichtlichen Schäden hinsichtlich ihrer Höhe und ihres Verlaufes und Bewertung einzelner Schäden
➢ Schritt 3 – Festlegung der Ausfallzeiten, der Wiederanlaufzeiten und der Wiederanlaufpunkte einzelner Prozesse
➢ Schritt 4 – Berücksichtigung von Prozessabhängigkeiten unter Berücksichtigung der Geschäftsziele
➢ Schritt 5 – Setzen von Prioritäten für den Wiederanlauf aus der Zielsetzung geringstmöglicher Schäden
➢ Schritt 6 – Ermittlung der verfügbaren Kapazitäten für einen Notbetrieb, z.B. nach dem maximal zulässigen Datenverlust
➢ Schritt 7 – Ermittlung der Wiederanlaufzeiten und der Sicherheit und Beherrschung des Wiederanlaufs.

---

[864] Autorenkollektiv: Qualitätsmanagement. Arbeitsschutz, Umweltmanagement und IT-Sicherheitsmanagement, 3. Auflage, Haan-Gruiten 2010, S. 302
[865] Ebenda.

Die Ausfallsicherung des Betriebs durch IT-Störungen muss folgende Schwerpunkte umfassen:[866]

➢ eine ausreichende Leistungsfähigkeit kritischer Systeme,
➢ eine redundante Auslegung der kritischen Infrastrukturelemente,
➢ Backup-Verfahren,
➢ Eskalationspläne für den Notfall,
➢ verbindliche Service-Levels und
➢ ein qualifiziertes Continuity-Management-Team.

Eine realistische Continuity-Management-Strategie muss Kosten/Nutzen-Gesichtspunkte berücksichtigen. Unternehmen glauben häufig, ausreichend gegen IT-Schäden versichert zu sein und auf andere Wiederanlaufkonzepte deshalb verzichten zu können. Elektronikversicherungen decken häufig Fälle von Schäden aus durch Blitzschlag zerstörten Computern oder durch Defekte beschädigte Festplatten – also die materiellen Schäden ab. Die Aufwendungen und Schäden aus dem Verlust von wichtigen Daten werden dabei oft nur halbherzig oder nicht berücksichtigt. Des Weiteren wird auch mancherorts die Steuerungselektronik von Produktionsanlagen von der Deckung über Versicherungspolicen ausgeschlossen. Unternehmen müssen sich in Abhängigkeit von der Größe und der Kapitaldecke klarmachen, wie schnell und mit welchen kurzfristigen Mitteln ein Wiederanlauf der IT nach der Zerstörung des Gesamtsystems oder von Komponenten erfolgen muss.

Die Grundlagen des Business Continuity Management (BCM) wurden in Kapitel I erläutert. Für den IT-Bereich sollten dazu folgende Komponenten erstellt werden:[867]

➢ der **Continuity of Operations Plan (COOP)** mit Vorkehrungen für eine minimale Aufrechterhaltung der betrieblichen Kernfunktionen an alternativen Standorten (z.B. durch Backup-Lösungen)
➢ ein **Disaster Recovery Plan** (Notfallplan) zur Wiederherstellung der IT-Prozesse sowie der Geschäftsprozesse und –abläufe im gesamten Unternehmen, z.B. Datenwiederherstellung und Ersatz wichtiger Hardwarekomponenten
➢ ein **Vulnerability-und Incident-Response-Plan** mit Vorkehrungen für die präventive Abwehr bestimmter Ereignisse (z.B. Hacking, Trojaner, Denial of Service)bzw. bestimmter Fehlerfunktionen
➢ ein **IT Contingency Plan** (IT-Notfall-Plan) mit Maßnahmen zur Wiederherstellung der IT-Systeme, die direkt oder indirekt Supportsysteme für die Geschäftsprozesse sind.

Für die Umsetzung und methodische Unterstützung liegen zahlreiche Standards vor.

---

[866] Zierl, H.: Was ist eigentlich Continuity Management?, in: Markt und Mittelstand 07/2005, S. 79
[867] Romeike, F./Hager, P.: Erfolgsfaktor Risiko-Management 2.0, 2. Auflage Wiesbaden 2009, S. 397ff.

8. Personalwirtschaftliche Risiken

8.1 Allgemeine personalwirtschaftliche Risikosituation

Immer bedeutender wird das Personal-Risikomanagement für die Sicherung strategischer Wettbewerbsvorteile. Entsprechend der Gallup-Studie aus dem Jahre 2004 spüren 87 Prozent aller Arbeitnehmer ihrer Arbeit gegenüber keine echte Verpflichtung, ziehen es 76 Prozent in Betracht, das Unternehmen zu wechseln und warten nur auf eine passende Chance, werben 30 Prozent aller Mittelständler leitende Angestellte direkt vom Wettbewerber ab, können 25 Prozent der freien Stellen im Mittelstand erst nach sechs Monaten besetzt werden, da den Bewerbern die erforderliche Qualifikation fehlt.[868]

Jedes Unternehmen sollte auch seine Leistungsträger kennen und potenzielle individuelle Austrittsrisiken mit Hilfe einer Checkliste bewerten und entsprechende Maßnahmen entwickeln. Ebenso müssen geringe Führungsqualitäten, fehlende Werteorientierung sowie mangelnde Loyalität systematisch analysiert und beseitigt werden. Von einer besonderen Bedeutung kann auch das Risiko aus dem plötzlichen Verlust von Mitarbeitern sein. Besonders schmerzhaft kann dabei der Verlust von Fach- und Führungskräften sein, die in spezifischer Weise Erfahrungs- und Wissensträger des Unternehmens sind.

Praxissituation 181: Verlust von Menschenleben durch Tragödien
Der Anleihebroker Cantor Fitzgerald in den USA erlebte eine Betriebsstörung einer besonderen Größenordnung, als bei der Zerstörung des World Trade Centers 658 seiner Beschäftigten umkamen. Neben dem Verlust von Menschenleben werden bei einer Tragödie dieses Ausmaßes die Beziehungen zu Mitarbeitern, Kunden und Zulieferern gekappt, welche für Wiederaufbaumaßnahmen entscheidend sein können.
(Quelle: Sheffi, Y.: Worst-Case-Szenario. Wie Sie Ihr Unternehmen auf Krisen vorbereiten und Ausfallrisiken minimieren. Landsberg/Lech 2006, S. 42)

Für eine fundierte Analyse, Bewertung und Steuerung personalwirtschaftlicher Risiken stellt sich die Frage nach einem Bezugsrahmen und einer Gesamtsystematik für die personalwirtschaftliche Risikostruktur. In vereinfachter Form kann ein Bezugsrahmen für den Produktionsfaktor Personal aus einem Input-Output-Modell (Abb. 63) abgeleitet werden.[869]

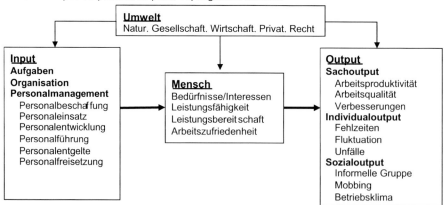

Abb. 63 Bezugsrahmen für die Risikobetrachtungen zum Produktionsfaktor Personal

---

[868] Hillemeyer, J.: Im Krisenfall agieren und nicht nur reagieren, Lebensmittelzeitung 31. August 2006, S. 22
[869] In Anlehnung an: Kropp, W.: Personalrisiko-Management, in: Bröckermann, R./Pepels, W.(Hrsg.): Personalbindung: Wettbewerbsvorteile durch strategisches Human Resource Management, Berlin 2004, S. 4, zitiert in: Romeike, F./ Hager, P.: Erfolgsfaktor Risiko-Management 2.0, 2. Auflage, Wiesbaden 2009, S. 296

Von Kobi werden die wichtigsten Personalrisiken in vier Gruppen eingeteilt:[870]

➢ **Engpassrisiko**

Dies betrifft das Fehlen von Leistungsträgern. Dabei kann zwischen Bedarfslücken (funktions-bezogen) und Potenziallücken (personenbezogen) unterschieden werden. Dieses Risiko ist vor allem die Folge einer unzureichenden strategischen Personalpolitik.

➢ **Anpassungsrisiko**

Dies beinhaltet Risiken aus der fehlenden Fähigkeit der Anpassung von Mitarbeitern an neue Strategien, Aufgaben, Funktionen etc. Dieses kann auch als Flexibilitätsrisiko betrachtet wer-den.

➢ **Austrittsrisiko**

Dies bedeutet einen Verlust von Leistungsträgern mit Schlüsselqualifikationen. Die Besonder-heit liegt hier darin, dass der Mitarbeiter entsprechend seiner Eigeninteressen und seines per-sönlichen Risikomanagements die Absicht zum Austritt erst zeitlich so knapp wie vertraglich erforderlich ankündigt.

➢ **Motivationsrisiko**

Darunter versteht man den Rückgang der Arbeitsleistung, insbesondere durch „Burnout", „in-nere Kündigung", nicht ausgewogene Work-Life-Balance, Rückzug auf Pflichtleistungen, be-wusste Schädigung des Arbeitgebers sowie Betrugsdelikte, Loyalitätsverluste.

Die In Tab.86 dargestellte Struktur von personalwirtschaftlichen Faktoren kann ebenso als eine Grundlage für eine fundierte Risikoidentifikation im Personalbereich dienen.

Risiken des Personalbereichs				
1 – Personalorien-tierte Leistungsri-siken	2 – Personalorien-tierte Funktionsri-siken	3 – Personalorien-tierte Prozessrisi-ken	4 – Personalorien-tierte Führungsri-siken	5 – Personal-orientierte Rechtsrisiken (vgl. II.6.3.)

1 – Personalorientierte Leistungsrisiken			
Leistungsfähigkeit / Potenziale	Leistungsbereitschaft	Mitarbeiterbindung	Bedürfnisse/ Interessen
➢ Qualifikationsrisiken ➢ Überforderung / Unterforderung ➢ Nutzung von Insiderwis-sen und Informationsver-traulichkeit ➢ Individuelle Alleinverfüg-barkeit über Wissen ➢ Monopolisierung von Kundenkontakten	➢ Störungen in der Work-Life-Balance ➢ Altersstruktur der Mitarbeiter ➢ Motivationszustände ➢ Stimmungslagen	➢ Arbeitszufriedenheit ➢ Loyalität ➢ Karrierechancen	➢ Bedürfnis- und Interessen-bekanntheit ➢ Bedürfnis- und Interessenkon-flikte

2 – Personalorientierte Funktionsrisiken			
Personalplanung	Personalbeschaffung	Personaleinsatz und -organisation	Personalentlohnung
➢ Personalplanungsme-thoden und -verfahren ➢ Personalstruktur ➢ Management des „Personallebenszyk-lus"	➢ Attraktivität des Unter-nehmens für Bewerber ➢ Interne und externe Beschaffungswege	➢ Personaleinsatzpla-nung ➢ Stellenbesetzungen ➢ Befugnisse und Kom-petenzen	➢ Lohnformen ➢ Flexibilität der Entlohnungssyste-me

---

[870] Kobi, J.M.: Die Früherkennung von Personalrisiken als Pflicht, Personalmagazin 10/2002, S. 20ff.

3 – Personalorientierte Prozessrisiken			
Inputfaktoren	Ablauffaktoren	Nutzungsfaktoren	Outputfaktoren
➢ Arbeitsbedingungen ➢ Arbeitszeiten ➢ Personalverfügbarkeit	➢ Handlungsprozesse der Mitarbeiter ➢ Zuverlässigkeit/Transparenz der Handlungen/Entscheidungen ➢ Grad der Selbständigkeit von Handlungen ➢ Umsetzung eigener Ideen	➢ Personalkapazitätsnutzung ➢ Personalaufwand ➢ Personalproduktivität ➢ Personaleinsatzeffizienz	➢ Leistungsergebnisse ➢ Mitarbeiterkommunikation nach außen ➢ Mitarbeiterkommunikation nach innen ➢ Mitarbeiterverhalten nach außen

4 – Personalorientierte Führungsrisiken			
Vertrauensrisiken	Ignoranzrisiken	Führungsrisiken	Betriebsklimarisiken
➢ Misstrauenskultur ➢ Klima der Angst	➢ Ignoranz privater Belange der Mitarbeiter ➢ Ignoranz gegenüber persönlichen Kontakten	➢ Einseitige Erwartung von Gefolgschaft/Treue der Mitarbeiter ➢ Führungsstile ➢ Führungsprozesse	➢ Unternehmensbezogenes Betriebsklima ➢ Bereichs- und gruppenbezogenes Betriebsklima

Tab.86 Übersicht wichtiger personalwirtschaftlicher Risiken

8.2 Risiken des Personalbestandes und der Personalstruktur

Bestandteil der strategischen Planung eines Unternehmens ist die Planung strategischer Ressourcen und in diesem Komplex auch die Planung der Ressource Personal. Konventionelle Personalplanung und –bedarfsrechnung realisiert sich über die Gegenüberstellung des zukünftigen Bedarfs in qualitativer, quantitativer, zeitlicher und örtlicher Hinsicht mit den vorhandenen Ressourcen. Diese Denkweise funktioniert in Zukunft nicht mehr. Mitarbeiter verfügen über gewisse Kompetenzen, Fähigkeiten und Fertigkeiten, die sie in das Unternehmen mitbringen oder dort erwerben und beim Verlassen des Unternehmens wieder mitnehmen. Die begrenzte Speicherbarkeit dieser Kompetenz einerseits und die zunehmende Abhängigkeit des Unternehmens von den Kompetenzen bestimmter Mitarbeiter oder Mitarbeitergruppen andererseits erzwingen die Einbeziehung einer risikopolitischen Dimension in die Personalplanung.

Mit Hilfe spezieller Belegschaftsportfolios können die Risiken für die Deckung des quantitativen und qualitativen Bedarfs mit einem langfristigen Zeithorizont sichtbar gemacht werden.[871] Risiken entstehen hierbei als Bestandsrisiken, Entwicklungsrisiken und Beschaffungsrisiken:

➢ **Bestandsrisiken** bestehen in der Gefahr des Verlustes von personellen Ressourcen und Potenzialen.
➢ **Verfügbarkeitsrisiken** beinhalten potenzielle Fehlzeiten oder Zeiten der Leistungsminderung, die sich u.a. durch Arbeitsunfälle, umfeld- und arbeitsbedingte gesundheitliche Beeinträchtigungen der Mitarbeiter sowie durch unzureichende Erfüllung bzw. Einhaltung ergonomischer Anforderungen an die Gestaltung der Arbeitsprozesse und Arbeitsplätze ergeben können.
➢ **Entwicklungsrisiken** zeigen sich in der Schwierigkeit, Unmöglichkeit oder Begrenztheit der Entwicklung und Mobilisierung eines vorhandenen Potenzials („nicht mobilisiertes oder mobilisierbares Potenzial") und in objektiv und subjektiv nicht vorhandenem Potenzial („Potenzialdefizit oder Potenziallücke")
➢ **Beschaffungsrisiken** liegen in den Schwierigkeiten des internen und externen Recruiting des für die notwendigen Schlüsselfunktionen und –kompetenzen erforderlichen Personals in der jeweiligen Zeitperiode.

Die **Bestandsrisiken** werden in den Unternehmen stark unterschätzt. Ausfälle von Mitarbeitern können kurzfristige Kosten- und Ertragsrisiken verursachen, lang- und mittelfristige Lücken in der

---

[871] Kobi, J.M.: a.a.O.

Personalstruktur und im Falle des Ausfalls von Schlüsselpersonen auch existenzgefährdende Situationen bedeuten. Dies wird unter dem Aspekt der aktuell und zukünftig zunehmenden Aktivitäten des Wettbewerbes um die besten Mitarbeiter und Führungskräfte und in diesem Kontext der Abwerbungsversuche zwischen den Konkurrenten zu beobachten sein. Bestandsrisiken treten in der Unternehmenspraxis als

➢ mitarbeiterexogene Risiken des Ausfalls, zum Beispiel durch Alter, Krankheit, Tod o.ä. und als
➢ mitarbeiterendogene Risiken des Ausfalls, zum Beispiel durch Kündigung oder Aufhebung des Arbeitsverhältnisses(Fluktuationsrisiken)

auf. Während sich die altersbedingten Risiken mit einigermaßen Bestimmtheit vorhersehbar planen lassen, werden zum Beispiel krankheitsbedingte Risiken völlig überraschend eintreten. Zu den möglichen Fluktuationsrisiken sind allerdings die Ursachen für deren Eintreten differenziert zu untersuchen. Kündigungs- und Wechselgründe sind in der Personalpraxis hinlänglich bekannt. Die Problematik liegt jedoch in der differenzierten mitarbeiterbezogenen Analyse der Faktoren des möglichen Austrittsrisikos und in der Schwierigkeit ihrer rechtzeitigen und zuverlässigen Vorhersage durch die Gewinnung offener und verdeckter Frühwarnindikatoren. Derartige Frühwarnindikatoren können unternehmensbezogene oder bereichsbezogene (mitarbeiterneutrale) Indikatoren oder mitarbeiterbezogene Indikatoren sein. Begleiterscheinungen (indirekte Wirkungen oder Kosten) von mitarbeiter- oder unternehmensinduzierten Fluktuationen können neben dem Know how-Abfluss insbesondere das Löschen von Daten auf eigenen Datenbeständen, eigenen Festplatten oder selbst verwalteten IT-Modulen sowie die Entfernung wichtiger oder sogar belastender Unterlagen und Dokumente sein. Die vorschnelle und/oder bewusste Entlassung unbequemer Mitarbeiter und die Sparsamkeit bei leistungsfähigen Mitarbeitern können zu einem Risiko für den Bestand potenzieller Leistungsträger werden.

Ein wichtiger Faktor der Bestandsrisiken ist die Konzentration von Spezialwissen auf wenige Mitarbeiter. Die Konzentrierung von Spezialwissen auf nur ganz wenige oder gar nur eine Person führt bei Ausfall der Wissensträger zu betrieblichen Störungen, die dann nur mühsam und umständlich zu beheben sind, wenn überhaupt das erforderliche Wissen in angemessener Zeit wieder zu erlangen ist. Eine Risikoreduzierung kann hier durch entsprechende Vertretungen und Verbreiterung der Wissensbasis sowie durch Dokumentation von Wissen, Prozessen und Anwendungen erfolgen. Die Altersstruktur weist eine besonders hohe – langfristig wirkende – Relevanz für die Sicherung des qualitativ und quantitativ erforderlichen Bestandes an Mitarbeitern auf. Dabei sind die jeweils spezifischen Risiken einer zu starken Verschiebung der Altersstruktur in Richtung „jüngere" oder in Richtung „ältere" Jahrgänge und Altersgruppen zu analysieren. In einer Managerbefragung des „HandelsMonitor 2006/2007" schätzen 39,3 % der Befragten aus Handelsunternehmen das Risikofeld „Managementkapazitäten und Fähigkeiten" als sehr hoch ein.[872] Risiken bürgen auch der Abgang wichtiger Führungskräfte und eine nicht geringe, nicht unerhebliche Abwanderung von Mitarbeitern, insbesondere im Vertrieb. Merkliche Folgen entstehen daraus vor allem durch deren Wechsel zur Konkurrenz oder durch deren eigene Unternehmensgründung.

Praxissituation 182: Schwindende Kräfte
„...erwischte es die AWD-Regionaldirektoren von Berlin, Bremen, Rostock und Würzburg. Die vier Direktoren wollten sich dem Vernehmen nach nicht mehr langfristig an AWD binden, worauf der Konzern die Verträge kappte....Konzernweit würden 120 Führungskräfte auf dieser Ebene beschäftigt. Doch ganz so harmlos sind die Personalien nicht. Die vier Direktoren seien mit ihren Mitarbeitern für mehr als 15 Prozent des AWD-Umsatzes in Deutschland verantwortlich, heißt es in der Branche. Zudem häufen sich die Abgänge....Gleichzeitig entsteht derzeit mit dem Finanzvertrieb Formaxx unter Führung des Ex-AWD-Managers Ralf Steinmeister und des früheren MLP-Vorstands Eugen Bucher ein ernst zu nehmender Konkurrent, der kräftig Personal aufstockt. Das Unternehmen will im Oktober mit rund 300 Vertretern starten. Innerhalb von fünf Jahren sollen es 2000 sein."
(Quelle: Kroker, M.: Schwindende Kräfte, in: WirtschaftsWoche vom 06.08.2007, S. 13)

---

[872] Liebmann, H.-P./Friessnegg, A./Gruber, E./Riedl, H.: HandelsMonitor2006/2007, S. 117

8.3. Risiken durch Mitarbeiterkriminalität

Jährlich entsteht durch Diebstahl, Unterschlagung, Bestechung, Untreue oder Betrug ein volkswirtschaftlicher Schaden in Höhe von mehreren Milliarden Euro. In den USA beziffert man die Verluste durch kriminelle Handlungen auf etwa 6 % des Umsatzes, auf rund 15 Milliarden Euro beziffert der Bayerische Verband für Sicherheit in der Wirtschaft den jährlichen Schaden, der durch Wirtschaftsdelikte in deutschen Unternehmen angerichtet wird.[873]Viele Fälle werden nur zufällig entdeckt. Eine Studie der Wirtschaftsprüfungsgesellschaft KPMG zeigt, dass über 60 Prozent der befragten Unternehmer erste Zeichen für wirtschaftskriminelle Handlungen nicht erkannt haben.[874] Die Dunkelziffer der nicht aufgedeckten Fälle von Wirtschaftskriminalität schätzen Firmenlenker auf 80 Prozent.

Es fehlen jedoch oft leider in vielen Unternehmen effiziente Ansätze zur Früherkennung und systematischen Prävention. Nach einer gemeinsamen Umfrage der Universität Halle-Wittenberg und der Pricewaterhouse Coopers (PwC) bei 1100 Betrieben beugen nur 51 % der Befragten gegen kriminelle Machenschaften wie Betrug, Unterschlagung, Produktpiraterie oder Industriespionage vor.[875] Aufgedeckt werden diese kriminellen Handlungen meist nur durch Zufall oder bei einem Wechsel des Arbeitgebers. Hauptursachen sind insbesondere der allgemeine „Verfall gesellschaftlicher Werte", die unzureichende Identifikation mit dem Unternehmen und ein „Lean Management". Maßnahmen der Risikovermeidung oder –minderung sind organisatorische Maßnahmen, insbesondere ein System interner Kontrollen, das „Vier-Augen-Prinzip" sowie ein Verhaltenskodex für Mitarbeiter.[876]

Kriminalität am Arbeitsplatz durch Unterschlagung, Diebstahl, Betrug und Untreue zeigt sich zum Beispiel im Mitarbeiterdiebstahl (Waren und/oder Bargeld), in der Belegfälschung (Fälschung eines Ausgabe- oder Abgangsbeleges, Erzeugung gefälschter Abschriften, Gewährung ungerechtfertigter Erlösschmälerungen und Gutschriften), im Missbrauch von Verrechnungskonten, in Urkundenfälschung und in der Fälschung von Reise- und Spesenabrechnungen.

Praxissituation 183: Controller außer Kontrolle

Bis November 2005 wirkte Jürgen S. wie ein Vorzeigeschwabe...Schwäbisch solide investierte er in mehrere Bauprojekte im Umland von Stuttgart-Möhringen. Seine Villa erschien Daimler-Kollegen zwar ziemlich protzig für einen Teamleiter. Häuslebauer S. verwies jedoch auf ein geerbtes Vermögen. Doch hinter der Fassade des reichen Biedermanns verbarg sich reichlich kriminelle Energie. Fast fünf Jahre lang, so werfen ihm Daimler-Chrysler und die Staatsanwaltschaft vor, betrog er den Konzern – über ein System von Scheinfirmen und fingierten Rechnungen. Der Schaden beläuft sich auf mehr als 22 Millionen Euro.

Das Verfahren dürfte auch Schatten auf den Konzern werfen. Denn auch wenn hinter dem Fall kein korruptes System sichtbar wird, belegt es, wie schlecht die internen Kontrollmechanismen im Ernstfall funktionieren. Egal ob Einkauf, Revision oder Vorgesetzte bis hoch zum Geschäftsbereichsleiter: Ehe im November 2005 die Ermittler der Stuttgarter Kriminalinspektion 3 für Wirtschaftskriminalität anrückten und das Büro von S. durchsuchten, schöpfte bei Daimler niemand ernsthaft Verdacht. Europas größter Autokonzern ließ sich offenbar von einem Manager ausnehmen, der es in der Konzernhierarchie gerade mal auf die siebthöchste Ebene geschafft hatte. (...) Das Stuttgarter Landgericht hat den früheren Daimler-Manager wegen millionenschwerer Untreue zu fünfeinhalb Jahren Haftstrafe verurteilt. (Quelle: managermagazin 09/2006, S. 14ff.; www.welt.de/30.01.2008)

---

[873]Odenthal, R.: Kriminalität am Arbeitsplatz, Korruption und Unterschlagung durch Mitarbeiter erkennen und verhindern, Wiesbaden 2005

[874]o.V.: Wölfe im Schafspelz, in: Markt und Mittelstand 8/2006, S. 27

[875]o.V.: Unterschätztes Risiko, impulse 12/2008, S. 12

[876]Keitsch, D.: a.a.O., S. 128

Praxissituation 184: Henkel-PR-Manager wegen Betrug vor Gericht

„Schnell das große Geld machen und dann in Saus und Braus leben: Dieser Traum endet für einen 43-jährigen PR-Manager und einen 47-jährigen Kaufmann auf der Anklagebank....

Sie sollen laut Anklage Forderungen gegen den Henkel-Konzern erfunden, entsprechende Belege gefälscht und verkauft haben. Dabei war nach Angaben der Staatsanwaltschaft ein rechnerischer Schaden von 45 Mio. Euro entstanden. Der reale Schaden liege bei 15 Mio. Euro....Bei dem Betrug soll auch die Unterschrift von Henkel-Chef Kasper Rorsted gefälscht worden sein, um dem PR-Mann die angebliche Befugnis für solche Deals zu bescheinigen...."

(Quelle: www.lebensmittelzeitung,net vom 27.05.2010)

Anmerkung des Verf.: Laut Urteil des Landgerichts Düsseldorf wurde der Haupttäter in der Zwischenzeit zu 4 Jahren Haft verurteilt.

Praxissituation 185: Wirtschaftskriminalität kann jeden treffen

Betrug, Diebstahl, Unterschlagung: In deutschen Unternehmen grassiert die Mitarbeiterkriminalität. Nicht in allen – aber in vielen. Ob in der Chefetage, im Büro oder in der Lagerhalle: Diebstahl, Betrug und Veruntreuung gibt es auf allen Ebenen – mit zunehmender Tendenz. Trotzdem wiegen sich viele Unternehmer in der Sicherheit, Kriminalität gäbe es nur bei den anderen....

Eine Statistik aus dem Jahre 2005 besagt, dass Schäden durch Diebstahl und Betrug, verursacht durch Mitarbeiter, sich allein in den vergangenen zwei Jahren verdoppelt haben und derzeit bei über acht Milliarden liegen....Nach Angaben des Magazins „Impulse" betrug die Schadensumme bei jedem fünften Fall mehr als 50.000 Euro. Dabei sind in der Summe der Delikte (fast 1.000.000) die Selbstbedienungsmentalitäten und Grau-Geschäfte führender Manager, wie sie im Jahr 2005 etwa an die Öffentlichkeit kamen, noch gar nicht enthalten. Bemerkenswert auch: Zwei Drittel aller Täter kommen aus den eigenen Reihen. In zwölf Prozent dieser Fälle machten die Mitarbeiter mit externen Tätern gemeinsame Sache. (…)

Die meisten Unternehmer werden erst aktiv, nachdem Bestechungen öffentlich wurden – und dann ist der Schaden erfahrungsgemäß meist viel höher als die Summe, um die es ging.

...Kriminalität hat viele Gesichter: von Korruption und Vorteilsnahme, über Untreue, Unterschlagung, Diebstahl bis hin zu Wirtschafts- und Betriebsspionage, Erpressung bis zu Insidergeschäften.(…) Die Täter besitzen meist betriebswirtschaftliches Fachwissen und gute Kenntnisse der internen organisatorischen Abläufe und Gewohnheiten des geschädigten Betriebes. Angesichts dieser Tatsachen ist es fast absurd, sich gegen Einbruch von außen oder gegen Hacker optimal zu schützen, Sicherheitsschlösser, Zugangscodes oder Überwachungssysteme zu installieren – aber im eigenen Betrieb allen blind zu vertrauen.

Das Problem wird unterschätzt. Die Ursachen für das Wachsen von Kriminalität sind vielfältig. Eine liegt sicher schon darin, dass viele Unternehmer und Führungskräfte dieses Thema unterschätzen, den Mitarbeitern so ein Handeln nicht zutrauen. Entsprechend wird wenig getan, präventiv zu handeln.... Eine Auswertung der Hermes Kreditversicherungs-AG von 9.000 versicherten Vermögensschäden zeigt:

➢ Etwa zwei Drittel der Schadenstifter waren männlich, ein Drittel weiblich.
➢ Mit zunehmendem Alter sind die Schadenhäufigkeit. 35 % der Schäden wurden von Mitarbeitern unter 30 Jahren verursacht. Nur 12 % der Schäden gehen auf Mitarbeiter über 50 Jahre zurück.
➢ Je länger die Betriebszugehörigkeit, desto seltener die Veruntreuung: Die höchste Dichte der Veruntreuungen liegt in den ersten zwei Jahren der Beschäftigung.

Bei allem Vertrauen in Mitarbeiter – effektive Kontroll- und Steuerungssysteme, klare Unternehmensleitlinien und transparente Strukturen sind wichtig....Aber ebenso wichtig ist eine positive Atmosphäre: Mit steigender Entfremdung vom Arbeitgeber sinkt die Hemmschwelle für Straftaten. In den letzten Jahren war viel von fehlender Moral der Manager die Rede. In der Tat spielt die mangelnde Vorbildrolle, gepaart mit selbstherrlicher Arroganz auch eine gewisse Rolle bei der Zunahme der Kriminalität in Unternehmen.

(Quelle: Götze, K.: Wirtschaftskriminalität kann jeden treffen, Z. DIE NEWS 3/2006, S. 14f.)

Praxissituation 186: Bande zweigt 200 Millionen Euro bei Siemens ab

Das halbe Dutzend hatte sich als Bande zusammengeschlossen: Sechs Siemens-Mitarbeiter haben über ein geheimes Finanzsystem Millionen aus dem Konzernvermögen abgezweigt. Die ergaunerte Summe liegt laut Staatsanwaltschaft bei rund 200 Millionen Euro. Das ist das Zehnfache des Betrages, der bislang offiziell genannt wurde.

(Quelle: Ehrensberger, W.: Bande zweigt 200 Millionen Euro bei Siemens ab, in: www.welt.de/ 22.11.2006

Praxissituation 187: Sekretärin unter Verdacht

Frühere Kollegen bei Tchibo beschreiben Anita E. als engagiert und fleißig. Entsprechend verwundert reagierte daher manch einer, als die Hamburger Kaffeerösterei der langjährigen Chefsekretärin zum 30. Juni dieses Jahres fristlos kündigte.... Seit September werde gegen E. ermittelt, bestätigt die Hamburger Staatsanwaltschaft. Der Verdacht lautet auf Betrug. (...) Klar ist, dass die Sekretärin für mindestens zwei Tchibo-Manager tätig war. Mehrere Jahre arbeitete sie für den Non-Food-Vorstand Stephan S.. Als dieser das Unternehmen verließ, bekam E. ein neues Aufgabenfeld und saß im Vorzimmer von Markus C., dem Vorstandssprecher der Tchibo GmbH. Bald darauf trennte sich Tchibo von E.; offenbar, weil sie die Konzernkasse um einen stattlichen Betrag erleichtert haben soll. Die Firma beklage einen Verlust von rund 700.000 Euro, berichten Unternehmenskenner.

Kraft ihres Amtes war E. dazu befugt, Rechnungen in bestimmter Höhe mit abzuzeichnen. Die Bestätigung erfolgte auf elektronischem Wege. Es galt dabei das Vier-Augen-Prinzip mit Ihrem Vorgesetzten, also dem Vorstand. E. konnte diese Sicherung umgehen, so die Vermutung, weil sie in ihrer Zeit als Mitarbeiterin von Stephan S. dessen Zugangscode gekannt haben soll.

Offenbar nutzte die Frau ihre Kenntnisse aus, um sich das Leben zu versüßen. So soll sie über einen Zeitraum von rund eineinhalb Jahren Güter und Dienstleistungen verschiedener Art zum Eigenverbrauch geordert haben. Die Rechnungen soll die Kostenstelle des Vorstandsbüros von S. bezahlt haben. Der Manager habe von alldem nichts bemerkt, berichten Insider. Am Ende soll die Innenrevision der Sekretärin auf die Spur gekommen sein...

(Quelle: managerMagazin 12/2006, S. 10)

Praxissituation 188: Abhörskandal erschüttert Wal-Mart

Der US-Einzelhandelskonzern Wal-Mart kämpft mit einem Abhörskandal. Ein Angestellter in der Zentrale des Unternehmens hat über Monate hinweg illegal Mitschnitte von Telefongesprächen angefertigt und elektronische Textnachrichten abgefangen. Nun ermitteln das FBI und die US-Staatsanwaltschaft.... Der Händler entließ zwei Verantwortliche, darunter einen Techniker, fristlos....Wal-Mart betonte, das Abhören von Mitarbeitergesprächen sei durch Gesetze und unternehmensinterne Richtlinien gedeckt. Es sei jedoch eine Genehmigung der Rechtsabteilung notwendig, die in diesem Fall nicht erteilt worden sei.

Der Mitarbeiter nahm unter anderem Gespräche der Presseabteilung mit einem Redakteur der „New York Times" auf, der regelmäßig über den Einzelhändler berichtete. Des Weiteren soll der entlassene Techniker Textnachrichten – etwa von Mobilfunkgeräten - mit einem speziellen Scanner auf einen Firmencomputer geladen und nach Schlüsselwörtern durchsucht haben....

„Es fällt mir schwer zu glauben, dass es sich bei diesen Vorgängen um die Tat eines einzelnen Technikers handelt". Sagt Chris Kofinis, Sprecher von Wakeupwalmart.com, einer gewerkschaftsnahen Initiative von Kritikern des Einzelhändlers. „Dagegen spricht allein die Tatsache, dass Wal-Mart das am straffsten geführte Unternehmen der USA ist."

Wal-Mart, mit einem Jahresumsatz von 350 Mrd. $ der weltgrößte Einzelhändler, hat sich in den vergangenen Monaten immer wieder kritischen Berichten über Arbeitszeiten und Sozialversicherung der 1,3 Millionen Mitarbeiter ausgesetzt gesehen....Zudem läuft eine Sammelklage von bis zu 1,5 Millionen derzeitigen und ehemaligen Mitarbeiterinnen, die wegen Diskriminierung klagen. (Quelle: Financial Times Deutschland 2007)

KPMG entwickelte einen durchgängigen Ansatz für ein Betrugsrisikomanagement mit drei wirksamen Strategien: Prävention, Aufdeckung und Reaktion. „Ein gut formulierter Verhaltenskodex (Code of Conduct) sei einer der wichtigsten Mechanismen, um mit den Angestellten über akzeptable Geschäftsstandards zu kommunizieren. Angestellte müssen zunächst mittels Mitteilungen und Ausbildung auf ihre Verpflichtungen bezüglich Betrugs- und Fehlverhaltenskontrolle aufmerksam gemacht werden....Da es unmöglich ist, jegliches Risiko hinsichtlich betrügerischen Verhaltens zu überwachen, sollte die Geschäftsleitung einen umfassenden Kontroll- und Überwachungsplan entwickeln, der auf dem Betrugsrisiko-Bewertungsprozess des Unternehmens beruht."[877] Unternehmen setzen zur Vermeidung von Schadensfällen aus Untreue und Unterschlagung zunehmend auf präventive Konzepte, zu denen hauptsächlich folgende Maßnahmen gehören können:[878]

➢ Gestaltung eines positiven Betriebsklimas
➢ Erkennbare Verankerung ethischer Standards in der Unternehmensphilosophie
➢ Sorgfältige Personalauswahl
➢ Verpflichtungsklauseln bei Neueinstellungen
➢ Mitarbeiterschulungen zum Thema
➢ Vier-Augen-Prinzip
➢ Rotation in gefährdeten Positionen
➢ Trennung von Planung, Entscheidung und Durchführung
➢ Führen exemplarischer Listen erlaubter und nicht erlaubter Zuwendungen
➢ Klare organisatorische Vorschriften über Berechtigungen, Verpflichtungen und Zuständigkeiten
➢ Ausdrückliche Androhung von Sanktionen für alle Fälle kriminellen Handelns
➢ Kontrollen und Revisionen.

Eine besondere Bedeutung haben Risiken aus Korruptionsfällen, weil sie dem Unternehmen nicht nur erheblichen materiellen Schaden zufügen können, sondern durch ein hohes Potenzial an Öffentlichkeitswirksamkeit auch enormen Imageschaden in sich tragen. Der Fall Siemens in den Jahren 2000 bis 2006 beweist dies. Unternehmen widmen sich durch ein ganzheitliches Konzept der weitgehenden Prävention vor solchen Fällen. Die Analyse zahlreicher Korruptionsfälle und Bekämpfungsmaßnahmen hat gezeigt, dass die meisten Mitarbeiter in öffentlichen und privaten Unternehmen unbestechlich sind und es sich um systembedingte Korruptionsprobleme handelt, die insbesondere durch Schwachstellen im internen Kontrollsystem, Führungsfehler, Unzufriedenheit der Mitarbeiter und die Organisationskultur verursacht sind.[879]

Praxissituation 189: „....dass Korruption und operatives Geschäft bei Siemens mitnichten voneinander getrennte Dinge sind.

Denn es erweist sich, dass dieselbe laxe Geisteshaltung, die in Teilen des Managements zu schwarzen Kassen und Bestechung geführt hat, auch im operativen Geschäft ihre Spuren hinterlassen hat. Eine Geisteshaltung, die nicht nur Korruption begünstigt, sondern auch ein eigenwilliges Geschäftsgebaren hervorgebracht hat. Beispiel Transrapid: Noch Anfang 2007 gab sich der damalige Konzernchef Klaus Kleinfeld gegenüber der WirtschaftsWoche völlig sicher, das Projekt zur Verlängerung der Magnetschwebebahn in Shanghai bald unter Dach und Fach zu bekommen. Trotz fehlender Unterschrift der Chinesen hatte das Transrapid-Konsortium bereits mit Bauarbeiten an der Strecke begonnen....Die Verlängerung der Transrapid-Strecke gestaltet sich zu einer Hängepartie; Vorleistungen in Höhe von rund 50 Millionen Euro drohe Siemens zu verlieren, wenn die Trasse, die unter anderem von massiven Anwohnerprotesten bedroht wird, nicht gebaut werde.

„Vor weiteren Herausforderungen steht nun freilich vor allem Konzernchef Löscher: Er muss nicht mehr nur mit Hochdruck daran arbeiten, das Thema Korruption aufzuarbeiten und dem gesamten Konzern ein regelkonformes Geschäftsgebaren zu verordnen. Sondern er muss auch daran arbeiten, dass Siemens-Manager künftig nicht mehr Aufträge an Land ziehen, indem sie teure Vorleistungen ohne konkrete Verträge anbieten – gemäß dem Motto: ‚Fangen wir mal an, den Vertrag bekommen wir schon irgendwie hin.'"
(Quelle: Kroker, M.: Das Aschenputtel-Prinzip, in: WirtschaftsWoche 22.3.2008, S. 68)

---

[877] o.V.: Keine Toleranz für Betrug und Fehlverhalten, Lebensmittelzeitung, 12. Januar 2007, S. 25
[878] Westermann, H.: Strategisches Risikomanagement, Stuttgart 2009, S. 18
[879] Stierle, J.: Korruptionscontrolling in öffentlichen und privaten Unternehmen, München 2. Auflage 2008.

Praxissituation 190:
Wie sich der Frankfurter Flughafen Fraport vor Korruption schützt...

Der Fraport-Mitarbeiter Ulf Faßbender dachte sich zunächst nichts dabei, als Gunter Wegmann ihn bat, ins Terminal 1 zu kommen. Wegmann hatte für die Frankfurter Flughafengesellschaft als unabhängiger Sachverständiger geprüft, ob das Dach des 35 Jahre alten Abfertigungsgebäudes dicht ist. Vereinbart dafür: 50.000 Euro. Der freiberufliche Gutachter hatte aber zwei Nachträge eingereicht – und Faßbender als Mitarbeiter des Immobilienmanagements die Aufgabe, diese Zusatzforderungen zu prüfen. Die beiden trafen sich also im Sommer 2007 im Trubel des Terminals 1. Am Ende des Gesprächs drückte Wegmann Faßbender einen Prospekt für ein Wasserablaufsystem in die Hand. Die Bemerkung „Für Sie, Herr Faßbender" und Wegmanns Blick dabei irritierten den Fraport-Mann. Zurück am Schreibtisch schlug er den Prospekt auf und fand ein unbeschriftetes Kuvert mit einem Geldschein: 500 Euro....Kurz danach stand Faßbender erstmals nach über 20 Jahren Fraport im nüchternen Büro des Revisionsleiters Otto Geiß und übergab das Kuvert samt Geldschein.

Geiß soll die Flughafengesellschaft wappnen gegen unmoralische Angebote von innen und außen. Skandale in den neunziger Jahren hatten gezeigt, dass Fraport hier verwundbar war. Beim Bau des Terminals 2 hatte beispielsweise eine ganze Abteilung kooperativ überteuerte Aufträge abgesegnet, die Beute mit den Baufirmen geteilt und Fraport um rund zehn Millionen Euro geprellt.(...)

Anfang 2003 führte Fraport sein Wertemanagementsystem ein – und dies zeigt Folgen. „Alle Arbeits- und Geschäftsverträge enthalten heute Antikorruptionsklauseln. Mehr als 35 Euro dürfen Geschenke nicht wert sein, die ein Fraport-Mitarbeiter annimmt. Im Zusammenhang mit Aufträgen dürfen allenfalls „Höflichkeitsgeschenke von geringem oder symbolischem Wert" angenommen oder gegeben werden.

Fraport-intern wird dafür gesorgt, dass „das Vier-Augen-Prinzip" wirklich gelebt wird. Damit sich zwischen Mitarbeitern und einzelnen Auftraggebern „keine symbiotischen Beziehungen" entwickeln, wird für „interne, projektbezogene Rotation" gesorgt: Projektteams werden immer neu zusammengestellt.

(Quelle: Schumacher, H.: Ein Stück Idealismus, WirtschaftsWoche vom 10.12.2007, S. 135ff.)

Unternehmen haben seit der Siemens-Affäre im Jahre 2006 gelernt. Zunehmend vertraut man den internen Informanten. Anonyme Hinweisgebersysteme (Whistleblower-Systeme) werden systematischer geschaffen.

Risiken der Korruption entstehen insbesondere im internationalen Geschäftsverkehr, weil im Ausland häufig andere Geschäftspraktiken bestehen, die nicht selten von national und international anerkannten Rechtsgrundsätzen abweichen. Als Beratungsverträge, Provisionen oder Geschenke getarnte heimliche Zahlungen bergen das Risiko, dass Personen, die ihrem Dienstherrn zu besonderer Treue verpflichtet sind, durch die heimliche Zuwendung diese Treuepflicht verletzen, zumindest aber in einen Interessenkonflikt geraten.[880]

Unternehmen müssen gegen „aktive Bestechung" und „passive Bestechung" gleichermaßen präventiv vorgehen. Die sich ergebenden Risiken reichen von zivilrechtlichen Risiken, wie Unwirksamkeit von Verträgen und Schadensersatzansprüchen, über strafrechtliche Risiken bis hin zu arbeitsrechtlichen Risiken. Ferner können gesellschaftsrechtliche Risiken, wie die Haftung der Vertretungsorgane, die steuerrechtliche Haftung relevant werden.

---

[880] Schlüter, W./Schlüter, H.: Korruption und Korruptionsprävention im Internationalen Geschäftsverkehr. Fallstudie Global GmbH, in: Kruse, O./Wittberg, V.(Hrsg.): Fallstudien zur Unternehmensführung, Wiesbaden 2008, S. 97

Praxissituation 191:

„...Ermittler prüfen, ob Mitarbeiter des Hausgeräteherstellers Bosch Siemens Verkäufer geschmiert haben. Der Fall wirft ein Schlaglicht auf Anreizsysteme im Handel...

Über Jahre sollen Vertriebsmitarbeiter des Herstellers von Waschmaschinen, Spülmaschinen, Kühlschränken, Kaffeemaschinen...Verkäufer in Elektromärkten oder Küchenfachhändler geschmiert haben. Im Gegenzug sollen die Empfänger ihren Kunden bevorzugt Geräte aus dem Hause BSH angedient haben...

Es ging wohl, ist aus Ermittlerkreisen zu hören, vor allem um Gutscheine...Aus dem Konzernumfeld wird eine zweistellige Millionensumme genannt, die BSH für diese Art der Absatzförderung eingesetzt haben könnte....

Vieles in der Branche spielt sich in einer Grauzone ab. So sind Anreizsysteme von Herstellern für den Einzelhandel seit Langem gang und gäbe. Konsumgüterhersteller zahlen etwa den Betreibern von Supermärkten Zuschüsse, damit die eigenen Produkte auf Premiumplätzen in Augenhöhe ins Regal kommen – denn das steigert die Absatzchancen („Werbekostenzuschüsse"). Auch Gutscheine gibt es schon lange. Nur gingen die zumeist an die Geschäftsführer der Handelsfilialen und waren somit legale Maßnahmen zur Verkaufsförderung. Gerne geben die Chefs diese Gutscheine in eine Tombola, sie werden dann unter den Mitarbeitern verlost. Manche Hersteller sind aber offenbar dazu übergegangen, direkt die Verkäufer im Elektromarkt zu belohnen – da wird dann auch einmal gerne der Gutschein oder das Präsent an die Privatadresse gesandt. Damit ist die Grenze zur Illegalität überschritten. Es geht um Korruption."

(Quelle: Hartmann, J./Hildebrand, J./Seidel, H.: Schmutzige Geschäfte mit weißer Ware, in: Die Welt 10.September.2009, S. 14)

8.4 Risiken durch Spionagetätigkeit und Verrat

Wirtschaftskriminalität ist ein zunehmendes Risiko, das die Unternehmer jedoch häufig nicht wahrhaben wollen. Die Gefahren drohen dabei zu ungefähr 50 Prozent von innen. Im Auge zu behalten sind hierbei auch die Fremdfirmen. Wie leicht können Fremde den Werkschutz passieren oder wie leicht kommen Praktikanten, Diplomanden oder Aushilfen an sensible Daten? Und wie sensibilisiert sind die Mitarbeiter selbst gegenüber solchen Angriffen von innen?

Praxissituation 192: Ihr Mitarbeiter als Maulwurf

„...Im März 1996 quillt bei einem Kunden des Herstellers von Kunststoff-Lagerkäfigen und Ersatzteilen für Textilmaschinen ein dreiseitiges Angebot aus dem Fax. Es listet fein säuberlich die Legrom-Erzeugnisse auf...mit Originalproduktbildern. So weit, so schlecht. Denn das Angebot stammt nicht von Legrom, sondern von einem Konkurrenten. Schon seit einiger Zeit macht ein neues Unternehmen, die Wistex GmbH im niederbayerischen Hof, der Firma aus dem schwäbischen Murrhardt mit Kampfpreisen das Leben schwer. Langjährige Kunden wandern ab, der Umsatz bricht ein. Keiner der 18 Mitarbeiter weiß warum. Doch dann kommen die damaligen Chefs, Friedrich und Hagen Legrom, dank des aufmerksamen Kunden dem Rätsel auf die Spur.

Der kaufmännische Leiter und der Produktionsleiter hatten kurz zuvor gekündigt. Was keiner bei Legrom ahnte- gemeinsam hatten die beiden mit einem dritten Partner ein eigenes Unternehmen, die Wistex GmbH, gegründet. Zu diesem Zweck kopierten sie bis zu ihrem Abschied bei Legrom heimlich Konstruktions- und Produktionsunterlagen, ließen Geschäftspapiere und Kundenlisten mitgehen und schusterten ihrer neuen Firma Waren unter Preis zu....

Nach einem sieben Jahre andauernden Rechtsstreits sprechen die Richter die Wistex-Männer schuldig: Verrat von Geschäfts- und Betriebsgeheimnissen, Verleumdung, Untreue sowie die Vergabe unzulässiger Rabatte. Die Gerichte untersagen Wistex zudem die Produktion von Waren, die Patentschutz genießen. Die Wiedergutmachungszahlungen von insgesamt 210.000 Euro decken den gesamten Schaden von geschätzten 9 Millionen Euro nicht ab.

(Quelle: Nuri, M.: Ihr Mitarbeiter als Maulwurf, in: Markt und Mittelstand 08/2004, S. 26ff.)

Das Bundeskriminalamt zählte im Jahr 2002 254 Fälle von Industrie- und Konkurrenzspionage. Nach einer Studie der Euler Hermes Kreditversicherung AG in Hamburg halten 86 Prozent der Mittelständler Wirtschaftskriminalität für ein ernsthaftes Problem, knapp zwei Drittel erwarten gar einen Anstieg. Doch die meisten Unternehmen glauben nicht, dass sie so gefährdet sind, dass es sie selbst erwischt.[881] Mit gezielten Maßnahmen muss ein Sicherheitskonzept umgesetzt werden. Nicht nur technische Maßnahmen, sondern auch organisatorische Sicherungen helfen, die Sicherheitslücken zu schließen. Wenn Überstunden nur nach ausdrücklicher Anordnung des Vorgesetzten geleistet wer-den dürfen, fällt auf, wer abends heimlich Unterlagen kopiert.

Der Verrat von Betriebs- und Geschäftsgeheimnissen hat in den letzten Jahren eine stetig zunehmende Bedeutung erlangt. Die Geschäftsführung muss nicht nur selbst den verantwortungsvollen Umgang mit betrieblichen Interna vorleben, sondern auch über ihre eigenen Mitarbeiter gut Bescheid wissen. Menschen können in Notsituationen anfällig für kriminelle Handlungen werden. Verrat von Kunden- oder Auftragsdaten, Kalkulationen, Rezepturen oder Herstellungsmethoden u.ä. kann durch unbefugte Mitteilung durch Mitarbeiter an Außenstehende, durch unberechtigte Aneignung von Informationen durch Externe oder durch untersagte Verwertung oder Weitergabe anvertrauter Geheimnisse durch überbetriebliche Partner beobachtet werden.

8.5 Risiken aus mangelnder Zuverlässigkeit des Personals

Risiken können oftmals aus der „geheimen Macht" der Mitarbeiter entstehen. Die Innenverhältnisse zwischen Arbeitnehmern und Arbeitgebern sind Ausdruck der geheimen Macht von Mitarbeitern, der Macht jedes einzelnen Arbeitnehmers zu wählen, ob er seine Arbeit gut oder schlecht macht, vielleicht hundertmal täglich zu entscheiden, ob er einen Schritt vorwärts gehen oder lieber untätig bleiben will, selbst wenn die Fähigkeiten für bessere Leistungen vorhanden wären.[882] Zu dieser geheimen Macht tragen drei Faktoren bei:

➢ Jeder einzelne hat die Möglichkeit zu bestimmen, was er über die tolerierte Mindestleistung hinaus beiträgt.
➢ Jeder Arbeitnehmer kann sich umgekehrt auch dafür entscheiden, dem Unternehmen Schaden zuzufügen, und zwar auf eine Art und Weise, die entweder nicht bemerkt oder nicht verhindert werden kann.
➢ Es ist ungemein schwierig, einen Leistungsabfall in der Belegschaft so frühzeitig zu diagnostizieren, dass Abhilfemaßnahmen ergriffen werden können.

Risiken können auch aus einer weiteren Komponente der Zuverlässigkeit des Personals entstehen: in Zuverlässigkeitslücken aus menschlichem Versagen, z.B. Zugunglück durch Fehler des Zugführers.

---

[881] Nuri, M.: Ihr Mitarbeiter als Maulwurf, in: Markt und Mittelstand 08/2004, S. 26
[882] Shapiro, E.C.: Die Strategiefalle. Wege aus dem Teufelskreis der Management-Fehlentscheidungen, Frankfurt/New York 1999, S. 172

Praxissituation 193: „Komplexitätsforscher Dietrich Dörner über die Lehren aus dem Fehlalarm am Münchner Flughafen ...“

„Herr Dörner, vergangene Woche brach der Verkehr auf dem Flughafen München zusammen – wegen eines Fehlalarms. Eine Kontrolleurin hatte nicht verhindert, dass ein Passagier samt verdächtigem Laptop in die Sicherheitszone gelangte. Wie würden Sie einen solchen Fehler be-werten?

Als nicht zu verhindernden Teil jedes Systems, in dem Menschen in komplexen Situationen Entscheidungen treffen müssen. Es gibt unzählige Gründe, warum Menschen nicht so funktionieren, wie sie sollten,...Trotzdem muss gefragt werden, warum die Sicherheitskontrolleurin nicht verhindert hat, dass der Mann den verdächtigen Laptop an sich nehmen und von dannen ziehen konnte. Auch muss geklärt werden, warum zehn Minuten ins Land gingen, bis die Führungskraft der Kontrolleurin die Bundespolizei informierte.“

„Die Unachtsamkeit verursachte Kosten in Millionenhöhe. Das riecht nach Defiziten, wenn Alltagsfehler alles lahmlegen können. Warum sagen Sie dann, konzentriert euch auf das Verhalten der Frau?

Weil hier der Schlüssel für die Aufklärung der Panne liegt.

„Wie können Unternehmen menschliches Versagen in komplexen Situationen unwahrscheinlicher machen?

Hier ist die Personalauswahl entscheidend. Überall, wo es darauf ankommt, durch permanent hohe Aufmerksamkeit kontinuierliche Qualität und Sicherheit zu sichern..., braucht man klare Standards und Regeln, aber auch Mitarbeiter, die bei Abweichungen oder in Stresssituationen Konzepte für die Lösung von Problemen umsetzen...“

„Ist die große Wirkung kleiner Fehler nicht ein Zeichen dafür, dass sich Unternehmen bei der Planung ihrer Abläufe zu sehr am erhofften Funktionieren und zu wenig an den möglichen Fehlern orientieren? Wäre mehr Fehlerredundanz, also Einsatz zusätzlicher Ressourcen oder von Auffanglösungen der richtigere Weg?

Was den Flughafen München angeht, könnte das zutreffen. Es scheint mir als kaum tragbar, dass der Laptop-Besitzer nicht zu identifizieren war. Wäre beim Sicherheitscheck auf der Bordkarte durch einen Stempel farblich quittiert worden, welche Kontrollstelle die Passagiere durchlaufen haben, hätte man diese vor dem Einsteigen gezielt überprüfen können. So musste das gesamte Terminal gesperrt werden...“

(Quelle: Leendertse, J.: Am Punkt vorbei, Interview mit Dietrich Dörner, WirtschaftsWoche 01.02.2010, S. 51)

Praxissituation 194: Teile und traue

Handys, Internet und firmenübergreifende Kooperationen erfordern einen neuen Umgang mit Geschäftsgeheimnissen – und mehr Sensibilität

Unachtsamkeit im Umgang mit sensiblen Informationen rächt sich immer häufiger. Je häufiger Mitarbeiter unterwegs sind, je mehr Informationen elektronisch und akustisch fließen, je häufiger Unternehmen kooperieren, desto mehr wächst die Gefahr, dass Geheimnisse in falsche Hände fallen. Vor allem durch die zunehmende Vernetzung steigt das Risiko. Konkurrenten wie die TV-Hersteller Samsung und Sony bauen gemeinsame Fabriken. Andernorts gehen Teams von Zulieferern, Kunden oder Wettbewerbern ein und aus – was sie mitnehmen, sieht kaum jemand.

Mit verschärften Regeln zur Geheimhaltung lässt sich das Problem kaum lösen... Insbesondere Kooperationen basieren in hohem Maße auf Vertrauen statt auf Kontrolle. Das Teilen von Geheimnissen erfüllt in Netzwerkorganisationen eine wichtige wirtschaftliche Funktion. „Geteiltes Wissen führt zu mehr Vertrauen und einer besseren Zusammenarbeit. Geheimhaltung führt hingegen zu Misstrauen und gefährdet langfristig die Partnerschaft", sagt Patrick Baumann, Experte für Wirtschaftskommunikation aus Berlin.

Die Maxime „im Zweifel lieber schweigen" lässt sich nicht mehr eindeutig aufrechterhalten. „Wer will, dass seine Mitarbeiter mit diskretem Wissen selbständig und treffsicher umgehen, muss ihnen auch sensible Daten anvertrauen und darf sie nicht an der kurzen Leine führen... Mitarbeiter müssen üben können, sich zwischen Offenheit und Geheimhaltung zu entscheiden, denn dazu bedarf es einiger Routine, eines hohen Maßes an Selbststeuerung und Ausdrucksfähigkeit."

Um das zu fördern, müssen Manager zuerst genau definieren, welches Wissen für den Erhalt ihres Markenkerns unabdingbar ist. „In allen Bereichen sind wir bereit, mit Zulieferern zusammenzuarbeiten, aber nicht bei der Konstruktion und nicht bei den Motoren", sagt Martin Ertl, Leiter der Innovationsimpulse bei BMW. Die wertvollsten Informationen bleiben für Außenstehende also tabu. In allen anderen Bereichen legen die Vertragspartner genau fest, was vertraulich zu behandeln ist.

Vor allem das Internet hat die Grenzen zwischen geheimen und offen zugänglichen Informationen verwischt. Nie zuvor war es für Kunden, Geschäftspartner, Aktionäre und Angestellte so einfach, Einblicke in die Praktiken von Unternehmen zu bekommen...."Die Kunst besteht jetzt darin, ein gemischtes Portfolio von geistigem Eigentum zu entwickeln und zu entscheiden, welche Teile davon offen zugänglich sind."...

Dass Mitarbeiter nicht über alles reden dürfen, ist den meisten klar. Wo konkret aber Gefahren lauern, sollte jeder zumindest einmal ausdrücklich gesagt bekommen....Im Ernstfall dient das sogar dem Schutz der Mitarbeiter. Denn Arbeitsgerichte urteilen immer häufiger zugunsten des Arbeitgebers, wenn der einem Arbeitnehmer wegen Geheimnisverrats kündigt. So setzen Richter etwa voraus, dass Mitarbeiter, die täglich mit dem Internet umgehen, über Hacker, unsichere Online-Verbindungen und Datenklau Bescheid wissen und deshalb Sorgfalt walten lassen.

Was sie in der Praxis aber oft nicht tun. „Der Zugangscode oder Link zum unternehmenseigenen Intranet etwa wird schnell mal aus Gefälligkeit weitergemailt. Dass Unbefugte so auch an geheime Informationen kommen, ist vielen nicht bewusst", sagt Anwalt Lelley, Fachanwalt bei der Kanzlei Buse Heberer und Fromm in Essen. „Auch wenn E-Mails aus Versehen mit dem falschen Anhang an die falsche Adresse verschickt werden, sehen die Richter das als geschäftsschädigendes Vergehen."...

Konsequenzen können allzu sorglose Handyplaudereien in der Öffentlichkeit haben. Denn der Kreis der Zuhörer lässt sich dabei kaum überblicken....

Schlampigkeit, Sorglosigkeit und Unwissen sind jedoch nicht die einzigen Ausfalltore für Geheimnisse. Immer häufiger werden gerade Mitarbeiter des mittleren Managements gezielt von Wettbewerbern umgarnt, um an Betriebsgeheimnisse zu kommen. Softwareentwickler und Maschinenbauingenieure werden als Experten zu Symposien geladen, abends fürstlich bewirtet und beim Bier in Fachgespräche verwickelt.

...Das größte Risiko aber sind Angestellte oder ganze Teams, die von der Konkurrenz abgeworben werden. ...Wer geht, nimmt Wissen mit. Und der Trend wird angesichts des steigenden Fachkräftemangels noch zunehmen.

(Leendertse, J., in: WirtschaftsWoche Nr. 17/2007 vom 23.04.2007, S. 82 ff.)

8.6 Risiken aus Motivations- und Leistungsdefiziten

Unzufriedenheit mit dem Arbeitsplatz, Konfrontation mit völlig unrealistischen Terminvorgaben, überzogenes Arbeitspensum von oft mehr als 12 Stunden pro Tag oder Beleidigungen und Anbrüllen am Arbeitsplatz sind nur einige der Situationsmomente, denen Mitarbeiter ausgesetzt sind. Das Traurige daran ist aber, dass den wenigsten Führungskräften bewusst ist, in welchem kläglichen Zustand sich ihre Mitarbeiter befinden. Sie haben eine ziemlich genaue Vorstellung von den Erwartungen des Topmanagements, kennen ihre Kunden und deren Bedürfnisse und ihre Produktlisten. Doch was wissen sie eigentlich über die Bedürfnisse der Mitarbeiter, die für sie die eigentliche Arbeit erledigen? Nicht viel.

Laut Studien sind ca. 30 Prozent einer durchschnittlichen Belegschaft „aktiv unmotiviert". Mitarbeiter erwarten im Allgemeinen, dass ihre Anstrengungen von ihren Vorgesetzten zur Kenntnis genommen und die moralischen und finanziellen Anerkennungen verbessert werden, bevor sie sich ihren Arbeitgebern verbunden fühlen können. Im Allgemeinen sind Mitarbeiter, die für großartige Chefs arbeiten, selbstbewusst und offen, scheinen alles bewältigen zu können und haben keine Angst vor Veränderungen und Konkurrenten. Andere hingegen sind still und „unsichtbar" oder drücken ihre Verachtung offen aus. Sie agieren im Schatten und kaum jemand nimmt Notiz von ihnen.[883]

Ein wesentlicher Risikofaktor ergibt sich aus den Konsequenzen der Fehlbesetzung von Führungspositionen und Mitarbeiterstellen. Eine alte Erfahrung der Personalpraxis besagt: *Wenn du einen guten Verkäufer zum Verkaufsleiter machst, hast du einen guten Verkäufer weniger und einen schlechten Verkaufsleiter mehr.* Unternehmer machen den Fehler, bei einer Expansion langjährige und auf ihrem Posten bewährte Mitarbeiter mit Führungsaufgaben zu betrauen. Daraus könnten zwei mögliche Folgen resultieren: Die Führungskraft wird in ihrer neuen Funktion nichts bewegen – und sie wird gleichzeitig als sehr produktiver Mitarbeiter vor Ort fehlen. Daraus entsteht nicht nur Unzufriedenheit bei allen Betroffenen, sondern auch die Schwierigkeit einer Reintegration des Mitarbeiters in seinen alten Aufgabenbereich.

Fehlentscheidungen bei der Einstellung von Bewerbern können zu ernsten Gefährdungen führen, wenn sie nicht rechtzeitig erkannt werden und folglich nicht oder zu spät reagiert wird. Die üblichen Einarbeitungskosten können sich durch zusätzliche Kosten häufiger Mitarbeiterwechsel, Verschlechterung des Betriebsklimas und Unzufriedenheit der Kunden schnell verdoppeln oder vervielfachen. Ein besonders kritischer Faktor bei Einstellung der Mitarbeiter ist die unzureichende Nutzung des Instrumentes der Probezeit durch genaue Beobachtung und Beurteilung des neuen Mitarbeiters.

Motivationsrisiken stehen oft auch in engem Zusammenhang mit der abnehmenden Loyalität der Mitarbeiter zum Unternehmen und der so wahrgenommenen abnehmenden Kontinuität des Arbeits- und Berufslebens. „Die Bedeutung der Loyalität hat sich verändert. Loyalität und Kontinuität, d.h. die beinahe lebenslange Treue gegenüber dem Arbeitgeber und auch umgekehrt, ist zu einer ‚Verbindlichkeit der Zusammenarbeit auf Zeit' geworden, was durch die zunehmende Tendenz, zeitlich befristete Anstellungsverträge zu schließen, untermauert wird."[884]

Die größten Motivationsrisiken, die allgemeine Demotivation und der Zustand der inneren Kündigung, führen zu einer bestimmten oder oft auch nicht bestimmbaren Zurückhaltung von Leistungen durch die Mitarbeiter. Die innere Kündigung kann als „bewusster oder unbewusster Verzicht auf Eigeninitiative und Engagement eines Mitarbeiters oder die stille, mentale Verweigerung engagierter Leistung"[885] betrachtet werden.

Die Ursachen der inneren Kündigung liegen vor allem

---

[883] Ebenda.

[884] Keitsch, D.: a.a.O., S. 131

[885] Kobi, J.M.: Personalrisikomanagement. Eine neue Dimension im Human Resources Management: Strategien zur Steigerung des People Value, Wiesbaden 1999, S. 117

➢ im *Verantwortungsfeld des Unternehmens* in der Überforderung der Mitarbeiter, in der bürokratischen Organisation, in fehlenden Erfolgen, in der Unternehmenskultur, im Betriebsklima, in
den Arbeitsbedingungen und in der Führung

➢ in der *Arbeit selbst,*

➢ beim *Mitarbeiter* als Individuum in dessen eigens zu verantwortender körperlicher und/oder
intellektueller Über- oder Unterforderung.[886]

Der unternehmerische Alltag ist durch hohe Komplexität, extremes Tempo, Veränderungsbereit-
schaft und Leistungsdruck geprägt. Auf Dauer führt das an die Grenze der persönlichen Leistungsfähigkeit. Burnout („Ausgebrannt sein") oder andere stressbedingte Krankheiten sind die Folge. Die
Gefahr der Überforderung der Leistungsträger wird nicht nur zum persönlichen Risikofaktor des
Mitarbeiters, sondern auch zum Unternehmensrisiko selbst. Die Ursache liegt häufig in einer ge-
störten Work-Life-Balance.[887] Nach Kobi durchläuft das „Ausbrennen" vier Phasen, in denen sich
bereits jeweils deutliche Frühwarnsignale für den späteren Zustand des Burnouts zeigen:[888]

Phase 1: *Engagement*
große Einsatz; Drang sich selbst zu beweisen; Verleugnung der eigenen Bedürfnisse
Phase 2: *Enttäuschung*
Zielverhinderung oder –erschwerung; enttäuschte Erwartungen; Ausbleiben von Beloh-
nungen
Phase 3: *Rückzug*
Desillusionierung; reduziertes Engagement; zunehmende Anspruchsmentalität
Phase 4: *Ausbrennen*
Innere Leere; Apathie; Ersatzbefriedigungen; körperliche Beschwerden; Depression

Leistungsdefizite ergeben sich in diesem Phasenmodell jedoch nicht erst im Endstadium, sondern
ansatzweise bereits in den ersten Phasen.

8.7 Risiken aus „Chef-Mobbing" und Rache-Akten

Von besonderer Wirkung können die versteckten, „geheimen" Machtpotenziale von Mitarbeitern
oder Gruppen von Mitarbeitern gegenüber Vorgesetzten sein. Diese Machtpotenziale sind oft
heimtückisch, weil sie in den meisten Fällen durch verdeckte Operationen, anonymes Handeln
oder ohne direkten Bezug auf eine gerade zu bearbeitende Aufgabe oder eine gerade zu lösende
Problemsituation auftreten und von den Betroffenen oft nicht als solche erkannt werden. Die Ursachen liegen häufig nicht in objektiven Beweggründen oder Sachzwängen der Unternehmenssituation, sondern in Beziehungskonflikten zwischen Vorgesetzten und Mitarbeitern.

Gefahren können auch von Angriffen ehemaliger Führungskräfte und Mitarbeiter drohen. Kritisch
wird es bei Konflikten, wenn sie eskalieren und Mitarbeiter dann zu Feinden der eigenen Firma
werden. Sie wissen als Insider oft genau, wie sie ihrem Arbeitgeber empfindlich schaden können.
Häufig ist es Rache aus Verärgerung oder noch „offenen Rechnungen", die beglichen werden
müssen. Der Geschäftsführer der Deutschen Gesellschaft für Personalführung e.V. (DGFP) nennt
mögliche Gründe: „...'kommt alles in Frage, was dem Mitarbeiter das Gefühl gab, dass die Unternehmensleitung oder der Vorgesetzte ihn nicht genügend wertgeschätzt oder berücksichtigt haben.'..."[889] Racheakte finden unterschiedliche Wege: Mitnahme von Geheimnissen oder Kundendaten zum neuen Arbeitgeber, verdeckte Leistungsverweigerung, private Aktivitäten am Arbeitsplatz oder die Mitnahme von Arbeitsmaterial für den Privatgebrauch, Angriffe in Blogs oder Bewer-
tungsportalen, Anzeigen bei Staatsanwaltschaft, Steuerfahndung, Zoll- und Umweltbehörden.[890]

---

[886] Ebenda, S. 118
[887] Truckenbrodt, N./Hoffmann, W.: Balance halten, Personal 07-08/2008, S. 44ff.
[888] Kobi, J.M.: a.a.O., S. 119
[889] Zitiert in: Münster, T.: Gefahr im Verzug, in: Markt und Mittelstand 9/2008, S. 35
[890] Ebenda.

Praxissituation 195:
Frustrierte Mitarbeiter entdecken ein neues Betätigungsfeld: die Rache am Chef...

„So wunderte sich Holger Bernsen(Name geändert), Inhaber einer kleinen Unternehmensberatung, dass regelmäßig vertrauliche Akten aus seinem Büro verschwanden und wenige Tage später unversehrt wieder auftauchten. Sein Ex-Partner, von dem er sich kurz zuvor im Streit getrennt hatte, konnte nicht dahinterstecken – Bernsen hatte sämtlich Schlösser und Passwörter austauschen lassen. Dennoch beauftragte er eine Detektei mit der Videoüberwachung des Hauses seines ehemaligen Kompagnons. Bernsens Mitarbeiter gingen tagein, tagaus mit den Akten ins Haus und holten sie bald darauf wieder ab. Gut die Hälfte der Belegschaft war mit dem neuen Alleinchef unzufrieden und rächte sich mit der Datenweitergabe an den geschassten Co-Inhaber...

Vorgesetzte sind zunehmend das Ziel von Angriffen aus den niederen Rängen. In der Vergangenheit wurde den Mitarbeitern einiges abverlangt: mehr Arbeit, weniger Geld, permanente Umstrukturierungen. Mitarbeiter wurden von Führungskräften nur als Kostenfaktor gesehen. Arbeitnehmer haben kaum das Gefühl, dass sich ihr bedingungsloser Einsatz für die Firma lohnt. Daraus entstehen Racheakte und eine grassierende Mitnahmementalität...Die miese Stimmung im Büro drückt auf die Motivation, fördert Sabotage.

Die Eskalationsstufen der Rache reichen von Dienst nach Vorschrift und kleineren Diebstählen, Gerüchte über den Chef streuen, Mitnahme von materiellen und immateriellen Gütern über die Sabotage (Zahlen fälschen, PC-Viren einschleusen ...) bis zum Angriff auf Leib und Leben von Führungskräften.

Die Zunahme von Rache-Akten bis hin zu systematischem Chef-Mobbing hat Gründe. Viele Führungskräfte merken nicht oder nicht mehr, dass Mitarbeiter sie sabotieren. Sie denken, sie haben Macht und sind unangreifbar. Sie sind daher oft abgestumpft und haben kein Frühwarnsystem mehr. Wenn Sie dann den die Sabotage-Akte spüren, gehen sie in Kriegsstellung, die Gräben werden tiefer und sie haben kein Gefühl, wie schädigend ihr Verhalten ist.

Gibt es Auswege? Es sollte zunächst eine klare Analyse der Situation erfolgen – sich mit seinen Fehlern auseinander zu setzen, die Probleme ernst zu nehmen. Damit einher geht, unfaire Angriffe konsequent zu stoppen, sein Verhalten zu hinterfragen und – eine Chance zur Selbstreflexion und zu einem neuen Führungsstil.
(Quelle: Endres, H./Werle, K.: Aufstand im Büro, managermagazin 7/2007, S. 110ff.)

Wenn Leistungsträger das Unternehmen verlassen, können sie großen Schaden anrichten.

Praxissituation 196: „...Wenn die eigenen Mitarbeiter zu Feinden werden..."
„Was bei einem norddeutschen Fleischproduzenten ablief, kann schon fast als typisch gelten: Er entließ 200 Arbeitnehmer, weil er Produktionsstätten verlagern musste. Kurz darauf hatte er die Staatsanwaltschaft am Hals. Dahinter steckten drei eidesstattliche Versicherungen von Ex-Mitarbeitern, die den Unternehmer bezichtigten, Gammelfleisch in den Handel gebracht zu haben. Am Ende war klar: An den Vorwürfen war nichts dran. Das hatte der Fleischproduzent gleich beteuert, doch es half nichts. Erst mal folgte die unvermeidliche Kettenreaktion. Die Strafverfolger nahmen Ermittlungen auf, das Unternehmen wurde durchsucht, die Sache kam in die Presse. Die Discounter listeten ihn aus, seine Produkte verschwanden aus den Regalen....

Das Ende der Geschichte fiel aus dem Rahmen. Die Staatsanwaltschaft bestätigte per Pressemitteilung: kein Beweis für Gammelfleisch. Die Discounter orderten wieder. Am auffälligsten war jedoch das Tempo. Nach drei Wochen war die Angelegenheit aus der Welt. Drei Wochen, das ist für (Strafrechtler) Ingo Minoggio eine eher theoretische Möglichkeit. ,Ideal sind schon zwei bis drei Monate, aber das kann locker auch zwölf bis 18 Monate dauern...'... "
(Quelle: Münster, T.: Gefahr im Verzug, in: Markt und Mittelstand 9/2008, S. 34ff.)

Praxissituation 197:
„Das Schreiben verschlug dem mittelständischen Unternehmer die Sprache...
Einer seiner beiden Handwerksmeister hatte, für den Firmenchef völlig überraschend, gekündigt. Ein paar Monate zuvor hatte er der Führungskraft, die fast seit der Unternehmensgründung in der Produktion...angestellt war, noch eine wichtige Weiterbildung finanziert....Da der Firmenchef den Mann für eine Stütze des Unternehmens hielt, stimmt er dem Vorschlag des Mitarbeiters zu – nicht ahnend, dass sein Mitarbeiter die Schulbank nicht drücken wollte, um das Unternehmen wettbewerbsfähiger zu machen, sondern um seine eigene Attraktivität auf dem Arbeitsmarkt zu erhöhen..."
(Quelle: Weber, P.: Sauberer Abgang, in: Markt und Mittelstand 3/2008, S. 44)

Unternehmer sollten sich stets klar sein, wer auf welchen Schlüsselpositionen im Falle einer Kündigung Schaden im Unternehmen verursachen kann. Für den Ernstfall sind eine gut vorbereitete Stellvertreter-Regelung, die regelmäßige Dokumentation des Wissens des kündigenden Mitarbeiters und die Sicherung des Wissens und der Kontakte notwendig. Der Unternehmer sollte auch permanent die Wechselstimmung checken und ggf. Veränderungsbedarf in der Führung erkennen und umsetzen. In der Praxis ist jedoch im Ernstfall zwischen verschiedenen Fällen zu unterscheiden:

➢ Kündigt ein Mitarbeiter aus einem ganz persönlichen Grund, dessen Ursachen nicht im Unternehmen liegen (z.B. Wohnungswechsel), ist er meist für derartige Sicherungen kooperationsbereit.
➢ Kündigt der Mitarbeiter aus vom Unternehmen induzierten Gründen, wird eine Kooperation meist schwierig und in vielen Fällen- vor allem bei Wechsel zu konkurrierenden Unternehmen – ausgeschlossen sein.

Zur Vermeidung negativer Wirkungen aus dem Wechsel von „Wissensträgern" zu Wettbewerbern werden häufig nachvertragliche Wettbewerbsverbote in Erwägung gezogen. Unternehmer müssen sich jedoch neben der Schutzfunktion, welche von diesen Klauseln ausgehen, auch der Risiken bewusst sein. Die Klauseln müssen sehr gut formuliert sein, räumlich, zeitlich und auf das genaue Arbeitsgebiet des Mitarbeiters beschränkt sein. Im schlimmsten Falle zahlt ein Arbeitgeber für das nachvertragliche Wettbewerbsverbot und verliert dennoch wertvolles Know how.[891]

8.8 Risiken aus Datenschutzrechten

Zunehmende Risiken können für das Unternehmen aus der Verletzung des Datenschutzrechts im Zusammenhang mit dem Einsatz moderner Technologien in Unternehmensprozessen entstehen. In logistischen Prozessen erfolgt zum Beispiel der Einsatz moderner RFID-Technologie zur Erhöhung der Sicherheit, insbesondere zur Minimierung der Verlustrisiken und zur Erleichterung der Schadensabwicklung mit den Versicherern im Ernstfall. Dabei werden nicht nur Güter, Lade-hilfs- und Beförderungsmittel zuverlässig erfasst, sondern auch das Arbeitsverhalten von Arbeitnehmern, Kaufgewohnheiten von Kunden oder die Zugangskontrolle.[892] Aus datenschutzrechtlicher Sicht ergibt sich daraus das Risiko, eine Verarbeitung personenbezogener Daten ohne Einverständniserklärung des Betroffenen unter Verletzung des Bundesdatenschutzgesetzes vorzunehmen oder auf den RFID-Tags personenbezogene Daten zu speichern sowie nicht personenbezogene Daten auf dem Chip für den Verwender eine Zuordnung zu bestimmen oder bestimmbaren natürlichen Personen zu ermöglichen.[893] Besondere Pflichten ergeben sich für das Unternehmen in der Weise, dass die personenbezogenen Daten von Dritten erfasst oder von diesen verarbeitet und ausgewertet werden können. Der Ausschluss des Risikos der Verletzung datenschutz-

---

[891] Weber, P.: Sauberer Abgang, in: Markt und Mittelstand 3/2008, S. 45
[892] Müglich, A.: Rund-Funk unerwünscht, in: LOGISTIK heute, 6/2006, S. 54
[893] Ebenda.

rechtlicher Bestimmungen erfordert hier eine spezifische vertragliche Regelung mit den betreffenden Geschäftspartnern.

8.9 Risikobewältigung im Bereich Personalwirtschaft

Problem- und prozessorientierte Schwerpunkte der Risikobewältigung können sein:

- ➢ Funktionierendes Führungsinformationssystem
- ➢ Sicherstellen der Vertretungs- und Ersetzbarkeit von Mitarbeitern im „Schlüsselpersonenbereich"
- ➢ Erstellung und risikoorientierte Analyse fundierter Geschäftspläne
- ➢ Organisatorische und funktionale Trennung der Stellen zur Durchführung und zur Überwachung risikosensitiver Tätigkeiten im Unternehmen
- ➢ Klare Kompetenz- und Unterschriftenregelungen („Vier-Augen-Prinzip")
- ➢ Regelungen zur systematischen Vorbereitung wichtiger unternehmerischer Entscheidungen.

Eine besonders sensible Fragestellung betrifft die Anwendung von Kontrollmaßnahmen zur Prävention, Aufdeckung und Verfolgung der Mitarbeiterkriminalität. Alle Kontrollmaßnahmen des Arbeitsgebers müssen am verfassungsrechtlich geschützten Allgemeinen Persönlichkeitsrecht gemessen werden. „Dieser Schutz muss jedoch hinter die betrieblichen Interessen zurücktreten, wenn die berechtigten Belange des Arbeitgebers beeinträchtigt sind oder sein Betrieb und sein Eigentum potenziell gefährdet sind. Dies gilt insbesondere dann, wenn der Arbeitgeber keine andere Möglichkeit hat, den Mitarbeiter zu überführen. Allerdings muss der Arbeitgeber beim Eingriff in das Persönlichkeitsrecht des Arbeitnehmers immer das geringste Mittel wählen, das zur Lösung des Problems ausreicht." So können Ehrlichkeits- und Zuverlässigkeitstests vom Arbeitgeber nur in Bezug auf die geschuldete Arbeitsaufgabe durchgeführt werden. Detektive dürfen bei Vorliegen eines Verdachts oder berechtigter Interessen zum Einsatz kommen.[894]

Für die Erkennung der personalwirtschaftlichen Risiken sind zahlreiche Informationen, insbesondere über spezielle Analysen und Prognosen, zu einem Gesamtbild zu verbinden. So sind zum Beispiel Zufriedenheitsanalysen durch Mitarbeiterbefragungen, tätigkeitsbezogene Arbeitsmarktanalysen, eine Analyse der soziodemografischen Situation sowie eine Analyse der bestehenden Systeme der materiellen und immateriellen Motivatoren im Vergleich zu den Vorstellungen der Mitarbeiter und zum Wettbewerb der Branche.[895]

---

[894] Rühle, H.G.: Kontrolle ja – aber gewusst wie, Z. Die News 3/2006, S. 20
[895] Vgl. u. Romeike, Hager 2.0   S. 305f.

9. Risiken in Projekten

9.1 Grundverständnis der Projektrisiken

Projekte zeichnen sich als komplexe Aufgaben mit dem Charakter der Einmaligkeit durch Unsicherheiten und potenzielle Planabweichungen aus. Zufällige oder meist im Voraus unbekannte Störungen führen zu potenziellen Abweichungen in unterschiedlichen Zielgrößen der Projekte, in der Zeitdauer und im Zeitumfang, im Ressourcenverbrauch, in den Kosten, in der Qualität und in den Projektergebnissen. Die Risikoanfälligkeit von Projekten ergibt sich meist aus dem Neuheitsgrad des Projektes oder bestimmter Elemente des Projektes, dem Grad an Einzigartigkeit, der fehlenden Erfahrung und Standardisierung sowie dem Komplexitätsgrad des Projektgegenstandes und des Projektumfeldes. Mit zunehmendem Zeitverlauf und zunehmender Zeitdauer des Projektes nimmt die Wahrscheinlichkeit von Veränderungen der Rahmen- und Umweltbedingungen des Projektes und somit der Unsicherheit der Erfüllung der früheren Projektziele zu.[896]

Wer vor Risiken in Projekten wegläuft, begibt sich in eine No-Win-Situation. Projekte ohne echte Risiken sind Loser. Sie sind fast nie gewinnbringend. Sparen Sie sich die Zeit und Energie dafür und stecken Sie sie in etwas Lohnenderes.

„Wenn ein Projekt kein Risiko birgt...lassen Sie die Finger davon."

Risiken und Gewinn gehen immer Hand in Hand. Projekte mit vollen Risiken führen in bisher unbekannte Gewässer, verlangen großes Können ab und treiben bei Erfolg die Konkurrenz zur Verzweiflung. Unternehmen, die vor Risiken weglaufen und sich auf das konzentrieren, was sie gut können, überlassen ihren Gegnern das Feld.

In Zeiten wirtschaftlicher Dynamik ist Risikobereitschaft unverzichtbar, oft um ein Vielfaches wichtiger als Effizienz. Effizienz macht das Unternehmen zu einem attraktiven Übernahmekandidaten – wahrscheinlich für einen weniger effizienten Mitbewerber, der dem Unternehmen den Rang abgelaufen hat, weil er risikofreudiger war. Unternehmen, die die Notwendigkeit begreifen, Risiken auf sich zu nehmen, neigen zu einem seltsamen Verhalten: In dem Bemühen, positiv zu denken, ignorieren sie die möglichen negativen Folgen der Risiken, die sie eingehen. Das ist eine extreme Variante der *„Das-schaffen-wir"-Attitüde*. Aus dieser positiven Einstellung heraus weigern sie sich den Schattenseiten eines Projekts ins Auge zu sehen. Und oftmals werden dabei nicht die kleineren Risiken ausgeblendet, sondern die wirklich bösen Risiken ignoriert.

Praxissituation 198:
Beispiel: Softwareentwicklung zum Ersatz eines „Nicht-Jahr-2000-fähigen"Systems
In einer Beratergruppe des amerikanischen Verteidigungsministeriums zur Überwachung von Softwareakquisitionen wurde ein Risikomanagement-Briefing durchgeführt. In dem betreffenden Softwareprojekt wäre eine Terminverzögerung ein Desaster gewesen. Einem Berater war bekannt, dass das zu schreibende Programm fast sechs mal so umfangreich war wie alles, was der Auftragnehmer in der für das Projekt verfügbaren Zeit geschafft hätte. Das Risiko war hoch, dass das Projekt nicht termingerecht abgeschlossen sein und die Organisation ohne gangbare Alternative dastehen würde. In der Liste der vom Projektmanager vorgestellten Hauptrisiken bezog sich keines auf den Terminplan. Die Hauptrisiken bezogen sich u.a. auf die Konfigurationen der PC's, also auf die Hardwareleistungskomponenten. Klar wurde, dass er die Risiken, für die er keine Gegenmaßnahmen parat hatte, einfach ignorierte.
(Quelle: DeMarco, T./Lister, T.: Bärentango. Mit Risikomanagement Projekte zum Erfolg führen, München-Wien 2003, S. 7 ff.)

---

[896] Romeike F./ Hager, P.: Erfolgsfaktor Risiko -Management 2.0, 2. Auflage, Wiesbaden 2009, S. 412

In der Literatur wurden in den letzten Jahren entsprechend der Bedeutung des Themas spezielle Veröffentlichungen zum Risikomanagement in Projekten verfasst, deren Umfang an dieser Stelle nur partiell wiedergegeben werden kann.[897]

Was spricht für Risikomanagement in Projekten?[898]

➢ **Risikomanagement ermöglicht es, Risiken aggressiv einzugehen**
Viele Projektmanager meinen, ihre Kunden würden kein einziges Projekt in Angriff nehmen, wenn sie die Folgen abschätzen könnten. Solche Manager glauben, ihren Kunden einen echten Gefallen zu tun, wenn sie ihnen vorenthalten, welche Gefahren auf sie warten. Mögliche Verzögerungen und Misserfolge zu verschweigen, ist in ihren Augen ein Akt der Freundlichkeit, eine Hilfe für den Kunden, sich zum Startschuss durchzuringen. Später kann das Projekt ihnen die schlechten Neuigkeiten immer noch beibringen, häppchenweise und behutsam, wenn es sich nicht mehr vermeiden lässt. Stellen Sie sich stattdessen vor, eine Softwareprojektmanagerin kommt auf sie zu und gesteht ihre Unsicherheit in Bezug auf Ihr geplantes Projekt offen ein und zeigt Ihnen einen Maßnahmenplan zur Eindämmung der Risiken. Jetzt wissen Sie, wo Sie stehen. Sie gehen ein Risiko ein, aber Sie wissen, wie groß es ist und welche Bereitschaft Sie zeigen müssen, dieses Risiko einzugehen.

➢ **Risikomanagement entkriminalisiert das Risiko**
Risikomanagement heißt eine begrenzte Menge an *„Das-schaffen-wir-nicht-Denke"* zu entwickeln, d.h. Mitarbeiter auch für die negative Denkweise zu sensibilisieren. Dies verhindert, im Projektverlauf blind für Risiken zu werden.

➢ **Risikomanagement bereitet Projekten den Weg zum Erfolg**
Wo es keine explizit erklärte Unsicherheit gibt, gilt jedes Ergebnis, das nicht dem in den kühnsten Träumen vorstellbaren Ausgang entspricht, als Misserfolg. Ohne Risikomanagement haben Projekte keine Möglichkeit, zwischen gewagten Zielen und vernünftigen Erwartungen zu unterscheiden. Deshalb übernehmen sie die gewagten Ziele als Terminplan und schaffen es – weil solche Ziele typischerweise am äußersten Rand des Machbaren liegen – dann nicht, sie zu erreichen.

➢ **Risikomanagement grenzt Unsicherheit ein**
Das Maß der Unsicherheit mag manche erschrecken. Unsicherheit nicht einzugrenzen, konfrontiert uns mit einem schlimmeren Übel: grenzenloser Unsicherheit. Grenzenlose Unsicherheit lässt Menschen entweder risikofeindlich oder tollkühn werden. Beides kann sich verheerend auswirken.

➢ **Risikomanagement minimiert die Kosten für Schutzmaßnahmen**
Wenn Sie die Unsicherheiten kennen, kennen Sie die Höhe der Risikorückstellungen, die Sie für eine vernünftige Absicherung brauchen. Sie setzen sich aus den Ressourcen zusammen, die Sie in Risikoverminderung investieren, und den Ressourcen, die Sie zurückhalten, um das Feuer zu bekämpfen, falls es brennt....Wenn diese fehlen, müssen Sie für tatsächlich eintretende Schäden deutlich mehr aufwenden.

➢ **Risikomanagement verhindert eine unbemerkte Verlagerung der Risikoverantwortung**

---

[897] Vgl. u.a. Harrant, H./Hemmrich, A.: Risikomanagement in Projekten, 2004; Williams, T./Ayche, K.: Management von komplexen Projekten: Projektrisiken durch quantitative Modellierungstechniken steuern, 2003; Schott, E./Campana, C.: Strategisches Projektmanagement, 2005; Przybilla, A.: Projektfinanzierungen im Rahmen des Risikomanagements von Projekten, 2008; Risikomanagement für IT- und Software-Projekte: Ein Leitfaden für die Umsetzung in der Praxis, 2004; Pinnells, J.R./Pinnells, E.: Risikomanagement in Projekten. Internationale Wagnisse identifizieren und minimieren, Wiesbaden 2007

[898] DeMarco, T./Lister, T.: Bärentango. Mit Risikomanagement Projekte zum Erfolg führen, München-Wien 2003, S. 27ff.

Wenn an einem Projekt mehrere Parteien beteiligt sind, erwachsen jeder Partei bestimmte Risiken. Da keine Partei sich darauf verlassen kann, für null Risiken verantwortlich zu sein, müssen alle ein gewisses Maß an Risikomanagement betreiben.

> **Risikomanagement ist die Rettung, wenn ein Teilprojekt scheitert**
> Sie sollten dafür sorgen, dass das Scheitern eines Teilprojektes nicht das Gesamtprojekt gefährdet.

> **Risikomanagement maximiert persönliche Wachstumschancen**
> Unternehmen, die Risiken nicht effektiv managen, werden risikofeindlich und gehen logischerweise wenige und allenfalls kleine Risiken ein. Doch ohne neue Entwicklungsrichtungen gibt es kein Wachstum.

> **Risikomanagement schützt vor Betriebsblindheit**
> Es gibt fast immer eine Warnung, bevor ein Problem zutage tritt. Wir haben gelernt, solche Vorwarnungen zu ignorieren; Risikomanagement versucht, diesem eingelernten Verhalten entgegenzuwirken.

Was spricht gegen Risikomanagement in Projekten[899]

> *„Risikomanagement konfrontiert uns oft mehr mit der Realität, als uns lieb ist.“ (Mike Evans)*

> **Unsere Stakeholder sind nicht reif genug, mit dem Risiko konfrontiert zu werden.**
> Wir haben es heute mit einer Art von Stakeholdern zu tun, die nicht nur mächtiger als die IT-Leute sind, sondern sich auch auskennen und mit Risiken im Geschäftsalltag umgehen können.

> **Das Ausmaß der Unsicherheit ist einfach zu groß**
> Das Ausmaß der Unsicherheit versetzt Softwaremanager in Panik. Leider ist die Unsicherheit oft so groß, dass man bei Abwägung aller möglichen Verzögerungsgründe angeben möchte: „Mit der Fertigstellung ist zwischen dem 18. und dem 19. Monat zu rechnen, wobei wir mit einem Konfidenzfaktor von 85 Prozent vom 24. Monat als Liefertermin ausgehen." Sie würden an diesen Ablauf glauben, weil die empirischen Daten über Verzögerungsfaktoren und tatsächlich eingetretene Verzögerungen Ihnen keine andere Wahl lassen, als daran zu glauben. Aber Sie wissen auch, dass Ihre Organisation sich so sehr in einen begeisterten Optimismus hineingesteigert hat, dass sie an so viel Ungenauigkeit ganz schön zu schlucken hätte.

> **Explizite Fenster der Unsicherheit laden zu schlechten Leistungen ein**
> Man geht im Softwareentwicklungsbereich standardmäßig von der Annahme aus, dass Abschätzung und Ziel immer identisch sind. Die Disziplin des Risikomanagements empfiehlt Ihnen dagegen, wie bisher Ziele zu setzen, um die Mitarbeiter zu Höchstleistungen anzuspornen, und gleichzeitig eine völlig andere Planungsabschätzung für Zusagen an Kunden und Management zu verwenden.

> **Ein „erfolgsorientierter" Managementansatz ist besser**
> Jeder „erfolgsorientierte" Ansatz, der darauf basiert, sicherzustellen, dass Risiken nicht auftreten, bewirkt nur, dass das Projekt ins Schleudern gerät, wenn sie doch auftreten.

> **Für ein effektives Risikomanagement fehlen die Daten**
> Viele Risiken in Projekten sind einzigartig und betreffen das Produkt wie auch das Projektumfeld. Die Hauptrisiken, mit denen die meisten Projekte zu kämpfen haben, treten jedoch durchgängig in allen IT-Projekten auf. Damit lässt sich ein Großteil der Risiken eindämmen.

---

[899] DeMarco, T./Lister, T.: Bärentango. Mit Risikomanagement Projekte zum Erfolg führen, München/ Wien 2003, S. 35ff.

> **Risikomanagement im Alleingang ist gefährlich**
> Ein Manager, der als einziger Risikolisten herausgibt und Unsicherheit quantifiziert, steht am Schluss als Zauderer da oder, schlimmer noch, als Überträger einer gefährlich ansteckenden Krankheit. Die schlimmsten Organisationen sanktionieren unattraktive Voraussagen, nicht aber unattraktive Ergebnisse.

Wenn Ihre Unternehmenskultur Ihnen nicht zugesteht, Unsicherheit zuzugeben, können Sie kein Risikomanagement betreiben. Diese Krankheit macht sie anfällig für eine ansteckende Krankheit, die *selektive Kurzsichtigkeit*. Projektteams, die an dieser Krankheit leiden, können nur kleine Probleme sehen. Die Symptome sind leicht erkennbar. Die Leute sehen sich mit größter Achtsamkeit vor, nicht über die Gleisschwellen zu stolpern, aber den heranrasenden Zug bemerkt keiner.[900] Was ist die Ursache dieser Krankheit, den heranrasenden Zug nicht sehen zu können? ...Vielleicht mangelt es davon befallenen Organisationen an Leuten, die genug Rückgrat besitzen, offen das Wort „Katastrophe" zu äußern. Sie reden sich ein, alle Risiken anzupacken....

„Vielleicht gibt es für Organisationen, die bereits mit selektiver Kurzsichtigkeit infiziert sind, keine Heilung. Aber es gibt einen vielversprechenden Impfstoff, noch nicht infizierte Organisationen gesund zu erhalten. Der Impfstoff muss ganz am Anfang jeder Risikomanagementanstrengung verabreicht werden. Bei der ersten Runde, die normalerweise der Risikoidentifikation dienen würde, impfen Sie jeden, indem Sie alle katastrophalen Folgen nennen, die Sie sich vorstellen können. Fragen Sie die Gruppe nach weiteren möglichen Katastrophen. Betreiben Sie kein Risikomanagement – noch nicht. Verwenden Sie Worte wie „Scheitern", „Abnahmeverweigerung", „Einstellung des Projekts". (Wenn Sie diese Worte nicht über die Lippen bringen, sind Sie bereits infiziert...)...Fragen Sie jetzt, ausgehend von der Liste der Katastrophen, welche Szenarien der jeweiligen Katastrophe wohl vorausgehen müssten. Nehmen Sie sich nacheinander alle Szenarien vor und versuchen Sie, die Risiken zu ergründen."[901]

9.2 Risikoklassifizierung in Projekten

Erfahrenen Projektmanagern sind häufig auftretende „Projektfallen" hinreichend bekannt. Dennoch werden viele dieser Risiken weder richtig identifiziert noch richtig gesteuert. Einige dieser „ewigen Projektfallen" werden i.S. einer problemorientierten Einführung in Tab.87 beschrieben.

Projektfalle	Erläuterung
1. Die Optimismusfalle	Je ehrgeiziger ein Projekt, desto blauäugiger werden die Beteiligten und sind viel zu optimistisch hinsichtlich Zeit, Budget und Nutzen.
2. Die Entscheidungs-Arthrose	Entscheidungen an oberster Stelle werden „vertrödelt". Schnelle Entscheidungen werden nicht getroffen oder vertagt.
3. Der Tyrannosaurus-Effekt	Durch das Topmanagement werden mitten im Projekt Sonderwünsche festgelegt oder es werden Ressourcen (z.B. Mitarbeiter) abgezogen. Das Projekt wird „totgeritten".
4. Die Sozialkompetenzfalle	Die Sozialkompetenz des Projektmanagers reicht nicht aus, um die auftauchenden Konflikte in vertretbarer Zeit zu klären und die vielen Experten endlich an einem Strang ziehen zu lassen. Der Streit führt zur Verteuerung und Verlangsamung des Projekts.
5. Die Parkplatzfalle	Für ein bestimmtes Arbeitspaket werden 60 Tage geplant. Nun wird ein weniger qualifizierter Mitarbeiter von der Linienabteilung in das Projekt „entsorgt" und das Arbeitspaket braucht 120 Tage. Es gilt die Regel: Nicht die besten Mitarbeiter, sondern die verfügbaren werden abgestellt.
6. Die Fachexpertenfalle	In der Regel werden die besten Fachexperten zum Projektmanager ernannt. Das Team fragt sich dann oft: Wozu braucht der uns noch, wenn er alles besser kann? Es entsteht häufig Demotivation.
7. Die Quertreiberfalle	Bereichsleiter treten als Quertreiber auf und halten das Projekt auf.

---

[900] Ebenda, S. 40f.
[901] Ebenda, S. 43

	Ihnen ist das Tagesgeschäft wichtiger als das Projekt.
8. Die Werkzeugfalle	Je größer das Problem, desto teurer das Werkzeug. Multi-Projekt-management-Software hilft nur, wenn man die Ergebnisse auch will.
9. Sinnlose Sitzungen	Jeder will seine Meinung durchsetzen. Es geht ums Rechthaben, nicht ums Problemlösen. Regeln für Teambesprechungen werden nicht eingehalten oder existieren nicht.
10. Die Ressourcenfalle	Ein Projektauftrag wird erteilt, aber schon in der Planung werden Ressourcenengpässe festgestellt.

Tab. 87 Klassische „ewige Projektfallen"[902]

Die folgende Übersicht kann eine Grundlage für eine praktische Risikoklassifizierung bilden.

Projektrisiken			
1. Strukturbezogene Projektrisiken	2. Strategische Projektrisiken	3. Operative Projektrisiken	4. Management-bezogene Projektrisiken
➤ Strukturrisiken ➤ Prozessrisiken ➤ Parameterrisiken	➤ Externe strategische Projektrisiken ➤ Interne strategische Projektrisiken	➤ Geschäftsrisiken ➤ Finanzrisiken ➤ Betriebsrisiken	➤ Verantwortung/ Kompetenzen/ Aufgabenverteilung ➤ Koordination mit internen/externen Projektbeteiligten ➤ Projektplanung ➤ Projektsteuerung ➤ Projektkontrolle

1.1. Strukturrisiken in Projekten		
Risiken aus Sub- und Teilprojekten	Risiken der fachlich-inhaltlichen Problemstellung	Risiken der Planung der Projektstruktur
➤ Komplexität der Auftragnehmerorganisation zur Projektabwicklung ➤ Fachliche, zeitliche und informationelle Interdependenzen zwischen den Projektteilen	➤ Komplexität der Aufgabe ➤ Funktionsfähigkeit von Software und Geräten als Element von Projektergebnissen ➤ Risiken der technischen Ausführung / Lösung ➤ Lösbarkeit des Problems ➤ Kostenkritische und kostentreibende Projektteile ➤ Modifikationen	➤ Erfassung aller Projektelemente und -beziehungen ➤ Komplexität ➤ Innovationsgrad ➤ Individualitätsgrad/ Spezifitätsgrad

1.2. Prozessrisiken in Projekten			
Projektplanung	Projektbearbeitung	Projektablauf	Projektdokumentation
➤ Planung Lieferzeiten ➤ Mengengerüst ➤ Zeitaufwandsschätzung ➤ Meilensteine ➤ Externer und interner Kosten-, Budget- und Preisdruck ➤ Kalkulationsansätze und -modelle	➤ Konstruktions- und Projektierungsqualität ➤ Produktions- und Montagequalität ➤ Inbetriebnahmequalität ➤ Beistellungen des AG ➤ Funktionieren der Arbeitsteilung/ Kooperation der Projektpartner ➤ Abhängigkeiten des Projektes ➤ Prozessbeherrschung ➤ Methodeneinsatz	➤ Projektablauf- und Vernetzungslogik ➤ Laufzeiten / Meilensteine ➤ Bearbeitungsgeschwindigkeit ➤ Projektüberwachung	➤ Fehlerquellen und Aussagefähigkeit ➤ Zwischen- / Enddokumentationen ➤ Beweiskraft von Dokumenten ➤ Aufbewahrung / Dokumentensicherheit

---

[902] In Anlehnung an Tumuscheit, K.D.: Überleben im Projekt, München 2007, S. 78ff.

1.3. Parameterrisiken in Projekten

Risiken der Anforderungs-spezifikation	Risiken des Informations-standes und -niveaus	Risiken der geplanten Ergebnisparameter	Risiken in den Ver-tragsparametern
➢ Lastenheft/ Pflichten-heft ➢ Unschärfen der Anfor-derungsspezifikatio-nen ➢ Dynamik und Stochas-tik der Anforderungen der AG ➢ Änderungshäufigkeit der Anforderungen	➢ Informationsverfügbar-keit ➢ Verwendbarkeit des aktuellen Know hows ➢ Informations-unsicherheit ➢ Informations-asymmetrien	➢ Funktionsfähigkeit der Projektergeb-nisse beim Nutzer ➢ Qualität ➢ Fertigstellungster-min ➢ Einführungstermin ➢ Wahrscheinlichkeit, dass das Projekt zu einem ungeplanten Ergebnis führt	➢ Bonus/Malus ➢ Gewährleistung ➢ Projektabbruch ➢ Ausländisches Recht ➢ Preisbildungs-prinzip

2.1. Unternehmensexterne strategische Projektrisiken

Veränderungen der rechtlichen, politischen und gesamtwirtschaftlichen Rahmenbedingun-gen	Veränderungen der externen Rahmenbedingungen in der Markt- und Wettbewerbsverhältnisse
➢ Importrestriktionen ➢ Vorschriften zur Beteilung einheimischer ➢ Unternehmen oder einheimischen Perso-nals ➢ Vorschriften zum Kapitaltransfer ➢ Einfluss nationaler Interessengruppen	➢ Marktentwicklung ➢ Wettbewerbsposition ➢ Marktakzeptanzen des Ergebnisses ➢ Konkurrenzaktivitäten zum Projektgegenstand ➢ Kundenaktivitäten zum Projektgegenstand

2.2. Unternehmensinterne strategische Projektrisiken

Strategische Projektauswahl	Widerstände gegen das Projekt auf verschiedenen Ebenen	Projektstopp, -abbruch oder -änderung
➢ Projektportfoliomanage-ment ➢ Auswahl der Projekte aus dem Projektportfolio ➢ Prioritäten und strategische Gewichtungen ➢ Bewertung von Ertrags-chancen und Risiken aus-zuwählender Projekte	➢ Zeitdruck bei Umsetzung ➢ Widerstand gegen Neue-rungen ➢ Widerstand gegen Perso-nalabzug in Projekte ➢ Akzeptanz des Projektes bei den Stakeholdern	➢ Projektstopp aus übergeordne-ten unternehmensstrategischen Entscheidungen ➢ Projektabbruch aus betriebs-wirtschaftlichen Gründen ➢ Projektabbruch oder –änderung aus Strukturänderungen im Un-ternehmen ➢ Projektabbruch oder –änderung aus Gründen der strategischen Neuausrichtung des Unterneh-mens

3.1. Geschäftsrisiken in Projekten

Verwertungsrisiken der Ergebnisse	Terminrisiken	Qualitätsrisiken	Image- und Referenz-risiken

3.2. Finanzrisiken in Projekten

Kostenrisiken	Liquiditätsrisiken	Währungs- und Zins-risiken	Finanzierungsrisiken
➢ Budgetüberschreitung ➢ Kostenentwicklung ➢ Stundensatzentwicklung ➢ Steuern, Zölle, ➢ Lizenzen ➢ Kapitalbindungskosten	➢ Vorfinanzierung ➢ Zahlungseingänge der Projekt-AG	➢ Währungskurse und Geldwert-stabilität ➢ Zinsentwicklung	➢ Aufbringung aller finanziellen Mittel für das Projekt ➢ Bonität des AG/ der UAN ➢ Rückstellungen ➢ Kapitalbindung

3.3. Betriebsrisiken in Projekten		
Projektressourcen	Personaleinsatz	Projektabwicklungsumfeld
➢ Besetzung des Projektteams nach Anzahl und Qualifikation ➢ Lieferantenzuverlässigkeit und Lieferfähigkeit ➢ Warenembargo ➢ Kapazitäten	➢ Personalmotivation/-belastung ➢ Ausfall wichtiger Projektmitarbeiter und häufiger Personalwechsel ➢ Fehlen von Spezialisten ➢ Konflikte und atmosphärische Störungen im Projektteam / Mangel an Teamfähigkeit ➢ Sozio-kulturelle und interkulturelle Bedingungen, insbesondere bei Auslandsprojekten ➢ Menschliches Versagen	➢ Naturgewalten, wie z.B. Blitzschlag/ Überschwemmung ➢ Infrastrukturen im Realisierungsbereichs des Projektes ➢ Behinderung der Projektbearbeitung oder –fortsetzung durch „äußere Gewalt"

Tab. 88 Übersicht wichtiger Projektrisiken

Die Identifikation der Projektrisiken kann mit verschiedenen Methodenansätzen erfolgen:

➢ Risikoidentifikation mit einem Risikoparametermodell im Projektstrukturplan
➢ Risikoidentifikation mit Hilfe von Checklisten
➢ Risikoidentifikation mit Hilfe von Ausfalleffektanalysen, z.B. zur Beurteilung sicherheitstechnischer Schwachstellen bei komplexen technischen Anlagen (Projektergebnisanalysen) oder bei komplexen technischen Bearbeitungsabläufen innerhalb der Projektbearbeitungsphasen (Projektablaufanalysen)

Projektrisiken können auch mit einem Modell der folgenden Gruppen von Risikofaktoren systematisch identifiziert werden:

➢ ressourcenorientierte Risikofaktoren
➢ phasenorientierte Risikofaktoren
➢ ergebnisorientierte Risikofaktoren und
➢ managementorientierte Risikofaktoren.

Eine spezielle Gruppe von Risikofaktoren mit großer Tragweite liegt häufig in der Person und in der Kompetenz des Projektmanagers. Wenn die meisten noch über eine ausreichende Fach-, Methoden- und Organisationskompetenz verfügen, fehlt häufig eine entsprechend notwendige Sozialkompetenz, insbesondere ihre Belastbarkeit, Anpassungs- und Kommunikationsfähigkeit.[903] Der Projekterfolg wird nicht zuletzt von einer in das Management integrierten Risikobetrachtung bestimmt, die sich von der Projektdefinition bis zum Abschluss des Projektes erstreckt. Damit sollen potenzielle Ereignisse, die eine Erreichung der gesetzten Projektziele gefährden, rechtzeitig erkannt und vorbeugend Lösungsstrategien entwickelt werden. Ein phasenbegleitendes Risikomanagement ist unabhängig vom gewählten Phasenmodell notwendig.

Laut verschiedener Studien überschreitet mindestens jedes zweite IT-Projekt seinen Zeit- oder Budgetrahmen. In solchen komplexen Aufgaben können schon kleine Fehler zu extremen Folgen führen, wenn sie niemand bemerkt oder gegensteuert. Viele gescheiterte Projekte sind direkt auf die Fehler der beteiligten Manager zurückzuführen, nicht auf die Schwierigkeit des Projektes oder das Geschäftsumfeld. Kardinalfehler und Fehlersymptome lassen sich weit verbreitet im Management erkennen:

➢ Mangel an hilfreicher Unterstützung durch die Unternehmensleitung
➢ Mangel an umfassender und detaillierter Planung
➢ Zu geringe Einbeziehung der Mitarbeiter
➢ Delegation entscheidender Führungsaufgaben, z.B. an Neulinge und Unerfahrene.

---

[903]Romeike F./ Hager, P.: Erfolgsfaktor Risiko-Management 2.0, 2. Auflage, Wiesbaden 2009, S. 408

Projekte scheitern häufig aufgrund partieller oder vollständiger Unübersichtlichkeit oder einer zu hohen Komplexität der Einzelprojekte oder von Projektportfolios. Manche IT-Bereiche sind überfordert, weil zu viele Projekte unterschiedlicher Anforderungen gleichzeitig begonnen oder bearbeitet werden. Eine besondere risikopolitische Herausforderung ist in der Integration der betroffenen Abteilungen in Projekte zu sehen. Einerseits besteht die Gefahr einer unzureichenden quantitativen und/oder qualitativen Mitwirkung der Abteilungen, andererseits muss das Risiko eines ungewollten Abflusses von Projektwissen zur falschen Zeit und zu missbräuchlichen Zwecken gesehen werden.

Der Risikoentdeckungs-Prozess sollte nicht nur einmal zu Projektbeginn stattfinden, sondern als fester Bestandteil des permanenten Projekt-Reviews fest institutionalisiert werden:

Schritt 1: Katastrophen-Brainstorming
Schritt 2: Szenarien ausdenken
Schritt 3: Analyse der Grundursachen

Ein vorliegendes Szenario hilft, gemeinsam den möglichen Grundursachen auf die Spur zu kommen. Das geht sehr viel leichter, wenn das Szenario noch nicht eingetreten ist. Zur möglichst vollständigen Identifizierung und Steuerung aller Risiken des Implementierungsprozesses von Projekten müssen möglichst viele Projektmitarbeiter in das RM einbezogen werden: der Auftraggeber, der Lenkungsausschuss, der Projektleiter, die Projektmitarbeiter, das Projekt Management Office.[904] Für die Erkennung von Risiken in Projekten muss zwischen unsystematischer (zufälliger) und systematischer (geplanter) Risikoidentifikation unterschieden werden. Für die zufällige Risikoidentifikation müssen offene Kommunikationswege geschaffen sein, damit ein Projektmitglied erkennbare Risiken sofort bekannt geben kann, deren Relevanz geprüft wird und eine weitere Bearbeitung des Risikos sichergestellt wird.[905]

9.3 Risiken im strategischen Projektmanagement

Risikoanalysen sind seit Langem fest in das strategische Projektmanagement integriert und liefern entscheidungsrelevante Informationen zur Bewertung der Unsicherheit auszuwählender Projekte. Dabei hat sich die Anwendung der Portfoliotechnik für eine systematische Analyse der Projekte sowohl aus der Sicht der Erreichung der anzustrebenden strategischen Unternehmensziele (Rendite) als auch aus der Sicht der Planungs- und Realisierungssicherheit (Risiko) bewährt. Ein optimales Projektportfolio muss die zukünftig erwarteten Renditen mit den prognostizierten Risiken in Einklang bringen. Im Projektportfolio ergeben sich verschiedene Entscheidungsbereiche.(Abb. 64)

Unternehmen wollen ein bestimmtes Ertragsniveau bei möglichst geringen Risiken anstreben. Allerdings werden häufig Projekte mit höheren Renditeerwartungen auch mit höheren Risiken verbunden sein. Die Projekte A und B sind aus der Sicht der Rentabilitätserwartungen zu akzeptieren, die Projekte C und D weisen Rentabilitätsschwächen auf. Aus der Sicht der Risikobewertung sind die A und C zu akzeptieren. Unter Berücksichtigung des bekannten Safety-First-Ansatzes[906] (Mindest-Sicherheit) müssten alle Projekte, welche die Maximalrisikolinie nach rechts überschreiten, abgelehnt werden. Zu den verbleibenden Projekten müsste eine Bewertung der Risiken – möglichst in monetärer Form unter Beachtung der Eintrittswahrscheinlichkeiten – vorgenommen werden. Ebenso könnte noch eine Mindestrentabilität festgelegt werden. Auf der Basis der Entscheidungspräferenzen des Unternehmens wird nun eine Rangfolge der innerhalb der bestehenden Mindestanforderungen verbleibenden entscheidungsfähigen Projekte bestimmt werden. Eine Diagonallinie kann für eine Trennung in zu realisierende und nicht zu realisierende Projekte hilfreich sein.

---

[904] Esswein, W./ Enz, R.: Risikomanagement bei ERP -Projekten, in: WISU 1/2007, S. 99
[905] Ebenda, S. 102
[906] Vgl. u.a. Vijay, S./Bawa, V.: Safety-First, Stochastic Dominance and optimal Portfolio Choice, in: Journal of Financial and Quantitative Analysis, June 1978, S. 255-269, zitiert in: Romeike, F./Hager, P.: Erfolgsfaktor Risikoman a gement 2.0, Wiesbaden 2009, S. 415

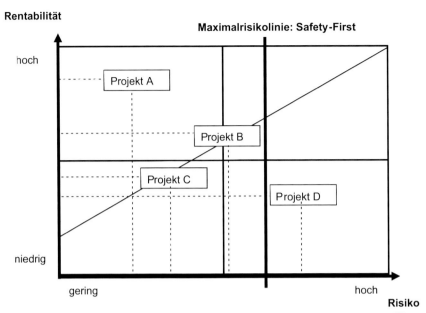

Abb. 64   Vereinfachtes Projektportfolio zur strategischen Projektbewertung[907]

Voraussetzung für die Anwendung des Projektportfolios ist eine zuverlässige Identifikation der strategischen Einzelrisiken von Projekten, die Bewertung ihrer Relevanz und ihre geeignete Quantifizierung.

9.4 Analyse und Bewertung von Projektrisiken

Die Auswahl sinnvoller und wirtschaftlicher Risikobewältigungsstrategien erfordert eine fundierte Bewertung der potenziellen Risiken. Dazu kann in Anlehnung an bekannte Modelle eine Bewertungsmatrix erstellt werden (Tab. 89).

Legende zu den Risikoklassen

Risiko-klassifizierung	Risiko nach Tragweite (Auswirkung/Bedeutung)				
		1	2	3	4	5
Eintrittswahr-scheinlichkeit	1	A				
	2					
	3			B		
	4					
	5					C

Risikoklasse nach Tragweite (Auswirkung/Bedeutung)	
Klasse 1	Risiko überkritisch; bei Eintritt Abbruch des gesamten Projekts
Klasse 2	Risiko kritisch; bei Eintritt Gefährdung des gesamten Projekts
Klasse 3	Risiko bedeutend, bei Eintritt Gefährdung wichtiger Teilprojekte
Klasse 4	Risiko weniger bedeutend; bei Eintritt Störung von Teilaufgaben
Klasse 5	Risiko vernachlässigbar
Risikoklasse nach Eintrittswahrscheinlichkeit	
Klasse 1	Eintritt so gut wie sicher ($p > 90\,\%$)
Klasse 2	Eintritt höchstwahrscheinlich ($p > 75\,\%$)
Klasse 3	Eintritt möglich ($p > 50\%$)
Klasse 4	Eintritt unwahrscheinlich ($p > 25\,\%$)
Klasse 5	Eintritt nahezu ausgeschlossen ($p < 10\%$)

Tab. 89 Bewertungsmatrix für Projektrisiken

---

[907] Vgl. Mit einigen Änderungen Romeike, F./ Hager, P.: Erfolgsfaktor Risikomanagement 2.0, Wiesbaden 2009, S. 415

Zu allen relevanten Projektrisiken kann eine tabellarische Strukturübersicht (Tab.90) erstellt werden, aus der wiederum jede einzelne Risikoart einer qualitativen Risikobeschreibung unterzogen wird (Tab.91).

Risikoermittlung - Gesamtübersicht									
Projekt:			Datum:			Verantwortung:		Seite:	
Nr.	Risikoart	Einfluss auf Aktionen	Wahrscheinlichkeit			Einfluss auf			Maßnahmen zur Risikoreduzierung/ Alternativen
			hoch	mittel	niedrig	Techn. Lösung	Kosten	Planung	

Tab. 90   Übersichtstabelle zur Risikoermittlung

Qualitative Risikobeschreibung		Projekt:		
Risiko-Nr.:	Risikoart:	Datum:	Bearbeiter:	
Nr.	**Risikoparameter**	**Erläuterungen**		
1.	Inhalt des Arbeitspakets			
2.	Risikobeschreibung			
3.	Verantwortung für Bearbeitung			
4.	Risikowahrscheinlichkeit, Bewertung/ Begründung	Technische Ausführung — Einfluss: Stark / Mittel / Wenig / Kein — Niedrig mittel Hoch Wahrscheinlichkeit Kosten — Einfluss: Stark / Mittel / Wenig / Kein — Niedrig mittel Hoch Wahrscheinlichkeit Zeitplanung — Einfluss: Stark / Mittel / Wenig / Kein — Niedrig mittel Hoch Wahrscheinlichkeit		
5.	Maßnahmen zur Risikoreduzierung	Maßnahmen Folgen aus den Maßnahmen		
6.	Alternativen zur Risikoreduzierung	Alternativen Folgen aus den Alternativen		
7.	Letzter Entscheidungstermin für Alternativen			

Tab. 91 Schema zur qualitativen Risikobeschreibung

Qualitative Darstellungen, wie sie insbesondere mit der Risk-Map angeboten und genutzt werden, reichen für eine qualifizierte Entscheidungsfindung indes nicht aus. Der Entscheider erhält durch diese keine aggregierte Sicht im Sinne eines „risikoadjustierten" Gesamtbildes in Bezug zu den Ziel- und Entscheidungsgrößen des Projektes, wie zum Beispiel Projektkosten, Amortisationsdauer u.ä. Dem Entscheider werden mit den qualitativen Beschreibungen noch keine Einschätzung des „Ambitionsniveaus" der Plankennziffern, kein risikoadjustierter Vergleich von Vorhaben untereinander, keine Ableitung eines angemessenen Risikobudgets sowie keine Risikoaggregation aus mehreren Vorhaben ermöglicht.[908] Erfahrungsgemäß liefert auch die Szenarioanalyse nicht immer eine sachgerechte Fundierung der Entscheidung, wenn Zahlen rein mechanisch verändert werden und die Daten dennoch mit der Realität des künftigen Projektes nichts zu tun haben. In der Verbindung mit einer quantitativ fundierten Monte-Carlo-Simulation liefern Szenarien jedoch eine durchaus auswertbare Datengrundlage für die Entscheidungsfindung, wenn eine Analyse zum Beispiel sichtbar macht, dass die geplanten Projektkosten von 300 Tsd. Euro nur mit einer Wahrscheinlichkeit von 17 Prozent, die Projektkosten von 325 Tsd. Euro mit einer Wahrscheinlichkeit von 90 Prozent eingehalten werden. Das Risiko der Überschreitung der geplanten Projektkosten um 50 Tsd. Euro liegt dann bei 10 Prozent.[909]

Produkte und Projekte werden immer komplexer, Unternehmen verkürzen die Zeitpläne und senken die Kosten manchmal bis zur Schmerzgrenze. Die Analyse von Schadensfällen in Projekten zeigt, dass schwerwiegende Fehler in Projekten durch das Management vermeidbar sind oder die Folgen wenigstens in Grenzen gehalten werden können. Dazu sollten strategische Veränderungen im Projektmanagement erfolgen:

➢ Realistischere Planung durch Berücksichtigung der realistischen Zeitanforderungen sowie der Kundenanforderungen in der Projektkalkulation und Einbeziehung der eigenen Fachkräfte sowie Zulieferer in den Planungsprozess
➢ Verbesserung der Projektkontrolle
➢ Offene Kommunikation zu Fehlern.

Praxissituation 199: „Die zahlreichen Pannen in der Großindustrie sind kein Zufall ..."

„Beispiel Toyota: Der japanische Autobauer, eigentlich berühmt für akribische Qualitätskontrollen, sah sich zur größten Rückrufaktion seiner Geschichte genötigt. Wegen technischer Mängel hat der weltgrößte Autokonzern in den USA nun milliardenschwere Schadensersatzklagen zu befürchten.

Beispiel Bilfinger und Berger: In Köln startete die Staatsanwaltschaft Ermittlungen gegen Mitarbeiter des Konzerns wegen Pfuschs am U-Bahn-Bau. Die Aktie stürzte daraufhin ab.

Beispiel Airbus: Nur mit Nachzahlungen in Milliardenhöhe retteten Deutschland und andere europäische Staaten das spektakulär schlecht geplante Militärfliegerprojekt A400M der EADS-Tochter Airbus Military....

- die Häufung der Fehler ist kein Zufall. Erhöhter Wettbewerbsdruck und Wirtschaftskrise haben das Pannenrisiko gewaltig verschärft. ‚Während Produkte und Projekte immer komplexer werden, verkürzen Unternehmen die Zeitpläne und senken die Kosten bis an die Schmerzgrenze'...Der brutale Kostendruck führe nicht selten zu Abstrichen bei der Qualitätskontrolle. Der Schluss des Experte : ‚Wir brauchen eine neue Kultur der Projektplanung und Fehlerkommunikation.'...Pannen sind keine Schicksalsschläge."
(Quelle: Hage, S.: Fatale Fehler, managermagazin 5/2010, S. 74)

Erfahrene Manager halten die Projektdauern häufig bewusst so kurz wie möglich. Je länger ein Projekt dauert, desto größer ist das Risiko, dass durch Strategie- oder Personalwechsel im Unternehmen oder zwischenzeitliche Technologiesprünge noch vor Projektende entscheidende Aufgabenstellungen überholt sind. Je wichtiger es für Sie ist, ein Projekt rechtzeitig zu beenden, desto

---

[908] Ihde, T.: Risiko aus Business Cases und Projekten – Wie sag ich's meinem Vorstand…?, in: www.risknet.de/wissen/risknet-kolumne/2010/november-2010 vom 09.12.2010, S. 2
[909] Vgl. ebenda, S. 3

mehr sind Sie geneigt, rechtzeitig damit anzufangen. Bei einem Projekt mit einem kritischen Fertigstellungstermin ist ein früher Anfang eine echte Strategie zur Risikoverminderung. Ein früher Anfang ist wahrscheinlich bei den meisten Projekten der einzig wirksame Weg, das Risiko einer verspäteten Fertigstellung zu begrenzen.[910] Ein grundlegendes Problem bei der Erkennung und Verfolgung von Projektrisiken besteht leider jedoch in vielen praktischen Fällen in einem fehlenden oder unterentwickelten Projektcontrolling. Methoden wie die Meilenstein-Trend-Analyse (MTA), die Kosten-Trend-Analyse (KTA) oder die Earned Value Analysis (Leistungswertanalyse) werden nicht ausreichend eingesetzt. In der Praxis wird oftmals argumentiert:
„Die Wirtschaft befindet sich zur Zeit im Abwärtstrend, aber innerhalb der nächsten zwei Quartale ist mit einer Wende zu rechnen. Wenn wir jetzt mit der Entwicklung unserer neuen Produktversion anfangen, wären wir der Konkurrenz ein Stück voraus, sobald der Markt sich erholt – deshalb sollten wir unverzüglich mit dem Projekt beginnen. Andererseits: Was, wenn die erwartete Markterholung ausbleibt? Vielleicht warten wir besser noch und schauen, was passiert. Wenn die Nachfrage Anfang nächsten Jahres steigt, können wir das Projekt immer noch beginnen. Und sollte die Stagnation doch bis zum Sommer anhalten, sparen wir bis dahin die Projektkosten ein.“[911]

Viele Projekte sehen sich vor das Risiko gestellt, verspätet fertig zu werden, weil ihre Manager jenes andere, vielleicht wichtigere Risiko scheuten – frühzeitig anzufangen.

Des Weiteren ergibt sich das Problem der Quantifizierung des Nutzwertes von Projekten. Wenn Projekte klar begrenzte Kosten und nur vage benannte Nutzen aufweisen, verantwortet das Entwicklungsteam die Kosten und niemand die Realisierung des Nutzens. Zur Einhaltung der Kostenvorgaben werden notfalls Abstriche am Nutzen gemacht. Kosten und Nutzen müssen mit gleicher Präzision spezifiziert werden. Worin liegt der Nutzen quantifizierbar begründet? Bei Systemen, die vor allem der Marktpositionierung statt der Kostenverlagerung dienen, ist der wahrscheinliche Nutzen mit einigen Unbekannten behaftet. Der Markt kann sich auf ein neues Produkt stürzen oder mit einem zögernden *hm...*reagieren. Die Konkurrenz kann dem neuen Produkt ein ähnliches Produkt entgegensetzen oder ein demnächst erscheinendes rivalisierendes Produkt mit interessanten einzigartigen Merkmalen ankündigen. Dies lenkt die Aufmerksamkeit auf die Bestimmung der optimistischsten und der pessimistischsten Erwartungen des Nutzens.[912] (Abb.65)

Relative Wahrscheinlichkeit

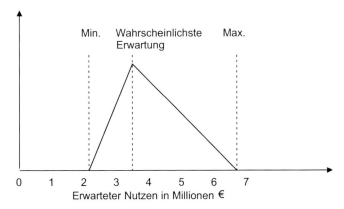

Abb.65   Beschreibung der Nutzenfunktion und ihre Wahrscheinlichkeitsverteilung

---

[910] DeMarco, T./Lister, T.: Bärentango. Mit Risikomanagement Projekte zum Erfolg führen, München/Wien 2003 S. 153
[911] Ebenda.
[912] Ebenda, S. 166f.

Lassen Sie sich bei der Entscheidung, ein wie hohes Risiko Sie eingehen, von dem erwarteten Nutzwert leiten. ...Eine echte Projektbegründung setzt voraus, dass Risiko und Nutzwert im Gleichgewicht sind. Bei begrenzten Ressourcen weisen Unsicherheitsdiagramme über den Netto-nutzen den Weg, auf welches Projekt Sie setzen sollen.[913]

Effektive Risikobewältigung in Projekten setzt eine methodisch korrekte Risikobeurteilung voraus. Mit den sogenannten *CobiT-Grundsätzen* werden die kritischen Erfolgsfaktoren für das Projekt-management abgedeckt. Wenngleich diese auch für die IT-Projekte entwickelt wurden, lassen sie sich jedoch auf Projekte anderer Anwendungsbereiche sinngemäß anwenden.[914]

9.5 Risiken und Risikomanagement in Softwareprojekten

Für Software lassen sich jenseits des engeren Softwareentwicklungsprozesses die folgenden *Hauptquellen* von Risiko und Unsicherheit praktisch finden:[915]

➢ **Anforderungen:** Was genau muss das System leisten?
➢ **Zusammenspiel:** Wie wird das System mit den menschlichen Nutzern und anderen beteiligten Softwaresystemen interagieren?
➢ **Veränderungen in der Umgebung:** Wie werden sich Bedürfnisse und Ziele während der Ent-wicklungsphase verändern?
➢ **Ressourcen:** Welche mitarbeiterbezogenen Schlüsselfähigkeiten und –fertigkeiten werden (bei Bedarf) vorhanden sein, wenn das Projekt voranschreitet?
➢ **Management:** Wird das Management produktive Teams aufbauen, die Motivation aufrecht-erhalten, den Personalwechsel minimieren und komplexe, in Wechselwirkung stehende Teil-aufgaben koordinieren?
➢ **Supply Chain:** Werden andere Projektbeteiligte die erhoffte Leistung erbringen?
➢ **Politik:** Wie wirken sich politische Machtspiele aus, die die Realität verleugnen und Vorgaben machen, die dem Projekterfolg zuwiderlaufen?
➢ **Konflikt:** Wie integrieren die Mitglieder einer bunt gemischten Gemeinde von Stakeholdern ihre nicht miteinander vereinbaren Interessen?
➢ **Innovation:** Wie werden Technologien und Ansätze, die nur bei diesem Projekt zum Einsatz kommen, das spätere Ergebnis beeinflussen?
➢ **Skalierung:** Wie wird sich eine Ausweitung von Volumen und Funktionsumfang gegenüber früheren Vorhaben auf die Projektleistung auswirken?

Gerade in Softwareprojekten lassen sich in der Praxis immer häufiger folgende *Kernrisiken* identifizieren:[916]

Kernrisiko 1: Fehlerhafter Zeitplan
Ein fehlerhafter Zeitplan erwächst aus der Neigung, den Umfang des durchzuführenden Projekts falsch einzuschätzen....Sie tendieren eher dazu, Arbeitsaufgaben zu vernachlässigen, die sich schließlich doch als notwendig erweisen, als Arbeiten zu berücksichtigen, die sich später als unnö-tig erweisen. Wird der Zeitplan ohne Rücksicht auf die Produktgröße festgelegt, ist eine Termin-überschreitung von 50 bis 80 Prozent wahrscheinlich....gibt ein verärgertes oberes Management selten dem Zeit-plan die Schuld; stattdessen sucht es die Schuld bei denen, die den Zeitplan – ganz gleich, wie lächerlich er war – hätten realisieren sollen. Tatsächlich trägt der fehlerhafte Zeit-plan, nicht eine mangelhafte Leistung die Schuld an der Misere. Im Rückblick gesehen wurde das Produkt auf Befehl von oben unterschätzt; die Einschränkung der Projektdauer schränkte die Pro-jektgröße auf das ein, was in dieser Zeit fertig gestellt werden kann, und diese Einschätzung er-wies sich als unrealistisch.

---

[913] Ebenda, S. 180
[914] Romeike 2.0., S. 412f.
[915] DeMarco, T./Lister, T.: a.a.O., S. 20
[916] Ebenda, S. 109 ff.

Praxissituation 200:
Risikomanagement am Beispiel des Denver International Airport (DIA)

Der Plan sah vor, dass der neue Denver International Airport (DIA) am 31. Oktober 1993 seinen Betrieb aufnehmen sollte. Der Flughafenbetrieb konnte aufgenommen werden, nur die Software für das System zur automatischen Gepäckabfertigung war nicht fertig. Ohne eine funktionsfähige Software zur Gepäckabfertigung konnte er jedoch nicht eröffnet werden. Die Schuld wurde dabei der Softwarebranche zugeschrieben. Der Software-Entwicklungsprozess war schuld, so behauptete man. Aber lag wirklich ein Prozessproblem vor? Ist der Softwareentwicklungsprozess wirklich eine der Hauptquellen für Unsicherheit?

In der Auswertung zu diesem Fall wurde eine Reihe von Fragen gestellt:
➢ Warum konnte der Flughafen nicht ohne das Gepäcksystem eröffnet werden?
➢ Warum lag das automatische Gepäcksystem auf dem kritischen Pfad?
➢ Warum konnte der Flughafen nicht ohne das automatische Gepäcksystem (mit einer Alternative) eröffnet werden?
➢ Wurde der Rückstand der Gepäcksoftware nicht als mögliches Risiko gesehen?
➢ Kündigte das Projektteam die drohende Verzögerung rechtzeitig an?
Was ist daraus zu schlussfolgern?

„Am Scheitern des DIA-Projekts war nicht die Art des Risikomanagements schuld. Schuld daran war die Tatsache, dass es nicht einmal die Andeutung eines Risikomanagements gab. Selbst die rudimendärste Form von Risikomanagement hätte vermutlich schon in der ersten Minute des ersten Brainstormings zur Risikoidentifikation zutage gefördert, dass sich die Nicht-Einhaltung des Softwareliefertermins zu einem ernsthaften Risiko auswachsen könnte.

Eine Bewertung des Risikos hätte ergeben: Weil das Projekt auf dem kritischen Pfad lag, würde eine Nicht-Einhaltung des Liefertermins die Eröffnung des Flughafens verzögern und Mehrkosten in Höhe von 33 Millionen Dollar im Monat verursachen....An diesem Punkt hätte es auf der Hand gelegen, als erste Risikovermeidungsstrategie die Software vom kritischen Pfad zu entfernen. Wären frühzeitig ein paar Millionen Dollar in eine alternative Gepäckabfertigung investiert worden, hätte man eine halbe Milliarde Dollar gespart, als das Softwareprojekt tatsächlich nicht rechtzeitig fertig gestellt werden konnte."
(Quelle: DeMarco, T./Lister, T.: Bärentango. Mit Risikomanagement Projekte zum Erfolg führen, München-Wien 2003. S. 18 ff.)

Kernrisiko 2: Inflation der Anforderungen

Die Software, die Sie und Ihre Leute entwickeln, muss letztlich immer in ein bestimmtes Geschäftsumfeld passen. ...Dieses Umfeld bleibt während des Entwicklungsprozesses nicht statisch. Es wird sich in einem Tempo ändern, das von seinen Märkten und seiner Innovationsrate diktiert wird. Aus Projektsicht kommen solche Veränderungen immer einer Inflation der Anforderungen gleich. Wie viel Inflation sollten Sie sinnvollerweise einkalkulieren? (…) Wenn wir Zeitpläne für neue Projekte entwickeln, gehen wir von folgender Argumentation aus:

„*Wenn Sie ein X wollen, können wir es in zehn Monaten für Sie entwickeln; wenn sich herausstellt, dass Sie etwas anderes als ein X wollen, ist das Ihr Problem.*"

Sinnvoller wäre es, so vorzugehen: „Sie sagen, Sie wollen ein X; wir wissen aber aus Erfahrung, dass Anforderungen sich im Lauf eines Projektes verändern und dass Sie am Ende etwas geringfügig anderes werden haben wollen. Deshalb planen wir, ein X zu entwickeln, und sehen einen gewissen Puffer für zu erwartende Veränderungen vor."

Kernrisiko 3: Mitarbeiterfluktuation

Es kommt vor, dass Mitarbeiter während eines Projektes kündigen. Diese Wahrscheinlichkeit wird bei der Planung meistens ausgeblendet. Für die Abschätzung sind die durchschnittliche jährliche Fluktuationsrate und die Einschätzung der Einarbeitungszeit für jede eingestellte Ersatzperson zu bestimmen.

Kernrisiko 4: Spezifikationskollaps

Ein Spezifikationskollaps liegt vor, wenn der Verhandlungsprozess scheitert, der bei der Festlegung der Anforderungen zu Projektbeginn im Mittelpunkt steht....Ist der Konflikt so groß, dass eine Einigung nicht erreicht werden kann, wird die Wahrheit oft vertuscht. Das Projekt wird mit einem brüchigen, anspruchsvollen Ziel fortgeführt, über das niemand glücklich ist, aber mit dem alle Parteien leben können. Eine Zeit lang verschwindet das vertuschte Problem, aber nicht für immer. Es ist zwar möglich, ein Produkt wolkig zu spezifizieren, aber nicht, es wolkig zu entwickeln. Irgendwann muss das aufgeschobene Problem angepackt werden, und der Konflikt flackert erneut auf. In den schlimmsten Fällen passiert das sehr spät im Projekt, wenn die zeitlichen und finanziellen Budgets fast oder ganz aufgebraucht sind....

Praxissituation 201: Risikomanagement bei ERP-Projekten

Studien zeigen, dass bei der Einführung von Enterprise-Ressource-Planning-Software (ERP-Software) häufig die Ressourcen-, Zeit- und Qualitätsziele nicht oder nicht vollständig erreicht werden. Die Ursache wird dafür besonders in einer unzureichenden Auseinandersetzung mit den Risiken des Projektes gesehen. Aufgrund ihres unternehmensübergreifenden Einsatzes, der langfristigen Nutzungsdauer und ihrer federführenden Rolle bei der Gestaltung und Ausführung von Geschäftsprozessen sind ERP-Systeme nicht nur komplex, sondern verursachen auch hohe Implementierungs- und Betriebskosten. Dies führt zu weiterreichenden Anforderungen an das Risikomanagement (RM) als es bei reiner Software-Entwicklung der Fall ist. So ist bereits frühzeitig die Berücksichtigung aller operativen Anforderungen und die Anpassung der Aufbau- und Ablauforganisation zu sichern. Ein Scheitern der Implementierung kann den gesamten Betrieb gefährden. Ein paralleler Betrieb des ERP-Systems und des Altsystems ist meist nicht oder nur mit hohen Kosten möglich, weshalb hohe Anforderungen an die Implementierung gestellt werden.

Bei ERP-Projekten können verschiedene Risikogruppen auftreten:
- ➤ **Projektrisiken:** Risiken, deren Ursachen in der Vorgehensweise bzw. in der operativen Durchführung des Projektes liegen, z.B. nationale und internationale Gesetzgebungen
- ➤ **Ressourcenrisiken:** mögliche negative Ereignisse, die auf monetären, personellen oder sonstigen Faktoren beruhen, z.B. die Verfügbarkeit von Personal und die Fachkenntnisse der einzelnen Mitarbeiter, notwendige Sprachkenntnisse für die Kommunikation in einem internationalen Projekt
- ➤ **Technologische Risiken**: Risiken, die auf die zur Projektrealisierung notwendige Technologie zurückzuführen sind, etwa die Schnittstellen zwischen ERP-Software und anderen betrieblichen Systemen
- ➤ **Sozio-ökonomische Risiken**: Risiken, die auf das Verhalten einzelner Projektbeteiligter zurückgehen, z.B. Ängste und Widerstände bei Organisationsveränderungen
- ➤ **Geschäftsrisiken:** Risiken, die sich aus dem operativen Geschäftsbetrieb eines Unternehmens ergeben, z.B. etwa ein notwendiger Geschäftsprozess, der nicht durch Software unterstützt werden kann.

(Quelle: Esswein, W./ Enz, R.: Risikomanagement bei ERP-Projekten, in: WISU 1/2007, S. 99

Ein strategisch sehr bedeutsamer Bereich betrieblicher Softwareprojekte kann die Einführung eines Softwaresystems für ein Customer Relationship Management (CRM) sein. Bei der Konzeption werden die Projekte oft nicht genügend in die operativen Prozesse und die strategischen Ziele des Unternehmens eingebettet. Unrealistische Erwartungen an Nutzen und ROI werden geschürt. Bei der Umsetzung unterschätzen viele Projektleiter die Komplexität der gestellten Aufgabe und konzentrieren sich entweder einseitig auf die Software als erfolgsrelevante Größe oder verfolgen zu große und teure CRM-Modelle. Die schließlich gewählte Lösung verfügt in den seltensten Fällen über definierte Frühwarnindikatoren wie etwa einer hohen Rücklaufquote auf Grund veralteter Adressen. Die Auswirkungen auf Mitarbeiter, Organisation und bestehende Infrastruktur sind weitaus größer als oft angenommen. Die Anpassungsgeschwindigkeit der eigenen Organisation wird zumeist überschätzt. Interne Widerstände aus Angst vor Transparenz oder Abbau von Arbeitsplätzen manifestieren sich nicht immer offen; das Projekt verliert einfach jeden Tag an Fahrt, weil es von den Betroffenen nicht ausreichend unterstützt oder sogar gänzlich abgelehnt wird. Komplexität und Vernetzung zwischen den Teilprojekten des CRM-Projektes machen das Projekt anfällig für ein Scheitern, wenn ein einzelnes Teilprojekt nicht funktioniert. Risiken entstehen hier zum Beispiel in der nahtlosen Integration neuer CRM-Systeme in bestehende Systemlandschaften. Die für solche Projekte existierende unzählige Menge an Schnittstellen wird oft unterschätzt.[917]

Der Ausgangspunkt für das Risikomanagement in Projekten ist die Schaffung eines gemeinsamen Verständnisses des CRM-Projekts, der Projektziele und wie diese zu erreichen sind. Dann werden die einzelnen Risiken, die die Umsetzung der Projektziele gefährden, identifiziert und deren Ausmaß, Eintrittswahrscheinlichkeit und Korrelationen zueinander analysiert. Durch gezielte Maßnahmen gilt es, die Risiken zu beherrschen und zu überwachen. Als Teil der „normalen" Projektfortschrittsüberwachung wird über das aktuelle Projektrisikoprofil berichtet. Bei wesentlichen Änderungen erfolgt die Berichterstattung über definierte Eskalationswege zu den Entscheidungsträgern. Ein Risikomanagement in Projekten muss frühzeitig beginnen und periodisch wiederholt werden. Häufig setzt Risikomanagement jedoch erst ein, wenn die Risiken bereits eingetreten sind oder definitiv absehbar sind. In diesen Fällen wird es dann zum Krisenmanagement.[918]

9.6 Risikospezifik im auftragsorientierten Projektgeschäft

Auftragsorientierte Projektgeschäfte zeichnen sich durch eine hohe kundenbezogene Leistungsspezifität sowie einen geringen Grad der Prozess - und Vertragsstandardisierung aus. Die hohe Leistungsspezifität ergibt sich aus der vom Markt geforderten hohen Flexibilität bei der Bearbeitung von Kundenwünschen.[919] Diese stark wechselnden Planungsbedingungen haben besondere Auswirkungen auf die Risikostruktur in Projekten und deren Analyse im Rahmen der Auftragskalkulation. Unvollständigkeit und Mängel in der Informationsbasis, zum Beispiel durch unvollständige Leistungsbeschreibungen, erfordern eine besondere Risikoanalyse nicht nur vor Projektbeginn, sondern auch bereits vor Abgabe von Projektangeboten.[920] Projektrisikomanagement muss insbesondere die auftragsspezifischen und somit vor der Auftragsentscheidung steuerbaren Risiken betrachten. Im Rahmen der Entscheidungsfindung zur Projektauftragsannahme muss die hohe Konnektivität der Projektrisiken berücksichtigt werden, da das Projektrisiko insgesamt niemals nur von einem einzigen Bereich, z.B. Vertrieb, Konstruktion oder Produktentwicklung, eingeschätzt werden kann. Eine besondere Relevanz gewinnen die Risiken in internationalen Projekten.[921]

Bei der Analyse und Beurteilung der Risiken sollte zwischen Standardrisiken und auftragsspezifischen Risikoänderungen unterschieden werden. Dabei gehen betriebstypische Standardrisiken von einem typischen Kundenauftrag aus und ermitteln auftragsspezifische Zusatzrisiken, die sich in folgenden Formen zeigen können:[922]

➤ Technische Kundenvorgaben, die vom Standardleistungsfall abweichen, z.B. Präzisionsanforderungen, ungewöhnliche Designvorgaben, vom Normalfall abweichende Schalt- und Steuerungselemente, untypische Einsatzmaterialien oder außerhalb des üblichen Leistungsprogramms liegende Zusatzleistungen sowie besondere Montagebedingungen
➤ Kundenspezifische Vertragskonditionen, z.B. in der Wahl der Fakturierungswährung, in Preisgleitklauseln, Konventionalstrafen, Abnahmeregelungen, Gewährleistungs- und Leistungszusagen oder Entsorgungsvereinbarungen
➤ Spezifische Bedingungen des Auslieferlandes bei exportorientierten Projektgeschäften.

[917] Henn, H./Mertin, C./Reuter, C.: Mut zum Risiko, Z. acquisa 3/2003, S. 26 (S. 26-28)
[918] Ebenda, S. 26
[919] Troßmann, E./Baumeister, A./Ilg, M.: Controlling von Projektrisiken. Praxis-Handbuch für den Mittelstand, Stuttgart 2007, S. 11
[920] Ebenda
[921] Pinnells, J.R./Pinnells, E.: Risikomanagement in Projekten. Internationale Wagnisse identifizieren und minimieren, Wiesbaden 2007
[922] Ebenda, S. 19f.

Auftrags- und Projektkalkulationen können zu Fehlentscheidungen und somit zu Verlusten führen, wenn Risikoaspekte nicht, nur mit durchschnittlichen, aggregierten oder standardisierten Risikozuschlägen Berücksichtigung finden. Die Fehlentscheidungsgefahr bei risikobehafteten Projekten ergibt sich bei der Anwendung pauschaler Risikozuschläge daraus, dass „hochriskante Aufträge tendenziell zu gering und niederriskante zu hoch im Angebotspreis angesetzt" werden, demzufolge „unerwünschte Aufträge mit hohen Risiken übernommen werden, wenn diese gegenüber Konkurrenten mit identischen Kostenstrukturen und Erfolgsvorgaben, gleichzeitig aber stärker differenzierter, alternativenspezifischer Risikoberücksichtigung tendenziell günstiger angeboten werden".[923] Eine Risikoanalyse als Bestandteil einer risikoorientierten Projektkalkulation muss vom individuellen Projektrisiko ausgehen.

Troßmann et.al. weisen auch auf die besonderen Risiken aus den im Zusammenhang mit der Projektkalkulation stehenden Problemen der zeitlichen Erfolgsversetzung hin. Einerseits entstehen bei vielen Projekten zeitlich auf mehrere Rechnungsperioden auseinanderfallende Kosten- und Erlös- und somit auch Erfolgsgrößen, andererseits muss bei der Risikoeinschätzung die besondere Bewertung der nachlaufenden Kosten (z.B. Garantiekosten, entgeltfreie Beratungsleistungen) erfolgen, die erst nach Abschluss des Projektes entstehen könnten. Des Weiteren ist mit einer Lebenszyklusrechnung sichtbar zu machen, in welcher Weise die Erfolgsbeiträge und die Erfolgsrisiken eines Projektes von möglichen oder wahrscheinlichen Folgegeschäften beeinflusst werden. Dies können sowohl mit dem Erstauftrag zusammenhängende Folgeprojekte mit „identischer oder variierter Leistungsspezifizierung, der Absatz von Ersatzteilen und Verbrauchsmaterialien, Schulungsleistungen oder Maßnahmen zur Anlagenüberholung" beim gleichen Auftraggeber sein, als auch Erfolgsbeiträge aus optionalen Folgegeschäften betreffen, wenn nicht kostendeckende oder sehr deckungsbeitragsschwache Projektaufträge angenommen werden.[924] Eine besondere Risikoproblematik entsteht in der Praxis auch immer dann, wenn Unternehmen zeitlich versetzte Erfolgsbeiträge aus einer Vermarktung des Projektwissens und der Projektergebnisse in Folgeprojekten bei anderen potenziellen Auftraggebern planen.

In der Praxis werden bereits zahlreiche Lösungsansätze mit softwaretechnischer Unterstützung für die Risikoanalyse angeboten und eingesetzt, wie zum Beispiel RIPROCON-CHECK[925].

Bauprojekte zeichnen sich durch vielfältige Risiken für beide Vertragspartner aus. In Tab. 92 ist ein Beispiel für eine Risikosystematik eines Bauprojektes wiedergegeben.[926]

---

[923] Ebenda, S. 13
[924] Ebenda, S. 14
[925] Ebenda.
[926] Göcke, B.: Risikomanagement bei Bauprojekten, in: Romeike, F./Finke, R.B. (Hrsg.): Erfolgsfaktor Risiko-Management, Wiesbaden 2003, S. 406f.

	Hauptprojekt-elemente	Projektelemente	Risiken
Bauleistung	Leistungssoll	bei Vertragsschluss	➢ Unklare Leistungsspezifikation ➢ Komplettierungsverpflichtung
		Nach Vertragsab-schluss	➢ Geänderte und zusätzliche Leistungen ➢ Vom Auftraggeber gekündigte Leistungen ➢ Mengenänderungen
	Qualität	Mangelfreiheit	➢ Mängel
		Ausführungsqualität	➢ Bauverfahren ➢ Baumaterialien
		Planungsqualität	➢ Entwurfs- und Genehmigungsplanung ➢ Ausführungsplanung
	Bauzeit	Termine	➢ Termine ➢ Behinderungen
		Arbeitsvorbereitung	➢ Ablauf- und Terminplanung ➢ Verfahrensplanung ➢ Bereitstellungsplanung Geräte/Materialien/Personal ➢ Vergabeterminplanung ➢ Baustelleneinrichtungsplanung
	Beteiligte	Mitarbeiter des Un-ternehmens	➢ Menschliches Versagen ➢ Diebstahl von Baumaterial
		Schnittstellen	➢ Schnittstellenkonflikte ➢ Schnittstellenorganisation
		Auftraggeber	➢ Person des Auftraggebers ➢ Abnahme ➢ Genehmigungen ➢ Sonstige Mitwirkungspflichten des AG
		Planer	
		Andere Unternehmen	➢ Arbeitsgemeinschaft ➢ Nachunternehmer ➢ Lieferanten
	Umfeld	Bestand	➢ Entfernung von Altbeständen ➢ Bauen im Bestand
		Grundstück	➢ Baugrund ➢ Baulasten
		Umgebung	➢ Nachbarbebauung ➢ Infrastruktur
		Gefahrtragung	➢ Allgemeine Gefahrtragung ➢ Naturereignisse/Witterungseinflüsse ➢ Einwirkungen Dritter
		Haftung ggü. Dritten	
	Gesetze/Vorschriften	Arbeitssicherheit	
		Umweltschutz	
		Sonstige Gesetze und Vorschriften	
Vergütung	Vergütungssoll		➢ Unklare Vergütungsspezifikation
	Preisermittlung	Kalkulationsverfahren	
		Kalkulation allgemein	
		Einzelkosten	➢ Kalkulation Lohnkosten ➢ Kalkulation Gerätekosten ➢ Kalkulation sonstige Kosten ➢ Kalkulation Nachunternehmerkosten
		Gemeinkosten	➢ Kalkulation der Baustellengemeinkosten
		Angebotspreis	
	Zahlung		➢ Zahlungsverzögerung/Zahlungsausfall ➢ Vertragsstrafen ➢ Sicherheitsleistungen

Tab. 92   Übersicht wichtiger Risiken von Bauprojekten

Praxissituation 202: „...Der Skandal um den U-Bahn-Bau in Köln eskaliert...

Das Desaster trifft nicht nur Deutschlands zweitgrößten Baukonzern Bilfinger Berger, sondern die Baubranche insgesamt...Pfusch, Materialklau und lasche Kontrollen gehören zum Alltag...Längst geht es beim rheinischen U-Bahn-Skandal nicht mehr nur um die ungeklärte Ursache des Stadtarchiv-Unglücks, sondern um kriminelle Machenschaften und schwere Vorwürfe gegen Sicherheitsstandards im Verantwortungsbereich von Bilfinger Berger....

Erst kam heraus, dass auf den Kölner U-Bahn-Baustellen Bilfinger-Mitarbeiter eiserne Schubhaken nicht verbaut haben, die die Standfestigkeit der sogenannten Schlitzwände garantieren. Die werden als riesiges Rechteck 40 Meter tief in den Boden betoniert. Wenn die Erde dazwischen ausgehoben ist, bilden Sie einen gigantischen Rahmen, in den dann U-Bahnhöfe eingebaut werden. Die nicht verbauten Schubhaken wurden vermutlich heimlich an einen Schrotthändler verhökert....

Dann stellte sich heraus, dass Messprotokolle mit den Daten für jedes einzelne Betonelement der Schlitzwände vermutlich von Bilfinger-Leuten in mindestens zwei Dutzend Fällen manipuliert wurden....Stünden die Schlitzwände ungerade und wären instabil, müssten Bauarbeiter und Anwohner um ihr Leben fürchten.

Eben noch rechtzeitig flog eine Riesenschlamperei am Hotel-, Büro- und Shopping-Komplex Airrail-Center am Frankfurter Flughafen auf. Unter dem 660 Meter langen, 65 Meter schlanken und 45 Meter hohen Koloss...liegt der ICE-Fernbahnhof. Das Airrail-Center ruht mit seinen 360.000 Tonnen auf 240 hellgrauen Stützpfeilern rechts und links der Bahngleise im Untergeschoss. Durchschnittlich 25.000 Zugfahrer täglich müssen sich darauf verlassen, dass das Schwergewicht über ihnen solide gebaut ist.

Das war es im ersten Anlauf aber nicht. Unter der Regie des Stuttgarter Baukonzerns Ed.Züblin war billiger Stahl aus China verwendet worden, den die Projektmanager des Bauherrn...geordert hatten. Glücklicherweise wurde früh genug festgestellt, dass der China-Stahl nicht tragfähig genug war. Von 9000 Tonnen musste im Frühjahr 2009 ein erheblicher Teil wieder ausgebaut, nachgebessert oder ersetzt werden...

Das Risiko für Bilfinger Berger, mit immer neuen Pfusch-Nachrichten Schlagzeilen zu machen, ist hoch. Dem Konzern drohen auf Jahre hinaus kritische Fragen und Regressforderungen bei längst abgeschlossenen Projekten...Ferner könnten die gegenwärtigen Affären die Position des Unternehmens bei künftigen Ausschreibungen belasten."

(Quelle: Schumacher, H./Kunz, A.-C./Schlesiger, C./Wildhagen, A.: Tief abgetaucht, WirtschaftsWoche 01. März 2010, S. 42-47 (hier S. 42f.)

441

Literaturverzeichnis

Aaker, D.: Managing Brand Equity, New York 1991

an der Heiden, S.: Policen perfektionieren, Markt & Mittelstand 6/2007, S. 85-87

Alexander, M./Korine, H.: Global oder lokal – prüfen Sie Ihre Strategie, Harvard Business Manager 6/2009, S. 83-91

Allgöwer, K: Sicher hinaus in die Welt, in: Financial Times Deutschland, Beilage enable 01/2008, S. 28-29

Allgöwer, K: In guter Verfassung, enable 03/2008, S. 22

Ansoff, I.H.: Die Bewältigung von Überraschungen und Diskontinuitäten durch die Unternehmens führung – die Reaktion auf schwache Signale – in: Steinmann, H.(Hrsg.): Planung und Kontrolle. Probleme der strategischen Unternehmensführung, München 1981, S. 233-264

Arnold, J.: Existenzgründung, Würzburg 1996

Axhausen, M.: Pflicht oder Kür? – Unternehmenssicherung durch permanente Restrukturierung, in: www.krisennavigator.ch/miin-d.htm, S. 3

Autorenkollektiv: Qualitätsmanagement. Arbeitsschutz, Umweltmanagement und IT-Sicherheits-management, 3. Auflage, Haan-Gruiten 2010

Backhaus, K.: Industriegütermarketing, 6. Auflage, München 1999

Baecke-Heger, F.: Schutzwall für die Produktion, Markt & Mittelstand 6/2007, S. 62

Baecke-Heger, F.: Manipulation an Maschinen, in Markt & Mittelstand 7/2007, S. 60

Baecke-Heger, F.: Kampf den Markenpiraten, in: Markt und Mittelstand 11/2007, S. 70-72

Balg, B.: Risikomanagement muss Chefsache bleiben, Lebensmittelzeitung vom 08. Dezember 2006, S. 26

Barck, R.: Stets auf dem aktuellen Stand, in: LOGISTIK inside 05/2008, S. 34-36

Barck, R.: Wider den Feuerteufel, LOGISTIK inside 09/2008, S. 38

Bastian, N./Stock, O.: Unfall erschüttert Lift-Branche, Handelsblatt 13. Juni 2006, S.14

Baumgartner, P: Kampf gegen den Drachen, Financial Times Deutschland, enable 03/2007, S. 24

Baus, K.: So bewahren Sie Ihr Lebenswerk, Markt und Mittelstand, 10/2006, S. 54

Bechtle, B./Reidel, M.: Keine AGG-Welle, Z. Markt & Mittelstand 8/2007, S. 45

Becker, S.: Wenn der Chef ausfällt, in: impulse 08/2007, S. 53-55

Bellscheidt, B./Schäfer, H.: Produkterpressung als Risikofaktor in der Lebensmittelindustrie: Der Fall „Thomy" der Nestlé AG, in: www.krisennavigator.de/rifa2-d.htm vom 18.01.2002

Bergfort, C.: Gewonnen und doch verloren, Online Handel 2/2009, S. 22

Berke, J.: Sicherheit – wie Unternehmen abgehört werden, in: WirtschaftsWoche vom 20.11.2006, S. 97

Berke, J.: Sie verraten alles, WirtschaftsWoche vom 03.09.2007, S. 68-75

Berke, J.: Langes Nachbeben, in: WirtschaftsWoche vom 09.06.2008, S. 63

Berke, J.: Miese Abwehr, WirtschaftsWoche 17.08.2009, S. 9

Berke, J./Engeser, M./Kroker, M./Matthes, S./Schlesiger, C.: Griff nach Daten, WirtschaftsWoche 06.12.2010, S. 86-90

Berke, J./ Kamp, M.: Im Rachen des Drachen, WirtschaftsWoche vom 22.03.2010, S. 40-47

Berke, J./Kiani-Kress, R./Bläske, G.: Digitales Fallbeil, WirtschaftsWoche 24.1.2011, S. 60-61

Berke, J./Kroker, M.: Die Chaosmaschine, WirtschaftsWoche vom 11.01.2010, S. 37-43

Betz, S.: Unscharfe Produktionsmengenplanung als Instrument des Risikomanagements in Supply Chains, in: Vahrenkamp, R./Siepermann, C.(Hrsg.): Risikomanagement in Supply Chains, Ber lin 2007, S. 179-187

Beyerlein, T.: Handlungsbedarf für die Praxis, Lebensmittelzeitung 22. August 2008, S. 25

Binner, H.F.: Unternehmensübergreifendes Logistikmanagement, München / Wien 2002

Blaas, G./Pschera, A.: Krisenmanagement im Unternehmen, in: Hector, B.(Hrsg.): Riskmanage-ment in der Logistik, Hamburg 2006, S. 115-126

Bleuel, H.: Bestimmung und Steuerung des ökonomischen Wechselkursrisikos, in: WISU – das Wirtschaftsstudium, Nr. 8-9/2006, S. 1054-1059

Böhmer, R./Henry, A./Ginsburg, H.J./ Klesse, H.-J./Schaudwet, C./Schumacher, H.: Pistole im Au-to, in: WirtschaftsWoche 02.02.2006, S. 59

Böschen, M./Bartz, T./Arnold, M.: Roulette générale, in: Financial Times Deutschland 28. Januar 2008, S. 25

Bookstaber, R. (1997): Global Risk Management: Are We Missing the Point?, in: Journal of Portfolio Management 23 (Spring), S. 102- 107

Brabänder, E./Exeler, S./Ochs, H./Scholz, T.: Gestaltung prozessorientierter Risiko-Management - systeme, in: Romeike, F./Finke, R.B. (Hrsg.): Erfolgsfaktor Risiko-Management, Wiesbaden 2004, S. 329-356

Bräuchle, S.: Fliegender Wechsel, Markt & Mittelstand 11/2002, S. 99

Bräuchle, S.: Risiko Erbfall, Markt & Mittelstand 8/2004, S. 42-44

Brauer, M.H./Steffen, K.-D./Biermann, S./Schuler, A.H.: Compliance Intelligence. Praxisorientierte Lösungsansätze für die risikobewusste Unternehmensführung, Stuttgart 2009

Brillen, A.: Vorsicht zahlt sich aus, Handelsblatt 14. Juni 2006, S. 28

Brühwiler, B., Risikomanagement, in: Hering, E./Frick, G.(Hrsg.): Betriebswirtschaft in Fallbeispielen, München und Wien 2003

Brühwiler, B./Romeike, F.(Hrsg.): Praxisleitfaden Risikomanagement. ISO 31000 und ONR 49000 sicher anwenden, Berlin 2010

Brunner, P./Würsch, E.: Krisenkommunikation: Gut gesagt ist halb überzeugt, in: www.risknet.de/Krisenkommunikation , 25.03.2009, S. 2

Bruch, H.: Outsourcing. Konzepte und Strategien, Chancen und Risiken, Wiesbaden 2000

Buchhorn, E./Werle, K.: Auf eigene Gefahr, in: managermagazin 7/2006, S. 124-125

Bühler, W. (1998): Risikocontrolling in Industrieunternehmen, in: Börsig, C./Coenenberg, A.G. (Hrsg.): Controlling und Rechnungswesen im internationalen Wettbewerb, Stuttgart, S. 205-233

Burger, A./Buchhart, A.: Risiko-Controlling, München- Wien 2002

Burmann, C.: Prävention und Eindämmung von Ad-hoc-Krisen durch Aufbau strategischer Flexibilität, in: Burmann, C./ Freiling, J./ Hülsmann, M.(Hrsg.): Management von ad-hoc-Krisen. Grundlagen – Strategien – Erfolgsfaktoren, Wiesbaden 2005, S. 291-310

Callies, S./Schmidt, K.: Liefern Sie an Terroristen ? in: impulse 04/2008, S. 121

Claassen, U.: Lasst Fehler zu, in: Markt & Mittelstand, 7/2007, S.90

Coface Deutschland: Handbuch Länderrisiken 2006, Frankfurt/Main 2006

Cohen, W./Cohen, N.: Unternehmen auf der Couch, Freiburg i.Br. 1994

Dahlkamp, J./Schmitt, J.: Verramschte Rechte, in: Der Spiegel 43/2008, S. 86

DeMarco, T./Lister, T.: Bärentango. Mit Risikomanagement Projekte zum Erfolg führen, München- Wien 2003

Dettke, J.: Bei Versäumnissen drohen hohe Strafen, Z. NONFOOD trends 2/2009, S. 54-56

Deutsch, C.: Tatort Messe, in: Markt und Mittelstand 1/2008, S. 32-34

Deutsche Gesellschaft für Risikomanagement e.V.(Hrsg.): Risikoaggregation in der Praxis. Bei spiele und Verfahren aus dem Risikomanagement von Unternehmen, Berlin und Heidelberg 2008.

Diederichs, M.: Risikomanagement und Risikocontrolling. Risikocontrolling – ein integrierter Bestandteil einer modernen Risikomanagement-Konzeption, München 2004

Diefenbach, R.: Alarmplan Steuerfahndung, in: impulse 10/2006, S. 151

Diefenbach, R.: Strafsteuer für Wagemut, in: impulse 12/2007, S. 114

Dierig, C.: Ex-Mitarbeiter siegen über Agfa- Gevaert, Die Welt vom 22.03.2008, S. 13

Dierig, C.. Erfrischungsgetränk Bionade fällt bei Verbrauchern in Ungnade, Die Welt, 10. August 2009, S.13

Dierig, C.: Bion-ade?, in: Welt am Sonntag 20.02.2011, S. 35

Diggelmann, P. (1999): Value at Risk. Kritische Betrachtung des Konzepts, Möglichkeiten der Übertragung auf den Nichtfinanzbereich, Versus Verlag

Dilk, A./Littger, H.: Das ausgebrannte Unternehmen. Organisationales Burnout, managerSeminare 8/2008, S. 18-24

Dingert, M.(2008): Konzeption und Realisation von Risikomanagement-Systemen in mittelständischen Unternehmen: Risikomanagement in der Praxis. Erfolgreich Risiken erkennen und managen

Dörfler, M.: Angriff aus dem Web, in Markt & Mittelstand 02/2003, S. 54

Dörfler, M.: Vorsicht Computerfalle! Wie Sie Gefahren erkennen und sich davor schützen, in: Markt und Mittelstand 5/2006, S. 62-64

Dörfler, M.: Bedrohung aus dem Server- Raum, in: Markt und Mittelstand 9/2006, S. 76

Dörfler, M.: Der Feind in meiner Firma, in: Markt und Mittelstand 12/2006, S. 50

Dörfler, M.: Das schwarze Loch, in: Markt und Mittelstand 02/2008, S. 54-56

Doll, N.: Chaos bei Berliner S-Bahn belastet Deutsche Bahn, Die Welt 10. Juli 2009, S. 13

DuMont Schütte, C.: Zwei Stämme – niemals nur ein Chef, impulse 5/2007, S. 138

Eck, R.: Schutz vor Web-Piraterie, Logistik heute 6/2006, S. 52-54

Eckert, C.: IT-Sicherheit, 6. Auflage, München 2009

Ehlers, H.: Neue Risikofelder der Managerhaftung, in: Zeitschrift für Corporate Governance, 1/2007, S. 20

Ehrensberger, W.: Bande zweigt 200 Millionen Euro bei Siemens ab, in: www.welt.de/ 22.11.2006

Ehrmann, H.: Risikomanagement. Rating - Basel II, Kompakt-Training, Ludwigshafen(Rhein) 2005

Einhellinger, G.: Das Risikomanagement in einem diversifizierten Konzern - am Beispiel der JEN-OPTIK-Gruppe, in: Horvath, P.: Strategische Steuerung, Stuttgart 2000

Emmerich, V.: Risikomanagement zwischen Früherkennung und Unternehmensrating, in: www.krisennavigator.de/akfo91-d.htm

Enders, A./König, A./Hungenberg, H.: Wie Unternehmen radikalen Wandel meistern, Harvard Business Manager, 8/2009, S. 20-28

Endres, H./Werle, K. : Aufstand im Büro, managermagazin 7/2007, S. 110-113

Erben, R.F./Romeike, F.: Komplexität als Ursache steigender Risiken in Industrie und Handel. In: Romeike, F./Finke, R.B. (Hrsg.): Erfolgsfaktor Risiko-Management, Wiesbaden 2004, S. 43-64

Erben, R.F./Romeike, F.: Risikoreporting mit Unterstützung von Risk Management-Informationssystemen (RMIS), in: Romeike, F./Finke, B.(Hrsg.) Erfolgsfaktor Risiko-Management, Wiesbaden 2004, S. 275-300

Erben, R.F.: Analyse ausgewählter Unternehmenskrisen: Swissair, Enron, KirchGruppe, in: Romeike, F./Finke, B.(Hrsg.) Erfolgsfaktor Risiko-Management, Wiesbaden 2004, S. 435-465

Erben, R.F.: IT-Sicherheit bleibt zentrale Aufgabe des Risikomanagements, in: www.risknet.de vom 06. 11.2007

Esswein, W./ Enz, R.: Risikomanagement bei ERP-Projekten, in: WISU 1/2007, S. ???

Fabricius, M.: Das lange Warten auf den Tag X, in: Welt am Sonntag, 26. Februar 2006, S. 27

Faulhaber, P./Landwehr, N.: Turnaround Management in der Praxis, Frankfurt/Main 2005

Fichtner, N.: Regierung fürchtet Angriff auf Netze, in: Financial Times Deutschland 25. Januar 2008, S. 10

Fiedler, W.: Controlling von Projekten, Wiesbaden 2003

Fischer, A.: Falscher Zement führte zur Katastrophe, Die Welt 24. Juli 2010, S. 21

Freitag, M.: Der Fluch der Größe, managermagazin 03/2010, S. 10-12

Fritsche, J./Hofmann, M.: Brüsseler Giftspritzen, in: Markt & Mittelstand 08/2005, S. 16-20

Fritz, R.: Risiko Betriebsübergang, in: Markt & Mittelstand 05/2002, S. 106-108

Fründt, S./ Grabitz, I.: Leben nach der Pleite, WELT am SONNTAG, 25. Januar 2009, S. 29

Fründt, S.: Ein winziger Fehler reicht aus, um eine Katastrophe auszulösen, Die Welt 09. Januar 2011, S. 29

Fuchs, H.- J.(Hrsg.): Piraten, Fälscher und Kopierer. Strategien und Instrumente zum Schutz geistigen Eigentums in der Volksrepublik China, Wiesbaden 2006

Fuchs, H.J.: Die China AG. Zielmärkte und Strategien chinesischer Markenunternehmen in Deutschland und Europa, München 2007

Fülling, T.: Geschlossene Gesellschaft, WELT am SONNTAG 26. Juli 2009, S. B1

Fuest, B.: Attacke auf die Wolke, Die Welt 30. Mai 2011, S. 12

Gabath, C.: Risiko- und Krisenmanagement im Einkauf. Methoden zur aktiven Kostensenkung, Wiesbaden 2010

Gemünden, H.- G.: Andere Spielregeln, in: WirtschaftsWoche vom 06.08.2007, S. 73

Gerth, S.. Lehrgeld an Abzocker, Der Handel, 02/2010, S. 38

Gillies, C.: Hallo, Deutschland, LOGISTIK inside 10/2008, S. 35-38

Girgensohn, A.: Anfang vom Ende oder hoffnungsvoller Neubeginn? – Krisenkommunikation bei Unternehmensrestrukturierungen, in: www.krisennavigator.ch/miin-d.htm

Gleißner, W.: Balanced Scorecard und Risikomanagement als Bausteine eines integrierten Managementsystems, in: Romeike, F./Finke, B. (Hrsg.): Erfolgsfaktor Risiko-Management, Wiesbaden 2004, S. 301-314

Gleißner, W.: Faustregeln für Unternehmer, Wiesbaden 2000

Gleißner, W.: Die Psychologie unternehmerischer Entscheidungen, in: www.krisennavigator.de vom 07.12.2005

Gleißner, W.: Identifikation, Messung und Aggregation von Risiken, in: Gleißner, W./ Meier,G. (Hrsg.): Wertorientiertes Risiko-Management für Industrie und Handel, Wiesbaden, 1. Auflage 2001, S. 111-138

Gleißner, W.: Grundlagen des Risikomanagements, München 2008

Gleißner, W.: Strategisches Risiko-Management und Risikopolitik, in: Gleißner, W./ Meier,G. (Hrsg.) : Wertorientiertes Risiko-Management für Industrie und Handel, Wiesbaden, 1. Auflage 2001, S. 161-174

Gleißner, W.: Mehr Wert durch optimierte Risikobewältigung, in: Gleißner, W./Meier, G.(Hrsg.): Wertorientiertes Risiko-Management für Industrie und Handel, Wiesbaden, 1. Auflage 2001, S.101- 108

Gleißner, W.: Ratschläge für ein leistungsfähiges Risikomanagement, in: www.krisenkommunikation.de/akfo53-d.htm Einsicht am 07.12.2005

Gleißner, W./Weissman, A.: Das Paradigma der Wertorientierung, in: Gleißner, W./Meier, G. (Hrsg.) : Wertorientiertes Risiko-Management für Industrie und Handel, Wiesbaden, 1. Auflage 2001, S. 45-52

Gleißner, W./Wolfrum, M.: Risiko: Grundlagen aus Statistik, Entscheidungs- und Kapitalmarkttheorie, in: Gleißner, W./Meier, G. (Hrsg.): Wertorientiertes Risiko-Management für Industrie und Handel, Wiesbaden, 1. Auflage 2001, S. 139-160

Gleißner, W.: Wertorientierte strategische Steuerung, in: Gleißner, W./Meier, G.(Hrsg.): Wertorientiertes Risiko-Management für Industrie und Handel, Wiesbaden, 1. Auflage 2001, S. 63-100

Gneuss, M.: Die Lunte brennt, Markt & Mittelstand 7/2004, S. 42

Gneuss, M.: Kostspielige Kontrolle, Markt & Mittelstand 5/2008, S. 24

Godek, M: Risiko Auslandsgeschäft, in: Markt & Mittelstand, 12/2006, S. 34-36

Godek, M.: Rüsten für den Ernstfall, in: Markt & Mittelstand 5/2008, S. 84-86

Götze, K.: Wirtschaftskriminalität kann jeden treffen, Z. DIE NEWS 3/2006, S. 14-16

Grabitz, I.: Unzufriedene Mitarbeiter können über Internetforen Firma schaden, in: Die Welt 03. Februar 2009, S. 12

Greene, K.: Auf allen Kanälen, WirtschaftsWoche vom 12. Juni 2003, S. 70-72

Grininger, Ch.: Kreditwirtschaftliche Aspekte bei Krise, Sanierung und Insolvenz, in: Feldbauer-Durstmüller, B./ Schlager, J.(Hrsg.): Krisenmanagement – Sanierung – Insolvenz, 2. Auflage Wien 2002

Grob, H.L./vom Brocke, J./Buddendick, C./Strauch, G.: IT-Sicherheitsmanagement, in: WISU 8-9/2007, S. 1051

Großeschallau, W.: Risiko- und Chancenmanagement in der Supply Chain am Beispiel eines pharmazeutisch-chemischen Unternehmens, in: Pfohl, H.-C.(Hrsg.): Risiko- und Chancenmanagement in der Supply Chain, Berlin 2002, S. 79-106

Grünendahl, R.-T./Steinbacher, A.F./Will, P.: Das IT-Gesetz: Compliance in der IT-Sicherheit, Wiesbaden 2009

Günther, E./ Stechermesser, K.: Klimawandel – Herausforderungen für die Unternehmen, WISU 10/2010, S. 1304

Gutowski, K./Heise, S./Baumann, M./Hohensee, M.: Mit großer Sorge, in: WirtschaftsWoche vom 13.02.2003, S. 52-57

Hage, S.: Fatale Fehler, managermagazin 5/2010, S. 74

Hage, S. / Rickens, C.: Internet, managermagazin 04/2010, S. 31- 37

Hake, B.: Länderrisiko-Analysen – Werkzeug des Controllers, in: Controller Magazin 23 (1997) Heft 4, S. 241-245

Hanke, U.: Dreiste Fälscher, WirtschaftsWoche 28. September 2009, S. 90-91

Hansel, S.: Keine Panik, impulse 2/2007, S. 94-96

Hansel, S.: Innere Sicherheit, in: impulse 08/2007, S. 72-74

Harrant, H./Hemmrich, A.: Risikomanagement in Projekten, 2004

Harting, D.: Strategische Lieferantenauswahl, in: Der Einkaufs- und Lagerwirtschaftsberater, 1994, Fach 03820

Hartmann, J.: Gaspreise sollen 2008 um 50 Prozent steigen, in www.welt.de/wirtschaft/article1385498/Gaspreise vom 22.11.2007

Hartmann, J.: Blauäugiges Abenteuer, Die Welt vom 22. Dezember 2006, S. 10

Hartmann, J./Hildebrand, J./Seidel, H.: Schmutzige Geschäfte mit weißer Ware, in: Die Welt 10.September.2009, S. 14

Haselbauer, B.: Risk-Management im Mittelstand, in: Web-Business 3/2007, S. 10

Haustein-Teßmer, O.: Wartungsfehler macht Vodafone-Handynetz platt, www.welt.de vom 21.04.2009

Hecking, C.: Die Luft ist raus, Financial Times Deutschland 1. Februar 2008, S. 27

Heinrich, W.: Riskante Benutzerverwaltung in vielen Unternehmen, Köln 2008

Helten, E.: Die Erfassung und Messung des Risikos, Reihe Versicherungsbetriebslehre Bd. 11, Wiesbaden 1994

Henn, H./Mertin, C./Reuter, C.: Mut zum Risiko, Z. acquisa 3/2003, S. 26-28

Hennerkes, B.-H.: Sekundenschneller Tod, WirtschaftsWoche vom 30. März 2000, S. 121

Hermes, H.-J. / Schwarz, G. (2005): Outsourcing – Chancen und Risiken, Erfolgsfaktoren, rechtssichere Umsetzung, Freiburg/Br.

Hildebrand, J.: Teurer Knigge für Konzerne, Die Welt 06. Januar 2009, S. 14

Hillemeyer, J.: Im Krisenfall agieren und nicht nur reagieren, Lebensmittelzeitung 31. August 2006, S. 22

Hillemeyer, J.: Imageverlust schlägt ins Kontor, Lebensmittelzeitung vom 25. Mai 2007, S. 46

Hirn, W./Müller, H.: Westwärts. Eine neue Übernahmewelle aus Fernost rollt heran, managermagazin 4/2007, S.120ff.

Holtbrügge, D./Ehlert, J.: Länderindizes und Länderratings als Informationsgrundlage des internationalen Risikomanagements, in: Kühlmann, T.M./Haas, H.-D.(Hrsg.): Internationales Risikomanagement. Auslandserfolg durch grenzüberschreitende Netzwerke, München 2009, S. 83-134

Holtbrügge, D./Puck, J.: Stakeholder-Netzwerke als Instrument des strategischen Risikomanagements. Das Beispiel ausländischer Unternehmungen in Russland, in: Kühlmann, T.M./Haas, H.-D.(Hrsg.): Internationales Risikomanagement. Auslandserfolg durch grenzüberschreitende Netzwerke, München 2009, S. 213-246

Holton, G.A.: Value-at-Risk. Theory and Practice, Academic Press 2003

Holzbaur, U.D.: Management, Ludwigshafen, 2001

Homburg, C./Kromer, H.: Grundlagen des Marketingmanagements. Einführung in Strategie, Instrumente, Umsetzung und Unternehmensführung, 1. Auflage, Wiesbaden 2006

Hopfmann, L.: Flexibilität im Produktionsbereich – ein dynamisches Modell zur Analyse und Bewertung von Flexibilitätspotenzialen, Frankfurt am Main u.a., 1989

Hopper, T./Knipper, T.: Schillernder Schutz, in: WirtschaftsWoche vom 13.08.2007, S. 74

Hornung, K.H./Reichmann, T./Diederichs, M.: Risikomanagement, Controlling 10(1999) 7, S. 321

Horvath, P.: Controlling, 9. Auflage, München 2003

Hummeltenberg, W.: Risikosimulation mit MS Excel, in: WISU 04/2006, S. 504-522

Ibers, T./Hey, A.: Risikomanagement, 1. Auflage, Rinteln 2005

Ihde, T.: Risiko aus Business Cases und Projekten – Wie sag ich's meinem Vorstand…?, in: www.risknet.de/wissen/risknet-kolumne/2010/november-2010 vom 09.12.2010, S. 2

Inacker, M.J.: Neue Söldner, WirtschaftsWoche 14.7.2008, S.3

IPCC: Third Assessment Report of the IPCC. Cambridge 2001

Jahrmann, F.-U.: Außenhandel, 9. Auflage, Kiel 1998

Jaretzke, T.(2007): Modernes Risikocontrolling im Unternehmen

Jensen, S./Schwarzer, U.: Störet meine Greise nicht, managermagazin 05/2010, S. 26-34

Jones, R./Ostroy, J.: Flexibility and Uncertainty, in: Review of Economic Studies, 1984, S. 13-32

Jost, S./ Seibel, K. : Die Bank verwettet, in: Die Welt vom 03. 08. 2007, S. 14

Jüttner, U.: Risiko- und Krisenmanagement in Supply Chains, in: Boutellier, R./Wagner, S./Wehrli, H.P.: Handbuch Beschaffung. Strategien – Methoden – Umsetzung, München 2003, S. 778???

Jung, K.-P./Nowitzky, I.: Das besondere Risikopotenzial in der Logistik, in: Hector, B.(Hrsg.): Riskmanagement in der Logistik, Hamburg 2006, S. 61??????????

Junginger, M./von Balduin, A./Krcmar, H.: Operational Value at Risk und Management von IT-Risiken, in: WISU 3/2003, S. 356-364

Kajüter, P. Instrumente zum Risikomanagement in der Supply Chain, in: Stölzle, W./Otto, A. (Hrsg.): Supply Chain Controlling in Theorie und Praxis, Wiesbaden 2003, S. 107-137

Kajüter, P.: Risikomanagement in der Supply Chain: Ökonomische, regulatorische und konzeptionelle Grundlagen, in: Vahrenkamp, R./Siepermann, C.(Hrsg.): Risikomanagement in Supply Chains, Berlin 2007, S. 14

Kalscheuer, B.: Kein Risiko ohne Zukunft, in: www.risknet.de vom 13.11.2009

Kamp, M.: Brutales Geschäft, WirtschaftsWoche 16.11.2009, S. 27f.

Kapell, E.: Handel führt Logistikstandard ein, Lebensmittelzeitung 12. Januar 2007, S. 26

Katzensteiner, T./Seiwert, M./Bläske, G.: Smarte Ideen, WirtschaftsWoche 12.3.2009, S. 52

Keith, J.: Die Luft ist raus, Financial Times Deutschland 02. März 2007, S. 25

Keitsch, D.(2007): Risikomanagement, Stuttgart

Kiani-Kress, R.: Kick in Gefahr, WirtschaftsWoche 23.11.2009, S. 52-54

Killer, A.: Computer werden zu Zombies, in: Die Welt 19.07.2007, S. 31

Klesse, H.-J.: Hohes Risiko, WirtschaftsWoche vom 26.02.2007, S. 82-86

Klesse, H.-J.: Nabelschau und Illusionen, WirtschaftsWoche 28.7.2008, S. 60

Klesse, H.-J.: Gefahr in Verzug, WirtschaftsWoche 16. 03.2009, S. 74

Klose, S.: Gefährdung existierender Kundenbeziehungen, Frankfurt/Main u.a., 2008

Kluge, J.: Unser Leben mit weniger Rendite, manager magazin 5/2009, S. 75

Kobi, J.M.: Personalrisikomanagement. Eine neue Dimension im Human Resources Management: Strategien zur Steigerung des People Value, Wiesbaden 1999

Kobi, J.M.: Die Früherkennung von Personalrisiken als Pflicht, Personalmagazin 10/2002, S. 20-25

Köhler, R./Diebold, J./Mann, C.: Holcim: Wachstum und Risikomanagement, in: Raisch, S./ Probst, G./Gomez, P.: Wege zum Wachstum. Wie Sie nachhaltigen Unternehmenserfolg erzielen, Wiesbaden 2007

Königs, H.-P.: IT-Risiko-Management mit System, Wiesbaden 2005

Koppelmann, U.: Beschaffungsmarketing, 4. Auflage, Berlin und Heidelberg 2003

Kowsky-Kawelke, H.: Opfer Unternehmer, Markt & Mittelstand 5/2008, S. 81-83

Kremers, M. (2002): Risikoübernahme in Industrieunternehmen – Der Value-at-Risk als Steuerungsgröße für das industrielle Risikomanagement, dargestellt am Beispiel des Investitionsrisikos, in: Hölscher, R. (Hrsg.): Schriftenreihe Finanzmanagement, Bd. 7, Berlin

Kroker, M.: Schwindende Kräfte, in: WirtschaftsWoche vom 06.08.2007, S. 13

Kroker, M.: Das Aschenputtel-Prinzip, in: WirtschaftsWoche 22.3.2008, S. 68

Kropp, W.: Personalrisiko-Management, in: Bröckermann, R./Pepels, W.(Hrsg.): Personalbindung: Wettbewerbsvorteile durch strategisches Human Resource Management, Berlin 2004

Krümpel, M./Clausen, S.: Unter Hochdruck, Financial Times Deutschland, 21. Februar 2008, S. 25

Krystek, U.: Frühaufklärung im Rahmen des Risikomanagements von Supply Chains, in: Vahrenkamp, R./ Siepermann, C.(Hrsg.): Risikomanagement in Supply Chains, Berlin 2007, ??????

Krystek, U./Müller-Stewens, G.: Strategische Frühaufklärung, in: Hahn, D./Taylor, B.(Hrsg.): Strategische Unternehmensplanung – Strategische Unternehmensführung. Stand und Entwicklungstendenzen, 9. Auflage, Heidelberg 2006, S. 176

Krystek, U./Müller-Stewens, G.: Grundzüge einer strategischen Frühaufklärung, in: Hahn, D./ Taylor, B. (Hrsg.): Strategische Unternehmensplanung – Strategische Unternehmensführung, 8. Auflage Heidelberg 1999, S. 337-364

Kuhn, T.: Digitales Ungeziefer, in: WirtschaftsWoche 24.04.2006, S. 115-119

Kuhn, T.: Blackout vor Ägypten, in: WirtschaftsWoche vom 11. Februar 2008, S. 108

Kuhn, T.: Kriminelle Doppelgänger, WirtschaftsWoche 3.11.2008, S. 113

Kuhn, T.: Prüfung des Ausweises soll Betrüger entlarven, in: WirtschaftsWoche 02. Mai 2011, S.14

Kuhn, T./Berke, J./Willershausen, F./Kamp, M.: Virtuelle Marschflugkörper, WirtschaftsWoche 06.12.2010, S. 82-86

Kutter, S.: Nur Mut, in: WirtschaftsWoche vom 06.07.2009, S. 64-68

Lang, F.-J.: Planspiel für einen Cyberwar, WIK06/2, S. 55-57

Lange, E.: Spion inside, WirtschaftsWoche 12.03.2007, S. 102

Lasch, R./Janker, C.G.: Risikoorientiertes Lieferantenmanagement, in: Vahrenkamp, R./ Siepermann, C.(Hrsg.): Risikomanagement in Supply Chains, Berlin 2007, S. 111-132

Leendertse, J.: Schallgrenze erreicht, in: WirtschaftsWoche vom 01.10.2007, S. 106

Leendertse, J., Teile und traue, in: WirtschaftsWoche Nr. 17/2007 vom 23.04.2007, S. 82-84

Leendertse, J.: Am Punkt vorbei, Interview mit Dietrich Dörner, WirtschaftsWoche 01.02.2010, S. 51

Lehmann, N.: Hatschi!, handelsjournal 09/2009, S. 22

Leibbrand, F.: Flexibilitätskalkül zwischen rationaler Informationsverarbeitung und heuristischer Annäherung, in: Gleißner, W./Meier, G.(Hrsg.): Wertorientiertes Risiko-Management für Industrie und Handel, Wiesbaden, 1. Auflage 2001, S. 351-388

Liebmann, H.-P./Friessnegg, A./Gruber, E./Riedl, H.: HandelsMonitor2006/2007

Liening, B.: Original und Fälschung aus dem Reich der Mitte, handelsjournal 09/2008, S. 43

Lingnau, V./Jonen, A.: Kognitionsorientiertes Risikocontrolling in der Supply Chain: Balanced Supply Chain Risk Map, in: Vahrenkamp. R./Siepermann, C.(Hrsg.): Risikomanagement in Supply Chains, Berlin 2007, S. 337-354

Lingnau, V./Jonen, A./Müller, J.: Risiken bei IT-Investitionen: Ein Vorgehensmodell, in: WISU 10/2006, S. 1274-1290

Lorson, P./Küting, K.: Ausgewählte Instrumente des Komplexitätsmanagements, Betrieb und Wirtschaft 5/1994, S. 141-146

Lossau, N.: Trojanische Mikrochips, Die Welt 10. August 2009, S. 27

Lossau, N.: Resonanzkatastrophe, Die Welt 24. November 2010, S. 24

Lück, W.: Der Risikobericht deutscher Unternehmen, in: Frankfurter Allgemeine Zeitung vom 01.03.2004, S. 20

Ludwig, T./Gillmann, W./Weissenborn, C.: Das Badewannen-Kartell, Handelsblatt 24. Juni 2010, S. 24

Mackenthun, G.: Wir ANGST-Hasen, Die Welt 08. März 2008, S. W1

Mandl, G./Rabel, K.: Unternehmensbewertung: eine praxisorientierte Einführung, Wien 1997

Mannschatz, A.: Schutz vorm Ideenklau, in: Markt & Mittelstand 4/2006, S. 83

Martens, A.: Selbstsicher, in: Markt & Mittelstand 8/2006, S. 63

Martens, A.: Raus aus der Haftungsfalle, Markt & Mittelstand 7/2007, S. 68

Martens, A.: Policen für den Umweltschutz, in: Markt & Mittelstand 5/2008, S. 78

May, P: Schmeißt sie aus dem Nest, in: Lebensmittelzeitung 01. August 2008, S. 29

Mayerhöfer, A./Legerlotz, C.: Das Leid mit dem Betriebsübergang, in: www.impulse.de/unternehmen/1004951.html

McNulty, E.J.: Keine Panik!, in: Harvard Business Manager 5/2010, S. 88-94

Meier, H.B.: Controlling im Roche Konzern, in: Bruhn et al.(Hrsg.): Wertorientierte Unternehmensführung, Wiesbaden 1998, S. 136

Melzer-Ridinger, R.: Risikomanagement in der Beschaffung, in: Birker, K./ Pepels, W. (Hrsg.): Handbuch krisenbewusstes Management. Krisenvorbeugung und Unternehmenssanierung, 1. Auflage, Berlin 2000, S. 182-206

Melzer-Ridinger, R.: Risikomanagement als Aufgabe des Supply Chain Management, BA-Kongress Mannheim 2003

Merbecks, A./Stegemann, U./Frommeyer, J.: Intelligentes Risikomanagement. Das Unvorhersehbare meistern, Frankfurt/Main und Wien 2004

Merkel, H./Breuer,P./Eltze, C./Kerner, J.: Global Sourcing im Handel. Wie Modeunternehmen erfolgreich beschaffen, Berlin-Heidelberg 2007

Mertens, B.: Der 10.000-Euro-Fehler, in: impulse 11/2007, S. 74-76

Metzger, D.: Die Aggregation von Risiken bei der SAP AG, in: Deutsche Gesellschaft für Risikomanagement e.V.(Hrsg.): Risikoaggregation in der Praxis. Beispiele und Verfahren aus dem Risikomanagement von Unternehmen, Berlin und Heidelberg 2008, S. 51-75

Meyer, C.M.: Integration des Komplexitätsmanagements in den strategischen Führungsprozess Der Logistik, Bern(CH) 2007.

Meyerhoff, H.J.: Achtung, Regressfalle!, in: handelsjournal 12/2007, S. 36

Michel, S./Pfäffli, P.: Implementierungshürden des Value Based Pricing , Marketing Review St. Gallen, 5/2009, S. 30-35

Mischler, G.: Fiskus vernichtet Familienbetrieb. Wie das Finanzamt Essen eine Getränkefirma in die Insolvenz trieb. Z. Markt und Mittelstand 08/2003, S. 45

Mischler, G.: Knappe Ressourcen, in: Markt & Mittelstand 12/2006, S. 16

Mischler, G./Schorr, T.: Wozu in die Ferne schweifen, in: Markt & Mittelstand 05/2007, S. 14

Mott, B.P.: Organisatorische Gestaltung von Risiko-Managementsystemen, in: Gleißner, W./ Meier, G.(Hrsg.): Wertorientiertes Risiko-Management für Industrie und Handel, Wiesbaden 2001, S. 199-232

Müglich, A.: Rund-Funk unerwünscht, in: LOGISTIK heute, 6/2006, S. 54

Müller, V.: Fehler vermeiden, WirtschaftsWoche 17. 11.2008, S. 45-46

Müller, V.: Wie Indien seine eigene Zukunft gefährdet, in: Die Welt 22. Mai 2009, S. 10

Müller-Daupert, B.: Logistik-Outsourcing, München 2005

Müller-Reichart, M.. Die Kunst des Risikomanagements, Risk Management Network Newsletter November 2009, www.rsiknet.de

Müller-Stewens, G./Brauer, M.: Neues Denken fördern, WirtschaftsWoche vom 16.06.2008, S. 52

Müller, E./Werres, T.: Absturz der Superstars, ManagerMagazin 06/2008, S. 52-56

Müller, W.: Nicht ganz dicht, in: enable 02/2008, S. 24

Münster, T.: Der Dominoeffekt, in: Markt & Mittelstand 02/2003, S. 36

Münster, T.: Kommando zurück, in: WirtschaftsWoche vom 11.09.2006, S. 130

Münster, T.: Knifflige Wahl der Rechtsform, Markt und Mittelstand 5/2008, S. 30-33

Münster, T.: Gefahr im Verzug, in: Markt und Mittelstand 9/2008, S. 35

Murmann, C.: Kaffeekartell als warnendes Beispiel, Lebensmittelzeitung 11. Juni 2010, S. 25

Murmann, C.: Netto nettissimo, Lebensmittelzeitung 25. Juni 2010, S. 2

Niemeyer, C./Boutellier, R.: Risikomanagement im After Sales Business, Marketing Review St. Gallen, 2/2009, S. 54-60

Nuri, M.: Teile aller Länder, vereinigt Euch, in: Markt und Mittelstand 10/2005, S. 45

Nuri, M.: Ihr Mitarbeiter als Maulwurf, in: Markt und Mittelstand 08/2004, S. 30

Nuri, M.: Getarnte Kollegen, WirtschaftsWoche 16.02.2009, S. 68

Odenthal, R.: Kriminalität am Arbeitsplatz, Korruption und Unterschlagung durch Mitarbeiter erkennen und verhindern, Wiesbaden 2005

Oehler, A. / Unser, M. (2002): Finanzwirtschaftliches Risikomanagement, Heidelberg

Ohler, A.: Das Rätsel der 800.000, in: Financial Times Deutschland 30.Januar 2008, S. 1

Ossola-Haring, C.(Hrsg.): Die 499 besten Checklisten für ihr Unternehmen – Managementhilfen für alle Bereiche. Landsberg am Lech 1996

Osterloh, M.: Wenn der iPod explodiert, Die Welt 05. August 2009, S. 12

Ottomeier, M./Hille, K.: Heikle Abhängigkeit, in: Financial Times Deutschland vom 27. März 2008, S.5

o.V.: Wenn der Chef verunglückt, in: Wirtschaft & Markt 09/1999, S. 56

o.V.: Gefahr liegt in der Luft, Logistik heute 03/2005, S. 58-60

o.V.: Jetzt werden schon komplette Konzerne kopiert, in: WISU 6/2006, S. 730-732

o.V.: Zehn Vertragshürden – und wie man sie meistert, in: impulse 6/2006, S. 22

o.V.: Wölfe im Schafspelz, in: Markt und Mittelstand 8/2006, S. 27

o.V.: Keine Toleranz für Betrug und Fehlverhalten, Lebensmittelzeitung, 12. Januar 2007, S. 25

o.V.: Estland : Erstes Opfer im Cyberwar, in: WISU 7/2007, S. 861

o.V.: Jedes zweite deutsche Unternehmen hat keinen Notfallplan, in: www.heise.de/security vom 12.07.2007, S.1

o.V.: Colgate statt Prada: Chinas Fälscher satteln um, in: WISU 07/2007, S. 878-880

o.V., Die neue chinesische Gefahr,WISU 8-9/2007, S. 995

o.V.: Viele Notfallpläne nicht ausreichend getestet, in: www.tecchannel.de vom 18.10.2007, S. 1

o.V.: Russland muss Erdgas kaufen, in: WISU 01/2008, S. 22

o.V., Abschied von der chinesischen Werkbank, NONFOOD trends 1/2008, S. 6-8

o.V.: Buttermilch-Test stößt sauer auf, in: Lebensmittelzeitung 23. Mai 2008, S. 24

o.V. : Risikomanagement ist gefragt, in: Lebensmittelzeitung vom 20. Juni 2008, S. 40

o.V., Industrie bekommt es mit der Angst, Lebensmittelzeitung 04. Juli 2008, S. 22

o.V.: Secret Service stellt Datendiebe, Lebensmittelzeitung 08. August 2008, S. 33

o.V. : Mittlere Risikobereitschaft ist optimal, in: managerSeminare September/ 2008, S. 6

o.V.: Botnets: Die Bedrohung wächst, WISU 11/2008, S. 1468

o.V.: Unterschätztes Risiko, impulse 12/2008, S. 12

o.V.: Und jetzt die De-Globalisierung ? in: WISU 2/2009, S. 155

o.V.: Neuer Blog zeigt Wal-Mart-Szenen, in: Lebensmittelzeitung 18.09.2009, S. 25

o.V., Tchibo-Handtasche kann EC-Karte zerstören, Die Welt 06. Oktober 2009, S. 9

o.V.: Compliance ist kein Persilschein, Lebensmittelzeitung 06.11.2009, S. 27

o.V. :Supply Chain nicht im Griff, www.logistik-heute.de/nachrichten vom 02.02.2010

o.V., Toyota muss auch den Prius zurückrufen, Die Welt 08. Februar 2010, S. 1

o.V.: Mobile Anwendungen leben gefährlich, Lebensmittelzeitung 10/2010, S. 42

o.V. :Blamage für Milchwerke in Coburg, Lebensmittelzeitung vom 19.11.2010, S. 26

o.V.: Angriffsziel Smartphones, in: WISU 03/2011, S. 300

Pampel, J.R.: Instrumente des Controllings, Potsdam 2003

Perridon, L./ Steiner, M. (2004): Finanzwirtschaft der Unternehmung, München

Pfennig, M.: Shareholder Value durch unternehmensweites Risikomanagement, in: Johanning, L./ Rudolph, B.: Handbuch Risikomanagement, Bad Soden 2000, S. 1314f.

Pfohl, H.-C.: Risiken und Chancen: Strategische Analyse in der Supply Chain, in: Pfohl, H.-C. (Hrsg.): Risiko- und Chancenmanagement in der Supply Chain, Berlin 2002, S. 1-58

Pieringer, M.: Wachsam bleiben, LOGISTIK inside 11/2008, S. 41

Pinnells, J.R./Pinnells, E.: Risikomanagement in Projekten. Internationale Wagnisse identifizieren und minimieren, Wiesbaden 2007

Porter, M.: Wettbewerbsvorteile. Spitzenleistungen erreichen und behaupten, 5. Auflage, Frankfurt/Main 1999

Power, M.: Risikomanagement ist selbst ein Risiko, Harvard Business Manager 11/2010, S. 109-115

Prahalad, C.K.: Warum Wandel so schwerfällt, Harvard Business Manager, 6/2010, S. 20

Prochnow, E.: Finanzen saniert – Firma am Ende? In: impulse 6/2004, S. 42

Prochnow, E.: www.rufmord.de, in: impulse 04/2008, S. 92

Proff, H.: Systematische Krisenbewältigung, in: WiSt 4/2009, S. 209-212

Przybilla, A.: Projektfinanzierungen im Rahmen des Risikomanagements von Projekten, 2008

Pulver, A.: Schweres Erbe? – Krisenprävention durch rechtzeitiges Nachfolgemanagement, in: www.krisennavigator.ch/miin-d.htm

Range, S.: Wanze in der Kanne, in: WirtschaftsWoche vom 15.08.2002, S. 70

Raynor, M.: Fokussieren bis zur Pleite, managermagazin 6/2007, S. 135

Read, M.: Konzeption und Inbetriebnahme eines Frühwarnsystems, Zürich 2005

Read, M.: Vermeiden von operationellen Prozessausfällen mit Hilfe der Business Impact-Analyse, Zürich 2007

Redaktion Risknet: Mittelständler unterschätzen unternehmerische Risiken, in: www.risknet.de/index/21.04.2006

Reaktion RiskNET: Verlust durch Datendiebstahl auf mehr als 770 Mrd. Euro geschätzt, in: www.risknet.de vom 10.03.2009

Redaktion RiskNET: Risk-Management-Benchmarking 2010, in: www.risknet.de vom 13.12.2010

Reh, G.: Ablaufplan: Einführung eines Risikomanagementsystems, in: Gleißner, W./ Meier, G. (Hrsg.): Wertorientiertes Risiko-Management für Industrie und Handel. Methoden, Fallbeispiele, Checklisten, Wiesbaden 2001, S. 27-42

Rehner, J./ Neumair, S.-M.: Risiken internationaler Unternehmenstätigkeit: Begriffserklärungen und Formen von Internationalisierungsrisiken, in: Kühlmann, T.M./Haas, H.-D.(Hrsg.): Internationales Risikomanagement. Auslandserfolg durch grenzüberschreitende Netzwerke, München 2009, S. 27-60

Reichling, P./Bietke, D./Henne, A.: Praxishandbuch Risikomanagement und Rating. Grundlagen, Konzepte, Fallstudien, 2. Auflage, Wiesbaden 2007

Reidel, M.: Unterschätzte Risiken, Markt und Mittelstand, 4/2005, S. 28-30

Reidel, M.: Den Kopf nicht in den Sand stecken, Markt & Mittelstand 09/2002, S. 33

Reisach, U./ Sohm, S.: Courage statt Karriere, Personal Heft 10/2009, S. 42

Reiserer, K.: Altersdiskriminierung wird beklagt, in Lebensmittelzeitung vom 19.09.2008, S. 32

Reiss, M.: Komplexitätsmanagement, in: Wirtschaft und Studium, Teil I, S. 54-60

Rhiel, R.: Management von Pensionsplänen, in: Personal 09/2006, S. 6

RiskNET, Mangelndes Risikobewusstsein in den Unternehmen als größtes Hindernis, in: www.risknet.de vom 23.11.2007

RiskNET Redaktion: Szenario- und Sensitivitätsanalysen in der Praxis, in: www.risknet.de , Einsicht am 09.12.2010

Ritson, M.: Mit Kampfmarken Konkurrenten abwehren, Harvard Business Manager 1/2010, S. 46-55

Rode, J.: Handel im Visier von Cyber-Gangstern, in: Lebensmittelzeitung, 27.07. 2007. S. 42

Röthlein, B.: Computer sollen die Welt sicherer machen, Welt am Sonntag 12. Juli 2009, S. 61

Rogler, S.: Risikomanagement im Industriebetrieb,2002

Romeike, F.: Der Prozess des strategischen und operativen Risikomanagements, in: Romeike, F./ Finke, R.B. (Hrsg.): Erfolgsfaktor Risiko-Management, Wiesbaden 2004, S. 147-164

Romeike, F.: Der Prozess der Risikosteuerung und –kontrolle, in: Romeike, F./Finke, R.B.: Erfolgsfaktor Risiko-Management, Wiesbaden 2004, S. 235-246

Romeike, F.: Frühwarnsystem schützt vor Schiffbruch, in: Markt & Mittelstand 10/2005, S. 40

Romeike, F.: Gesetzliche Grundlagen, Einordnung und Trends, in: Romeike, F./Finke, B.(Hrsg.): Erfolgsfaktor Risikomanagement, Wiesbaden 2004, S.65-83

Romeike, F.: Risikoidentifikation und Risikokategorien, in: Romeike, F./Finke, R.B.(Hrsg.): Erfolgs-faktor Risiko-Management, Wiesbaden 2004, S. 165-182

Romeike, F.: Selbstüberschätzung, Missmanagement und grenzenloser Risikoappetit, in: www.risknet.de 08.01.2009, S. 2

Romeike, F.: Traditionelle und alternative Wege der Risikosteuerung und des Risikotransfers, in: Romeike, F./Finke, B.(Hrsg.): Erfolgsfaktor Risiko-Management, Wiesbaden 2004, S. 247-273

Romeike, F., 2009: Das Jahr des Risikomanagements, in: www.risknet.de

Romeike, F./ Hager, P.: Erfolgsfaktor Risiko-Management 2.0, 2. Auflage, Wiesbaden 2009

Romeike, F./Löffler, H.F. : Risiken schultern, in: FINANCE 11/2007, S. 30

Rommelfanger, H.: Stand der Wissenschaft bei der Aggregation von Risiken, in: Deutsche Gesell schaft für Risikomanagement e.V.(Hrsg.): Risikoaggregation in der Praxis. Beispiele und Ver fahren aus dem Risikomanagement von Unternehmen, Berlin und Heidelberg 2008, S. 36

Roselieb, F.: Die Kaiserdisziplin des Managements – Krisenmanagement in der Lebensmittelwirt-schaft, Interview mit der Zeitschrift „Fleischwirtschaft", in: www.krisennavigator.de, 07.12. 2005

Roselieb, F.: Heros-Pleite: Einige Frühwarnsysteme haben versagt, in: WIK. Zeitschrift für die Si-cherheit der Wirtschaft 2/2006, S. 12

Roselieb, F.: In der Welt zu Hause, Z. Markt und Mittelstand, 1/2006, S. 94

Roselieb, F.: Viele Krisen sind hausgemacht, in: Markt & Mittelstand 10/2003, S. 12-14

Rosenkranz, F./Missler-Behr, M.: Unternehmensrisiken erkennen und managen, Berlin – Heidel-berg 2005

Rosenzweig, P. : Manager lassen sich über das Geheimnis des Erfolgs systematisch täuschen, in: GDI Impuls 2/2008, S. 58-65

Rühle, H.G.: Kontrolle ja – aber gewusst wie, Z. Die News 3/2006, S. 20

Rüsen, T.A.: Parallele Krisenprozesse – paralleles Krisenmanagement: Das Familienunternehmen unter existenziellem Druck, in: von Schlippe, A./Nischak, A./El Hachimi, M.: Familienunterneh-men verstehen, Göttingen 2008

Sammer, P.: Zum Wohle des Verbrauchers? – Risikokommunikation für Konsumgüter auf interna-tionalen Märkten, in: www.krisennavigator.ch/miin-d.htm, S. 10

Sattler, R. R.: Unternehmerisch denken. Das Denken in Strategie, Liquidität, Erfolg und Risiko, 2. Auflage, München 2003

Schauwecker, D.: Die Liquiditätsfalle, in: Der Handel 05/2009, S. 64

Schick, C.: Die kooperative Supply Chain bei dm-drogeriemarkt GmbH + Co.KG: Risiken und Chancen, in: Pfohl, H.C.(Hrsg.): Risiko- und Chancenmanagement in der Supply Chain, Berlin 2002S. 127-152

Schiller, W./Quell, M.: Brand Risk Management – Marke als Gegenstand des ganzheitlichen Risi ko-Managements, in: Romeike, F./Finke, B.(Hrsg.): Erfolgsfaktor Risikomanagement, Wiesba-den 2004, S. 117-146

Schiller, W.: Die Marke nicht aufs Spiel setzen, in: Markt & Mittelstand, 10/2005, S. 46

Schiller, W.: Ethik als Basis einer risiko- und werteorientierten Steuerung, www.risknet.de vom 25.03.2009

Scheer, A.-W./Jost, W.(Hrsg.): ARIS in der Praxis, 1. Auflage, Heidelberg 2002

Schlesiger, C./Böhmer, R./Hoffmann, M.: Ende der Show, WirtschaftsWoche 20.7.2009, S. 43-46

Schlüter, W./Schlüter, H.: Korruption und Korruptionsprävention im Internationalen Geschäftsver-kehr. Fallstudie Global GmbH, in: Kruse, O./Wittberg, V.(Hrsg.): Fallstudien zur Unternehmens führung, Wiesbaden 2008, S. 97

Schmidt-Carré, A./Wittrock, O.: Geimpft gegen Gefahren, in : Markt und Mittelstand 11/2007, S.52

Schmidt-Kasparek, U: Mit einem Bein im Gefängnis, Z. impulse 02/2004, S. 84-86

Schmidt-Kasparek, U.: Chefsache Naturschutz, in: impulse 11/2007, S. 126-128

Schmitt, B.A., Whistleblowing – „Verpfeifen" des Arbeitgebers, Hamburg 2003

Schneeweiss, Ch.: Planung 2: Konzepte der Prozess- und Modellgestaltung, Berlin 1992

Schnitzler, L.: Zahlen oder sterben, in: WirtschaftsWoche vom 13.05.2004, S. 66

Schnitzler, L.: Gefährlicher Abgang, WirtschaftsWoche 17. Augsut 2009, S. 42

Schnitzler, L.: Teure Stinker, WirtschaftsWoche 12. April 2010, S. 9

Schnitzler, L./Hielscher, H./Kiani-Kress, R./Schumacher, H.: Altmodisch üppig, WirtschaftsWoche 13.10.2008, S.45

Schott, E./ Campana, C.: Strategisches Projektmanagement, 2005

Schulz, P./Werz, R.: Notfallkoffer für Unternehmer, in: Markt & Mittelstand 4/2008, S. 54

Schulzki-Haddouri, C.: Geschäftspartner als übersehenes IT-Risiko, in: Lebensmittelzeitung vom 11. Juli 2008, S. 35

Schulzki-Haddouti, C.: Sagen Sie nichts…, Die Welt 14.10.2010, S. W1

Schumacher, H.: Return to Sender, in: WirtschaftsWoche vom 11.09.2006, S. 132

Schumacher, H.: Ein Stück Idealismus, WirtschaftsWoche vom 10.12.2007, S. 135-137

Schumacher, H.: Aus dem Nichts, in WirtschaftsWoche vom 28. 01. 2008, S. 54

Schumacher, H./Kunz, A.-C./Schlesiger, C./Wildhagen, A.: Tief abgetaucht, WirtschaftsWoche 01. März 2010, S. 42-47

Schwarz, E.: Ganze Entgeltsysteme wackeln, in: Lebensmittelzeitung vom 02. Oktober 2008, S. 40

Schwarz, S.: Hackerangriff auf's Telefon, in: Markt und Mittelstand 7/2007, S. 74

Schwass, J.: Wachstumsstrategien für Familienunternehmen, München 2007

Seibold, H.: IT-Risikomanagement, München 2006

Seidensticker, F.-J.: Ignorierte Warnsignale, in: Palan, D.: Die Kunst der Verwandlung, manager magazin 4/2009, S. 66

Seiwert, M.: Tchibo: Risse im System, WirtschaftsWoche 23.04.2007, S. 59

Seiwert, M.: Im Fadenkreuz, in: WirtschaftsWoche vom 13.08.2007, S. 82

Seiwert, M.: Horrende Nachfrage, WirtschaftsWoche 23.11.2009, S. 55-57

Selbach, D.: Alles unter Kontrolle, impulse 06/2004, S. 48-50

Selberdinger, H.: Mobile Security: Kleine Devices, große Gefahr?, in: www.logistik-inside.de vom 28.11.2008

Shapiro, E.C.: Die Strategiefalle. Wege aus dem Teufelskreis der Management-Fehlentscheidungen, Frankfurt/New York 1999

Sheffi, Y. : Worst-Case-Szenario, Wie Sie Ihr Unternehmen auf Krisen vorbereiten und Ausfallrisiken minimieren, Landsberg/Lech 2005

Sheffi, Y./Rice, J.R.: Sensible Kontrolle, Wirtschaftswoche Nr. 12/2006 vom 20.03.2006, S. 124???

Sieren, F./Kamp, M.: Nur Lippenbekenntnisse, in: WirtschaftsWoche vom 09.12.2004, S. 51-53

Simon, H.: Herausfinden, was man wirklich will, in: impulse 6/2004, S. 43

Simon, H.: Hidden Champions des 21. Jahrhunderts. Die Erfolgsstrategien unbekannter Weltmarktführer, Frankfurt/ Main und New York 2007

Simon, H.: Das Risiko Deglobalisierung, managermagazin 4/2009, S. 106

Simon, H.: Der große Fehler, managermagazin 10/2009, S. 68

Simons, R.: Interne Unternehmensrisiken genauer messen, in: Havard Business Manager 6/1999, S.49

Sitt, A.: Dynamisches Risiko-Management. Zum unternehmerischen Umgang mit Risiken, Wiesbaden 2003

Slywotzky, A.J.: Upside. Sieben Strategien, um Herausforderungen in unternehmerische Chancen zu verwandeln, Frankfurt/ New York 2008

Smolka, K.M.: Währungskrise geht an Linde vorbei, in: Financial Times Deutschland, 18.03.2008, S. 3

Späth, N.: Tatort Unternehmen, in: Welt am Sonntag, 22.09.2002, S. 29

Specht, D./Behrens, S./Mieke, C.: Risikomanagement in technologieorientierten Beschaffungsnetzwerken, in: Vahrenkamp, R./Siepermann, C.(Hrsg.): Risikomanagement in Supply Chains, Berlin 2007, S. 144

Sprenger, R.K.: Krieg gegen die eigenen Leute, managermagazin 5/2008, S. 109

Sprenger, R.K. : Führung in der Krise, in: managermagazin 7/2010, S.69

Steenfatt, V.: Komplexität des Betriebsübergangs, Lebensmittelzeitung 08.08.2008, S. 40

Stierle, J.: Korruptionscontrolling in öffentlichen und privaten Unternehmen, München 2. Auflage 2008

Stoelzel, T.: Handys weg, WirtschaftsWoche 12. Juli 2010, S. 10

Stück, V.: Zeit für Notfallpläne, Z. Personal 01/2007, S. 52

Stulz, R.M.: Was Risikomanager falsch machen, Havard Business Manager April/2009, S. 67-76

Sturm, R.: Entscheidungen und Entscheidungsmodelle, in: WISU 1/2005, S. 56-59

Sucher, J.: Der Burger-Meister, manager magazin 5/2008, S. 82-84

Taleb, N.N./Goldstein, D.G./Spitznagel, M.W.: Warum wir Gefahren falsch einschätzen, in: Harvard Business Manager, 02/2010, S. 105

Tichy, R.: Indiskrete Zeiten, WirtschaftsWoche 06.12.2020, S. 3

Tödtmann, C.: Wer die Firma schützt, schützt sich, in. Handelsblatt 09. Februar 2007, S. 6

Tödtmann, C./Kanzlei Nörr-Stiefenhofer-Lutz: Checkliste: Die zehn häufigsten Haftungsfallen für Top-Manager, in: Handelsblatt 09.02.2008, S. 6

Troßmann, E./Baumeister, A./Ilg, M.: Controlling von Projektrisiken. Praxis-Handbuch für den Mittelstand, Stuttgart 2007

Truckenbrodt, N./Hoffmann, W.: Balance halten, Personal 07-08/2008, S. 44-46

Tumuscheit, K.D.: Überleben im Projekt, München 2007

van Baal, S./Krüger, M./Hinrichs, J.-W.: Bedeutung, Rahmenbedingungen und Instrumente des Risikomanagements, in: van Baal, S./Hudetz, K.(Hrsg.): Risikomanagement im E-Commerce, Gernsbach 2008

Vanini, U.: Methoden der Risikoidentifikation, Z. WISU 8-9/2005, S. 1028-1032

Vanini, U.: Methoden der Risikomessung, in: WISU 6/2006, S. 785-789

Vijay, S./Bawa, V.: Safety-First, Stochastic Dominance and optimal Portfolio Choice, in: Journal of Financial and Quantitative Analysis, June 1978, S. 255-269, zitiert in: Romeike, F./Hager, P.: Erfolgsfaktor Risikomanagement 2.0, Wiesbaden 2009

von Plüskow, J.: Die Talentprobe, in: impulse 3/2001, S. 108

von Plüskow, J.: Im Schatten der Überväter, impulse 6/2001, S. 41

von Reibnitz, U.: Szenarien – Optionen für die Zukunft, McGrawHill, Hamburg 1987

von Schlippe, A./Nischak, A./El Hachimi, M.: Familienunternehmen verstehen, in: Schlippe, A./ Nischak, A./El Hachimi, M.: Familienunternehmen verstehen, Göttingen 2008

Voss, O.: Bagger im Vorgarten, WirtschaftsWoche 20.10.2008, S. 111-113

Voss, O.: Zugriff gesperrt, WirtschaftsWoche 25.10.210, S. 8

Wagner, S.M./Bode,C.: Empirische Untersuchung von SC-Risiken und SC-Risikomanagement in Deutschland, in: Vahrenkamp, R./Siepermann, C.(Hrsg.): Risikomanagement in Supply Chains, Berlin 2007, S. 59-81

Weber, N.: Neue Pflichten schrecken Handel auf, Lebensmittelzeitung 09. Januar 2009, S. 48

Weber, P.: Sauberer Abgang, in: Markt und Mittelstand 3/2008, S. 44

Weibler, J./Feldmann, M.: Whistleblowing. Der schmale Grat zwischen Bürgerpflicht und Denunziantentum, in: WiSt 9/2008, S. 505

Weigel, T.: Westliche Firmen-, Produkt- und Markennamen und ihre Übertragung ins Chinesische, Mainz 2003

Weis, C.: Marketing, 13. Auflage, Ludwigshafen 2004

Weis, U.: Risikomanagement nach ISO 31000, Kissing 2009

Weise, H.: Totale Überwachung, LOGISTIK inside 10/2007, S. 18-20

Welp, C.: Trügerische Sicherheit, WirtschaftsWoche 06. Juli 2009, S. 67

Wente, M.: Compliance, in: WISU 2/2011, S, 197

Werres, T.: Leistungsabfall, managermagazin 7/2008, S. 40-46

Westermann, H.: Strategisches Risikomanagement, Stuttgart 2009

Wettach, S.: Diffuses Unbehagen, WirtschaftsWoche 11. Januar 2010, S. 73

Wetzel, D.: Angriff im Morgengrauen, Die Welt 08. Mai 2008, S. 16

Wezel, S.: Risiken auf Minimum reduzieren, News Spezial 12/2008, S. 48-50

Widrat, S.: Feind hört mit, in: impulse 01/2006, S. 105-108

Wiedemann, A./Hager, P.: Messung finanzieller Risiken mit Cash-Flow-at- Risk / Earning-at-Risk-Verfahren, in: Romeike, F./Finke, R.B.: Erfolgsfaktor Risiko-Management, Wiesbaden 2004, S. 217-234

Wieland, J./Fürst, M.: Wertemanagement – Der Faktor Moral im Risikomanagement, KieM – Working Paper Nr. 01/2002, Konstanz 2002

Wildhagen, A.: „Das könnte tödlich treffen". Interview mit Jürgen Wessing, WirtschaftsWoche 15.09.2008, S. 70

Willershausen, F.: Wechselnde Hürden, in: WirtschaftsWoche vom 03.12.2007, S. 46

Willershausen. F.: Schotten dicht, WirtschaftsWoche vom 04. Mai 2009, S. 50-51

Williams, T./Ayche, K.: Management von komplexen Projekten: Projektrisiken durch quantitative Modellierungstechniken steuern, 2003

Wiring, R.: Category Management im Visier, Lebensmittelzeitung 30.07.2010, S. 20

Wittmann, E.: Risikomanagement im internationalen Konzern, in: Dietrich,D./ Horvath, P./ Kagermann, H. (Hrsg.): Praxis des Risikomanagements. Grundlagen, Kategorien, branchenspezifische und strukturelle Aspekte, Stuttgart 2000

Wittmann, E.: Organisation des Risikomanagements im Siemens Konzern, in: Schierenbeck, H.: Risk Controlling in der Praxis, Stuttgart 2000

Wittrock, O.: Ungeahnte Risiken, in: impulse 02/2008, S. 80-82

Wöhe, G.: Einführung in die Allgemeine Betriebswirtschaftslehre, 19. Auflage, München 1996

Wolf, K.: Risikomanagement gemäß den Anforderungen des KonTraG bei DaimlerChrysler, in: Controlling 14(2004), S. 211-215

Wolke, T.: Risikomanagement, München 2007

Wünschmann, C./Schöning, F.: Heikle Preisfragen, Der Handel 06/2010, S. 14-16

www.kpmg.de/library/pdf/060626_Studie_2006_Wirtschaftskriminalität

Ziegenbein, K.: Controlling. Kompakttraining, Ludwigshafen(Rhein), 2001

Zierl, H.: Was ist eigentlich Continuity Management?, in: Markt und Mittelstand 07/2005, S. 79

Zimmermann, S./Zimmermann, B.: Handbuch Prävention – Sicherheit beim innerbetrieblichen Materialfluss, 1. Auflage, Göttingen 2007

Zunke, K.: IT-Sicherheit ist Chefsache, in: acquisa 4/2004, S. 52-56